2015年陕西师范大学教师教育项目专项资助

课程与教学通论

主　编　陈晓端　张立昌
副主编　刘　鹏　常亚慧

陕西师范大学出版总社

图书代号　JC16N1541

图书在版编目(CIP)数据

课程与教学通论／陈晓端，张立昌主编. —西安：陕西师范大学出版总社有限公司，2017.2(2023.10 重印)
ISBN 978-7-5613-8726-9

Ⅰ. ①课…　Ⅱ. ①陈…②张…　Ⅲ. ①高等学校—教学研究　Ⅳ. ①G642.0

中国版本图书馆 CIP 数据核字(2016)第 271387 号

课程与教学通论
KECHENG YU JIAOXUE TONGLUN

陈晓端　张立昌　主编

责任编辑	古　洁　梁　菲	
责任校对	刘金茹	
封面设计	浥林品牌设计	
出版发行	陕西师范大学出版总社	
	(西安市长安南路 199 号　邮编 710062)	
网　址	http://www.snupg.com	
经　销	新华书店	
印　刷	西安报业传媒集团	
开　本	787mm×1092mm　1/16	
印　张	30.5	
字　数	521 千	
版　次	2017 年 2 月第 1 版	
印　次	2023 年 10 月第 3 次印刷	
书　号	ISBN 978-7-5613-8726-9	
定　价	64.00 元	

读者购书、书店添货或发现印装质量问题，请与本社高等教育出版中心联系。
电话：(029)85303622(传真)　85307864

前　言

　　教育是培养人的活动,课程是实现教育目的的载体,教学是实施课程的基本途径。教育质量的提升关键是课程与教学的变革与优化。所以,对课程与教学问题的研究一直是教育科学研究的核心。自捷克教育家夸美纽斯《大教学论》(1632)一书问世,美国教育家博比特《课程》(1918)以及泰勒《课程与教学的基本原理》(1949)等书出版以来,世界范围内对课程与教学问题以及课程论、教学论、课程与教学论的理论探讨和体系建构一直就没有停止过,而且取得了丰富的研究成果,并对课程与教学变革和实践优化产生了积极的影响。从不同时期、不同版本的课程论、教学论或课程与教学论著作与教材的不断出现,不难发现,这一领域的研究问题是不断扩大的,研究内容也是不断丰富和更新的。大量的研究成果不仅为人们提供了学习、理解和认识课程与教学问题的丰富养料,也极大地推动了课程与教学研究的深入以及课程与教学论理论体系的完善和学科自身的深化和发展。

　　目前,课程与教学论不仅是教育学一级学科中一个重要的二级学科,而且是师范大学教师教育课程体系中的一门重要课程。多年来,着眼于作为硕士点与博士点的学科建设,课程与教学论的科学研究一直都是师范大学从事课程与教学论的研究者与教师们非常重视的。近年来,着眼于本科生和研究生课程学习资源的开发与建设,课程与教学论的教材编写也受到了大家越来越多的关注。泰勒《课程与教学的基本原理》一书的译介和国内学者主持的国家级课程与教学论规划教材的编写,已经为教师的课程与教学论课程的教学提供了不少有价值的教材。陕西师范大学教育学院的课程与教学论教学团队,作为陕西省级教学团队,多年来,尽管在课程与教学论基本理论研究与课堂教学实践探索方面取得了一定的成绩,但在课程与教学论教材建设方面一直没有做出自己作为省级团队应有的知识、思想与理论贡献。尽管团队成员为了保证课程教学的质量,一直坚持选用著名课程论专家陈侠先生的《课程论》、著名教学论专家李秉德先生的《教学论》、王策三先生的《教学论稿》、张楚廷先生的《教学论纲》以及近十年出版的优秀国家级规划教材,比如由钟启泉教授主编的《现代课程论》(张立昌教授参编)和裴娣娜教授主编的《教学论》(陈晓端教授参编),还有熊川武教授、黄甫全教授、徐继存教授、王本陆教授、李森教授等的课程论或教学论教材，但团队成员一直有一个愿望，就是想集团队力量和集体智慧，通力合作编写一本既能体现本团队成员教学研究积累，又能辅助多个层次课程与教学论课程教学的教材。2011年由于免费师范生教育硕士课程教学的需要，由张立昌教授领衔编写了第一本课程与教学论教材，经过一段时间的使用，尽管学生们的使用反响不错，但我们仍然感觉还有不少内容因为课程特点与教材容量的制约，在教材中没有能够体现出来，或者说教材内容的丰富程度还不够。这次，大家一起努力编写的教材取名为《课程与教学通论》，目的是想通过这本教材把本团队成员多年研究与思考的积累能够比较充分且系统地体现出来。

当然，我们非常清楚，无论是从理论体系上来看，还是从具体内容上来看，目前我们完成的这本教材是很难超越国内同类课程与教学论优秀教材的，甚至教材中的一些观点和部分内容也比较肤浅，但欣慰的是，它毕竟作为本团队的集体性教材成果和读者见面了，也实现了课程与教学论系列课程教学团队作为省级教学团队（2010年获批）在教材建设方面要做出一定贡献的承诺。更重要的是，这本以通论命名的教材，由于在内容组织上体现"大而全"的特点，即在60多万字容量的一本书中尽量体现以往课程论和教学论所涉及的主要命题，将会为本团队成员在未来承担不同层次的课程与教学论教学提供有益的教学资源。我们也知道，这样的编写思路和内容结构，或许并不能得到同行的一致认可，或许还有批评与商榷的声音，这些我们都是能够接受的。我们也诚恳地期望同行们不吝赐教！

其实，编写本书的目的并不是试图建构一个全新的课程与教学论教材体系，尽管目前关于课程与教学论的体系建构有不同的类型，且各有特点，但毕竟没有一个公认的统一理论体系。本书内容的展开思路与结构设计就算是我们自己的一次尝试吧。未来对本书的进一步反思和完善将是我们这个团队义不容辞的责任。

基于我们编写此书的基本思路，本书的内容由四编二十二章组成，第一编为课程与教学概论，由四章内容构成，涉及课程与教学的意义与功能、课程与教学的关系、课程与教学论的历史发展等方面的内容。第二编为课程理论与实践，由六章内容构成，涉及课程内容、课程设计、课程资源、课程实施、课程评价与课程改革。第三编为教学理论与实践，由十章内容构成，包括教学目标、教学设计、教学策略、教学模式、教学组织、教学方法、教学艺术、教学媒体、教学环境与教学评价等。第四编为课程与教学研究，由两章内容构成，包括课程研究与教学研究。

本书在呈现基本内容的基础上，在每章的开始设计了"学习目标"和"关键术语",在基本内容中穿插设计了"典型案例"和"信息专栏",在每章的最后还设计了"本章小结""复习思考""实践活动""拓展阅读"以及"网站链接"等。

本书是集体劳动的成果,主要由六位团队成员完成。另外,2013级博士生毛红芳与陈晓端教授一起完成了两章的编写任务,并承担了对全部书稿内容进行系统规范的工作。具体分工为:陈晓端、毛红芳:第十四章、第十七章;陈晓端:第二章、第十五章、第十六章;张立昌:第一章、第三章、第四章、第五章、第六章、第七章、第八章、第九章;南纪稳:第二十章、第二十二章;刘鹏:第十二章、第十三章、第十八章;龙宝新:第十一章、第十九章;常亚慧:第十章、第二十一章。陈晓端教授和张立昌教授担任主编,负责全书的设计与最后统稿,刘鹏副教授和常亚慧副教授担任副主编。课程与教学论专业的部分博士生和硕士生也参加了本书部分章节编写的初期资料整理和后期文本加工以及文字校对等工作,他们是:毛红芳、咸富莲、文军萍、姚小鸽、杨健、罗少华、孙渊等,这里,对他们为此书编写所付出的辛勤劳动表示衷心感谢!

本书的编写得到了陕西师范大学教师教育研究课题的资助,教师教育办公室主任石云老师对本书的出版给予了很大的支持,他不仅"慷慨解囊",在经费上给予了特殊的倾斜,而且多次鼓励并鞭策团队成员要保证书稿质量。本书的出版还得到了陕西师范大学出版总社领导的支持。编辑古洁女士为了本书的出版也倾注了不少的辛劳。在此,对他们的支持、关心和所付出的劳动表示诚挚的感谢!本书在编写过程中参考了许多同行专家的期刊论文、著作和教材,我们尽量以脚注的形式予以体现,这里对他们也表示衷心感谢!

最后还要说明的是,尽管在本书的编写过程中,为了保证书稿的质量,团队成员做出了很多努力,也付出了辛勤的汗水,但由于我们的理论水平和学术能力有限,目前完成的教材内容一定还会存在这样或那样的不足与疏漏,恳请同行专家和读者批评指正!

陈晓端
2015年8月5日于田家炳教育书院

目 录

第一编 课程与教学概论

第一章 课程的意义与功能 （2）
第一节 课程的意义 （3）
第二节 课程的功能 （7）
第三节 课程的基础 （11）
第四节 课程的历史形态 （16）

第二章 教学的意义与功能 （23）
第一节 教学的概念和本质 （24）
第二节 教学的特点与功能 （34）

第三章 课程与教学的关系 （42）
第一节 课程与教学关系的历史回顾 （43）
第二节 课程与教学关系的现代理解与建构 （48）

第四章 课程与教学论发展 （53）
第一节 课程论的形成与发展 （54）
第二节 教学论的形成与发展 （59）
第三节 课程与教学理论的发展趋势 （65）

第二编 课程理论与实践

第五章 课程内容 （72）
第一节 课程内容概述 （73）
第二节 课程内容的选择 （75）
第三节 课程内容的组织 （80）
第四节 课程组织的结构与类型 （85）

第六章 课程设计 （96）

第一节　课程设计概述 …………………………………（97）
　　第二节　课程设计的基本模式 …………………………（104）
　　第三节　课程设计的内容和基本策略 …………………（114）
　　第四节　课程设计的方法 ………………………………（133）
第七章　课程资源 ………………………………………………（139）
　　第一节　课程资源概述 …………………………………（140）
　　第二节　课程资源的开发 ………………………………（148）
第八章　课程实施 ………………………………………………（153）
　　第一节　课程实施概述 …………………………………（154）
　　第二节　课程实施的基本取向 …………………………（163）
　　第三节　课程实施的基本模式 …………………………（171）
第九章　课程评价 ………………………………………………（178）
　　第一节　课程评价概述 …………………………………（179）
　　第二节　课程评价模式与方法 …………………………（191）
　　第三节　课程评价的改革与发展趋势 …………………（196）
第十章　课程改革 ………………………………………………（202）
　　第一节　课程改革概述 …………………………………（203）
　　第二节　西方发达国家课程改革举要 …………………（209）
　　第三节　我国基础教育课程改革述要 …………………（212）
　　第四节　国际基础教育课程改革的发展趋势 …………（214）

第三编　教学理论与实践

第十一章　教学目标 ……………………………………………（220）
　　第一节　教学目标及其功能 ……………………………（221）
　　第二节　当代教学目标的取向与特征 …………………（225）
　　第三节　当代教学目标的实践框架与设计 ……………（233）
第十二章　教学设计 ……………………………………………（244）
　　第一节　教学设计概述 …………………………………（245）
　　第二节　几种主要的教学设计理论与模式 ……………（251）
　　第三节　教学设计的基本内容与方法 …………………（260）
第十三章　教学策略 ……………………………………………（267）
　　第一节　教学策略概述 …………………………………（268）

第二节　教学策略的类型 …………………………………（271）
　　第三节　面向学习者的教学策略 …………………………（279）
第十四章　教学模式 ……………………………………………（291）
　　第一节　教学模式概述 ……………………………………（292）
　　第二节　教学模式的类型与选择 …………………………（297）
　　第三节　教学模式的变革与发展 …………………………（303）
第十五章　教学组织 ……………………………………………（310）
　　第一节　教学组织概述 ……………………………………（311）
　　第二节　教学组织形式演变历程及主要类型 ……………（313）
　　第三节　当代教学组织形式的变革与发展 ………………（320）
第十六章　教学方法 ……………………………………………（327）
　　第一节　教学方法概述 ……………………………………（328）
　　第二节　教学方法的分类与选择 …………………………（330）
　　第三节　当代教学方法的改革与发展 ……………………（340）
第十七章　教学艺术 ……………………………………………（348）
　　第一节　教学艺术概述 ……………………………………（349）
　　第二节　课堂教学艺术的结构体系 ………………………（355）
　　第三节　教学艺术风格 ……………………………………（363）
第十八章　教学媒体 ……………………………………………（369）
　　第一节　教学媒体概述 ……………………………………（370）
　　第二节　教学媒体的历史发展及主要类型 ………………（376）
　　第三节　媒体化教学环境 …………………………………（385）
第十九章　教学环境 ……………………………………………（397）
　　第一节　教学环境概述 ……………………………………（398）
　　第二节　教学环境的类型 …………………………………（404）
　　第三节　教学环境的设计与优化 …………………………（409）
第二十章　教学评价 ……………………………………………（415）
　　第一节　教学评价概述 ……………………………………（416）
　　第二节　教师教学活动评价 ………………………………（422）
　　第三节　学生学习活动与成就评价 ………………………（429）

第四编 课程与教学研究

第二十一章 课程研究方法 …………………………………（440）
　第一节 课程研究方法与课程研究方法论释义 …………（441）
　第二节 几种主要的课程研究方法论系统 ………………（443）
　第三节 几种典型的课程研究方法 ………………………（450）
第二十二章 教学研究方法 …………………………………（456）
　第一节 教学研究概述 ……………………………………（457）
　第二节 教学观察研究 ……………………………………（462）
　第三节 教学实验研究 ……………………………………（469）

第一编
课程与教学概论

第一章
课程的意义与功能

【学习目标】

1. 识记课程和课程功能的定义；
2. 了解几种常见的课程定义、不同历史阶段课程的基本形态和特点；
3. 理解课程定义的科学化是一个不间断的过程；
4. 明确课程的本体功能和基本功能；明确课程的三个基础；
5. 掌握课程的心理学、社会学和哲学三个基础分别对课程产生的影响；
6. 分析课程的本体功能和基本功能的表现。

【关键术语】

课程；课程功能；课程的形态

第一节　课程的意义

一、课程的词源学分析

从词源上分析课程的概念,不仅有利于把握这个概念的基本含义和来龙去脉,而且有利于理解课程的本质。因此,作为理解课程概念的重要一环,我们首先要考察"课程"的词源。根据有关资料,课程一词是我国所固有①。在课程一词尚未出现以前,我国古籍中就有关于教育内容及其进程安排的记载。如《礼记·内则》篇有:"六年,教之数与方名。""九年,教之数日。十年,出就外传,居宿于外,学书计。""十有三年,学乐,诵诗,舞勺。成童,舞象,学射御。二十而冠,始学礼。"唐代孔颖达在《五经正义》里为《诗经·小雅》中"奕奕寝庙,君子作之"一句注疏时用到:"教护课程,必君子监之,乃得依法治"一句。这是"课程"一词的最早出现。宋代朱熹使用"课程"一词较多,如"宽着期限,紧着课程";又说:"小立课程,大作工夫。"从古籍记载看,"课程"一词的含义,既包括教学科目,又包括这些科目的教学顺序和时间。后来我国就把各级学校的教学科目及其教学顺序、教学时数等规定,叫作某级学校的课程,如小学课程、中学课程等。教育学所讲的课程实际上多指学校课程。

在英语国家,"课程"一词对应的英文是"curriculum",它来源于拉丁文词根"currere",意思是指"跑道(racecourse)"。该词最早出现在英国哲学家、社会学家、教育思想家斯宾塞(H. Spencer)于1859年发表的《什么知识最有价值》一文中,意思是指教学内容的系统组织。根据这些渊源,西方国家最为常见的课程定义是指学习的进程。

从中英文的词源看都可以认为,课程包括如下基本含义:课业及其进程。通俗地说,就是从当前至未来的某个时期学生所需从事的种种课业及从事这种课业的进程安排。

二、几种常见的课程定义

一般来说,概念的核心就是它的定义,定义的宗旨就是揭示概念质的规定性。课程的概念也不例外。由于课程现象的复杂性,人们考察这一问题的多角

---

① 陈侠.课程研究引论[M]//瞿葆奎.课程与教材:上册.北京:人民教育出版社,1988:15.

度性和分析问题方法的多维性,导致课程的定义众说纷纭,这无疑给人们理解课程增加了一定难度。因此,美国学者斯考特(R. D. V. Scotter)曾经指出,课程是一个用得最为普遍却定义最差的教育术语。我们可以把多种多样的课程定义大致归为三类。

(一)课程作为学科

这是使用最为普遍也是最常识化的课程定义。如《中国大百科全书·教育》中,课程指所有学科(教学科目)的总和,或学生在教师指导下各种活动的总和,这通常被称为广义的课程;狭义的课程则是指一门学科或一类活动。[①] 这种课程定义把课程内容和课程过程割裂,片面强调内容,而且把课程内容仅限于源自文化遗产的学科知识,其最大缺陷是把课程视为外在于学习者的静态的东西,对学习者的经验重视不够。

(二)课程作为目标或计划

这种课程定义把课程视为教学过程要达到的目标、教学的预期结果或教学的预先计划。尤其是西方国家的课程专家持此观点,如课程论专家塔巴(H. Taba)认为课程是学习的计划,奥利沃(P. O liva)认为课程是一组行为目标,约翰逊(M. Johnson)认为课程是一系列有组织、有意识的学习结果。这类定义把课程视为教学过程之前或教育情境之外的东西,把课程目标、计划与课程过程、手段割裂,片面强调前者,其缺陷也是忽略了学习者的现实经验。

(三)课程作为学习者的经验或体验

这种课程定义把课程视为学生在教师指导下所获得的经验或体验,以及学生自发获得的经验或体验。美国教育家杜威(J. Dewey)将课程视为学生在教师指导下所获得的经验。由于受杜威的影响,许多人持同样的观点。晚期的课程理论则非常强调学生在学校和社会情境中自发获得经验和体验的重要性。这种课程定义的突出特点是把学生的直接经验置于课程的中心位置,从而消除了课程中"见物不见人"的倾向,消除了内容与过程、目标与手段的对立,其缺陷在于这种课程定义或课程观有忽略系统知识在儿童发展中的积极意义的倾向。

上述每一种课程定义都或多或少具有某些积极特征,也都存在明显的不足。可以想象,由于人们不是指向同样意义的课程,所以有关课程定义的分歧将会继续存在下去。美国学者古德莱德(J. I. Goodlad)归纳出五种不同的课程:第一种是理想的课程,指由一些研究机构、学术团体和课程专家提出的应该开设的课程。如现在有人提议在中学开设性教育课程,并从理论上证实其必要

[①] 中国大百科全书出版社编辑部.中国大百科全书:教育[M].北京:中国大百科全书出版社,1985:207.

性,就属于理想课程。这种课程的影响取决于是否被官方采纳并实施。第二种是正式的课程,指由教育行政部门规定的课程计划和教材等。第三种是领悟的课程,指任课教师所领会的课程。由于教师对正式课程会有多种解释方式,因此教师对课程的领会与正式课程之间会有一定的距离。我国学者将这种由教师重构的课程称作"师定课程"。第四种是实行的课程,指在课堂里实际展开的课程。第五种是经验的课程,指学生实际体验到的东西,识别这种课程的方式包括学生问卷、交谈以及根据对学生的观察来推断。

由此可见,不同内容的课程定义反映了定义者的基本观点和取向,每一种课程定义的背后都有其成文或不成文的理论基础。课程定义多样性的根本原因在于课程自身的复杂性,而直接原因则在于研究者的出发点和研究角度的不同。人们从不同的层次和角度出发研究和认识课程,不仅是可能的也是合理的。这就必然导致定义课程存在个体差异,有人关注课程的根本理念,有人关注课程的实践过程;有人着眼于课程的整体结构,有人着眼于课程的具体内容;有人侧重于课程的性质,有人侧重于课程的功能;有人强调课程对于社会的作用,有人强调课程对于学习者发展的作用。

信息专栏 1-1

课程被界定为:

1. 一门学程;一门学习或训练的常规学程,正如在学校或大学那样(OED)。

2. 一门学程,特别是专门确定的学程,正像在学校或学院之中,当人们攻读学位时所做的那样。在一个教育机构中所提供的所有学程,或者由其中的一个系所提供的所有学程(*Webster's New International Dictionary*, 2nd edition)。

3. 课程是儿童在教师的指导下所获得的所有经验(Caswell & Campbell, 1935)。

4. 课程包括学校所提供的所有学习机会。

5. 课程[是]一种规划或计划,指向于学习者在学校的指导下所际遇的所有经验。(Oliva, 1982)(Jackson, 1992a, pp. 4-5)(关于另外一项课程定义的评论,参阅 Portelli, 1987。)

[资料来源]派纳·F,雷诺兹·M,斯莱特里,等. 理解课程:历史与当代课程话语研究导论:上[M]. 张华,等译. 北京:教育科学出版社, 2003:25.

三、课程定义的进一步讨论

课程定义的科学化是一个不间断的过程。

(一)课程定义的稳定性

大多数的课程定义总是围绕着教育的内容、教育的功能展开。课程定义的这种稳定性,是课程本身稳定性的反映。人们在分析人类教育活动时,总会追问构成教育必不可少的因素,回答通常是教育者、受教育者、教育内容三个因素,或者是教育者、受教育者和教育影响三个因素,无论怎样称呼,课程正是教育内容或教育影响中最重要的成分。课程的历史与教育的历史同样悠久,可以说,自从有了专门的学校和独立的教育,就有了课程。自从有了课程,它在学校教育的地位和作用便确立下来,与人类的教育活动共始终。学校教育总是要有一定的课程,总要凭借课程达到自己的目的。只要人类存在,只要教育活动存在,课程的地位和作用就会存在。这是由教育的永恒性所派生出来的课程的永恒性,是一种客观必然。正是对于这种稳定性和必然性的认识,使得形形色色的课程定义总是存在内在的一致性。这种一致性,使人们在讨论课程时有一个起码的共同出发点,使不同流派的并存、对立及相互之间的交流获得了基础,并且成为可能。总之,课程在教育活动中的地位以及它所发挥的作用是稳定且永恒的,反映在人们对于课程的认识中,便形成了课程定义中的稳定性。

(二)课程定义的变异性

课程定义是在不断变异的。不同的历史时期或不同的教育背景下,甚至在相同的历史时期和相同的教育背景下,不同的人对于课程有不同的定义。课程定义这种变化性,是课程本身变化发展的反映。人们往往需要从课程实践中的各种问题和课程发展的现实需要出发,对于课程进行实际的探讨,并且在这样的基础上构建自己关于课程的更科学、更实用的概念。

具体地说,在面对课程定义的多样性时至少应该考虑以下几个方面:

首先,课程定义的不同,反映了课程本身的演变。几千年来,随着社会的进步和教育本身的发展,课程的内容从巫术、宗教、伦理道德发展为科学技术;课程的结构从单一的学科课程演变为多种形态的课程并存;课程的范围从专门化、制度化学校教育扩展为终身教育、学习社会,课程定义必然受到这些变化的影响。

其次,课程概念的不同定义,常常反映了人们在课程某个方面认识上的深化。在不同的历史条件和不同的教育基础上,人们对于课程的关注是不同的。有时关注课程的稳定性,有时关注课程的变化性;有时强调课程的基础性与学术性,有时则强调课程的实际性与应用性。如 90 年代前后关于隐形课程的研究,也就产生了若干关于课程的定义,集中在与显性课程、正式课程的联系区别上。

最后,课程概念的不同定义还取决于使用者的身份地位。如理论研究者往往比较注意课程的根本性质、课程的结构等,而教育行政人员和实际工作者则更倾向于探讨课程实际运行的条件、可操作性等,因此在定义上也会导致差异。

总之,课程是动态的,它在内容和形式等方面都在不断地发展,这些发展反映在人们对于课程的认识上,便导致了课程定义的变异性。

(三)课程定义的科学化是一个不间断的过程

从总的发展趋势上看,课程定义的科学化、合理化程度会不断提高,并且是一个不会停顿的过程。课程仍然在发展,人们对于课程的认识也就不可能得到某种一劳永逸的结果。如果认为对于课程定义的探讨可以在将来的某一天得到终极真理式的结果,只能是不切合实际的幻想。任何关于课程的新的定义,只可能比以前的定义更进步;任何关于课程的新的定义,都不可能是对于课程定义探讨的终结。

第二节 课程的功能

一、课程功能的含义

课程究竟在教育活动中起到怎样的作用?这些作用对于个人和社会意味着什么?对这些问题的思考和回答形成了关于课程功能的认识。

理解课程的功能不能不涉及教育的功能,不言而喻,二者在功能上是一致的。在一定意义上可以说,课程之于教育,就是实现其功能的工具,教育的功能决定着课程的功能,这是二者关系的根本。鉴于教育功能对于课程功能的决定作用,在有关教育功能研究的基础上,对课程功能可做如下概述:课程的功能是通过文化的传递培养人。

二、课程功能的表现

(一)课程的本体功能是培养人

课程是为了培养人和教育人而产生、发展的,培养人是课程的本体功能。关于课程功能的认识,直接受有关教育功能认识的左右。比如一时热衷于教育的经济功能,一时鼓吹教育的科技功能等,事实上,如果脱离了培养人这种根本功能,所有这些功能都是不能正常发挥作用的。培养人是课程最根本、最重要的功能,课程是通过培养人来为政治、经济、科学技术服务的,课程的这些功能必须以培养人的功能为前提条件,这是认识课程功能的出发点和落脚点。

每一个人从出生时的自然人成长为一定社会的合格成员,都要经过一个社会化的过程,也就是被培养、被塑造的过程。古代社会,大多数社会成员的这一过程是在教育以外的社会生活中完成的,而现代社会,这个过程越来越依赖于教育和课程。在现代社会,个体参与社会所必需的各个方面的发展,主要是通过课程获得的。课程将一定社会对人的要求具体体现在各种各样的课程中,个体则在学习各种各样的课程中,养成情感、态度、价值观,发展各种能力,积累各种知识。人们普遍认同,教育对人的发展起主导作用,而这种主导作用主要是靠课程体现的。

课程的广度和深度,决定着个人发展的广度与深度。课程是丰富的、全面的、生气勃勃的,个人就可能拥有广博的精神世界、美好高尚的修养和情操,同样,贫乏的、狭隘的、沉闷的、呆板的课程只能使个人的发展带上畸形片面的色彩。可以说,关于课程的全部问题,其实都是围绕培养人的本体功能而展开的。课程本体功能的发挥,决定着其他各种功能的发挥。显然,课程能够成功地培养人,也就能够成功地作用于政治、经济,反之亦然。

(二)课程的基本功能是传递和选择文化

与教育的功能一样,课程的功能也是多重的,除了培养人的本体功能外,还有政治、经济、文化等功能,其中,课程的文化功能更为重要。具体地说,课程的文化功能主要表现在以下两个方面。

1. 课程是文化的传递

人们常说,教育——这里可以演绎为课程——是维系人类社会存在的必要条件,这就是指课程继承和传播文化的功能。就这种传递而言,有两个重要的方面,即传递什么以及怎样传递。

(1) 传递主导的和主流的、先进的和优势的文化

对于一种文明的延续发展而言,课程显然不是唯一的传递手段,其他如家庭、社会习俗以及现代社会的大众传媒等也有同样作用。但毫无疑问,课程是最重要的传递手段。其他各种传递手段,总是带有自发的、非正式的、偶然的性质,不可能完全地承担起文化延续所必需的容量和形式,只有课程,特别是制度化教育中的各种课程,能够保证文化传递的系统性和完整性,从而保证文化延续及其进一步发展所必需的基础。

课程有着很强的社会制约性,因此,课程所传递的文化,一般都是社会占主导地位的阶级、集团的文化,即优势的和主流的文化。即使在今天,关于文化多元的呼声日益增强,也仍然不能改变这样的事实。就文化传递而言,文化是课程的母体,课程是从这一母体中分离演变而来的。

（2）课程不仅传递客观精神文化，也传递主观精神文化

关于文化的定义很多，这里所说的文化，采用一种比较宽泛的定义，即将文化作为自然的对立物。① 课程所传递的不是文化的一个方面而是其全部，当然，其中以精神文化为主，这样的观点是为人们广泛认同的。实际上，正如有学者指出："精神文化又可细分为客观精神文化和主观精神文化。客观精神文化是主观精神文化的外化、客观化，如自然科学和社会科学的理论、技术知识、艺术作品、道德规范、宗教教义、乡规民约、法律条文，等等。而主观精神文化则是一定文化共同体中的人类在其长期的社会活动中积淀而成的文化心理结构，如思维方式、价值取向、审美情趣、道德观念、宗教情绪，等等。"②课程不仅能够将客观精神文化"装进"人的头脑，而且还养成人的主观心理文化，许多跨文化的教育比较研究已经证实了这种观点。比如对待学习过的同样内容，来自不同文化背景中的学习者会做出完全不同的反应，尽管他们可能全理解了，但在理解和学习的方式上却存在显著的差异。

（3）课程的传递方式是多样化的

人类学家弗尔德·吉尔宁认为，文化的传输不像倒水，从一个容器倒进另一个容器，而是通过人们之间的互动或相互作用进行的。③ 这种思想用来说明课程对于文化的传递也是十分合适的。作为客观精神文化的各种知识，其载体从最早的甲骨、铜器、竹木、纸张，演变为今天的书籍、磁盘、光盘，无论多么丰富庞杂，都是静态的、死的。课程的传递作用，不仅是使学习者理解和掌握它们，更要使学习者成为其占有者、享有者、发展者。这就决定了课程的传递不是一个简单的由一方教给另一方——从一个容器倒进另一个容器，这样的过程不能使学习者成为文化的占有者和享有者，课程传递文化不是一个消极被动的过程，而是一个主动积极的过程，是在学习者与一定的文化相互作用中实现和完成的。

无论是客观精神文化还是主观精神文化，其具体的类型和风格都是多种多样的。那么，课程传递这些不同的文化，所需要的相互作用也就必须是多种多样的。获得科学理论的方式不一定适用于形成价值观，养成行为规范的方式对于道德情操的陶冶也不一定会有效。

---

① 肖川.教育与文化[M].长沙:湖南教育出版社,1990:12.
② 柯升.柯升著作选:第3卷[M].北京:气象出版社,1995:262-263.
③ 丛立新.课程论问题[M].北京:教育科学出版社,2000:104.

2. 课程是对文化的选择

(1) 课程是对文化的选择

课程本身是文化的组成部分,因此,文化决定着课程,选择着课程。然而,选择从来都是双向的,"既有主体对客体的正向选择,也有客体对主体的反向选择。在这里,主客体作为一对相互适应的范畴是相对而言的,在一个参考系中的客体,就是另一个参考系中的主体;在一个参考系中的主体,就是另一个参考系中的客体。所谓主体是选择作用的发出者,客体是选择作用的接受者,这只是就主客体相互作用的顺向过程来看。从主客体相互作用的逆向过程而言,客体又成了选择作用的发出者,主体反成了选择作用的接受者。因而,客体又变成了主体,主体则变成了客体"①。当我们将课程作为主体,那么,课程不仅被文化选择,也对文化进行着选择。正像国内外许多学者所指出的那样,教育本身也参加人类文化的不断组织和创造,课程不仅是文化的传递者,在这一方面,课程同样是教育活动中最主要和最活跃的因素。课程对于文化的组织和创造,都是以选择为机制实现的。

人类文化博大精深,承担着文化传递功能的课程却从来没有穷尽过人类历史经验的总体。课程只能而且必须对人类文化进行选择,这是课程生成、建构、乃至变化发展的根本机制,任何一个完整的课程机制或任何一门具体的课程,总是选择的结果。课程对于文化的传递,从来不是全盘照搬,从来都是有所取舍,就总体而言,传递的是社会文化的精华,是最有价值的部分。实际上,课程的这种选择作用,是人类文化得以筛选和过滤的过程。通过课程的选择,精华得以保留和继承,糟粕被摒弃和淘汰,人类文化得到提纯和升华,并且传递给下一代。当然,课程对于文化的选择不存在意志自由,其合规律性、合目的性程度,最终还要受到社会文化的选择性检验。

(2) 课程对于文化的选择必须不间断地进行

课程对于文化的选择,是一个不间断的过程。这种选择在现实中是十分复杂的。如课程对于文化的选择,其主体当然是课程,或者说是代表特定社会中人类、集团、阶级利益和意愿的教育,但是选择的任务总是历史地、具体地由某个人或某个组织来承担,这些人或者组织对于人类、集团和阶级意愿的反映几乎不可能是完全吻合的,选择总是难以避免地带有主观随意性色彩,甚至可能完全背离正确的方向。在历史上,课程在选择文化过程中出现的扭曲、畸形、荒诞的结果在中外都不少见。这种情况决定了课程的选择必须是不断进行的。

此外,文化和课程本身是不断发展变化的,选择所依据的标准也是不断发

---

① 王振武. 开放的选择:选择学引论[M]. 北京:三联书店, 1990:12 – 13.

展变化的,没有哪一次的选择可以是永恒的。文艺复兴时期的人文主义课程,曾经以其理性的光芒照亮了整个人类教育的道路,后来却沦为教育发展中的藩篱;斯宾塞鼓吹的科学主义课程,一度最鲜明地体现了课程在文化选择上的革命性,然而随着时代的更迭也已成明日黄花。

课程对于文化的选择,从根本上是趋向于进步和合理,然而每一次具体的选择,总是由于选择者的个人局限及社会文化和课程本身的现实局限,是不完美的,课程对于文化的选择,必须不间断地进行。

第三节　课程的基础

所谓课程的基础,是指影响课程目标、课程内容、课程实施、课程评价的一些基本领域。大家公认的课程基础包括心理学、社会学和哲学。课程与各基础学科的关系纵横交错,只有在对课程的基础学科的研究成果及其课程关系有全面了解的基础上,才能做出明确的课程决策。

一、课程与心理学

学校教育的主要职能之一是促进学生个体的发展,因此,课程工作者必须对个体的发展以及学习过程的本质有所了解,不顾学生特征而编制的课程,其效果可想而知。所以,心理学历来对学校课程具有重大影响,心理学的原理及研究成果,常常被作为各种课程抉择的基础。当今学校课程的各种理论和实践,与各种心理学流派结下了不解之缘。其中,行为主义、认知学派和人本主义心理学与学校课程的关系最为密切。

(一)行为主义与课程

行为主义的发起者是20世纪初美国心理学家华生(J. B. Watson)。行为主义者把刺激－反应作为行为的基本单位,学习即刺激－反应之间连接的加强。根据这一原理,课程的目的就是要提供特定的刺激,以便引起学生特定的反应。所以,课程目标越具体,越精确越好。行为主义者关注的是怎样教,侧重的是行为,并要以一种可以观察到的、可以测量的形式来具体说明课程内容和教学过程,其典型就是斯金纳(B. F. Skinner)的程序教学。这必然会影响到课程目标的制订、课程内容的选择、课程实施的方式和课程评价的模式。

行为主义可以说是20世纪上半叶对西方学校课程影响最大的心理学流派,这主要表现在以下几个方面:①在课程教学方面强调行为目标;②在课程内容方面强调由简至繁的累积;③强调基本技能的训练;④主张采用各种教学媒介进行个别教学;⑤提倡教学设计或系统设计的模式;⑥主张开发各种教学技术;⑦赞同教学绩效、成本－效应分析和目标管理等方法。

(二)认知心理学与课程

认知心理学流行于20世纪五六十年代,主要代表人物是皮亚杰(J. Plaget)、奥苏贝尔(D. PLAusuble)等。认知心理学的基本假设是:学生的行为始终建立在认知基础上。因此,认知心理学家研究的对象是学生处理环境中各种事件的心理活动,并试图解释学生头脑中的认知结构。与行为主义不同,认知心理学关注的是学生头脑中认知结构的重建或重组,是学生的思维过程和思维方式。探讨他们大脑中原有的认知结构与教材的知识结构的关系,心理程序与教材逻辑顺序的关系,学生身心发展水平与教材编制、课程教学的关系,认知策略与学习的关系等。在具体的课程设计上,他们更加关注对知识的纵向与横向组织,强调学科的基本结构、逻辑序列,以及课程设计要依据学生的认知结构水平,尊重学生的认知结构规律。

(三)人本主义心理学与课程

人本主义心理学流行于20世纪70年代,主要代表人物之一是罗杰斯(C. Rogers)。人本主义心理学关注的是学生学习的起因,即学生学习的情感、信念和意图等——这些是一个人不同于另一个人的内部行为。在他们看来,如果课程内容对学生没有什么个人意义的话,学习就不大可能发生。人本主义者强调自我,课程是帮助学生实现自我,他们把课程看作是满足学生生长和个性整合需要的自由解放的过程。

总之,学校课程与心理学思想或理论有着千丝万缕的关系。因为无论我们怎样界定课程,课程必然涉及两个心理成分:(1)课程工作者必须了解学生对课程内容理解的情况;(2)课程必定会涉及某种学习和发展的模式,因为课程最终的目的是要不断改变学生对世界的看法,如果没有一种(或几种)知识组织变化的模式,就会缺少确定课程活动的基础。① 心理学对课程的影响,反映在课程编制过程的各个方面。首先,由于课程目标与学生的内部条件相一致,在课程编制时心理学原理则有助于我们在确定目标时采用什么样的形式来表述,或确定目标能够达到何种程度。其次,在课程内容的选择和组织方面,心理学通常被认为是最有用的。

二、课程与社会学

学校课程作为社会文化的一个组成部分,在其发展的过程中始终受到社会

---

① 施良方.课程理论:课程的基础、原理与问题[M].北京:教育科学出版社,1996:38－39.

经济、政治等因素的影响，同时也因其保存、传递或重建社会文化的职能而对社会的发展产生一定的影响；另一方面，社会是由人组成的，社会直接的服务对象也是人，它们之间连接的焦点在于通过课程来实现受教育者（人）的不断社会化。因而，社会方方面面的因素在课程中有不同的体现，不同的社会理念也影响着不同的课程表现形态。

（一）功能理论与课程

功能理论亦称结构功能主义，来源于法国学者涂尔干（Durkneim）的学说。涂尔干在《社会学研究方法论》一书中强调，社会学必须采用与自然科学相同的方式来处理材料，社会学应当关注具体的、客观的社会事实，即要对作为集体生活之结果的人类行为的各种要素予以假设、观察和检验。社会团结和集体意识是其两个重要概念。教育目的在于"使年轻一代系统的社会化"，加强个体之间的社会凝聚力，把集体意识灌输给个体，使他们顺应社会生活方式。相应地，学校课程必须使学生适应他们要生活在其中的社会环境。由于社会上有不同的结构（或机构）发挥各自的功能，因此，学校课程就成了一种促使学生的行为有助于维护社会结构、保持社会平衡的手段。

（二）冲突理论与课程

冲突理论可以追溯到德国学者韦伯（M. Weber）。韦伯否认社会结构（或机构）具有任何行动的潜力，或本身具有什么力量，它们不过是人类行动（个体或集体的）的产物。社会本身是由特定阶级为了保持对从属阶级的控制而建立的，每个群体都试图维持和提高各自的社会地位，所以各群体之间的目标是相互矛盾的，各群体之间的这些连续不断的权利斗争导致了一个始终变化的社会。学校的主要活动是传递特殊的身份文化，即要让学生学会如何使用某种身份的语言、食着方式、价值标准和风度等。学校传授的科学技术知识，本身也可能就是一种特殊身份文化的一部分。冲突理论者认为造成社会结构再生产的工具——隐性课程（一种阶级关系和信念的形式），即把维护资本主义制度的劳动观念、权威观念、社会规范和价值观念，潜移默化地渗透到学校课程当中去，使学生不知不觉在头脑中再生统治阶级的意识形态。因此，结构功能理论者强调社会变革。但这种变革远非学校课程所能完成，根本的问题还在于社会制度的问题。

（三）解释理论与课程

如果功能理论和冲突理论是一种宏观社会学，则解释理论就是一种微观社会学。解释理论主要涉及与学校课程密切相关的知识社会学，主张对学校课程内容进行研究。在解释理论者看来，所有知识都不是中立的，而是都带有社会偏见，是为社会中某些人的特定利益服务的。课程内容的选择、确定和组织的过程,实际上是教育知识分层的过程。学校教育过程则是教育知识的分配过程。美国学者阿普尔(M. Apple)认为,课程知识的选择和分配是社会权势者依据某一选择或组织原理而做的意识形态上的抉择。课程知识的选择和分配不是技术性的问题,而是阶级、经济权力、文化霸权之间相互作用的产物,是显性的或隐性的价值冲突的产物。阿普尔提倡批判教育,使课程能为意识解放服务。

总之,学校课程要受到社会上各种因素的影响和不同社会观的支配。与社会不相关的课程是不存在的。

第一,学校课程与社会经济有着生生不息的关系,社会政治、经济制度制约着课程的设置和课程编制的过程。社会上占支配地位的阶级总要通过学校课程来维护自身利益。

第二,学校课程总离不开社会文化。作为社会文化的一个重要组成部分,课程既传递和复制社会文化,同时也受到社会文化尤其是意识形态的规范制约。纯粹客观的、价值中立的知识是不存在的。

第三,关于学校课程的思想,总是与一定的社会背景联系在一起。学校课程或者是为了使学生适应某种社会环境,或者是为了引发某种社会变革。

第四,早期的思想家往往从社会理想出发,笼统地探讨课程设置与社会构成的关系,而现代社会学家则较注重对社会结构、社会互动与课程标准、课程内容之间关系的具体考察。柏拉图从其治国方略中推导出一整套培养保卫国家的军人和管理国家的哲学家的课程设置,现代越来越多的社会学家从宏观研究转向对学校课程内容的微观研究。不仅关注显性课程,同时也关注隐性课程,这些都对现代课程的发展起着极大的推动作用。

三、课程与哲学

在课程的心理学、社会学和哲学三个基础中,最重要的当推哲学基础。不仅课程的理论和实践以哲学为依托,而且心理学与社会学也受哲学导引、支配。事实上,每一种学校课程都隐含着课程设计者的某些哲学思想与观念,只不过其表现形式有的明显、有的隐晦罢了。不同的哲学流派有着不同的课程观,具有代表性的是实用主义哲学和逻辑实证主义哲学。

(一)实用主义哲学与课程

实用主义产生于19世纪末,代表人物有皮尔士(C. S. Peirce)、杜威等。他们反对任何形式的形而上学,反对将主体与对象分割开来的二元论,强调以经验为中心。实用主义者认为,经验是主体与客体之间连续不断的相互作用,是一个统一的整体。这种以经验为中心的哲学观逐步形成了一种新的知识观。

在一些实用主义者看来,任何知识都包含有行动的因素,反过来,知识也因为能指引行动而具有实用价值。这种思想反映在课程观上,就是注重活动课程,把学生的实际经验与课程联系在一起,关注学生自己的行动。实用主义对学校课程的影响,典型代表就是杜威的"从做中学"。杜威主张抛弃"把教材当作某些固定的和现成的东西"的观点,而是把课程与儿童的经验结合起来,让学生从做中学。并创建了芝加哥实验学校,目的在于通过学生主动的作业——如纺织、烹饪、木工等,使学校成为儿童成长的地方,而不是学习课本的地方。

(二)逻辑实证主义与课程

19世纪末20世纪初,随着自然科学领域的革命,哲学上产生了逻辑实证主义的知识观,代表人物有罗素(B. Russell)、艾耶尔(A. Ayer)等。他们认为"逻辑是哲学的本质",哲学的任务就是要进行逻辑分析,这里的逻辑主要是指数理逻辑。因此,哲学不是知识的体系,而是活动的体系,即从事对语言的分析活动。他们主要把分析科学知识作为自己的主要使命。在学校课程上,逻辑实证主义除了提出学校课程的重点应放在哪些学科上之外,还提出课程安排要遵循由简到繁、从直观到抽象的逻辑顺序。

(三)批判理论与课程

批判理论又被称为法兰克福学派,霍克海默(M. Horkheimer)是其精神的代表。他始终强调知识的暂时性及其有限的本质。他认为,没有任何事实的景象是客观的或完全的,所有的思想和认识都是基于历史和人类的利益而形成的。因此,批判理论的主要目标是进行意识形态的批判。批判理论对课程的影响,主要是通过一些激进的批判教育家和教育社会家的研究。他们揭示了学校课程为资本主义意识形态所利用的状况,并分析了知识传递过程中的权力关系。

总之,离开了哲学基础,学校课程就不能存在。哲学对课程的影响主要表现在以下几个方面:

第一,哲学是学校课程观的最根本的基础。一方面,心理学和社会学都源于哲学,都是从哲学母体中分化出来的;另一方面,无论是心理学思想还是社会学思想,都是从某种哲学观念出发的,背后都有哲学假设作为支柱。正是由于哲学的这种基础性和终极性,使得哲学对学校课程的影响不像社会学、心理学那样直接,有时还是经过社会学和心理学的观点反映到课程上的。

第二,哲学中关于认识的来源和知识的性质的观点,对课程理论和实践,尤其是课程设计的模式,起着直接的指导作用。如关于认识的来源,典型形式是经验论和唯理论。起自于柏拉图的唯理论认为理念是永恒的,知识是早就存在于人的内心世界,学校课程应关注如何把学生先天已有的观念引导并挖掘出来,因而主张注重学生的理性活动。而经验论认为一切知识都来自于感觉,唯

有通过人与外部世界的相互作用才能掌握知识。

第三,认识论中有关知识的价值的问题的探讨,对课程内容的选择与组织关系很大。斯宾塞提出"什么知识最有价值"的课程问题,进而认为能为人们完美生活做准备的知识最有价值。杜威则认为,最有价值的知识是与学生生活经验相联系的经验,是活动课程。

第四,认识论中有关知识的形式与分类的观点,在学校教育中折射为课程的类型和门类。哲学上对"什么知识最有价值"的探讨,导致人们去分析知识的形态与分类。事实上,"各种不同的知识,它们就是课程设计的依据(题材)"①。

第四节　课程的历史形态

一、古代学校课程的形态

古代学校课程包括中外从奴隶社会到封建社会的学校课程。在我国古代,"诗书礼乐以造士"(《礼记》),"孔子以六艺教人"(《史记》)。汉代以后,经隋唐至宋,四书(《论语》《孟子》《大学》《中庸》)五经(《诗经》《尚书》《周易》《礼记》《春秋》)成了各级学校主要甚至唯一的课程。孔子倡导"六艺"——礼、乐、射、御、书、数六个科目,"四文"——诗、书、礼、乐,这可以看作是我国古代学校原初的学科群。外国古代学校课程设置(以作为西方教育源头的古代希腊和古罗马教育为代表)主要包括文法、修辞、逻辑学、算术、几何、天文和音乐,称为"七艺"。

奴隶社会的学校课程和封建社会的课程之间以及中国与外国古代学校课程之间虽然在课程的具体目标和具体内容方面存在某些差别,但是总的来说,它们都是在生产力水平很低的社会条件下,根据统治阶级培养政治继承人的要求和当时的思想家对人的身心发展的认识而建立起来的,所以它们具有一些共同的特点。

(一)课程设置以古典人文主义为主要标准

在古代社会,教育与生产劳动相脱离,学校不具有培养劳动者的功能,学校教育的目的在于培养统治阶级所需要的"治人之才"。社会政治的大背景决定了古典人文课程的滥觞。古希腊的"七艺"和中国古代的"六艺"是古典人文课程的典范,其课程设置以古典人文主义为主要标准。于是,在古希腊的学校课

---

① 劳顿,戈顿,英格,等.课程研究的理论与实践[M].张渭城,环惜吾,黄明皖,等译.北京:人民教育出版社,1985:18.

程设置中理智科目(文法、修辞、逻辑)备受重视,实用科目(算术、几何、天文、音乐)则处于次要地位;而在中国古代学校设置的"六艺"中,礼、乐等伦理政治性科目备受重视,其他科目则处于次要地位。

在古代学校课程中,文科之所以备受重视,固然与当时的自然科学不发达有关,但主要原因是阶级统治的需要。例如,在古希腊,"评判学科的主要标准是人文主义标准。人文主义标准把人的本性提到很高的位置。因此,对学科价值的衡量来自假定在人的本性中起支配作用的层次",这种层次说受身心二元论思想支配。"按照这种二元论,人的理性官能应当控制自己的肉体欲望。由此就可以合乎逻辑地得出结论:学科的理性内容越多,它们的价值必定越高。相反,学科越是诉诸于情感和感觉,它们就越不重要。"这种"根据人的本性的层次去加强学科的层次排列,是与以贵族统治为基础的社会中固有的等级状况相一致的"。① 古典文科诉诸理性,因而主要培养治人之才,而自然学科诉诸感觉,因而与被统治者有密切的关系。这是造成科学主义科目被忽视的重要原因。我国古代教育家孔子认为,教育的目的就是培养治国安民的贤能之士。为了达到这个目的,他推行"文、行、忠、信"四大教育任务,确定了教学科目,编写了各科教材。据《史记·孔子世家》记载:"孔子以诗、书、礼、乐教,弟子盖三千焉,身通六艺者,七十有二人。"说明了"六艺"是孔子设置的科目,诗、书、礼、乐是孔子使用的教材。自汉代到清代,由于儒家思想成为历代封建王朝治国的精神支柱,相应地决定了学校课程也是以儒家经学为中心来设置的。

(二)学科课程的雏形基本形成

中国古代的"六艺"和古希腊时期的"七艺",都属于雏形的学科课程,可以说它们是17、18世纪定型的那种学科课程的前身。

首先,"六艺"和"七艺"都是分科设置的。各科目的划分和设置体现了古代教育家的哲学理论和教育思想。例如,亚里士多德(Aristotes)认为,人的灵魂是由三部分组成的:表现在营养和繁殖上的植物灵魂、超越各种植物的特性而表现在感觉和愿望上的动物灵魂、超越各种动植物的特性而表现在思维或认识上的理性灵魂。这三种灵魂对应三方面的教育:植物的灵魂——体育;动物的灵魂——德育;理性的灵魂——智育。② 古希腊学校课程之所以重视德智体美诸方面的协调发展,与亚里士多德的思想是分不开的。

虽然古代课程设置有一些道理,但是各科目内容浅显,具有笼统的综合性,

---

① 布鲁巴克.西方课程的历史发展:下[M].丁证霖,赵中建,译//瞿葆奎.教育学文集:课程与教材:上.北京:人民教育出版社,1988:89.

② 曹孚.外国教育史[M].2版.北京:人民教育出版社,1979:27.

而且重视人文科目轻视实用科目,课程设置很不合理。所以说它们只能算是学科课程的雏形。

二、近代学校课程的形态

西方近代史开始于 1640 年英国资产阶级革命,止于 1917 年的十月社会主义革命。中国近代史始于 1840 年的鸦片战争,止于 1919 年的五四运动。由于中国封建社会漫长而长期闭关自守,儒家经学一直占据统治地位,所以课程发展始终没有大的改变。因而,近代学校课程是以西方的学校课程设置为典型的,这一时期课程形态主要有以下特征。

(一) 学科课程的形成

西方国家进入资本主义阶段以后,随着生产力的发展、科学技术的进步,大多初步建立了纵向分科化的中小学学科课程体系,主要包括四种类型且性质不同的学科:①数学和一系列自然学科,如物理学、化学、植物学、动物学等;②一系列新人文学科,如现代本族语、现代外国语、公民、历史、地理;③体育和艺术;④劳动。

与古代学校课程相比,这一时期自然学科在课程体系中处于重要地位。近代资本主义生产力的发展在一定程度上得益于实科课程的勃兴。众所周知,在古希腊的"七艺"中,只有天文学可算是自然学科,其地位之低不言而喻。这种状况持续了将近二十个世纪,到欧洲文艺复兴时期,学校课程才增加了一门力学。直到 17、18 世纪,由于自然科学的迅速发展和其在生产生活中的广泛应用,学校课程体系中才增设了物理学、化学、植物学、动物学等学科。这些自然学科最先是在实科中学的课程体系中占有重要地位,以后才在所有学校课程体系中取得了应有的地位。实科课程的勃兴有三个方面的原因:一是迎合资本主义工商业迅速发展的需要;二是欧洲文艺复兴运动为近代自然科学的建立开辟了道路,而 17 世纪的科学革命则使自然科学得到长足发展;三是自然科学对人的心智发展的重要作用得到人们的广泛认同。

与古代学校课程相比,这一时期多数学科已经初步形成了自己的逻辑体系。例如,欧洲各国高中和初中于 19 世纪 80 年代普遍开设了物理,到 90 年代后期,物理课已经有五个组成部分:力学、物体的性质;热;光;声;磁、电与现代物理。这种学科体系一直保持到 20 世纪 60 年代。[①] 中小学数学体系的形成早于物理等学科。到了 20 世纪初,由于数学科学的思想、内容和方法都发生了重大变革,因而,以德国几何学家克莱因(F. Klein)为首的一些学者提出了改革中

---

① 高凌飚. 中学物理课程论[M]. 广州:广东教育出版社,1995:31.

小学数学教育内容的主张。他们主张:提高几何在小学算术中的作用;改革教科书中应用题的性质使之与生活实际相联系;提高算术教学中直观性的作用;等等。对中学数学教育方向的改革,他们主张:在四门数学学科(算术、代数、几何和三角)之间建立紧密联系;在中学数学课程中增加高等数学基础知识,加强初等数学和高等数学之间的联系;在中学数学课程中加强函数在代数和算术中的作用,加强运算在几何中的作用;改革教科书中应用题的性质和解法(加强分析和综合方法的作用);在数学教学中更广泛地应用探索法;等等。[1]

各学科自成体系是形成学科课程的重要标志,是近代历史上学校课程建设的一大成就。尽管它有自身的历史局限性,但是对课程设置的影响是十分巨大的,其积极作用至今仍在继续发挥。

(二)经验课程的出现

学科课程的历史局限性在于:相关学科之间联系甚少,各学科壁垒森严,课程的整体功能难以发挥;各科教材的设计和编写十分重视知识内容及其体系,相对地忽视了学生发展的需要。由此,以杜威为代表的教育家于20世纪初开始着手对其进行改革。杜威从儿童的需要和兴趣出发,以儿童活动为中心,围绕儿童的经验设计了一套改组和改造儿童经验的课程,叫作经验课程。这种课程以一系列活动作业为主要形式。

杜威的课程改革力图把制约课程的心理因素和社会因素统一起来。他不赞成传统的课程论者简单地用成人逻辑取代儿童认识事物的逻辑,也不赞成儿童中心课程论者把儿童的能动性过于理想化。"抛弃把教材当作某些固定的和现成的东西,当作在儿童的经验之外的东西的见解;不再把儿童的经验当作是一成不变的东西;而把它当作某些变化的、在形成中的、有生命力的东西;我们认识到,儿童和课程仅仅是构成一个单一的过程的两极。"[2]儿童是起点,课程是终点。只有把课程引入儿童生活,让儿童直接去体验,才能把两点联系起来,使儿童从起点走向终点。他认为,"学校科目相互联系的真正中心不是科学,不是文学,不是历史,不是地理,而是儿童本身的社会活动"。[3] 所以,人们把他倡导的经验课程又叫活动课程。

(三)核心课程的萌芽

20世纪初,另外一些美国教育工作者也根据学科课程的弊端,按照另一种

---

[1] 张永春.数学课程论[M].南宁:广西教育出版社,1996:150.

[2] 杜威.学校与社会 明日之学校[M].赵祥麟,任钟印,吴志宏,译.北京:人民教育出版社,1994:120.

[3] 杜威.学校与社会 明日之学校[M].赵祥麟,任钟印,吴志宏,译.北京:人民教育出版社,1994:9.

思路在中小学进行课程改革,构建了一种新的课程形态,叫作核心课程。这是以问题或某门学科为核心,将几门学科组合起来的课程。这类课程的实施常由一个教师或一个教师小组进行连续教学。

三、现代学校课程的形态

中外现代史大都始于1919年。1919—2000年是学校课程大变革的时期。这一时期,美国课程经历了四次改革,中国中小学课程也经历了四次变革。这一时期课程形态大多具有下列特征:

(一)课程计划中出现了多种课程类型,呈现出课程综合化的态势

在美国,1919—1959年,中小学课程综合化主要有两种做法:一是保留学科的划分,扩大学科的范围,并加强学科之间的联系;二是取消学科的划分,以问题或活动为中心组织课程。20世纪60年代以来,上述两种做法日趋结合,其课程类型有相关课程、广域课程、融合课程、核心课程及活动课程。

在我国,1919—1991年,中小学一直只开设学科课程。1992年公布的《九年义务教育全日制小学、初级中学课程计划(试行)》为小学、初中设置了两大类课程,即学科类课程与活动类课程。1996年制定的《普通高中课程计划(实验)》也设置了这两大类课程。

(二)课程内容不断更新,教材编制采取多样化的形式

20世纪60年代初,美国学者布鲁纳(J. S. Brunner)提出的学科结构化、教材现代化主张不仅得到了许多美国教育工作者的支持,掀起了改革中小学教材的热潮,而且在其他各国也引起了强烈的反响,有力地促进了中小学课程内容的更新。自1957年以后,美国、日本、原联邦德国等国家的数学课程、物理课程的内容都进行了更新。近些年以来,我国中小学课程内容也在进行大范围的更加深入的改革,以适应社会对人才的新需求并使其更加适合青少年的发展。

各国在更新教材内容的同时,也丰富和发展了教材的形式。现代中小学教材,不仅有教科书、教师教学参考书以及活动课指导书,还有多种音像材料和电脑教学软件,形式多样的教材不仅大大增加了教材的信息量,而且激发了学生的学习兴趣,提高了教学效果。

【本章小结】

1.课程从词源上分析指课业及其进程。常见的课程定义大致可以归纳为三类,即课程作为学科、课程作为目标或计划、课程作为学习者的经验或体验。美国学者古德莱德归纳出五种不同的课程,即理想的课程、正式的课程、领悟的课程、实行的课程和经验的课程。对课程定义的进一步讨论明确了课程定义存在稳定性、变异性,课程定义的科学化是一个不间断的过程。

2.课程的功能是通过文化的传递培养人。课程的本体功能是培养人,培养人是课程最根本、最重要的功能,课程是通过培养人为政治、经济、科学技术服务的,课程的这些功能必须以培养人的功能为前提条件,这是认识课程功能的出发点和落脚点。课程的基本功能是传递和选择文化。首先课程是文化的传递,课程传递主导的和主流的、先进的和优势的文化,它不仅传递客观精神文化,也传递主观精神文化,其传递方式也是多样化的。其次,课程是对文化的选择,课程与文化之间是一个双向选择的过程;课程对文化的选择必须不间断地进行。

3.课程的基础,是指影响课程目标、课程内容、课程实施、课程评价的一些基本领域。大家公认的课程基础包括心理学、社会学和哲学。课程与各基础学科的关系纵横交错,它们对课程的影响也不同。心理学历来对学校课程具有重大影响,心理学的原理及研究成果,常常被作为各种课程抉择的基础。不同的心理学流派对课程有不同的认识。主要的心理学流派有行为主义、认知心理学和人本主义心理学;社会方方面面的因素会在课程中有着不同的体现,不同的社会理念也影响着不同的课程表现形态。典型的包括功能理论、冲突理论和解释理论;在课程的心理学、社会学和哲学三个基础中,最重要的当推哲学基础。不同的哲学流派有着不同的课程观。具有代表性的是实用主义哲学和逻辑实证主义哲学,此外还包括批判理论。

4.课程的历史形态包括古代学校课程的形态、近代学校课程的形态和现代学校课程的形态三种。古代课程设置以古典人文主义为主要标准,学科课程的雏形基本形成,中国古代的"六艺"和古希腊时期的"七艺",都属于雏形的学科课程。近代课程形态主要有以下特征:学科课程的形成、经验课程的出现和核心课程的萌芽。现代课程形态具有下列特征:一是课程计划中出现了多种课程类型,呈现出课程综合化的态势,二是课程内容不断更新,教材编制采取多样化的形式。

【复习思考】

1.简述三类常见的课程定义。
2.简述美国学者古德莱德归纳的五种课程。
3.简述课程的功能及其表现。
4.简述课程的基础。

5.简述课程的三种历史形态及特征。

【实践活动】

1.活动一:通过网络、图书等搜集更多不同时期关于课程的定义,试就课程定义开展小组讨论。

2.活动二:通过各种途径搜集资料,讨论不同历史时期课程的形态、特点,并对未来课程的发展进行展望。

【拓展阅读】

[1]派纳F,雷诺兹M,斯莱特里,等.理解课程:历史与当代课程话语研究导论:上;下[M].张华,等译.北京:教育科学出版社,2003.

[2]徐继存,车丽娜.课程与教学论问题的时代澄明[M].济南:山东教育出版社,2008.

[3]余文森,洪明,等.课程与教学论[M].福州:福建教育出版社,2007.

[4]泰勒.课程与教学的基本原理[M].罗康,张阅,译.北京:中国轻工业出版社,2014.

【网站链接】

1.http://www.docin.com/p-474592871.html,这里可以帮助你学习和理解课程的本体功能。

2.http://wenku.baidu.com/link?url=NNANNbi8MiPQNGPaFOqrHZjwPNP04cjgZcajNXZdTfKnZ5d7stwesQEs96uzgiZU1MY6odvVtujv2OeI0lBDR0K5fVne_uV3Yh4inxpfpea,通过该网站可以了解微课程的优势,明确微课程在教学实施中的主要意义。

第二章
教学的意义与功能

【学习目标】

1. 掌握教学的概念与意义;
2. 认识教学的本质与功能;
3. 理解教学的特点和要素;
4. 明确中小学教学的作用。

【关键术语】

教学;教学本质;教师;学生;主体性

课程是实现教育目的的蓝图,教学是实现教育目的的最基本途径,是普通中小学的中心工作。现代教学活动是师生互动与交往的特殊实践活动。这一活动的终极目的是最大限度地促进学生的学习与发展,为形成学生终身学习的能力奠定良好的基础。

第一节 教学的概念和本质

要探讨教学的本质,需要从什么是教学开始追问,尽管这是我们日常经验层面所熟知的概念,但教学在不同时代被赋予的内涵和意义却大有不同。

一、教学的概念

"教学"一词,在现代英语教育文献中有三种基本的表达,即 teaching、instruction 和 teaching and learning。基于这三种不同的表达,西方学者对教学的定义通常也相应地可以概括为三种基本的角度:一是着眼于教师的教对教学进行界定,把教学(teaching)看成是教师依据课程要求向学生传授知识和技能的活动;二是着眼于学生的学对教学进行界定,把教学(instruction)看成是在教师引导下学生通过学习获得一定的经验并引起行为变化的过程;三是着眼于教师与学生的相互作用而对教学进行解释,把教学(teaching and learning)看成是由教师的教与学生的学所组成的一种双边活动(two-way process)。

虽然英联邦国家多用"teaching"一词讨论教学,北美国家多用"instruction"一词,[1]但在英语教育研究文献中,两个词并没有严格的使用界限。美国有不少学者用前者讨论教学问题,英国也有不少学者在讨论与研究教学问题时使用的是后者。然而,在解释和定义教学这一概念时,由于人们的角度和出发点不同,从而导致了对教学的各种不同理解。不过,在上述三种解释中,第三种定义是目前比较认可的。

在我国,虽然表达教学的词汇没有英美国家那样多,但人们对教学的解释因其所处的时代和解释的视角不同,也存在着多种看法。中国传统意义上的教学通常被看成是教师向学生传授知识的活动,简而言之,教学就是教师讲、学生听的活动。20 世纪 80 年代中期以来,我国的教学论研究者在对传统教学理论进行反思的基础上,开始了对教学概念的现代重构。学者们突破了以往单一的和线性的思维模式,从现代认识论和现代系统论的思想出发,把教学看成是一

---

[1] HUBERMAN M. The Lives of Teachers[M]. New York: Teachers' College Press, 1993:vii.

个由教师的教与学生的学所组成的双边活动过程。比如,著名教学论专家王策三先生就认为,"所谓教学,乃是教师教、学生学的统一活动"①。著名教学论专家李秉德先生也认为,"'教学'就是指教的人指导学的人进行学习的活动。进一步说,指的是教和学相结合或相统一的活动"②。裴娣娜主编的《教学论》一书中,对教学下的定义是:"教学,即教师教学生认识客观世界并进而促进学生身心发展的教育活动。"③这些解释与定义,为人们认识与理解现代教学提供了非常有价值的理论依据。

随着时代的发展和教学领域的新变化,上述对教学的解释在某些方面已经不能满足人们对教学进一步深入认识与全面理解的需要。这里,着眼于信息时代和学习社会中师生角色的转变以及教师专业化发展的新趋势,我们尝试对当代教学做这样的界定:教学是基于教育目标的达成,在特定环境中,借助预成课程这一框架,通过教师与学生主体间有目的、有计划的交流与互动,实现课程创生,促进学生学习与发展的专门活动。这一概念贯穿了三个新的教育理念,即终身学习理念、主体教育理念和教学专业化理念。同时,这一概念也包含了对教学系统中教师、学生、课程、环境、学习这五个关键概念各自地位、作用与相互关系的重新定位。

第一,教学作为一种教师与学生主体间有目的、有计划地交流与互动的活动,它是在若干因素的相互作用下展开的专门活动。在这种专门活动的进行过程中,关注的焦点应该是学生,学生是这一活动中的主体。教师应该明确认识学生是主体,学生自身也应该树立主体意识。当然,必须看到,学生的这种主体意识在早期的形成与发展过程中依赖于教师的启导,更主要的是依赖于教师对教学活动的组织与指导。换句话说,学生早期的主体意识是在教师所创造的一种能发挥他们主体性的良好环境和课堂气氛中逐步形成和发展的。这种气氛无疑应该是有赖于民主的教学氛围和鼓励学生参加的教学策略。

第二,通过什么促进学生的学习与发展?当然是通过恰当的课程内容与有效的教学方法、教学手段、教学组织和教学评价等策略来实现。在这里,课程是实现学生发展目标的载体,教学方法和教学手段等是中介,而教学评价则是支持教学活动有效运行的保证,它的终极目的应该是促进学生的学习与进一步的发展。需要特别指出的是,在整个教学过程中,以文本为特点的预成课程只是作为教师与学生开展教学活动的基本框架,师生同时还进行着课程的创生。只

---

① 王策三.教学论稿[M].北京:人民教育出版社,1985:88.
② 李秉德.教学论[M].北京:人民教育出版社,1991:2.
③ 裴娣娜.教学论[M].北京:教育科学出版社,2007:3.

有这样，才能实现课程与教学发展的良性循环，进而有效地促进学生的发展。

第三，在教学活动中学生到底应该学什么？传统教学着眼于"知识就是力量"的哲学取向，历来把重点放在知识学习上，而现代教学论则明确提出学生在学习知识的同时，还应该进行道德学习、行为学习、态度学习和技能学习等。通过教学为学生的全面发展和素质的全面提高打下良好基础，而不仅仅关注知识的学习和掌握。尤其是随着人类进入信息时代和学习社会，知识的更新速度在不断加快，如果学校教学只关注知识学习，而忽视学生良好学习习惯的培养和有效学习方法的掌握，就无法为学生今后的成长打下良好的基础。我国新一轮基础教育课程改革所提出的"三维课程教学目标"，即知识与能力、过程与方法及情感、态度、价值观，也表明了学习的目标不应该是单一的。

第四，通过教学活动应该发展学生什么？传统观念认为教学主要应促进学生技能的发展，现代发展性教学观认为教学应促进学生能力与智力的发展。在信息时代与学习社会，教学不仅要促进上述能力的发展，更要关注学生情感的发展、品德的发展、个性的发展、学习能力的发展、潜力的发展以及社会性的发展等，其终极目标是通过各种教学活动促进学生的全面发展和个性发展。总之，要让学生通过积极主动地参与教学活动，通过学习与发展成长与成熟起来。需要强调的是，学生的任务是学习，学习的目的是通过学而后习得，其最终目的是促进发展。学习与发展是一个周而复始、不断累积的过程。终身学习概念的提出以及学习社会的到来，已充分说明了这一点。我国《基础教育课程改革纲要（试行）》的基本精神就是着眼于把青少年培养成为有理想、有道德、有文化、有纪律的一代新人。

第五，应该明确的是，教学作为一种专门活动，体现了教师必须是通过专门培养和训练而具备专业化能力的专门人才，就像医生和律师一样具有深厚的专业知识与专业能力。遍及世界的师范学校和教师培训机构的存在，已经说明了教学的专业性所在。要想成为一名合格的教师，必须经过系统的学习与培训才能胜任。然而，教师专业化的特殊性不仅仅表现在教学的知识和技能的基础上，更体现在教学的道德基础上。如果只强调前者，遗忘后者的话，就会使教学发生某种程度的异化，使其与医疗和法律行业没有了本质上的区别。但事实上，知识神秘化、保持社会距离、相互付出努力，这三个特点是上述两种行业与教学之间最重要的区别。教学之所以不能借鉴医疗行业和法律行业的成功转型，是因为"这种专业化会加大教师与学生的距离，会对学生隐瞒所需的知识，会让学生成为技术性教学的接收器"。①

总之,教学是师生主体间互动与交往的认识与实践活动,这一活动的终极目的是最大限度地促进学生的学习与发展,致力于人的完善,为形成学生终身学习的能力奠定良好的基础。

二、教学的意义

随着时代的发展与教育改革的不断推进,虽然中小学的教育、课程、教学理论和实践已经发生了很多变化,但教学作为普通中小学校的中心工作这一点是没有变的。认真搞好教学工作,对于办好一所学校,全面落实党的教育方针,保证人才培养的质量,促进学生德、智、体等方面的全面发展与健全人格的形成有着十分重要的意义。

首先,教学是实施课程的基本途径。中小学各门课程的目标主要是通过具体的教学活动来实现的。教学的性质和特点决定了它是向学生传授文化科学知识和技能、发展智力、进行思想品德教育的有效途径,是把个体认识与社会认识联系起来的纽带。如果没有具体的教学活动,课程目标和教育目的实现将不能得到保证,人才的培养也将是一句空话。

其次,教学是学校一切活动的中心。除教学活动外,学校还有其他形式的教育活动,如课外文化、科技活动、班会和团队活动以及参加社会实践等。这些教育活动对学生的全面发展同样是不可或缺的。但是,这些活动和教学活动相比,处于从属地位,而且它们的开展是以教学活动为基础的。

再次,学校的性质决定了教学在整个学校工作中的主体地位。社会之所以需要学校,主要目的就在于通过学校教学使青少年一代学习与掌握人类的文化科学知识,培养他们成为社会所需要的人,使社会能够顺利延续和发展。离开了教学,学校就失去了存在的意义,也无法履行学校的社会职能。随着知识经济与信息社会的到来,教学活动在学校的地位也越来越重要。

最后,以教学工作为主,不仅为学校承担的社会职能所决定,而且符合青少年的身心发展要求。青少年时代正是一个人长身体、增经验、长知识的关键时期,他们渴求上进,求知心强,有强烈的学习愿望,迫切希望了解和认识世界与人生,而教学正是满足他们身心发展需求的最好形式。

总之,教学是学校的中心工作,坚持以教学为主,是学校工作的一条基本原则。实践反复证明,学校坚持以教学为主,学校秩序就稳定,教育质量就会提

---

① 古德莱德,索德,斯罗特尼克.提升教师的教育境界:教学的道德尺度[M].汪菊,译.北京:教育科学出版社,2012:116-117.

高,教育目的就能得到实现,学校也会真正成为培养人才的基地。相反,忽视或削弱教学,违背教学为主的原则,学校秩序就会混乱,教育质量就会下降,教育目的就得不到实现,学校培养人才的作用也难以发挥。所以,学校应该坚持"教学为主、全面安排"的原则,把主要精力和时间用在教学上,正确处理教学与其他各项工作的关系,使学校各项工作都围绕教学这个中心有序地进行,并为其服务,努力提高培养人才的质量。

三、教学的要素

事物的本质寓于事物的内部结构之中。要深刻认识教学过程的本质,就必须研究教学的基本结构,即分析构成教学过程的基本因素及其相互间的联系。

对于构成教学过程的基本因素,人们有多种多样的看法。有"三因素"说,认为教学过程由教师、学生和教材三个因素构成;有"四因素"说,认为教学过程包括教师、学生、教学材料和学习环境四个因素;还有"五因素"说,认为教学过程的构成,除了教师、学生、教材和教学手段四个因素之外,还应该包括课堂教学心理气氛;等等。

信息专栏 2-1

教学诸要素说

三要素说　教学是由教师、学生和教学内容三个基本要素构成。

四要素说　教学是由教师、学生、内容和方法四个基本要素构成。

五要素说　教学是由教师、学生、内容、方法和媒体五个基本要素构成。

六要素说　教学是由教师、学生、内容、方法、媒体与目标六个基本要素构成。

七要素说　教学是由教师、学生、目的、课程、方法、环境和反馈七种基本要素构成。

三三构成说　教学是由三个构成要素和三个影响要素整合而成,三个构成要素是指学生、教师和内容,三个影响要素是指目的、方法和环境。

[资料来源] 裴娣娜.教学论[M].北京:教育科学出版社,2007:4.

上述情况说明,构成教学过程的因素是复杂多元的。我们认为,就其主要

方面看,构成教学过程的基本因素是教师、学生、教学内容、教学策略(包括方法与手段)和学习环境(包括新的媒体与网络技术)。其中,教师是教学活动主要的策划者和组织者,在教学过程中起主导作用;学生是受教育者和教学活动的积极参加者,在教学过程中处于主体地位;教学内容是教师和学生共同的认识对象;教学策略是把教师、学生与教学内容联系起来的中介和桥梁;学习环境是教与学活动得以开展的必须条件。

这些因素之间分别组成了三对基本的矛盾:①教师与学生之间的矛盾;②教师与教学内容及教学策略之间的矛盾;③学生与学习内容之间的矛盾。其中学生与学习内容之间的矛盾是教学过程的最基本矛盾,其他矛盾都是为了解决这一基本矛盾而产生的,处于从属地位。无论随着时代的发展教学形式和教学技术如何变化,学习内容永远是第一性的要素。如前所述,这里的学习内容既包含了知识学习也包含了能力学习和思维学习。因为人类之所以需要教学,其根本出发点和目的就在于使学生在掌握系统的文化科学知识的基础上,发展其认识能力和创造力,把他们培养成为德、智、体全面发展且有独特个性的人。舍此,教学过程就无须存在,更无所谓教师、教材和教学手段。

四、教学的本质

教学本质问题是教育学和教学论研究的基本理论问题。如果不能很好地把握教学的本质,就很难对教学系统的各种要素及其各自的地位与作用有正确的认识与理解。

(一)关于教学本质的不同观点

因为教学是一种复杂的实践活动,所以多年来人们对教学本质的探讨就一直没有停止过,并且形成了诸多不同的看法。有学者曾对 20 世纪 80 年代以来我国教学理论界关于教学本质的研究进行了概括,归纳出十大类教学本质观,即认识说、发展说、层次类型说、传递说、学习说、统一说、实践说、认识—实践说、交往说和价值增殖说等。① 下面就几种具有典型代表的学说做简要介绍。

1. 认识说

这种观点认为,教学过程本质上是一种特殊的认识过程,它是学生在教师的指导下主要通过书本知识的学习认识客观世界的过程,它与人类"从实践到认识,再从认识到实践的认识过程"是有所不同的。这种观点强调在教学过程中学生个体学习和认识的间接性。

---

① 李定仁,徐继存.教学论研究二十年:1979~1999[M].北京:人民教育出版社,2001:59.

2. 实践说

这种观点认为,教学并非是一种特殊的认识活动,而应该是一种特殊的社会性实践活动。典型的表述为:教学过程是教师以教育目的为指针,以教科书为学生认识的对象和手段,组织、启发、引导、支持、促进学生主动地掌握文化工具,认识客观世界,全面发展身心的一项社会实践。①

3. 发展说

这种观点认为,教学过程实质上并不是认识过程而是学生的发展过程。其理论基础的内涵主要有四个方面:一是维果茨基(Vygotsky)的"文化历史理论"和"最近发展区学说";二是皮亚杰的儿童认知发展阶段论,认为认识本身就是一个发展过程;三是科尔伯格(Kohlberg)提出的"儿童道德发展阶段论";四是赞可夫概括地提出的儿童"一般发展论"。

根据这种观点,教学过程实质上是学生的发展过程,其根本目的在于培养人,促进学生德、智、体全面发展。认识过程只是一种心理活动,它不包括学生的发展。学生智能和品德的发展虽然是在认识过程中实现的,但发展高于认识。新的科技革命,要求教学由获取知识、技能为主的认识过程转变为促进学生发展的过程。赞可夫和布鲁纳强调在教学中促进学生的发展,赞可夫还提出了教学应走在发展的前面的观点。②

4. 统一说

这种观点认为,教学过程既是一个认识过程,也是一个发展过程,实质上是儿童"认识"和"发展"相统一的过程。教学过程的本质应当包括三方面:教学过程是以认知为基础的知情意行的统一培养和发展过程;教学过程是以智育为关键的德、智、体等全面培养和发展的过程;教学过程是个性全面培养和发展的过程。因此,教学过程是学生的认识和发展相统一的过程。③

(二)如何理解教学本质

如前所述,教学作为一种教师与学生主体间有目的、有计划的交流与互动活动,它是在若干因素的相互作用下展开的,即教学活动得以展开必须具备教师、学生、课程和教学手段四个因素。尽管信息时代四个因素各自作用的形式已经发生了变化,但教学活动仍然离不开经过专门培养或训练而具备专业化能力的教师,故教学是具有专业性的活动。在这种专业性的服务过程中,受益的主要应该是学生,其次是教师本身。尽管教学活动的开展主要是为学生服务

---

① 花永泰.教学本质再议.教育研究[J].1986(5):28-33.
②③ 扈中平,李方,张俊洪.现代教育学[M].新编本.北京:高等教育出版社,2000:353-354.

的,关注的焦点应该是学生,但在这种专业活动进行的过程中,教师也会得到不同程度的发展。从哲学认识论的角度看,在师生互动与交流的过程中客观地存在着两个认识主体的结合:即教师与学生。

为了有效地开展教学活动,教师不仅应该明确认识自己的主体地位和作用,更应该明确学生的主体地位和作用以及师生主体间的关系。

1. 作为教学主体的教师

为了正确认识与理解教师作为教学主体的意义与作用,这里,我们首先要对主体与主体性的内涵进行一些必要的分析。

(1) 主体与主体性的含义

主体作为一个哲学范畴,可以从本体论和认识论两个方面进行理解。本体论中的"主体"在"实体""本体"或"某种运动形式的承担者"这个意义上使用。认识论上的"主体",不是一个实体范畴,而是一个关系范畴。主体与客体是相对应的,离开客体,就不存在主体;反之亦然。作为认识论的基本范畴,主体和客体是认识和实践关系的两个基本构成因素。主体是指实践者、认识者或实践—认识活动的行动者本身,它是作为认识—实践活动的发出而存在的。①

主体是认识、实践和追求价值的人,主体的本质特性是人的主体性。主体性是主体在主体间关系之中,在与客体的对应关系中,或者是主体在处理与自然、社会和他人、自身的关系中表现出来的主体属性。人的主体性是在实践过程中不断发展和提高的,这个过程就是人的主体化过程。②

(2) 教师的主体性表现

学校教学活动是教育的主要活动。教师是学校教学活动的主体,教师在其中处于主体地位。教师主体地位的确立是教育目的和教育价值追求的体现。推进教育发展必须恢复教师主体地位,缺少教师主体的教育过程是残缺的,没有教师主体的能动参与,学生主体就难以长期存在、巩固和发展。③

教师的主体性是指教师在对教材的组织上和对学生知识的引导、能力的培养、人格的塑造上表现出的能动性和创造性。在教育活动中,教师的主体性主要表现在以下几个方面:

第一,教师是学生学习的促进者。

第二,教师是学生道德修养的指导者。

第三,教师是学生身心健康、和谐发展的引路人。

---

① 王守恒,查啸虎,周兴国.教育学新论[M].合肥:中国科学技术大学出版社,2004:136-168.

② 郝文武.教育哲学[M].北京:人民教育出版社,2006:102.

③ 宋兵波.简论教师主体[J].河北师范大学学报(教育科学版),2001(4):17-22.

第四,教师是学生审美能力的培养者。①

(3)教学活动中教师主体性的结构

在教学活动中,教师的主体性主要包括:

第一,主体意识。人要成为主体,是以具有人的自然性、意识性和社会性为前提的,教学活动中的教师和学生都具有这一前提条件。在此前提下,教师要成为教学活动中真正的主体,必须意识到自己是主体,有争取获得主体地位和作为主体的需要、愿望、热情和意志,即具有主体意识。教师的主体意识,集中体现在主体性教育观上,具体涉及师生观、教学价值观、课程观、教学策略和教学评价观等方面的内容。

第二,主体能力。教学活动中,教师不仅要有强的主体意识,还必须具备坚实而宽广的主体能力,才能真正成为教学活动中的现实主体。教师的主体能力具体表现在创新能力、交往能力、监控能力和自我完善能力等几个方面。

第三,主体情感。情感在人的生活和工作中具有重要的意义,直接影响着学习和工作的效果。教师的主体情感是指教师在教学活动中作为活动主体所具有的健康的积极情感体验,具体表现为乐观进取,热爱教育工作和尊重热爱学生等方面。②

2.作为学习主体的学生

学生是教学活动的主要参与者,教学的最终目的是促进学生的发展,因此,学生是教学过程中学习的主体。

(1)学生的主体性

首先,在教学中,学生的认识是主观能动的。辩证唯物主义的认识论认为:主体对客体的反映是能动的,对客体具有选择和加工能力。学生在教学过程中的认识,就呈现出这样的主体性特征。学生作为教学过程中的学习主体,其主观能动作用的发挥,更主要地体现在通过对客观事物的感性认识,进一步得到理性认识,进而掌握客观规律。但是,值得关注的是,学生主观选择的客观实在性,由于个体差异不同,面对教学中共同的知识量,其选择和加工的能力是有差别的。学生往往选择自己感兴趣的、认为有价值的知识,排斥他们讨厌的、觉得枯燥乏味的知识。教师若不能正视学生的主观能动性,不注意学生的选择,实际上就是忽视了学生在教学中的主体地位。

其次,在教学中,学生的认识具有自主性。学生主观能动性的激发,并不是

---

① 丁建志.主体教育[M].北京:中国经济出版社,2005:113-131.
② 冷泽兵.论教学活动中教师的主体性[J].四川师范学院学报(哲学社会科学版),2002(1):97-101.

自发的,而是在教师的引导下,由学生自主完成的认识过程。因此,可以说,教学是教学生自主认识的过程。学生在教学中的自主性认识,不仅表现在教学目的上,也表现在教学方法和手段上。教师的作用在于给学生指明前进的方向,调动起学生学习的积极性,让学生自己去掌握人类积累的知识,去感悟人生真谛。这一切是教师代替不了的,学生只有在教师的引导下,在教学中的主体性认识才会少走弯路,才会事半功倍。

(2)学生的主体性表现

所谓学生的主体性,是指在教学活动中,作为主体的学生在教师的引导下所表现出的自主性、能动性和创造性。在教学活动中,学生的主体性综合表现在以下几个方面:

第一,学生对教师的主体性作用、属性、功能进行主体性的选择。

第二,学生对教师的主体性作用信息的破译与转化。

第三,学生对教师的主体性作用的借鉴、创造与超越。①

3. 师生主体间性关系

根据德国著名思想家哈贝马斯(J. Habermas)的交往行动理论,教学应该是一种交往和沟通活动,其本质是师生的一种生存方式。教师与学生、学生与知识之间不应是主体—客体关系,而是"对话"关系,即教师与学生之间(主体—主体)通过以教学内容(客体)为中介的"双向理解"的交往关系。在教学环境中,教师是主体,学生也是主体,中介主要指促进学生认知发展、精神丰富、人格完善的精神文化和科学技术知识。② 在这样的教学活动中,教师和学生彼此之间是一种主体与主体间的关系,表现为主体间性。

具体而言,在教学活动中,教师和学生之间的交往是主体间的"我—你"关系,而不是彼此把对方看作是某种物品的"我—它"关系。在"我—你"关系中,每个人对于另一个人来说,始终是一个交往主体。每个人全心全意地与他人交往,但同时都保持各自的独立性。这种"我—你"关系是一种"对话"关系、"包容"关系和"共享"关系。③

可见,教学是主体之间的活动,是由两类不同的主体、不同的活动构成的复合活动。教学活动中,教师与学生的关系是主体与主体的关系,即教师应注意与学生共同作为教学过程的主体。只有充分发挥他们各自的主体性,才有可能

---

① 王守恒,查啸虎,周兴国.教育学新论[M].合肥:中国科学技术大学出版社,2004:143-144.

② 广东教育学院教育系.现代教育理论热点透视[M].2版.广州:中山大学出版社,2005:203.

③ 和学新.教学主客体关系的层次分析[J].上海教育科研,1998(1):23-26;48.

产生"好的教学"。①

总之,在教学中提倡师生的主体间性,将教师和学生都作为教学活动的主体,双方都以主体的身份出现在教学活动中,并且通过这种主体与主体间的教学活动促进学生的发展、教师的专业发展和师生关系的和谐发展,已经成为当代教学发展的一个基本趋势。

信息专栏 2-2

关于教学本质的十种学说

认识说 教学过程本质上是一种特殊的认识过程。

发展说 教学过程是促进学生发展的过程。

层次类型说 教学过程是一个多层次、多方面、多形式、多序列、多矛盾的复杂过程,教学过程的本质应该是一个多层次多类型的结构。

传递说 教学是传授知识经验的过程。

学习说 教学是学生(在教师指导下)的学习活动。

统一说 教学是教师的教和学生的学统一的活动。

实践说 教学是一种特殊的实践活动。

认识—实践说 教学过程是认识和实践统一的过程。

交往说 教学是一种特殊的交往活动。第一种视交往为单纯的教学背景条件;第二种视交往为教学手段和方法;第三种视交往为教学内容、对象和目标;第四种视交往为教学本身。

价值增殖说 教学过程是价值主体追求和实现价值目标而展开的活动过程。

[资料来源] 李定仁,徐继存.教学论研究二十年:1979~1999[M].北京:人民教育出版社,2001:59-76.

第二节 教学的特点与功能

学校的本质特点决定了教学是学校的中心工作,是学校教育活动的基本形式。学校教学具有特殊性,对于人才培养和社会进步具有其功能的不可代替性。

---

① 周金浪.教育学[M].上海:上海教育出版社,2006:205.

一、教学的特点

专门意义上的教学是指在学校这个正规的教育环境中,教师与学生主体间基于预成课程框架所进行的有目的、有计划、有互动与交流的教学活动。尽管人类社会很早就已经有了一般意义的教学活动,但在学校教育出现之后,学校很快就成为教学的专门场所,专门意义的教学也成为教学的主体和主流。尤其是近代以来,随着学校教育在人才培养中所发挥的日益明显的作用,无论是日常人们对教学的谈论,还是理论中对教学的研究,基本上指的都是学校教学。因而,本节所讨论的教学的特点,指的就是学校教学的特点。明确学校教学的特点对于从整体上认识学校教育有重要的理论与现实意义。

学校教学,作为实现教育目的和课程目标的基本途径,不仅与校外其他社会教育组织和机构有着根本的不同,而且与学校内部其他的教育活动(如管理活动、生产劳动、社会活动等)也有着明显的区别。在人才培养的过程和教育功能的体现等方面,学校教学有如下突出特点:

(一)学校教学是具有明确目的性的教学

在学校里,一切教学活动都是教师有目的地引起学生学习的活动。学生学习包括知识学习、技能学习、态度学习、行为学习和品德学习等等,而教师教的目的就是要促进学生在这些方面的进步和发展。学校教学活动与非教学活动的突出区别之一就是,教师不仅在教学活动开始就有明确的活动目的,而且其活动过程本身就是实现目的的过程,活动结束又以目的为标准来评价教学活动效果。从实践角度来考察,尽管由于社会的发展和教育的改革与变化,学校教学的目的在不同的时期会有不同的重点,但在目的性方面却是共通的。从理论上来看,无论是传统赫尔巴特学派为了知识学习的教学,还是后现代建构主义为了意义建构的教学,在明确的目的性方面,两者并无本质区别。

(二)学校教学是具有周密计划性的教学

学校教学的周密计划性,表现在从课程方案的制定、课程标准的结构、教学计划的安排到课时计划的制订等一系列的活动之中。学校严格的课表以及每日规范的教学工作运行程序,可以看作是学校教学具有周密计划性的突出体现。为什么学生在学校可以掌握系统的文化科学知识和一系列基本的学习技能。一个重要的原因就是学校对学生知识学习的安排是依据学生身心发展特点和学科知识的逻辑构成而有计划进行的。

(三)学校教学是基于预成课程框架的教学

课程是实现教育目的的载体,教学是课程实施的基本途径。专门意义上的学校教学与一般意义上的非学校教学的重要不同之处就是,学校的教与学活动是在一个预成的课程框架中展开的。这个预成的课程框架包括课程方案、课程标准、课程计划和课程评价,教学正是基于这些内容,并试图创生这些内容而展开系列事件。当代教学实质上就是为了在预成的课程框架下,通过师生主体间的交流与互动,实现课程创生与学生发展双赢目标的社会实践活动。

(四)学校教学是高速度、高效率的教学

众所周知,人类在长期认识世界和改造世界过程中积累了大量的知识经验和文化成果,一个人要想在其短暂的一生中获得人类所积累起来的更多知识经验,并以此建构新的知识,以便为未来的工作生活做好充分的准备,就必须选择一种有效的学习与体验知识的途径。而通过在学校这个特殊环境中所开展的简约性教学活动,学生就可以在有限的时间和空间里,在教师的指导下,借助结构优化的课程设计,以较高的效率和速度学习与体验更多的人类知识精华。实际上,在学校中不仅知识教学是高效率的,而且以直接经验为内容的教学同样也具有高效率的特点,比如在角色扮演的活动中,学生在短时间内就可以初步体验不同人物的不同情感,在科学探究活动中,学生的探究能力和解决问题能力就可以得到有效培养。

除了上述四个突出特点以外,基于对教学过程的深入分析,我们还可以发现学校教学的主体性特点、互动性特点和价值引导性特点等,这些将在后面关于教学过程的讨论中进一步阐述。

基于上述分析,我们也可以将学校教学的特点简要概括为:目的性、计划性、预成性、高效性、互动性和引导性。充分认识这些特点,对于学校管理者和课堂教师有效地开展教学活动,最大限度地促进学生的学习与发展有着重要的理论与实践意义。

二、教学的功能

从根本上来说,教学就是试图促进学生的成长或者塑造学生的成长的活动。[1] 教学的功能,是在现实的社会价值选择的意义上,在其运行的特定方向和目标下所表现出来的对外影响和作用。[2] 关于教学的功能,人们从不同层面有各种不同的概括。普通中小学教学的基本功能一般包括以下几个方面:传授知识、发展能力、培养品德和助长生命。

(一)传授知识

知识是人类对客观事物的认识成果,是社会实践经验的概括和总结。人类

---

[1] 布鲁纳.教学论[M].姚梅林,郭安,译.北京:中国轻工业出版社,2008:1.
[2] 裴娣娜.教学论[M] 北京:教育科学出版社,2007:137.

掌握了知识就等于掌握了认识与改造世界的钥匙,增强了自己的能力。所以,英国哲学家培根(Roger Bacon)说:"知识就是力量。"在知识经济时代,知识对社会发展和个人发展的作用进一步被突显出来了。然而,人非生而知之,知识是通过学习获得的。中小学是基础教育,所要传授的是文化科学的基础知识。所谓基础知识就是各门学科中最基本的事实、概念、原则和法则,其中包括自然科学、社会科学、哲学、思维科学以及语言文字等学科的知识。掌握基础知识是从事现代生产和适应现代社会生活所必备的基本条件,也是进一步学习现代文化科学知识的重要前提。这些基础知识具体反映在国家统一编订的各学科课程标准或教学大纲和教材之中,这就决定了现代学校教学必须按照课程标准或教学大纲的要求进行。要让学生掌握体现在大纲和教材中的各种基础知识,这仍是现代教学的任务之一。

学习知识的目的在于应用,只有把学得的知识转化为各种技能,知识才能发挥作用。所谓技能是指运用所学知识完成某项活动或解决某个实际问题的行为动作方式。技能包括外显的动作技能和内隐的智力操作技能两个方面:外显的动作技能是能够观察到的、由一系列动作按一定程序构成的操作活动方式,如演算练习、实验操作、写字、跳舞、画画、做操等;内隐的智力操作技能是指不易观察到的、借助于内部言语在头脑中进行的一系列思维活动方式,如作文中的主题构思、教学练习中寻求解题思路、艺术创作中展开想象与联想等。智力技能是动作技能的基础,动作技能是智力技能的外化和体现。技能经过反复、严格的训练,就变成了技巧。技巧就是技能的自动化,是通过刻意过程形成的刻意行为。

普通中小学的基本技能技巧训练,侧重于培养学生阅读、书写、作文、解题、运算、论证、绘画、制图、实验、测量、制作、运动、歌咏等方面的基本技能,以及常用生产劳动工具的使用技能技巧等,其中最基本的是读、写、算的技能技巧。通过基本技能技巧的训练,养成学生分析解决实际问题的操作技能。

掌握知识和形成技能技巧的关系是:掌握知识是形成技能技巧的基础,没有掌握知识,就谈不上形成运用知识的能力和技巧;而技能技巧的形成,又为进一步掌握知识创造了有利条件。因此,教学中要把传授知识与训练技能技巧有机地结合起来,重视"双基"教学任务的完成。

(二)发展能力

现代教学已不限于向学生传授文化科学基础知识和训练基本技能,还要在传授知识的过程中,有计划地发展学生的智力,培养学生的能力。所谓智力是指人的认识能力,一般包括观察力、注意力、记忆力、思维力、想象力和创造力,其中思维力是一切智力活动的基础与核心。所谓能力是指运用知识所进行的智力活动,即分析、解决实际问题的本领,包括一般能力和特殊能力。在实践中,智力的高低决定一个人对客观事物的认识程度,能力的大小则决定解决问题的效率和结果。现代教学之所以重视发展学生的智力,培养学生的能力,是因为科学技术的新发展使知识数量剧增,学生在校学习时间有限,根本不可能掌握已有的全部知识,而且新知识还在不断涌现。在这种情况下,只重视传授知识与技能的传统教学已远远适应不了形势发展的需要,而必须在传授知识和技能的基础上,特别重视开发学生智力,培养能力,增强学生的才能和智慧,以便在未来的工作和生活中能独立地学习与吸取知识,创造性地解决实践中的各种问题。只有这样,教学才能体现出面向未来的要求,赶上时代的步伐。发展智力,培养能力,特别是培养学生的自学能力,已成为世界教育的潮流。美国的布鲁纳、苏联的赞可夫都极力主张教学要重视学生的一般发展,甚至提出要把发展学生的智力作为教学的中心任务来完成。美国教育家加德纳(H. Gardner)还提出了多元智力的观点,认为教学的任务就是要发展学生的多种智力。

学生智力发展的程度,除了与先天素质、后天环境、教育影响有关外,还与学生个人的非智力因素状况直接有关。所谓非智力因素就是指智力因素以外的一切心理素质,其中最主要的是动机、态度、情感、兴趣、意志、习惯和性格等。实践表明,正确的学习动机与认真的学习态度是学习的强大动力,专注的情感与深厚的兴趣是开启心智的钥匙,坚强的意志和良好的习惯是攀登知识高峰的阶梯,性格的优劣则是一个人事业成败的关键。因此,教学中在开发智力、培养能力的同时,还应重视对学生非智力因素的培养,使学生形成健全的人格。

(三)培养品德

亚里士多德在其《尼各马可伦理学》中指出,"人的每种实践与选择,都以某种善为目的",教学的善的目的也是教学的道德性体现。正如赫尔巴特(J. F. Herbart)所提出的"教育性教学",教学永远具有教育性。他认为没有"无教学的教育",相反也不存在"无教育的教学"。教学任务是人为地和艺术地扩展经验和交往。审美的世界展示教学中的表现是,学习者深入到所要学习的内容之中,接着对所学习的内容加以思考,这种深入世界和自我思考的相互作用,就是赫尔巴特的教育性教学。[①] 为培养完善的人格,发展学生的个性,教学要对学生进行审美教育,培养学生正确的审美观念,树立崇高的审美理想,具有鉴赏美、评价美、创造美的能力。这种深入世界和自我思考的相互作用,不仅是培养与发展学生认知能力的基本途径,也是对学生进行品德教育和情感教育的重要途

---

① 彭正梅,本纳.赫尔巴特教育论著精选[M].李其龙,等译.杭州:浙江教育出版社,2011:4-5.

径。需要指出的是,那些认为美育和道德教育通过专门课程来实现的观念是狭隘的,所有学科教学中的学习都是一种系统的艰苦劳动,这也是促进学生科学世界观、良好思想品德与个性形成和发展的重要基础。

(四)助长生命

学生的身心发展是一个全面的相互联系的整体发展,其中身体的发展是心理发展的前提和基础。教学与学生的身心发展密切相关,教学内容与教学方法的选择、教学组织形式的安排、教学设施与设备的配备等方面都会直接或间接地影响学生的身体健康和生长发育。教学中要注重教学卫生,要求学生保持正确的姿势,保护学生的视力,防止学生课业负担过重,使学生有规律有节奏地学习与生活,保持旺盛的精力,发展健康的体魄。

教学助长生命的功能不仅仅停留在对人的身心健康的促进方面,而是广义上的对生命潜质和力量的增进。一方面,教学可以增强学生的主体意识,促进学生的主体性发展。另一方面,教学在激发学生学习动机和求知欲的同时,也是在培养他们克服困难的意志力和进取心。同时,如果教学能够善于启发诱导学生进行思维操作,进行推理、证明,去解决创造性作业,就可以不断强化学生的创造性思维,这样的创造性思维也是潜质和力量的关键和源泉。

教学功能的上述四个方面并非是完全割裂的,而是密切联系、相互渗透,贯穿在教学活动的全过程之中,教师不仅在教学准备和教学实施中要考虑,而且在教学评价中也要考虑。然而,在传统应试教育的教学中,许多教师往往只着眼于知识传递任务的完成,而忽视其他的教学任务和本质,严重地影响了学生的全面发展。这也是实施素质教育的教学改革必须要解决的问题之一。

【本章小结】

1. 教学在不同时代被赋予的内涵和意义不尽相同。西方学者对教学的定义可以概括为三种基本的角度:一是着眼于教师的教对教学进行界定;二是着眼于学生的学对教学进行界定;三是着眼于教师与学生的相互作用而对教学进行解释。中国传统意义上的教学通常被看成是教师向学生传授知识的活动。20世纪80年代中期开始对教学的概念进行现代重构,学者们突破了以往单一的和线性的思维模式,从现代认识论和现代系统论的思想出发,把教学看成是一个由教师的教与学生的学所组成的双边活动过程。随着时代的发展和教学领域的新变化,教学应界定为:教学是基于教育目标的达成,在特定环境中,借助预成课程这一框架,通过教师与学生主体间有目的、有计划地交流与互动,实现课程创生,促进学生学习与发展的专门活动。

2. 构成教学过程的因素是复杂多元的。教学过程的基本因素是教师、学生、教学内容、教学策略(包括方法与手段)和学习环境(包括新媒体与网络)。其中,教师是教学活动主要的策划者和组织者,在教学过程中起主导作用;学生是受教育者和教学活动的积极参加者,在教学过程中处于主体地位;教学内容是教师和学生共同的认识对象;教学策略是把教师、学生与教学内容联系起来的中介和桥梁;学习环境是教与学活动得以开展的必须条件。

3. 关于教学本质存在诸多不同观点,如认识说、发展说、层次类型说、传递说、学习说、统一说、实践说、认识—实践说、交往说和价值增殖说等。从哲学认识论的角度看,在师生互动与交流的过程中客观地存在着两个认识主体的结合:教师与学生。教学是主体之间的活动,是由两类不同的主体、不同的活动构成的复合活动。在教学中提倡师生的主体间性,将教师和学生都作为教学活动的主体,双方都以主体的身份出现在教学活动中,并且通过这种主体与主体间的教学活动促进学生的发展、教师的专业发展和师生关系的和谐发展,已经成为当代教学发展的一个基本趋势。

4. 学校的本质特点决定了教学是学校的中心工作,是学校教育活动的基本形式。学校教学具有特殊性,对于人才培养和社会进步具有其功能的不可代替性。学校教学的基本功能主要包括传授知识、发展能力、培养品德和助长生命。这四个方面的功能并非完全割裂,而是密切联系、相互渗透,贯穿在教学活动的全过程之中。

【复习思考】

1. 教学看似是一个不言自明的概念,但为何不同时代所赋予的内涵和意义不尽相同?
2. 选择2—3种有代表性的教学本质学说进行评析。
3. 教师和学生的主体性表现有哪些方面?
4. 谈谈师生主体间性关系的实践意义。
5. 教学的基本功能有哪些方面?简要谈谈你对教学各个功能的理解。

【实践活动】

选择一个课堂教学视频案例,透视教师、学生以及师生关系的状态,并运用主体间性的理论和观点对教学的有效性进行评析。

【拓展阅读】

[1] 张华.课程与教学论[M].上海:上海教育出版社,2000.
[2] 陈晓端.国外教学论基本文献讲读[M].北京:北京大学出版社,2013.
[3] 裴娣娜.现代教学论:第2卷[M].北京:人民教育出版社,2005.
[4] 李定仁,张广君.教学本质问题的比较研究[J].华东师范大学学报(教育科学版),1997(3).
[5] 廖哲勋.我的教学本质观[J].课程·教材·教法,2005(7).

【网站链接】

1. http://www.teachingheart.net/,这是一个以"用心教学"(Teaching Heart)为主题的外文网站。这里提供了关于教学的理念、灵感、课程、链接、活动等丰富资源,旨在为热爱学生和热爱教学的老师们提供资源分享。

2. http://link.springer.com/book/10.1007/978-0-387-09446-5,这里可以阅读到 *A Conception of Teaching* 这本书的部分章节,可以重点阅读"A Conception of the Process of Teaching"这一章的内容。

第三章
课程与教学的关系

【学习目标】

1. 了解课程与教学关系的发展历史；
2. 识记包含说、相互独立说与整合统一说；
3. 了解产生这些不同观点的原因；
4. 理解课程与教学的关系、课程理论与教学理论的关系；
5. 能够阐述课程与教学关系的未来发展状况。

【关键术语】

课程与教学；包含说；相互独立说；整合统一说

课程与教学、课程论与教学论的关系问题一直以来是课程与教学理论研究中的一大困惑,两者的关系极为复杂、密切又难解难分。由于历史社会及认识能力等多方面原因,对课程与教学之间关系问题的讨论可谓是仁者见仁、智者见智,国内外均没有取得一致意见,仍需要深入讨论。

第一节 课程与教学关系的历史回顾

从教育发展的历史来看,最早的课程与教学是一体的,随着科学技术的发展与进步、课程与教学研究视角的不断变迁以及在实践研究与理论研究中有不同的侧重点,人们逐渐把课程与教学看作是两个不同的且相互独立的研究系统。但随着课程与教学研究的不断深化,课程与教学研究中教师作用的突显与学生主体地位的提升,课程与教学又向着一体化的方向发展。综合国内外对课程与教学关系的研究,我们发现主要有以下几种观点:包含说、相互独立说、整合统一说。

一、包含说

这种观点的主要表现有两种情况,一种是课程包含教学,即"大课程论说",另一种则为教学包含课程,即"大教学论说"。这两种说法可以说是两种同心圆式的包含模式。这种包含模式,不论是谁处于上位或者是下位,课程与教学之间存在着包含与被包含的明显层级关系,一个系统是另一个系统的上位,另一个下位系统则是一种附属关系。

(一)大课程论说

美英等国的一些学者往往认为教学是课程的一部分,对教学的研究是课程研究的重要组成部分,从而认同把教学作为课程一部分的"大课程论"观点。这种认识源于美英等国的教育文献对"课程"与"教学"的互用。在他们看来,真正意义上的课程,只有在与教学紧密相连的学习活动中才可以看到。泰勒(R. W. Tuler)的《课程与教学的基本原理》被称为是"课程原理"就是一个很好的证明,因为泰勒就是把教学当作是课程的一部分来看待的。在欧洲其他一些国家,有很多学者也是把课程与教学结合起来一起来论述和研究课程论的。例如课程论专家斯腾豪斯(Stenhouse)的过程模式,就是强调课程与教学过程中的一系列相互作用,还有瑞典的伦德格伦(Lvadgren)也是从课程与教学之间的联系与系统角度来界定课程理论的。在他们看来,教学过程的研究就是课程理论研究的一个重要方面。

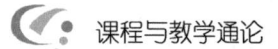

(二)大教学论说

苏联学者则主张把课程作为教学内容,把课程理论作为教学理论的一部分,表现为教学包含课程的"大教学论说"。"课程"一词在苏联学者的著作中极为少见,我们见到最多的是"教学内容"或者"教养内容"。在凯洛夫的《教育学》中,教养内容就是学生在教学过程中所要掌握的系统的知识、技能和技巧,大概有三个部分:教学计划、教学大纲以及教科书。自凯洛夫以后的 20 世纪 80 年代,苏联的教育学中几乎全部都是把课程看作教学内容来研究,课程论研究理所当然地成为教学论研究的一个重要部分。由于历史原因,我国的许多教育研究深受苏联影响,持此类观点的学者也比较多。我国众多的教育学著作都包括四大块内容:教育概论、教学论、德育论以及教育管理论,几乎都是将课程放置于教学论之中来研究,而且众多的教学论中也会用一两个章节的篇幅单独论述课程问题。实际上,除了在理论上没有办法回避的学科交叉融合之外,不少研究者或多或少地认同这一观点。

二、相互独立说

这种观点认为,课程论独居其位,教学论也一样,两者没有接触,各在一端,互相独立。课程与教学这两个独立体之间存在着一道巨大的鸿沟,课程规划与编制者忽略了一线教育工作者的存在,同样其自身也被一线教师所漠视,编制好的课程与教育实践活动中的课程相脱节,教师指导下课堂发生的事情与教育专家所制定好的课堂中应该发生的事情之间变得毫无关联。在这种状态下,课程与教学不发生相互重大影响,各自发展。课程是专家制定、管理者颁布的,教学是教师与学生在教室里进行的交互活动;课程具有很强的法规性质,教学则是在无可奈何地执行课程内容,仅仅是一种不得已的执行罢了。实质上,这种观点的学者坚持课程是内容,教学是过程。课程就是学生所要学习的内容,而教学是学生在学习时教师的传授过程;课程是由一些组成各种教学类型的适当内容所组成,仅仅包括教学内容而已,教学方法、教学组织、教学策略等都不是课程的组成部分,而是教学的重要组成部分。

相互独立说实质上是认识论的二元分离表现。当我们对哲学认识论或者思维方式进行深层次的探讨时便可发现,所有的课程与教学相独立或分离的观点受某些二元论观点影响。过程与内容的二元论认为,课程是学习的内容或者教材,教学则是内容的传递与教学方法的组合过程。内容与过程、教材与方法是相互独立且分离的。这种观点尽管还比较传统,但在今天的课程与教学领域仍然占有一席之地。而目标与手段的二元论则认为,课程是有计划的学习目标或要达到的结果,而教学则是实现这个目标或者结果的手段。自然,目标与手段也是相互独立与分离的。

三、整合统一说

课程与教学相互独立的主张在有力地促进课程与教学论研究发展的同时，也加剧了课程与教学研究相互割裂的倾向，引起了很多学者的关注。在众多学者冷静分析和探讨研究下，逐步孕育出课程与教学整合统一的新趋向，出现了"课程与教学整合论"①或者"课程与教学的一体化"②等主张。

杜威对现代教育的最大贡献是深刻揭示传统教育中所存在的课程与教学的分离以及其他种种形式二元对立的根源，进而在其独特的实用主义"连续性"原则的基础上最大程度地整合了课程与教学并消解了其他形式的教育的二元对立。但由于杜威所处的时代，他的思想中有"唯科学主义"的倾向，加之"实践理性"缺少反思精神，杜威关于课程与教学整合的理念仍然只是停留于思想层面，对教育实践的影响微乎其微。但是杜威的尝试告诉我们，当教育的核心由"制度课程"为"体验课程"所取代的时候，当课程与教学的价值取向由"工具理性"为"解放理性"所取代的时候，当课程与教学的研究不再局限于获得普遍性的、价值中立的课程开发或教学设计的程序、规则、模式，而把重心置于理解活生生的教学情境的时候，课程与教学的界限再一次模糊，二者再一次融合起来。对这种课程与教学整合的新的理念及相应的实践形态，美国学者韦迪（R. Weade）用一个新的术语"课程教学"将其概括。

课程教学，即所谓整合课程与教学，就是把课程和教学作为一个有机的整体来看待。这是针对过去课程与教学的分离来说的。课程与教学的整合，主要从以下两方面来做：首先，要把教学作为课程的开发过程来看待。在过去的教学实践中，课程仅仅被理解为官方课程文件（即所谓制度课程），教学也主要被看作是落实"制度课程"的重要途径。于是，课程与教学就成为彼此分离的两个领域。课程是官方制定的，教材是专家编写的，教学的过程就是忠实而有效地传递课程的过程，二者之间的关系变成了单向的线性关系。在这种情况下，课程不断地走向孤立和封闭，而教学同时也变得沉闷和呆板，师生的生命力和主体性无从发挥，课堂失去了活力。而现在要把教学作为课程的一个过程，教学不再只是忠实地实施课程计划，而是成为课程知识的建构与开发过程。课程也是教学中的课程，是具有社会历史特性的教学事件的一部分，教学是课程开发的过程，是师生共同创生课程的过程。于是，课程与教学便开始由专制走向民

---

① 张华.课程与教学整合论[J].教育研究，2000(2):52-58.
② 高文.试论课程与教学的一体化研究[J].外国教育资料，1996(6):13-17.

主,从封闭走向开放,并且在相互转化、相互促进的过程中彼此有机地融为一体。其次,要把教学当作课程的体验过程。课程不只是文本课程(教学计划、教学大纲、教科书等文件),更是体验课程(被教师与学生实实在在地体验到、感受到、领悟到、思考到的课程)。这意味着,课程的内容和意义在本质上并不是对所有人都是相同的,在特定的教育情境中,每一位教师和学生对给定的内容都有其自身的理解,对给定内容的意义都有其自身的解读,从而对给定的内容不断进行变革与创新,以使给定的内容不断转化为自己的课程。过去的教学强调贴本靠纲,即要紧扣教学大纲和课本,不能脱离大纲,而新的课程标准提倡教师要"用好教材、超出教材",要"开发课程资源",所以教师不能仅仅局限于课本,要让学生用自己的直接经验和参与性活动理解知识,体验课程,要尽可能地拓展学生的视野和知识范围,给学生补充一些相关知识,或启发学生思考。教师要尽可能地启发学生的直接经验,让学生利用自己的直接经验或参与性活动来感受教材以及构建自己的知识体系。在这个过程中,教师和学生不是外在于课程,而是课程的有机构成部分,是课程的创造者和主体,他们共同参与课程开发的过程。在由文本课程向体验课程转化的过程中,教学与课程相互转化,相互促进,彼此有机地融为一体,课程与教学不再是并列的关系,而是整合为一体,课程也由此变成一种动态的、生长性的生态系统和完整的文化系统。

张华教授认为课程教学的内涵可以概括为:课程与教学过程的本质是变革,教学作为课程开发过程,课程作为教学事件。当教育为科技理性或工具理性所支配的时候,教育沦为社会的控制工具,这极易导致课程与教学的分离。同样为科技理性所支配的教育科学加剧了这种分离。当课程与教学在实践理性的基础上整合起来的时候,教育开始呈现出前所未有的生机,但这种整合是有局限的,因为实践理性本身是有局限的。当课程与教学在解放理性的基础上重新整合起来成为课程教学的时候,人的主体性在教育情境中获得充分发挥,教育在人类历史上第一次成为人的解放过程。教育科学不再是为了从复杂的课堂生活中抽取一些孤立的变量进行分析并据此获得一些旨在控制教学实践的处方,而是为了对复杂的课堂生活进行理解,为了表征并解释在课堂情境中所发生的种种事件。[1]

> 信息专栏 3-1
> **课程论与教学论关系的认识**
> (一)大教学论观就是"将课程作为教学内容,课程论作为教学论的一部分"。这一认识的突出代表是原苏联的一些教育学著作。自

---

[1] 张华.课程与教学整合论[J].教育研究,2000(2):52-58.

凯洛夫时代始至20世纪80年代,课程就一直被作为教学内容来谈,而作为教育科学的一个相对独立部分的教学论便担负起研究教育过程的概念和本质、教学原则、教学内容、教学方法和组织等基本问题的任务。我国长期受前苏联这种教育学模式的影响,至今未引起根本性的变化。

（二）大课程论观就是教学是课程的一部分,对教学的研究是课程论的重要组成部分。这种认识源于英美教育文献对"课程"与"教学"的交互使用。像泰勒(R. W. Tyler)等知名学者都是把教学作为课程的一部分来对待的。哈利·布朗迪(Harry Broudy)和蔡斯(Robert S. Zais)也认为课程这一概念更为广义,是母系统,教学是子系统。在我国也有学者持此观点。认为课程作为一种客观存在与教学是不能分离的。其"本质上是一种教育进程,而作为教育进程则包含了教学过程。""课程的属性和类型是多方面的,包含了学科课程与活动课程、显在课程与隐蔽课程,也就包含了课堂教学与课外教学、模仿教学与陶冶教学。教师也是课程研制者,从而构建课程包含教学的主体机制。"课程论已经形成了一个庞大的学科体系,这个体系已经初步构建起了比较清晰的层次和系统结构。这个体系的基本结构把大课程论分为课程论、教学论、分支课程论、分支教学论和教育技术学等五个下位学科,每个下位学科又包含着大量的次下位学科。

（三）一体化论认为课程论与教学论是密不可分的,不能孤立地存在,必须把它们综合起来进行整体性研究。例如英国的斯滕豪斯(L. Stenhouse)的过程模式强调课程与教学过程中的一系列相互作用。瑞典的伦德格伦(U. Lvadgren)也是从课程与教学之间的系统化联系的角度来界定课程理论的。因为课程与教学之间的分裂状态在学校或课程教学实践中必然被打破。所以,应把课程与教学综合成一个问题而不是把它们分成孤立的问题来进行研究。西方学者经过课程与教学、课程论与教学论关系问题的讨论已形成一些共识:课程与教学既有关联,又是各不相同的两个研究领域。课程强调每个学生及其学习的范围,教学强调教师的行为;课程与教学存在着不仅仅是平面的单向的相互依存的交叉关系;课程与教学不可能在相互独立的情况下各自运作。

[资料来源]张大玲.课程论与教学论关系之探讨[J].高等理科教育,2003(S2):81-82.

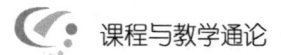

第二节　课程与教学关系的现代理解与建构

现阶段，虽然专家一片"整合"声不绝于耳，但客观上课程与教学、课程理论与教学理论都已形成相应的独立学科，而且这些独立学科内部也在日益分化，形成相应的学科群。课程与教学已现实地存在某种意义上的剥离，由于课程与教学已被人们相对独立地使用着，因此，有必要根据现实存在的理解加以梳理，以使人们形成课程与教学理念上的统一认识。

一、课程与教学的关系

我们认为，可以从以下两个方面理解课程与教学的关系问题。

(一)课程与教学是内连性整体事件

前面已经详细分析过基于实践理性的杜威的课程与教学观，认为课程与教学是不可分离的，因为它们在本质上是由经验决定的，经验是对所尝试的事情与所承受的结果之间联系的感觉。根据杜威的观点，课程与教学也就不必谈什么关系，因为从字面上看课程与教学虽然被作为两个单词而常常独立存在，而在实际所指的课程与教学都表达着一个完整的意思。

韦迪的课程教学更是说明课程与教学的不可分，教学作为课程开发过程，课程作为教学事件，课程作为教学事件与教学作为课程开发过程仅仅是一个问题的两个方面而已。根据韦迪的观点，我们仍无须谈论课程与教学的关系，尽管韦迪用一个概念去解释另一概念，即用课程解释教学，用教学解释课程，也有其一些不妥之处。

(二)课程与教学的存在态式表现

课程与教学虽是指同一事物，但却有不同的态式表现，即表现为静态与动态两个方面。当课程与教学表现为动态时，可以从杜威和韦迪的观点中找到课程与教学不可分的答案，因为一直被教师和学生所实践、所体验。而当表现为静态时，即被代表社会的教育部门规定时，处于制度层面的课程与教学就被人为地分割为课程与教学两个方面或者说两个领域，但其两个领域所指向的仍然是为动态的课程与教学服务的。所以，这种人为分割的课程与教学在研究问题、制订目标计划及要求时，必须指向与研究动态的课程与教学所可能发生的和未发生的一切，而关注动态的课程与教学本身，就又已经把课程与教学统一起来了。所以说课程与教学的关系，只有一个词可以形容：密不可分。

二、课程理论与教学理论的关系

课程与教学存在于活动实施与理论研究两个既密切联系又相对独立的领域之中,虽然理论与实践相结合,但研究的特点却把它们分割了,这种结果与课程与教学又有区别。因此,对课程理论与教学理论的认识应该从以下三方面来看。

(一)课程理论与教学理论统一于课程与教学实践

根据前面对课程与教学问题的探讨,课程与教学在动态的实践中存在着内在的联系,本源上就不是两件事,而是一件事情的两方面表现,这样,就无须有课程理论与教学理论这两门学科的诞生,即课程与教学的所有问题并不是必然地要依靠两门独立的学科来解决。只有一门课程教学论就可以研究课程教学问题。即无论是通过课程理论还是教学理论,将目前各有侧重的研究统一起来,纳入一个统一学科之中,从逻辑上是完全可能的,也是可以的。

课程理论与教学理论统一的基础是课程与教学在实践中的内在联系。虽然有统一的基础,但两门学科的统一与整合却在短时期内很难形成并达成共识。两门学科虽然有统一与整合的基础,但其统一与整合还需要很长的时间,对这种统一的经常反思是有意义的,有助于我们考虑两个学科的相关性问题,有助于我们理解两个学科的独立不是绝对的,更有助于我们认识到学科发展的生命力所在,不在于是否有课程论或教学论,而在于是否对二者共同的研究对象把握了规律,反映了本质。

(二)课程理论与教学理论是并行于教育学体系内的两门下位学科

现实的教育理论研究中,课程理论与教学理论已经产生在了教育学体系之中,并形成了两门独立的学科体系,而且,随着人们认识水平的提高,教学理论将要更明显地分化为"教的理论(教学理论)"和"学的理论(学习理论)"两门学科。[1] 课程理论与教学理论的形成和发展符合学科演进与形成的轨迹,都有代表人物、思想论述与代表著作及形成标志,而且都已被人们所公认。这两门学科也具有教育学分支的所有学科的特征或某门学科的"创生指标"[2],拥有其他学科无法取代的研究对象和学科定义,适应时代需要并在研究者中形成一定的共识,有大多数学者所承认的学科创始人、代表作和精心构建的理论体系。课程理论与教学理论的"分化"也是教育学发展的必然。

课程与教学是两个独立的领域,这种论点在当代的课程理论家中,已获得

---

[1] 施良方.课程理论:课程的基础、原理与问题[M].北京:教育科学出版社,1996:262.
[2] 刘要悟.试析课程论与教学论的关系[J].教育研究,1996(4):10-16.

广泛的认可。具体说来,下列几点似乎已经达成了共识。

第一,课程与教学虽然有关联,但又是各不相同的两个研究领域,课程强调每一个学生及其学习的范围(知识或活动或经验),教学强调教师的行为(教授或对话)。第二,课程与教学肯定存在着相互依存的交叉关系,而且这种交叉不仅仅是平面的、单向的。第三,课程与教学虽是可以进行分开研究与分析的领域,但是不可能在相互独立的情况下各自运作。第四,鉴于课程与教学有着密切的联系,"课程与教学"一词也已经被人们接受,且被学者广泛采用。

由此看来,课程理论与教学理论是教育学体系中两门并列的学科,它们都有各自的研究领域,从构成课程与教学的三个基本要素,即教师的教、学生的学以及作为教师的教与学生的学之中介的课程与教学。这也充分说明了它们之间的不同:教育目的和培养目标是通过所设置的课程进入教学过程的,教育目的或目标本身并不是教学过程的一个要素。课程是教育目的和培养目标的基本体现,教学则是以课程为依据而展开的。作为教与学的内容,课程是教与学活动的中介,并制约着教与学的方法。正是通过这三者的相互作用,构成了一个完整的教学过程。

(三)课程理论与教学理论互为存在与研究的理论基础

目前课程理论与教学理论是分立的两个学科,各自有自己独立的概念和范畴体系,并且被人们普遍地接受和使用。由于"课程与教学"本身是一件事情、一个活动,或者说是一件事情、一个活动的两个方面,因此,对这一活动两个方面的研究也必须注意两者之间的联系,自觉地将对方作为自己的理论基础。教学理论应是课程理论重要的、直接的理论基础之一,在课程理论与教学理论分立的情况下,像教学活动中学生与教师的关系,不同教学组织形式和方法的特征,教学活动的特点和模式等问题的研究,主要由教学理论承担,而这样一些问题,全部关系到课程问题,不仅是课程在实施过程中要面对的,而且是课程在设计时就必须加以考虑的。课程结构的确定、课程类型的选择、课程内容的安排、课程评价的构想,都是建立在对教学活动的某种假设之上,或者说是以某种教学理论的观点作为依据。离开教学理论的基本观点,课程就失去了存在的最根本基础。

课程理论也理应是教学理论重要、直接的理论基础之一。教学理论要获得自身的发展,必须了解课程,了解课程的一般规律和特点,否则,无论是关于教学活动整体的研究还是关于原则、方法、形式的研究,都是空泛的、无意义的。在课程理论和教学理论作为两门独立学科的条件下,这种互为理论基础的状况不会改变,如果忽略了这种状况,任何一个学科的健康发展都将是不可能的。

由此看来,课程理论与教学理论的整合并不重要,重要的是树立课程与教学是同一回事的观念,运用于具体的课程与教学的教育理论研究,并指导课程与教学的实践活动,指导课程理论与教学理论的理论与实践研究。当然,能够上升到整合一门课程教学论也并非不合理、不科学,这对指导某些具体研究者从事两门学科的相对独立研究也有重要的指导意义。

【本章小结】

1. 最早的课程与教学是一体的,随着科学技术的发展与进步、课程与教学研究视角的不断变迁以及在实践研究与理论研究中的不同侧重点,人们逐渐把课程与教学看作是两个不同的且相互独立的研究系统。但随着课程与教学研究的不断深化,课程与教学研究中教师作用的突显与学生主体地位的提升,课程与教学又向着一体化的方向发展。

2. 综合国内外对课程与教学关系的研究,主要有以下几种观点:包含说、相互独立说、整合统一说。

3. 理解课程与教学的关系问题有两个方面:课程与教学是内连性整体事件;课程与教学的存在态式表现。

4. 对课程理论与教学理论的认识应该从以下三方面着手:课程理论与教学理论统一于课程与教学实践;课程理论与教学理论是并行于教育学体系内的两门下位学科;课程理论与教学理论互为存在与研究的理论基础。

【复习思考】

1. 简述课程与教学关系的历史发展。
2. 简述大课程论说的基本内容。
3. 如何理解课程与教学的关系?
4. 怎样理解"课程理论与教学理论统一于课程与教学实践"这句话?

【实践活动】

分组辩论:课程与教学的关系到底是大课程论还是大教学论?

【拓展阅读】

[1] 靳玉乐,李森,沈小碚,等. 中国新时期教学论的进展[M]. 重庆:重庆出

版社,2001.

[2]李定仁,徐继存.教学论研究二十年:1979～1999[M].北京:人民教育出版社,2001.

[3]王本陆.中国教育改革30年:课程与教学卷[M].北京:北京师范大学出版社,2009.

[4]李子建,尹弘飚.反思课程与教学的关系:从理论到实践[J].全球教育展望,2005(1).

[5]董小平,靳玉乐.论课程与教学关系的重建[J].基础教育课程,2006(5).

【网站链接】

1. http://blog.sina.com.cn/s/blog_4941c2330101c5tk.html,该网站可以学习和理解现代教育中课程与教学分离的历史、课程与教学分离的认识论根源以及课程与教学整合的内涵等诸多内容。

2. http://www.ruiwen.com/news/1543.htm,这里不仅能够学习和明确课程与教学的词义,而且还能够帮助你认清课程与教学之间的关系。

第四章
课程与教学论发展

【学习目标】

    1. 理解和掌握课程理论的研究和发展；
    2. 理解和掌握教学理论的研究和发展；
    3. 了解当代课程与教学理论发展的趋势和特点，并且能够联系自己的学习和工作实践。

【关键术语】

    课程研究；课程理论；教学研究；教学理论

课程与教学理论的研究大致走过了萌芽时期、系统理论时期、专门学科时期,并向着更为科学、完善的方向继续发展。为使课程与教学研究更好地为教育实践服务,必须把握课程与教学的历史发展、研究特点与发展趋势。本节把课程与教学研究的历史发展分为课程研究和教学研究两个方面加以考察。

第一节　课程论的形成与发展

从课程研究的历史来看,课程研究主要经历了前科学阶段、系统理论阶段、专门学科阶段,并向着未来方向逐步发展。课程研究表现在理论探讨及实际运用两大方面。每一个时代都有其课程的表现形式,表现形式的背后蕴含着课程的研究理念、研究内容及其特点。课程发展史、应用史也就是课程研究史,它们紧密地联系在一起,表现出不同的研究特点。

一、古代课程思想及其演变

(一)古代课程思想及其形成

古代社会的课程及其研究,包含原始社会、奴隶社会与封建社会三种社会形态的课程及其研究。原始社会,教育并没有从社会生产和生活中分化出来而成为独立的活动,教育内容只是混合的、零乱的、不系统的,没有专门分化的教育内容,因而也就无所谓课程;以奴隶社会、封建社会为代表的古代教育,较原始社会教育有了极大的进步与提高,这时对课程的建设与研究也有了其形态与特征。奴隶社会已出现学校和著名的教育思想家,如我国的孔子及其"六艺"(礼、乐、射、御、书、数)、"四文"(诗、书、礼、乐)说,是我国古代学校最原初的学科群形成的理论依据。

作为西方教育源头的古代希腊教育,也在斯巴达和雅典这两种不同的教育体系中产生了不同的课程,斯巴达教育的主要课程围绕军事体育教育设置,如赛跑、跳跃、掷铁饼、投标、角力等;而在奴隶制民主政治和商业贸易基础上形成的雅典教育,课程则充分体现了和谐教育的思想。在各个教育阶段——文法学校、弦琴学校、体操学校、体育馆中,都分别设置文化、艺术、体育方面的课程。古罗马的学校教育在共和时期有较大发展,面向平民子弟的初等学校,有读、写、算和十二铜表法(Laws of Twelve Tables,制定于公元前451—前450年)为主的课程;面向贵族和富家子弟的文法学校有希腊文、拉丁文以及包括了文学、历史、地理等方面知识的修辞学为主的课程。稍后发展起来的修辞学校,则有修辞学、哲学(辩证法)、法律学、希腊语、数学、天文学和音乐为主的课程。欧洲文艺复兴时期(公元14—16世纪),教育努力摆脱宗教的束缚,智育、体育、美育、德育四者均衡的课程出现,标志着古典中心课程的兴起。文艺复兴时期的课程,虽然偏重人文学科,把代表古典语文的拉丁文和希腊文作为中心科目,但未曾排除其他学科,而且也开设了一些新的课程,如自然科学、天文学、物理学、历史和地理等。但由于自然科学革命尚未发生,课程在范围和内容的更新程度上仍然是有限的,而且宗教教育仍占有一定地位。

总之,文艺复兴时期,打破了宗教对学校课程的垄断,破除了禁欲主义思想,重视锻炼身体,增加了新学科,确立了以拉丁语、希腊语为中心的人文主义课程,而且这种课程对后世的影响是深远的。

(二)前科学时期的课程研究特点

前科学时期的课程研究处于孕育与萌发阶段,并没有科学的概念及系统的理论体系。一些课程研究思想都交织在哲学、伦理与政治等论述中,特别是融入对教育目的、内容等的思考之中,没有专门的术语、概念、体系著作和论述,更谈不上对课程的目标、结构、内容、评价等问题的专门研究;与课程研究相关的论述,仅仅停留在描述、规定或记载上,并没有把课程作为专门的研究对象,而且也没有对课程的推理、论证及构成课程要素的内部规律的认识与把握。

二、课程论的独立与科学化

(一)学科化研究的形成时期

17—19世纪,乘借文艺复兴的东风,欧洲各国从英国率先进行资产阶级革命,先后建立了资产阶级政权。随着资本主义制度的确立,民主主义思潮也在蓬勃兴起。加之生产力的发展,科学技术的进步,产业革命的进展,资产阶级为了它的工业生产和自身的革命,必然要用科学的方法和手段去探索世界。因此,科学便起来反叛过去,传统的古典中心课程的垄断地位面临挑战,加之教育科学、心理科学的迅速发展与运用,使学校课程有了很大的变化。这时的教育科学也从哲学中逐渐分化出来,教育理论家相继出现,课程研究也逐步繁荣并形成系统理论。

1. 系统理论时期的学校课程的变革

文艺复兴后,自然科学在同宗教的斗争中迅速发展起来,在学校课程中占据了应有的位置;百科全书式的课程主张及课程编排的文理学科趋向统一;伴随着新人文学科,如现代国语、历史、公民、地理等的出现,其他一些学科也逐渐受到重视并被采用到课程体系之中,如体育、艺术学科等。

2. 系统理论时期的课程研究特点

在这一阶段,课程研究还没有独立出来,但从教育学论著中看,已在为课程成为一门独立的学科做理论准备,并在对课程问题的有关研究中,表现出系统理论形成的某些特征:①课程研究逐步系统化。这一时期的研究从不同角度入手,不仅涉及课程的门类、内容,还考虑到课程与学习者各方面发展的关系,考虑到课程的结构、教材的编写等。②课程研究的理论依据科学化。课程研究中已改变了纯粹的描述、记载与思辨的特征,改变了理论附庸于哲学、政治、伦理学的状态,有了自己直接的科学理论基础,特别是心理学的运用,使课程研究达到了较高的科学化水平。③课程有关问题的专门化研究。这时出现了课程研究中基本理论层面的重要命题,并积累了丰富的观点和理论,如形式教育与实质教育的课程内容之争、活动课程与学科课程的安排、知识与能力的使用与训练、课程编排的顺序、分科与综合等,这些问题的出现,已表明课程研究在向专门化方向发展。④出现了一批有影响的代表人物,如夸美纽斯(J. A. Comenius)、赫尔巴特、杜威等。

总之,这一时期的课程理论研究体系已基本构成,并表现在教育学的各科理论研究中。课程研究的理论体系正在为专门化的课程研究做积极的准备工作。

(二)课程研究的专门学科时期

课程论独立体系的建立,标志着课程这门学科的诞生。虽然课程的发展与研究有一个丰富而漫长的过去,但作为一个独立的研究领域从教育学中相对独立地分离出来,却是20世纪初的事情。1918年,美国著名教育学者博比特(F. Bobbitt)出版的《课程》(*The Curriculum*)一书,被认为是第一本专门讨论课程的著作,也是课程成为一个独立研究领域的标志。之后,关于课程专门研究的课程论专家的不断涌现及专著的相继出版,各科课程研究方式、方法及理念的改变,使课程研究渐趋科学化。20世纪30至40年代,美国著名教育学家、课程理论专家泰勒集课程研究科学化之大成,成为现代课程理论的重要奠基者和里程碑式的人物,其代表作《课程与教学的基本原理》(*Basic Principles of Curriculum and Instruction*)因而被誉为"现代课程理论的圣经"[①]。之后,课程研究流派纷呈,标志着一个课程研究专门学科时期的到来。在20世纪早期的课程科学化运动中,博比特与查特斯是主要代表,他们的课程理论为科学化的课程研究以及泰勒的课程原理奠定了坚实的基础。

(三)理论体系的建构与发展时期

1. 泰勒原理

1949年,美国学者泰勒的专著,《课程与教学的基本原理》正式出版,被公

[①] 张华.课程与教学论[M].上海:上海教育出版社,2000:10.

认为是现代课程理论的奠基石,是现代课程研究领域最有影响的理论构架。在这部著作里,泰勒提出了四个基本问题:(1)学校应该追求什么样的教育目标?(2)提供什么样的教育经验才能实现这些目标?(3)如何有效地组织这些教育经验?(4)怎样确定这些目标正在得以实现?[①] 这四个问题也可以看作是课程编制过程中的四个步骤或四个阶段,后来课程论领域将这四个步骤称之为"泰勒原理"(Tyler Rationality)。

在这四个步骤中,确定目标是最为关键的环节。泰勒指出,要合理确定教育目标,必须考虑三个来源,即对学生的研究、对当代社会生活的研究和学科专家的建议。由于学校教育的时间、能量有限,因此只能把精力集中在少量非常重要的目标上,这就要对来源于三个方面的目标进行筛选,剔除不很重要的或相互矛盾的或学生无法达到的目标,泰勒建议以教育哲学(学校的办学宗旨)、学习理论(学习心理学)作为筛选目标的两把筛子。

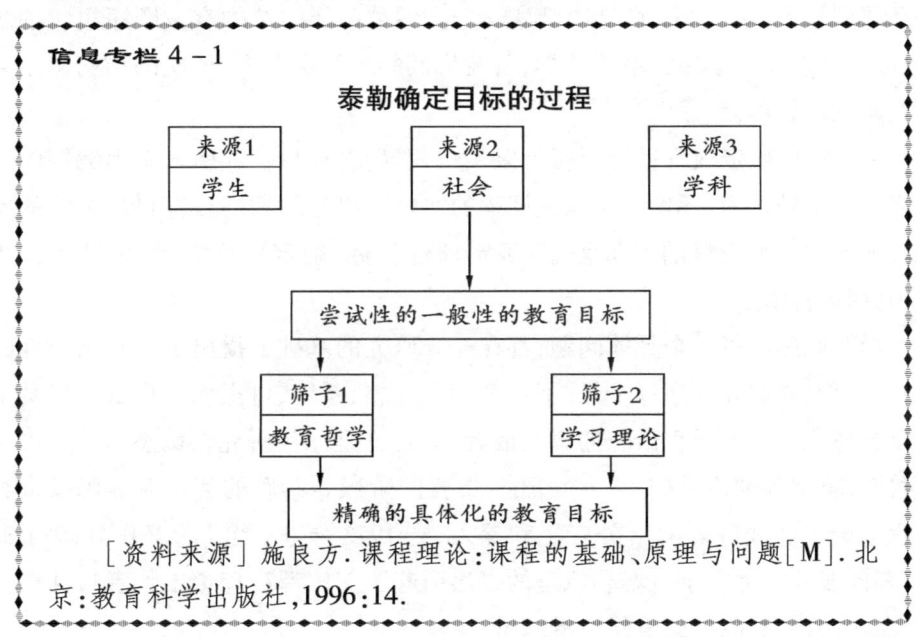

信息专栏4-1 泰勒确定目标的过程

[资料来源] 施良方.课程理论:课程的基础、原理与问题[M].北京:教育科学出版社,1996:14.

关于教育经验(泰勒也使用"学习经验"一词,两个术语在使用时的内涵是一致的[②])的选择,泰勒制定了五条原则:①学生必须使他有机会实践这个目标所隐含的那种行为的经验;②学生经验必须使学生由于实践目标所隐含的那种行为而获得满足感;③学习经验所期望的反应是在有关学生力所能及的范围之

---

① TYLER RW. Basic Principles of Curriculum and Instruction[M]. Chicago:The University of Chicago Press,1949:1.

② 丛立新.课程论问题[M].北京:教育科学出版社,2000:40-42.

内的;④有许多特定的经验可以用来达到同样的教育目标;⑤同样的学习经验往往会产生几种结果。泰勒还指出了有助于达到目标的学习经验所必备的四个特征:培养思维技能的学习经验;有助于获得信息的学习经验;有助于形成社会态度的学习经验;有助于培养兴趣的学习经验。

关于教育经验的组织,泰勒认为应当遵循的准则是连续性(continuity)、顺序性(sequence)和整合性(integration)。连续性是指直线式地重申主要的课程要素。顺序性是指把每一后继经验建立在前面经验的基础上,同时又对有关内容进行更深入、更广泛的探讨。整合性是指课程经验的横向关系。这些经验的组织应该有助于学生逐渐获得一种统一的观点,并把自己的行为与所学习的课程要素统一起来。泰勒指出,学习经验的组织结构有三个层次。在最高层次上,结构要素可以由具体科目、广域课程、核心课程、未分化的结构(类似杜威的活动课程①)任何一种组成;在中间层次上,各种可能的结构有按顺序组织的学程、以一学期或一学年为单位的学程;在最低的组织层次上,可能的结构由小到大有课、课题、单元。

关于如何确定教育目标是否得以实现,泰勒将评价正式引入课程编制的过程之中。泰勒认为,评价就是检查课程的实际效果与预期的教育目标之间的差距。他还建立了完整的评价程序:确定评价目标;确定评价情景;设计评价手段;利用评价结果。

泰勒原理的每一个具体问题,都在充分研究的基础上提出了具有指导性的原则、步骤、要求和程序等,形成了一个相当完整、系统、可操作的模式。泰勒不仅是自博比特以来课程研究的集大成者,而且也是课程研究领域杰出的发展和完善者,将课程理论推向了一个新的、重要的阶段。泰勒的著作对美国及世界课程理论与实践的影响十分广泛和深入,到1975年止,泰勒的著作共印行33次,翻译成几十种文字。泰勒原理的提出引起了美国课程理论工作者对课程全面、深入地研究,成批的著作相继问世。

2. 教育目标分类学

美国心理学家布卢姆(B. S. Bloom)及其同事对泰勒原理中的"教育目标"进行了卓有成效的分类研究,建立了教育目标分类学理论。布卢姆认为,教育目标所表示的是学生的变化,而学生的变化是通过其外显的行为体现出来的。因此,教育目标分类的对象是学生的行为。"我们设计的这种分类学是一种对

---

① 丛立新.课程论问题[M].北京:教育科学出版社,2000:40-42.

学生行为的分类,而这些行为代表了教育过程所要达到的结果。"①他们把教育目标分为三个主要领域:认知领域、情意领域和动作技能领域,每个领域又细分为若干亚类和层次,形成一个完整的、具有一定层级结构的目标体系,为教育理论与实践做出了积极的贡献。

3. 塔巴的课程编制

美国学者塔巴(H. Taba)围绕泰勒原理中的"学习经验的选择"和"学习经验的组织"这两个问题展开了进一步的研究。在 1962 年出版的《课程编制》(*Curriculum Development, Theory and Practice*)一书中,她将学习内容与学习经验加以区分,并将泰勒的直线式课程编制步骤由四个扩展为八个:对需要进行诊断分析;形成具体目标;选择内容;组织内容;选择学习经验;组织学习经验;建立评价标准并进行评价;检查平衡性与顺序性。这种划分使课程编制的过程显得更加具体和细致。

第二节　教学论的形成与发展

任何一门科学都有其产生、发展和完善的历史过程,在发展过程上又以某种特点表现出其阶段性。教学理论现在已经成为一门相对独立的研究领域,它也经历了早期研究、理论萌芽、独立体系和发展与繁荣等阶段,并在各阶段互相渗透,呈现出鲜明的特点。

一、古代教学思想的起源与发展

我国是世界上最早有文字记述教学思想的国家之一。商朝的甲骨文中,教学的内容和方法就可以从"教"字中形象地表现出来。春秋战国时期是中国古代社会发生重大变革的时期,百家争鸣,私学兴起,儒、墨、道、法各个学派的创始人,大都是著名的教育家,对教学有着深刻的见解。儒家学派的创始人孔子(公元前 551—前 479 年)毕生从事教育事业,在长达 40 余年的教学生涯中积累了丰富的教学经验,主要记载于《论语》一书中。其虚心好学、学思结合、时习温故、广闻博见、愤启悱发、举一反三、因材施教、教学相长、诲人不倦等精辟论述,

---

① 布卢姆 B S,等.教育目标分类学:第一分册:认知领域[M].罗黎辉,丁证霖,石伟平,等译.上海:华东师范大学出版社,1986:14.

都是教育、教学智慧的结晶。这些博大精深的教学思想，构成了我国古代教学思想的渊源，并对世界教学思想有着巨大影响；系统论述我国古代先秦教学思想的《学记》，可以说是世界上最早论述教学问题的专著，它比古罗马教育家昆体良的《雄辩术原理》要早300多年。

国外教学思想的源头可以追溯到古希腊。当时的智者派（Sophists）云游各地，以传授雄辩术为业，很重视讲述、解释、演说、对话、争论等技巧。雅典著名思想家苏格拉底（Socraters）在教学中使用对话、提问、暗示、诘难、归纳等方法，激发学生思维，使之主动寻求答案的"产婆术"教学方法，被认为是西方最早的启发式教学。古罗马著名教育家昆体良系统地总结了罗马的教学成就和自己从教20余年的教学经验而写成的《雄辩术原理》，被西方誉为第一本教学法专著。

在教学研究的早期发展中，应该说还不存在现代意义上的教学理论。因为人们对教学的认识还是非常肤浅的，教学思想往往包含于哲学等著作中，教学的认识和表述也多是直观的、感性的经验描述，缺乏概括的、理性的抽象与升华，有关教学的观点、认识也是零散的、不系统的，散见于其他著作中，没有相对完整的理论体系。但这一时期的教学思想萌发着人类教学理论的全部基因和力量，包含着教学理论的原始信息，是人类教学理论进一步形成与发展的理论基础。

二、近代西方教学思想的发展与教学论的创立

教学理论的形成，基本上经历了教学理论的萌芽、教学理论的独立体系、教学理论的科学发展等阶段。

（一）教学理论的萌芽与发展

教学理论的萌芽，产生于启蒙运动的爆发。资产阶级革命的开始和产业革命的发生，使时代发展带上了理性特色，科学技术的迅猛发展推动了社会生产力的迅速提高，自然科学特别是心理学的发展，为教学理论的萌芽与确立奠定了基础。在这种社会背景下，教育领域自然需要努力探求合乎规律的、能有效提高人们科学技术知识、技能和能力的方法与手段，加之对教育普及的追求与效率意识的觉醒和提高，教学理论的理论化、系统化必然成为教学领域的重要追求，这一阶段著名的教学论专家主要有拉特克（W. Ratke）、夸美纽斯、卢梭（J. J. Rousseau）和裴斯泰洛齐（J. H. Restalozzi）等。

1. 拉特克的教学理论

拉特克是教育史上第一个倡导教学论的德国教育家。他在 1612 年向法兰克福诸侯呈交的学校改革的奏书中,自称是"教学论者"(didacticus),称自己的新的教学技术为"教学论"(didactica)。① 拉特克认为,教育是人与生俱来的天赋的权利。要保障每一个人享有这一权利,要使所有国民共享同一的语言、学术和文化,以实现国家和民族的统一和平与独立。为此,拉特克致力于探求教授之术,开拓教学论。拉特克的教学论思想直接影响了夸美纽斯,并对整个近代教学理论的发展产生了积极的推动作用。

2. 夸美纽斯的教学理论

夸美纽斯是捷克著名教育家,是理论化、系统化教学理论的创立者。1632年,夸美纽斯用捷克语出版了教学论史上划时代的著作《大教学论》,因此 17 世纪被称为教学论的世纪。夸美纽斯给教学论下的定义是,"教学论是指教学的艺术","是一种把一切事物教给一切人类的全部艺术"。② 夸美纽斯第一次确定了教学论的概念并构成了它的体系。

夸美纽斯及其《大教学论》在教学论史上具有不寻常的历史地位,他第一次确立理论化、系统化的教学理论,《大教学论》也因此成为现代教学研究的奠基之作,开拓了 17 世纪教学论的世纪,形成了以"教"为中心的西方教学论传统。他的《大教学论》,一方面集文艺复兴以来的教学思想之大成,另一方面又以突出的理论创造成为教学论从哲学体系中分化出来并走向学科独立发展的开端和基石。虽然他的教学理论中还不可避免地带有那个时代给他留下的宗教神学的印记,也没有彻底摆脱其唯心主义世界观的束缚,但这绝不影响他及其《大教学论》在教学理论发展史上的里程碑地位。

3. 卢梭和裴斯泰洛齐对启蒙时期教学论的发展

夸美纽斯之后,法国的卢梭和瑞士的裴斯泰洛齐继承和发展了夸美纽斯的自然适应教学思想,对近代教学理论做出了重要贡献。

卢梭是 18 世纪启蒙时期法国著名思想家、社会哲学家、教育理论家。他于 1762 年出版的教育名著《爱弥尔》,被认为是柏拉图《理想国》之后西方最完整、最系统的教育论著。卢梭通过《爱弥尔》这部教育小说,虚构了主人公爱弥尔从出生至成人的教育历程,表达了其教育教学的思想理念,从而揭开了西方教学

---

① 佐藤正夫.教学论原理[M].钟启泉,译.北京:人民教育出版社,1995:2.
② 夸美纽斯.大教学论[M].傅任敢,译.北京:人民教育出版社,1984:3.

思想中个人主义价值取向的序幕。

卢梭的教育思想是"自然教育论"。他在《爱弥尔》中开宗明义："出自造物主之手的东西，都是好的，而一到了人的手里，就全变坏了。"①人性本善，人之所以堕落是由于社会的污染。他因而主张自然教育：使儿童从社会因袭的束缚与压抑中解放出来，回归人的自然状态，遵循人的自然倾向，使儿童自由成长。尽管卢梭不是教育实践家，但他主张教育要尊重儿童的自然天性和主体地位；主张教学要基于儿童发展的年龄特征；他把发现视为人的天性，把兴趣与方法视为发现教学的基本因素，把自主的、理性的人格视为发现教学的目的；他确立的活动教学、实物教学和形式教学等问题，都是现代教学理论研究的基本问题；他的"自然教育"和"发现教学"成为后来"儿童中心"和"发现法"的思想渊源。同时，他注重儿童心理发展的思想，也使教学理论研究向心理学方向迈出了一大步。

裴斯泰洛齐，瑞士民主主义教育思想家、教育改革家。裴斯泰洛齐深受卢梭的影响，在长期的教育改革实践中，创造性地发展了卢梭的教育思想，提出了"教育适应自然的原则"，充分论证了"自我发展"原理和"直观"原理，明确提出把心理发展的研究作为教学总原则的基础，成为教学"心理学化"的先驱。裴斯泰洛齐的教学理论是对夸美纽斯、卢梭教学理论的总结与深化，他是近代教学论的集大成者，特别是其"教育教学心理学化"的思想，推动了教学理论科学化的进程。

(二)教学理论独立体系的形成与发展

教学理论独立体系的形成是以赫尔巴特的《普通教育学》(*General Pedagogy*)为标志的。在其后的发展历程中，第斯多惠(Diesterweg)、斯宾塞、乌申斯基(Ushinsky)等人的心理学科学观念丰富着教学论的科学性。特别是德国著名心理学家冯特(W. Wundt)在1879年建立的世界上第一个心理实验室，激发了德国梅伊曼(E. Meumann)、拉伊(W. A. lay)的教育教学实验研究，"实验教学论"的出现，给具有独立体系的教学理论注入了现代科学主义的因素，开创了教学理论研究的新时代。而美国教育家杜威"现代教学论"的诞生，既批判了传统教学论的弊端，又提出了新的教学理论理念，使教学理论中关于"主体地位"的认识得到了充分体现，使教学论的发展更趋于完整，同时也揭开了现代教育的序幕。

1. 赫尔巴特与教学理论的独立体系

赫尔巴特是德国著名哲学家、心理学家、教育学家。他在裴斯泰洛齐"教学心理学化"思想的影响下，继承并超越了前人教学理论的遗产，在教育史上第一

---

① 卢梭.爱弥儿：论教育：上卷[M].李平沤，译.北京：商务印书馆，1978：5.

次建立了以心理学为基础的教学理论,并第一次把教学论作为教育学的相对独立的组成部分,确立了西方近代教育史上的教育学、教学论体系。他将观念心理学中的"统觉"原理运用于教学中,阐明了教学的任务是培养多方面的兴趣,创立了教学过程的"形式阶段"理论,提出了教学的教育性原则,从而形成了以掌握书本为主旨的被称为传统教学论的完整理论体系,统治并影响欧美教育界半个世纪之久,至今也在影响着教学领域。

赫尔巴特对教学理论的贡献是巨大的,是教学理论历史上的一座丰碑。但他过于强化教师对教学过程的控制作用,对学生主体性的发挥重视不够,从而陷入"教师中心论";过于强化学科的重要性,对学生活生生的经验重视不够,从而陷入"学科中心论"。

2. 独立体系的教学理论发展

赫尔巴特使教学理论从教育学中分化出来,成为一门独立的体系和独立的学科。之后,被第斯多惠、斯宾塞、乌申斯基等人以各种方式方法,特别是拉伊、梅伊曼等人的"实验教学论"不同程度地注入了科学化的内容和理论,为教学论做出了贡献,使教学论逐渐成熟并走向科学的教学论。

总之,自赫尔巴特教学论到实验教学论,整个教学理论的发展从独立到科学,历经众多教育家的丰富与完善,表现出其发展过程中的某些特点:教学论的概念被正式运用,其内涵也逐渐得到揭示,教学论从哲学与教育学中分化出来而形成相对独立的完整体系;教学论与心理学建立起联系,教学的心理学化运动使教学理论的科学化程度显著提高,教学论的科学基础得到重视和丰富;对教学理论的认识和表述开始从经验描述走向理论说明,从具体比喻发展为科学论证,从哲学思辨到实验研究;教学理论研究方法日趋科学化,教学本身的理论性逐渐增强;传统的优秀的教学理论思想不断得到补充、丰富、发展和完善,由夸美纽斯到赫尔巴特所建立的以课堂教学为中心,以强调教师的教为中心,以学科知识体系为中心的"传统教学论"已经形成。

3. 传统教学论与现代教学论的分水岭

虽然人们对传统与现代的分类标准各持观点,不同的标准依据下有不同的意义理解,但对赫尔巴特的传统教学论与杜威的现代教学论从教师中心到学生中心的观念转变的认识是一致的。因此,杜威的教学论在某种意义上既是传统与现代的分水岭,又是人们对教学论中教师与学生的地位与作用辩证性认识的新起点,是现代教学论发展的里程碑。

杜威是美国著名的哲学家、心理学家、社会学家,是20世纪最伟大的教育哲学家。他的教学论建立在实用主义或经验自然主义哲学基础上。他继承和发展了西方自古希腊、古罗马以来的教育遗产,创造性地确立了四个教育哲学命题:教育即经验的不断改造、教育是一个社会的过程、教育即生活、教育即生长,并在此基础上形成了他的教学论主张。至此,教学理论的独立体系已形成,并且走向科学化。在教育史上,杜威对现代教育和教学论的贡献是无与伦比的,所以人们这样评价这位伟大的教育家:"离开了杜威,教育史是一片空白!"

可见,传统教学论与现代教学论的分庭抗礼,把教学论分为两种对峙模式,并表现在"三个中心"的分野上:书本中心与经验中心的分野、课堂中心与活动中心的分野、教师中心与儿童中心的分野。现代化教学便分为两个侧面,各自在自己的道路上完善自己的理论和实践。

(三)科学教学论的形成

科学的教学论,应该有科学的方法论指导思想、理论基础和研究方法。如果说 17 世纪是教学论理论化、系统化确立的时期,以夸美纽斯为代表;18 世纪是教学论独立体系成为一门独立学科的时代,以赫尔巴特为代表;19 世纪是教学论走向科学化并全面展现教学论问题的时代,以拉伊等人"实验教学论"的问世及赫尔巴特"传统教学论"与杜威"现代教学论"为代表的分庭抗礼为标志,那么,科学教学论的形成则以马克思主义的诞生及其被运用到教学论中为标志,即苏联凯洛夫(Kaiipob)主编的《教育学》中的教学论是科学的教学论。当然,这种科学教学论的诞生是当时社会发展的产物。

一般认为,20 世纪 40 年代,以凯洛夫为代表的苏联教育家在 1948 年主编的《教育学》中的教学论部分,便是马克思主义教学论的诞生,即"科学的教学论"。在苏联十月革命后的社会主义条件下,凯洛夫主编的《教育学》中的教学论,既是对从夸美纽斯到乌申斯基教学论思想的批判与继承,又是对苏联 20—30 年代教学经验的总结。在今天看来,凯洛夫的教学论存在一些明显的缺点和不足,但其教学理论毕竟和传统的教育学者的教学理论有着本质的区别,它在教学论史上第一次把马克思主义的认识论引进了教学过程,可以说,凯洛夫的教学理论代表了他所处的时代教学论所达到的高度,并在社会主义阵营中作为"科学教学论"广泛传播、影响并得以发展壮大。

(四)当代教学论的发展轨迹

20 世纪五六十年代,在以行为主义心理学为基础的教学理论研究盛行的同时,一些"新教学论"特别是"三大新教学论流派"对教学的影响是相当大的。所谓"三大新教学论流派"是指苏联教育学家赞可夫的"发展性教学论"、美国著名心理学家布鲁纳的"发现教学论"以及德国教学论专家瓦根舍因(M. Wagenschein)和克拉夫基(W. Klafki)为代表的"范例教学论"。三大新教学论流派的共同特点是通过改革课程结构与教学体制,培养儿童优异的智力,进而推动其个性整体发展。

另外,苏联巴班斯基的教学过程最优化,体现了现代教学的多样结合。保加利亚罗扎诺夫(G. Lozanov)的暗示教学开辟了现代教学利用无意识的广阔天地。美国心理学家罗杰斯的非指导性教学,把心理临床治疗的原理运用于教学之中,充分发挥人的作用,教师不对学生进行指示,而是进行平等的对话、交流,注重感情的适应性,双方都在真诚、平等地进行沟通,从而建立起教学注重学生的个性和情感、体现学生主体性的非指导性教学过程。

从 20 世纪 60 年代末期开始直到整个 70 年代,行为主义在心理学领域的主导地位逐渐被认知心理学所取代,以认知心理学为基础的教学设计理论开始兴盛起来;进入 80 年代,北美的教学设计理论有一个基本趋势,那就是把不同的教学设计理论与认知科学和教育技术学的发展综合起来;90 年代建构主义理论以及相关的理论已经对各国的教学设计和教学理论产生了重要影响,并涌现出一批具有建构主义思想的教学论专家,产生了一些新的教学设计范型和教学论理论流派(详见第三节)。

总之,20 世纪以来的教学论发展丰富多彩,特别是 20 世纪 50 年代后产生的许多新的教学论流派,谁也不能主导教学的理论与实践研究而独霸天下,这种多家共存、互相斗争而又互相吸引的局面,意味着现代教学论迈入了多样综合的新时代。

第三节　课程与教学理论的发展趋势

尽管国内和西方的课程与教学理论呈现不同的研究特点或趋势,但关注实践、重视信息技术及相关学科成果的影响、注重研究的合作与多元是国内外的共同趋势。

一、我国课程与教学理论研究的特点与趋势

(一)重视课程与教学论领域的理论与实践研究

毫无疑问,2001 年 6 月颁布的《国家基础教育课程改革指导纲要(试行)》

(以下简称《纲要》)将成为未来我国基础教育课程与教学论研究领域的指导性文件。在对《纲要》进行解读与领会落实其基本精神的同时,加快课程与教学论领域的理论与实践研究将是大趋势。在课程与教学研究的理论与实践中,基于信息技术和基于脑与认知科学的课程与教学研究,有关综合课程、研究性课程、校本课程的研究等,将会成为本领域的研究热点。在对这些热点问题进行关注的同时,我国课程与教学论的研究将在完善课程与教学论理论研究的同时,更加关注课程与教学论实践领域的研究与创新,在不断探索中找到课程与教学研究的最佳结合点,逐步形成具有中国特色的课程与教学论研究学科体系与理论流派。

(二)基于信息技术的课程与教学研究与人文性课程与教学研究的整合

随着信息时代的到来,教育技术对课程与教学论领域的影响将越来越大,它不仅改变了人们的观念,而且直接影响了课程与教学的深层变革。面对面的、真实的教学变为虚拟,传统的班级已经改头换面,课程的资源不仅丰富多元,而且可以人人共享,所有这些变化都会敦促人们去对基于信息技术的课程与教学领域进行深层探索。另一方面,在利用现代信息技术的基础上,如何处理好课程技术性与人文性的关系是课程改革研究的一个重要课题,使课程结构既体现技术优势,又关注学生人文精神和道德情操的培养。将基于信息技术的课程与教学的研究与人文性课程与教学研究进行科学合理的整合,也将是我国课程与教学论领域研究的未来趋势。

(三)关注对课程与教学论领域有重要影响的相关学科的新成就的研究

传统意义上学科界限的存在,不仅束缚了理论与实践研究者的思维,而且使得对一个领域的研究过于片面与局限,难以从一个更广阔的视野来审视本领域的发展。因此,在知识经济时代来临之际,课程与教学论的研究将顺应教育研究的新发展,从多个视角来关注对课程与教学论领域有重要影响的相关学科的新成就的研究。如对哲学、心理学、社会学、人类学、脑与认知科学、信息技术领域等最新研究成果的关注,特别是近年来脑与认知科学研究的兴起和研究新成果的涌现,已经对课程与教学论领域的研究产生了积极的影响。这种做法不仅会预防课程与教学论研究中"只见树木、不见森林"的研究方法,而且将会使课程与教学论的研究从对这些相关学科的关注中获益。

(四)提升学科教育的学术研究水平

当前,世界各国课程与教学论研究者在关注学科理论本身研究的同时,更加关注支撑课程与教学论领域的学科教育的研究。研究者不仅对学科教育本身进行重新界定,而且关注理论与实践方面的深层探讨,因此,摆脱传统的学科教学法的研究思路,摆脱学科教育研究落后于课程与教学论理论与实践研究的现状,摆脱学科教育理论与基础教育实践两张皮的现象,从整个社会发展的宏观背景与视野中去体认与把握学科教育未来发展的特征,提升学科教育的学术研究水平,建立新型的、完整的、开放的、动态的研究体系,必将成为我国课程与教学论领域未来研究的亮点。

(五)研究群体将走向多学科领域与多层次研究者的国内外合作

课程与教学论的研究是面向实践的,因此,它的研究不仅建立在各学科领域的研究之上,而且需要各学科领域研究的支撑。近年来,国际上有影响的研究群体大都是多学科领域通力合作的模式。另外,课程与教学论领域的研究特点也决定了仅有理论研究者的"杜撰"是无效的,高校研究人员、各级研究机构的研究人员以及教学实践中的各学科教师的合作将是未来课程与教学论领域研究的发展方向之一。而面向世界的教育,必然要走与国际上先进国家合作的道路。在未来的研究中,课程与教学论的研究将以参与国际对话为追求,继续推进与国际的合作,植根于我国教育改革的现状与需求,最终使我国有特色的课程与教学论研究走向世界。

二、西方课程与教学理论研究的特点与趋势

虽然西方各国课程与教学研究的背景各异,却呈现出一些共同的特点与趋势。

(一)关注课程与教学论领域的理论与实践研究

世界各国课程与教学论领域的研究学派林立,但是,每个国家都十分关注课程与教学论领域的理论与实践研究。在课程研究领域,主要集中在以下几个方面:第一,应对社会发展中技术、经济、政治、国内外环境的挑战,对课程政策的研究与调整;第二,对课程结构与内容的研究;第三,对国家课程、地方课程和校本课程的开发研究;第四,课程统整的研究;第五,对课程实施与评价的研究等。如各国均关注对课程统整的研究,并直接影响了课程与教学的实践领域的改革。目前,英美一些国家把历史、地理、经济学、政治学、人类学和法学等综合为一门课程,即社会研究;把物理、化学、生物、生态、生理、实用技术等融合为综合自然科学课;把文法、阅读、写作、戏剧、电影、电视、新闻和实用语言等综合成语言艺术课;把绘画、美工、雕塑、音乐、舞蹈、工艺和广告等综合成创造艺术课。

(二)课程与教学论研究学派多元

由于受多元化文化的影响,西方各国课程与教学论研究学派多元,研究领域长期存在学术争鸣,气氛活跃。20世纪70年代的德国是课程研究最兴盛的

时代,根据联合国教科文组织的调查,1971 年在西德就有 130 个课程研究群体,仅对"课程构想"的一项研究,就有"柏林小组""明斯特小组"等多个研究小组;而在美国,有学者把当代美国的研究分为三类:传统学派的课程研究、后现代学派的课程研究和社会学、心理学、历史学的课程研究。其中,1970 年开始的以派纳(Pinar)、吉鲁(H. A. Giroux)、阿普尔等为代表的"概念重建"课程研究运动,至今还影响着美国的课程研究领域,并使课程的历史研究成为一个活跃的领域。

(三)关注基于信息技术的课程与教学研究

信息技术的飞速发展使教育实现了真正的革命性变革。首先,传统的教与学的过程发生了变革,学生成为真正的学习主人,他们可以自由地在互联网上选择课程、教师和学习的伙伴;其次,网络大学、在线学校、虚拟学校的创建,使教育空间得到了拓展,全球的教育资源可以共享;最后,以文字为基本载体的教材将逐步被声、文、图并茂的多媒体教材所代替,使学生的学习增加了趣味性。因此,世界上信息技术教育研究起步较早的一些国家不仅增加对信息技术教育的投资,关注对基于信息技术的课程与教学论的理论研究,而且将信息技术课程作为正式课程在基础教育阶段开设,甚至有的国家规定从幼儿园开始培养儿童对电脑的兴趣。据 2000 年 6 月的统计表明,美国几乎所有的公立中小学均接入国际互联网,有 72% 的教室接入互联网。在法国,学生除了在 9—10 岁接受 50 小时的电脑教学外,电脑教学是整合在各科目之中的。"全民计算机计划"是法国资讯教育的重要计划之一,该计划为全法国学校购置了电脑设备。目前,法国正持续更新学校的硬件设备,加强软件的研制与教师的训练,并将教学重心放在一些应用软件,如文书处理、电子表及多媒体等的应用上。在德国,基础教育阶段学校对教学内容的改革,主要集中在信息教育渗透各级各类教育中。为在教学中及时体现信息技术发展动态,德国各级各类学校一方面配备一定规模的硬件设施,另一方面将信息技术的基础教育渗透到各类学校的教学大纲中。

(四)人文性课程研究的回归

现代信息技术的飞速发展给课程与教学论领域的研究与发展带来了巨大的挑战,人们在将课程与教学改革的目光投向技术领域时,却忽略了对人文性课程研究的关注。20 世纪 90 年代以来,许多国家认识到,在追求技术文明的同时,继承和弘扬人类传统美德和优秀价值观念同样重要。因此,许多国家在关注对人文性课程研究的同时,在课程结构的改革中,再次关注对未来社会公民道德、情操和品行的培养,通过伦理、哲学、文学、历史等学科,强调认识和汲取民族的传统文化精华,以民族的、健康向上的文学、音乐、传统文化丰富和充实现代学校课程,以陶冶情操,弘扬爱国主义精神。①

【本章小结】

1. 从课程研究的历史来看,课程研究主要经历了前科学阶段、系统理论阶段、专门学科阶段,并向着未来方向逐步发展。
2. 教学理论的形成,基本上经历了教学理论的萌芽、教学理论的独立体系、教学理论的科学发展等阶段。
3. 我国课程与教学理论发展的特点与趋势。
4. 西方课程与教学理论发展的特点与趋势。

【复习思考】

1. 简述课程理论的历史发展。
2. 简述教学理论的历史发展。
3. 简答泰勒原理的主要内容。
4. 简述我国课程与教学研究的趋势。
5. 简答西方课程与教学理论发展的特点与趋势。

【实践活动】

请结合我国和西方的课程与教学理论发展特点,以小组为单位深入中小学教育教学实践,反思和分析当前我国课程与教学理论在发展中存在的问题与不足。针对存在的问题和不足提出相应的意见和建议。

【拓展阅读】

[1]麦克尼尔.课程导论[M].施良方,唐晓杰,罗明东,等译.沈阳:辽宁教育出版社,1990.

[2]施良方.课程理论:课程的基础、原理与问题[M].北京:教育科学出版

---

① 郭晓平,叶玉华.国际基础教育发展现状与趋势[J].教育研究,2000(10):63-67.

社,1996.

[3] 派纳 F,雷诺兹 M,斯莱特里,等.理解课程:历史与当代课程话语研究导论[M].张华,等译.北京:教育科学出版社,2003.

[4] 廖哲勋,田慧生.课程新论[M].北京:教育科学出版社,2003.

【网站链接】

1. http://www.kcs.ecnu.edu.cn/CN/Default.aspx,通过这个网站可以学习和阅读关于课程与教学最近发展的著作、论文和新近英语论文辑要,了解课程与教学发展的最新动态。

2. 教育在线,http://www.eduol.cn。

3. 美国教育资源信息中心,http://eric.ed.gov。

第二编
课程理论与实践

第五章 课程内容

【学习目标】

1. 识记有关课程内容的基本概念；
2. 掌握课程内容的制约因素及基本取向；
3. 了解课程内容组织的基本取向及原则；
4. 明确课程组织的基本结构和类型；
5. 了解我国基础教育课程改革的历史变迁。

【关键术语】

课程内容；课程组织；课程结构；课程类型

课程内容是构成课程的基本要素,是课程内在结构的核心成分。可以说,课程问题就是内容问题,本章将要详细论述的课程资源、课程设计、课程实施、课程评价都是围绕内容的安排展开的。

　　课程内容的研究主要解决的是如何选择和组织某一门课程的内容,即关于课程内容的选择和组织问题,除了考虑与目标的相关性之外,还要考虑它们对学生和社会的实际意义,考虑内容的科学性和有效性以及它们能否为学生所接受、是否符合学生的身心发展等问题。

　　本章主要探讨四个问题:课程内容概述,课程内容的选择,课程内容的组织以及课程的结构与类型。

第一节　课程内容概述

　　什么是课程内容?这是课程理论不可回避的基本问题,对这一问题的回答,将会影响课程内容选择和组织的逻辑形式。

一、课程内容的概念

　　关于课程内容(curriculum content)的概念,国内外课程理论中主要有三种观点:一种观点认为,课程内容是在教育机构范围内要向学生灌输的知识。[①] 这是课程知识社会学的观点,他们认为课程内容与教育目标直接相关,课程内容反映了社会权力控制的法则,即课程内容反映的是统治阶级的意志。

　　另一种观点则认为,课程内容是在一门课程中所教授或所包含的知识,也是指一些学科中特定的事实、观点、法则和问题等。[②] 这种观点是从课程内容的设计及其构成的角度来定义课程内容。它是在一定的教育价值观及相应的课程目标指导下,对学科知识、社会生活经验或学习者的经验中有关知识经验的概念、原理、技能、方法、价值观等选择和组织而构成的体系。

　　廖哲勋、田慧生则认为,课程内容是一系列比较系统的直接经验和间接经验的总和,课程内容是根据课程目标从人类的经验体系中选择出来,并按照一定的逻辑序列组织编排而成的知识和经验体系。[③] 直接经验指与学生现实生活及其需要直接相关的社会知识、自然知识及其技能的总和,譬如社会生活经验、

---

① 江山野.简明国际教育百科全书:课程[M].北京:教育科学出版社,1991:69.
② 江山野.简明国际教育百科全书:课程[M].北京:教育科学出版社,1991:110.
③ 廖哲勋,田慧生.课程新论[M].北京:教育科学出版社,2003:182-183.

学习者的经验;间接经验即理论化、系统化的学科知识。

我们可以看出,后两种观点有相似之处,即课程内容都来源于经验,来源于社会生活、学习者生活的经验。

二、课程内容的构成

(一)课程内容的内在要素

一般来说,任何形态的课程内容都应包含五种基本的要素,即认知性知识、道德性知识、审美性知识、健身性知识、劳动技术性知识。

认知性知识指关于学生认知领域素质发展的内容。它包括学生必须掌握的关于社会、自然、人的理论基础知识。所谓的理论基础知识是指反映自然、社会、人的发展规律的基础知识,是学生个体发展必须具备的理论知识。学生在理解和把握这些理论基础知识的基础上,促进智力与能力的发展。任何形式的课程都包含一定的认知性知识要素。认知性知识要素对提高学生的认识活动能力具有重要意义。

道德性知识指关于学生品德领域素质发展的内容。它包括学生必须具有的道德观念、思想意识、价值观念、政治态度以及一定的意志品质等方面的知识。道德性知识具有强烈的社会性和思想性,课程内容中必然显性或者隐性地包含着一定的道德性知识。

审美性知识指关于学生审美素质发展的内容。它包括审美知识和观念以及学生个体的审美体验,在此基础之上形成学生正确的审美观,以及感受美、识别美、鉴赏美和创造美的能力。

健身性知识指关于学生身体素质发展的内容。它包括正确的健身知识、生理卫生知识、良好的健身习惯以及健身经验。

劳动技术性知识指关于学生劳动技能素质发展的内容。它包括基本的生产劳动知识和技术、技能以及劳动经验。劳动技术性知识既包括专门的生产劳动知识,也包括内含于认知性知识要素之中的生产劳动知识和技术。

因各种课程的内在要素在某一课程中所占的比例不同,便构成了不同性质的课程,如智育课程、德育课程、美育课程、体育课程和劳动技术课程。

(二)基础教育课程内容的组成部分

基础教育课程内容包括以上五种基本要素,以满足智育、德育、美育、体育、劳动技术教育等全面发展教育目标的基本要求,即基础教育课程内容包括智育课程内容、德育课程内容、美育课程内容、体育课程内容、劳动技术课程内容。这些内容具体涉及以下三个领域的内容:

①关于自然、社会和人的基础知识。主要包括各门科学的基本事实、基本

概念、基本原理等方面的理论知识。

②关于认识活动方式的基本技能技巧。主要包括一般智力技能和各种动作能力的内容,智力技能内容包括学生的观察能力、记忆能力、思维能力、想象能力、创造能力等方面的内容;各种动作能力的内容包括身体运动技能、各种艺术活动技能、操作简单生产和生活工具的技能等方面的内容。

③关于发展实践活动能力的内容。主要包括发展组织能力、自我管理能力、自我调控能力、自我评价能力、语言表达能力、审美能力、品德行为能力以及解决问题的能力等方面的内容。

以上这些课程内容可以简单地理解为知识和能力两大类要素。课程内容的内在结构就是通过不同性质的课程内容之间的相互关系来体现的。

三、课程内容的意义

课程内容是课程的核心要素,是课程内在结构的重要组成部分。课程内容是许多课程问题的集结点。

课程内容与课程目标之间有内在的逻辑关系。课程内容是课程目标为直接依据选定的,课程内容在一定程度上体现课程目标的要求;课程内容的合理性将会影响人才培养的质量规格。

课程内容会影响课程实施中教与学的活动方式。课程内容的性质不同,要求在教学中采用不同的教学方式。教学方法的选择、教学组织形式的采用以及教学辅助材料的使用等方面,都要考虑课程内容的性质。

课程设计是课程内容的组织安排,课程评价是判断内容产生的结果。总之,任何课程理论都需要客观地回答"什么知识最有价值"这一经典的课程内容问题。

第二节 课程内容的选择

现在,人类社会积累起来的知识与经验浩如烟海,仅现有的学科门类就有数千门之多。知识爆炸已不是什么新名词,学生在他的学生时代所要掌握的学科门类以及各门学科的内容是极其有限的。因此,课程内容必须经过严格选择。对课程内容的选择首先必须考虑制约它的因素。

一、制约课程内容选择的因素

课程内容是课程目标的具体化。总体说,制约课程内容选择(或课程内容选择的原则)的直接依据是课程目标,具体地说,制约课程内容选择的因素有,社会发展需要、学生身心发展规律、人类文化知识本身等要素。

（一）课程目标

课程目标的选择经常脱离目标，可能是当前课程领域极其重大的问题。课程目标虽包括认知、技能、情感三大领域，但在内容的选择过程中，往往注重认知领域的有关内容。课程目标作为课程编制过程中首要的组成部分，对课程内容的选择起着指导作用。内容的选择必须按照目标，即有什么目标便有什么内容，让目标和内容取得一致。如在新的小学数学课程标准中强调让学生"体会数学与自然及人类社会的密切联系"，在选择课程内容时，就应当为学生提供机会去体会、观察和分析现实中的问题以及数学与人类社会的联系，选择密切联系学生生活实际和现实社会的内容。

（二）社会发展需要

社会发展对学生素质发展的一般要求是课程内容选择的客观依据。一定的社会生产力发展状况与水平、政治制度、经济制度、社会文化等对学生的素质发展提出了不同的要求，学生要融入社会，必须认同社会主流的价值观念以及社会生活方式。因而在课程内容的选择上，需要注重社会取向，根据社会发展的需要，选择适应社会发展需要的课程内容。

当然，不能单纯地考虑现实社会的需要。教育是为未来社会培养公民的。如果仅仅从现实社会的需要出发选择课程内容，将会不可避免地出现人才培养滞后与社会发展的问题，所以教育应该先行，应适度超越现实社会。

（三）学生身心发展的规律

课程的基本职能就是促进学生的发展。而学生身心发展规律、水平以及需要，也制约着课程内容。

一方面，课程内容的选择要考虑学生现有的发展水平及其发展规律。学生身心发展的水平制约着课程内容的深度和广度。低于学生身心现有水平的课程内容将不能满足学生的发展需要，超越学生身心发展现有水平的课程内容，将会对学生造成过重的智力负担，过犹不及，同样会导致基础教育质量下降。所以应为不同年龄阶段的学生设计不同的课程内容，并且同时注重课程内容的相对稳定性。

另一方面，课程内容的选择还应考虑学生身心进一步发展的需要。课程的基本功能在于育人，课程内容的选择必须满足受教育者身心进一步发展的需要，促进学生的个性自由发展。即主张课程的功能是要为每一位学生提供有助于个人自由和发展的、有内在激励的知识。①

(四)人类文化知识本身

课程内容的基本要素是知识。课程内容的选择需要考虑人类文化知识和技术本身的特点和发展趋势。

第一,人类科学文化知识是课程内容选择的直接来源,它制约着课程内容选择的范围。文化知识越丰富,课程内容选择的范围就越广泛。内容的选择必须从文化知识总库中选择最基础最重要的知识。第二,人类文化知识的发展速度制约着课程内容更新的速度。学校课程内容的选择就要注重科学文化知识的基础知识和基本技能,同时也要反映人类文化知识发展的最新成果以及新趋势。第三,人类文化知识的结构影响课程内容的结构。人类文化知识的发展从古代文化知识的萌芽状态,到近代文化知识的逐渐分化,再到现代文化知识的系统成熟完备,相应的课程内容在不同时期也反映了文化知识的结构特征。

制约课程内容选择的因素有很多,在课程内容的选择上,应处理好各个因素之间的相互关系,孤立地强调某一因素对内容的制约作用势必会导致课程内容的片面性。

二、课程内容的基本取向

课程目标的基本来源是学科的发展、当代社会生活的需求、学习者的需求,相应地,课程内容的基本取向即学科知识、社会生活经验、学习者的经验。

(一)学科知识

课程内容在传统上历来被作为要学生习得的知识来对待,这些知识采取事实、原理、体系等形式构成一定的科目,不管用什么样的教育术语来表述,但重点都放在向学生传授学科知识这一基点上,而知识的传授是以教材为依据的。我国历史上的"六艺"以及欧洲中世纪初的"七艺",实质上就是确定了课程内容即系统化了的知识,并把这些知识作为科目或学科教授给学生。事实上,我国自20世纪50年代初引进苏联凯洛夫主编的《教育学》以后的几十年里,基本上是把课程内容作为学科教材来处理的。这种取向的实质是强调学科知识的系统化,强调学校教育中向学生传授学科的知识体系。这种强调就体现在学生手中的教材上。

把重点放在学科教材上,虽然有利于考虑到各门学科知识的系统性,使师生明确教与学的内容,从而使得课堂教学工作有据可依。然而,只关注教学科

---

① McNeil J D. Curriculum: A Comprehensive Introduction[M]. Little, Brown and Company, 1985: Chapter1.

目,却忽视了对学生心理发展、情感陶冶、思维创造以及个性发展有重要影响的其他课程资源。同时,也忽视了师生对课程内容开发的积极性和主动性。因为,教师很容易把课程内容当成事先规定好的东西去传授,而学生也只是把学习的内容看成是外部力量强加的东西,并不是自己感兴趣的东西。由于教材并不引起兴趣,于是教师就想方设法使教材有兴趣,让学生"在他正高兴地尝着某些完全不同的东西的时候,吞下和消化一口不可口的食物"①。杜威的这一形象描述,确实反映了学校教育的一些实际情况。

(二)社会生活经验

当课程目标的基本来源主要是当代社会生活的需求的时候,社会生活经验就成为课程内容的主要内容。问题是社会生活经验纷繁复杂、良莠不齐,该选择哪些社会生活经验作为课程内容呢?

实际上,选择社会经验的根本问题是如何认识学校课程与社会生活的关系问题。在课程论发展史上,关于学校课程与社会生活的关系问题存在三种典型的观点,即"被动适应论""主动适应论""超越论"。

"被动适应论"的典型代表是博比特和查特斯,这种理论是指教育为学生适应社会生活做准备,学校课程是使学习者适应当代社会生活的工具。博比特和查特斯主张将当代社会生活经验作为课程的主要内容,认为学校课程应当以适应当代社会的需要为根本宗旨。

"主动适应论"包括杜威的经验自然主义课程理论和社会改造主义课程理论。杜威认为,个人与社会是有机统一的,学校课程不仅适应着社会生活,还不断改造着社会生活。他指出,学校教育应按照民主社会的要求加以阻止,并且应对儿童进行社会指导,这种指导的途径就是"主动作业",即把社会生活中的典型职业也加以提炼概括,使之成为学生在学校中从事的活动。学生在从事"主动作业"的过程中,在与教师和其他学生的互动合作中,会不断产生社会情感、社会态度和社会价值观。杜威的这种"学校课程积极适应社会生活"的理念直接启发了社会改造主义课程理论的发展。社会改造主义课程理论是指向未来社会经验的课程,它虽然更强调课程通过对当前社会生活经验的改造而指向社会的未来发展,但其本质上仍然是主动适应社会生活的一种策略。

"超越论"认为,学校课程与其他社会生活经验的关系是一种对话、交往、超越的关系。学校课程应主动选择社会生活经验,并不断批评与超越社会生活经验,而且还应不断地建构新的社会生活经验。"超越论"的提出使学校课程的主

---

① 杜威.学校与社会 明日之学校[M].赵祥麟,任钟印,吴志宏,译.北京:人民教育出版社,1994:130-133.

体地位确立起来,学校课程不再是被动地传递某些社会生活经验的工具,而应该是社会生活经验本身,教师和学生的交往就是社会生活经验的有机构成。①从"被动适应论"到"主动适应论"再到"超越论",我们可以看到学校课程的主体地位不断被突显出来。课程内容越来越注意与社会生活的联系,强调学生在学习中的主动性和学习兴趣,它关注的不再是向学生呈现什么,而是让学生积极地从事各项活动。

(三)学习者的经验

学习者的经验实际上既不同于一门课程所涉及的内容,也不同于教师和学生所从事的活动,而是指学生与外部环境的相互作用。因为学习是通过学生的主动行为而发生的,学生的学习取决于他自己做了什么,而不是教师呈现了什么或要求做什么。所以,坐在同一课堂上的两个学生,可能会有两种不同的学习经验,即每个学生对课程的体验是不一样的。

这种取向强调的是:决定学习质和量的是学生而不是教材,学生是一个主动参与者。学生之所以参与,是因为教育环境中某些特征吸引了他,学生对这些特征做出反应。所以,教师的职责是要建构适合于学生能力与兴趣的各种教育情境,以便为每个学生提供有意义的经验。

因此,学生是否真正理解课程内容,取决于学生的心理建构。换句话说,知识只能是"学"会的,而不是"教"会的。然而,把课程内容视为学习经验,这就增加了课程编制者研究的难度,因为这是学生的一种心理体验,只有学生自己了解这种经验的真正结果。而作为教师则无法全面了解每一个学生的真实体验,这往往会导致课程内容受学生的支配而削弱教师对课程内容的控制。

所以,在选择学习者的经验作为课程内容时,应树立以下基本信念:第一,学习者是课程开发的主体,学习者经验的选择过程是尊重并提升学习者个性差异的过程。第二,师生是课程的开发者与实施者。学生自身不是被动地接受控制层面的课程内容,而是与其他同学和教师一起去实施、开发、体验课程内容,在某种意义上说也是开发自己的课程。第三,还要树立学习者是知识文化的创造者的观念和学习者创造着社会生活经验的观念。

综观以上三种取向的课程内容,都有其合理性和局限性,在课程内容的选取上不能把它们对立起来,也不能单一地局限于某一种取向,而是辩证地考虑和处理这几方面的关系,三种取向缺一不可,只是在某些具体学科上有所差异。各门学科各种取向的课程内容在每个时期和阶段共同作用在学生的身上,才能使学生最大程度上得到全面发展。

---

① 张华.课程与教学论[M].上海:上海教育出版社,2000:205.

三、课程内容选择的基本环节

在了解课程内容的制约因素和三种取向的基础上,可知课程内容的选择方法包括以下四个环节:

第一,确定课程内容的价值观。其核心问题是回答"什么样的人才是受过教育的人"。

第二,确定课程目标。这是课程价值观的具体化,也是课程内容选择的关键。

第三,确定课程选择的三种基本取向之关系,对这种关系的认定取决于特定的课程价值观。

第四,确定课程内容。即确定与特定课程价值观和课程目标相适应的课程要素。

第三节 课程内容的组织

为了使学生的各种学习有效地联系在一起,使学生产生累积的效应,还需要对选择出来的课程内容加以有效地组织,使其起到相互强化的作用。本节将围绕课程内容的组织问题,论述课程内容组织的基本取向,课程组织的原则以及课程内容的组织方式等问题。

一、课程内容的组织概述

课程内容的组织简称课程组织。课程组织(curriculum organization)就是在一定教育价值观的指导下,将课程要素合理妥善地进行组织排列而形成课程结构,使各种要素在动态运行的课程结构系统中产生合力,增进学习效果的累积学习功能,进而有效地实现课程目标。

课程要素(curriculum elements)即课程的基本构成,它也是课程组织的基本线索或脉络。课程要素亦可简称组织要素(organizing elements)。古德莱德等人曾打比方说:"组织要素可以比作一座高楼大厦中的钢筋结构,尽管看不见,但对大厦的强固是极为必要的。"①

不同课程论专家从不同角度区分了课程组织的要素。施瓦布(Schwabe)在把课程视为一种有机整体的基础上,确认课程组织的四大要素为:学习者、教

---

① GOODLAD,JOHN I,SU Zhixin. Organization of the Curriculum. [M] // JACKSON. Handbook of Research on Curriculum. New York:Macmillan Publishing Company , 1992:329 - 331.

师、教材和环境。① 这是一种宏观的分解。古德莱德等人从中观的角度认为所有课程组织的要素都包括范围(scope)、连续(continuity)、序列(sequence)、整合(integration)四个方面。②

常见的课程组织要素是麦克尼尔(J. McNeil)从微观角度提出的共同的组织要素:概念(concepts)、原理(generalizations)、技能(skills)和价值观(values)。概念是指陈述具有共同特征的事、物或理念的名词。概念是许多学科最基本的构成。原理是指对两个或两个以上概念间关系的说明。如数学中"直角三角形斜边的平方等于两直角边的平方和"。技能包括技巧、能力与习惯。如基础教育中的听说读写的技能。价值观是指关于价值的一定信念、倾向、主张和态度的系统观点。如"每个人的尊严都应受到尊重""人类与自然和谐共存"等等。

课程要素要根据课程目标、课程预期结果加以选择和有所侧重。如果课程目的是属于技术和职业方面的,那么侧重点就是技能要素,如果是德育课程,那么就侧重于价值观要素。总之,课程要素是课程组织的经纬线,它们对课程组织而言是非常重要的。

二、课程内容组织的基本取向

课程的组织不是一个价值中立的过程,任何课程组织模式总是受特定课程价值观支配。根据其支配作用的基本价值观的差异可以区分出四种基本取向。

(一)学科取向的课程组织

学科取向的课程组织旨在围绕以人类已有的知识按其内在的逻辑体系形成学科组织课程。这种课程组织取向强调学科的逻辑和知识的累积。属于学科取向的课程理论流派有永恒主义课程流派、要素主义课程流派、结构主义课程流派。永恒主义主张以"永恒学科"作为课程组织的基础。"永恒学科"主要指西方文学史上的各类名著特别是古希腊、古罗马的伟大思想家的著作。要素主义主张把人类文化遗产中永恒不变的、共同的要素作为课程组织的基础。所谓"要素"即人类文化遗产中的精华,包括本国语、文学、科学、历史等。结构主义主张以学科结构作为课程组织的基础。学科结构即学科的基本原理、概念和范畴。

学科取向的课程组织有利于学习者系统地学习人类文化遗产,掌握丰富的学科知识,促进智力的发展。但这种取向的课程组织其缺陷也是显而易见的,

---

① 张华.课程与教学论[M].上海:上海教育出版社,2000:230.
② GOODLAD,JOHN I,SU Zhixin . Organization of the Curriculum. [M] //JACKSON. Handbook of Research on Curriculum. New York:Macmillan Publishing Company, 1992:329 – 331.

它在某种程度上限制了知识的范围,不具备包容性的特质;对学生也不够重视,忽视了学生的需求、兴趣和经验;课程的组织明显注重逻辑系统,重记忆轻理解;过于强调学科逻辑,难以培养学生在社会、心理、身体等方面的全面发展。

(二)学习者取向的课程组织

学习者取向的课程组织旨在围绕学习者的兴趣、需要、心理逻辑等组织课程。学习者取向的课程组织理念源于卢梭在《爱弥儿》中提出的观点:教师的任务在于为儿童提供学习机会,让他们自发地发现和掌握知识。其后,不同的学者如裴斯泰洛齐、福禄培尔(F. W. Froebel)、杜威等都强调学习者取向的课程组织。

裴斯泰洛齐沿着卢梭的思想路线,进一步发展了学习者取向的观点,他认为,在儿童降生之前就在他身上存在着他一生中应当发展的禀赋的萌芽,只有当教育与教养的作用同人成长的永恒法则一致时,人才能在实际上受到陶冶和教育;福禄培尔从人的本质出发,提出教育应不断促进学生各方面的发展,课程、教学需要适应学生的发展,强调以儿童为中心;杜威把学习者倾向的课程组织发展到了极致,提出学校科目互相联系的真正中心不是科学、文学,而是儿童本身的社会活动,即他所主张的儿童中心课程。

这种课程组织适应和培养了学习者的个性差异,鼓励学习者主动学习,建立自己独特的知识结构,但是它忽视了教育的社会目标,也不利于学生建立逻辑严密的知识体系和掌握各种必备的技能。

(三)社会问题取向的课程组织

社会问题取向的课程组织旨在围绕主要的社会问题组织课程,这种取向强调,课程是为学生适应或改进社会情境做准备,课程内容来源于社会的状况和情境。社会问题取向的课程组织理念最早可追溯到斯宾塞,他首先提出了教育应为生活做准备,从而引起人们对社会生活问题的关注。20世纪,社会问题取向课程组织的积极倡导者还有博比特、康茨(G. S. Counts)、布拉梅尔德(T. Brameld)、阿普尔等。

博比特主张课程应该关心现实世界中有意义的社会活动和社会问题,教育主要为了成人生活,学校的课程组织应是社会取向的;康茨是改造主义教育的主要代表人物,他认为社会必须全面重组以达到共同利益,课程须负担改造社会的责任;布拉梅尔德认为课程的组织须本着改造社会的目的,课程应成为培养社会现实的熟练规划者和完善民主社会的重要工具;以阿普尔为代表的社会批判主义者则认为,课程本质上是一种"反思性实践",课程应通过对社会现实、社会文化的不断反思而创造建构意义,课程应该为意识解放服务,即课程的组织还是社会现实的反思与批判取向的。

社会问题取向的课程组织关注实际生活中问题的解决,加强了学习者与社会的联系,使社会目标在课程中得以体现。但是,这种取向没有充分揭示文化遗产,难以有效地、恰当地区分社会事实,并且这种想通过课程改变社会秩序的高远理想实现起来也会困难重重。

(四)混合取向的课程组织

混合取向的课程组织旨在围绕学科逻辑、学习者的心理逻辑以及社会问题三方面组织课程。这种取向强调学科、学习者、社会彼此之间的平衡和整合。

该取向认为,学校课程的组织偏重于学科知识、学习者的兴趣和社会的问题三方面的任何一方面都是不恰当的,学习者素质的全面提高应以多方面经验的整合为基础。学校课程既不是简单地规定一些学术科目,也不是积累一些个人经验,更不是罗列一些社会问题,它应是三者之间的有机结合。其实从各国的组织现状来看,几乎所有的课程组织形式都可以说是混合取向的。

三、课程内容组织的基本原则

关于如何组织课程内容的问题,泰勒提出的三个基本准则在20世纪四五十年代曾有过相当大的影响,至今仍被一些课程专著所引述,它们是:连续性、顺序性和整合性。

连续性是指直线式地陈述主要的课程要素,即将选出的各种课程要素在不同学习阶段予以重复。如英语课程中,将前面所学习的单词或者短语在后面的单元中予以重复。

顺序性是指将选出的课程要素根据学科的逻辑体系和学习者的身心发展阶段,由浅至深、由简至繁地组织起来。如果说连续性强调的是课程要素的重复,那么顺序性则强调课程要素的拓展和加深。

整合性是指针对所选出的各种课程要素,在尊重差异的前提下,找出彼此之间的内在联系,然后整合为一个有机整体。即在课程中各种不同的课程内容之间建立适当的联系,以整合知识支离破碎的状态,从而达到最大的学习积累效果。

尽管泰勒的这三个基本准则仍有指导意义,但在课程编制的实际工作中还会遇到很多具体问题,这就需要我们在组织课程内容时处理好以下四种关系。

(一)正确把握课程内容组织的不同取向

课程内容组织的取向可分为学科取向、学习者取向、社会问题取向与混合取向。当代课程改革越来越倾向于采取混合取向的课程组织方式。人的经验本身具有整体性,任何课程内容的组织都具有混合的性质,只是科目内容所侧重的比重不同。学科取向不否认学生兴趣和发展的重要性,也不否认社会问题

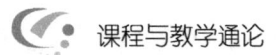

在课程内容中的价值,只是强调课程内容组织的核心应该源于学科。总之,课程组织不应采取儿童、学科、社会三方面两两之间的对立,而应实现三者的融合。

(二)纵向组织与横向组织

纵向组织也称序列组织,是指按照某些准则以先后顺序排列课程内容。一般来说,强调学习内容从已知到未知,从具体到抽象。美国教育心理学家加涅(R. M. Gagne)就倾向于序列组织,他的基本论点是:学习任何一种新的知识技能,都是以已经习得的、从属于它们的知识技能为基础。加涅的八个学习层次:信号学习、刺激-反应学习、动作链索学习、言语联想学习、辨别学习、概念学习、规则学习、问题解决,前四类学习是基础性的,在此基础上掌握规则和原理,最后把原理或者规则用于问题解决。①

横向组织,是指打破学科的知识界限和传统的知识体系,以学生发展阶段需要探索的社会和个人最关心的问题为依据,组织课程内容,构成一个个相对独立的内容专题。从心理发展角度看,学生生理的、社会的、理智的、情感的发展,都是按照一定顺序由内部加以调节。因此课程内容应该考虑学生发展的阶段性要求,以知识之间的横向联系组织课程内容,设计出区别于学科体系的综合性内容。

通过比较可以看出,纵向组织注重课程内容的独立体系和知识的深度,而横向组织强调课程内容的综合性和知识的广度。

(三)逻辑顺序与心理顺序

课程内容组织的逻辑顺序与心理顺序问题也就是教育史上的"传统教育"和"现代教育"的问题。逻辑顺序,是指根据学科本身的系统和内在的联系来组织课程内容;心理顺序,是指按照学生心理发展的特点组织课程内容。

"传统教育"主张根据学科的逻辑顺序组织课程内容,认为为学生提供与科学知识结构相适应的课程内容有利于使学生获得系统化的知识,形成学生自己的知识结构;"现代教育"主张根据学生身心发展的特征,以及他们的兴趣、需要、经验等来组织课程内容,因为与课程相比,学生是中心,是目的,是教育的对象。

现在人们公认,应把逻辑顺序和心理顺序结合起来,实质上是把课程与学生统一起来。因为,一方面,课程内容应考虑到学科本身的体系。学科体系是客观事物的发展和内在联系的反映,每门学科各部分之间都有其内在的逻辑关系,一门学科就是一个概念体系;另一方面,课程内容是为学生安排的,应该符

---

① 施良方. 学习论:学习心理学的理论与原理[M]. 北京:人民教育出版社,1994:321-327.

合学生的认知特点。

（四）直线式与螺旋式

直线式是指把课程内容组织成一条在逻辑上前后联系的直线，前后内容基本不重复，即前面安排的内容后面不再出现。直线式的逻辑依据是：课程知识本身内在的逻辑是直线前进的。应按照科学理论知识生长的原有逻辑来组织和编排课程内容，特别是学科课程的知识内容。因为直线式采取内容前后不重复，所以被认为是效率较高的组织形式。

螺旋式是指在不同阶段、单元或不同课程门类中，使课程内容重复出现，逐渐扩大知识面，加大知识难度，同一课程内容前后重复出现。螺旋式的逻辑依据是人的认识逻辑或认识发展过程的规律，遵循从简单到复杂、由低级到高级逐步深化的发展规律。课程内容的组织与编排，应符合人的认识逻辑，知识内容在前后重复出现，逐步加深，前面呈现的内容后面还要呈现，并且后面的内容是对前面内容的扩展、深化。

直线式与螺旋式各有利弊，分别适用于不同性质的学科、不同阶段的学生。对理论性强、学生不易理解与掌握的内容，以及低年级的儿童来说，螺旋式比较适合；对一些理论性较低的学科知识，操作性强的内容，直线式较为合适。其实，在同一课程的内容体系中，直线式和螺旋式都是必不可少的。

从课程内容的组织上讲，直线式与螺旋式、纵向组织与横向组织、逻辑顺序与心理顺序相互吸收、相互匹配，是课程内容组织的最基本的辩证逻辑。在同一门课程中，对不同性质和不同层次的内容来说，这些逻辑形式也是可以并存的。

第四节　课程组织的结构与类型

在探讨了课程内容组织的基本取向与原则之后，本节要探讨的是课程内容的实际组织方式，主要涉及课程的结构和类型两个方面。

一、课程的组织结构

课程的组织结构简称课程结构（curriculum structure）。课程结构是课程各要素、各成分、各部分之间合乎规律的配合、组织。这种配合不是单一维度的，而是全方位的，包括纵向水平和垂直水平。因此，课程的组织结构可区分为纵向结构和横向结构。

（一）课程的纵向组织结构

纵向结构具体表现为课程计划（教学计划）、课程标准（教学大纲）和教科书，尽管名称有时不同，但这三个层次以及相应的内容大致是相同的。

1. 课程计划（教学计划）

教学计划是根据教育目的和不同类型学校的教育任务，由教育主管部门制定的有关教学和教育工作的指导性文件。它体现了国家对学校的统一要求，是办学的基本纲领和重要依据。20世纪90年代，根据新基础教育课程改革的需要，将教学计划改为课程计划。

课程计划的基本内容由培养目标、课程设置、考试考查、实施要求四个部分组成，具体包括七个方面：①培养目标，即预期的课程学习结果。②课程设置，即某一级或某一类学校应开设哪些学科。③学科开设顺序和各学科的主要任务。④课时分配。根据学科的性质、作用、任务、内容的分量和难易程度，恰当地分配各门学科的授课时数。⑤学年和学周安排，包括学年段的划分、各个学期的教学周数、学生参加生产劳动的时间等。⑥考试考查的科目、要求、方法。⑦执行计划的若干实施要求。

2. 课程标准（教学大纲）

教学大纲是根据课程计划（教学计划）以纲要的形式编定的有关学科教学内容方面的指导性文件。自20世纪90年代开始，教学大纲亦被改称为课程标准。

课程标准规定了国家对国民在某方面或某领域的基本素质要求。它一般包括前言、课程目标、实施建议三个部分，如有附录则为四个部分。前言部分的基本内容是：课程的性质与地位、课程的基本理念和课程标准的设计思路；课程目标部分包括总目标和阶段目标；实施建议部分的内容有教材编写建议、课程资源的开发与利用、教学建议和评价建议。

3. 教科书

教科书简称课本，是根据课程标准系统阐述学科内容的教学用书，是课程标准的具体化。凡在课程计划中规定的课程，一般都有相应的教科书。

教科书是教学内容选择和组织的物化形态，教科书规定的内容限定了教学的范围，成为师生双方进行教学的最重要资源。教科书不等于教材，教科书只是一项重要的教材。教材的范围大于教科书的范围，它包括文字教材和音像材料。文字教材如教科书、教学参考书、学生的自学指导书等；音像教材如磁带、光盘等等。

（二）课程的横向组织结构

课程的横向组织结构探讨的是课程各组织部分如何有机地联系在一起的问题。如工具类、知识类、技艺类学科以何种比例为宜，是否需要设置选修课程,必修、选修课程如何安排,综合课程、活动课程、学科课程如何协调等。

1. 工具类、知识类、技艺类学科之间的关系

工具类学科主要指语文、数学和外语。这三门学科是学习其他学科知识的基础,其自身也有发展心智的价值,因而历来受到重视。

知识类学科主要指社会学科与自然学科两大类。这是从人类社会文化遗产中精选出来的知识体系,无论对社会的延续还是对个人的发展来说,都是至关重要的。这类学科包括历史、地理、政治、公民、物理、化学、生物等。

技艺类学科主要指体育、艺术类与技能类两个方面的课程。技艺类学科对学生的身心发展具有重要的作用,它更多的是与学生的身体素质、审美素质的培养,兴趣特长的发挥,以及毕业后所需基本劳动技能的养成联系在一起的。

2. 必修课、选修课、活动课与社会活动之间的关系

基础教育课程结构的安排,基本上是由必修课、选修课、活动课程和社会活动四个板块组成。

必修课是指所有学生都必须修习的课程。为了保证学校教育质量,必须设置一定数量的必修课。我国学校长期以来重视单一的必修课类型,造成培养出来的学生规格单一,缺少个性特长。改革单一的必修课制度(尤其是高中阶段)是当前教育改革的一个重要方面。必修课所占比例的多少是以要保证学生掌握普通教育的共同基础为原则的。

选修课是指那些为了适应学生兴趣爱好和劳动就业的需要而开设的、可供学生在一定程度上自由选择修习的课程。选修的方式可以分为两种:一种是指定选修课。即把有关选修课分成几组,规定学生必须选修其中一组或在各组中选修一二门课。另一种是任意选修课(或称自由选修课)。即可以让学生自由选择,甚至允许学生跨年级选修。

活动课主要指兴趣小组、班团活动、课外辅导等。它对于调动学生的积极性、主动性,培养学生解决实际问题的能力和创造性精神,培养兴趣特长,丰富学生的精神生活,形成学生的思想品德,促进学生个性发展等起着重要的作用。

社会活动课程是为了让学生更好地了解国情、了解社会,同时为了培养学生活动能力而安排的走出校门的社会实践活动。

学校课程主要是由这四个方面构成的。一般而言,在内容和时间上,应以必修课为主,侧重于普通教育的共同基础;同时又顾全到社会需求和学生特点,开设一定比例的选修课,把课外活动和社会实践活动也纳入到课程计划中来。

二、课程组织的基本类型

课程类型(curriculum categories)是课程的横向组织结构中,按照课程设计

的不同性质和特点形成的课程门类。课程类型的划分应如实地覆盖现代课程的范围,既不能缩小,也不可随意扩大。按照课程结构对课程本质的决定性作用来划分课程类型,有两条依据:一是以形成课程结构的三种基本成分——课程目标、课程内容和学习活动方式三者的差别为依据。如现行课程的基本成分与隐性课程的基本成分大不相同。二是以课程表层构成的差别为依据。课程的表层是指课程结构的宏观层次。如显性课程的宏观结构就是课程设置的结构,而隐性课程却采取间接的、内隐的呈现方式。

基于以上的根据,可将现代学校课程划分为显性课程和隐性课程两大类,然后再将显性课程分为几个亚类。

(一)显性课程

显性课程(manifest curriculum)是人们精心设计的目标明确、内容全面、计划周密、结构复杂的课程。它又叫正式课程。显性课程包含三种不同的课程类型。

第一类:学科课程(the subject curriculum)。

学科课程是由一系列不同类别的学科或学术领域以及与之相适应的各种知识内容组成的课程。学科课程具有三个突出的特点:①各学科有各种不同类别的知识组成。②各学科依据育人的不同要求而设置,不同类别的学科具有不同的育人价值。③不同类别的学科按照一定的顺序予以排列。

学科课程按照其组织形式又可划分为分科课程和综合课程。

①分科课程,是由一系列自成体系的科目组成的学科课程。它分为以下三种:科目本位课程——是由一系列各自具有独立体系、彼此缺乏横向联系的科目所组成的分科课程;学术中心课程——是由以学术性知识为内容、突出各科知识结构的一系列学科组成的分科课程,又叫学问课程,其突出特点在于内容的学术性和结构性;相关课程——是由具有科际联系的一系列学科组成的分科课程,又叫联络课程或关联课程,其突出特点是,确立相关学科的科际联系点,通过关联性教学,使这些学科建立共同的关系,但各学科仍维持其原来的独立状态。如语文和历史教学可以联系起来,当历史老师教到清朝时,语文教师便让学生阅读清代文人的作品。

②综合课程(integrated curriculum),是由若干不同学科领域组成的、具有独特育人功能的学科课程。其首要特点是打破了传统分科的知识领域,从有关的各学科中精选出综合的知识、技能和观点;第二个特点是具有独特的育人功能,主要表现在能弥补分科课程的某些不足,是学生在适当减少课时的情况下,习得综合的知识、能力和观点。

综合课程分为两种类型:融合课程(fused curriculum)和广域课程(broad

fields curriculum)。融合课程,是由有着内在联系的不同学科组成的、具有一定体系的综合学科。如19世纪的美国高中,植物学、动物学、生理学、解剖学是独立设置的,20世纪初,这几个科目融合为生物学。融合是不同科目的内容有机结合,而不是不同科目内容的混合。广域课程,是由若干学科组成的具有广阔领域的综合课程。广域课程和融合课程没有本质的区别,二者的区别在于广域课程的综合范围和综合程度高于融合课程。广域课程不仅横跨一个知识门类中的几个学科,而且横跨不同知识门类中的几个学科。如我国有些初中开设的青春期教育课程也综合了生理、心理和伦理等方面的内容,这类课程不是各相关学科知识的简单凑合,而是按照知识之间的内在联系和学生的心理特征组成的有机整体。

第二类:活动课程(经验课程)。

活动课程(activity curriculum)(经验课程,experience curriculum)是从儿童的兴趣和需要出发,以儿童的活动为中心,立足儿童的经验并为改造儿童的经验而设计的课程。

活动课程萌发于19世纪末的欧美实验学校,杜威是其最有影响力的倡导者。杜威在芝加哥大学附属实验学校进行了活动课程的实验,设有游戏、手工、木工、缝纫、烹调等活动项目。我国自20世纪80年代以来,有一批学者在中小学进行活动课程的研究与实验,力图建立具有中国特色的新型活动课程。目前,这类课程的研究和实验正处于深化阶段。

第三类:核心课程。

核心课程(core curriculum)是在美国教育改革的实践中产生和演进的,它是以一个个学术领域为核心将有关学科组织起来的课程。如帕克(F. Parker)以科学为核心,把气象学、动物学、人类学和历史学组织起来,这是以分科为基础的核心课程;又如60年代美国一些教育者以战争问题、贫富问题、犯罪问题等为核心设计中小学课程。

(二)隐性课程

早在20世纪初,杜威就提出了"附带学习",即伴随具体内容的学习而形成的对所学习内容及学习过程本身的情感、态度,如忍耐的态度、喜欢或不喜欢的情感。① 一般认为杜威的附带学习是隐性课程产生的思想渊源。隐性课程(hidden curriculum)这一概念是美国教育家杰克逊(P. W. Jackson)在《班级生活》一书中首次提出的。隐性课程是每一位教师和学生在学校取得成功的关键。它指出正规课程与学术性要求联系在一起,而隐性课程则与非学术性课程

---

① 张华.课程与教学论[M].上海:上海教育出版社,2000:304.

联系在一起。

隐性课程发展至今,人们对它的认识存在颇多歧义。但一般认为,隐性课程是与显性课程相对的,如果说显性课程是学校教育中有计划、有组织地实施的正式课程(formal curriculum)或官方课程(official curriculum),那么,隐性课程则是学生在学习环境(包括物质环境、社会环境和文化体系)中所学习到的非预期或非计划的知识、价值观念、规范和态度。

隐性课程有以下四个特点:

第一,隐性课程具有弥散性和普遍性。隐性课程可以说无处不在,只要有教育,就必然存在隐性课程的影响。因为每一个学习者都是主体,每一个主体心灵的特性都是独特的,在同一个教育情境中,不同的主体会解读出不同的意义,而这些意义往往出乎教育者意料之外。

第二,隐性课程的影响具有持久性。许多隐性课程都是通过心理的无意识层面对人产生影响,如对情感态度的影响,对价值观的影响,都是潜移默化的,这些影响一经确立,就会持久地影响人的心理行为,难以改变。

第三,隐性课程的教育影响既可能是积极的,也可能是消极的。不论是知识的学习,还是情感与价值的陶冶,隐性课程对学习者的影响既可能是积极的,也可能是消极的。

第四,隐性课程的内容既可能是学术性的,也可能是非学术性的。有些隐性课程是学术性的,如潜移默化地学会某种学术态度、学术观点等,也有些隐性课程是非学术性的,如隐含于班级和学校结构、行为规范和规则等方面的隐性课程影响。

在分析了现代学校课程的类型后,我们应该思考这样一个问题:即怎样对待和运用各种不同的课程类型的问题。这个问题可从三个方面考虑:首先,各类课程都有独特的育人功能,但它们的育人功能有大小之分。显性课程如果结构不合理或者内容陈旧落后,则会产生一定的负面效应;隐性课程具有双重的教育效应,应倡导其积极影响,节制其消极影响。其次,区别对待,精心选用。在设计学校课程时应区分学科课程各类别的优劣,正确使用。最后,努力实现各类课程一体化。我们应将显性课程与有意建设的隐性课程、学科课程、活动课程以及核心课程有机结合起来,逐步实现各类课程一体化。

> **信息栏 5-1**
>
> 国外及我国港台学者对课程组织的分类已有相当的研究,较有代表的课程组织分类有:
>
> 1. 泰勒将课程组织类型分为三个层次,最高层次为课程类型,中间层次为单元科目,最低层次分为课、题目、单元。

①在最高层次上,结构要素可以由下列任何一种组成,具体的科目,如地理、算术、历史、书写和拼写等;广域科目,如社会学科、语言艺术、数学和自然科学等;核心课程,与广域课程或具体的科目相结合,供普通教育的需要;一种完全未加分化的结构,就是把整个教学计划作为一个单元来处理,像在一些不那么正规的教育机构的某些课程所看到的那样。

②在中间层次上,各种可能的结构有:按顺序排列的学程,如社会科学Ⅰ,社会科学Ⅱ,社会科学Ⅲ;以一学期或一学年为单位的学程,在设计或考虑时,没有把它们作为一个更长时间序列的一部分。

③在最低层次上,在若干种可能的结构,第一种常见结构是"课"(lesson),在此结构中,每一教学日被看作是一个独立的单位,每日的课时计划(lesson plan)或多或少是与其他教学日的课时计划相分开的;第二种常见结构是"课题"(topic),一个课题可以持续若干天或若干周;第三种是单元(unit),供每位教师在与某一组学生打交道时使用;最后一种是学生与教师共同设计班上从事的特定活动。

2. 林本及李祖寿(1970)则将它分为六类:科目本位课程、相关课程、融合课程、广域课程、核心课程及经验本位课程。

①科目本位课程,各教学科目彼此独立;②相关课程,增强各教学科目之间的联系;③融合课程,这种课程更增强各教学科目之间的联系,把部分的科目统合兼并于范围较广的新科目,选择对于学生富有意义的论题或概括的问题进行学习;④广域课程,与融合课程同样的手续,取消多数的教学科目,代之以少数的广域,而使之彼此联系;⑤核心课程,在广域课程的基础上,为使教育内容充分发挥其统一性起见,把比较价值最为重要之一域作为中心,其他广域则为周边,而与中心相联系;⑥经验本位课程,比广域课程及核心课程更进一步,而特别重视学生的直接经验,由学生自由地选择并组织知识与经验,来解决其接近生活的问题。

3. 史北克认为课程组织形式可分为二大类:一是内容和教学模式,二是管理或过程模式。

①内容和教学模式。历史上出现了三种主要类型:Ⅰ课程组织可以被看作是根据学科或学科领域,知识形式或知识领域,认识、理解和经验方式,占统治地位的文化主题,来对学习内容作选择和分类,这里中心的组织原则体现在知识的形式或领域的逻辑中,在有生命力的学

科文化中,以及在生活方式上。Ⅱ课程组织来自于人类通过活动而发展的理论,也就是学习者通过参加由教育者专门规划了他们环境特征的活动,构建和重新构建现实。在这里,中心的组织原则是来自于动力与发展心理学、知识与与社会行为的构造主义理论以及与国际进步教育有关的实验教育实践的联合体。Ⅲ课程组织同社会优先考虑的事是一致的。这些优先考虑的事在政府和工业部门有很突出的地位。从广义上说,不管课程是学科性的还是以活动为基础的,课程的重点都放在已宣布的社会有用的知识与技能上面。这里有一个普通的口号就是适切性,它是以有关社会需要的确定看法为基础的。

②管理或过程模式。这种模式什么方法都可以用。这不仅反映了"最佳方法"的表面差异,也反映了对人类行为性质看法上有较大的差异。因此,关于课程组织的过程,当代最重要的争议之一,就是对"通过目标进行管理"(management-by-objectives)的争论。在这个问题上,最重要的是,行为主义作为充分阐述人类行为的理论的地位问题。与这种方法相关的课程,包括程序学习和课程过程模型,在课程过程模型中,学习的结果通过详细的目标和详细阐明的间断的学生行为,被结构化了。

4. 古德拉(John I. Goodlad)及舒(Zhixin Su)在《课程研究手册》一书中将课程组织分为四类:学科组织形式、学生的兴趣和发展为本的组织形式、主要社会问题组织形式及混合的组织形式。

①学科组织形式。这种组织形式包括几种亚形式,即单一学科形式、相关学科、融合课程和广域课程。这引起不同的组织形式都是以学科为主,深受学科课程或学术理性主义课程取向的影响。

②以学生兴趣和发展为本的组织形式。这种取向为以儿童的需要和兴趣/活动为本,包括活动课程、发展任务课程、人文主义课程和持久的生活情境课程。

③社会问题形式等。社会问题形式着重使学生适应或改变现存的社会脉络,其内容以不同的社会情况和世界形势为主,这种形式反映艾斯纳的社会适应及重建取向或麦克纳尔的社会重建取向。社会重建课程的主要目的是使学习者批判地分析人类面临的严重问题,并建议政治和经济的转变,这些改变便会使国家乃至世界换上新的面貌。

④混合的组织形式。从实践的角度而言,几乎所有的课程组织

形式都可说是混合的形式,例如学科取向的课程形式很多时候会强调学生的兴趣和动机。混合的组织形式的代表是核心课程(core curriculum)。从现实的情况来看,核心课程被纳入科目本位的组织形式,强调所有学生必须学习的领域,上个世纪40至50年代的核心课程曾尝试把学科内容、学生需要及社会问题结合在一起,例如以学生和社会为基础的组织中心,经过选择,学生才学会科目内容。古德拉认为核心课程具有以下特征:打破学科的界限;为广泛参与各种社交活动作准备、学习超载学科分类的问题、涉及学生(作为参与者)的学习形式,以及所有学生共通的经验。

5. 翁斯坦(Allan C. Ornstein)等人将课程的组织分为以学科为中心的组织和以学生为中心的组织二类。前者将课程视作内容或科目主题,目的是引向学生的学习结果;后者认为课程组织以学生的需要和兴趣为依据,关注的是过程,换句话说,它关心的是教师或学校的趋向。

6. 黄政杰(1991)将课程的组织形态分为二类:以知识为中心的组织和以人类事务为中心的组织。以知识为中心的组织为了吸引学生的兴趣,并促进知识的利用,常常要以兴趣、需要(含个人及社会)和问题来辅助。换言之,兴趣、需求及问题本身不是目的,而是引导学生补救知识的手段。以兴趣、需求及问题为中心的基本形态,往往要借助各领域的知识,以满足需求和兴趣,解决遇到的问题,因此,知识本身不是目的,而是人类事务的手段。不论是以知识为中心或以人类事务为中心的组织形态,都包含许多不同的形态。

[资料来源] 袁慧芳,彭虹斌.课程组织的要素及其分类[J].武汉市教育科学研究院学报,2006(12):22-26;30.

【本章小结】

1. 课程内容是构成课程的基本要素,是课程内在结构的核心成分。可以说,课程问题就是内容问题,课程资源、课程设计、课程实施、课程评价的论述都是围绕内容的安排展开的。

2. 课程内容选择的因素有:课程目标、社会发展需要、学生身心发展的规律、人类文化知识本身等要素。在课程内容的选择上,应处理好各因素之间的相互关系,孤立地强调某一因素对内容的制约作用势必会导致课程内容的片面性。

  3. 课程内容的基本取向即学科知识、社会生活经验、学习者的经验。在课程内容的选取上不能把三者对立起来，也不能单一地局限于某一种取向，而是辩证地考虑和处理这几方面的关系，三种取向缺一不可，只是在某些具体学科上有所差异。各门学科各种取向的课程内容在每个时期和阶段共同作用在学生的身上，才能使学生最大程度上得到全面发展。

  4. 为使学生的各种学习有效地联系在一起，使学生产生累积的效应，还需要对选择出来的课程内容加以有效地组织，使其起到相互强化的作用。课程内容组织的原则除了遵循泰勒的三个原则外，还需处理好四种关系：正确把握课程内容组织的不同取向、纵向组织与横向组织的关系、逻辑顺序与心理顺序的关系、直线式与螺旋式的关系。

  5. 课程内容的组织方式涉及课程的结构和类型两个方面。课程的组织结构可区分为纵向结构和横向结构。纵向结构具体表现为课程计划（教学计划）、课程标准（教学大纲）和教科书；课程的横向组织结构探讨的是课程各组织部分如何有机地联系在一起的问题。课程类型是课程的横向组织结构中，按照课程设计的不同性质和特点形成的课程门类。

【复习思考】

  1. 什么是课程内容、课程组织？
  2. 课程内容选择的制约因素有哪些？
  3. 课程内容选择的基本取向是哪些？
  4. 课程内容的组织应遵循的基本原则是什么？
  5. 简述课程组织的基本类型。

【实践活动】

  1. 活动一：尝试以中小学语文或数学课程为例，分析其内容组织的特点。
  2. 活动二：研究21世纪基础教育课程计划，熟悉课程改革总体规划、课程目标、课程标准、课程结构、教材的编写与管理、课程实施、课程评价以及课程管理政策等内容后，结合具体实例与同学一起讨论分析上述内容在教育教学实践中的困境及其解决策略。

第五章　课程内容

【拓展阅读】

[1]泰勒.课程与教学的基本原理[M].施良方,译.北京:人民教育出版社,1994.

[2]钟启泉,崔允漷,张华.为了中华民族的复兴　为了每位学生的发展:《基础教育课程改革纲要(试行)》解读[M].上海:华东师范大学出版社,2001.

[3]李臣.活动课程研究[M].北京:教育科学出版社,1998.

[4]陈侠.课程论[M].北京:人民教育出版社,1989.

[5]张廷凯.我国课程论研究的历史回顾:1922—1997:上[J].课程·教材·教法,1998(1).

【网站链接】

http://www.pep.com.cn/kcs/kcyj/kcll/kcda/,通过该网站可以了解国家关于课程改革的基本政策,学习有关课程内容的理论知识,选读有关课程内容的文献资料,结合他人对课程内容的论述,分析课程内容在实施过程中的适切性问题。

第六章
课 程 设 计

【学习目标】

1. 识记课程设计的概念和六种课程设计策略；
2. 了解五种课程设计取向的具体内容,批判模式和实践与折中模式的内容；
3. 明确课程设计的客观基础和思想基础,课程设计的层次和主体；
4. 理解并掌握课程设计的目标模式和过程模式,课程设计内容所包含的四个方面,六种课程设计策略的方法和要素,五种课程设计方法；
5. 分析目标模式和过程模式的异同,结合实际掌握泰勒原理的内容；
6. 结合实际能够把握课程设计的具体方法、策略和内容。

【关键术语】

课程设计;目标模式;过程模式;课程设计方法

第一节 课程设计概述

一、课程设计概念

一般认为,课程设计是按照育人的目的要求和课程内部各要素、各成分之间的必然联系而制定一定学校的课程计划、课程标准和编制各类教材的过程,是课程建设系统工程的一个组成部分[①]。这一定义根据课程设计科学化、现代化的发展趋势,从整体上反映了整个课程设计活动的本质属性和实质性内容。

二、课程设计的基础

(一)课程设计的客观基础

关于课程设计产生的客观基础主要有三个方面,即社会发展的要求、学生成长的需要和知识增长的影响。

1. 社会基础

课程是实现教育目的的中介,虽然社会需求并不是教育目的的唯一来源,但它是主要来源。一方面,教育的发展必须与一定的社会现实需要相适应,这是教育存在的根基;另一方面,教育的发展必然要依赖一定的社会现实,这是教育发展的现实基础和物质基础。因此,在进行课程设计时,必然要考虑到社会的各方面因素,包括课程设计的价值取向、课程设置的结构、课程内容的选择等。

2. 学生基础

课程设计不仅要考虑社会发展的需求,而且也必须考虑学生发展的现实水平和实际需要。课程设计必须要以学生身心发展规律为设计的出发点,这样才能保证课程设计的适切性。

学生身心发展的规律对课程设计具有一定的制约作用。首先,学生身心发展的规律制约着课程的设计,主要表现在对课程的设置、课程目标的设计、教材编制方面的制约;其次,学生身心发展的水平制约着课程的设计,学生身心发展的水平制约着课程的总体水准和各科教材的广度、深度与难度。

---

① 廖哲勋,田慧生.课程新论[M].北京:教育科学出版社,2003:260.

3. 知识基础

知识与课程内容的关系可以说是源与流的关系,人类长期积累的极其丰富的科学文化知识是课程内容的重要源泉。知识的发展对课程内容的量与质的改变有重大的影响。一方面,知识的增长制约着课程内容的更新,科学文化知识从一个阶段发展到下一个阶段,新生一代就面临着继承和发展新的科学文化知识成果的任务,故而每个时期的课程内容需要不断的更新和发展。另一方面,科学结构的演进制约着课程结构的演进。自课程产生以来,学校课程的设置是随着科学结构的演进而变化和发展的。可以说,知识构成了课程设计的内容。课程设计首先是关于知识的设计,科学合理的设计不仅体现社会发展的需求、学生身心的特征,还要体现出不同领域知识自身的体系和特征。

在具体进行课程设计过程中,应综合关注以上三个方面的因素,以保证比例关系的协调搭配,发挥其综合效用。

(二)课程设计的思想基础

客观基础为事物的存在和发展提供了根本动力。相比较而言,课程设计的思想基础的重要意义在于深入、理性地认识事物,这是事物发展的一种外在的、人为的动力。

1. 哲学基础

哲学是所有学科的基础学科和指导学科。在课程领域,哲学所要探讨和回答的核心问题是关于知识和知识体系的性质、存在方式、价值和意义问题,即知识观问题,它影响着课程设计对知识的态度和相应的处理策略和方式。首先,不同的知识观有着不同的课程设计取向。如理性主义认为,"一切的知识均源于借助理性所显示的确凿公理"[①],因此,它在课程结构、学科的设置、学科内容的选择上必然强调和关注事实性知识;而实用主义的知识观则强调个体的经验,在课程的设置上更强调以学生的兴趣、需要为基础的活动性课程,在内容的选择上也关注可以引发学生兴趣、自主情境性的因素等。其次,不同的知识观决定着不同的课程内容的选择。如果认为知识的价值在于促进社会的发展,那么在内容的选择上必然以社会的发展需求为导向;如果将知识的价值定位为对社会的改造上,那么就要以社会的现实问题为中心来选择和组织内容;若将知识的价值定位成学生的全面发展、个性发展或对传统文化的继承等上,在内容的选择和组织上表现出的差异就更加明显。因而,在进行课程设计时,首先需要确立的是哲学观。

---

① 廖哲勋,田慧生.课程新论[M].北京:教育科学出版社,2003:94.

2. 社会学基础

一方面,课程是社会文化的一个组成部分,在其发展的过程中始终受到社会经济、政治等因素的影响;另一方面,社会是由人组成的,社会直接的服务对象也是人,它们之间连接的焦点在于通过课程来实现受教育者(人)的不断社会化。因而,社会方方面面的因素会在课程中有着不同的体现,不同的社会理念也影响着不同的课程表现形态。如结构-功能理论的课程形态把学校看作儿童社会化的场所,认为学校课程是指根据社会及文化的价值、规范有计划地安排给学生的经验。教育最主要的目的在于为社会培育所需要的人才、不同类型的人才,在于使年轻一代更好地社会化,因而在课程设计上主要传播、传递社会的主流价值、主体意识,通过学校教育使社会的原有结构、原有状态得以保持和延续。而社会批判理论的课程形态则认为,教育活动本质上是一种价值传递活动,课程本身不可能是价值中立的。因为从课程目标的设定,编制程序的安排,教材的选择以至课程评价的实施,都不可避免地体现着一定社会阶层的价值观念。现象-诠释理论主要是站在人本主义的立场上,以现象学与诠释学作为理论背景,非常重视学习者的自我意识及其在学习中的作用。认为课程设计应在知、情、意等方面都有所体现和囊括,以构筑学生整体性的学习经验。

3. 心理学基础

心理学是以人为研究对象的一门学科,对于课程设计而言,其意义在于使课程设计更加理性和贴近学生实际。从一般意义上来看,心理学可以为课程设计提供理论上的支撑;从具体方面来看,不同的心理学流派会直接导致不同的课程设计思路。如行为主义心理学的课程设计思路认为,人类一切行为的变化都可以归结为刺激-反应模式,而教育、教学的主要目的就在于使受教育者的行为发生预期的改变,因此"刺激-反应"这一模式也就成为目标达成的主要途径。其在课程设计上的表现可以集中描述为美国心理学家斯金纳的程序性教学,强调对总体目标的分解,对学习内容尽可能的细化以及及时的反馈、强化等。人本主义心理学的课程设计则强调情感在学习中有着重要作用,强调源于学生内部的学习动力,反对任何外界的强迫;他们关注知识对学生个体的意义,认为知识的价值主要来源于其对学生个人的有用性。在课程设计上,强调对学习环境的创建,目的是引发学生内在兴趣、主动求知的欲望,同时提供给学生有意义的材料,使学生在主体性的活动中取得自我收获。而认知主义心理学的课程设计主要研究学生在学习过程中的内部心理活动,特别是学生的思维活动过程及方式,探讨他们大脑中原有的认知结构与教材的知识结构的关系,心理程序与教材逻辑顺序的关系,学生身心发展水平与教材编制、课程教学的关系、认知策略与学习的关系等;在具体的课程设计上,他们更加关注对知识的纵向与

横向组织,强调学科的基本结构、逻辑序列,以及课程设计要依据学生的认知结构水平,尊重学生的认知结构规律。

三、课程设计的层次和主体

从课程设计的实际发生过程分析,那么,根据课程设计所承担的任务和产生的结果,课程设计大致可以分为宏观、中观、微观三个层次。不同层次的设计,完成不同的任务,产生不同的结果。每个层次的课程设计都具有相对的独立性,也经常是分别进行的。

(一)宏观层面的课程设计及主体

宏观层面的课程设计主要解决课程设计的基本理念问题,包括课程设计的价值取向、课程的根本目的、课程的主要任务、课程的主要结构等。无论是针对一门具体的课程,还是针对一个大的课程结构,都必须明确回答这些问题。通常表现为关于课程宗旨、课程性质、课程目标、课程内容的主要范围或选择内容的主要指导原则等等。在课程设计的价值取向上,主要有以学科为中心、以社会为中心和以学生为中心的三种课程设计取向。不同的设计取向影响甚至决定着课程内部的很多因素,如内容选择的标准、课程目标、功能,以及传授内容时的理念等,其最大的区别体现在课程设计的结果和实施的结果上,不同的设计理念产生不同的课程类型。实施不同类型的课程,教育的结果也就不同。

另外,宏观层面的课程设计还需要确定学校课程的宏观结构,如以文件形式表现的义务教育课程计划、普通高中课程计划等,它们具体规定在各级各类学校中开设什么课程、课程开设的顺序、课时的比例分配等。

一般说,宏观的课程设计主体是国家,尤其是在实行中央集权制的国家。具体的操作者通常有政府的教育官员及由政府委托的专家和学者。但在实行地方分权的教育体制的国家,并没有国家统一颁布的课程计划和课程标准,地方和学校在这方面有相当的自主权,譬如美国。但实际上教育总是由政治经济决定的,国家和政府的意志总是会以某种形式干预课程的宏观结构,其不同之处在于控制的方式和强度。当然,在这样一些国家,各个地方或学校的宏观的课程结构的制定,直接操作的主体往往是地方和学校的教育行政负责人和教育专家。

(二)中观层面的课程设计及主体

中观层面的课程设计要以宏观的课程设计为前提和基础,它的主要任务是将宏观的课程设计具体化为各门课程的大纲或标准,并且以教科书或其他形式的教材为物质载体表现出来。它是对前一阶段的课程设计结果的进一步具体化,即在学校宏观课程结构的基础上,针对一门具体的学科进行设计,目标在于制定关于具体学科的课程标准、教科书以及其他形式的文字资料等。

相比较而言,该层面的课程设计会涉及许多具体要素,如课程目标、课程内容、学习活动、评价程序,甚至包括学习材料,教学的时间、空间和环境,教学中的分组情况以及教学策略等。① 在进行具体的课程设计时,需要依据不同的设计理念、价值取向对这些要素进行安排处理,它直接影响到不同要素之间的搭配以及重要性的排序,自然设计的结果就是不同的课程功能和编制风格。

根据中观层面的课程设计任务及其要求,中观层面的课程设计主体和宏观层面的课程设计主体为同一主体,即国家。具体的操作者也是政府的教育官员及由政府委托的专家和学者。当然,在中央集权制的国家和在地方分权的教育体制的国家,其具体的操作者又有不同。

(三)微观层面的课程设计及主体

微观层面的课程设计与前两种设计在设计主体和时间上都是分离的。无论中观的设计是详细罗列知识体系的说明规定,还是侧重学生学习时的各种实际问题,在进入课程实施领域,必然还要由教师根据各种相关因素的具体状况进行再设计。

微观层面的课程设计主要是指教师在实施已有的课程(课程标准、教科书)时,根据教学目标、学生现有的水平和特征,以及课程资源等实际情况对已确定的课程材料进行重新组织设计,以服务于现实的教学。它类似于在理论和实践中日益受到重视的教学设计。从设计的结果看,表现为教师的教学计划、教学方案及发生在教室中的各类教学活动等,基本等同于我们一般意义上所谈及的备课。从设计所涵盖的因素看,包括教师自身在课程实施上的特征及素养,学生的知识准备、现有水平,课程实施的有利、不利因素,以及课程资源的准备等,在设计的过程中,须对这些因素进行综合考虑,协调搭配,以发挥整体功效。影响微观设计的因素主要是学生的已有基础及学习状态、教师的自身条件、可以运用的课程资源等等。

由于课程在宏观和中观层次都由国家相当严格地做出了设计制定,教师的设计在范围和作用上是比较有限的。教师是课程微观结构的设计者,针对具体的学生,教师必须对于课程进行再设计。但这种设计一般不涉及课程的门类,也不涉及各门课程的根本要求和范围,主要是在既定的框架和标准之内的修正和调整,是依据既定的课程目标追求课程的最佳效果。课程是学习者的经验,

---

① 陈旭远.课程与教学论[M].长春:东北师范大学出版社,2002:94.

在学习者与学习对象发生相互作用之前,中观和宏观的设计充其量是关于课程的某些条件的准备,尚未成为真正的课程,真正的课程有待于教师进行合适的微观课程设计,这是对宏观和中观的课程设计的开发和再完善。在实行教育分权制的国家,由于没有强制的、比较详细的宏观和中观层次上的统一规划,教师在课程设计上的自由度要大得多,所发挥的实际作用也要大得多。教师可以对课程内容、学习活动、学习方式做多方面的考虑、选择和安排,实际上承担了相当部分的课程中观结构的设计,由此就需要教师在课程论方面有比较系统的理论基础。

四、课程设计的基本取向

课程取向是人们对课程的总的看法和认识,是人们对课程在哲学层面上的认识。由于人们的哲学思想、价值观、方法论、文化背景以及对人的心理发展认识上的差异,导致了对课程的不同看法,这些对课程的不同看法也就形成了所谓的课程取向。把某种课程取向应用于具体的课程设计,即为课程设计取向。

艾斯纳(E. Eisner)和麦克尼尔曾对课程及课程设计取向做了具体的描述,包括五种基本的课程设计取向。

五种课程设计取向的比较①

类型	基础	目的或目标	内容	方法	评价	代表人物
学术理性主义取向(academic rationalist conception)	永恒主义 要素主义	培养有理性、有智慧的人;促进智力的发展	重点是过去和永恒的学科知识,掌握永久性知识、技能和价值观以及经典学科内容	以学科知识为中心;以教师为中心	强调传统学科知识的价值,强调理性思考能力的培养,关注古典文献的整理和记忆,与现实割裂	赫钦斯 阿德勒 哈里森

---

① 全国十二所重点师范大学.课程论[M].北京:教育科学出版社,2007:64.

续表

类型	基础	目的或目标	内容	方法	评价	代表人物
认知过程取向（cognitive processes conception）	要素主义 认知主义	促进个体智力发展，培养有能力的、会学习的、拥有专业化或学术成就的人	重点是各门学科的程序性知识，处理信息和思考问题的一般方法，与学科相关但又保持各自的特征	以学科知识为中心，关注学生的探究，遵循学科知识的逻辑顺序和完整性	强调专业化，追求卓越和高标准；关注优等生等	布鲁纳 费尼克斯
人本主义取向（humanistic conception）	进步主义 存在主义 人本主义	为促进民主的社会生活而培养和发展学生的自我概念和经验	关注学生个体和集体的经验、兴趣和需要，提供一般的包括情感、社会问题和自我理解的经验	强调促进学习者的自我激励和支持；以现实和社会生活经验统一课程内容、活动计划	强调人的整体发展，特别是自我概念的形成；关注过程，关注平等，但对学科知识不重视	马斯洛 罗杰斯
社会重建主义取向（social reconstructionist conception）	进步主义 改造主义	培养为改善和重建社会并促进社会变化和改革有自觉和强烈意识与能力的人	当代社会的主要问题，科目内容是综合的以问题为中心组织起来的	根据问题或学生的兴趣组织课程内容和计划；学生积极参与探究和表达。如小组活动、小组讨论和社会调查等	强调一般的非专业性人员的培养；经典学科、实践性学科和职业性学科混合；不利于系统知识的设计和学习	布拉梅尔德 康茨 吉鲁

续表

类型	基础	目的或目标	内容	方法	评价	代表人物
技术学取向（technological conception）	要素主义 行为主义	培养有理性、有能力的人	学术性学科	强调学习者与信息来源之间的关系。如计算机辅助学习、个别指导教学、程序化教学等	强调通过有效的刺激产生有效的学习效果；但过于机械和僵化	斯金纳 泰勒

第二节　课程设计的基本模式

一、目标模式的课程设计

目标模式是指以目标为课程开发的基础和核心，围绕课程目标的确定及其实现、评价而进行课程开发的模式。目标模式是20世纪初开始的课程开发科学化运动的产物，因此它被看作是课程开发的经典模式、传统模式。其主要代表是"现代课程理论之父"泰勒创立的"泰勒模式"。[①]

如前所述，泰勒在《课程与教学基本原理》一书中提出了关于课程开发与设计必须考虑的四个基本问题，涉及了从目标到评价的四个方面内容。这一框架后来也被人们称为"泰勒原理"。而且，之后的众多研究者将泰勒原理的四个基本问题进一步简化为四段渐进式的课程设计模式：目标的确定、经验的选择、经验的组织及结果的评价。

1. 目标的确定

泰勒原理中的目标确定原理主要包括以下两个方面：

第一，三个来源。泰勒建议课程设计者应以三个方面的来源为依据制订一般的教育目标。一是学习者。基于教育是改变人们行为方式的过程的认识，泰勒主张教育目标的确定首先应考虑学生的兴趣和需要。课程工作者应通过收

---

① 张华.课程与教学论[M].上海：上海教育出版社，2000:95.

集与学生的需要、兴趣有关的资料,着手教育目标的探讨。需要的范围包括教育的、社会的、职业的、身体的、心理的、娱乐的。他还建议通过观察、谈话、调查、问卷等方法收集有关学生兴趣与需要的资料。通过了解、掌握学生的需要及兴趣,课程设计者可以确定可能的教育目标。具体来说,泰勒认为对于学习者的研究须经由两个步骤:了解学生的现状以及把学生的现状与可接受的常模做比较,从中找出差距,这里的差距就是学生的需要,也是教育的需要。二是当前的社会生活。泰勒主张在教育目标的确定过程中,必须从社区及大的社会背景分析当前的生活,不要让学生学习过去重要但现在已没有意义的内容。另外,泰勒还借鉴心理学关于迁移的研究,提出了学习情境要与生活情景具有相似性,这也正是考虑将当前社会生活作为目标确立来源的原因之一。三是学科。泰勒认为,以往的学科专家对学科教育目标的认识过于专业化,学科专家应考虑的是某一学科在普通教育中的作用与功能,以及对一般公民的用处,而不是以培养该领域的专家为目的。学科作为课程目标的来源是必然的,但不能人为地割裂学科间的联系,泛化和窄化学科功能的做法是不可取的。

第二,两个过滤器。当一系列来源于学习者、社会和学科的可能的一般目标确定后,接下来便是对这些目标筛选、修正的过程,去掉不重要的和矛盾的目标,形成明确而具体的教学目标。泰勒建议以学校的教育与社会哲学和心理学作为对这些目标进行筛选的过滤器。他认为,在一个民主的社会里,教育哲学应强调民主的价值。泰勒列举了四种学校在确定其教育哲学观时应考虑的民主价值:①对每一个人作为人类一个成员的重要性的认识;②在社会的各个团体里广泛参与各方面活动的机会;③对变化性的鼓励,而不是需要某一种类型的个性;④相信智力是解决重要问题的方法,而不是依靠专制的或势力集团的权威。泰勒认为,课程设计人员有效地运用心理学过滤器,在教育目标的筛选过程中具有重要的意义,具体表现为:①学习心理学知识能使我们区分在人的变化中,哪些能期待有学习过程完成,哪些不能;②学习心理学知识能使我们区分哪些目标是可能的,哪些可能需要很长时间或不可能在期待的年龄阶段完成;③学习心理学使我们在思想上了解达到某一目标所需要的时间长度,以及能获得最佳效果的年龄阶段。

这样,经过心理学过滤器的筛选后,可能的、一般的教育目标将趋于减少,剩下的则是最有意义的和可行的目标,并在此基础上形成具体的行为目标,即明确的教学目标。

2.经验的选择

关于学习经验的选择,泰勒提出了五个基本原则:第一,为了达到所规定的目标,学生必须具有使他有机会去实践这个目标所含载的那种行为的经验;第二,学习经验必须使学生从实践目标所含载的那种行为中获得满足;第三,学习经验所期望的反应须在学生力所能及的范围内;第四,有许多特定的经验可用于达到同样的教育目标;第五,同样的学习经验往往会产生不同的几种结果。除此之外,泰勒还阐述了有效的学习经验的四种特点:第一,培养思维技能;第二,有助于获得信息;第三,有助于培养社会态度;第四,有助于培养兴趣。①

3. 学习经验的组织

关于学习经验的组织,泰勒提出了学习经验的两种组织:横向组织和纵向组织。横向组织指不同领域的学习经验之间的联系,如五年级地理课与五年级历史课所提供的学习经验之间的联系;纵向组织指不同阶段或时期的学习经验之间的联系,如五年级地理课与六年级地理课所提供的学习经验之间的联系。有效的纵向组织和横向组织会使不同的学习经验之间相互整合、相互转化,相反,不良的纵向组织和横向组织会导致经验之间相互冲突,相互抵消。关于有效组织学习经验的标准,泰勒提出了连续性、顺序性和整合性三个原则②,以确保学习经验的循序渐进性、相关性。在规定了这三个经验组织的技术性原则后,泰勒又着重强调课程组织中必须明确课程内容的性质,即课程要素的性质。他认为,课程要素是指具有长久影响的基本概念和技能,而不是具体的事实。同时,泰勒提出了最高层次、中间层次以及最低层次上的结构要素。

4. 结果的评价

泰勒第一个将评价正式引入课程编制的过程,因此,他被认为是"教育评价之父"。在他看来,评价就是检查课程的实际效果与预期的教育目标之间的差别的手段。泰勒评价理念的特点是:第一,把评价与目标结合起来,评价本身不是目的,而是达到目的的手段;第二,用评价观代替传统的测验观,扩充了评价概念的内涵。关于结果的评价,泰勒提出了如下步骤:步骤一,界说教育目标。对教育目标所隐含的行为进行清晰的界说是评价的第一步。步骤二,确认评价情境。要保证评价的效度,就必须为学生提供一种评价情境,使其将获得的行为变化充分表现出来。步骤三,编制评价工具。

确定教育目标、选择学习经验、组织学习经验以及评价教育计划四个环节,

---

① TYLER R W. Basic Principles of Curriculum and Instruction[M]. Chicago:The University of Chicago Press,1949:65-82.

② 全国十二所重点师范大学.课程论[M].北京:教育科学出版社,2007:75.

构成泰勒关于课程开发的系统观点。其中确定教育目标是课程开发的出发点;选择学习经验和组织学习经验是课程开发的主体环节,指向教育目标的实现;评价教育计划是课程开发的整个系统运行的基本保证。其中,教育目标既作用于学习经验,又作用于评价。

总之,相较以往模糊的、笼统的课程方案及随意性较强的教学,目标模式更能推动课程设计及教学方案设计的科学化、合理化进程。目标模式在理论上是权威性最强、影响最广泛、运用最普遍的课程设计理论之一。但其也存在一些不可避免的弊端,如回避价值问题的探讨,使价值和事实脱节,将课程设计过程技术化;遵循工业系统管理的技术原理来规划课程设计程序,从而导致教育加工中的人性扭曲现象等。

二、过程模式的课程设计

20世纪70年代,美国课程理论家斯腾豪斯批判目标模式存在着重理论推理轻实践诊断,是一种自上而下的控制机制,以及机械主义"标准化"测评的弊端,并在此基础上提出了过程模式。

关于课程设计的过程,过程模式并没有提出明确而具体的程序及方案,而主要论证了课程设计过程中的基本原则及方法。

1. 一般目标与程序原则

过程模式反对目标模式预设的原子化目标,但这并不意味着它绝对反对目标。事实上,过程模式也确立了总体教育过程中一般性的、宽泛的教育目标,但这个目标并不构成最后的评价依据。同时,它还引进彼得斯(R. S. Peters)"程序原则"(procedure principle)的概念,认为教师从事教育活动的价值表现在活动过程之中而不是结果之中,因此,教学活动可以脱离预定的目标。同时,斯腾豪斯借鉴金·拉思(J. D. Rath)选择活动内容的十二条标准作为"过程原则",即课程设计的总要求。其包含的十二条标准如下:

①在所有其他条件相同的情况下,如果一项活动允许儿童在活动过程中作出自己的选择,并对选择所带来的结果作出反思,则这项活动比其他活动更有价值。

②在所有其他条件相同的情况下,如果一项活动在学习情境中允许学生充当主动的角色而非被动的角色,则这项活动比其他活动更有价值。

③在所有其他条件相同的情况下,如果一项活动要求学生探究各种观念,探究智力过程的应用,或探究当前的个人问题或社会问题,则这项活动比其他项活动更有价值。

④在所有其他条件相同的情况下,如果一项活动使学生涉及实物教具,即

真实的物体、材料和人工制品,则这项活动比其他活动更有价值。

⑤在所有其他条件相同的情况下,如果一项活动能够由处于不同能力水平的儿童成功地完成,则这项活动比其他活动更有价值。

⑥在所有其他条件相同的情况下,如果一项活动要求学生在一个新的背景下审查一种观念、一项智力活动的应用,或一个以前研究过的现存问题,则这项活动比其他活动更有价值。

⑦在所有其他条件相同的情况下,如果一项活动要求学生审查一些题目或问题,这些题目和问题是我们社会中的人们一般不去审查的,是典型地被国家的大众传播媒介所忽视的,则这项活动比其他活动更有价值。

⑧ 在所有其他条件相同的情况下,如果一项活动使儿童和教师共同参与"冒险"——不是冒生命或肢体之险,而是冒成功或失败之险,则这项活动比其他活动更有价值。

⑨在所有其他条件相同的情况下,如果一项活动要求学生改写、重温及完善他们已经开始的尝试,则这项活动比其他活动更有价值。

⑩在所有其他条件相同的情况下,如果一项活动使学生应用与掌握有意义的规则、标准及准则,则这项活动比其他活动更有价值。

⑪在所有其他条件相同的情况下,如果一项活动能给学生提供一个与别人分享制定计划、执行计划及活动结果的机会,则这项活动比其他活动更有价值。

⑫在所有其他条件相同的情况下,如果一项活动与学生所表达的目的密切相关,则这项活动比其他活动更有价值。①

过程模式不同于目标模式所预设的、希望达到的教育结果,而只是作为课程设计的方法及指导思想,从而使教师明确教学过程中内在的价值标准及总体要求,并不指向对课程实施的最后结果的控制。

2. 课程设计及内容选择的依据

斯腾豪斯认为,合理的课程设计必须立足于课堂上的现实状况,而并非做逻辑上的判断。课程内容的选择也必须立足于对教育教学过程中各种原理及方法的详细分析,从具有内在价值的知识形式及学科结构中选择基本概念、原理、方法作为课程内容,即不是以预设的学生行为结果为准绳。从这个意义上讲,过程模式的逻辑起点是内容的选择而非目标的预设。

3. 开放的系统

斯腾豪斯认为,课程领域应是一个开放的而不是封闭的系统。这种开放性一方面表现为发展学生的主体性、创造性,另一方面则表现为赋予教师充分的

---

① 张华.课程与教学论[M].上海:上海教育出版社,2000:118-119.

自主权。学生的学习不是直线式的、被动的反应过程,而是一个主动参与和探究的过程;学生的学习兴趣及态度可能随时改变,而学生的最终学习成果也不只是预设的行为目标的达成。同时,由于对过程的强调以及对目标模式的批判,过程模式强调教师在学生学习的过程及结果评价中,应以教育本体及知识内在的价值为依据,而不是以预设目标的达成度做鉴别。

过程模式认为,课程不是通过将一般的教育目的分解为具体的目标而达成的,而是通过教育过程的不断调试来实现的。这种突破静态目标,而关注过程的理念使课程设计具有了较大的开放性;同时过程模式可以培养批判性思维、发散性思维和创造性思维;可以提高学生讨论问题、理解问题、分析和解决问题的能力;可以养成学生虚心听取他人意愿、接受少数服从多数的决策原则等。但过程模式的课程设计思想多是围绕目标模式的弊端而提出来的,缺乏系统性、全面性;它完全否定预设目标、行为塑造及客观性评价,也削弱了课程设计的计划性、科学性。另外,过程模式在赋予教师自主权、高扬教师研究者角色的同时,也赋予了教师理想化的境界及过高的要求,致使过程模式在具体的实践中显得羸弱。

三、实践与折中模式的课程设计

在众多指向对目标模式批判的课程设计理论中,美国当代课程理论专家施瓦布批判传统理论的课程探究模式只关注理论思辨却漠视实践、课程目标及其理论来源存在单一化的弊端,并提出了实践与折中模式的课程设计。

(一)实践与折中模式的四种基本论点

施瓦布的实践与折中模式的重点是围绕着理论与实践的对比而展开的。施瓦布认为,传统的课程探究是理论的,而他所主张的理论是实践的,理论与实践的区分构成了实践与折中模式的基本论点。

1. 从"本因",即探究问题的来源层面上看

实践与折中模式强调问题来源于事态(state of affairs),即具体的实际情境中的问题或障碍,而不是研究者的抽象幻想。因此,应关注特定情境,而不是治标式的问题解决。

2. 从"物因",即研究的主题指向层面上看

一般的理论研究者以自然科学为典范,寻求可广泛运用的、普遍的、一般化的原则、结论;而实践研究者认为,企图寻找客观化的一般结论是徒劳的。实践的课程探究过程的主体是对情境的洞察与理解,而不是广泛适用的、法规般的通用理论。

3. 从"动因",即研究的方法层面上看

理论研究者将预设的目标或相关的学习结果视为相当于演绎法中的前提。实践的课程探究方法是强调理解特定的情境问题,以便做出决定。因而,课堂必然是课程探究的最重要的场所。

4. 从"终极因",即探究的目的层面上看

理论探究的目的是知识,是客观化、一般化、普遍性的结论;而实践的课程探究目的是增强在教学情境中有效行为的能力,具体表现为对解决实际问题的行为能力的增强。

(二)实践、折中的艺术与课程探究的具体方法

实践与折中模式并不致力于设计规范化程序,而着重解决课程探究的具体方法。因而,关于课程探究方法的思想也就构成了实践与折中模式的核心内容。

1. 实践的艺术

在施瓦布看来,实践的艺术是烦琐、复杂的,是针对个人所感知的各种个别的、具体的、特定的情境而言的。

实践艺术的第一方面:对行为方式的规范。施瓦布着重阐明了关于具体的行动指向及方式等方面的实践艺术。在课程探究中,探究的问题应来源于现存的具体情境,而实践的本质在于选择方案的行动过程,课程研究行动必须关注课程方案选择的整体效果及连贯性和关联性,以保证所做的课程在特定情境中的适用性和实用性。

实践艺术的第二方面:问题的发现及诊断。问题的发现来自于对问题的感知。施瓦布认为,可以通过"无关扫视"来初步感知情境的细节并初步赋予其意义,并可以在感知的基础上对问题做进一步的诊断,尽量用不同的方式来表达所诊断的问题,然后进行权衡,最后从各种表述中选择一个最佳的问题表述方式。

实践艺术的第三方面:可供选择方案的预先生成。施瓦布认为,对问题的感知及形成对实践来说是必要的,却是不充分的,还必须形成解决问题的各种方案,并追踪各种方案的可能后果,从而在各种方案中进行权衡和选择。

实践艺术的第四方面:对方法性质的规范。实践的方法既不是演绎的,也不是归纳的,而是审议的。这里的课程审议是指课程开发的主体对具体实践情境中的问题反复讨论权衡,以获得一致性的理解与解释,最终做出恰当的、一致性的课程变革的决定及相应的策略。这种课程审议是通过课程集体来完成的,该集体由校长、社区代表、学生、教材专家、课程专家、心理学家和社会学家等组成。

2. 折中的艺术

施瓦布在《实践:折中的艺术》一文中详细阐述了实践研究中理论的价值及对理论的运用方法,即折中的艺术。他提出了三种折中的艺术:

其一,将理论观点与实际问题进行比较的艺术。这种艺术主要在于揭示哪些理论观点适用于实际问题的解决。

其二,对各种理论观点剪裁、改形、重组,使其适应实际的情境及问题解决的需要。

其三,以理论为基础,创造适应实际情境的新的解决问题的方法,形成可供选择的行动方案,即产生可替代的行动过程并预见该行动过程的道德后果的能力。

所谓实践模式是相对于理论而言的,它强调具体的实践情境及问题对课程探究方法及艺术的制约作用。这种根植于具体实践情境的课程开发与设计尤其利于以学校为本的课程开发与设计,这就充分关注到了课程探究方法的实用性,反对生搬硬套抽象的理论性规则。但这并不等于不需要理论的指导或否认理论的指导作用,而是反对以单一的理论为依据确定课程目标即构建课程设计模式,反对对单一的理论过分的、无根据的依赖,强调多种理论的折中艺术。强调集体审议以选择最恰当的课程方案,扩大了课程设计主体的队伍,使课程决策获得更多相关者的认同,尤其是将学生作为课程审议的一员,不仅使课程方案中真正融入了学生的需要、兴趣,而且还可以培养学生的参与意识。可见,实践与折中模式和过程模式有相似的价值取向,都是追求实践理性。然而实践与折中模式是建立在对理论模式的全盘否定基础上的。施瓦布反对通用的、抽象的理论和规则,虽可以在一定程度上弥补以往将理论运用于实践艺术上的不足及缺陷,但欲以实践的艺术取代理论,会使课程探究陷入另一个极端,使课程设计方法论滞留于经验性水平。

四、批判模式的课程设计

与以往的课程重建模式不同,批判模式注重较为宽泛标准及后现代主义哲学、社会学、政治学范畴上的课程研制基本原则及方法上的概念重建。其主要的理论基础包括现象——解释学、社会批判理论和知识社会学的理论。作为一种课程研制模式,课程研制的批判理论并不像目标模式、过程模式、实践与折中模式那么完善、具体、明确,相反,批判模式不但理论基础庞杂,而且理论形态、研究者及策源地都显现出多极化的特点,其理论观念、指导思想也多处于宏观描述阶段。因而,批判课程理论还在形成中。

批判模式较具代表性的理论家有：弗莱雷（Paulo Freire）、麦克唐纳德（James B. Macdonald）、萧伯纳（Dwayne Huebner）等。在这些理论家中，巴西教育家弗莱雷最早提出了批判课程思想，形成了一种独特的批判课程理论。

弗莱雷的课程研制思想源于其扫盲实践。从50年代起，他就在巴西落后的东北地区从事成人教育工作，在此基础上提出了解放教育课程理论。

1. 对驯化教育课程实践的批判

在弗莱雷看来，传统的文化是专制性的文化，传统的教育是驯化式的教育。统治者往往视穷人是懒惰的、不诚实的、无知的、卑微的，因而，他们只能接受现存的文化规范，教育的目的就在于将他们驯化成守法、顺从、甘愿接受现存文化制度制约的被动的公民及劳动者。而这种驯化教育的重要后果之一是使受教育者逐渐养成宿命论、无力感、自我贬损及情绪依赖等人格特征。这种驯化教育的课程通常表现为与受教育者的生活毫无关系的枯燥的术语及空洞、乏味的理论，与学生的现实生活经验相去甚远，而对这些自上而下的、远离学生实际生活的、以统治阶级的需要为依据的学术性文化，学生只能被动地接受。因而，学校课程实际上充当着促使下层劳动人民循规蹈矩，对现存制度与规范认同并适应的社会化手段及维护统治阶级的权利、地位，维持社会现状的工具。弗莱雷对这种禁锢人们的思想、束缚人们的创造精神及能力的专制主义教育予以了猛烈的抨击，并将这种教育的课程组织、实施比喻为"银行储蓄"，学生是储蓄所，教师是储蓄者。① 教师的教学效果取决于他在学生那里储蓄的知识量，而学生在不断地接受所谓"博学者"的知识"赠品"过程中，他们的客体地位及依附权威的心理便逐渐变得根深蒂固，批判意识及能力、自主选择的愿望及期待则也随之丧失殆尽，而且甘于听天由命，从命运或上帝那里寻找其"被压迫者"地位的终极根源。因而，弗莱雷认为，这种驯化教育及其课程不仅不能提高学生的觉悟水平，反而使其更加愚昧、盲从。

2. 解放教育的课程研制思想

在长期的扫盲教育实践中，弗莱雷试图把那些受统治者奴役的贫困、无权而又无知的"被压迫者"从层层的文化束缚中解放出来。弗莱雷认为，教育的主要任务是使被压迫者克服诸如依赖权威及宿命论的人格特征或态度，培养其主动自由的品质及责任感。而完成这一任务的突破口即培养学生的批判意识，这也是解放教育的最主要的教育目标，是课程研制的最基本的指导思想。解放教

---

① 弗莱雷.被压迫者的教育学[M].顾新建,赵友华,何曙荣,译.上海:华东师范大学出版社,2001:25.

育课程不是使学生被动地、消极地适应和顺从社会规范,而是要帮助学生摆脱现存的社会制度及统治阶级文化予以他们奴隶般的控制及约束,从而唤醒学生的觉悟,使其学会思考,并伴随其批判意识和批判能力及创造性的不断提高、增强而获得解放。为此,弗莱雷强烈要求彻底改革传统的驯化教育课程,并立足于文化人来学的视野构建解放教育课程研制模式。

首先,引入文化民主观念,认为文化的发展经历着批判与创造的过程,并视个体为文化的创造者、批判者。在课程的性质及来源上,反对将课程内容等同于只能通过机械记忆的方式而获得信息与技巧的堆砌,主张课程研制不能只以上层社会和统治阶级的需要或以文化制度、内容、规范为依据,而应从个体自己的文化氛围、现实生活与环境中确定课程的来源,关注个体的实际情境与现实问题,使学生了解自身文化及其经验的本质,对之予以批判性的反思与检查。在此基础上,培养学生的平等意识、责任意识,使其能够联系实际、打破常规,批判性地审视各种霸权性价值观念的本质,主动参与并促进社会改革与发展,推进社会的民主化进程。

其次,在课程研制程序上,弗莱雷主张由教育者与当地人士组成研究小组,依据当地的生活方式提出反映他们真实价值观念的主题,并在此基础上确定课程内容。具体步骤如下:

①研究小组成员与受教育者代表共同讨论他们的计划,征得他们的同意与合作,然后,小组成员详细观察当地人民的生活方式、使用的语言及其行为、态度等,以了解他们对现实及其生活情境的认识方式及观念。

②由小组成员和社区志愿者对从具体情境中观察到的初步结果予以评价、讨论,并在讨论过程中发现矛盾,初步确定用于教学中讨论与训练的基本题目。确定题目后,观察者须收集与这些题目相关的具体材料,并围绕这些题目及具体材料组织包括待受教育者在内的社会人士进一步讨论。最后由心理学家、社会学家、教育家以及非专业志愿者共同确定用于实际教学中的课程的主题。这样,课程内容"问题化"便成为课程研制解放模式的主要特点之一。

再次,在具体的课程实施或教学方法上,弗莱雷主张以情景对话、提问、讨论取代学生被动地呆读死记,以师生的双向交流合作取代教师单向地机械灌输。在教学过程中,教师不只是知识的传播者,而更为重要的,他应是问题的提出者。通过提问激发学生的主动参与意识和积极性,营造一种民主的、活跃的探究氛围,使学生阐明自己真实的观点,而不是被动地接受教师的观点。教师在启发、引导学生的思考过程中,同样有平等的权利发表自己的看法和见解,但

"教师必须在不否认学生的情况下肯定自己"。①

批判模式把教育与政治、文化联系起来考察;批判教师权威,让学生批判性地思考一切权力结构;使课程探究和人们的利益与意识形态相挂钩,唤醒了人们的文化批判意识,激发了人们的反省和批判意识及重建课程方法论的积极性、主动性、紧迫感和使命感;对课程设计方法论由工业化时代范式向后现代范式的转换提供了原则及方法论层面的坐标参照。因而可以说,批判模式对探索、构建面向21世纪的课程设计方法论,超越非人化的机械主义课程设计程序,具有不容置疑的参考价值和促进作用,为课程设计提供了一种新的视野。然而批判模式以激进的批判者姿态全面否定以往的课程研制思想,试图对课程研制方法论予以彻底改革与重建,使其与众多的反传统的课程研制模式一样,在纠偏的同时又陷入难以自拔的偏失境遇中。

第三节　课程设计的内容和基本策略

一、课程设计的内容

(一)课程目标的确定

确定课程目标,从而明确课程设计工作的方向,这有助于课程内容的选择和组织,并且可以作为课程实施的依据和课程评价的准则。课程目标是指课程本身要实现的具体目标,是期望一定教育阶段的学生在发展品德、智力、体质等方面达到的程度。② 课程目标制约着课程的设置,规定着课程内容的选择和组织以及学生学习活动的方式。课程目标既是课程实施的基本依据和课程评价的主要准则,也是教育目的、培养目标的具体体现。

1. 课程目标确立的依据

(1)学生的需要

在对学生的研究中,学生的需要分析往往被置于首要位置。我们认为,根据学生的需要确定课程目标,比较科学的方法是三个方面的有机结合。

---

① 黄志成,史国珍.保罗·弗莱雷早期在巴西的解放教育实践:弗莱雷教育理论与实践研究之二[J].外国教育资料,1997(4):19-26.

② 顾明远.教育大辞典:增订合编本[M].上海:上海教育出版社,1998:898.

> **信息专栏6-1**
>
> **学生需要的层次与类型**
>
> 泰勒认为,对学生需要的调查研究可以分为以下几个方面。(1)健康;(2)直接的社会关系,包括家庭生活以及亲朋好友的关系;(3)社会公民关系,包括在学校和社区的公民生活;(4)消费者方面的关系;(5)职业生活;(6)娱乐活动。它们成为泰勒确定学生需要层次与类型的基本标准。奥利瓦则将学生的需要分为六个层次和四种类型。六个层次分别是人类层次、国家层次、地区层次、社区层次、学校层次和个人层次,四种类型分别是身体需要、社会心理需要、教育的需要和发展任务的需要。上述分类能够比较全面地描述学生的需要。
>
> [资料来源] Oliva, Developing the Curriculum[M]. Boston & Toronto: Little, Brown and Company, 1992: 222-226.

第一,对学生的现状进行调查研究。把不同年龄阶段学生目前共性的状况与理想的标准以及公认的常模加以比较,就能发现共性的教育上的需要,这些共性的需要就有可能进入该年龄阶段学生的课程目标。学生的需要是丰富多样的,如何对学生的现状进行调查研究,必须根据一定标准对学生的需要进行分层和分类。

第二,对学生个体差异的研究。学生身心发展的需要不仅有年龄阶段的差异性,还有个体间的差异性。学生个体需要的确定,必须尊重学生的个性,体现个性差异,因而在确定进入课程目标的学生需要时,倡导学生自由选择的方法。学生身心发展中的需要有些是学生本人能够主观地、清晰地意识到的,还有一些是学生一时不能意识到或不能清晰地意识到,需要教师或其他成人的帮助和引导,才能上升为学生的自觉需要。因此,学生的自由选择是在教师的帮助和引导下选择和确定自己个性特征需要的过程。

第三,用动态发展的观点来看待学生的需要。随着学生身心不断发展,以及与社会的不断交往,学生的需要会不断变化、不断生成、不断提升。因此确定进入课程目标的学生需要时,不能用静态的视角来看待学生的需要,更不能把成人认为的学生需要等同于学生自己的需要,必须用动态发展的视角对学生的需要做出判断。

(2)社会生活的需要

对当代社会生活的研究,是课程目标的一个重要来源。社会生活是动态的,不是静态的,需要充分运用智慧对当前及未来的社会进行洞察和判断,如社会问题解决、生活经验、学校和社会的关系、社会需要和社会压力等。同时,也要考虑作为课程资源并对课程产生重要影响的社会也在改变着学校的功能,改变着对基本技能、文化遗传、学科知识、教育的个体与社会功能的认识等等。

对当代社会生活的研究包括时间和空间两个不同维度。时间维度是指向需求的现在与未来。当代社会生活的需求不仅指社会生活的当下现实需要,更重要的是社会生活的变迁趋势和未来需求。人类正进入国际化时代,国际化时代的社会需求必然是民族性与国际性的统一。人类正进入信息时代,信息时代的社会需求必然是当下现实需求与未来发展需求的统一。① 空间维度是指当代社会生活的生活社区的扩展性。当代社会生活的需求是指从学生所在社区到一个民族、一个国家乃至整个人类的发展需求。

(3) 学科的发展

课程是对文化的传承,也是对文化的选择。文化的基本构成和集中体现主要是人类积累的知识。就一般而言,学科知识是知识中最主要的部分,因而学科知识及其发展成为确定课程目标的一个基本来源。学科知识的典型类型包括数学,自然科学(如物理学、化学、生物学等),技术学,社会科学(语言学、历史学、地理学、经济学、教育学、人类学等),人文科学(哲学、文学、艺术等)等。

通过研究学科知识来确定课程目标,首先需要分析学科知识的内涵。一般认为,学科知识即学科的逻辑体系,包括学科的基本概念和基本原理、学科的基本思想方法、学科的探究方式、学科的发展趋势、该学科与相关学科的关系等等。其次,分析不同学科知识对人的全面发展的价值和独特意义。泰勒认为,由于学科专家谙熟自己领域的基本概念、逻辑结构、探究方式、发展趋势,以及该学科的一般功能及其与之相关学科的联系,所以利用学科专家的建议是确定课程目标的最主要的途径之一。不同学科对人的价值或功能有所不同。例如,人们之所以将数学作为一门重要课程,应该说主要源于数学的文化价值、智力价值和广泛的应用价值。这些价值的获得是可以通过提高有效的数学学习加以实现的。

总之,课程目标主要来源于对学生的研究、对社会的研究、对学科的研究,它们之间的地位是平等的,不能以其中某一方面为优先因素来决定课程目标,也不存在单一方面或其中某两方面构成的课程目标,必须始终关注课程的终极意义和目标追求,有机地整合三方面的判断,运用系统的思想方法确定课程编制中的课程目标。

---

① 张华.论课程目标的确定[J].外国教育资料,2000(1):13-19.

2. 课程目标的基本取向

与教育目的、培养目标、教学目标密切联系的课程目标,不可能只包含某一种课程目标,它是由普遍性目标、行为目标、生成性目标、表现性目标等为主要目标构成的目标体系。

(1)普遍性目标

普遍性目标(global purposes)是将一般教育宗旨或原则直接运用于课程领域,成为课程领域一般性、规范性的课程目标。它是一种古老且长期存在的课程目标取向,上可追溯到中国的先秦和西方的古希腊、古罗马时期,近现代教育史上普遍性目标也广泛存在。

普遍性目标是把可普遍运用于所有教育实践中的一般教育宗旨或原则等同于课程目标,是对课程全局的总体考虑和安排,具有普遍性、方向性、指令性特点。它所反映的是比较长期的教育价值取向,是任何门类的课程不可缺少的部分。普遍性目标取向存在一定缺陷:第一,这类目标往往基于经验、哲学观或伦理观、意识形态或社会政治需要引出,往往缺乏充分的科学根据;第二,这类目标一般以教条、规定的形式出现;第三,这类目标的含义常常出现歧义和不同的理解。

(2)行为目标

行为目标(behavioral objectives)是以显性化、精确性、具体的、可操作的行为的形式加以陈述的课程目标。它指明了课程与教学过程结束后学生身上所发生的行为变化。行为目标取向的课程目标克服了普遍性目标模糊性的缺陷,具有精确性、具体性、可操作性。一是行为目标为学校教育提供了一个有效的平台。基于这一平台,同类的不同学校之间的教学、同一年级的学科教学都具有了可比性,教师也能够将其教学内容准确地与教育督导、学生家长、学生本人展开交流。二是有利于教师对教学全程目标和方向的控制。当教学内容以行为目标的形式陈述时,教师对他们的教学任务清楚明了;教师还可以根据其教学活动的具体行为,准确评价教学效果,判断教学目标是否达成,实施教学过程的有效组织。但是行为目标强调课程目标的预先计划和静态说明,存在强调控制、简单化问题,忽视了学习者积极主动、动态的过程和不可预知性的事实等缺陷,主要表现在:第一,行为目标取向所体现的"唯科学主义"的教育价值观,在课程开发和实施过程中追求效率,寻求的是有效控制。但是,作为主体的人的富有创造性的行为往往不可预知,当行为目标把课程开发视为一个可预先决定和操纵的机械过程,即在教育过程之前或教育情境之外而预先设定的时候,就把目标与手段、结果与过程间的有机联系割裂开来,课程开发与教学设计过程的创造性、人的学习的主体性也就被忽略或压制了。第二,行为目标取向的课程目标都以行为方式界定,课程实施只能强调那些可以明确界定的要素,但并不是所有的课程要素都能够转化成外显的行为,甚至还存在不确定性的不可消除性。第三,行为目标的"还原论"倾向把"完整的人"肢解,人的具有整体性的心理和行为被原子化。人的高级心理素质(如价值观、理解、情感等)不只是行为,更是意识问题,这些心理素质完全用可观察的行为来精确化、具体化是不可能的。第四,行为目标把学习分解成各个独立的部分,而不是把学生知识的学习与经验的获得看成一个有机整体,不利于通过多种学科教学共同促进学生的全面发展。

(3)生成性目标

生成性目标(evolving purposes),也被译为发展性目标或者展开性目标,是在教育情境之中随着教育过程的展开而自然生成的课程目标。它不是由外部事先规定学习者要达到的结果,它关注的是学习活动的过程。这种课程目标取向总体上强调教育基本上是一个演进过程,而且它是渐进生长的,它扎根于过去又指向未来,是一个有机的过程。

生成性目标考虑到学生兴趣的变化、能力的形成和个性的发展,倾向于把过程与结果、手段与目的有机地统一起来,让学生在教育过程中产生自己的目标,而不依赖教师把课程目标强加给自己。但是,生成性目标取向在理论上把目标理想化了,在实践上很难实行。首先,使用生成性目标,要求教师根据学生的需要和特点随时调整课程内容,并能与学生一起从事有意义的对话,而大多数教师没有受过这方面的训练。其次,即便教师受过这种训练,有些人可能也不愿意运用这种互动性教学方法,因为这需要大量额外的计划和工作。最后,基于生成性目标的课程与教学的开放性,学生有时不知道什么对他们最有价值,因为他们还不了解各门学科的具体情况,需要教师告诉他们应当做什么。

(4)表现性目标

表现性目标(expressive objectives)是美国课程学者艾斯纳提出的一种目标取向,是指在教育情境的种种际遇中每一个学生个性化的创造性表现。表现性目标实际上就是指人们在从事某种活动结束时有意或无意得到的结果,它是课程活动的结果。它关注的是学生在活动中表现出来某种程度上首创性的反应形式,而不是事先规定的结果。

表现性目标的优点在于它强调学生的个性发展和创造性表现,强调学生的主体性和个性化发展,尊重学生的个性差异。它期望的不是学生反应的一致性,而是反应的多样性、个体性,它与当代人本主义的教育价值观一致。表现性目标的缺点在于:第一,表现性目标过于模糊。表现性目标是唤起性的、非规定性的,它不指明学生从际遇、环境、问题或任务中学习了什么,因而往往在课程设计与实施中难以发挥课程指南的作用。第二,表现性目标与学科性质有着密切联系,在某些学科领域,它难以保证学生掌握他们必须掌握的内容。

以上我们讨论了四种不同取向的课程目标,每一种课程目标取向都有其长处及短处,因此,学校课程目标取向不可能是以某一种课程目标作为唯一取向,而是上述几种不同取向的课程目标相互补充,共同构成了学校课程目标体系。每种目标取向都有其存在的意义和价值追求,不能简单肯定或否定,课程编制中需要根据课程性质和学校教育目标,针对课程所要解决的具体问题,合理组合课程目标。

(二)课程内容的选择

课程内容(curriculum content)是课程的核心要素。课程内容是根据课程目标,有目的地选择一系列直接经验和间接经验的总和,是从人类的经验体系中选择出来,并按照一定的逻辑序列组织编排而成的知识体系和经验体系。直接经验是指与学生现实生活及其需要直接相关的社会知识、自然知识及其技能的总和,如社会生活经验、学生处理与自然事物关系的知识和经验、技能技巧等。间接经验即理论化、系统化的书本知识,它是人类认识的基本成果,间接经验具体包括在各种形式的科学中。①

1. 课程内容选择的标准

(1)合法性

课程设计人员经常都会发现一些课程内容方面的决策实际上是为他们自己制定的。在某些地区,地方学区在课程内容方面会提出强制性要求,在这些地方这些强制性政策以及其他方面的教育就构成了所谓的"给定"政策。这样一套政策毫无疑问地限制了课程设计者选择课程内容的自由。在这种情况下,课程设计者通常要先在一起分析这些法律依据,然后才能真正开始课程内容的选择工作。只有这样,课程设计小组的成员才能明确自己决定学校课程内容的权力范围:应该选择什么内容,应该排除什么内容。

(2)重要性

一般来说,如果以下两个关键问题得到了肯定的回答,那么课程内容的决策就具有重要性:

①掌握这样的内容对学生进一步学习该领域知识是否有必要?

②掌握这样的知识能不能促进学生在其他领域的学习,能不能促进学生在不同的条件下高效地运用和转化知识?

第一个问题实际上是要求课程设计者所提供的课程内容要为学习者从事更为深入的后续学习打下基础。比如说,学生必须在掌握了初等算术的公式和

---

① 全国十二所重点师范大学.课程论[M].北京:教育科学出版社,2007:141.

计算方法之后，才能去解决有关高等数学的问题，而培养学生的阅读能力则能够帮助学生阅读和理解其他学科中复杂的材料。另外，如果学生能够熟练地掌握键盘的基本操作，那么这将有利于学生进一步学习和掌握基本的电脑程序。因此，我们可以肯定一点，教学计划中若包含了足够的基础知识，那么在后续学习当中就不会因为缺乏必要的基础知识和技能而造成学生的学习障碍。

第二个问题的目标是寻求能够证明对学生有用的内容，并将其融会贯通，从而超越获取信息的环境。一般而言，对这类知识的鉴别比鉴别基础知识和基本技能难得多。通常，课程设计者向学科专家、学习理论专家、教育心理学家和其他一些专业人士寻求帮助，但即使是专家，对于什么知识最重要，什么知识能够最好地促进学生的知识迁移的回答也大不一样。你也许还会发现许多课程专家、行政人员、教师、学生、家长和社区的其他人员对这一问题也有不同的看法。由于每个人的观点不同，所以一旦有关什么内容能够最佳地促进学习迁移的问题出现，就可以大胆地预料即将出现一轮又一轮的关于这一问题的讨论和争辩。

(3) 真实性

真实性原则满足了课程内容应当包含理性的、客观的知识这一要求。当所有的问题都归结于真实性时，你就会发现决定课程内容并不是一件特别难办的事。当到了要最终裁决课程内容的准确性时，有关课程内容的争论就到了白热化的程度。如果要对内容的准确性做出负责任的裁决，你需要做的不仅仅是对大多数人的意见表示赞同，现实的困难就在于，在决定课程内容时，不是每一个人都具有必需的专业知识来帮助他们做出理性的决定。尽管你不能对广大民众的观点置之不理，但是你要更加关注课程专家的意见。因为有时他们会与你的观点一致，反对那些缺少教育专业知识人士的观点。久而久之，在争论中，你就能用专家们提供的信息去改变那些缺少专业知识训练的人们的想法。经过选择的内容如果能经得起真实性的检验，则能使广大民众、教师和学生相信课程的可靠性，反之，人们则会对课程内容丧失信心，这会造成难以估量的损失。

(4) 适合学生的特点

选择适合学生的课程内容，需要做两件事情：一要处理好课程内容的难度问题，二要激发学生学习兴趣。

首先第一件事情可以简单归结为：预设的课程是否考虑到了学生的年龄、智力发展水平以及学生先前的学习经验。在某些情况下，这个问题的答案很简单。比如，你绝对不会去给高中生推荐名为《红灯停，绿灯行：红绿灯基本知识》(*Red Means Stop – Green Means Go：Learning About Stoplights*)的课程，同样，也不会给幼儿园学生推荐《毕达哥拉斯定理的乐趣》(*Fun with Pythagorean Theorem*)

这篇文章。

但是事实上,这个问题的答案并非如此简单,需要考虑的问题远不只是学生的年龄和智力水平。比如,有些学生尽管年龄小,但是天资聪颖,能学习并掌握很多难度很大、连同龄人都无法学习的知识。同样,那些有生理缺陷和智力障碍的儿童却无法获益于同龄人能轻松掌握的课程。

为了确定课程内容是否适合目标学习群体,就必须查阅手头所有的课程教学资料,尤其要仔细研读教科书,如难度是否适合学生的学习水平,提供了什么样的总体课程教学目标。另外,在寻求教学的支持上也要有选择,具体包括教学软件的使用,相关信息的使用和网站的登录,教学磁带和期刊的运用,都要有一定的选择。

在选择课程内容时,你或许会考虑那些能够激发学生学习兴趣的内容。当你在思考如何激发学生的学习兴趣时,就应该去查阅有关这方面的专业文章。另外,也可以做一些调查,来看看学生最喜欢学习什么样的内容。也可以考虑对学生进行访谈,以了解学生对不同激发方式的反应。

最后,要考虑这种内容是否有利于进一步提高学生的思考能力,要考虑到:在一些超越了教科书范围的活动中,学习这样的内容,是否有利于学生对课内知识和课外知识做出对比和比较,是否有利于学生积极参与这样的活动。对以上问题的肯定回答,无疑将提高这种内容进入课程的可能性。

(5)教师背景

一般而言,教师都会在工作过程中形成强烈的主人翁意识,并热切渴望运用新的课程进行教学。参与课程变革能使教师全面理解课程改革的基本方针和其中的各种要素,并熟知推荐使用的教学方法和辅导资料的作用。

2.课程内容的三种取向

自课程作为一个独立的研究领域以来,对课程内容的解释大多都围绕着三种不同的取向而展开:课程内容即教材;课程内容即学习活动;课程内容即学习经验。对课程内容的不同理解,体现了不同的教育目的观。

(1)课程内容即教材

教材是指以文字和图形等语言符号形式反映一定的课程内容的教学用书,是以事实、原理与体系等形式来说明课程内容中理论知识的体系,它是课程内容直接的物质载体。但教材不完全等于课程内容,因为课程内容所包含的直接经验、情感性经验是教材难以再现的。

在课程内容设计上,传统的方式是把课程内容等同于教材,传统教育派的课程内容设计存在着"课程内容即教材"的取向。如果把课程内容定义为教材,或者等同于教材,就会把课程内容看作是事先规定好了的东西。这样对学生来说,学习内容是由外部力量规定的他们必须接受的东西,而不是学生自己感兴趣的东西。正如美国教育家杜威曾经指出的那样,由于教材并不能引起学生的兴趣,教师在教学中设法引起学生的兴趣,使教材有趣,而教材脱离学生生活,就仿佛让学生"在他正在高兴地尝着某些完全不同的东西的时候,吞下和消化一口不可口的食物"。① 杜威的分析表明,以教材表示课程内容,往往直接导致课程内容脱离学生的生活、脱离学生的学习动机和兴趣,因为教材不能再现课程内容的全部。把课程内容等同于教材,就如同把课程等同于学科一样,犯了以偏概全的逻辑错误。

(2) 课程内容即学习活动

20 世纪以来,一些课程理论家主张,通过研究成人的活动,识别各种社会需要,把它们转化为课程目标,再把这些目标转化成学生的学习活动,构成课程内容,这就是所谓课程内容设计的活动分析法。活动分析法被认为是课程内容设计的一种有效的编制技术,英国教育家怀特海(A. N. Whitehead)就曾说:"教育只有一种教材,那就是生活的一切方面。"②20 世纪 40 年代,我国教育家陈鹤琴提出了活教育的三大目标,其中,"做中学、做中教、做中求进步","大自然、大社会都是活教材",也反映了这种取向。

学习活动取向对"课程内容即教材"提出挑战。活动取向的重点是放在学生做些什么上,而不是放在教材体现的学科体系上。以活动取向的课程,特别注意课程与社会生活的联系,强调学生在学习中的主动性。当今,"学习活动"这个术语在课程领域里使用得相当广泛。它关注的不是向学生呈现些什么内容,而是让学生积极从事各种活动。例如,不是告诉学生科学发现的基本步骤和需要注意的事项,而是要让学生通过参与科学发现活动的过程来了解。

课程内容的活动取向,往往注重学生外显的活动。然而,我们可以观察到学生外显的活动,但却无法看到学生是如何同化课程内容的,无法看到学生的经验是如何发生的。事实上,每个学生从活动中获得的意义和理解的方式是各不相同的。如果仅关注外显的活动,容易使人只注意表面上的热烈,而不是深层次的学习结构,从而偏离学习的本质。③

(3) 课程内容即学习经验

"学习经验"原本是教育学和心理学中一个常用的术语,泰勒在课程原理中

---

① 杜威.学校与社会 明日之学校[M].赵祥麟,任钟印,吴志宏,译.北京:人民教育出版社,1994:130-133.

② 华东师范大学教育系,杭州大学教育系.现代西方资产阶级教育思想流派论著选[M].北京:人民教育出版社,1980:116.

③ 施良方.课程理论:课程的基础、原理与问题[M].北京:教育科学出版社,1996:108-109.

使用这个术语,是为了区别那些把课程内容等同于教材或学习活动的观点。在他看来,学习经验既不等同于一门课程所涉及的内容,也不等同于教师所从事的活动,而是指学生与外部环境的相互作用。因为,学习是通过学生的主动行为而发生的;学生的学习取决于他自己做了些什么,而不是教师呈现了些什么内容或要求做些什么。所以,坐在同一课堂上的两个学生,可能会有两种不同的学习经验。他由此推断出:"教育的基本手段是提供的经验,而不是向学生展示的各种事物。"①

学习经验取向强调的是:决定学习质和量的是学生而不是教材,学生是一个主动的参与者。学生之所以参与,是因为环境中某些特征吸引他,学生是对这些特征做出反应。所以,教师的职责是要构建适合于学生能力与兴趣的各种情境,以便为每个学生提供有意义的经验。

把课程内容视为学生的学习经验,必然会突破外部施加给学生的东西,因为学生是否真正理解课程内容,取决于学生的心理建构。从某种意义上说,学生已有的认知结构的情感特征对课程内容起着支配作用,它们是受学生控制的,而不是由学科专家支配的。知识只能是"学"会的,而不是"教"会的。然而,把课程内容视为学习经验,这就增加了课程设计的难度。

以上三种不同的取向从不同的性质和不同形态的知识形式、课程实施过程等角度来看待课程内容,而且也从不同的侧面揭示了课程内容。但课程内容不等于教材,不等于学习活动,不等于学习经验。我们采用"课程内容"一词,应兼顾到学科知识、学习活动和学习经验几方面的因素。

(三)课程实施

课程实施(curriculum implementation)是将某项课程计划付诸实践的具体过程。课程实施关注的焦点是课程实践中实际发生的变革的程度及影响变革的因素。②

1. 课程实施的影响因素

课程实施是受众多因素影响的,归纳起来,主要有以下几个方面:

(1)课程计划本身的特性

设计新的课程就是为了变革原有的课程,而课程实施则是为了把这种变革引入实践。因此,课程计划本身的特性是影响课程实施的一个因素。课程的特性包括:①可传播性,即向各地学校推行的难易程度;②可操作性,即使用它们时方便的程度;③和谐性,即与流行的价值取向和行为方式的一致性程度;④相

---

① 泰勒.课程与教学的基本原理[M].施良方,译.北京:人民教育出版社,1994:49-50.
② 张华.课程与教学论[M].上海:上海教育出版社,2000:331.

对优越性,即相对于原来课程而言,新课程计划的长处。倘若课程计划是与现实需求和公众认识相吻合的,课程目标与手段之间的关系是明确的,对课程实施者的要求是他们力所能及的,课程质量是高且易于使用的,那么课程实施就会比较有效。

(2)交流与合作

交流可以是课程设计者与实施者之间的交流,也可以是实施者之间的交流。经常交流有关课程计划方面的情况,对成功的课程实施来说是极为重要的。通过交流,课程实施者之间也可以了解各自实施课程的情况、存在的问题,以及一些值得借鉴的做法等,达到取长补短之目的。这种交流有助于课程实施者加深对课程计划的认识和对课程内容的理解,从而促进课程的成功实施。

(3)课程实施的组织和领导

各级教育行政部门和学校领导对课程计划的实施负有领导、组织、安排、检查等职责。各种规章制度是课程实施成功的保证。但是最重要的还是做人的思想工作。就一般而言,采用新的课程,对教师来说,意味着要放弃原来熟悉的一套方法和程序,而且有些曾是很成功的做法。所以,西方有的学者甚至认为:"课程实施的最大障碍就是教师的惰性。"这里的"惰性",我们可以把它理解为"习惯做法"。所以,学校领导要在学校里形成一种气氛,让所有教师都感觉到他们的意见和建议是受欢迎的,并会尊重他们的各种尝试。

(4)教师的培训

教师是课程实施过程中最直接的参与者。新的课程计划成功与否,教师的素质、态度、适应和提高是一个关键因素。事实表明,一些课程计划没有取得预期效果,并不是课程计划本身的问题,而是由于教师不积极参与或不能适应的缘故。虽说通过各种交流可以提高教师的理解和认识,但课程实施的一些技能、方法、策略,需要通过一定的培训。至少要让年级组长或教研室主任或骨干教师受到比较正规的培训,使他们回去能发挥表率的作用。

(5)各种外部因素的支持

新的课程计划的实施,需要得到社会各界的支持。新闻媒介、社会团体、学生家长的理解和支持,可以成为推动课程改革的无形动力。例如国家和地方政府政策的倾斜、财政和物质资源、技术支援等,也会对课程实施产生很大的影响。

2.课程实施的不同取向

(1)课程实施的忠实(fidelity perspective)取向

这种取向假定所期望的课程改革结果应当是忠实于原计划的。课程评价就是确定其是否真正达到了课程设计的预期结果。当实施者执行了规定的课程变革,取得预期成果时,实施就是成功的。课程被执行的程度越高,表明实施的效果越好。按照这样一种研究取向,研究者所关注的内容应集中于两个方面:一是测量特定的改革在实际中的实施程度;二是确定有利于或不利于课程实施的因素。这种研究取向是将课程作为现成的、人们已经确定的、固定不变的一套有待实行的材料。课程实施问题就是如何将这些固定的、由专家设计好的内容具体化,以达到所规定的课程目标。这种取向是将课程的设计者与课程的实施者完全分开,前者是负责规定课程的目标、内容与方法,而后者的任务则是如何将这些规定的课程落实,以达到确定的教育目标。以这种取向理解课程实施是将文件规定的预期课程进行定义、分类,尽量将其分解为可以测量的部分,然后测量课程在实际中的实施情况。考察我国以往的课程设计与实施过程,大体上是以这种取向理解课程实施的。

(2)课程实施的互动调适(mutual adaptation)取向

这种取向是将课程实施看作一连续的动态过程。实施是一个由课程设计者和执行者共同对课程进行调适的过程。20世纪80年代初,美国从一些课程改革的失败中感到,课程的设计者和政策决定者似乎忽略了这样一个事实,即"人们在实际中做了什么和没有做什么是一个关键性的变量"①。大量的研究表明,改革失败的主要原因在于实施。许多改革方案,研究者的设计是好的,问题出在实际的执行过程中,并没有将设计者的真实意图体现出来,或没有进行适当的调适。改革是一个过程,不只是一个结果。按照这种取向分析实施的过程,"不仅要描述人们在学校中的感观和行为,而且还要关心在学校实践中的基本假设和社会价值,以及它们是怎样对改革产生影响的"②。在互动调适取向中,对实施的评价更多的是对特定条件下所发生的事件的描述和解释。

(3)课程实施的创生(enactment)取向

这种取向认为,课程并不是在实施前就固定下来的,课程实施过程也是制定课程的一部分,课程是由教师和学生共同参与的教育实践结果。教师是课程的开发者,教师与学生一起来创造课程。这种研究取向将课程的实施过程看作课程形成过程的一部分,认为在教学之前并没有一种完整的、规定好的课程,而教师和学生的教学实践是修正和制定课程的过程,他们可以根据自己的实际情况来确定课程的目标与内容。这种研究取向能最大程度地发挥教师和学生在制定课程中的作用。然而这种思路过于理想化,不能适合大多数学校的实际情

---

① Fullan M. The Meaning of Educational Change[M]. New York:Teachers College Press,1982:54.

② Fullan M. The Meaning of Educational Change[M]. New York:Teachers College Press,1982:412.

况。在课程设计与实施过程中,固然要发挥教师的作用,但我们不能希望教师都成为课程研究专家,也不能将课程设计任务都交给教师。这一方面会使许多教师感到力不从心,另一方面也可能会使教师感到压力过大。实际上,真正有能力独立开发课程的教师并不多。这种研究的思路可能与教学实际有一定差距,但是让教师更多地参与课程的制定过程,已经成为国际上课程改革的一种趋势。

(四)课程评价

课程评价是根据一定的课程价值观或课程目标,运用一定的科学手段,通过系统地收集信息、资料,分析、整理,对课程方案、课程实施过程和结果等的价值或特点做出判断,从而为课程决策提供可靠信息的过程。

根据评价时间的不同,可把评价分为形成性评价与总结性评价;根据评价者身份的不同,可把评价分为内部人员评价与外部人员评价;根据评价者的注意力是集中在课程实施的过程还是结果,可把评价分为过程评价与结果评价;根据评价与目标的关系,可把评价分为目标本位评价和目标游离评价。

1. 形成性评价与总结性评价

形成性评价(formative evaluation)是指为改进现行课程计划或为正在进行的课程活动提供反馈信息而从事的评价,它是一种过程评价。一般而言,形成性评价不以区分评价对象的优良程度为目的,不重视对被评对象进行分等鉴定。总结性评价(summative evaluation)是在课程实施或进行以后关于其效果的评价,是一种事后评价。它与分等鉴定、做出关于学习者个体的决策等相联系。

形成性评价最主要的目的,在于探明计划或活动的问题或失当之处,以便为修订或改进提供证据。它着重于分析、比较、诊断、改进。总结性评价的直接目的是做出关于课程效果的判断,从而区别优劣和等级。形成性评价直接指向正在进行的活动,是在过程中进行的评价,一般不涉及活动的全部过程。总结性评价是在计划实施之后或课程活动结束以后,通常是对全过程的考察。形成性评价是一种为内部人员采用的评价,而总结性评价是外部导向的评价,为的是满足某些外界听取人或决策者的需要,评价结果主要供外部人员使用。

与形成性评价、总结性评价相关的还有诊断性评价(diagnostic evaluation)。诊断性评价是在课程计划或教学活动开始之前,对准备、需要、条件、不利因素的一种评价。诊断性评价的目的,不是给课程计划或教学活动贴标签、下结论,证明其"行"与"不行"或"好"与"不好",而是根据诊断结果设计一些"长善救失"的措施,最大限度地发挥课程计划、教学活动的长处或优势,努力改善课程活动。①

2. 内部人员评价与外部人员评价

这是依据评价者的身份所做的分类。这种分类的标准是看评价者是课程开发、设计的单位或个人,还是未参与其中的单位或个人。前者是内部人员评价(insider evaluation),其主要目的在于改进课程开发、设计的过程,首要任务是弄清预先设定的目标是否已经实现。后者是外部人员评价(outsider evaluation),主要有两种方式:通过测试等手段评价课程的产品,由外部人员对课程过程进行观察。形成性评价基本是一种内部人员评价,总结性评价则基本是一种外部人员评价。

3. 过程评价与结果评价

结果评价(outcome evaluation)是一种"底线式的或清算结账式的评价"②,也是一种传统的、常用的评价形式。狭义的结果评价是指学科目标实现结果的评价,着重考察各学科是否达成预定的学科目标。广义的结果评价是指根据课程实施的结果来判断课程的价值和效果。结果评价中的结果通常都是以操作性的方式来界定的。从评价的目的看,结果评价主要在于了解课程计划对学生所产生的结果,但也可用于掌握受课程计划影响,教师和行政人员产生的结果。结果评价采用的基本方法是通过对前测与后测之间、实验组与控制组之间的差异来做出判断。不少人认为,结果评价能提供确定课程对学生所产生的结果的可靠信息,因而在实践中乐此不疲。但也有人对此不以为然,认为结果评价只关注结果不关注过程,乃为暗箱式的评价(back-box evaluation)。

过程评价(process evaluation)是对课程计划实施过程以及教学活动过程的评价。打个比方,如果想评价斧头这一工具,你可能会研究刀刃的设计、重量的分布、所用的合金钢、斧柄木头的质量、使用的方法、影响使用的情况等等,或只研究一位好斧匠用其砍物的数量与速度。那么,后一种方法属于结果评价,前一种方法就是过程评价。类推至课程评价,过程评价的旨趣在于课程计划所包括的特定内容、课程内容的正确性和组织方式、课程计划实施过程中的影响因素及其相互作用、教学的方式方法、教学的组织、教学中的互动等等。

4. 目标本位评价与目标游离评价

目标本位评价(goal-based evaluation)是以目标为基础进行的评价,旨在测定教育目标在课程中究竟被实现了多少。教育目标是指学生行为的改变,因此,评价最终是考察这些行为改变究竟实际发生到什么程度。目标本位评价的

---

① 钟启泉,汪霞,王文静.课程与教学论[M].上海:华东师范大学出版社,2008:258.
② Posner. Analyzing the Curriculum[M]. New York:McGraw-Hill,Inc,1992:235.

典型代表是泰勒的评价模式和布卢姆的评价体系。目标本位的评价要点明确、重点突出、操作性强,为判明学生学业的进展提供了有用的帮助,实践中运用广泛,在课程评价中至今仍占有重要的地位。但目标本位评价过分强调目标,往往窄化评价的内容,忽略教学生活的丰富意义,压抑教学的自主性,是一种狭隘的评价观。

目标游离评价(goal-free evaluation)正是针对目标本位评价的缺陷而提出的一种评价类型,它要求脱离预定目标,重视课程的所有结果,包括非预期结果。目标游离评价的倡导者提出,事先不应把课程的目的、目标告诉评价者,而应当让评价者全面地收集关于课程实际结果的各种信息,不管这些结果是预期的还是非预期的,积极的还是消极的,这样才能真正对课程做出正确的判断。他们认为目标本位评价容易受计划目的的限制,因而也就太容易使计划受使用者和设计者的影响。而且正式规定的目的,往往内容狭窄,易于简单化、表面化。严格按目的行事往往会大大地限制评价的范围及其深远的意义。采用目标游离评价则评价重点由"计划想干什么"转变为"计划实际干了什么",评价者就可以在没有偏见的情况下自由地肯定其优点。目标游离评价对许多评价者的工作产生了影响,但由于涉及管理人员地位、评价者职责等方面的重要变化,以及理论自身的不完善,使之未能在实际评价中得到广泛的应用。

二、课程设计的基本策略

(一)课程选择

课程选择是指从众多可能的课程项目中决定学校付诸实施的课程计划的过程。选择活动使教师能够在决定教什么的问题上发挥积极的作用。课程选择至少需要满足两个条件,即教师要有选择的权力,同时还要有可供选择的空间。此外,课程选择对教师的专业资质也提出了相当高的要求,对此我们不能低估。

课程选择有多种层次,一般可以分三个层次:科目选择;教材或教科书选择;教学内容选择。第一层次是课程计划中的科目选择,大多数具备课程开发机制的教育系统为学校提供一系列供选科目清单,学校要从中选择他们所要开设的少数科目。第二层次是指在科目确定的情况下,在同一科目的不同版本之间进行选择。第三层次则是课堂层次的选择,是指教师和学生根据自我能力和当地的实际情况选择可以保证学生最大限度地掌握知识、获得能力的内容。第二、三两个层次都涉及微观的校本课程层面,在这里不做展开,而对科目的选择策略做稍加详细的探讨。

实际上,在我们的教育系统中能够获得的供选课程项目的余地并不大,学校的选择权力很有限。在实践中我们可以采用精心组织、分步实施的理性决

策,这一策略的步骤是:

①开列项目清单。即把国家及地方课程不分巨细,全部列出来。在此清单上,要清晰地显示出这一科目的主要目标、所需师资及课程资源、所需课时、课程内容、课程结构等。

②确定选择标准。主要依据学校自身的教育哲学和办学条件。一般来说,不同的学校选择课程的标准会有所差异。但这并不妨碍我们为课程选择标准制定一个基本的概念框架。这一框架要大致具备四个基本特征:一是结构性,即所选课程要有一个传递信息的最佳知识结构和话语结构;二是一致性,即课程中各种观念的关系要明晰,从一个观念到另一个观念要具有逻辑联系;三是完整性,即课程的一个单元要实现一个明确的目标;四是适切性,即课程要符合和适应学习者的知识基础和其他背景。

③综合评估。根据评价标准完成评估之后,要把这些评估综合成一个总体评价。即根据各种限制条件的综合分析或总体印象判断,对供选课程进行定性描述。而且,评估任何类型的教学材料时,都应该充分考虑特定用户群体的具体需求。一门课程对于某一群体的教师和学生非常适合,而对于另一群体的教师和学生就可能很不适合。确定选择标准之后,根据标准对项目清单上的学科进行逐一评估,最后,把这些评估写成综合评价。综合评价应注明是否符合学校的教育哲学、办学条件能否达到等。

④综合考虑,进行选择。对合乎学校要求的学科,仍要考虑师资、课时等课程资源,然后进一步合并、删除或删减,最终确定选择的科目。

(二)课程改编

课程改编是指针对与原有课程准备对象不同的群体进行的学程上的修改,或者根据课程内容、结构安排等的不同理解而进行的调整。主要是指教师对正式课程的目标和内容加以修改以适应他们具体的课堂情境,其中包括对引入的校外课程的重新改组,对学校自身开发的课程的进一步改进,等等。此外,它也包括某些学校对国外引进课程的翻译和本土化改造。

进行课程改编需要充分考虑很多方面的因素,但这些因素大致可以归纳为五大类:

①目标。现在新课程的目标可以分为:公民意识;价值观念;社会责任感;创新精神和实践能力;科学人文素养和环境意识;终身学习的基础知识、基本技能和方法;健壮的体魄和良好的心理素质;健康的审美情趣和生活方式。

②内容选择。我们认为,在选择课程与教学内容时,既要考虑学生和教学方面的因素,也要考虑学科知识价值的问题和知识能力的关系问题;既要注意学科知识的基础性、科学性,又要照顾学生的需要、兴趣与学校教育规律,还要注意社

会生活经验及社会发展的需要,即在选择课程与教学内容时所坚持的基本准则是课程与教学内容的基础性、社会性和与学生及学校教育特点的适应性。

③内容组织。从课程内容的组织上来讲,有直线式与螺旋式、纵向组织和横向组织、逻辑顺序与心理顺序,它们是课程内容组织的最基本的辩证逻辑,即使是在同一门课程中,对不同性质和不同层次的内容来说,这些逻辑形式也是可以并存的。

④学习经验。国家课程改革的基本思想是:以学生发展为本,关心学生需要,以改变学生学习方式为落脚点,强调课堂教学要联系学生生活,强调学生充分运用经验潜力进行建构性学习。所以教师应该充分利用学生已有的生活经验,引导学生把所学的知识完全应用到现实中去,以体会所学知识在现实生活中的价值。

⑤学习资料。这里我们可以将学习资料看作课程资源。课程资源是指有利于实现课程目标的各种因素,它既包括校外的资源,也包括校内的资源。所以,教师在进行课程改编时要充分考虑课程资源的利用问题。

教师应该对上述五个方面进行综合考虑,通过增加、删减和改变顺序与重点等方式对指令性课程、引进课程等加以修改,从而更好地适应学校和班级的具体情况,更好地促进学生的健康发展。

(三)课程整合

课程整合是表示学科教学中,各学科内部的知识和跨学科间的知识,通过渗透、互补、重组形成知识体系的过程和结果,它超越不同知识体系和不同的学科,打破学科之间的界限,对课程目标、课程内容和学习方式等的统整,以体现课程结构的均衡性、综合性,使学生对知识有一个整体的认识。课程内容的整合可以是学科与活动的整合,也可以是同一学科内部不同教学内容的整合。①

课程整合的常用方法有开发关联课程和跨学科课程两种。其中,开发关联课程是要在课程设计时就科目间的相关问题进行协调,往往体现的是两门左右学科间相对狭窄的联系。比如,物理科学和数学关联课程就是意味着物理和数学专题的编排顺序应该是把那些解决物理问题所需运用的先进数学方法安排在前面。跨学科课程是把不同的学科作为一门课程来学习。例如,美国学校的社会学科就是作为一门课程来开设的,它把地理学、经济学、人类学、社会学、心理学,有时还有历史等串联在一起。近年来,在大学和高中阶段开始兴起的"区域研究",就是运用包括历史、文学、地理和方言等不同学科的综合理解来论述文化上不同地理区域的问题,例如,"四小龙"研究、珠江三角洲研究、经济开发

---

① 魏国栋,吕达.普通高中新课程解析[M].北京:人民教育出版社,2004:311.

区研究和长江三角洲研究等。还有一种跨学科课程,即综合理科或整合理科,它把生物学、物理学、化学、地质学和天文学融为一门课程。

跨学科课程是课程整合的一种重要方法。我们可以看到,跨学科课程的开发和实施给长期从事分科教学的教师带来了新鲜感,并给了他们很大的触动。我们知道,学科与学科之间原本就很难截然分开,就好像在数学课上必须用文字的理解能力来帮助解应用题,在语文课上经常用音乐来营造氛围,在科学课上经常使用数学统计一样,任何学科的学习都不是孤立进行的。实践证明,突破现有分科课程间僵硬的划界,在不同学科间进行跨学科单元的开发既符合学科的特点,又符合学生的需求。在跨学科单元课程开发中,教师作为一个整体发挥作用,这里没有主课副课之分,没有孰轻孰重之别,每个人的工作都直接或间接地建立在其他人工作的基础上。课程整合可以让教师们走出各自学科的小圈子,走向彼此,学会与他人合作,与不同学科的教师打交道。

跨学科单元课程的实施,不仅仅对教师有很大的影响,实施过程中,学生也表现出了不一样的面貌。首先,原本学生心中的许多疑问,通过其参与主题确定、教学设计等得到了解决。尤其是一些原本不属于单一学科的问题,在跨学科课程中都得到了较好的解决。其次,不同能力倾向的学生在跨学科课程中得到各自展现和发展的机会。分科教学中重视学科成绩,很多学习不好的学生在学校中很不自信,觉得自己不如人家。其实,学生各有所长,缺少的是展示自己所长的机会。最后,通过跨学科课程的研究实践,学生对不同学科价值的认识也有改变,不仅重视三门主课,而且也愿意上音乐、美术等课程。

(四)课程补充

课程补充是指以提高固定课程的教学成效而进行的课程材料开发活动。课程补充是针对课堂上或书本上有限的知识,由教师通过不同的载体,为学生提供必要的指导和帮助。这些载体,即课程补充材料可以是矫正性和补救性练习、报纸和期刊剪报、声像材料、教学片和电影短剧、图画、模型、图表、游戏和电脑光盘等。这些材料有助于实现内在于正规课程中的课程目标。

一般情况下,补救及矫正性的课程材料可以分为四种类型:①课堂上布置的课外练习,有些学生学习某些特定专题时要达到掌握水平,仅靠课堂练习是不够的;②必备的知识,掌握学习课程单元的准备依赖于为那些没有掌握它的学生建立必要的知识基础和矫正材料;③把复杂问题分解成若干基本问题,从简单的基本问题逐渐过渡到复杂的综合问题;④为学生解决某个特定的问题提供额外的或可供选择的指导。

一般的课程补充材料可以分为三种类型:①活动。它指有别于阅读或谈论某事的活动,这样的活动可以提高学习成效,提高学生的动机水平并增进理解。

②与科目内容有关的材料。它可以把所学专题相关问题的最新信息传递给学生。例如,报纸上关于学生在学校所学话剧在当地演出时的有关评论文章,国内国际历史事件的周年纪念日之际发表的有关文章,在某个国家运动队或重要政治人物出访之际传回的关于所在国的电视节目等,都可以用于课堂教学中关于某一特定专题的教学情境中。这不仅可以激发学生,而且可以把学校教学与校外公众热点联结起来。③课程补充材料包括言语和图画产品以及各种设备,也可以包括师生所用材料的目录和指南。许多图书馆和资料中心相关的书籍和视听作品的注释索引、目录以及检索指南,对教学成效是非常重要的。例如,中学阶段的课程还可以适当补充一些社会生活知识、社会交往知识以及职业性的知识,为学生走向社会、参加各种社会活动做充分的准备。另外,设备使用说明书也可以作为一种课程补充材料。

(五)课程拓展

课程拓展是指以拓宽课程的范围、开拓课程的深度为目的而进行的课程开发活动。课程拓展材料的目标是拓宽正规课程,为学生提供获取知识、内化价值观和掌握技能的机会。这些东西与学生所学课程专题有关,但超出了正规课程所覆盖的广度和深度。

需要使用课程拓展性材料的情况大致有以下几个方面:①学生能力高于原课程对于学生学习能力的假设。②学生有特别的兴趣和专长,且学校的办学条件可以使这些兴趣和专长得到发挥,而原课程却没有提供机会。③教师有特别的兴趣或专长,学校的条件也证明这是正当的或鼓励这样做。④学校意欲建构自己的文化特色,从而对某方面的学习特别关注(如艺术、体育、外语等),而且在课程政策上也允许有兴趣的学生从事学校提供的延伸性学习。⑤最新事件或政治、经济、科学和技术发展可能改变某一科目和关注焦点,而学校课程又必须对此予以重视(如党建与江泽民的"三个代表")。

课程拓展材料可以分为两类:正规课程的延伸和个别化拓宽。

正规课程的延伸必须考虑两个问题:一是教育上的重要性,即课程规划者要回答课程延伸的材料是否有利于学生和社区的问题;二是替代物的重要性,因为把新的问题加进现有课程中来,必然减少分配给其他科目或同一科目的其他专题的时间,在这种情况下就必须回答拓展性专题为什么比它所替代的专题更重要的问题。例如,中学阶段的课程拓展的内容应体现时代精神,与社会进步、科技发展、文化发展有机结合起来,同时还需尊重文化差异,体现地方性。

个别化拓宽的课程材料不是为全班而是为班上挑选的个别人准备内部人员评价与外部人员评价,这些人要么天资高,要么对与某一科目相关的专题或技能表现出特殊的兴趣。判断个别化拓展材料的价值要考虑三个方面的因素:

①有价值的目标。这种活动是教给学生真正有价值的东西,而不是仅仅给学生提供价值不大的信息,甚至是毫无价值的技能。②新的知识技能。这种活动能使学生学会新的东西并获得更高水平的技能,而不是仅仅重复学生已有的东西。③班级经营成效。这种活动不致耗费教师过多的时间而影响班级其他同学的学习,也不致分散其他同学的注意力。

(六)课程新编

课程新编是指全新的课程单元的开发。学校可以根据自己的特色和学生的需求开发新的课程项目或单元,或自行设计某种具有特色的校园环境或社会活动专题。例如,突出学校特点的特色课程、地方性专题课程即我们所说的乡土教材以及时事专题课程,就可以归为这一类型(目前所说的校本课程亦是此类)。

课程新编的方法主要包括地方性专题和时事专题两大类。

地方性专题可以在某一具体科目中进行安排,也可以在相关学科的整合课程中加以安排。地方性专题在地理教学中运用得最为普遍。实际上,最初的地理课程单元所涉及的现象都与学生的周围环境密切相关。学习地图的最初步骤是根据由近而远的原则加以安排的,从与学生周围地区有关的专题开始,这样就把学生的个人经验与学校的正规学习整合起来。这样的课程单元在地方层次上由当地教师的积极参与而做出最好的准备。大多数学校科目都有地方性专题,如地方史或与当地有关的著名历史人物。关注当地社区不同群体文化的多元文化学习,当地博物馆中的艺术财富,地方贸易与产业及就业机会,当地经济资源,某一地区的特有动植物——所有这些专题都可以有选择地在学校课程中加以安排,涵盖这些专题的课程材料的准备则可以在地方一级完成。比如在上海,浦东开发、城市交通、居民住房、人口老龄化等社区专题,都可以列入课程新编的对象范围。

时事专题可以促进学校迅速开发新的教学单元或开展学习处理此类事件的活动。在教育系统层次上,这样的课程开发活动需要时间长,不能及时做出反应,而这类事件的时效性又是很强的,所以时事专题的开发最好在学校一级完成。例如,国庆周年纪念、神州飞船上天、北京奥运会、上海世博会等类似的重大时事专题都可以作为校本课程开发活动中课程新编的对象。

第四节 课程设计的方法

一、主观法

主观法,也称判断法(相对于客观、实验而言)。它是指这样一种做法:设置什么学科,组织什么活动,选择什么教材,怎样组织安排,等等,都由某个人或集团的意志来决定。其所以称为主观法,是西方资产阶级的一部分实证主义者,只认为实验法才是客观的方法,而那种由个人或集团判断的方法是一种主观方法。可是,这种方法是古今中外长期沿用的制定课程的主要方法。例如我国古代春秋战国前的奴隶主官学,以及春秋以后的私学和后来的官学都是沿用这种方法。近代欧洲资产阶级教育家都有一张自己的课程表,也是主观法的具体例证。

二、经验法

经验法,它是指这样的一种做法:设计什么学科、活动,选择什么教材,怎样组织,等等,根据对已有的课程、教材使用的经验教训,得出某种结论、认识和原则来决定怎样改进。经验教训包括教师、学生、家长有什么反映?分量如何?程度如何?使用有无困难?教学效果如何?等等。例如,1978年全国统编教材实行后,普遍反映程度较深,教师中有些教不了,学生中也有些学不了,加上其他原因,自1983年起,部分省市乃至全国采取了延长学制的方法,1984年又采取了实行两种要求的方法。这种方法的特点是:有一定的依据,但只是经验,缺乏切实可靠的理论论证和实验数据。

三、客观法

19世纪末,美国一些统计学家和教育心理学家,用所谓客观的方法,研究实际生活的需要,从而编制教材。如欧叶斯(L. P. Ayres)、桑代克(E. L. Thorndike)等人,曾以应用次数的统计,择定常用的词汇;华虚朋(C. W. Washburne)曾从日报、杂志的检查和统计,选择历史、地理的教材。我国20世纪60年代在开展小学低年级集中识字实验时,也使用了字汇统计法,得知一般报刊、日常用语用到的字约3000字,《毛泽东选集》一至四卷用到的字为2981字,为一、二年级儿童编写的读物用到的字为800个。这种方法,对于克服主观主义、经验主义有一定意义,但其也有缺陷,表现为狭隘的功利主义和实证主义。我国外语教材编写中反复摇摆的教训之一,就是时而重生活词汇,时而重政治词汇,由此可见,仅凭一时的实用、实证是不行的。

四、活动分析法

20世纪30年代,美国研究课程问题的专家,如查特斯(W. W. Charters)、博比特等人,提倡所谓活动分析法,根据社会调查和统计,决定生活的需要,从而编制教育的目标。要把教育所期望达到的结果、技能、知识、理想等,逐项列举出来,连篇累幅,条分缕析。

例如,过去苏联的一些学者在课程设计时,采取"个性—活动"分析法,从工业工人典型的概括化的活动及其相互关系中,分析出工人应具备的个性品质和才能的模式。例如,典型职能和技能:机械技能,电力技能,自动化技能,组织技能。相应的知识:自然现象,技术的,生产组织和经济方面的以及社会和心理现象方面的。典型关系:直接发生的组织与经济上的关系,间接发生的道德上、法律上以及审美方面的关系。这些概括化的活动和关系,就构成综合技术教育内容的理想模式。这种理想模式,结合某种具体时期、具体学校的实际,就产生出综合技术教育内容的具体模式。

五、实验法

实验法是今天公认必要的、应用最为广泛的一种方法。它是指这样一种做法:根据一定的理论研究和经验总结,提出一种假设,设计出一定的课程和教材(可以是整体的,也可以是局部的),拿到一定的学校、班级去试行,并有比较对照的学校、班级。经过一段时间,到各试点学校或班级取得各种数据,进行分析处理,获得相应的结论,肯定或否定或修改已有的课程和教材。这种方法的特点是比较准确,比较合乎科学。以其严格性的程度,可分为两类,一种是专门控制环境下的实验,一种是自然状态下的实验。

实验法有三种模式:第一种模式叫研制推广型,或者叫中心 – 外围型。具体的做法是:第一步由专家组成课程设计小组,提出设计的计划和完成期限,取得经费;然后把课程设计方案拿到学校、班级实验,取得反馈信息,据以进行修订;最后进行教材建设,编写教科书和教学资料,制作教学仪器,并且发行和传播。

这种模式的典型事例如:1956 年,美国麻省理工学院发起"物理课程设计"。1957 年成立 50 人小组,小组人员有大学和中学的物理教师,行政管理人员,心理测量学家,电影摄制工作者。1957—1958 年,小组设计的第一个方案在 8 所学校 300 名学生中进行,同时为实验班的教师开设了暑期讲习班。1958—1959 年,第二个方案在 270 名教师和 11 000 名学生中实验,接着 1959—1960 年,第三个方案在 560 名教师和 22 500 名学生中实验。经过这三次实验,最终在 1960 年确定了方案。这一套设计包括实验室设备,视听教材和影片,一册教学用书,以及学生实验手册,最后是检验教学目的是否达到的一些测验题。最后的定本有两套:一套给大学或中学程度较高的学生使用,一套给程度较低的中学生使用。

这种模式从学科出发,从理想规格出发,能够保证规格和质量,但推广不容易,不能适应对象的个别差异,适用性有一定的限度。

第二种模式叫社会同意型,或者叫外围 – 外围型。其具体做法是:课程小组确定目的和目标以后,小组成员就系统地调查学校相应学科的基本情况,这是第一步;第二步,确定课程内容,并把内容分配给各个年级;第三步就是到学校中去实验;第四步,组织和训练教师。

这种模式的典型事例如:美国加州大学1967—1971年做的"改善小学理科课程设计"。以卡普勒斯(Karplus)教授为首组成小组,小组成员包括物理学家、生物学家、心理学家和小学教师。其目的是制定一套小学理科课程,推动美国科学扫盲。他们认为,科学扫盲首先是扫除对生物和物理基本概念的无知。目标确定后,小组成员系统地调查小学和这两门学科的基本情况。然后,他们确定六个单元的内容,分配到小学的六个年级。每个单元都通过一些基本概念,把物理科学和生物科学结合起来。例如,一年级第一单元,内容为物质性事物和有机体。基本概念有事物、特性、材料、序列,等等。又如六年级第六单元,内容为电和磁的相互作用,综合前面各单元的学习,研究生态系统、科学模式等等。同时要确定这一套内容的教学方法。1967年,他们把这套设计在35万小学生中进行实验。根据这个实验,他们在1971年拿出设计的定本,并在全国各地设立许多实验中心,教师可以自由参加。实验中心设有实习工厂,备有教学论、心理学资料供教师使用,这就是所谓的外围网络。此外,还为教师和行政人员开设讲习班。

这个实验的特点,就是所设计的内容只是教师参考的范围,不像前种模式那样提供确定的现成的内容,它要求教师进行相当大程度的创造工作。各实验中心的任务是刺激教师间讨论、观摩和再创造,所奉行的是合作主义、互助主义。

第三种模式叫解决问题型,或者叫外围-中心型。具体做法是:课程设计小组针对用户提出的问题,为之设计一套课程。这套课程,并非把一切都做齐全,现成的交给用户,而是为用户的咨询提供解答的技术和专家的帮助。这个模式的理论基础是实用主义,在实践上受到市场工作模式的影响,其与研制推广型恰恰相反。

近年来,西方学者也提出将这三种模式结合起来的设想,鉴于这三种模式是依次出现,并与知识领域的不同有关,故而其结合的设想也是合理的,应该说,这是实验法的发展上的重要进展。[①]

【本章小结】

1.课程设计是按照育人的目的要求和课程内部各要素、各成分之间的必然

[①] 王策三.教学论稿[M].2版.北京:人民教育出版社,2005:217-224.

联系而制定一定学校的课程计划、课程标准和编制各类教材的过程,是课程建设系统工程的一个组成部分。课程设计的基础包括客观基础和思想基础。客观基础包括社会发展的要求、学生成长的需要和知识增长的影响。思想基础包括哲学、社会学和心理学基础。课程设计的层次分为宏观、中观和微观三个层面,宏观和中观层面的课程设计主体是国家,微观层面的设计主体则是教师。课程取向是人们对课程的总的看法和认识,把某种课程取向应用于具体的课程设计,即为课程设计取向。艾斯纳和麦克尼尔曾对课程及课程设计取向做了具体的描述,并归纳出学术理性主义取向(academic rationalist conception)、认知过程取向(cognitive process conception)、人本主义取向(humanistic conception)、社会重建主义取向(social reconstructionist conception)和技术学取向(technological conception)五种基本的课程设计取向。

2. 课程设计的模式就是关于课程设计的价值取向及相应的操作方式的统一。从课程设计的历史发展来看,比较有影响的课程设计模式有目标模式、过程模式、实践与折中模式和批判模式。目标模式发端于20世纪初期的科学化课程开发运动,泰勒构建的课程开发模式是目标模式的经典理论,后三种模式都是在批判目标模式的基础上建立起来的。由于批判的角度和力度不同,后三种模式都存在一定的价值和缺陷。

3. 课程设计的内容首先是课程目标的确定,明确课程目标确立的依据和基本取向;其次是课程内容的选择,学习课程内容选择的标准以及课程内容的不同取向;然后是组织课程实施,了解影响课程实施的因素和不同取向;最后一步是进行课程评价,明确课程评价的类型。关于课程设计的策略,提供了六种课程设计的基本策略:课程选择,课程选择的条件、层次与方法;课程改编,进行课程改编应考虑的因素;课程整合以及课程整合的方法;课程补充,课程补充材料的类型;课程拓展,课程拓展材料的分类;课程新编,课程新编的方法。

4. 课程设计的方法有五种,包括主观法、经验法、客观法、活动分析法和实验法,其中实验法是今天公认必要的、应用最为广泛的一种方法。

【复习思考】

1. 简述微观层次的课程设计。
2. 简述泰勒原理的主要内容。
3. 简述课程设计的几种基本策略。
4. 试述目标模式与过程模式的基本理论以及二者之间的区别。
5. 案例分析:

从前有一只乌龟和一只兔子在相互争辩谁跑得快。它们决定来一场比赛分高下,选定了路线就此起跑。兔子带头冲出,跑了一阵子,眼看自己已遥遥领先乌龟,心想:我可以在树下坐一会儿,放松一下,然后再继续比赛。兔子很快就在树下睡着了,而一路上笨手笨脚走来的乌龟则超越过它,不一会儿完成比赛,成为货真价实的冠军。等兔子一觉醒来,才发觉自己输了。

请就以上这个材料,试运用课程设计的策略设计教学过程。(注意课程设计的程序问题)

【实践活动】

1. 活动一:讨论泰勒原理并分析其优缺点。
2. 活动二:讨论过程原理和目标原理的异同是什么?说说批判模式和实践与折中模式的设计理念和优缺点在什么地方?
3. 活动三:就课程设计的六种策略,找相关的文章或实例进行比较说明。
4. 活动四:几人一组可以根据课程设计的程序(内容)进行实际课程设计的尝试,学习如何设计一门课程。

【拓展阅读】

[1] 艾斯纳.教育想象:学校课程设计与评价[M].李雁冰,等译.北京:教育科学出版社,2008.

[2] 田立君.小学国学校本课程设计与开发的行动研究[M].长春:东北师范大学出版社,2013.

[3] 泰勒.课程与教学的基本原理[M].罗康,张阅,译.北京:中国轻工业出版社,2014.

[4] 田俊国.精品课程是怎样炼成的[M].北京:电子工业出版社,2014.

【网站链接】

http://www.pep.com.cn/kcs/kcyj/kcll/kcsj/,这里可以学习课程设计的理论知识,看到不同学段、不同学科课程和课程标准的设计思路,有助于我们更好地理解课程设计研究的历程、问题与走向,明确课程设计实践的理念、思路和策略。

第七章 课程资源

【学习目标】

1. 识记课程资源、课程资源开发的含义；
2. 了解课程资源系统的结构和功能；
3. 理解课程资源的类型和要素；
4. 掌握课程资源开发的方式途径；
5. 能够应用课程资源开发的方式开发自己周围的课程资源。

【关键术语】

课程；课程资源；课程资源开发

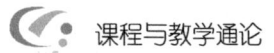

课程资源,是在现代资源及其开发观指引下,基于教材研究的发展,逐步形成的课程与教学研究的新兴领域。

第一节　课程资源概述

课程资源的涵括性较强,既包括课本(教科书)、教材、教学材料和课程材料,也包括可以用于课程与教学活动的其他潜在资源。

一、课程资源的含义

《辞海》中,"资"指资财,供给,资助。"源"指水流所从出,引申为事物的来源。在《现代汉语词典》中,"资源"是指生产资料或生活资料的天然来源。《世界图书词典》中,"来源"(source)是指"事物所从来,或所从获得的地方","提供信息的人、文件、资料等";资源(resource)是指"供满足需要的"东西,或"储藏以备需要时提取"的东西。从词典的解释和汉语的语言习惯来看,资源都包含两个方面的意义:第一个方面是事物所从出,即事物的来源。我们平常所说的能源资源、矿产资源,这些表述中,资源的含义是指从事这些行业生产所应具有的必备的物质。第二个方面是某种事物对另一些事物是不可缺少的,是满足别的事物所必需的条件。如粮食资源不是指生产粮食所需要的土、水、肥和现代农业科技,而是指粮食本身,指一个地区的粮食能够满足解决温饱、工业生产、畜牧业生产的需要的状况。

我们常说"教育资源"这个词,其实,在汉语中它不是在一个意义上被使用的,而常常是在以下两个方面的意义上被使用的。一个方面是指,构成教育活动所需要的各种事物,包括人、财、物、知识、经验等;另一个方面是指,教育满足一个国家或地区的经济与社会发展的状况,即教育本身的状况,如一个国家或地区的学校数量与人才培养的能力,教育的质量等。课程是学校教育活动中的核心部分,它是一个过程,是学生通过学校的活动所获得的全部经历的总和。课程资源是指供给课程活动,满足课程活动需要的一切。它包括构成课程目标、内容的来源和保障课程活动进行的设备和材料,即所谓"素材性课程资源和条件性课程资源"。[①] 这里只是在一个意义上来使用"资源"这一词的,即课程资源不是指向课程活动本身,而是指向构成课程活动所需要的一切素材。

在课程研究中,人们首先关注到的是课程目标、课程内容的来源问题。杜

---

① 吴刚平.课程资源的理论构想[J].教育研究,2001(9):59-63.

威在《儿童与课程》中提出了教育过程的三个基本因素:学习者、社会和有组织的学科。博比特受工业分析法的影响,认为"课程发现者首先是对人性和人类事务的分析者"。① 他利用活动分析法,把人类经验分成一些主要领域,在他那里,课程的来源是可以分析为若干领域的人类经验。查特斯通过对人类活动的分析,来探查课程来源,把确定人类活动的基本单位作为课程编制过程的第一步,并据此提出了弥补学生经验缺陷的课程编制模式。泰勒比他们前进了一大步,他提出了课程的三个来源:对学习者本身的研究;对校外当代生活的研究;学科专家对目标的建议。他虽注意到三个来源,但仍将重点放在了分析社会来源——"当代生活需要"。② 坦纳夫妇(D. Tanner and L. N. Tanner)认为泰勒在课程来源认识上有两点疏忽:一是"忽略了把它们当作有组织的相互联系的来源进行认识的必要";二是"把社会、学习者和有组织的学术知识当作资料的来源时,忽视了它们对教育目标和课程的影响"。坦纳夫妇已经察觉到了泰勒在课程来源的研究上的局限,看到了这三者对课程的制约作用,体现了从课程来源研究到课程资源研究的转向。泰勒为《国际教育百科全书》撰写课程资源条目,从目标、教学活动、教学活动组织、课程评价等四个方面来表述课程资源,使课程资源问题浮出水面,为我们进一步揭示课程资源提供了重要的启示。

  从以上对课程资源的历史追踪,我们可以得到如下的认识:第一,课程来源是课程资源最主要的部分,在课程研究先驱者那里甚至是课程资源的全部。但仅仅局限在课程来源的研究不能揭示问题的实质,尤其是在面临课程改革的时候,从当地社会甚至无法分析出课程改革的来源,因而无法考虑引进课程改革所需要的课程资源。第二,课程理论研究者大多追随杜威,把教师、学生当作课程资源。这样容易忽略他们所处的文化背景和经验基础,而教师、学生的知识和经验都源自于社会生活,源自于对客观世界的反映,所以课程资源从根本上来说,是人类认识的对象,是人类认识的实践,也就是说,人类认识的资源就是课程的根本资源。第三,必须加深有关课程资源对课程制约作用的认识,以利于更明确课程开发的各个向度。第四,哲学观与课程资源观有密切的联系。有什么样的哲学观,就有什么样的课程资源观。从课程流派来看,进步主义者把儿童经验看作是选择教育目标的主要资源;要素主义者强调文化遗产是引出教育目标的主要资源。第五,要把课程资源当作一个整体来研究,认识到课程资源的各要素是一个不可分割的整体,不能随意割裂为几个部分,所以在运用分析方法时应考虑综合和系统方法。

---

  ① 泰勒.课程与教学的基本原理[M].施良方,译.北京:人民教育出版社,1994,引言:8.
  ② 多尔.后现代课程观[M].王红宇,译.北京:教育科学出版社,2000:73.

因而,课程资源是指能为课程与教学活动所用并满足其需要的一切素材和条件。① 课程资源,既包括对课程理念形成、目标确定、内容选择、课程实施和课程评价等有价值的知识和经验,又包括能保障课程与教学活动得以进行的人文环境、物质设备和材料。所以,课程资源有广义与狭义之分。广义的课程资源对课程与教学活动而言是潜在的、非直接的,它本身不是专门为课程与教学活动而存在的。只有人们开发课程时,它才被考虑进来作为课程开发的一种素材或条件,如一定的物质设施和经济条件可以被用于开发课程,也可以被用于其他事业。狭义的课程资源是指直接构成课程与教学的各因素的直接来源,它对课程与教学的作用是直接的。

二、课程资源的内容

课程资源十分庞杂,为了便于分析与研究,人们总要对其进行归类。课程资源的类型与课程资源的要素构成了课程资源的内容。

(一)课程资源的类型

由于分类角度的不同,课程资源类型的划分也不相同。每类课程资源都有其自身的价值。

1. 校内课程资源与校外课程资源

可能被纳入课程与教学活动并产生作用的知识、经验和物质条件等,按照空间范围划分,凡是在学校范围之内,都是校内课程资源,而超出学校范围以外的就是校外课程资源。我们除了充分挖掘、利用、建设好校内课程资源,为课程开发提供有力的保障,还必须与校外课程资源密集的单位建立长期合作的关系,或与校外单位保持必要的联系,以便充分利用校外的课程资源,开发校外课程。

2. 素材性资源和条件性资源

素材性资源是构成课程的因素,是课程的来源,如知识、技能、经验、活动方式、情感态度和价值观等属于素材性课程资源。条件性课程资源不能成为构成课程的因素,只是为课程运作提供保障,决定着课程的实施范围和水平,如资金、时间、场地、媒介、设备、设施和环境等属于条件性课程资源。② 课程研发既要充分利用课程素材,也要加强课程条件建设。

3. 原初性课程资源、粗加工课程资源和精加工课程资源

原初性课程资源主要是指那些可以作为课程构成因素和条件保障的一切。它们主要不是因为课程活动而存在的,正如某地的一个公园,它不是为课程活

---

① 范兆雄.课程资源论[M].北京:中国社会科学出版社,2002:3.
② 吴刚平.课程资源的理论构想[J].教育研究,2001(9):59-63.

动而存在,而是作为城市的一种人文景观而存在的。当教学活动中组织学生参观公园时,它才成为一种重要的课程资源。粗加工的课程资源,指课程文件、课程与教学材料等。精加工的课程资源,指经过认真雕琢的、具有许多课程品性的精细的课程资源。原初性课程资源在很多情况下不会成为参与课程活动的因素,但是精加工的课程资源则是课程活动必不可少的依托。粗加工的课程资源还需要教师进行认真的筛选、提炼、组织与加工,才能纳入课程活动之中,成为课程活动的因素。

> 信息专栏 7—1
>
> **课程资源分类的其他维度**
>
> 根据素材性资源的载体形式,可分为非生命载体与生命载体。
>
> 根据资源的不同来源,课程资源可分为自然课程资源和社会课程资源。
>
> 根据物理特性和呈现方式的不同,课程资源还可以分为文字资源、实物资源、活动资源和信息化资源。
>
> 根据存现方式的不同,课程资源可划分为显性课程资源和隐性课程资源。
>
> 根据课程资源的生成方式,分为原生性资源、延生性资源、再生性资源和创生性资源。
>
> [资料来源] 韩雪屏,王相文,王松泉.语文课程教学资源[M].北京:高等教育出版社,2007:9.

(二)课程资源的要素

课程资源包括物质资源与非物质资源两个子系统,其中非物质资源子系统包含思想资源、知识资源和经验资源三大要素,物质资源子系统包含人力资源和物力资源两大要素。

思想资源,指一切有可能渗透到课程与教学活动之中,影响课程与教学活动的各类人员所具有的全部思想观念。它支配着教育系统中的教师、学生、管理者、研究人员和其他工作者的各种观念。这些观念可以分为三类:有关自然界的思想,即对于自然的形成、发展、本质的个体认识;有关社会的思想,即社会价值观、道德观、发展观等;有关个体的人和人类的思想,即对人和人类行为的认识、对人的心理发展、对人类语言现象等的观点。

知识资源,指全部人类知识。它既包括描述自然、揭示自然规律的自然知识,又包括描述人类社会、揭示社会运动规律的社会知识。而数学知识可以描述社会的关系,也可以描述自然的关系,还可以描述社会与自然之间的关系;语言知识既涉及生理的、物理的自然现象,也涉及思维的、交往的社会内容。因此,课程知识资源可以分为四大类:语言知识、数学知识、自然知识和社会知识。

经验资源,指教育系统中的教师、管理者、研究者、工作人员和学生所具有的个人经历的总和。他们各自的经验有所同也有所不同,他们都有受教育的经验、社会和学校生活的经验。而各自的经验内容、性质和水平等则不一样。教师的经验是起主导作用的课程资源,它支配着课程与教学活动的过程,这是不容否定的现实。不管教师是持学生主体观,还是持教师主体观,他们的经验都会不自觉地进入他们的教学活动过程中。学生的经验是课程与教学活动的基础,刚刚跨入学校大门的学生,主要依赖于学前的生活经验,然后,他们在学校中渐渐地形成一整套的学校经验,包括学习经验、与教师交往的经验、学校生活经验、学校社团活动经验等。

人力资源,指组织课程与教学活动所拥有的劳动力的总量及其活动,涉及课程人力资源的理解、供给、配置与开发等课题。课程人力资源,受制于社会经济系统的供求规律,所以必须研究教育系统中的教师、学生、管理者、教育研究人员的供给与需求状况,探索课程人力资源的管理特点和调配方式。

现代课程与教学活动不仅有具体形态的物质内容,而且还离不开财力、物力的支持。课程物力资源,由物质资源和财力资源两个要素构成。按性质,课程物质资源分为自然的和人造的两个部分。课程财力资源,按来源分为政府拨款、社会支持和校本开发三个部分,即各级政府可能用于课程与教学活动的最大财力的指标,各种社会组织提供的财力支持,学校及其他教育机构用于课程设计、实施和评价的财力。

随着信息技术的发展,网络已经进入人们的社会生活,并产生了广泛的影响,它已成为一种独特的资源。它既需要物质设备的支持,投入大量的资金进行建设,又是一个虚拟的世界。随着网络教育的发展,虚拟学校已经成为现实,网上课程不仅将现实课程虚拟化,而且促进了新课程形式的产生。这种新的课程主要是通过虚拟现实技术,使人置身于其中,获得的感受不仅以模拟真实为目标,而且正在向着新的专业教学技术发展。在当代课程与教学领域,网络资源具有物质与信息的双重特性,是一种特殊而前景广阔的新兴资源。

三、课程资源系统的结构与功能

研究课程资源系统一定要研究它的结构和功能。因为,只有通过研究它的结构,才能了解课程资源的各个组成部分是如何联结的,揭示系统的本质特征。只有认识课程资源系统的功能,才能了解课程资源对于课程活动的意义。

（一）课程资源系统的结构

结构是指系统内部各个组成要素之间的相对稳定的联系方式、组织秩序及其时空关系的内在表现形式。[①]任何系统都有自己的结构。课程资源系统的结构是指课程资源系统内部各层次的要素之间的联系、组织状态、时空关系。课程资源系统是有严密结构的复杂的巨系统。它的结构可以从以下几个方面展开：

①层次结构。任何结构内部都可以存在子结构。课程资源囊括了宇宙间物质的和非物质的一切，包括多层子结构，处于最上层的实际上就是宇宙和把握宇宙事物的思想观念，即宏观结构。它是必须运用思维、借助于理论才能理解和把握的对象。人们创立了关于宇宙和世界的哲学理论，以及各种宗教学说。中观结构是组成宏观结构的部分。它是必须借助于人类所创造的某一领域的理论成果才能认识的对象。人们把它分成许多领域，并依据其内在的规定性，划定了许多学科。微观层次是组成各领域的每一具体的事物和活动。它是人们凭常识就能感知其表现的现象。微观层次的结构并非就是简单的，在表层的背后，这些事物和活动所具有的复杂本质又与宏观、中观层次是相互贯通的，所以离开揭示其本质的理论知识，就难以获得深刻的本质性的认识。

②联系方式。在课程资源系统中，思想处于支配地位，它与一切物质世界发生着广泛的联系，又能反观人类自身的活动，还可以把人类思想的成果——知识当作客体来加以研究，所以课程思想资源是课程资源中最为核心的要素。知识资源是课程资源系统中凝结着人类智慧的重要要素，它联系着物力资源和人力资源，反过来为思想资源的发展提供指导和修正。它既具有认识对象的客观性，又渗透着认识主体的创造性。人力资源不仅是课程物力资源和知识资源联结的纽带，也是思想资源的源泉和物力资源的认识主体。物力资源作为被认识的对象是客观存在的，关于它的知识却是认识个体构建出来的[②]，因此，物力资源既是认识的对象，又是其他资源系统的基础和支持系统。

③自组织。课程资源系统可以"自己走向有序结构"，是一个自组织系统。课程资源系统要素的性质、数目、排列顺序都处于自我运动、自发形成组织结构、自发演化之中。它随人类认识能力的提高、文化的发展、知识的积累、客观物质世界的变化而变化，并通过涨落使系统实现自身的进化，达到新的平衡状态。系统的不平衡状态是绝对的，尤其是知识资源系统更是无时无刻不在变化之中，因为人类的全部知识都是不确定的、不准确的和片面性的。这样，人类认识的每一次重大突破都会打破课程资源系统原有的平衡，或产生新的内容，更

---

① 魏宏森，曾国屏. 系统论：系统科学哲学[M]. 北京：清华大学出版社，1995：288.
② 魏宏森，曾国屏. 系统论：系统科学哲学[M]. 北京：清华大学出版社，1995：289.

正旧有的理论;或出现新的技术,替代旧有的技术。而新理论新技术的突破或物力资源要素的变化又使认识主体的思想观念发生变化,系统在新的层次上达到新的平衡。

④整体性是系统结构最重要的表现形式。系统的结构正是系统具有整体性的原因①,课程资源各个层次的子系统之间的相互联系、相互制约使得它具有了有机的整体结构。如某一区域的课程资源系统中,物力资源构成了人们认识的环境空间,制约着知识的积累和思想的内容,而这种思想和知识状况又作用于物力资源。各个层次的子系统(要素)在整体结构中都与其他部分有着特定的联系,而且离开整体就会失去它们作为系统要素的功能。这并不是说,在课程资源系统结构中的各要素所处的地位是无区别的,相反,我们应该看到,在众多的要素中,有的联系是本质的联系,有的则是非本质的联系。知识资源子系统与其他子系统之间的联系,就是整个课程资源系统的关键性结构。

(二)课程资源系统的功能

系统的功能是指"构成系统的要素及其内部结构与外部环境的相互作用所呈现的系统行为功效和能力"②。系统的功能与环境相联系。课程资源系统置于与之相关的环境中时,才表现出对于该环境的功能。环境一旦发生变化,系统的功能就可能随着发生变化。

因此,课程资源系统是一个"寻求目标",即以特定的人的教育和培养为目标的反馈系统。如果不寻求这类目标,前面所述的囊括了宇宙一切的资源,就不能突显其对于课程活动的功效,而会因为与其他目标相联系,构成具有其他质的规定性的系统。因此,课程资源系统的功能是对于课程活动而言的。它可以分为两大类,即储备功能和支持功能。所谓储备功能,是指课程资源的物质和观念内容,是人类文化传承的中介。物质世界是人类永恒的认识对象,而人类的认识成果对于年轻一代既是认识对象,又是超越的对象。所谓支持功能,是指课程资源对课程活动进行具有维护、保障的功效。课程资源可以为课程活动的进行提供所需要的物质设施、组织、制度和思想观念。这两类功能不是孤立的,而是相互的。一方面,同一种课程资源可以同时具有两种功能;另一方面,它们可以相互交叉,相互包含。

为主要目的服务的反馈系统可以有许多组成部分,而每一组成部分本身又能组成某些次要目的的反馈系统③。这些系统的功能具有易变性和灵活性,可

---

① 魏宏森,曾国屏.系统论:系统科学哲学[M].北京:清华大学出版社,1995:3.
② 李喜先,等.科学系统论[M].北京:科学出版社,1995:54.
③ 福雷斯特.系统原理[M].王洪斌,译.北京:清华大学出版社,1986:4.

以在不同的条件下表现出不同的功能,所以,课程资源系统的功能既是有层次的,又是多侧面的、丰富的,其中,课程资源系统的储备功能,从内容方面可以分解为知识储备、经验储备、物质储备、精神储备、文化储备等功能;从发展方面可以分解为社会发展、个体发展和课程事业本身的发展等功能。课程资源系统的支持功能则包括物质保障、人力保障、组织保障、制度保障和思想观念的支持。这个功能系统是立体的、多维的,我们不能只注重于某一个方面。但不幸的是,由于"现代课程都是社会现代化的直接产物"①,所以,现代课程"无论是传统的还是进步主义的,都被吸引在现代主义的科学观周围"②,这种对于科学知识资源功能的崇拜,正反映了课程资源系统的功能与社会现代化环境的必然关系,而当社会变化来临时,这种既定的秩序必定会被打破,并代之以新的秩序,表现出新的系统功能。

(三)课程资源系统结构与功能的关系

系统的结构是系统的功能的基础,系统的功能依赖于系统的结构。③ 课程资源系统的结构决定了组织起来的各要素对于传递人类文化的教育活动的功效。系统结构改变,功能也会随之改变。课程资源系统结构不平衡,处于不稳定状态,会导致系统功能的强弱转化。在我国近代,整个社会科学知识资源非常匮乏,支持科学教育的人太少,科学教育的思想观念与以儒家思想为核心的社会主流思想不相融洽,科学教育的各项制度未能建立起来,致使支持现代教育的课程资源系统结构严重失衡。引进现代科学知识资源,制定发展科学教育的各种制度,逐步转变人们的思想观念,正是试图通过改变系统要素来改善课程资源系统的结构。如果只重视改变个别要素,只看到科学知识对生产和经济发展的作用,急于引进,忽视了系统结构的改善,没有为科学知识准备生长的土壤,那么,引进的科学知识之树,必然难以根深叶茂,更不可期望结出科学精神之果。

结构决定功能并不是僵死的、单一的。相同结构的系统可以具有不同的功能,不同结构系统也可以具有相同的功能。从微观来看,各地、各学校课程资源系统可能千差万别,但是它们完全可能蕴藏着同样良好的教育功能。

系统的结构与功能具有相对的独立性,可以用功能模拟方法研究系统。即可以不问系统的结构如何,而把被研究的系统视为暗箱,通过输入与输出的比较来追求模型与原型有相同的功能。结构与功能的相互关系还告诉人们,通过系统的性质可以了解结构,而明白了结构又可以了解系统的功能;结构可以作用

---

① 钟启泉,李雁冰.课程设计基础[M].济南:山东教育出版社,2000:208.
② 多尔.后现代课程观[M].王红宇,译.北京:教育科学出版社,2000:70.
③ 魏宏森,曾国屏.系统论:系统科学哲学[M].北京:清华大学出版社,1995:292.

于功能,功能也可以作用于结构。我们了解到某课程资源系统结构上的不合理,就可以推测它对于课程活动功效的影响。相反,如果我们对某一课程资源系统提出改善功能的要求,就会迫使系统要素重组改变结构,从而获得新的功能。

课程资源不是机械地为课程目标服务的资源。它不仅是课程内容的资源,还是产生课程目标、形成课程设计理念的资源。课程资源对课程活动具有自主性、能动性。在自组织过程中,课程资源系统不断自发地产生新的更为复杂的组织和结构。它预示着我们可以构建一种帮助学生发展自己的创造能力和组织能力的创造性的课程组织。而创造性组织要求在固定的练习与无限的可能性之间、在我们寻求终结的需要与探索的欲望之间形成一定的张力。视野广阔的课程资源系统观正是形成这种张力所需要的。

第二节 课程资源的开发

一、课程资源开发的含义

什么是课程资源的开发?课程资源开发是课程开发主体认识课程资源系统,利用课程资源为课程实施服务的过程。[1] 在内容定位上,张廷凯从学校课程资源开发的内容定位上提出应该涵盖其中一方面是对国家课程补充相应的课程资源。国家课程的实施除了需要相应课程标准、教材、教师教学用书以外,还需要大量的教学辅助材料。而在农村条件性课程资源缺乏的情况下,可以从素材性课程资源的开发着手,开发农村特色的课程资源为当地的新课程改革服务。开发课程资源要尽量避免资源浪费,让所开发的资源能达到其应有的效果。因此在开发过程中应遵循以下原则:学生为本的原则;因地制宜的原则;低耗高效的原则;开放性原则;经济性原则;针对性原则;个性原则;适度性原则。[2]

二、课程资源开发的方式

课程资源的开发,主要有挖掘教师智力资源、利用学生经验资源和发挥教育内容资源三条途径。

(一)挖掘教师智力资源

教师是学校最为宝贵的课程资源。如何充分调动教师的积极性,开发以教

---

[1] 范兆雄.课程资源的层面与开发[J].教育评论,2002(4):74-76.
[2] 肖国刚,胡海燕.试论课程资源的特征及相应的开发原则[J].内蒙古师范大学学报(教育科学版),2003(5):118-119.

师为主体的学校智力资源,是学校课程与教学发展中最受人关注的问题。一个学校的师资力量,是由个体的教师组成的,以教师个体的思想、知识和智慧为基础,以学校组织机构为骨架而构筑起来的集体智慧。因此,智力资源开发要从增强个体教师智力和加强学校组织建设着手。

1. 人才引进

一个学校的师资总是处于自然流动的过程中,学校要广泛吸引优秀教师,包括引进高水平的中年教师和具有良好基础与广阔发展前景的青年教师。引进人才不仅要考虑完成教学任务,而且要从学校教师的专业、知识水平、能力状况、年龄等整体结构来决策。

2. 培养提高

大部分学校的整体师资力量具有稳定性。学校对教师进行的培养提高,是开发教师的智力资源和提升课程与教学的有效途径。教师培养应该针对学校课程与教学发展的需要,围绕课程与教学改革和发展的主题来进行,而不是盲目追求教师队伍的高学历、高职称。

3. 教师组织建设

学校运行的管理系统、科目组和年级组,是整合教师资源的组织系统。学校要充分发挥学校管理系统在组织教师进行课程与教学活动方面的作用,建设一个高效能的学校行政管理组织系统;要重视学校内部和校际之间的教师专业协作组织建设,充分发挥其作用,从而提高教师专业水平,提升课程与教学工作,促进学校课程与教学改革等。

4. 校园文化建设

校园文化对于开发学校师资来说具有特殊的意义。一所学校的传统、风气会对学校的成员具有潜移默化的感染力。努力建设一种文明健康、积极向上的校园文化,有助于提高教师的思想水平,增强教师的道德修养,改善教师的业务素质。有利于教师潜力发挥的校园文化特征有:科学民主的文化价值取向,积极进取的文化心态,敢于创新的文化意识,先进新颖的文化手段以及和谐协作的文化环境等。

(二)利用学生经验资源

学生已有经验是学校课程与教学开发的重要资源。学生的经验处于不断的发展和变化之中,不仅是学生知识增长和智力发展的基础,而且本身就是课程与教学所追求的目标。

1. 热爱和尊重学生

学生不仅是课程计划、教学设计的出发点,而且是课程实施、教学活动的主体。因此,热爱学生,要求落实学生在课程与教学中的主体地位;尊重学生,要求使课程与教学过程成为学生自己主动建构知识、获得发展的过程。

2. 了解和研究学生

尊重学生的课程与教学活动，必然要求深入全面地了解和研究学生，要以学生学习为本，而不是以教材传授为本。了解学生不是为了控制学生，而是为了帮助学生自主探索；研究学生不是为了灌输更多知识，而是为了让学生充分享受在自主创造中成长的快乐。

3. 解放和激发学生

现代的课程与教学活动，必须解放和激发学生的学习潜能。解放学生就是消除学生的身心束缚，还学生以自主的生动活泼、发展的自由，进而激发学生学习的积极性、主动性和创造性；解放学生不是放任自流，激发学生不是煽动学生的激情，而是要因势利导，使学生探究的本性得到自然的发挥；解放学生要求从课程目标设计到课程与教学方案的组织实施，以及评价等各个环节都要以学生发展为核心，避免将学生束缚于教材，局限于课堂。激发学生，要求课程与教学面向学生的生活实践，从学生活动中寻求课程主题。

（三）发挥教育内容资源

教材是教师教学和学生学习的基本依据。但是受应试教育观念的影响，我国中小学形成了一种教师死教教材、学生死学教材的局面。教材是经过严密选编的系统化了的学科知识，但无论怎样优秀的教材都不可能概括该学科领域最为主要的知识，更不可能彻底反映该学科的全部结构。因此，学校和教师在尊重和充分利用教材的同时，要积极开发和利用各种教育内容资源。

1. 选择重组知识资源

无论社会或政治控制怎么严密，实际上筛选知识的权力在学校和教师手里。虽然国家通过发行或审定教材、督促检查、考试测评等手段控制着知识资源的选择权，但是教师对这些知识进行着再筛选。而且教育改革逐步扩大了学校和教师的知识选择权，学校和教师可以根据课程标准（教学大纲）选择知识内容，或者可以根据实际需要选择教材和自编教材。

知识资源的载体非常丰富，包括教材、图书、杂志、报纸、广播、电视、网络和广告等等，它们都可作为学习内容。因此，学校和教师要重视内容资源的开发与利用，不要把教材当作唯一的知识资源，不要局限在教材上。要制订切实可行的开发广泛知识资源的整体计划，以满足学生发展需要为宗旨重组教材，为学生制订切实可行的读书计划，引导学生接受各种现代传媒。通过各种长期持续的读书活动、传统节日鉴赏活动等，获得知识、情感与道德的全面发展。

2. 认识利用自然资源

人类拥有宝贵的知识和经验，有很大一部分是直接来自于对自然的认识。学会认识和利用自然，是人类一代又一代的永恒主题。那种认为在掌握了人类已有的知识基础之上再去认识自然的做法是不合理的。学校不是只教给学生现成知识的场所,它还应该是让学生参与认识自然的机构。学校和教师应该创造条件使学生亲密地接触自然,并在探索自然奥秘的过程中,学会认识和利用自然的初步方法,形成与自然和谐相处的初步观念。

3. 熟悉开发社会资源

社会是人类生存的方式,养成社会性是学生发展的重要目标。学生认识社会不只是通向社会的途径,还是学生社会生活的一个组成部分。学校内容资源的开发和利用,需要重视学生的社会生活资源,这种资源主要包括游戏、玩具、同辈组织、青年人的时尚等。与学生有密切联系的社会生活资源还有家庭、社区、群众组织和政府组织等。前者是青少年儿童所独有的生活世界,后者则是他们要认识和熟悉的社会组织。只有在学校课程资源开发上使这两个世界相互沟通,才是实现培养学生实践能力的有效途径。

课程资源研究,作为课程与教学研究领域的一个组成部分,起步较晚,需要格外重视并加以推进。课程资源涉及课程理念、课程目标、课程内容、课程实施、教学方式以及课程评价等。深入研究这些领域中的资源开发的具体问题,是今后需要努力的方向。

【本章小结】

1. 课程资源是指能为课程与教学活动所用并满足其需要的一切素材和条件。广义的课程资源对课程与教学活动而言是潜在的、非直接的,它本身不是专门为课程与教学活动而存在的。只有人们开发课程时,它才被考虑进来作为课程开发的一种素材或条件。狭义的课程资源是指直接构成课程与教学的各因素的直接来源,它对课程与教学的作用是直接的。

2. 课程资源的类型:校内课程资源与校外课程资源;素材性资源和条件性资源;原初性课程资源、粗加工课程资源和精加工课程资源。

3. 课程资源包括物质资源与非物质资源两个子系统,其中非物质资源子系统包含思想资源、知识资源和经验资源三大要素,物质资源子系统包含人力资源和物力资源两大要素。

4. 课程资源系统的结构是指课程资源系统内部各层次的要素之间的联系、组织状态、时空关系。它是一个"寻求目标"即以特定的人的教育和培养为目标的反馈系统。

5. 课程资源开发是课程开发主体认识课程资源系统,利用课程资源为课程实施服务的过程,在开发过程中应遵循以下原则:学生为本的原则;因地制宜的原则;低耗高效的原则;开放性原则;经济性原则;针对性原则;个性原则;适度性原则。

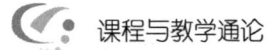

6. 课程资源的开发，主要有挖掘教师智力资源、利用学生经验资源和发挥教育内容资源三条途径。

【复习思考】

1. 课程资源、课程资源开发的含义分别是什么？
2. 课程资源的类型和构成要素有哪些？
3. 课程资源系统的结构和功能是什么样的关系？
4. 如何理解课程资源系统的层次结构？
5. 课程资源开发的途径有哪些，详细说明其中的一种方式。

【实践活动】

请试着寻找当地一项独特的文化项目，调查了解有没有学校对它进行开发和利用，开发利用的情况如何？如果是你，你会如何为该项目的课程资源开发设计方案？

【拓展阅读】

[1] 基础教育课程改革纲要(试行)[EB/OL].(2001-6-8)http://www.moe.edu.cn/publicfiles/business/htmlfiles/moe/moe_309/200412/4672.html.

[2] 姚咏梅.试析校本课程资源的开发和利用[J].中山大学学报论丛,2005(2).

[3] 张廷凯.课程资源:观念重建与校本开发[J].教育科学研究,2003(5).

[4] 殷晓静.课程资源研究进展述评[J].宁夏大学学报(人文社会科学版),2005(3).

【网站链接】

1. http://course.jingpinke.com/search?start=25&level=benke&subject01=01007,在这里可以搜索和下载各类课程资源，包括不同教育层次、不同课程级别、不同学科门类课程的教学大纲、参考教材、教学课件、电子教案、教学设计、例题习题和试卷等内容。

2. http://www.eywedu.com,语文新课程资源网。

第八章 课程实施

【学习目标】

    1. 识记课程实施、忠实取向、相互调适取向、创生取向、悬空课程的概念；
    2. 了解课程实施的发展历史、水平、层次以及影响因素；
    3. 理解课程实施的模式；
    4. 把握课程实施的几种取向；
    5. 能在教学实践中认识并运用课程实施的模式。

【关键术语】

    课程实施;忠实取向;相互适应取向;创生取向

20世纪70年代以前的课程文献中,绝少有对"课程实施"的专门研究。20世纪50年代末至60年代末进行的那场肇始于美国、影响波及全球的"学科结构运动"并未达到预期目的,到这场课程变革运动的后期,教育界内外怨声载道,人们纷纷谴责"学科结构运动"的失败。但是,当人们深入研究、系统反思这场课程变革运动的时候,越来越感到评价课程变革计划不能只是根据最终的结果,因为许多被认为是失败的变革计划实际上并没有实施过。那种认为"只要课程变革计划完善就可以自然地在实施过程中达到预期结果"的假设受到普遍质疑。"学科结构运动"的一个重大失策就是囿于课程变革计划和假设体系的制定,而对课程变革的具体实施过程关注甚少。自此,对"课程实施"问题的研究日益引起人们浓厚的兴趣。

回首课程发展史,人们会经常发现一种现象:许多重大的甚至影响深远的课程改革计划不是昙花一现、中途夭折,就是其实施结果与原先的理想相去甚远。人们发现,这些课程改革的倡导者往往过多地沉醉于描绘改革的理想或蓝图,而对课程计划的实施过程极少关注。为提高课程改革的成效,课程实施已成为课程与教学研究中一个蓬勃发展的新兴领域。

第一节 课程实施概述

课程实施是指把课程计划付诸实践的过程,它是达到预期的课程目标的基本途径。一般说来,课程设计得越好,实施起来就越容易,效果也就越好。但是,课程设计得再好,如在实践中得不到实施,那也就没有什么意义了。目前,课程实施作为整个课程编制过程中一个基本阶段的重要性,正在为大家所认识。

一、课程实施的含义与研究价值

课程实施,是实践形态的教育教学活动的集中体现,对实现教育目标和提高教育质量起关键作用。

(一)课程实施的概念

目前,人们对课程实施的本质有着不同理解,归结起来主要有两种观点。第一,课程实施是将课程方案付诸实践的过程。课程实施是达到预期教育目标的基本途径,其焦点是实践中发生改革的程度和影响改革程度的因素。第二,课程实施就是教学。这种观点主要针对课程与教学割裂的问题。教学是指特定内容的教学,它内在地包含着内容;课程作为内容,是教学的内容,脱离了教学的课程是"空置"的内容。教学与课程是内在统一的,课程实施就是教学。①

把握课程实施的概念,可以从外部与内部两个角度进行。从外部来看,在课程研制过程中,课程规划与课程实施之间,是理想与现实、预期的结果与实现结果的过程两者之间的关系;而课程实施与课程评价之间,课程实施为课程评价提供内容,课程评价考察课程实施的可能性、有效性及其教育价值等,并为课程实施提供反馈信息,以便及时对各种课程实施要素进行调整。从内部来看,课程实施包括课程采纳、课程调适和课程应用三个环节。采纳不等于实施的完成,调适代表一种努力,应用的方案才是实际运作的课程方案。应用方案与最初的课程方案相比,已经发生了根本的改变,是一种发展了的或者发展中的行动计划。因此,课程实施是课程研制中一个极为关键的环节,是一项复杂的系统工程。

在课程实施过程中,由于诸多影响因素的存在,使得整个实施过程有着不可预测性和不确定性。总体而言,课程实施是指在现实意义上,调和与平衡影响课程实施的诸因素,采纳、调适与应用课程方案,创造教育新文化的过程。具体来说,课程实施包括以下三层含义。在目标维度,它是在众多复杂性中求得调和与平衡的过程。这就需要课程实施主体系统地考虑课程实施的诸多影响因素,最大可能地发挥和协调每个因素的功能,使之产生最大功效。在操作维度,它是采纳、调适与应用课程方案的再创造过程。这就需要课程实施主体主动地参与课程实施过程,有效地利用课程资源,积极而富有创造性地调适与应用课程方案。在效果维度,它是落实课程理想以创造教育新文化的过程。这包括由学生创新的学生亚文化,由教师创新的教师亚文化,由课程研制者创新的课程亚文化,由校长带领师生创新的学校亚文化,以及由教育行政人员创新的教育政治文化,进而整合创新出教育新文化。

多年来,我国的课程和教材基本上处于全国统一的局面。课程规划、设计和评价,是教育行政部门和学科专家的职责范围,而课程实施则是学校和教师的事情。尽管有关部门对新课程和新教材做了大量的宣传普及工作,但决策者与实施者之间在认识上总存在着差距。近年来,我国各省市在进行课程改革时,不但比较注意听取广大教师的意见,而且还尽可能为教师参与课程设计提供机会,这是一种很好的尝试。

研究课程实施问题的重要性,表现在以下几个方面。第一,除非我们直接分析和了解课程实施过程,否则就不知道实际发生的情况。目前流行的做法是宣传新课程计划的好处,然后评定其结果。好像在这过程中没有发生过任何事

---

① 黄甫全. 课程与教学论[M]. 北京:高等教育出版社,2002:326-328.

情似的,实施过程成了一个"暗箱",这就不能保证所获得的材料的客观性。第二,研究课程实施过程有助于了解为什么有的课程计划会成功有的会失败。通过直接了解实施过程,可以识别引起变化的主要问题在哪里,例如,为什么在实施时会有那么多的困难。有些课程计划失败的原因,可能既不在计划本身,也不在教学的过程,而在于组织安排和制度措施上有问题。这一问题通过课程本身的改革是无法解决的。第三,不考察实施过程,就难以解释学生学习的结果。一些研究人员发现,学生成绩与课程实施的程度有关。为了了解学习结果与各种可能的决定因素之间的关系,考察课程实施过程是必须的。

(二)课程实施的研究价值

研究课程实施的意义在于深刻理解课程变革过程的实质,提高课程变革的成效。根据课程理论专家、"课程实施"问题研究的奠基者富兰和庞弗雷特(M. Fullan and A. Pomfret)的归纳,课程实施的研究意义可具体分解为如下四个方面。

第一,为了了解课程变革的实际。一项课程变革方案付诸实施后究竟引起哪些课程实践的变化,这需要根据课程变革方案对课程实施过程进行直接测量和界定才能知晓。研究认为,大多数课程变革方案付诸实施后并不像方案设计者所预想的那样乐观。

第二,为了理解教育变革失败的原因。为什么在课程史上有如此多的教育变革惨遭失败,这需要研究产生变革的最困难的方面是什么,以便克服困难,提高变革的成效。综观国际上关于教育变革的研究,尽管对阻碍变革的因素尚未取得一致见解,但是,要想比较成功地推行一项变革,必须自始至终深入研究变革方案的实施过程,在实施过程中及时调整、修订方案,使之不断臻于完善,这一点得到了多数学者的认同。

第三,为了对学习结果以及影响学习结果可能的决定因素做出合理解释。实施一项课程计划后,学生的学习成绩意味着什么?影响学生学习成绩可能的决定因素是什么?为了对此做出解释,有必要对一项革新方案的具体实施过程进行单独的检验。人们往往将采用新课程方案学生取得优异成绩的原因归于新课程方案本身,而对新方案的实施过程和实施程度未做恰当的估计。采用一项新方案并不意味着实施方案的过程就如方案计划的那样。一项研究估计,学习结果的35%的差异可归因于实施过程的差异,就是说,不同学校或班级的学生即使运用了同一方案,其成绩的差异也有可能达到35%,这是由实施过程的差异所导致的。

第四,为了不至于将课程实施与课程变革过程的其他方面相混淆。人们对课程变革认识理性化水平的提高过程,就是将课程变革过程分解为不同方面,深入理解每一方面的本质和功能,进而把这些方面有机联系起来的过程。为了把课程实施与相关的其他环节区分开来,就需要把课程实施从课程变革过程中分离出来,单独进行研究。

二、影响课程实施的因素

影响课程实施的因素众多,我们整理发现大致可以归纳为:文化背景、主体、对象、管理、环境和理论基础六个方面。

(一)文化背景

课程实施的文化背景,主要包括课程实施的取向和学校及社区的历史文化等。业已形成的课程实施的取向,常常成为一种惯性左右着人们的行动。忠实取向,让实施者成为预定课程方案按部就班的或被动的"消费者";相互调适取向,激励实施者积极主动地"消费"预定课程方案,并根据实际情境不断地对其进行调整;创生取向,为课程开发者,将课程方案作为特殊课程资源,并主动开发其他资源,积极建构新课程。关于这三种课程实施的取向我们将在下面的章节具体介绍。

学校及社区的历史文化,是课程实施的历史限定因素。学校存在着改革的良好氛围,会对推进新改革大有帮助;而学校缺乏改革的风气,或者积淀一些不利于改革的滞碍因素,则会在推进改革过程中遭遇各种阻力。因此,要推进课程实施,必须研究学校既成的历史文化,分清其中的有利与不利因素,并有针对性地加以利用或控制。同时,学校是社区的学校,如果社区公民培养出对学校教育改革的热情,就十分有利于课程实施,至少在开发社区课程资源时很少会遇到阻碍。

(二)主体

课程实施的主体,主要包括教师、校长和学生等。

1. 教师是课程实施的决定因素

课程改革的方案可能是理想的,问题在于教师是积极实施还是消极应付。可以说,课程实施成效依赖于教师的思维和行动①。教师的决定作用主要表现在方案学习、相互支持和知识重构方面。

第一,课程实施是教师的学习过程。在教师理解与把握课程改革的理念、目标、内容和方法等之后,才能决定是否接受这个方案,这是课程实施的前提。如果教师拒绝学习或假学习课程方案,课程实施就失去了前提。

第二,课程实施是教师相互支持与合作的过程。教师在课堂教学中拥有相

---

① 黄甫全.现代课程与教学论学程:下[M].北京:人民教育出版社,2006:532-533.

当大的自主空间,这容易使教室成为教师的"独立王国",每位教师的教学彼此孤立。随着时间的推移,对于整体性的课程与教学问题,教师们不愿意通过合作共同解决。① 基于这种情况,只有教师之间加强支持与合作,才能推进课程实施。

第三,课程实施是教师观念和知识重构的过程。只有教师转变旧有观念,确立对新课程的正确态度,更新已有知识,掌握新课程所需要的知识经验,才能保证课程实施的顺利进行。但是,并非所有的教师都会积极主动地重构观念和知识,因此,可以说课程实施的最大阻力和动力都源于教师。

2. 校长是课程实施的保障因素

校长是教师群体动力激发的关键,是学校教育哲学确立的关键,其在课程实施中的作用不容忽视。当下人们较为关注校长的领导风格对课程实施的影响。校长的远见、推动力和决策一致性等,均是促使教师实施课程创新的重要因素。课程实施的成功,需要校长致力于学校合作性文化的建设,鼓励教职员进修,经常性地运用沟通文化规范、价值和信念,增强个人责任感,与他人分享权力等措施。

此外,课程管理体制正在发生变化,学校课程开发的地位不容忽视,校长是教师群体参与课程开发的领导力量。校长要重视课程实施,并持续关注和鼓励,尽可能解决课程实施所必需的时间、空间、材料和设备等要求,这也是校长对教师工作应有的尊重。

3. 学生是课程实施效果的体现者

学生在课程实施中扮演着越来越重要的角色。有专门研究表明:学生具有参与课程实施的能力,学生参与课程实施有助于课程改革走向成功,学生参与课程实施研究也具有方法论上的优势。学生参与课程实施及其研究具有四种基本形式,包括学生作为数据来源、学生作为积极反应者、学生作为共同研究者和学生作为研究者。② 为了深化对课程实施的认识,提升课程实施的成效,亟须将学生纳入课程实施及其研究之中,并给予相当程度的关注。

(三) 对象

课程实施的对象,即课程自身。课程方案的清晰度、课程材料的质量和新课程对旧课程革新的范围与程度都是影响课程实施的因素。如果课程方案的清晰度不够,教师就会感到非常复杂、含糊不清,不知道实际上应该做些什么,

---

① 黄政杰. 课程设计[M]. 台北:台湾东华书局,1991:413-414.
② 尹弘飚,李子建. 论学生参与课程实施及其研究[J]. 课程·教材·教法,2005(1):12-18.

从而造成回避方案的状况。课程材料的质量,诸如材料的难度、实用性、与学生接受水平之间的协调性等,影响着教师实施新课程以及学生学习新课程的态度。为保证课程顺利实施,要求课程材料及其组合方式"反映一种新的教学观念,具有一定的理论基础,有新意,而且能够达到课程发展的目标",课程材料体系"内部符合循序渐进的规律,外部与其他学科能够相互配合"。① 新课程对旧课程革新的程度和范围,也影响着课程实施。如果新课程改革的力度大、范围广,而课程资源的开发、教师队伍的整体素养和数量等配套条件不能很快跟进,那么,新课程实施就会面临巨大挑战,在实施过程中困难重重。

(四)管理

地方教育当局对课程实施的管理,直接影响着课程实施的水平。如果教育当局实行优先发展教育的策略,并将课程改革置于教育发展的核心地位,那么对课程实施的经费和人力投入就会较为充足,从而为课程实施奠定坚实的基础。同时,教师聘用制和校长聘任制的有效实施,可以增强教师和校长参与课程实施的紧迫感和积极性;师资队伍建设与发展体制的合理健全,可以提升课程实施的质量;督导机制的科学化,可以指引课程实施朝着科学的方向前进。而这些体制与机制的建立与完善,都需要强有力的管理才能达成。

(五)环境

课程实施的环境,主要包括学校现有教育条件和社区课程资源等。学校现有教育条件,诸如活动场所与设施、教育媒体和教育辅助手段等是课程实施的必要保证。需要说明的是,并非教育条件越好,课程实施水平就越高,当教育条件达到一定程度之后,真正决定课程实施水平的还是教师和学生等课程实施主体。

社区课程资源,无论是博物馆、科学馆、图书馆、教育网络资源中心、青少年活动中心,还是学校周边的自然环境等等,都是课程实施的有力保障。这些课程资源的存在,对于学校开展综合实践活动与研究性学习十分有利。

(六)理论基础

实践已经证明,课程实施的理论基础,诸如课程论的发展状况、教学论的研究成果、心理学的研究进展等,对课程实施产生着很大影响。以教师进修为例,教师训练越充分,课程实施程度就越高,这已无须质疑,但进一步的问题是:在职教师的进修课程如何设计?由谁来实施?采用什么方式?实施多少次?经费与人力如何保障?又如,如何确定教师参与课程实施的性质、时间、范围和策略?教师怎样对教材进行再创造,使之与学生的生活、已有认知基础和认知发

---

① 钟启泉.课程设计基础[M].济南:山东教育出版社,1998:457.

展特点紧密结合?凡此种种的问题,都亟须开展系统而深入的理论研究来进行回答。

三、课程实施的层次

美国著名课程论专家古德莱德区分了课程的五个层次,深刻地触及了课程实施问题。古德莱德认为,处于不同层次的课程,其含义是不一样的。(1)观念层次的课程。这是尚处于观念之中的课程,课程的目标、内容和组织以其纯粹的形态被倡导;"观念的课程"往往由研究机构、学术团体和课程专家所倡导。古德莱德认为,有成千上万的"观念的课程"被倡导,也有几乎同样多的课程被抛弃,这些被抛弃的课程在后来又往往以某种形式复活。这类课程是否产生实际影响,要看它是否为官方所采用。(2)社会层次的课程。这是由教育行政部门规定的课程计划、课程标准和教材,也就是列入学校课程表中的课程,即正式的课程。该层次的课程远离学习者,课程目标、教学科目的确定是一个社会政治过程,国家和地方经常通过各种政策法规和课程指南来确立教学科目、教学内容、教学时间、教科书和其他材料。(3)学校层次的课程。该层次的课程被限定于日、周、学期、学年的确定时间里,通常以学科的形式组织起来。这些学科源于主要的知识和认知领域,对每一学科而言,不同年级有不同的课题和主题。这类课程大部分源于国家和地方确立的"社会层次的课程",并经过学校的修改。学校有关人员根据学校的特色和需要对社会层次的课程进行选择和修改,由此形成学校层次的课程。(4)教学层次的课程。这是教师规划并在课堂上实际实施的课程。这类课程尽管也决定于社会层次的课程,但它更直接地导源于学校层次的课程。显然,教学层次的课程体现了教师对课程的理解,古德莱德曾称教师所理解的课程为"理解的课程",也体现了教师在课堂上对课程的实际运作,是"理解的课程"与"运作的课程"的统一。研究认为,"理解的课程"与课堂上实际"运作的课程"之间又有一定的距离,因为教师必须根据具体教育情境的变化对"理解的课程"作出调整。(5)体验层次的课程。这是学生实际体验到的课程。尽管经历了同样的课程学习,但不同学生会获得不同的学习经验或体验。古德莱德认为这是所有课程中最重要的课程,是被内化和个性化了的课程,该层次的课程是对课程组织的最终检验——每一个学习者究竟受到怎样的影响。①

从古德莱德的五个课程层次来看,观念层次的课程和社会层次的课程属于课程计划、课程采用阶段,而学校层次的课程、教学层次的课程和体验层次的课

---

① 张华.课程与教学论[M].上海:上海教育出版社,2000:332－333.

程则进入课程实施阶段。古德莱德的课程层次理论不仅拓展和深化了对课程变革内涵的理解,而且更新了传统的课程概念。课程变革不仅包括制定和采用课程计划,更根本的还在于课程实施过程。课程概念不仅指各种各样的课程资料,更根本的还在于教师和学生的经验和体验。

我们有些学者认为课程实施的过程是一个复杂的动态过程,除了使用新教材外,还涉及不同层面内容的变化。课程实施工作至少应包含五个层面的改变,即教材的改变、组织方式的改变、角色或者行为的改变、知识与理解的改变、价值的内化。这五个方面都产生了与课程方案一致的变化,才能算是有效的课程实施,才是真正走入了实践的变革。

(一)教材的改变

教材的改变是课程实施的第一个层面,也是最直接、最明显的要素。将新的课程方案付诸实施,首先就要编写一套与之相配套的教材。教材的改变包括与新课程方案相适应的内容、编排顺序、呈现方法、教学方法等方面。教材是学校组织教学和教师设计教学活动的重要参考,也是学生进行学习活动的主要资源。从我国中小学教师设计和组织教学的传统和习惯来看,教师在组织教学过程中对教材的依赖程度非常高,并且在短时间内很难有大的转变。虽然随着课程改革的深入,对课程的理解与认识的改变,教材不再是唯一的因素,课程改革更需要其他各要素的改变,但人们目前对教材的关注程度还是非常大,总是以为教材改变就可以解决一切问题。可见,教材的改变仍然是一个重要的实施要素,是课程实施的开始。如果教材能很好地体现课程方案的目标和理念,对课程改革的实施将会起到非常大的作用;反之,会在很大程度上影响课程实施的效果。

(二)组织方式的改变

组织方式的改变是课程实施的第二个层面。组织方式包括学生的分班与分组的安排,空间与时间的安排,人员的分配等方面。一个新课程方案往往要求课程的组织者在组织上有所变化,虽然这种形式上的变化可能不是根本性的变化,但也是课程实施的重要方面。一些改变往往先从表面上形式的改变开始,继而再进入实质上的改变。

(三)角色或行为的改变

角色或行为的改变是课程实施的第三个层面。这一方面的改变是课程实施取得实质性效果的重要标志。只有教材和组织方式的改革是不够的,与课程实施有关的人员的角色或行为的转变才能使课程的理念与目标真正落实。例如,基础教育新课程提出许多新的理念,这些理念在学校层面上的实现,首先要求校长和教师改变角色。教师要从权威、知识的拥有者转变成教学的组织者、参与者与合作者。而角色的转变不只是接受这些说法,更重要的是体现在具体教学行为的转变上,进而落实到学校的活动中,落实到课堂教学中。教师的角色或行为的转变,不是千人一面的,不同的教师应根据本学校和本班级学生的情况确定自己在每一项活动中,或对待某一个具体学生的行为与角色。

(四)知识与理解的改变

知识与理解的改变是课程实施的第四个层面。这里的知识与理解是指课程实施者对课程及其相关知识的理解与把握。从理论上认识课程各要素的意义及其关系,了解一个新课程方法提出的基本理念,以及这些理念的依据和作用;认识课程的目标、内容与方法的实质及其所反映的理念与基础。理念与认识上的提高,会使课程的实施者自觉地实施新课程,将新课程的理念与方法转化为自觉的行动,而不是外在的、强加给自己的东西。真正意义上的课程实施需要实施者自觉地、创造性地、有效地将课程方案在教学实践中体现出来。

(五)价值的内化

价值的内化是课程实施的第五个层面,是指课程实施者将新课程提倡的价值观内化为自己的价值观,完全变成自觉的行为去执行课程的各组成要素。价值的内化需要一个过程,不能指望在课程实施的初期多数实施者都能达到价值的内化,这需要一段时间的理解与认识,在实践中不断体验与深化,才有可能逐步达到价值的内化,虽然不是所有的人都可以达到价值的内化。

课程实施的这五个层面缺一不可,它们组合在一起才能实现一个或一组特定的教育目标。当然,不包括这些变革层面的改革可能根本不是有意义的变革。不改变任何教学策略而运用一种新的教科书或新材料,至多是一个微弱的变革。真正的变革包括理念和行为的变革,这也是为什么改革难以成功的原因。另外一个问题就是确定是否的确达到了目标,这将依赖于正在实施的改革的质量和适合度。比较合逻辑的方式是在实践中考察变革是否在五个层面上发生了。很显然,任何个体都可能根本不实施、实施一个、实施两个、三个或者所有维度。一位教师可能运用新课程材料或技术,但却不转变教学方法或态度;或者一位教师能运用那些材料并转变一些教学行为,但却不认真对待实施变革的理念或信念。

从以上的分析来看,为了实现变革的目标,要掌握三个方面。第一,变革的实施是多维度、多层次的,并且它既能根据一个人的变化而变化,也能根据一组人的变化而变化。第二,要意识到一旦改革涵盖人们基本的教育观念和技能时,也就是说当涵盖人们的职业认同感、胜任感和自我概念时,一些程度深广的变革就存在风险,而个体形成变革意义感的需要和困难也是显而易见的。第三,变革的实施经常是几个层面复杂的、不太清晰的、内在的相互联系和作用。信念导向教学策略和活动,同时又要通过教学策略和活动而获得对信念的掌握理解;材料的有效运用依赖于它们与信念和教学方法等的结合。

四、课程实施的水平

人们对课程实施理解的不同,导致了课程实施水平的差异,我们发现大约有八种不同的实施状况出现。不同的地区和学校,在课程实施水平上存在着差异。按照预定课程方案在实践中的使用程度,课程实施分为未使用、定向、准备、机械地使用、例行化、精致化、统整和更新八种水平。①

未使用,指实施者对于课程改革缺乏了解,或了解甚少,尚未涉及课程改革工作,也未准备涉入。定向,指实施者开始获取课程改革的资料与信息,探讨课程改革的价值取向及其对使用者的要求。准备,指实施者正在为第一次将预定课程方案的要求付诸实践进行准备。机械地使用,指实施者逐渐熟悉课程改革要求完成的任务,但任务的完成往往是肤浅且不连贯的。例行化,指对实施者来说,完成课程改革所要求的任务,已经成为例行公事或者是生活中的习惯,他们很少自觉地考虑改革的效果。精致化,指实施者依据短期或长期的结果进行课程评价,并对课程改革进行调整,以提升改革的效果。统整,指实施者之间互相接触,结合彼此的努力,力求使课程对学生产生更大的影响。更新,指实施者再度进行课程评价,试图对课程改革做出大幅度的调整或改变,以增进对学生学习的积极影响。

第二节 课程实施的基本取向

课程实施的取向是指对课程实施过程本质的不同认识以及支配这些认识的相应的课程价值观。课程实施的取向集中表现在对课程计划与课程实施过程之关系的不同认识上。根据很多美国课程学者的归纳,课程实施主要有三个基本取向,即忠实取向、相互适应取向与课程创生取向。

一、忠实取向

课程实施的忠实取向认为,课程实施过程即忠实地执行课程计划的过程。衡量课程实施成功与否的基本标准是课程实施过程实现预定的课程计划的程度。实现程度高,则课程实施成功;实现程度低,则课程实施失败。基于忠实取向的课程实施研究主要探讨两个问题:第一,测量一项特定的课程革新实现预

---

① 黄政杰.课程设计[M].台北:台湾东华书局,1991:407-408.

定的课程计划的程度;第二,确定影响课程实施过程的因素,包括促进因素和阻碍因素。

忠实取向是课程实施研究最初的也是主流的取向。忠实取向的基本特征集中体现在其对课程、课程知识、课程变革、教师角色的性质以及研究方法论的认识方面。忠实取向认为,"课程"一词的含义是指体现在学程、教科书、指导用书、教师的教案或课程革新方案中的有计划的内容。课程是一些具体的东西,这些东西教师能够实施,也能够评价,通过评价来确定预定的目标是否已经完成。相应地,课程实施的含义就是指教师在实践中执行课程计划或课程方案等的过程。这个过程与课程变革初期的课程采用过程同等重要。早期的研究者重点研究如何克服课程变革初期的阻抗,这是因为他们认为课程采用过程是教育变革的最大阻碍。现在人们普遍认为,课程实施研究是课程变革研究的重要的、不可或缺的维度。

忠实取向认为,课程知识主要是由课程专家在课堂之外,用他们认为是最好的方法为教师实施课程计划而创造的。这些课程专家通常由学科教学法专家、学科专家、课程委员会成员、教育行政官员、出版商等组成。处于教育实践情境中的教师的知识经过课程专家的选择,也可成为课程知识的一个来源,但教师的知识仅被用于课程开发的过程,而不用于课程实施的过程。所以,被实施的课程无非是专家预先确立的课程知识的具体显现而已。忠实取向视野中的课程知识是由课程专家创造、选择并提供的,教师对课程知识的创造和选择没有真正的发言权。

与此相关,课程变革被视为一种线性过程:课程专家在课堂外制订课程变革计划,教师在课堂中实施课程变革计划。人们根据预先规划的结果是否达到来评价课程。当教师按原先的计划实施课程变革的时候,课程实施便是成功的;当教师确实按原先的计划教学,那么就能够对课程变革本身做出公正的评价,不论其是优还是劣;当教师没有充分地或正确地执行原先的课程变革计划,那么就不能对变革做出公正评价,因为它从来就没有被真正实施过。

毫无疑问,在忠实取向看来,教师这一角色的实质是课程专家所制订的课程变革计划的忠实执行者。教师就是课程的"消费者",他应当按照专家对课程的"使用说明",循规蹈矩地实施教学。作为课程传递者,教师对课程的成功起着关键作用。如果教师不能按照预期的计划实施教学,那么课程的目的就不能达到,也不能对课程进行公正的评价。由于课程计划并不总是被忠实地实施,所以,持忠实取向的课程学者认为,在课程实施前,应对教师进行适当的培训,在课程实施过程中,应对教师的行为进行有效支持与监督。

由于忠实取向探究的基本问题是测量课程实施实现预定课程计划的程度

以及确定影响实现程度的基本因素,所以,忠实取向研究的基本方法论是量化研究。即课程实施研究要运用严格的教育与心理测量的方法。研究计划中的每一个概念都需要操作化的界定;要开发各类具有一定信度和效度的测验;研究的设计和实施要遵循常规标准。对忠实取向的研究者而言,越是开发和利用在技术上高度复杂的方法,就越能够准确测量课程实施的程度和理解影响课程实施的因素。

由于忠实取向把课程变革视为从制订课程变革计划到实施计划、从课程变革计划的制订者到计划的实施者之间单向的线性过程,强调课程变革的决策者和计划制订者对课程实施者的有效控制,因此,这种取向在本质上是受"工具理性"支配的。

二、相互适应取向

可以说,一直到20世纪80年代,人们对课程变革失败的原因远比对课程变革成功的方略了解得多。课程实施的忠实取向认为,课程变革就像技术一样,通过学习变革方案所要求的新的行为和新的组织模式,教师乃至整个学校体系就会自然而然发生变革。

但众多研究一致认为,这种情况在课程实践中是极其罕见的。人们发现,课程变革的实施过程与其说是预定模式的径直实现过程,不如说是一种"讨价还价"过程。当实践者采用一项课程变革计划之后,他在实施过程中总是试图对既定方案加以改变,以适合自身的目的。

当研究者试图理解忠实取向失败的原因时,他们越来越倾向于信奉富兰的名言:"变革是一种过程(process),而非一个事件(event)。"在变革过程中,"人们做了什么和没做什么是关键变量"。研究者发现,在课程变革过程中,实践者对课程做出修改是不可避免的。课程实施过程总是课程规划者与课程实践者之间相互适应的过程。有鉴于此,美国课程学者伯曼和麦克劳林(P. Berman and M. Mclaughlin)在20世纪70年代中期最先提出"相互适应"的理念。麦克劳林这样写道:"……课程计划本质上要求实施过程是应用者与学校情境之间的相互适应过程——即是说具体项目的目标和方法是由参与者本人最终加以具体化的。"

课程实施的相互适应取向(mutual adaptation orientation)(或相互适应观)认为,课程实施过程是课程计划与班级或学校实践情境在课程目标、内容、方法、组织模式诸方面相互调整、改变与适应的过程。一项课程变革计划付诸实施之后,可能会发生两个方面的变化:一方面,既定的课程计划会发生变化,以适应各种具体实践情境的特殊需要;另一方面,既有的课程实践会发生变化,以适应课程变革计划的要求。在相互适应取向看来,课程实施过程中发生相互适应现象在某种意义上具有必然性。

相互适应取向的课程实施研究主要探讨两个问题。第一,借用社会科学中新的方法和理论以发现关于各种教育问题的详尽的、描述性的资料。如果说忠实取向的研究致力于测量课程实施过程实现预定课程计划的程度的话,那么相互适应取向的研究则致力于探讨课程实施过程中所产生的各种教育问题。通过对教育问题的研究,深入探讨课程变革过程的本质。第二,确定促进或阻碍课程按原计划实施的因素,特别是各种组织变量。这一点在表面上与忠实取向的研究相似,但在出发点上有别。忠实取向探讨影响课程按原计划实施的因素是为了提高课程实施对原计划的忠实程度;而相互适应取向则着眼于提高课程实施过程与预定课程计划相互适应的效果。

我们依然从课程、课程知识、课程变革、教师角色的性质以及研究方法论五个方面探讨相互适应取向的基本特征和理论假设体系。

相互适应取向认为,课程不仅包括体现在学程、教科书或变革方案中的有计划的具体内容,而且还包括学校和社区中由各种情境因素构成的谱系,这些情境因素会改变课程变革方案。课程实施决不是教育计划或技术在课程实践中的简单"装配",它应当包括变革方案在目标和方法上的调整,参与者在需要、兴趣和技能方面的变化,以及组织的适应。课程实施过程中的"相互适应"现象是必然的、不可避免的,也是必要的。

如果说忠实取向视野中的课程知识是由课程专家在学校或课堂外创造的话,那么相互适应取向则认为,课程知识是广大的、复杂的社会系统中的一个方面,实践者(教师)所创造的课程知识与专家所创造的课程知识同等重要。持相互适应取向的研究者对影响课程的各种情境因素相互作用的谱系感兴趣。不论课程是从哪里创造出来的,在实施过程中都必须不断做出调整,不断调整以求相互适应,这是课程知识的一个基本特性。

相互适应取向倾向于把课程变革过程视为一个复杂的、非线性的和不可预知的过程,而绝不是一个预期目标和计划的线性演绎过程。课程实施过程中所发生的一切,不论是否与预期目标一致,都是课程变革过程的有机构成部分。这样,课程变革就被视为一个"实施驱动的过程"。因此,持相互适应取向的研究者对某项课程革新得以发生的社会情境感兴趣,主张通过对社会情境诸因素的剖析,揭示课程变革过程的深层机制。

如果说忠实取向视野中的教师不过是预定课程变革方案的被动"消费者"的话,那么相互适应取向视野中的教师则是主动的、积极的"消费者"。为了使预定课程方案适合具体实践情境的需要,教师理应对之进行改造。教师对预定课程方案积极的、理智的改造是课程实施成功的基本保证。

忠实取向旨在测量课程实施的程度,所以要求精密的量化研究。相互适应取向的研究重心不是测量课程实施的程度,而是把握课程实施的具体过程,因此要求更为宽广的方法论,既包括量化研究,也包括质的研究。持相互适应取向的研究者认为,忠实取向所采用的测量工具尽管在技术上是高度复杂的,但对把握课程实施的实际过程而言反而是缺乏效度的,因为这些测量工具具有预先确定的特点,试图用一种预定的模式来框定课程实施的过程。质的研究方法,如自我报告式的问卷调查等,尽管比较模糊,但对把握课程实施过程的深层机理是有效的。

由于相互适应取向把课程变革视为课程变革计划与具体实践情境之间的交互作用过程,强调课程变革的决策者、计划制订者与课程实施者之间的相互理解和对变革意义的一致性解释,强调课程变革的过程性和复杂性,因此,该取向在本质上是受"实践理性"支配的。

三、课程创生取向

课程创生取向是课程实施研究中的新兴取向。这种取向认为,真正的课程是教师与学生联合创造的教育经验,课程实施本质上是在具体教育情境中创生新的教育经验的过程,既有的课程计划只是供这个经验创生过程选择的工具而已。

课程创生取向研究的主要问题有:第一,创生的经验是什么?教师与学生是如何创造这些经验的?怎样赋予教师和学生权力以创生这些经验?第二,课程资料、程序化教学策略、各级教育政策、学生和教师的性格特征等外部因素对创生的课程有怎样的影响?第三,实际创生的课程对学生有怎样的影响?隐性课程对学生有怎样的影响?不难看出,这些问题使课程创生取向与忠实取向、相互适应取向迥然不同,显示该取向的研究重心已完全转移到教育经验的实际创造过程。

课程创生取向的基本特征集中体现在对课程、课程知识、课程变革、教师角色的性质以及研究方法论的认识方面。

既然课程创生取向视野中的课程是教师与学生联合创造的,并且是教师与学生实际体验到的经验,那么这种课程的性质就是地道的经验课程。这种课程是情境化的、人格化的,因此,课程采用、课程实施的技术化、程序化的特性就被彻底消除了,课程实施再也不是就原初的课程计划按图索骥的过程或稍事修改的过程,而是一个真正的创造过程。这使得"课程实施"一词在某种程度上背离了其原初的含义。

课程创生取向认为,课程知识不是一件产品或一个事件,而是一个不断前进的过程。这里,课程知识是一种人格的建构。当然,这种人格的建构必须既回答个人的标准,又回答外部的标准。这样,课程知识尽管是个性化的,但又不会落入相对主义的泥潭。人的心灵被视为需要点燃的火炬,而不是由外部的专家用知识来填充的容器。因此,外部设计的课程被视为教师用于创生课程的一个资源,只有当这个资源有益于课堂中教与学的不断前进的过程的时候,它才有意义。具体情境的课程知识是经由教师和学生深思熟虑的审议活动而获得的。尽管教师可能利用外部设计的课程,并有可能从外部专家处获益良多,但真正创生课程并赋予课程以意义的还是教师及其学生。教师和学生主要不是课程知识的接受者,而是课程知识的创造者。

课程创生取向认为,课程变革是教师和学生个性的成长与发展过程——思维和行为上的变化,而不是一套设计和实施新课程的组织程序。课程变革包含真正的重构:人的思维、感情、价值观都必须变革,而不只是变革课程内容和资料。因此,成功的课程实施(即个性的变革与发展过程)需要接受课程变革参与者的主体性,并给予充分理解。

课程创生取向还认为,教师的角色是课程开发者。教师连同其学生成为建构积极的教育经验的主体。课程创生的过程即教师和学生持续成长的过程。如果人的心灵是一支需要点燃的火炬,那么课程专家就是教师的教师——他们点燃了教师的心灵之炬,教师再用其心灵之炬点燃学生的心灵,从而共同汇成熊熊的智慧之焰。

从研究方法论的角度看,持课程创生取向的研究者更倚重质的研究。由于研究的目的在于把握教师与学生从事课程创生的真实情况,而不同教育情境中的课程创生迥异,因此,研究者对个案性质的深度访谈法倍加青睐。这种深度访谈法与相互适应取向研究常用的自我报告式的问卷调查相比,更能体现参与者的价值取向,因为问卷调查中,被调查者的价值观受预先规定的问卷条款约束。当然,为了从对教师和学生有意义的角度深入考察课程创生过程,需要运用多种资料收集和分析的方法,但不论用哪种方法,都必须充分尊重和体现参与者的价值观,否则这种方法就是缺乏效度的。总之,课程创生取向反对所谓价值中立的课程研究,认为课程研究是一种价值负载、价值赋予的过程。

由于课程创生取向把课程变革、课程实施视为具体实践情境中教师与学生创造和开发自己的课程的过程,视为教师与学生个性成长和完善的过程,强调教师与学生在课程变革中的主体性和创造性,强调个性自由与解放。因此,该取向在本质上是受"解放理性"支配的。

四、三种取向的比较及启示

课程实施的忠实取向、相互适应取向、课程创生取向构成一连续体。连续体的一端是计划的课程,对应课程实施的忠实取向。忠实取向把课程变革视为忠实地、一丝不苟地实现计划的课程的过程,因此,计划的课程成为课程实施的唯一标准和尺度。制订课程计划的课程专家和行政人员是课程变革的核心和主体。忠实取向研究的基本内容是精确测量课程计划的实现程度,并确定影响课程按预定计划实施的因素,从而为忠实地实施计划的课程提供决策。

连续体的另一端是创生的课程,对应于课程创生取向。课程创生取向把课程变革视为变革的参与者(学生与教师)的个性变化、发展与成长的过程。因此,个性发展才是课程实施的标准。课程实施的过程是教师与学生共同创造适合其个性发展需要的积极的教育经验的过程。预定的课程计划不过是课程创生过程的资源之一,只有经过师生的共同解释,转化为真实体验到的教育经验的时候,它才有意义。具体教育情境中的教师和学生是课程变革的核心和主体。课程创生取向研究的基本内容是运用质的研究的方法论理解课程创生过程的实质,为课程实施过程中个性的发展和主体的解放提供指导。

连续体的中间是修改的课程,对应课程实施的相互适应取向。相互适应取向把课程变革视为变革的计划者与执行者相互改变、相互适应的过程,因此,根据特殊情境的需要把计划的课程变为修改的课程是成功的课程实施的基本要求。具体实践情境之外的课程专家及行政人员与具体实践情境中的教师共同推动着课程变革的进行。相互适应取向研究的基本内容是探讨课程变革得以发生的教育情境及社会情境中的诸种教育问题和因素,以把握相互适应过程的深层机制。显而易见,课程实施的相互适应取向兼容了忠实取向和课程创生取向的因素,是两种取向的中介。相互适应取向本身的研究观点因而也是复杂的,有些偏向于忠实取向,有些则偏向于课程创生取向。

如何评价课程实施的这三种取向?首先,三种取向各有其存在的价值,因为它们从不同方面揭示了课程实施的本质。忠实取向强化了课程政策制定者和课程专家在课程变革中的作用。课程创生取向则把处于具体教育情境中的教师和学生在课程开发、课程创造中的主体性解放出来。相互适应取向综合考虑了具体实践情境之外的专家所开发的课程与对这种课程产生影响的学校情境、社区情境的因素。所以,三种取向都有其存在的合理性。教育和社会情境是极其复杂的,教育变革的需求也是多种多样的,在不同的情境中,三种取向的价值都有可能得以体现。比如,为了适应防洪抗旱的紧迫需要,有关专家开发了"抗洪灾·防旱情"的课程,此时,忠实地传递这些基本信息和技能就显得格外重要,忠实取向因而是最适当的。但在另外的情境中,过于强化对专家开发的课程的忠实程度,有可能扼杀教师的主体性,剥夺学生应有的权利,因此,相互适应取向和课程创生取向可能更为恰当。

其次，三种取向各有其局限性。忠实取向把课程变革视为线性地实施预定的课程计划的过程，使课程变革成为一个机械的、技术化的程序，这就抹杀了课程变革的直接参与者——教师和学生的主体价值。相互适应取向本身是比较模糊的，带有折衷主义色彩，它在兼具另外两种取向的优点的同时，也不可避免地具有它们的局限性。课程创生取向具有浓厚的理想色彩，它要求教师不仅善于对专家开发的课程做出正确的判断、选择和解释，更要善于根据具体情境的特殊需要创造自己的课程，并要求学生也成为课程的主体。这种取向对实践界的要求是很高的，因此推行的范围是有限的。

再次，从忠实取向到相互适应取向，再到课程创生取向，意味着课程变革从追求技术理性到追求实践理性，再到追求解放理性，体现了课程变革的发展方向。尽管三种取向各有其存在价值和局限性，但三种取向间的层次性是不容否认的。三种取向彼此之间不是绝对排斥和对立的关系，而是包容与超越的关系：相互适应取向是对忠实取向的超越，课程创生取向则是对相互适应取向以及忠实取向的超越。课程实施研究从忠实取向经相互适应取向发展到课程创生取向，反映了人们对课程变革本质认识的不断深化。课程变革不是变革策动者对变革计划实施者的控制过程，而是参与者之间的民主交往过程。在这个民主交往过程中，每一个参与者的主体性都获得了尊重与提升。教师和学生非但不会被排斥于课程变革过程之外，反而是课程变革过程的主体。衡量课程变革成败的基本标准是看教师和学生的主体性是否获得解放，教师和学生的个性是否发生理想的发展与变化。这种课程变革观体现了时代精神，是未来课程改革的发展方向。

中国自20世纪80年代末90年代初在全国范围内开展课程教材改革，这次改革是中国教育迎接21世纪挑战的重大举措。这场改革已进行了近十年，如何使之进一步向纵深发展？国外关于课程实施的研究至少为我们提供了如下启示。第一，把课程实施研究纳入课程变革之中，使之成为课程变革这个系统的有机构成。我们的课程教材改革取得一定的成绩，但往往仅满足于开发新课程、采用新课程。新课程在实践中实施到怎样的程度？旧课程是否依然在悄悄进行？是否表面上实施的是新课程，但支配旧课程的观念依然在沿袭？新课程在实施中发生哪些变化，变化的原因是什么？教师和学生对新课程理解到怎样的程度？阻碍新课程有效实施的因素是什么？等等。对这些问题，人们关注得不够，因而无法对新课程本身做出公正的评价，也无法调整课程改革的政策，深化当前的课程教材改革必须加强对课程实施的研究。第二，应将具体的教育情境和社区情境的因素纳入课程变革自身，相应地，课程变革政策应具有变通性。计划的课程付诸实施的过程应当是根据具体教育情境和社区情境的特殊需要进行调整与改变的过程,绝对忠实地实施计划的课程是不可能的,也是不必要的。各种情境因素构成的谱系是课程的有机组成部分,是课程变革必须充分重视并给予政策保证的。第三,课程变革必须最大限度地弘扬教师和学生的主体参与精神,这是课程变革成败的关键。教师和学生是自己的课程的开发者。只有当专家开发的课程能够引发教师和学生创生课程的积极性,使教师和学生自主地走上个性发展之路的时候,课程改革才能进入新的境界。

第三节　课程实施的基本模式

体现课程实施的基本取向的实践模式可谓多种多样,这里选取三个典型模式:"研究、开发与传播"模式、兰德课程变革动因模式以及课程变革的情境模式加以剖析,以深入理解课程变革与课程实施的本质。

一、"研究、开发与传播"模式

20世纪60年代,美国联邦政府资助了"全美课程传播网络"(National Diffusion Network,NDN)项目,旨在有效传播可得到的最好的课程——不论这些课程是哪里开发出来的。"全美课程传播网络"致力于:第一,确认一些地区成功开发出的课程;第二,使人们意识到这些课程计划的价值;第三,提供必要的培训,以使这些课程计划在其他地区传播开来。所以,"全美课程传播网络"所采用的是"研究、开发与传播模式"①。这种模式所体现的是忠实取向。

应当说,始于20世纪50年代的"学科结构运动"所采用的也是"研究、开发与传播"模式,但在这里,课程专家和学科专家是课程开发的主体,大学是教育改革的温床。而在"全美课程传播网络"所采用的"研究、开发与传播"模式中,教师和其他教育实践者是课程开发的主体。如果教育实践者想使他们的课程产品被"全美课程传播网络"接受,他们就必须证明其课程计划对学生是有效的,并可以在其他教育情境中有效采用。由此看来,"全美课程传播网络"项目充分发掘了实践者的知识,弥合了理论研究与实践之间的鸿沟,并提供了一种以最小的代价推进课程变革的方略。"研究、开发与传播"模式把课程变革视为一种技术化、理性化的过程,包括如下四个分离的、有顺序的步骤。② 第一,研

---

① 波斯纳.课程分析[M].3版.仇光鹏,韩苗苗,张现荣译.上海:华东师范大学出版社,2007:227.

② Posner. Analyzing the Curriculum [M]. New York:McGraw-Hill,Inc,1992:208.

究:通过研究确立课程与教学的基本原理,这些原理是课程变革的基本价值取向和指导原则。第二,开发:将研究发现的基本原理运用于课程资料的开发过程中,由此获得新课程。第三,传播:将研究开发出的新课程系统传播给具体教育情境中的教师,供其使用。第四,采用:具体教育情境中的教师使用新课程并将新课程整合于学校课程之中。

"研究、开发与传播"模式把课程变革视为"研究—开发—传播—采用"的线性过程。这种模式指向课程变革的技术本身,而不是学校与课堂中教学的性质。这种模式把教师视为一项新课程计划的被动消费者,其目标必须与课程开发者的目标相一致。该模式实际上是把课程变革过程视为一种工业生产过程:通过研究、开发获得新的"课程产品",然后在具体教育情境中由教育实践者进行"消费"。

尽管线性的"研究、开发与传播"模式获得广泛支持,但基于该模式的教育改革从未获得过完全的成功。该模式所开发出的课程既未充分传播,也未被教育实践者积极地实施过。据课程开发者所言,当实践者实施这些课程时,经常发生误用的情况。之所以如此,是由于"研究、开发与传播"模式存在两个根本缺陷。第一,该模式假设,教育改革是科学本位和技术驱动的,教师是专家(或相当于专家的人)所开发的课程计划的被动接受者,教学技术可以准确地从一个情境传递到另一个情境。基于这种假设所开发的课程本质上是"排斥教师的",因此在教育实践情境中很难被理想地付诸实施。第二,该模式线性化的四个步骤——研究、开发、传播、采用——彼此之间是分离的、原子化的,结果导致这四者的功能日益专门化,每一个功能都发展自己的"专家群",这些专家与课堂中的教师的距离则与日俱增。结果,专家为教育改革中的问题提供了详尽的答案和解决问题的方略,而具体教育情境中的教师则从未碰到过这些问题。[①]

二、兰德课程变革动因模式

兰德社团于1973—1977年对美国联邦政府资助的教育变革展开研究,这项研究统称为"兰德变革动因研究"。兰德课程变革动因模式即产生于该研究。该研究可能是对所从事的大量教育革新的最具综合性的一项研究。该研究报告共分八卷,主要作者为伯曼和麦克劳林。研究者考察了四项美国联邦资助的旨在促进学校结构或实践变革的项目以及大量的、多种多样的教育革新实践(包括班级组织、阅读项目、双语发展项目、生计发展项目等)。为了准确理解和把握教育变革的过程与动因,研究者进行了长达4年的研究。研究分为两个阶

---

① Posner. Analyzing the Curriculum [M]. New York:McGraw-Hill,Inc,1992:218.

段。第一阶段(1973—1975年),在全国范围内进行调查,涉及18个州的293个单位。从这293个单位中又选出29个进行个案分析,从参与者所回答的问卷中获取补充资料。第二阶段(1975—1977年),研究者主要探讨在"启动资金"的支持下,教育革新计划开始之后的情况。经过缜密的调查分析,研究者发现革新计划的发起者并不能恰当地处理地方政策和组织的情况,从而导致革新计划实施过程和制度化过程的失败。

兰德课程变革动因模式研究发现,课程变革过程包括三个阶段。第一,启动阶段。在本阶段,课程变革的发起者致力于使人们支持课程变革计划,这需要对课程变革计划的目标做出解释,以使教育实践者理解与接受。第二,实施阶段。兰德模式认为,成功的课程实施取决于课程变革的特征、教学和行政管理人员的能力、社区环境以及学校组织结构等因素。因此,课程实施的关键是对既定课程变革计划做出适当调整,以适应具体教育实践情境的需要。第三,合作阶段。在本阶段,所实施的课程计划已成为现行课程制度的一部分,这需要课程专家、教育行政管理人员、教师、社区代表等密切合作、相互适应,以使变革计划不断进行下去。

通过课程变革动因的研究,伯曼和麦克劳林发现:直接应用教育技术并不是带来所期望的教育变革的有效途径;课程实施决定课程变革的过程和结果;成功的课程实施是以相互适应过程为特征的;课程变革的动因是课程专家、校长、教师等方面的相互适应。自伯曼和麦克劳林之后,"相互适应"成为研究课程实施问题的关键术语。兰德变革动因研究对理解课程实施的本质以及影响课程实施的因素做出了巨大贡献。

三、课程变革的情境模式

美国学者帕里斯(C. Paris)对课程实施研究持课程创生取向,由此提出课程变革的情境观。帕里斯的研究基于以下三个假设:第一,课程知识包括情境知识,这些情境知识是教师在不断前进的教与学的实践过程中创造的;第二,课程变革是个体在思维和行动力方面成长与变革的过程,而非课程设计与实施的组织程序;第三,教师不论是创造和调整他们自己的课程,还是对别人创造和强加的课程做出反映,他们的课程实践总是基于他们对特殊情境的知觉而发生变化。这些假设使帕里斯运用解释学的研究方法来理解课程变革的本质。

帕里斯认为,有必要把课程作为教师在复杂的情境中所创生的东西来考察,有必要用对教师有意义的观点来解释课程的过程、结果与情境。帕里斯对研究资料的收集与分析的方法是基于"人种学"的假设和程序之上。她的研究资料取自对5位小学教师创造和调整的一种"文字处理课程"的两年的人种学研究。同样,若用对教师有意义的观点来探讨课程变革,则必然"强调课程变革的过程而非课程中的技术;强调课程变革过程的结果,而在这些结果中,教师是课程知识的创造者而非接受者;强调教师获得这些结果的过程的性质;强调改变课程变革的过程与结果的各种影响因素"。帕里斯在研究中把课程变革过程置于多元化的且通常是冲突的情境之中,这些情境包含组织及个人的不断前进的实践、历史和主流意识形态。而且,她还以对参与者有意义的观点对这些情境的影响做出解释。

帕里斯认为,从创生的观点看,教学要求经由审议实践而获致的"具体情境的知识",这样,教学就不能是静态的真理。对教师而言,创生课程所需要的技能、才能和知识是情境性的、具体化的,个体需要通过探究实践而不断重新获取。创生课程的最佳途径是课堂探究、与同事的讨论及共同观察、正规教学,通过这些途径获取课程与教学的理念,这些理念"隶属于教师在自己的课堂中所从事的不断前进的评价与修改实践。不要期望某一特定教师的知识能够强加于其他人,但其知识可以成为其他人寻求自己的途径的一个来源"。[1] 总之,帕里斯的研究证明:教师作为课程知识和课程变革的创造者而非接受者,是可能的。

信息专栏8-1

综合实践活动课程实施的基本模式

综合实践活动是基于小学生的直接经验、密切联系学生自身生活和社会生活、体现对知识的综合运用的实践性课程。综合实践活动是国家设置的必修课程,具有独特的功能和价值。综合实践活动必须体现综合性、活动性、开放性、自主性等。

一、课程实施分五个阶段

1.确定课题、拟定方案阶段。这是教学的起始阶段,主要任务是组织学生筛选、确定要研究的主题和子课题,然后拟定研究活动实施的计划方案。

2.活动实施、具体实践阶段。这是教学的第二阶段,主要是指导学生按照计划开展各种形式的实践活动,帮助学生解决产生的问题,激励学生克服困难,解决问题,并指导学生不断修正、完善研究活动的计划方案。

---

[1] 张华.课程与教学论[M].上海:上海教育出版社,2000:352.

3.技术实践、设计制作阶段。这是教学的第三阶段,主要体现教学内容融合,开展劳动与技术方面的教学,渗透技术设计理念,培养技术素养。在这一阶段,老师指导学生依据技术设计的原理,以个人和小组为单位,动脑进行与课题和子课题有关的作品图纸设计,动手按照设计图纸把作品做出来。

4.展示汇报、交流分享阶段。这是教学的第四阶段,教师指导学生以喜闻乐见的形式将研究成果对全班进行展示汇报,培养学生的口头表达能力。通过交流,师生共享实践活动研究成果,分享成功的快乐、失败的原因,排泄经受的苦涩。

5.结题总结、全面评价阶段。这是教学的最后阶段,只要指导学生对综合实践活动情况进行总结,引导学生以文本的形式完成结题报告,对学生在活动中的表现进行个人自评、小组互评,家长或老师写出评语。

二、课程实施中的六种课型

1.定课题、拟定方案课。主题确定后,组织学生围绕主题讨论、提出要研究的主要问题。从中筛选和确定子课题。根据研究兴趣,划分研究小组,并讨论和拟定活动方案。例如《风筝》一课,根据研究主题,教师组织学生观看多媒体,初步认识感知风筝,引导学生畅所欲言,谈论自己感兴趣的话题和想探究的问题,整合成研究主题——风筝。对学生提出的小课题进行合并归类或修正,形成以下主要研究问题:风筝的来历、风筝的材料、风筝的种类、风筝的作用等。根据爱好确定研究小组,组内共同研究制定活动计划方案,完成组内分工。活动方案中一般包括研究主题、小组名称、小组成员、指导教师、活动步骤、活动分工、预期成果、成果表达方式等。

2.活动方法指导课。针对形成的活动主题,教师进行方法上的指导,引导学生如何开展活动,如何进行采访,如何填写调查表,如何进行分工与合作等。多在三四年级上此类型课。

3.社区服务实践课。根据活动主题,依照自我设计的互动方案,参与实践活动,经历、感悟、体验、探索方案的实施价值,学生分小组按研究主题进行探究性学习。有的上网搜集有关风筝的来历,有的到图书馆查阅资料了解风筝的种类,有的走访身边的人,了解风筝的制作材料和方法,并对活动过程进行记录,对资料进行整理,合作完成组内任务,老师参与并指导学生活动。

4.展示交流课。学生以小组为单位,将自己在实践活动中获得的成果,用各种形式在全班进行展示汇报。主要让学生口头汇报实践活动成果。程序为:每组推选一名主汇报人进行汇报展示,其他同学进行补充讲解,同时进行师生评价。

5.技术实践课。学生根据活动主题和子课题的研究内容,以小组或个人的形式进行劳动技术的作品设计和制作。在教学过程中,引导学生进行作品的技术设计,构思作品图纸,并根据设计图纸的要求准备需要的材料和工具,然后在课堂上进行作品制作。

6.成果展示汇报课。活动基本结束后,引导学生在活动过程中形成书面文字材料(活动过程记录、采访调查资料、活动感想及反思等)、图片及实物资料等进行交流展示,引导评价。总结时,根据汇报评价情况对各自的研究成果进行管理完善,个人撰写活动总结与反思,确定后续研究内容。

[资料来源]综合实践活动课程实施的基本模式[EB/OL].(2015-7-8) http://blog.sina.com.cn/s/blog_92ab21750100vsmd.html.

【本章小结】

1.对课程实施概念的两种理解:第一,课程实施是将课程方案付诸实践的过程。课程实施是达到预期教育目标的基本途径,其焦点是实践中发生改革的程度和影响改革程度的因素。第二,课程实施就是教学。这种观点主要针对课程与教学割裂的问题。教学总是特定内容的教学,它内在地包含着内容;课程作为内容,是教学的内容,脱离了教学的课程是"空置"的内容。教学与课程是内在统一的,课程实施就是教学。

2.课程实施的研究价值:第一,为了了解课程变革的实际;第二,为了理解教育变革失败的原因;第三,为了对学习结果以及影响学习结果的可能的决定因素做出合理解释;第四,为了不至于将课程实施与课程变革过程的其他方面相混淆。

3.课程实施有文化背景、主体、对象、管理、环境和理论基础六个方面的影响因素;课程实施有教材的改变、组织方式的改变、角色或者行为的改变、知识与理解的改变、价值的内化五个层次;课程实施有未使用、定向、准备、机械地使用、例行化、精致化、统整和更新八种水平。

4.课程实施的三种取向各有其局限性,各有其存在的价值,因为它们从不同方面揭示了课程实施的本质。从忠实取向到相互适应取向,再到课程创生取向,意味着课程变革从追求技术理性到追求实践理性,再到追求解放理性,体现了课程变革的发展方向。

5.课程实施的三个典型模式分别是"研究、开发与传播"模式、兰德课程变革动因模式以及课程变革的情境模式。

【复习思考】

1.简述你对课程实施的理解。
2.简述课程实施的研究价值。
3.悬空课程的概念与意义是什么?
4.国外有哪些主要的课程实施模式,详细叙述其中一种?
5.课程实施不同取向之间有什么关系?

【实践活动】

在你周围选取一个学校中具体的课程实施案例进行研究,找出它所应用的课程实施的水平、层次、取向、模式等。

【拓展阅读】

[1]李子健,黄显华.课程:范式、取向和设计[M].香港:香港中文大学出版社,1994.
[2]王维臣.教学与课程导论[M].上海:上海教育出版社,2000.
[3]阿姆斯特朗.当代课程论[M].陈晓端,等译.北京:中国轻工业出版社,2007.
[4]李臣之.课程实施:意义与本质[J].课程·教材·教法,2001(9).
[5]王成云.课程实施策略的比较研究[J].松辽学刊(人文社会科学版),2002(4).

【网站链接】

1. http://www.pep.com.cn/kcs/kcyj/kcll/kcss,这里可以看到有关于课程实施的理论分析和实践探索,包括对新一轮基础教育课程改革实施进程、存在问题、具体特征和问题反思等内容的分析和论述。
2. http://www.cbe21.com,中国基础教育网。

第九章 课程评价

【学习目标】

1. 了解课程评价的内涵及其要素；

2. 了解人们对课程评价的认识随课程评价的发展而逐渐变化的表现；

3. 了解课程评价对象的多元化趋势并思考我国的课程评价对象的窄化问题；

4. 思考学生作为课程评价主体与教师作为课程评价主体各自的不足；

5. 了解课程评价模式及其发展趋势，并思考设计一种自己认为合理的课程评价模式；

6. 发散思维，与自己所了解的其他学科相结合，提出自己的新的课程评价方法；

7. 了解当前课程评价这一领域所存在的问题及其在中国当前这一领域中的表现。

【关键术语】

课程评价；课程评价取向；课程评价模式；课程评价方法

课程评价在整个课程系统工程中占有十分重要的地位。可以说,课程评价是整个课程系统工程中登高临远的有力支点,是一项极为复杂的工作。要做好这项工作,就必须明确课程评价的内涵与基本要素、课程评价的模式与方法、课程评价的问题以及现实中存在的突出问题等。只有这样,才能保证课程评价的有效性。

第一节 课程评价概述

课程,被视为教育理论界含义最为混乱的术语之一;评价,也是社会科学领域颇具争议的概念;课程评价,作为一个复合名词,其复杂和多义,也就在所难免了。而且,由于课程评价以课程的计划、实施、评价的全过程为对象,其评价因素多样而复杂,所以,课程评价的概念不能说是明确的。随着教育系统内外各项事业的进展,课程的评价对象逐渐扩展到课程的计划、内容、目标等。长期以来,课程评价的过程只是少数权威人士的活动,教师成为被动的参与者或评价的对象。但从课程评价的理论和实践来看,教师都应是课程评价的主体。

一、课程评价的内涵

由于以课程的计划、实施、评价的全过程为对象,其评价因素多样而复杂,所以,课程评价的概念不能说是明确的。迄今为止,在分析课程评价的概念时,学者们多从评价的含义入手。从课程的角度加以阐发,虽然也不乏精辟之论,但是毕竟相对较少。由此,无论是在理论界还是实践界,对于课程评价具体内涵的理解,还存在一些混乱和误区,有待继续深入探讨。

美国出版的多种课程方面的教科书倾向于给课程评价下操作定义。如《学校课程》(*The School Curriculum*)认为评价是一种系统地收集和分析信息资料的过程。它的目标是帮助教育者理解和判断结果,确定改进教育过程的方式。评价在性质上可以是形成性的或总结性的,可以遵循定量的方法和定性的方法。评价在课程编制中起着一种中心的作用。评价过程中收集的资料为证明课程是否很好地达到其目标提供依据。《课程计划和编制》(*Curriculum Planning and Development*)给评价下的操作定义更为简练:评价是判定我们想要做的事情已经做得如何的过程。它包括三层含义:第一,除非我们知道想要达到的目标,否则评价不可能发生;第二,我们必须努力达到这些目的或目标,必须检查我们正在做和已经做的事情;第三,评价必须依据一些特定的评价标准做出结论。桑德斯(J. R. Sanders)在《国际教育百科全书》中对课程评价下了一个简明的定义,他认为,课程评价指的是研究一门课程某些方面或全部的价值的过程。按照这些定义,课程评价看起来似乎是一件相当简单的事。但我们必须注意到,它的复杂性在于任何课程评价计划的目标都会因为评价者的目的、观点和观念的不同而不同。正如课程的概念会因人们观察的角度不同而产生差异,课程设计和编制者、教师、家长、教育行政人员或其他人员从各自不同的角度出发,每个人对课程评价都会有他自己的概念和定义,都会有自己对评价目标的理解或对获取的材料的独特解释,会把评价过程和评价结果作不同的使用。[①]

还有学者将课程评价归属于更为一般的方案评价。认为界定课程评价首先应该剖析课程的内涵。课程不只是静态的课程文本,更重要的是动态的课程活动。课程评价就是对课程活动的组成要素和过程环节做出评价。课程评价不等同于学业评价、教学评价。在新基础教育课程改革中,我们应该尽可能动态地、全面地评价课程。[②] 欲深入理解课程评价的含义,首先应该跳出原有的框架,从更为一般、抽象的上位概念"方案评价"入手。方案评价中的关键词"方案",是其英文单词(program)最为常见的中文翻译。例如,陈玉琨选编的国内权威工具书《教育学文集·教育评价》即从此译。翻译为"计划"者,也不在少数。施良方翻译泰勒名著《课程与教学的基本原理》,"program"均译为"计划",如课程与教学计划(the program of curriculum and instruction)。国家科技评估中心也把 program evaluation 翻译为"计划评估"。甚至也有翻译为"项目"者,如吴擢春等。这说明,在中文语境中,方案、计划、项目为近义词,它们指称的是同样的事物。如果不仔细辨析,不同的术语也有可能带来理解上的困难和混乱。无论如何,更为困难的是对"方案"概念本身的理解。按照常识和直觉,许多人会从静态的角度加以理解,视之为一种文本、产物。这谈不上错误,但是不太科学全面,甚至没有把握其核心含义。精确而言,方案评价是"对提供服务的正在进行的若干活动进行评价"。教育评价标准联合委员会的界定,看似简单,却点出了方案含义的精髓。方案是"若干活动",这表明了方案的动态性、过程性。自然,这些活动必然会产生各种文本,它们一起构成了方案评价的对象。其次,这些活动还必须是"正在进行的"。仅有计划、未曾实施的"将来式"活动,只须做可行性论证。已经常规化、制度化了的"过去式"活动,以监督为主,也较少做全景式方案评价。既有计划又正在付诸实施,从而产生一定结果的"正在进行时"活动,才需要、才能够做实证性的方案评价。最后,方案旨在提供"服务"(serv-

---

① 张廷凯.关于课程评价的几个问题:从评价看课程编制的科学化[J].课程·教材·教法,1996(3):17-18.

② 冯生尧.课程评价含义辨析[J].课程·教材·教法,2007(12):3-8.

ices),它主要归属于教育、卫生健康、社区发展、商业管理等诸多社会公共服务领域,纯经济性、经营性的商业、实业活动,可以进行成本利润核算,一般不称为方案评价。进而言之,具有动态属性的方案究竟包含了哪些组成要素和过程环节呢? 在《国际课程百科全书》中,沃尔森(B. R. Worthen)明确指出,"要界定方案评价,就必须界定它的组成要素"。在教育脉络下,凡是旨在解决特定的教育问题或改善教育系统某些方面的任何教育努力,都可以被视为是一个方案。这样的一个方案,通常由公共或私人资金资助,具有特定的目标,管理整个过程的体系结构,材料、设施或有关的人员。遵循同样的思路,台湾学者潘慧玲认为,方案评价,"可将其视为是一涵盖人员、组织、管理与资源的集合体,提供持续性的教育活动以达成既定目标"。

上述方案评价的界定,点出了方案的组成要素,但是并没有直接分解方案活动的过程环节。其中的缘由,一是就概念本身而言,也许不必详尽到如此程度;二是我们更加全面地理解方案的含义,以改变根深蒂固的方案即文本的观点。行文至此,方案的含义已经明了。同时,若我们把评价理解为运用一定的方法,收集资料并给予价值判断的过程,那么,综合而言,方案评价就是:运用一定方法,对提供服务的正在进行的若干活动的组成要素及其各个过程环节的全部或者部分,收集资料并给予价值判断的过程。①

还有观点认为课程评价的定义取决于课程本身的定义。② 1950 年泰勒在《课程和教学的基本原理》一书中指出:"课程评价是决定学生实际发生变化、实际达到何种程度的过程。"泰勒把教育看作是学生行为的改变,他继承了桑代克教育测量的思想,继承了杜威认为的经验是影响儿童学习条件的观点以及巴比特的课程设计的目标观念,把课程评价看作是课程研制的必不可少的环节。克农巴克把课程评价看作是课程研制的基本部分,而不是一个附属物。他的定义在一定程度上反映了课程评价的目的和方法。与他的观点相近的还有美国 CP-DK 评价委员会主席斯塔弗尔比姆 1971 年在《教育评价和决策》一文中提出的"课程评价就是描述获得、提供、运用信息的过程以便形成不同的决策"。1973 年,英国学者麦克唐纳认为,"课程评价就是接收、获得和交流信息的过程以及对某一门的决策给予直接的指导"。以上这三种定义是比较流行的观点,他们把课程评价看作是为课程决策搜集、提供信息的过程。泰勒的学生——澳大利亚著名课程学者惠勒(D. K. Wheeler)继承了泰勒的思想并有所发展。他在《课程过程》一书中指出:"课程评价是一个收集、交流信息和资料以及判断和描述

---

① 冯生尧.课程评价含义辨析[J].课程·教材·教法,2007(12):3-8.
② 李有发.课程评价理论述评[J].外国教育动态,1990(2):43-47.

课程价值的过程,是组织和重新组织课程过程中的一个阶段,其目的是要看课程是否具有目标,或者是否实现了这些目标——以致如果有必要,就可以对课程进行改进"。惠勒把课程过程分为五个阶段,认为评价是每一个阶段都必需的。他强调,泰勒的图示是直线式的,而事实上课程的五个阶段是不断循环的。他认为,课程评价是提供学生行为改变的性质、方面以及程度的信息,运用这些信息指导课程改革。目前还有一些学者倡导课程评价应当包括教学过程中的一切变量,不能仅指学校的正式课程,还要包括潜在课程。综合上述观点,我们至少可以明确两点:(1)课程评价就是为作出有关课程的决策搜集、提供信息资料;(2)课程评价的目的在于根据资料信息检查学生学习的效果,判断课程的价值,为课程改革提供客观的依据,促使课程编订的科学化。正如美国出版的《为二十一世纪而教育美国人》一书中所指出的那样:"要改革课程必须有国家领导、由教育工作者参与的课程评价过程"。①

　　根据社会学观点,课程是学校系统的一种法定文化,是一种社会控制的中介。从课程的决策、编制、授受到评价均体现着课程的社会特性——社会控制。课程定义的不统一似乎对于课程研究是一个较大的障碍,考察各种关于课程的定义,不仅有狭义与广义及其程度的区分,也存在不同层面的差异。事实上,纷繁多样的课程定义中的任何一种都关注着课程的某一层面。在课程社会学的视野中,存在两种课程研究的范式:课程事实范式和社会释义范式。前者将课程视为一种特定的社会事实,而后者将课程视为师生在课堂中由互动共同建构的"生成的"知识。从社会学的视角考察课程评价,其实质是探讨课程评价的社会学意义,揭示课程评价活动中所隐含的社会特性,示明其"权力"、"符号"、"标签"、"利益"、"意识形态"等在课程评价活动中的运作历程。①课程评价是对"法定知识"的确认。对于"法定知识"的确认,是课程评价的宏观意义上的社会控制,它发生于课程进入实践活动之前,是对经过选择进入课程的知识作出价值判断,判定知识是否属于"合法的"范围之内。②课程评价是对社会控制达成活动的监控。社会控制达成活动的监控,是课程评价的中观意义上的社会控制。它发生于课程知识的确认以后,并付诸于师生的授受活动之中,社会统治集团通过课程评价调控着课程的实施进程,以期更好地达成社会控制。它对课程的授受活动与统治集团的价值标准之间的关系作出判断,评判课程的授受活动是否有利于统治集团达成社会控制。③课程评价是社会控制达成程度的认定。社会控制达成程度的确认,是课程评价的微观意义上的社会控制,它是课程的终结性的评价,发生于课程的实践之后,是对课程结果——学生所获得

---

① 李有发.课程评价理论述评[J].外国教育动态,1990(2):43-47.

的经验——作出价值判断。这一层面的具体评价对象主要是学生的学业成绩,即学生通过实践活动所达成的经验,包括学生的认知技能和学生对课程与授受的态度。从课程评价的三个层面来考察课程评价的社会特性,可以将课程评价归结为社会控制,再生产社会的各种不平等。①

> **信息专栏 9-1**
>
> 　　凯蒂(N. Keddie)在其《教室知识》中认为,如果课程内容本身不进行改革,能力和智力的阶层化分类持续下去,那么为劳工阶级儿童教育失败(如学业成绩差)而设计的"补偿教育"措施,如取消能力分班和不分化的课程,许多将是无效的。因为"补偿教育"措施基于这样的假设:劳工阶级子弟的教育失败是由于劳工阶级本身的不足,如父母受教育程度、不良家庭、儿童本身存在问题。凯蒂认为,劳工阶级儿童教育失败的症体不在于儿童本身的缺陷,而在于课程知识内容本身以及教师对什么是"智力"、"能力"的界定标准。如果这些不改变,劳工阶级子弟学业将依然如故。
>
> 　　[资料来源]张艳丽. 空无课程资源在教材中的缺失:基于课程社会学的视角[J]. 教学与管理,2013(30):84-86.

后来随着课程评价的逐步发展,人们对课程评价的认识在不断变化,但共同的特点就是对课程开发全过程的评价,也就是对课程设计、实施以及效果的评价。虽然课程评价的范围有了一定的拓展,但它与课程改革过程中经常涉及的学生评价、教师评价仍有不同。虽然课程评价与学生评价和教师评价之间有着千丝万缕的联系,但它们的区别也是明显的。学生评价是以学生的学习和发展为对象的评价活动,它主要存在于教学活动过程中或教学活动结束后,主要是对教育教学活动中的学生状况或对学生经过一段时间的教育教学所获得的学习和发展情况的分析和判定。在课程改革中,它主要表现为课程改革活动过程中的评价改革而出现,也可以说,它是作为课程改革的一部分出现的。教师评价是以教师的教学工作和教学绩效为对象的评价活动。在新一轮的课程改革中,教师在课程改革中的作用和地位被越来越多的人注意到,从某种程度上说,如何使教师更好地投入到课程改革活动中,是新一轮课程改革成败的关键。作为对课程全过程的评价,课程评价与学生评价和教师评价都有一定的交叉,简单地把它们纳入到课程评价之中,就会导致人们对课程评价理解的泛化,无法正常地开展课程评价研究,从另一个角度看,也可能有喧宾夺主之嫌。从当

---

① 张行涛. 课程评价的社会学概观[J]. 教育研究与实验,1999(2):47-50.

前基础教育课程改革中的评价活动的研究与实践状况来看,关于学生评价、教师评价占了绝大部分,使人们对课程评价本身的研究和关注程度在下降。虽然诸如学生评价、教师评价以及学校评价等一般性教育评价活动类型是课程改革中必须解决的问题,但其并不是课程评价的必然组成部分。因此,对课程评价的宽泛理解导致了人对课程评价研究的不足。①

可见,课程与教学的评价是一个颇有争议的问题。这主要与评价发展的不同时期人们对评价的理解不同有关。提到"评价",人们大都把它与"判断""价值"等概念联系起来。这样,如果从字面意义看,所谓课程评价,就是以一定的方法、途径对课程的计划、活动以及结果等有关问题的价值或特点做出判断的过程。这个定义大抵描述了课程评价的一般性质,但想要准确地把握其含义,还要结合几个具体问题,即评价对象的问题,评价标准的问题及评价方法和途径等问题。这几个问题既是理解评价定义所要搞清楚的,也是评价领域中的重大问题。

二、课程评价的对象

一般认为的课程评价的对象是指课程的计划、活动以及结果等有关的问题。但是,在事实上,评价绝大多数都是针对学生的学习特别是学习的结果进行的。直至目前,我国仍处于这种情况,国外直到20世纪60年代中期也极少有针对其他问题的评价。以后,随着教育系统内外各项事业的进展,课程的评价对象逐渐开始有所变化。

随着社会不断进步,心理学、教育学的进一步发展,以泰勒的目标评价为主要代表的传统课程评价越来越不适应当前世界普遍的教育实践和教育理论。其主要表现在:当前世界普遍的教育实践要求学生各方面素质得到和谐的发展,而传统课程评价只注重学生所掌握的知识的数量,忽视学生其他方面的发展;一个国家不同的地方,由于经济、教育发展水平不同,所以学生、教师等各方面的发展水平也必然有一定的差别,同时学生是具有个性差异的,因此他们的发展也必然有所区别,但传统课程评价理论却忽视这一点,仍坚持用统一的标准来进行评价;当代教育理论认为,知识是一个过程,而不是结果,知识体系总是处于变动的状态之中,这与传统评价方式的静态的一次性操作方式相冲突;传统评价往往用统一和标准化的方式来进行评价,而当代建构评价却认为,认识个体是在主动地解释客观世界,认知个体处在不断发展和改变的过程中;传统单一的评价方式也不适应当代心理学理论中的多元智力理论;等等。因此,

---

① 刘志军.课程评价的现状、问题与展望[J].课程·教材·教法,2007(1):3-12.

由于这样一些实践和理论上的原因,课程评价多元化必然逐渐取代传统单一的评价,并成为世界课程评价的一大趋势。在课程评价的对象上就表现为评价对象的多元化,体现在以下几个方面:①把学生的情意、能力等作为重要的评价对象。传统评价由于学生的情意、能力等因素难以量化,所以往往忽视这些极为关键的评价信息。这种评价带来的后果就是使社会、教育界只重视学生的知识掌握程度,而忽视学生情感、心理、能力等方面的发展。②课程目标被纳入评价对象之列。课程目标在传统课程评价中,作为制定评价标准的重要依据,是不能被评价的,而泰勒的学生澳大利亚著名课程理论家惠勒却提出"必须对课程目标本身进行评价"这一著名观点。他认为,课程目标应该成为评价者对课程进行评价的一个重要角度。其实,课程是一个过程,如果用一个静止不变的目标来控制一个发展不定的过程,其后果可想而知。因此,只有随时对课程目标进行评价、改进,才能适应整个课程的发展过程。③课程评价者也成为评价对象。课程评价者的知识水平、兴趣及价值观等直接关系到评价结果的精确性,因此课程评价者也应作为评价对象,这样有利于保证评价结果的信度和效度。④课程参与者也成为评价对象。课程参与者包括参与课程开发、编制、设计的人员,还包括进行课程实施和课程管理的人员等等,对这些人员的评价,有利于从课程开始一直到课程影响的接受(课程影响的接受不仅指学生对课程影响的接受,同时也指课程开发人员通过开发课程对自己各方面的影响,教师通过实施课程使自己的教学能力、道德修养等得到提高,课程管理者通过课程的管理提高自己的管理水平等)对课程的整个过程作一个整体的发展性的评价。①

从社会学角度分析我国当前课程评价存在的一些误区。学者吴永军认为,当前我国课程评价的对象存在窄化问题:从理论上讲,一个比较完整的课程评价至少包括三个方面的内容:①课程编制(内容的选择、组织、实施等)的评价;②学生学业成绩的评价;③课程决策与管理成效的评价。但是,我国现行的课程评价对象实际操作上已窄化为学生的学业成绩,而课程编制的过程、课程决策与管理的成效则游离于评价之外,对学生学业成绩的评价又以各阶段的会考和高考成绩的评价为主,平时的考查(试)由于缺乏统一的标准而不在评价之内。造成课程评价的这一误区的原因是多方面的,有教育者自身的问题,如有些教育实际工作者理论素养比较缺乏,他们对课程评价的实质范围、手段等缺乏明确的理论认识,因此在实际工作中往往把学生学业成绩当成课程评价最重要乃至唯一的对象。但是,造成评价对象窄化最主要的社会学因素是社会上盛行的片面追求升学率。克服"片面追求升学率"喊了多年,但效果甚微。变"应

---

① 易森林,袁桂林.试论课程评价多元化趋势[J].外国教育研究,2001(1):24-27.

试教育"为"素质教育"步履维艰。除了"升学率"外,"片面追求合格率"也是导致课程评价对象窄化的重要原因。如果我们用社会学中的社会批判理论对此作深层次分析,就会发现,课程评价对象窄化背后有着深刻的意识形态动因,这就是当代工业社会占主导的"效率主义"。追求效率,单位时间里以最小的付出获取最大的收益,这已经成为当代社会普遍准则,实际上这是经济原则对社会的贡献。然而,无限扩展经济原则在社会各领域的运用则是不适当的。特别是在人文领域,如教育领域,把"效率主义"当成控制教育(课程)评价的最主要的意识形态,只能导致教育的毁灭。教育不是社会化大生产,其结果也不应是批量的模式化"产品",因此,"效率"不应是衡量、评价教育(课程)的主要依据。①

课程的评价对象也就是课程的计划、活动以及结果等有关问题。但是实际上的课程评价大多数是针对学生的学习特别是学习的结果进行的。我国直至目前都处于这种情况之中。评价对象的窄化问题突出,把学生的学业成绩当成是课程评价最重要乃至是唯一的对象。这与教育中的过于重视考试,片面追求升学率的问题密不可分。这些问题阻碍了新课程改革中素质教育的顺利实施,使素质教育步履维艰。因此,改变当前课程评价的理念至关重要。只有这样,才能保证课程评价的对象不再局限于学生成绩,才能实现课程评价对象的多元化。

三、课程评价的主体

长期以来,课程评价的过程只是少数权威人士的活动,教师成为被动的参与者或评价的对象。但无论从课程评价的理论还是从实践来看,教师都应是课程评价的主体,而且教师的专业化发展、新课程改革提出的理念,都为教师成为课程评价的主体提供了可能的条件。教师参与课程评价,既有助于提高教师的专业水平,使学生得到全面发展,又有助于提高课程评价本身的质量和水平,促进课程的改进与发展。

我国课程评价主体的局限性:社会学理论认为,课程评价主体即参与评价的人员量的多少和面的分布能够反映社会权力分配的状况。由于我国计划经济的模式在各个领域还有不同程度反映,教育领域亦不例外。因此,教育体制尚呈集权化特点,各级各类学校在办学方面没有多少自主权,特别是普通教育,其课程评价大权主要掌握在国家及省市教育行政部门手中,学校教职员无权决定课程编制,也无最终评价课程的权力。我国现有课程评价主体具有局限

---

① 吴永军.当前我国课程评价误区的社会学分析[J].课程·教材·教法,1995(8):21-23.

性特征。从理论上讲,课程评价主体应以教师为主,结合来自不同阶层、代表不同团体利益的人员,如课程专家、行政人员、学生、家长等等;教师是课程的实际运作者,他们对课程的价值体察最深,也最能提出切合实际的改进课程和教学的建设性提议,因此,他们应当成为评价主体中的重要角色。而来自不同阶层的人员由于代表不同的利益集团,具有不同的社会需求,因此对课程也会有不同的评价,这非常有利于课程自身的发展。只有开放的课程体系才能有不断发展的动力。同时,不同阶层人员对课程的意见在一定程度上的实现有利于社会的整合。然而,当前的实际情况却与此相反:教育体制的相对集权化,使得课程评价的目标、手段、方法以及课程方案的调整、课程决策等诸方面的权力集中在教育行政部门手中,教师、家长、社会各阶层人士具有很有限的评价权力,学生更是无权过问课程的效绩,他们只有接受的权利,而没有任何疑问和评价的权力。课程评价主体的局限化不利于课程改革的有效进行,不利于教育事业的发展,最终也不利于社会发展。①

因此,学生要由评教走上评价的主体之路:为建立促进学生全面发展的课程评价体系,发挥评价的教育功能,课程评价的主体呈现出多元化的趋势,学生作为课程评价的主体地位正在逐步确立。学生可以与教师、家长、评价专家等所有对课程进行评价的人员共同分享评价的权利,并通过评价养成自主意识、责任意识和批判精神。从现有的课程评价模式来看,所有的主导模式都以专业人员或教师为评价主体,学生是被评者,是评价资料的提供者,是自我反思者。有两种代表性的看法,一种是"调查表明,由于个体存在认识上的片面性,许多学生不能客观、准确地评价自己,自我评价往往不是过高就是过低";另一种是"有一点已经取得共识:没有受过培训的人员不应该担任评价者"。如果学生对己对人都不能做正确的评价,那么,他在课程评价中处于底层和边缘的位置就是理所当然的了。因此,准确界定学生在课程评价中的地位和作用,对建立促进学生全面发展的课程评价体系意义重大。今天,学生参与课程评价,在我国普通教育中已经是惯常的现象,只是学生的参与仅停留在评教的范围之内,还不是完全意义的课程评价。学生参与的课程评价如果仅停留在对教师的评价上,而不能对教材、环境和自身做出有价值的判断,就会使评价走向反面,变成管理主义的工具。现实的情况也告诉我们,学生评教并没有从根本上改变学生在学习中的从属地位。因此,把学生的评教引向课程评价,规范评价的范围势在必行。同时,我们也清醒地认识到,学生的评价是一种最直接、最切身的评

---

① 吴永军.当前我国课程评价误区的社会学分析[J].课程·教材·教法,1995(8):21-23.

价,是当事人的评价。学生是学习的主人,却不能对自己学习的对象进行品评和选择,不能对施加于自身的种种行为进行甄别和批判,导致学生在课程评价中主体价值的散失。学生学习兴趣的下降与我们的评价失策是相关的,因此,确立学生在课程评价中的主体地位也是势在必行。以学生为主体的课程评价的合理性:①以学生为主体的课程评价,就是由学生对课程的价值进行自主判断,表达自身的需要、兴趣和态度,由此改进课程、教学和学习。②以学生为主体的课程评价基于"解放理性"的课程价值观。③以学生为主体的课程评价基于建构主义的知识观和学习观。基于这样的知识观和学习观,学生不仅仅是聆听教师教导的"他者",学生通过质疑、互动和情境性默会并积极构建自己的知识,学生是学习的主体,而不是受动的容器。④以学生为主体的课程评价基于创生性的课程资源和课程实施。这样的课程资源和课程实施是充分尊重学生个性的土壤和环境,学生在这样的境况下,发展课程,探究课程,自然也要评价课程。⑤以学生为主体的课程评价基于新的课程研究范式——质的研究。⑥以学生为主体的课程评价基于教育的民主化和个性化的时代精神。《教育——财富蕴藏其中》一书指出:"教育的使命就是在人与人之间建立一种基于共同准则的社会联系。""教育的最大雄心是确保每个人拥有必要的手段,去自觉地、积极地发挥公民的作用","教育应从人的儿童起并在其一生中培养一种有助于自由思考和自由行动的批判能力"。

教师参与课程评价的必要性:①课程评价是课程研究课程改革中一个必不可少的环节,就应引起广大研究者和改革者的足够重视。但就我国目前的状况而言,它还只是一个十分薄弱的替补工作,尤其是关于教师参与课程评价重要性的认识和研究更是如凤毛麟角。②课程评价是一个动态的价值判断过程,在该过程中涉及的因素也较为广泛。因此,课程评价往往依赖于学习环境中的个人协作性——课堂教师、学校校舍负责人、讲师、家庭教师、课程咨询者或专家、课程设计人员以及其他人等。在设计评价时,如果没有他们的协作,成功的可能就很小。③从课程系统的宏观角度而言,教师不仅仅是课程的实施者,同时也应该积极地参与课程的制定、修改和评价工作。因为教师在实际的教学中直接感知课程,对于该课程的优劣、对学生的具体影响、所存在的利弊等情况最为了解,因此,教师在课程评价中应该最有发言权。要使教师参与到课程评价中并真正发挥作用就要做到:①要使教师参与到课程评价中,保证评价的可信度和有效性,就必须提高教师在课程评价中的地位和作用,动员教师经常性地参与课程评价工作。课程评价者必须意识到,他们并不是课程中唯一的组成部分,而且在决策制定方面的作用也是有限的。故教师这一因素参与与否以及参与程度如何,直接影响着课程改革。②要使教师在课程评价中真正发挥作用,保证课程评价的有效性,教师本人应充分具备参与评价所具备的基本素质和知识:教师应具备能充分进行课程评价的知识经验(这些知识经验是指能对评价对象进行价值判断、能贯彻评价方案、分析评价结果、使用评价术语并依据客观情况重新设计和使用评价方法);教师应领会并遵循教育评价的各种准则,尤其是伦理准则。评价对象对评价主体的高度信任是使评价发挥"形成性"作用的前提,它要求评价主体一方面有能客观评价的实践经验,另一方面也要求评价主体能有效调整自己的心理状态,主动调控各种心理效应,并严格遵守职业道德;尽量使教师之间即评价人员之间减少冲突。评价中应尽量减少评价主体之间在理论、价值或目的上的分歧,提高大家对评价意义的认识及个人修养,保证评价的正常进行。①

由于课程评价影响到对教师工作绩效的评定以及对何人应该教什么的决策,所以,如果评价结合课程运行到常规中的程度越大,那么它影响选择、决策和实践的可能性就越大。但在我国现行的课程评价中,教师大多是课程评价的局外人和旁观者,更多的时候是作为课程评价的对象而被评,很少作为评价主体参与课程评价的机会。同时,学生作为评价主体的地位正在确立,但还不是真正意义上的评价活动。课程评价的主体过于单一,往往是自上而下的行政性的评价。这不仅是课程评价和课程研究中的一大失误,更是教育研究和教育改革中的一大失误。因此,在日益深化的课程研究和课程改革中,广大教师的积极参与至关重要。把学生的评教引向课程评价,规范评价的范围也势在必行。可见,课程评价主体的多元化已经成为必要的趋势。②

四、课程评价取向

课程评价取向是指每一种课程评价所体现的特定的价值观,它实际上是对课程评价的本质集中概括,支配着评价的具体模式和操作取向。从取向的维度出发,我们可以把迄今为止纷繁复杂的课程评价归纳为三种,即目标取向的评价、过程取向的评价和主体取向的评价。

一般而言,课程评价取向主要有三种。①基于"技术理性"的目标取向。技术理性是通过符合规律的行动对环境加以控制的人类的基本属性,其核心在于控制。它首先将环境作为客体,进而将人也视为客体,主要目的在于对环境和人实施有效的控制。技术理性强调自然科学范式,追求评价的客观性、准确性和科学化,强调课程评价目的在于分析课程目标的达成程度,依此对课程实践

---

① 吴晓蓉,刘尧悟.论教师与课程评价[J].教育科学,2000(1):35-36.
② 吴晓蓉,刘尧悟.论教师与课程评价[J].教育科学,2000(1):35-36.

进行有效控制与管理,反映科学主义取向,推进了课程评价的科学化进程,但忽略了人的行为的主体性、创造性和不可预测性,忽略了活动过程本身的价值。典型评价模式即以泰勒为代表的目标模式。目标评价模式强调用明确而具体的行为方式来陈述目标。评价是为了找出实际课程实施效果与目标之间的差距,并利用此差距信息作为依据来完善课程计划或修订课程目标,但目标评价模式只关注预期的目标,忽视了过程因素等,且对目标本身的合理性未进行判断。差距模式的核心在于找出方案的标准(应然)与实际表现(实然)之间的差距,并关注形成差距的缘由,依此进行课程方案的调整。②基于"实践理性"的过程取向。实践理性是建立在对意义的一致性解释的基础上。通过与环境的相互作用而理解环境的人类基本理性,其核心是理解,注重人与世界的相互作用的过程。过程取向课程评价的哲学基础为实践理性,课程评价目的是对课程实践予以理解,过程本身价值应纳入评价之范畴,将人在课程开发、实施及教育活动中的具体表现作为评价主要内容,开始认识到人的情感、需求、价值观等方面在评价中的重要作用,但对人的主体性肯定仍不够彻底。典型评价模式是以斯塔弗尔比姆为代表的 CIPP 模式和以斯塔克为代表的外观评价模式。③基于"解放理性"的主体取向。解放理性是人类指向解放和权利赋予的基本理性,是通过对社会构建的批判性分析与研究而形成自主的行为,兼具自主与责任双重属性,其核心是对主体给予权利。主体取向课程评价的哲学基础为解放理性,课程评价克服过分依赖科学范式、管理主义倾向、忽视价值的多元性等问题,对评价过程中人的主体性、评价者和被评价者的关系等重要问题作了重新诠释,课程评价过程是基于多元主义价值观支配下进行民主协商、主体参与的共同心理建构过程,被评价者既是评价的客体,又是评价的主体,评价是在自然状态下进行的。此评价反映社会学追求自然和非常规的发展思想,体现了课程评价的时代精神。典型评价模式是以斯太克为代表的回应模式、帕勒特及汉米尔顿为代表的解释模式和台湾学者提出的自然探究模式。回应模式重视评价对利益相关人的服务意识,重视实际的活动过程,反映多元价值观对课程计划的影响。解释模式采用文化人类学的范式,重视历史、文化和社会等的影响,关注课程方案实施的整体理路,将方案及其背景脉络中的各种因素都视为相关与重要的。自然探究模式是建立在现象学、解释学等理论基础上的,注重自然情境的研究,注重个案分析,注重缄默的或不言而喻的知识。①

---

① 肖凤翔,马良军.课程评价的三种取向及对我国高职课程评价的启示[J].江苏高教,2013(2):130-132.

第二节　课程评价模式与方法

课程评价的模式是评价人员或研究者依据某种教育理念、课程思想或特定的评价目的,选取一种或几种评价途径所建立起的相对完整的评价体系与实施步骤。而课程评价方法则是对课程评价的发展变化最为敏感的因素之一,在一定程度上,方法的革命性变革会直接导致课程评价质的变化和跳跃性发展。

一、课程评价模式

作为一种理论研究方法,模式指一种小的模型或体系,它内含一定的思想取向和结构,并表现为一定的操作规则和方法、步骤。课程评价的模式不仅要描述课程评价评什么,而且要说明评价者应做什么,评价如何进行等方面的问题。课程评价的基本模式有以下四种:

(一)目标达成模式

在早期课程评价的理论与实践方面做出重要建树的第一人当推美国课程论专家泰勒。在美国进步教育协会赞助下,由泰勒主持的"八年研究"(1933—1941)涉及课程研究的各个方面,课程评价就是其中十分重要的研究内容。在"八年研究"的基础上,泰勒认为评价即测定学生行为实际发生变化、实际达到何种程度的过程。基于这种理解,泰勒认为课程评价的方法应涉及如下阶段:①确定广泛的课程目的或目标;②将上述目标进行分类,并用行为术语界定目标;③找出能够表明达到上述目标的各种情境;④选择或编订测定技术;⑤收集学生成绩的数据资料;⑥测得的数据资料与预定课程目标之间进行比较。除泰勒外,海蒙德(Hammond)、普罗维斯(Provus)、米歇尔(Michel)等人也都分别提出了类似的评价模式。例如,普罗维斯于1978年曾提出了课程评价的"差异模式",认为课程评价由四个要素和五个阶段构成。四个要素是:确定课程的标准、测定课程方案的实施、实施结果与预定目标之间的比较、确定课程实施结果与预定标准之间是否存在差异。相应地,课程评价的五个阶段则包括:设计课程的标准;课程实际运行与学校设施标准之间的比较;具体课程实施过程的评价;依照原定目标评价整个课程的有效性;从成本-效益方面对课程产品进行评价。在普罗维斯看来,评价的目的就是找出差异并设法消除差异。以泰勒为代表的行为目标评价模式,把课程方案的实现程度用学生的成就来表示,并把预定行为目标的达成与否作为判定课程方案是否成功的主要依据。在此种模式下,预定的课程目标决定了整个教育活动,评价即测定学生的成绩,并将其与行为目标相对照,找出实际活动偏离目标的程度。在40—50年代末,泰勒模式的影响十分广泛,曾一度对美国课程的编订和评价起到方向性的作用。但是,以泰勒为代表的行为目标评价模式深受行为主义心理学的影响,严重忽视了对课程实施过程的评价,忽视教育过程对学生行为范式改变的过程,于是 60 年代后便出现了许多新的课程评价模式。

(二) CIPP 模式

这个模式是四种不同类型评价的缩写,分别表示背景评价、输入评价、过程评价及产品评价。此模式是丹尼尔·斯塔弗比姆(Daniel S. Stufflebeam)于 1966 年首先提出的。斯塔弗比姆和他的同事们在课程评价实践中发现泰勒评价模式有许多缺点,因而通过研究后提出:评价不应局限于确定目标的达到程度,而应为课程决策提供有用信息的过程。斯塔弗比姆认为,通过评价必须做出四种决策,即结构决策、计划决策、实施决策及处置决策。而且这四种决策类型相适应,就出现了四种类型的评价:①背景评价。研究影响课程方案的整个环境及各种背景关系。斯塔弗比姆认为背景评价是最基本的评价,其目的在于为确定课程目标提供基本原则。它涉及解释与课程方案有关的环境、描述贯穿于环境中的各种状况等等。②输入评价。输入评价阶段将提供这样的信息,即确定如何运用各种资源以满足课程方案的达成。这一阶段的评价人员要对学校从事评价任务的综合能力进行评估,并仔细考察实现课程目标的各种策略与途径。在这一阶段,评价人要对各种可行的设计做出评价,在背景评价的基础上对课程方案的某一具体方面或组成部分进行评价,并要准确地回答诸如课程目标是否被准确地表述、课程内容是否与课程的目的和目标相一致以及教学策略是否恰当等问题。③过程评价。这一阶段评价的目的在于查明课程实施方案的缺点,即确定在课程实施过程中课程方案与课程实际运行之间的一致性。斯塔弗比姆提出了过程评价的三种主要策略。第一种策略主要研究方案或计划的缺点,评价人员必须关注整个课程的运行状况。第二种策略是向决策者提供信息。第三种策略则要求指出方案或计划的主要特点,诸如内容的独特性、教学策略、时间分配的合理性等等。④产品评价的目的在于收集并传递有关课程实施结果的信息,并将获得的信息与前面三个阶段的评价结果联系起来作综合考察。在此评价阶段,要测定那些与课程目标有关的标准,将课程实施结果与预定的课程目标进行比较,并对全部结果进行解释。在这一阶段要做出是否终止、修正或继续实施课程的决定。从斯塔弗比姆的 CIPP 模式中可以看出,他的模式是一种以决策为中心的评价。他认为课程评价不应当局限于确定课程目标的实现程度,而是成为为课程决策提供充分可靠信息的过程。在 CIPP 模式中,背景评价是个不断循环往复的过程,输入评价、过程评价和产品评价是在背景评价提出需要、发现问题的基础上逐一进行的。显然,CIPP 模式比行为目标评价模式有进一步的发展。这主要表现在课程目标的合理性与可能性受到了充分的重视,强调过程评价,具有动态评价的性质。当然不难看出,在此模式中,课程目标仍然是一个很重要的概念,因而在需要解决的问题和输入条件相对不变的情况下,此模式实际上就转化为泰勒的行为目标评价模式。

(三)应答评价模式

1975年罗伯特·斯太克(R. E. Stake)提出了课程评价的"应答评价模式"。斯太克认为,评价某个课程方案可以采用不同的方法,因为没有一种方法是绝对正确的。但要使评价产生效用,则有一点是必须特别加以关注的,即评价应该向听取评价结果的读者提供他们所关心的信息。因此,在应答评价模式中,评价人员要关注的是去评价课程或课程方案的全部活动与过程,而非课程的意图或结果。在斯太克看来,应答评价的设计所应强调的是:①教育中的争议问题而非预定的目标或假设;②对被评价的课程作直接和间接的观察;③考虑到各种价值标准,不断地关注渴望得到评价结果的读者的信息需要。运用应答评价方法时,评价人要对课程方案及其实施过程做客观描述,展示其主要特征、识别所要评价的主要争议和问题并及时地报告评价结果。在整个评价活动中,斯太克要求评价人员采取这样的态度,即如同行家评论一幅风景画一样。基于这种思想,斯太克勾勒出了应答评价的基本阶段:①与课程编制者商讨评价的基本结构;②提出所要评价的主题、争论点或课程编制者所关心的问题;③系统地阐述指导评价活动的各种问题;④确定课程的范围和课程活动识别课程编制委托者和其他人员需要的评价结果信息;⑤观察、访问、记录并做个案研究,等等;⑥过滤信息,识别主要的争议或问题;⑦以临时报告的方式提出初步的研究结果;⑧分析各种反应,并对受到普遍关注的问题作更全面的调查研究;⑨不仅找出可能使研究结果失去效力的相互矛盾的论据,同时也要找出支持研究结果的那些论据;⑩报告评价结果。应答评价模式是以所有与方案有利害关系或切身利益的所关心的问题为中心的一种评价,认为评价即是对各种事件的客观描述与判断。它不再从课程意图或课程目标出发,而是从关心评价结果的读者的需要或面临的共同问题出发。与前面两种评价模式不同的是,应答评价模式期望评价人员摆脱预定方案的目的、目标以及方案制定人员的价值观念的束缚,因而是一种不受目标约束的评价。它是一种在较为自然的背景下进行的、富于灵活性的评价方法。

(四)阐明性评价模式

1976年,帕莱特和海密尔顿提出了课程的阐明性评价模式。这种模式的目的在于向关心评价结果的读者阐明对某种课程或方案的理解。帕莱特和海密尔顿认为,传统的评价模式来源于早期心理学的测验传统,因而课程的有效性是依据预先就确定的标准来进行判断的。由于坚持要求收集可用数量来表示的数据资料,因而必然会忽视其他无法用数量表示而又有价值的资料。传统的评价模式还有诸如难以控制所有的相关变量、待课程在大范围内实施后评价工作才能进行等缺点。帕莱特和海密尔顿宣称,阐明性评价可以消除传统评价具有的若干缺点。它关注的是对课程所作的描述与解释,而不是对课程实施结果进行测定。基于这种理解,帕莱特和海密尔顿提出了阐明性评价的三个阶段。第一阶段是观察。包括对课程实施中正在发生的各种事件、实施状况、非正式的评论、背景状况等的观察或评论。第二阶段是探究。这一阶段要做的主要工作有:集中研究在观察阶段提出的最值得关注的问题,为了更持久更集中地探究而界定研究(评价)的范围、较系统而又有选择性地评论课程。第三阶段是解释。包括寻求阐明课程依据的基本原则,把单方面的研究结果置于较广泛的背景中进行阐释,依据获取的数据资料对课程作出解释,等等。可以看出,阐明性评价的目的在于通过对所有的情境影响、课程有意义的特点及课程实施过程等方面作描述与解释,从而帮助人们更好地去理解和实施课程。这种评价模式所强调的是,按照观察、探究与解释的步骤,对课程与学习环境之间的相互关系作全面的描述与解释。评价人员的主要任务在于阐明那些影响课程方案实施的各种复杂关系。①

一种评价模式通常具有一以贯之的教育或课程理念,这是一种模式区别于其他模式的根本所在。由于不同的使用目的和功能,评价在信息数据的收集方法、赋值判断的标准等方面都会有所不同,从而表现为不同的模式。这也就是说,每个评价模式都有自己的特殊用途,能够满足使用者的某种具体目的。

二、课程评价方法

方法的产生不是凭空而来的,它是有历史的,更多是由方法所服务对象的特点来决定的。课程评价的方法大体上可以分为两类,即量化评价方法和质性评价方法。不同的评价方法体现了不同的评价理念。

量化评价是将事实和价值相分离,强调课程需要严格控制,评价方法主要是对成功或失败,好或坏的量化,强调精确度、信度、效度。它认为方法是"为达到目标和事实而使用的技术"。它主要用观察、实验、调查、统计等方法进行课程评价,对评价的严密性、客观性、价值中立提出了严格的要求,力求得到绝对客观的事实。另外,常用资料的形式对课程现象进行说明,采用逻辑和理性的方法和线性模式,探寻投入、实施过程和结果之间联系。量化评价的方法简便易行,容易操作,具有具体性、精确性和可验证性等特点,推进了课程评价科学化的进程,因而一直在实践中处于支配地位。②

质性评价认为,资料是对评价者价值观的反映。在评价开始之前,人们不

---

① 刘义兵. 当代国外课程评价的基本模式[J]. 外国教育研究,1992(1):14-18.
② 张杨. 论课程评价中的量化评价与质性评价[J]. 宁波大学学报(教育科学版),2004(3):37-38.

知道他需要揭示的东西。随着资料的收集和分析,所需要的方法将不断显现。不同的调查主题会采用不同的方法,具体有参与性观察、行动研究、人种学等。与量化评价的精确定义、精心设计、预设程序和工具等相反,质性评价中的工具和方法是逐渐显露出来的。在学校和课堂,在不同的课程规划阶段,评价者会在评价中不断更新或改进相关的评价程序、工具和变量。①

虽然量化评价方法与质性评价方法出现在评价发展的不同时期,代表着不同的认识理念,但作为具体的评价方法,二者各自具有不同的特点,分别适用于不同的评价目标和对象。因此,从实践出发的教育评价应该把二者有效结合起来,按照评价目的与评价对象的不同特点,选择适当的评价方法,以获得全面、准确的评价信息。

> **信息专栏9-2**
>
> 　　成长记录袋评定法是"根据教育教学目标,有意识地将各种有关学生表现的作品及其他证据收集起来,通过合理的分析与解释,反映学生在学习与发展过程中的优势与不足,反映学生在达到目标过程中所付出的努力与进步,并通过学生的反思与改进激励学生取得更高的成就。"成长记录袋评定的特征主要有以下四点。第一,成长记录袋收集的是学生关于某一学科的系列作品,用以展示学生的学习、表现及进步状况,反映学生在学习中的情感、态度以及过程与方法。通过分析成长记录袋内提供的信息,可以获得学生的进步与发展方向。第二,根据创建成长记录袋的目的不同选取不同作品。为展示学生特长,收集的作品就应该是学生最优秀、最满意的代表作品;为评价学生某一段时间学习的进步或不足时,收集的作品就应该包括原始作品、过程性的作品以及最终作品(如作文的初稿、修改稿及完成稿)。第三,培养学生的自我评价与反省能力。成长记录袋中的信息可以帮助学生反思自己的学习过程,正确评价自己的学习,发现自身的优势与不足,同时激发学生学习的原动力,提高学习兴趣,让学生学会学习,自觉主动学习。第四,教师对收集到的作品进行合理分析,并向学生及时反馈。
>
> [资料来源]杨晓萍,柴赛飞.质性评定方法对我国基础教育课程评价的启示[J].课程·教材·教法,2004(4):87-88.

---

① 张杨.论课程评价中的量化评价与质性评价[J].宁波大学学报(教育科学版),2004(3):38.

第三节 课程评价的改革与发展趋势

课程作为一个专门的研究领域,已经走过了整整 80 年的历程。在 21 世纪,课程的研究领域出现了一些新的发展趋势和动向,这既体现了课程领域本身的逻辑,也折射出时代精神的价值取向。但是,同时也存在着较大的问题。

一、课程评价问题与改革

在新课程改革的理论中,有关课程评价功能的解释是淡化甄别与选拔功能的。它在理念上明确主张"建立评价项目多元、评价方式多样、既关注结果又更加重视过程的评价体系,突出评价对改进教学实践、促进教师与学生发展的功能,改变课程评价方式过分偏重知识记忆与纸笔考试的现象以及过于强调评价的选拔与甄别功能的倾向",规定的具体目标也是"改变课程评价过分强调甄别与选拔功能,发挥评价促进学生发展、教师提高和改进教学实践的功能"。这样解释比之原先的教学评价,更突出了两方面的规定性:一是明确提出要改变过分强调选拔功能的倾向、改变偏重知识记忆和纸笔考试的现象;二是明确提出评价的多元化、多样化、重视过程评价、发展性评价等具体要求。这里突出的两方面规定性是明确的,但它毕竟是理论的而不是实践的。然而据实践考察,如今课程改革中的课程评价实践可以有如下概括:其一,上述新的课程评价理念基本上已被实践者熟知,他们在诉诸文字或言说时或多或少地都能再现这些理念,甚至还能以这些理念来解释他的课程评价实践,这至少意味着理论认同,同时意味着实践者的理论解释是从理论出发的。其二,在新课程改革示范课、观摩课、展示课、公开课上,这些理念可能被清楚地体现出来,但这种体现与其说是理论改造了实践,不如说是实践张扬了理论,或者就是实践在表演理论。其三,一旦纳入考试,哪怕只是月考甚至单元考试,森严的考纪、规范的标准、无误的记分排序、重结果不问过程等等就毫不动摇地恢复了。因为在实践者看来考试评价就是考试评价,它必然与将来或正在发生的以选拔为宗旨的考试保持一致,只要全社会依然用某种考试方式选拔人才,并以此评价培养人才的教育实践者,实践者对课程评价的解释就不能超越考试,这其实依然意味着实践者是从实际出发的。其实,在课程评价双向两难的事实背后,还存在着一个借鉴的理论与传统的实践之间的适切性难题,这个适切性难题不解决,冲突就不可避免。我们新课程改革中的课程评价理论基本上是借鉴的,但是我们由于各方面因素的制约还不能连他们"以选拔为唯一宗旨的考试"也一起借鉴过来,这样,借鉴来的评价能否应对我们本土化的考试因此就预设了一个两难的悬念。因此这个双向两难的困境已经不是架桥需要过程的问题了,而是它还需要条件。课程评价理论需要改造,改造到可以转换为与之一致的课程评价实践,这是需要条件的,如果不能提供合适的条件或者花一番心血创造条件,那么两难问题将会永远是个两难问题。①

在课程改革的大背景下,基于对课程本身的评价活动从无到有,从少到多,逐步开展起来。在课程评价活动中,虽然取得了很大的成绩,但从整体上审视当前的课程评价研究与实践活动,笔者认为,在这一研究领域还存在以下几个方面的问题。①对课程评价的宽泛理解导致了人们对课程评价研究的不足。现代课程评价产生之初,人们对课程评价的认识主要集中在对课程结果的评价方面,后来随着课程评价的逐步发展,人们对课程评价的认识在不断变化,但共同的特点就是对课程开发全过程的评价,也就是对课程设计、实施以及效果的评价。②大多为单项的课程研究活动,缺乏系统的课程评价组织。整体上看,当前我国开展的课程评价研究活动主要是专项课程评价活动,而且各种评价活动之间也没有相互协调与配合。从课程评价实践来看,无论是课程设计阶段的评价,还是课程实施阶段的评价,这一倾向都表现得十分明显。笔者认为,这一现象之所以出现是由于在课程改革活动中,人们对课程本身进行的课程评价活动没有通盘的考虑和安排,更没有对该问题进行专门的组织和规划。③国家层面的课程评价为主,地方和学校层面的课程评价缺失。从课程评价的层次上看,课程评价活动主要是由国家教育行政部门开展的评价活动,地方教育行政部门和学校层面的课程评价活动非常有限。从实际的课程评价活动来看,课程评价在课程开发过程中发挥的作用非常有限。在发挥的课程评价作用中,特别是没有周详地通盘考虑课程评价问题的情况下,地方教育行政部门和学校参加评价的积极性就很难充分地调动起来。④评价主体单一,过于强调行政意义上的评价。在实际开展的课程评价活动中,主要是行政意义上的评价,虽然有外部专家参与,但也是具有鲜明行政主导色彩的课程评价活动。对当前我国课程评价发展的展望:①进一步加强课程评价理论研究:课程评价理论工作对于课程评价实践有重要影响,加强课程评价理论研究可以使人们更好地开展课程评价工作;加强课程评价理论研究也使人们进一步明确课程评价目的,尤其是形成性目的的研究。②加强地方特别是学校层面的课程评价:从课程实施和课程开发的要求来看,地方教育行政部门有责任和义务在课程实施过程中对于所开

---

① 杨启亮.课程评价:课程改革中的一个双向两难问题[J].教育理论与实践,2005(4):44–47.

发的地方课程本身(包括设计、实施和结果)进行评价,只有这样才能使所开发出来的地方课程不断完善,也才能使地方课程更加符合地方的实际。更重要的是,针对当前课程仍以国家课程为主的现象,地方教育行政部门还需要经常性地开展辖区内课程实施状况以及课程实施效果的评价活动。③建立有效的课程评价标准:关于在课程评价过程中是否一定要有评价标准,这一问题虽然从理论上还存在争议,但在具体的评价活动中,人们认识到,如果没有任何评价标准作为评价依据的评价活动,就可能会失于随意。因此,课程评价过程中评价标准的重要意义在于它一方面可以为人们在总结性评价时提供参照和依据,另一方面在协商和对话过程中向人们提供一个进一步建构的前提。④建立合理的课程评价机制:任何活动功能的充分发挥,都需要有良性的机制来保证。建立合理的课程评价机制首先需要明确各级课程评价主体的职责,也就是说,要明确各级管理部门的课程评价职责。在明确课程管理职责的基础上,课程评价活动由什么组织承担,从目前情况来看,临时性的任务常常是由校外专家受委托开展评价信息的收集工作。如果是开展自我评价,大多是由教育行政部门或学校内部增设一个专门的组织,如(课程评价)自评委员会、(课程评价)自评小组,并由该委员会或小组完成日常的评价工作。为解决这一困境,有针对性地建立课程评价的中介组织则是解决困境的方法之一。⑤加强对话与协商:在评价中强调对话与协商是当代课程评价的重要表现。评价是一种协商基础上的建构过程,受到越来越多的人的重视。人们在具体的评价实践中开始认识到在评价中建立对话和协商机制的重要性。加强对话与协商,需要特别强调教师在课程评价中的作用,即强调教师是课程评价者的地位和作用。①

二、课程评价的发展趋势

课程评价的发展趋势即课程评价的未来走向。总体来看,世界各国的课程评价呈如下发展趋势:①"目标取向的评价"正在被"过程取向的评价"和"主体取向的评价"所超越。"评价即研究"、"评价即合作性意义建构"等理念已深入人心。"质性评价"与"量化评价"相结合被认为是基本的评价方略。②对课程体系本身的评价成为课程变革过程的有机组成部分,许多国家主张运用多种策略对所推行的课程体系进行多侧度评价。③对学生的发展评价是课程评价的有机组成部分。②

人性化课程评价这一课程评价改革的愿景:①从"存储式学习观"走向"建

---

① 刘志军.课程评价的现状、问题与展望[J].课程·教材·教法,2007(1):3-12.
② 张华.课程与教学论[M].上海:上海教育出版社,2000:463.

构式学习观"。建构式学习观着眼于认知活动的建构契机,并不是意味着轻视或是排除反映论的契机。事实上,建构主义的代表者之一皮亚杰也是把认知活动视为"同化"(反映论契机)与"调节"(建构论契机)这两者的交互作用的。因此,可以认为,所谓"建构主义"并不是以建构论契机与反映论契机的二元对立为前提,偏向前者的立场,而是从反映论契机的立场出发,推崇建构论契机,并求解两种契机的辩证法的立场。②从"育分评价观"走向"育人评价观"。"育人评价"具有明确的革新性,与"育分评价"形成了鲜明的对照。其基本性质可以概括如下:第一,"育人评价"是以整体的儿童的整个生活为视域,求得儿童人格的发展为目的的。第二,"育人评价"不仅关注教育的结果,而且重视学习的过程。第三,"育人评价"不仅由教师来进行,儿童的自我评价也是一个重要因素。第四,"育人评价"是从长远的发展眼光来追踪儿童成长历程的。③从"功利化课程评价"走向"人性化课程评价"。人性化课程评价是一场文化的变革:任何课程评价体系的建构本身都具有假设的性质,需要在实施过程——儿童的"抵制""纠葛"与社会舆论的"责难"之中不断加以精致化。正因为此,我们需要"评价的评价"。素质教育课程评价体系绝不是秘密的暗箱操作的东西,而是应当公开的、能够得到儿童和成人社会积极评价、理解与支持的东西。①

> **信息专栏9-3**
>
> 　　课程评价是事实与价值判断的合体,是课程价值的发现和创造。课程评价应起到发现课程价值、创造课程价值,并为课程价值的实现"保驾护航"的作用:除了通过价值判断确立目的,课程评价还发挥了这样的功能:预测评判什么样的经验符合儿童的生长需要;在课程实施的过程中检验已经实施的课程是否满足了儿童的需要;通过比较、判断、估量事物的价值,在诸多可能性中作出理性的抉择;为课程的改进提供价值指导。所以课程评价不是在儿童的生长过程以外去找寻一把度量的尺子,而是不断地发现生长的问题,并为解决问题提供理性的价值评判。
>
> 　　[资料来源]蒋雅俊.课程评价:课程价值的创造与实现[J].华南师范大学学报(社会科学版),2014(3):63-68.

---

① 钟启泉.走向人性化的课程评价[J].全球教育展望,2010(1):9-12.

【本章小结】

课程评价的重要性近年来愈来愈被大家所认识。因为它既是课程设计与实施的终点,又是课程设计与实施继续循环向前发展的起点。本章分为课程评价概述、课程评价模式与方法、课程评价的改革与发展趋势,尽量把课程评价的有关问题囊括于其中。

【复习思考】

1. 随着课程评价的发展,课程评价的内涵发生了哪些变化?
2. 随着教育系统内外各项事业的进展,课程的评价对象需要有哪些具体的变化?为什么?
3. 课程评价主体的多元化已经成为必要的趋势,于此,我国在新课程改革中的体现是什么?
4. 比较几种典型的课程评价模式。
5. 课程评价方法的发展阶段是什么?简要分析呈现这种课程评价方法的背景因素。
6. 在 21 世纪,世界课程变革的趋势是什么,中国新课改的过程中如何才能既体现时代精神,又具有国际视野?

【实践活动】

1. 给初中学生制作成长袋,里面有教师对学生的课堂表现评价、课外活动评价、班级小组活动时同学的互相评价以及学生的自我评价、学生作品展示等。
2. 期末的时候,班级开一个集体会议,每一位同学上台全面地总结本学期自己的表现,然后同学们互相赞扬或者提意见。教师据此写出给每位学生的新学期寄语。

【拓展阅读】

[1] 施良方.课程理论:课程的基础、原理与问题[M].北京:教育科学出版社,1996.

[2] 张华.课程与教学论[M].上海:上海教育出版社,2000.

[3] 派纳 F,雷诺兹 M,斯莱特里,等.理解课程:历史与当代课程话语研究

导论:上;下[M].张华,等译.北京:教育科学出版社,2003.

[4]廖景宽.普通高校体育课程评价对象的多元性、创新性[J].齐齐哈尔大学学报(哲学社会科学版),2006(1).

[5]张瑞,刘志军.教师:不可或缺的课程评价主体[J].课程·教材·教法,2008(8).

[6]张瑞.课程评价:教师专业发展的又一实践平台[J].教育发展研究,2010(8).

【网站链接】

1. http://www.medicine.virginia.edu/education/medical-students/UMEd/curriculum/criteria-page,美国弗吉尼亚大学医学院的课程设计、实施及评价标准。

2. http://journals.sfu.ca/jmde/index.php/jmde_1/article/viewFile/248/238,希腊克里特大学学者 Vangelis Krikas 发表的题为《希腊的课程评价》的论文。

第十章 课程改革

【学习目标】

1. 认识和了解课程改革的观念和方法；
2. 了解课程改革所涉及的课程结构、课程实施等各个方面；
3. 明确课程改革的根本转向；
4. 分析国外课程改革对我国课程改革的启示。

【关键术语】

课程改革;课程改革观念;课堂教学;课改政策

课程改革是教育改革的核心,它不仅涉及学习内容的变革,也涉及学习方式和教学方式以及评价方式的转变。改变传统课程过于注重知识传授的倾向,强调形成积极主动的学习态度,使获得知识与技能的过程成为学会学习和形成正确价值观的过程是进入20世纪90年代以来国际基础教育课程改革的总体走向。那么,当代课程改革的基本取向有哪些?世界课程改革有哪些基本趋势?我国新一轮课程改革取得了哪些成就,还存在什么问题?本章将对这些问题进行探讨与分析。

第一节 课程改革概述

课程改革往往涉及有关课程价值观念、理论基础、指导思想、制度政策等方面的重大变化或方向性调整,整体上讲,对课程改革问题的考虑包括课程改革的意义和价值、课程改革的观念和取向、课程改革的方法和路径选择等问题。近年来,学者们对课程改革的研究也多集中于这些方面,当然,也包括对课程改革进程中存在问题的思考。

一、课程改革观念

课程负载着社会主流文化的价值取向,课程改革不仅是教科书的简单更迭,更需要在观念上实现变革。学者们对课程改革的观念有诸多探讨。有学者从教育创新的视角出发,认为伴随新世纪而来的是一个全新的知识经济时代,这样的社会变革要求教育尤其是课程及时作出敏锐的反应,而我国现行基础教育课程又存在内容偏多、难度偏大等问题,因此,新一轮课程改革是基础教育改革的核心,必须坚持教育创新。在课程功能、课程结构、课程内容、课程形态、课程实施、课程管理、课程评价以及对课程资源的运用等方面都要实现全新的变革。① 那么,究竟该如何创新,是否要对现行的课程进行全盘否决?对此,有学者认为:"课程改革是创新和继承并存的过程"。② 首先,在课程改革中会出现新旧课程理念的冲突和碰撞,进而引发人们思想认识的革命,最终导向课程实践的变革,因此,课程理念的创新应该来自实践;其次,对课程方法进行改革时,应该权衡课程设计方式、课程编制方法、课程评价和实施方法等利弊,根据时代要求和教育发展的需要,及时吸收和消化那些经过国内外实践检验的新方法,

---

① 彭智勇.关于课程改革若干问题的思考[J].课程·教材·教法,2003(4):1-6.
② 张廷凯.课程改革:创新与继承的过程[J].教育理论与实践,2000(12):38-40.

不断对原有的方法体系进行发展性的更新;再次,课程体系结构的创新,是涉及课程领域各个具体方面的关键,要做好基础性课程、拓展性课程和研究型课程之间的沟通和联系;最后,课程内容的创新要抓住课程基础的创新。

从课程改革的取向上看,有学者对20世纪世界各国的三次大的课程改革即20世纪初以进步主义教育为代表的教育改革、20世纪五六十年代美国对"生活适应"的功利主义教育进行批判之后的课程改革以及20世纪80年代的课程改革做了回顾和比较分析,认为课程改革应适应时代的发展、科技的进步和社会的变革而教师的观念要跟得上课程改革的步伐。[①] 从课程改革整体上看,有学者提出,课程改革的一个重要问题是关注人的整体性发展,即课程目标定位要做到观照人的生命整体性,课程知识架构要充沛人的整体性,课程实践要追求人的整体性发展。[②] 这是从人的发展出发对课程改革所做的探讨。

此外,源于新中国第八次基础教育课程改革以来的课改理论基础是什么?推倒重建是否是恰当的改革方式等问题,诸多学者就课改要不要从国情出发进行了探讨。对于这个问题,当前学术界形成了两种针锋相对的观点,即适应国情论和不问国情论。其中,适应国情论认为基础教育课程改革必须立足本国国情,不论是课程改革的理论还是实践,都不能不顾中国国情;不问国情论是新课改理论专家所坚持的,它承认新课改脱离国情,认为适应国情论是过时的观念,国情是可以改变的,课程改革不必适应国情而贵在适应潮流和真理。对此,有研究者指出,第一,关于要不要适应国情的论争,贯穿于20世纪的中国历史进程,而历史发展的基本结论是只有适应国情才能获得成功。第二,基础教育课程改革要适应真理,这个真理就是教育的一般规律、现代教育的基本规律和中国现代教育的特殊规律。适应真理最核心的工作,不是脱离国情去宣扬空洞的理念,而是要深入研究中国基础教育实际,全面把握中国教育的国情。第三,国情是一种动态的社会历史存在,人创造历史又为历史所创造。国情不能随心所欲地改造,只有深刻地洞察国情,积极利用国情资源,具有历史责任感和主体能力,才有可能积极改善国情。[③]

也就是说,课程改革的国际化和本土化是目前课程改革研究中颇具争论意义的一个点,这也关系到我们在改革的过程中究竟该持什么样的观念,走什么样的道路的问题。诚然,并不是每个国家每一次的课程改革都具有国际课程改革的背景,但是,当今世界是信息化、国际化的时代,各国的课程理念、制度规

---

① 顾明远.课程改革的世纪回顾与瞻望[J].教育研究,2001(7):15-19.
② 王爱玲.课程改革的重要问题:关注人的整体性发展[J].教育研究,2009(7):40-44.
③ 王本陆.论中国国情与课程改革[J].北京师范大学学报(社会科学版),2006(4):18-27.

范、文本设计等因素都可以通过各种各样的途径对别国产生影响。因此,在课程改革的过程中不能盲目地实行简单"拿来主义",也不能完全"闭门造车",而是要在坚持本民族优秀文化和传统的基础上进行变革与创新,要在国际视野上进行课程改革。

总之,课程改革要顺应时代潮流,对传统进行辩证继承并根据时代和社会变革以及教育发展的需要进行创新。在课程改革的过程中,无论是借鉴国外理论和实践经验还是进行课程理论的自我创生,都需要考虑本国国情,构建适合本土发展的改革方案。

二、课程改革方法

课程改革的发起、推动和实施不仅仅要从观念上解决必要性和取向上的问题,也要解决改革的可行性问题,改革的路径和方法最终决定改革的成败和效果。如何规划与推进课程改革是课程改革中需要考量的重要问题,学界在这方面也有所探讨。有研究者认为,在当代众多的课程改革运动中,几乎没有成功的案例,值得借鉴的经验也不多,相反更多的是失败的教训。"其原因主要是缺乏对改革方法与路径问题的深刻思考。反思与纠正突变式的、外推型的、革命化的改革方法与路径,是当代课程改革迫切需要解决的根本性问题。"①有论者认为,课程应该在历史与逻辑辩证统一的原则和框架内进行,超越两极走向中介,才能摆脱如今的课改困境,具体来说,可以从以下三个方面进行考量:首先要改变在不同理论流派之间选择与转换课程改革路线的极端做法,要实现理论与理论的折中,求同存异,为不同声音留有余地;其次,在课改中要综合考虑历史性源起、时代性依据和发展性特征,从而实现历史与现实的折中;再次,要超越"本土"与"外来"之争,既要看到本土传统经验的优势,也要正视外来经验中可借鉴之处,融会贯通,实现本土传统与外来经验的折中。② 有研究者提出,当代课程改革必须由理论性、政策性路径转向实践性路径。实践性路径关键在于支持性环境的营造与促进性环节的落实。课程改革必然造成课程实施者一系列诸如认知、技能、习惯等方面的失调现象。改变课程实施者在心理、能力、方法等方面的失调状态,是支持性环境的营造与促进性环节的落实迫切需要解决的问题③。因此,在课程改革过程中,需要赋予行动者即教师改革的权利和地位,使其成为课程改革的主动参与者和探索者。

---

① 郝德永.当代课程改革:方法的局限与症结[J].教育发展研究,2007(12):22-25.
② 郝德永.从两极到中介:课程改革的路径选择[J].教育研究,2010(10):33-37.
③ 郝德永.课程改革:愿景与可能[J].高等教育研究,2009(8):99-105.

对于课程改革的方法和进程问题,有论者认为,课程改革是一项整体的、复杂的、系统的教育建设工程,不可能是一帆风顺、速战速决的。课程改革可能带来的新思路、新局面和新范式的形成,需要相当长的时间。① 因此,课程改革应当放慢改革进程,以确保课程改革取得成功。课程改革需要软着陆。"课改的进程要减慢速度,课改的实施要稳步成功。新课程改革如何'软着陆',这需要以'科学发展观'为指导。"②

此外,课程改革是一项精心设计、组织、实施的系统工程,有论者认为,有必要让理性精神贯穿课程改革始终。课程改革中坚持理性精神即是说,首先要正确处理"传统与现代"的问题,正确处理西方理论与本土特色的问题;其次要用理性精神正确处理基础与创新的问题;再次,要以理性精神正确地处理"标准与多元"的问题。③

此处所谈的课程改革方法即是课程改革该如何推动、如何实施的问题。这个问题是教育理论研究者和实践者共同关注的重大问题,也是一个不易解决的问题。从文献中可以看出,没有放之四海而皆准的课程改革方法,现已有研究对课程改革进行了反思,提出课程改革中的诸多问题,诸如本土与外来、传统与现实、继承与创新等等,却没有达成统一的见解。

三、课程结构

课程结构是课程内部各要素、各成分、各部门之间合乎规律的组织形式。④ 课程结构解决的主要问题是根据课程目标设计什么课程,如何设置这些课程等的问题。⑤ 课程结构通常指某一课程总体中各类课程的比例,比如义务教育课程计划中学科课程与活动课程的比例、高级中学课程计划中必修课程与选修课程的比例等等。⑥ 有学者认为,"建立合理、完善、有效的课程结构需要符合三个原则:首先要符合课程实践,能把实践中已有的课程形态统一起来,给以合理的解释。其次,要吸收已有各种课程建构中的长处,兼顾知识、学科和学生发展三方面的要求,确保课程的实践应用价值,满足社会发展和个人发展的要求。最后,要符合逻辑原则,各课程部类之间、各组成成分之间要遵循同一原则、周延

---

① 郝德永.新课程改革:症结与超越[J].教育研究,2006(5):25-30.
② 查有梁.论新课程改革的"软着陆"[J].教育学报,2007(2):16-23.
③ 吴永军.课程改革呼唤理性精神[J].教育发展研究,2003(1):30-33.
④ 廖哲勋.课程学[M].武汉:华中师范大学出版社,1991:68.
⑤ 和学新.课程改革要致力于课程结构的改造和完善[J].课程·教材·教法,1997(10):11-15.
⑥ 丛立新.课程改革与课程微观结构的研究[J].教育研究,2000(7):60-64.

第十章　课程改革

原则和相斥原则"。并据此提出由两大类、三大板块构成的课程结构。"两大类即正规课程和非正规课程,三大板块即学科课程、活动课程和隐性课程。"①

除此之外,"课程结构也可以用来指课程从宏观层次到微观层次的呈现方式,比如一门课程是怎样从基本目标逐渐具体化为学生的学习活动"。在已经和正在进行的课程改革中,人们开始关注学生的学习方式,普遍重视学生自主、探索、实践性的学习方式,强调学习方式对学生发展的独特价值,强调这种课程本身要保证这种学习方式,而要做到这一点,恰恰是以建立相应的课程微观结构为基础的,必须从自主、探索性学习方式本身的特点出发,研究和建立这样的课程微观结构。② 其中,与学生的自主性探索学习方式相适应的课程微观结构,以单元的形式最为适宜,每一个单元必须包括以下三个部分:主题、任务、评价标准。主题是课程单元的主要内容范围,任务是在一定的课程单元中,学生通过各种活动必须完成的学习作业,评价标准是对于任务完成状况做出判断的依据。③

可见,已有研究对课程结构的探讨有宏观和微观两个角度,在宏观层次上普遍认为要强调课程结构的综合性和均衡性,综合考虑学科课程与活动课程、显性课程与隐性课程等的整合,在微观层面上,相关研究比较薄弱,目前仅有少数研究者关注该问题,他们提出了以主题、任务和评价标准为主要内容板块,以"单元"为基本单位的课程微观结构。

> **信息专栏10-1**
>
> 新中国成立以来,基础教育课程结构经历了建国初学习苏联的学科中心课程结构(1949—1952)、自主探索的劳动化课程结构(1953—1965)、"文革"时期的"三机一泵"式课程结构(1966—1976)、改革开放以来逐渐走向丰富的学校课程结构(1977—1998)和21世纪以来走向多样性、综合性和选择性的基础教育新课程结构(1999—　)五个阶段。总体来看,课程结构变革的价值取向从关注知识和分数向关注人的发展、人的生命和生活意义转变;课程结构模式从关注整齐划一向关注多元个体和群体共同发展的选择性转变;课程结构的权力从国家集中转向三级管理体制共享;课程结构类别

---

① 和学新.课程改革要致力于课程结构的改造和完善[J].课程·教材·教法,1997(10):11-15.
② 丛立新.课程改革与课程微观结构的研究[J].教育研究,2000(7):60-64.
③ 丛立新.课程改革与课程微观结构的研究[J].教育研究,2000(7):60-64.

> 从单一走向多样。
> [资料来源]赵文平.新中国基础教育课程结构变革历程的审视[J].课程教学研究,2012(11):9-14.

四、课改政策执行

任何一个国家和地区在任何时期在课程改革中都会遇到诸如政策不配套、政策执行不力等问题。对此,有论者从课程政策的执行与设计的角度出发认为,"任何改革都是一项复杂的工程,需要从系统的、全局的视野来把握和处理改革所需要的资源以及可能带来的变化"课程改革也是如此,它需要有关各方共同行动,任何一部分的变化都会牵涉多方利益,因此在它开始启动之前,无疑需要政策设计者提前对可能出现的情况进行制度安排,否则很难避免政策的摇摆不定,甚至在政策发起后对政策的发展失控,这些都会给政策执行带来极大困难。"① 有学者尝试建构一种适合我国国情的地方教育行政部门课程政策执行的分析框架,即"研究与开发、组织与落实、协调与支持、评估与督导"②等四个环节。

在影响课程政策执行的因素方面,学界也给出了诸多阐释,如许多研究指出,教师素质和能力,考试评价制度,教材建设,班级规模过大,教师学生的工作和学习量过大,缺乏配套的教育经费等,都是影响课程政策有效实施的重要因素。③ 但有研究者认为,这些研究都有一个共同的特征,即"缺乏一套清晰而深刻的理论视角和框架的指引"④。因此,该研究者对制度理论在我国课程改革政策研究中的实用性进行分析,并得出制度是影响学校教师课程政策实施行为的一个重要因素的结论,并说明我们在分析中国的教育或者课程政策实施时,选择制度主义理论作为研究的分析框架是适切的,它能够给我们带来一种新的理解,以指引我们去观察诸多更加重要的问题。⑤

---

① 柯政.课程政策的执行与设计[J].教育发展研究,2005(19):7-9.

② 崔允漷.课程改革政策执行:一种分析的框架[J].教育发展研究,2005(19):1-6.

③ 转引自柯政.制度理论在我国课程政策实施研究中的适用性分析[J].教育政策观察,2011(0):99-103.

④ 柯政.制度理论在我国课程政策实施研究中的适用性分析[J].教育政策观察,2011(0):104.

⑤ 柯政.制度理论在我国课程政策实施研究中的适用性分析[J].教育政策观察,2011(0):134.

第二节　西方发达国家课程改革举要

进入以知识经济为主导的时代,以知识为载体的课程与社会发展需要之间形成一定差距。课程改革能否满足社会发展和人发展的需要,成为当代各国教育改革的一个热点。因此进入20世纪90年代后,美国、日本,甚至一向标榜"教育自由化"的英国,都在面向21世纪推行国家规模的中小学课程改革。笔者以西方发达国家中美国和英国的课程改革为例,梳理西方课程改革变化过程。

一、美国课程改革

美国教育发展水平位于世界前列,在西方发达国家教育改革中,美国一直处于教育改革的领先地位,发挥着重要作用。纵观20世纪美国教育改革,教育改革次数多频率快,几乎每隔十年就要进行教育改革,而课程改革一直是美国教育改革的核心,因此有学者将美国课程改革整个过程称为"钟摆"。"如果对本世纪美国教育和课程改革的历史加以研究,就会发现教育改革所强调的重点总是在对立的教育要求之间来回摆动,就像老式闹钟的摆一样,总是从一个极端摆向另一个极端,从不停在某个中间位置上。"[①]美国课程改革在进行钟摆运动时,总围绕两条主线左右运动,这两条课程改革主线即教育追求人的发展为目的或追求教育为社会服务。课程改革的价值取向决定课程改革发展路径,"19世纪末至20世纪初,美国课程改革主要经历了科学化课程编制、以儿童为中心的课程和社会重建主义与课程改革三个阶段"[②]。在三个阶段的课程改革中,在科学化编制阶段,对课程内容进行组织管理,追求课程创造出更多社会价值,带来更多社会效应;课程改革过分追求社会效应忽视学生个体发展需要,以儿童为中心的课程改革纠正科学化编制下的课程改革,主张以儿童当下生活为基础,以儿童兴趣和发展需要组织课程内容,开展课程活动,忽视了对儿童成人后步入社会时真正所需的知识和技能的学习,而这种课程改革的极端导致美国在美苏争霸阶段失去优势地位;从1960年后美国对基础教育进行改革,以布鲁纳的结构主义课程理论进行课程改革,强调课程与教材结构对儿童智力发展,

---

① 杨爱程.美国课程改革中的"钟摆现象"[J].教育评论,1987(5):71-73.
② 马云多.19世纪至20世纪美国课程改革的演变及其启示[J].教育探索,2014(4):151-153.

社会发展的重要性,但忽视结构课程改革与中小学教学实践结合,课程实施困难重重,最终此次课程改革被美国否定。美国课程改革在理论与实践、个体与社会之间来回摆动,其课程改革应该努力往哪个方向前进值得讨论研究。

美国课程改革政策与权力随着课程改革需要发生变化,课程改革政策与权力体现在课程计划、课程标准、课程实施和教材中。通过协调联邦政府与州政府之间有关课程改革政策与权力来提高课程改革质量,美国课程改革联邦政府权力意在课程改革中的领导地位日益凸显。早期阶段美国联邦政府在课程改革中处于宏观层面指导地位,制定国家课程改革最低标准,州政府、学校、教师在课程改革中发挥真正权力,随着课程改革推进,地方分权课程改革缺乏统一管理,王桂林在《美国的课程改革及其政策取向分析》中指出课程设置随意性,地区间课程改革出现较大差异,在基础教育课程改革中强调学生学术能力和国家统一意志,课程权力由地方自治加中央调控。[①] 地方自治美国课程改革权力呈现加强联邦政府课程改革权力,实行三级课程改革管理,美国课程管理的模式为中央→地方→学校三级管理模式,在既体现其原有教育管理地方分权特质的同时,又体现出了当前教育管理"中央集权"的潜影。[②] 因此联邦政府依据是否缩小了优秀生和处境不利学生的差距,对各州实施一定的奖惩措施,并对美国教育部和各州等教育主管部门实行问责制。

上述可见,美国在20世纪基于不同的社会背景和价值取向,即课程改革经历三种取向,进步取向、修正主义取向和文化历史取向。[③] 在不同取向下的课程改革,不仅对美国社会产生深远影响,对世界其他国家课程改革提供借鉴与参考,美国课程改革基于一定哲学背景下,因此诞生了很多课程改革家,钟摆式的美国课程改革,在信息化、科技化世界背景下快速适应社会与个人发展需求,但改革的方向和改革的程度呈现混乱状态,导致课程改革下不同区域间学生差异增大,因此美国课程改革中国家权力在逐渐增强。

二、英国课程改革

英国是资本主义国家发展的先驱,也是最早进行工业革命的国家,工业兴起与发展需要工人具有一定读写算等技能,因此英国的课程改革不同于美国"钟摆"式的课程改革,英国课程改革一直受到基础传统因素的影响。英国早期教育与宗教联系密切,政府不干预英国的教育,整个教育处于教会控制下而放

---

① 王桂林.美国的课程改革及其政策取向分析[J].教育探索,2010(6):155-156.
② 赵中建,李敏.美国三级课程管理模式研究[J].全球教育展望,2005(10):61-66.
③ 叶波.20世纪美国课程史研究的取向[J].全球教育展望,2012(9):22-26.

任自流,工业革命后由于对工人劳动素质提高的迫切需求,因此政府颁布法案对英国教育进行改革,注重对英国基础教育进行改革。1902 年《巴尔福教育法案》的颁布,不仅对英国教育改革发挥了重要影响,同时也对中小学课程改革创造了良好条件。对英国课程改革发展梳理后,我们发现其呈现以下几种趋势:"进一步加强和完善国家对课程的宏观调控;重视价值观教育和学生精神、道德的发展;加强社会公民的教育与培养;以基础学力为核心致力于教育质量的提高;努力提高学生的信息和交流技术能力。"①课程改革是教育改革的核心,英国通过颁布各种法令推行课程改革,《1988 年教育改革法》的实施,代表英国正式踏入了国家课程这个领域,但是英国课程改革出现了一些不足之处,"政治色彩浓厚、改革过于频繁、教育公平未达到期望值以及忽视了教师的作用等问题"。

试图通过颁布教育改革法令,建立国家课程标准,变革课程框架和实行课程评估制度,以便进一步提高基础教育质量,以适应 21 世纪知识经济时代面临的挑战。首先,变革传统课程方向,实施全国统一课程。英国于 1988 年颁布《教育改革法》,要求从 1989 年起所有公立中小学实行全国统一课程,这是改变传统课程方向的重大教育改革举措。新千年到来之际,为了赋予权利、建立标准、促进连续性和一致性以及推动公共理解②,英国又从 2000 年 9 月起在全国正式实施了新的"统一课程",调整了课程基本结构,并注重在中等学校实施公民教育,强调对学生英语和数学的指导以及信息教育。其次,倡导终身学习,提供课程框架。2002 年 9 月起,新的国家课程为学生提供了一个终身学习的框架。该框架首次制定了旨在进行个性教育、社会教育和健康教育的全国性课程结构,以帮助学生获得作为个人、父母、劳动者和社会成员所需要的知识技能,以及对自信、健康、独立的生活的理解。再次,强化质量意识,建立课程评估制度。2009 年 4 月,英国发表《小学课程独立评估:总结报告》,报告在调查和评估英格兰小学课程的基础上,建议保留国家课程,给学校和教师更大的灵活性,并将原有的 11 门法定学科变成"六大学习领域"——英语、交流与语言(外语)、数学、艺术、历史、地理和社会、身体发育、健康与幸福、科学与技术,以及"四大核心课程"——听说读写、算术、信息技术和个人发展。③ 该报告的发表拉开了 20 年来英格兰小学教育最大的变革序幕。

通过对英国和美国课程改革的分析,我们能够发现,英美为代表的西方国家课程改革具有共同点,美英国家的课程改革呈现出共同目标:卓越质量、培养

---

① 白彦茹.论英国中小学课程改革与发展[J].外国教育研究,2004(3):18 – 21.

② 王桂林.英国课程改革及其政策取向分析[J].教学与管理,2010(9):158 – 160.

③ 李茂.英国新一轮小学课程改革蓝图出炉[J].山西教育(教育管理),2009 (7):55.

个性和能力本位①。受美国进步主义教育思想影响,英国在基础教育改革中追求儿童为中心活动课程教学模式,在协调传统基础教育与课程改革过程中,英国课程改革具有独特特点:课程价值取向政治色彩浓厚;课程理念注重继承传统;课程目标逐步转向质量、民主和公平相结合;课程内容坚持"基础教育传统"和"注重儿童发展"协调统一。② 回顾英国课程改革历程、经历基础教育改革、注重儿童发展的改革、推行国家统一课程,对我国课程改革具有重要借鉴意义。

第三节　我国基础教育课程改革述要

基础教育课程改革,是党中央国务院为迎接知识经济的到来,应对日益激烈的国际竞争,立足于全面提高国民素质,提升综合国力做出的重大战略决策。

课程改革的历史长河中,很多课程改革从设计到实施的过程中总会出现诸多问题,甚至,在改革的操作过程中距离预期目标越来越远,也就是说,课程改革的现实与改革的理想、现实的结果与预设的目标之间有着很大的差距。有研究者专门对这一问题进行论述,认为随着课程改革实践的发展,课程实施的异变问题已或隐或现地存在,并受到越来越多的关注。课程实施中的异变,就是事先设计好的课程理想或预期目标在课程实施中逐渐发生变化,实践层面实施的课程在性质、状态或情形上不同于改革前所预先设计的那样。课程实施中存在两种异变,即超越性异变和衰减性异变。引起课程异变的原因,主要来自课程自身。在课程实施过程中,要尽量促进超越性异变的产生,避免衰减性异变,这是确保课程成功实施的关键。③

具体来说,课程改革预期目标的偏离是指事先设计好的目标在实施过程中并未完全达成,实现的改革与预期的改革有差距,表现为预期目标被架空、预期目标被替换、预期目标减损性走样以及预期目标创生性拓展。可能引起目标偏离的因素包括改革目标的设计、改革的性质、决策部门的统筹与决策能力、改革的实施者、公众与媒体以及一些偶然因素等。要减少对预期目标的负偏离,应科学处理课程改革与传统课程的关系,照顾各方利益,建立理论界、实践界与行

---

① 李振玉,张燕军.新世纪美、英、日三国基础教育课程改革的特点与趋势[J].外国中小学教育,2012(12):1-6.

② 杨雅琼.二战以来英国小学课程发展与变革的研究[D].兰州:西北师范大学,2004:32-34.

③ 石鸥,彭慧芳.课程改革:在实施中异变的原因与对策[J].课程·教材·教法,2004(3):3-7.

政的三方对话机制。① 在政策方面,课程改革政策制定中的利益博弈、课程改革政策的决策主体、课程改革政策的执行过程等,无不影响和制约着课程改革预期目标的实现。要调控预期目标的偏离,必须加强课程改革政策研究,有效控制政策偏差。为此,课程改革政策要尽量照顾各方利益,提升课程改革决策主体的决策能力和决策水平,保持课程改革政策执行的灵活性和创造性。②

另外,有研究者依次从课程改革的评价总揽、课程理论、教学方式、课程内容、训练形式和研究范式诸方面,对我国基础教育课程改革进行认真检讨与深刻反思,并得出结论:我国基础教育课程改革的指导理论、教学方式、教学内容、训练形式及研究行为偏离了基础教育的正确方向,均存在需要认真反思的问题。有鉴于此,我国基础教育课程改革需要重新定位,唯有如此,才能使我国基础教育课程改革回到符合教育规律的正确轨道。③

除此之外,有学者对课程改革面临的困惑进行思考,总结出课程改革的"两化":课程改革的"形式化",教学管理的"无序化"。"两怕":一怕改革开头易,长期坚持难;二怕条件跟不上,家长不买账。"两难":即改变传统的学与教的行为,适应新课程标准难;突破传统的教学时空,实现教学相长和共同发展难。据此提出尽快确立与新课程相适应的教学观念,尽快建构与新课程相一致的评价机制,尽快创设与新课程相和谐的教育环境。④

总之,课程改革存在诸多问题,具体表现在以下方面:其一,移植国外理论,忽视本土化,理论与实际严重脱节⑤;其二,课堂表面热热闹闹,但自主学习虚假,学习方式陷入误区;其三,教材编制轰轰烈烈,但教材质量堪忧;其四,教学方式技术化,教学艺术无处寻;其五,教育科研虚假繁荣,独创成果鲜见;其六,考试评价制度落后,缺乏科学性⑥;其七,农村基础教育课程改革中政府领导不力,课程改革的经费不足,课程资源开发不够,对课程改革的专业支持不足等问题⑦。作为教育工作者,应该以对民族、后代及教育的未来负责的精神严肃地正

---

① 石鸥,雷冬玉.课程改革预期目标偏离的原因与对策[J].中国教育学刊,2008(7):47-50;72.

② 张增田,雷冬玉,石鸥.课程改革预期目标偏离的政策因素探析[J].课程·教材·教法,2012(4):3-6.

③ 邢红军.中国基础教育课程改革:方向迷失的危险之旅[J].教育科学研究,2011(4):5-21.

④ 黄大龙.课程改革面临的困惑及思考[J].教育发展研究,2002(9):85-86.

⑤ 温欣荣,薛国凤.课程改革背景下基础教育问题的反思[J].课程·教材·教法,2005(8):11-17.

⑥ 王彦才.新课程改革:尴尬与应对[J].教育研究与实验,2006(6):26-30.

⑦ 王嘉毅,赵志纯.我国农村基础教育课程改革:问题与对策[J].教育研究,2010(11):25-30.

视这些问题,剖析其根源,从理论和实践层面对正在进行的基础教育课程改革进行反思与批判。①

> **信息专栏 10-2**
>
> 吕达在(2012年10月11—12日召开的第八次全国课程学术研讨会)致辞中认为,当前课程改革要强调六个字,即反思、巩固、深化。反思就是总结经验和教训,改革创新发展都离不开继承,要处理好出新和守正的关系,改革创新发展决不能把过去优秀的东西丢掉。他认为,下一个十年课程改革与发展,离不开前十年的发展和进步,不懂历史的人可能重走老路,走弯路。他提出了五条关于课程改革的意见:课程改革要进一步深化到教材、教学、教师专业发展上;课程改革要进一步深化到课程校本化、课程个性化上来,使全国中小学办成因地制宜,各有特色,适合不同孩子的成长发展需要的学校;课程改革要进一步深化到课程制度建设上来,制度建设是巩固成果发展成果的必要保障;课程改革要进一步深化到课程理论的建设上来,理论建设不足将产生误区;课程改革要进一步深化到理念更新上,理念或观念是文化的核心,新课程的灵魂就是树立和提倡新观念新理念。
>
> [资料来源]刘冬岩,蔡旭群.新一轮课程改革的回顾与展望:第八次全国课程学术研讨会综述[J].课程·教材·教法,2013(1):88-89.

第四节 国际基础教育课程改革的发展趋势

21世纪,人类已全面进入信息化、全球化与知识经济时代,比以往更加依赖知识的生产、传播和运用,这种知识不仅仅包括自然学科和人文社会学科知识,也包括知识的生产、积聚、应用,尤其是知识进步和创新的能力。这一深刻的社会变革对当今世界各国基础教育的课程发展提出了巨大的挑战,要求教育尤其是课程及时做出敏锐的反应,根据新的社会形势需要来改革课程的结构和内容,调整培养人的目标和手段。

---

① 温欣荣,薛国凤.课程改革背景下基础教育问题的反思[J].课程·教材·教法,2005(8):11-17.

一、课程管理趋向

平衡协调集中与分散课程管理。课程开发和编制权力经历由地方走向中央,如今课程呈现国家、地方、学校三级课程管理,从世界各国课程改革决策权力分配来看,课程决策权力分配有一种均权化趋势。二十多年来,西方发达国家课程体制出现了新的发展趋势:一方面,地方分权的国家趋向于集中课程管理与课程改革的权力,如美国 90 年代著名的《美国 2061 计划》和《2000 年的目标:美国教育法》不仅从联邦角度设计了课程改革的总体方案,而且建立了国家课程内容标准。另一方面,中央集权制的国家又趋向于适当分散课程管理的权限,如俄罗斯为了实现教育的"人道主义""多元化""民主化"于 1992 年开始推行了三级课程管理制度,将普通教育的教学计划划分为俄罗斯联邦(中央)、地区的基础教学计划和普通学校的具体教学计划。① 深刻的社会变革对当今世界各国基础教育的课程发展提出了巨大的挑战,要求教育尤其是课程及时做出敏锐的反应,根据新的社会形势需要来改革课程的结构和内容,调整培养人的目标和手段。

二、课程目标发展趋势

课程目标注重学生能力培养。课程目标的确定是课程改革的关键,它导引课程改革的方向,并在相当程度上决定课程改革的可接受程度和成败。有学者提出,面向 21 世纪基础教育的课程改革目标必须体现基础性学力、发展性学力和创造性学力的统一,科学素质和人文素质的统一,基本要求和个性发展的统一,国际性与民族性的统一,科学思想、科学方法和科学知识的统一,智力因素和非智力因素的统一,自主意识和责任意识的统一。② 当代世界课程改革的追求,正在更多地着眼于人类自身,关注人的发展。从改革的导向上看,有以下几个明显的发展趋势:强调学生的全面发展、培养学生的民族意识和国际精神、整合学生的生活世界和科学世界、完善课程管理和评价制度等若干发展趋势。③ 因此,培养学生创新能力,使他们能够适应社会、学会生存、具备科学人文素养等成为各国课程改革的共同追求。

---

① 王灿明.从西方发达国家的课程改革看我国第三代课程开发[J].南通师范学院学报(哲学社会科学版),2000(4):77-81.

② 金边.面向 21 世纪基础教育的课程改革:访国际欧亚科学院院士、华东师范大学教授袁运开[J].江苏教育研究,1999(6):4-10.

③ 耿红卫.近年来国外基础教育课程改革的趋势研究[J].河北师范大学学报(教育科学版),2009(10):59-61.

三、课程内容发展趋势

课程内容更新和实施手段日趋生活化、开放化和现代化。密切加强课程内容与学生生活实际联系。如在日本新的课程方案中提出对小学生生活进行科学指导;美国注重培养学生兴趣和爱好,在课程内容设置中,把学生未来将要适应社会的技能纳入课程范围内,为学生开设"驾驶"、"婚姻与成人生活培训"等课程。课程内容生活化还体现在,将课程实施过程融入到学生生活中。如英国从 2002 年开始,不再将现代外语作为 14—16 岁学生的必修课程,以便于学生有时间开展自主性社会体验学习。① 综合化课程内容成为各国课程改革的共同追求。当今的时代是以综合取胜的时代;学科既高度分化又高度综合,而以综合为主导趋势。适应这个趋势,并为了加强相关学科之间的联系和渗透,培养学生的综合能力,一些国家开设了综合课程,从此,综合性课程的发展便成为一种世界性的趋势。虽然人们对综合课程评价不同,但对于综合课程成为未来课程改革发展趋势看法基本一致。拉塞克和维迪努指出,如果结合着其他一些解决办法和原则,如终身教育,一些有关学习的研究成果的贯彻、计算机的使用等,那么跨学科的方法在将来可以在以下几个方面起到促进作用:向各种新教育内容尤其是向以和平与民主、改善生活质量和环境发展为目的的教育敞开大门;减轻在校学习计划和学习过程的负荷;力求使学生成功和教育民主化;推行"带着问题学的方法",以加强学习者对科学在解决实际问题方面有用的信念。②

四、课程实施与评价发展趋势

回顾 20 世纪课程改革,我们会发现很多课程改革仅限于制订课程计划,对课程改革实施考虑不充足。20 世纪 80 年代以来,国际上许多国家重视"课程实施"的研究,把课程实施视为课程改革过程的有机组成部分。总结世界各国的课程改革实践,可以发现,课程实施呈现如下发展趋势:①教师积极参与课程改革,课程实施的"忠实取向"正在被"调适取向"与"创生取向"所超越。②课程实施中的社会参与越来越广泛。③学校的课程实施得到立法、经费、师资培训等各方面的策略支持,同时课程实施过程也受到一定的监督和控制。③ 在课程实施发展趋势中,课程实施主体多元化,特别是教师在课程实施中的重要性已日渐为人们所认识和接受,同时为保证课程改革的科学性,课程改革实施主体

---

① 李振玉,张燕军.新世纪美、英、日三国基础教育课程改革的特点与趋势[J].外国中小学教育,2012(12):1-6.

② 拉塞克,维迪努.从现在到 2000 年教育内容发展的全球展望[M].马胜利,高毅,丛莉,等译.北京:教育科学出版社,1992:223.

③ 宋秋前,陈宏祖.教育学[M].杭州:浙江大学出版社,2010:135-136.

由学校走向社会,课程专家、家长、社区人员、商业团体、社会部门等广泛参与到课程实施过程中。

课程评价对课程的实施起着重要的导向和质量监控作用。20世纪80年代以来,世界各国在展开各项课程改革的同时,越来越多的国家开始意识到实现课程变革的必要条件之一就是要建立与之相适应的评价体系和评价工作模式。因此,课程评价改革成为世界各国课程改革的重要组成部分。课程评价所体现特定的价值观,支配评价的具体模式和操作取向。总的来说,体现出以下特点:评价功能由侧重甄别与选拔转向侧重发展;评价标准由刚性的单一化标准走向弹性的多元化标准;评价对象从过分关注结果逐步转向对过程的关注;评价主体由单一主体转向强调参与与互动、自评与他评相结合;评价方法从过分强调量化逐步转向关注质的分析与把握,定量与定性相结合。① 课程改革评价根本目的在于保证课程改革开发和教学设计的合理性。为解决这些问题,促使课程改革良性发展,提升课程整体品质,未来的课程评价工作还要进一步加强课程评价理论研究,加强地方特别是学校层面的课程评价,建立有效的课程评价标准和合理的课程评价机制,加强课程评价过程中的对话与协商。②

综上所述,当代世界基础教育课程改革,在课程政策上注重国家课程统一性与学校课程灵活性的动态平衡,在课程结构上注重课程类型、课程内容和课程形态等方面的调整和完善,在课程实施上注重教师和社会参与、政策支持以及质量监控,在课程评价上注重评价功能、评价标准、评价对象、评价主体、评价方法的多元化,以满足学生全面发展和多样化发展的需要。这些发展趋势对我国基础教育课程改革是很有启发意义的。

【本章小结】

1. 没有放之四海而皆准的课程改革方法,现已有研究对课程改革进行了反思,提出课程改革中的诸多问题,诸如本土与外来、传统与现实、继承与创新等等,却没有达成统一的见解。

2. 已有研究对课程结构的探讨有宏观和微观两个角度。在宏观层次上普遍认为要强调课程结构的综合性和均衡性,综合考虑学科课程与活动课程、显性课程与隐性课程等的整合;在微观层面上,相关研究比较薄弱,目前仅有少数研究者关注该问题,他们提出了以主题、任务和评价标准为主要内容板块、以"单元"为基本单位的课程微观结构。

---

① 闫祯.教育学学程:模块化理念的教师行动与体验[M].北京:北京大学出版社,2010:138.

② 刘志军.课程评价的现状、问题与展望[J].课程・教材・教法,2007(1):3-12.

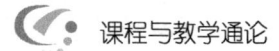

【复习思考】

1. 你认为教育改革的核心是什么?
2. 我国新一轮基础教育课程改革的背景是什么?
3. 课程改革的理念有哪些?你对课程改革有何感受?
4. 你认为当下课程实施中存在的问题是什么?
5. 新世纪英美等国基础教育课程改革有什么特点?

【实践活动】

亲自参与课堂观察,做好观察记录,并将课堂中体现的课程目标、课程实施等相关问题与课程改革的理论进行对比。

【拓展阅读】

[1] 钟启泉,崔允漷,张华. 为了中华民族的复兴 为了每位学生的发展:《基础教育课程改革纲要》(试行)》解读[M]. 上海:华东师范大学出版社,2001.

[2] 钟启泉,崔允漷,吴刚平. 普通高中新课程方案导读[M]. 上海:华东师范大学出版社,2003.

[3] 王义堂,田保军,王硕旺. 新课程理念与教学策略[M]. 北京:中国言实出版社,2003.

[4] 陈晓端,龙宝新. 中、英、美、加四国基础教育课程改革比较[J]. 外国教育研究,2006(7).

[5] 陈晓端,闫福甜. 当代美国教育改革六次浪潮及其启示[J]. 陕西师范大学学报(哲学社会科学版),2007(6).

【网站链接】

1. http://www.ascd.org/research-a-topic.aspx,美国督导与课程开发协会(ASCD)所关注的研究主题,通过研读可以帮助你了解更多课程改革的热点和趋势。

2. http://www.jesusjazzbuddhism.org/on-the-real-problems-of-curriculum-reform.html,可以阅读这篇文章:中国中小学课程改革的真实问题——中、美国基础教育条件比较视角。

第三编
教学理论与实践

第十一章 教学目标

【学习目标】

1. 掌握教学目标的内涵、层次与功能；
2. 理解当代教学目标的取向与特征；
3. 领会当代教学目标设定的实践要求并初步学会科学设计教学目标。

【关键术语】

教学目标；设计取向；实践要求；操作要求

教学目标是教学活动所要达成的预期效果与质量标准,设定教学目标是教学活动的核心环节之一,能否设计出有效、合理、可行的教学目标是创建高效课堂的先决条件。教学目标决定着教学活动的行动方向,是统摄教学活动全程的主线。整个教学活动追求的最终目标是教学活动的效果、学生身心素质的提高,每一节课的教学目标是否有效是实现这一终端目标的先决条件。从设计出每一节课的科学教学目标入手,是创建高效课堂教学形态的行动起点。在本章中,我们将对教学目标的特征与结构问题进行集中探讨,对教学活动目标的设计这一实践问题进行全面思考。

第一节　教学目标及其功能

什么是教学目标?对教学活动而言它有何功能?如何细化教学目标?这些问题是我们开展课堂教学之前要考虑的关键问题。作为教学活动的统帅,教学目标设计上的失误极有可能产生"失之毫厘,谬之千里"的危险后果。因此,教学目标设计是一个极为慎重的问题,它需要一些技术性的设计要领来支持。为了解决好这一问题,我们试图从教学目标的内涵思考这一根本问题来切入对教学目标的分析。

一、教学目标的内涵与层次

在教学活动系统中,教学目标具有特定的意义与内涵,为了对其内涵进行准确界定,我们先从教学目标的相邻概念,即它的上位概念与下位概念来谈起。

教学目标的最上位概念是教育目的。教育目的是指国家对各级各类教育机构提出有关培养人才的预期质量与规格标准。这些标准常常包括教育机构要培养的人才的各种素质要求,这些素质要求之间的关系,甚至包括培养这类人才的特殊方法。如我国教育的目的是要培养出具有以下素质结构的人才,即道德素质、智慧素质、身体素质、审美素质等,这些素质之间的关系是全面、协调、平衡的,培养这种人的根本方法是"教育与生产劳动相结合"。教育目标主要关注的是教育活动所要培养的人才的质量标准、素质要求,它直接规定着各门课程的目标的形成。

教学目标的次上位概念是课程目标。在教育活动中,课程是相对独立的一个教学内容组织单位,是内容与进程的统一,课程目标是对课程内容选择及其实施进程的方向性规定。例如,我国语文课程的课程目标是:

信息专栏 11-1

语文课程目标

1. 在语文学习过程中,培养爱国主义、集体主义、社会主义思想道德和健康的审美情趣,发展个性,培养创新精神和合作精神,逐步形成积极的人生态度和正确的世界观、价值观。

2. 认识中华文化的丰厚博大,汲取民族文化智慧。关心当代文化生活,尊重多样文化,吸取人类优秀文化的营养,提高文化品位。

3. 培植热爱祖国语言文字的情感,增强学习语文的自信心,养成良好的语文学习习惯,初步掌握学习语文的基本方法。

4. 在发展语言能力的同时,发展思维能力,学习科学的思想方法,逐步养成实事求是、崇尚真知的科学态度。

5. 能主动进行探究性学习,激发想象力和创造潜能,在实践中学习和运用语文。

6. 学会汉语拼音。能说普通话。认识3500个左右常用汉字。能正确工整地书写汉字,并有一定的速度。

7. 具有独立阅读的能力,学会运用多种阅读方法。有较为丰富的积累和良好的语感,注重情感体验,发展感受和理解的能力。能阅读日常的书报杂志,能初步鉴赏文学作品,丰富自己的精神世界。能借助工具书阅读浅易文言文。背诵优秀诗文240篇(段)。九年课外阅读总量应在400万字以上。

8. 能具体明确、文从字顺地表述自己的见闻、体验和想法。能根据需要,运用常见的表达方式写作,发展书面语言运用能力。

9. 具有日常口语交际的基本能力,学会倾听、表达与交流,初步学会运用口头语言文明地进行人际沟通和社会交往。

10. 学会使用常用的语文工具书。初步具备搜集和处理信息的能力,积极尝试运用新技术和多种媒体学习语文。

[资料来源]中华人民共和国教育部.全日制义务教育语文课程标准:2011年版[S].北京:人民教育出版社,2012:5.

再如,我国物理课程的课程目标是:

信息专栏 11-2

物理课程目标

1. 保持对自然界的好奇,发展对科学的探索兴趣,在了解和认识

自然的过程中有满足感及兴奋感;

2. 学习一定的物理基础知识,养成良好的思维习惯,在解决问题或作决定时能尝试运用科学原理和科学研究方法;

3. 经历基本的科学探究过程,具有初步的科学探究能力,乐于参与和科学技术有关的社会活动,在实践中有依靠自己的科学素养提高工作效率的意识;

4. 具有创新意识,能独立思考,勇于有根据地怀疑,养成尊重事实、大胆想像的科学态度和科学精神;关心科学发展前沿,具有可持续发展的意识,树立正确的科学观,有振兴中华、将科学服务于人类的使命感与责任感。

[资料来源]教育部版《2011 版初中物理课程标准》[EB/OL].[2015 – 3 – 21]. http://wenku.baidu.com/link? url = qZmwGy4AEMkwc5h4pRVjCXgCxEjwLNSOqrTGqfU1qweVkcZbpth2aQj – sprRcvpZgtJqU9dXDszL4mqVseH48t98Y5BYRSlAmN41nkve6xa.

可见,课程目标主要规定的内容是:对学生学习本课程各方面的宏观要求,如道德、知识、能力、学习等方面的要求,它具有一定的概括性和抽象性。

显然,教学目标是课程目标的下位概念,其所要解决的问题是如何对课程目标加以细化的问题,解决的是如何通过每节课的实施来完成某门课程的总目标。相对于整个教育活动、一门课程而言,教学目标是最基础的一级目标,其所面对的是每个课题(如语文课程中的一篇课文、数学课程中的一个课题等)教学所要达到的预期教学结果,解决的是每节课要完成的具体教学任务等问题,故其较为具体、清晰、细致、准确,不允许过于笼统、粗糙、概括。基于这一分析,我们认为:教学目标,即课时教学目标,它是指教师在上完一个课题后要在学生身上实现的发展目标,是对学生在学习完该节课后在知识、能力、道德、情意、学习方法等方面所获得的各方面进步和提高。在此,我们仅举一例来看看它与教育目的、课程目标之间的差异。

以下是一位历史老师在上《新文化运动的兴起》一课时所设计的教学目标:

信息专栏 11 – 3
《新文化运动的兴起》一课的教学目标分析

1. 知识与能力:了解新文化运动兴起的政治、经济、思想文化背景;识记新文化运动兴起的标志和领袖人物;理解新文化运动的主要内容;探究新文化运动的影响。

2. 过程和方法:通过对新文化运动兴起原因的分析,使学生认识

> 继经济和政治领域近代化之后，思想文化领域也迫切地需要近代化。通过对新文化运动两阶段主要内容的分析，培养学生运用比较的方法来获取知识的能力。阅读新文化运动时期主要代表作品，从作品中深化对新文化运动的认识，从而提高学生对资料的阅读能力和对文学作品的赏析能力。
>
> 　　3. 情感态度价值观：通过了解新文化运动的发展历程，使学生学习新文化运动的倡导者为拯救国家、改造社会、振兴中华而不断追求的奋斗精神，培养学生爱国主义和社会责任感。从思想的巨大作用来重新审视中国要富强必须提倡民主与科学，激发学生的爱国主义情感和民族紧迫感。
>
> ［资料来源］郭新民.《必修 3 第三单元第 2 课〈新文化运动的兴起〉教学》设计［EB/OL］.［2015－3－21］. http://www.pep.com.cn/gzls/js/tbjx/kb/jxsj/bx3/201008/t20100831_838344.htm.

通过对比就不难发现：教学目标的针对性更强，其所设定的预期教学效果最为具体，它是教学目标系统中最为基础、最为清晰的一项内容。

在此，我们把教学目标在整个教育目标系统的地位图示如下：

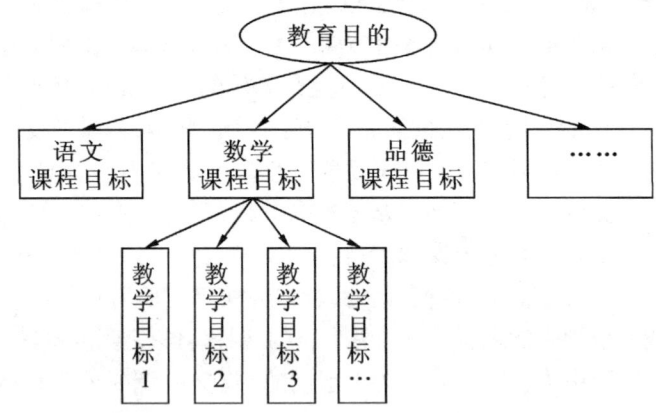

二、教学目标的功能

在教学活动中，教学目标具有多重功能，主要体现在以下几个方面：

（一）导向协调功能

教学目标是课堂教学活动的方向，一旦确立，整个教学活动就明确了前进的方向，教师的各种教育力量随之会围绕教学目标而聚合起来，教学活动的合力就能够实现最大化。一切从教学目标出发，按照教学目标的要求展开，是教师实施教学活动的常规。教学目标一经确定,教学活动中各种教学资源的取舍、教学行为的选择、教学方法的过滤就有了明确的标准和依据。将那些有助于教学目标实现的教学资源、教学方法、教学行为保留下来并加以强化,将那些对教学目标实现不利的教学资源、教学方法、教学行为弱化并加以摒弃,教学活动就能实现效能的最优化。教学目标是统领课堂教学全局的核心要素,是教学活动各个环节、各个方面的总协调者。时刻不忘教学目标,坚持将教学目标贯穿并体现在教学活动的全程,是确保教学效果的坚实依托。

(二)教学控制功能

教学活动是由多因素、多环节、多方面构成的一个复杂过程,而且这些因素之间又存在着互动互生关系。如果没有教学目标的监控,教学活动的各因素可能走向分崩离析,整个教学系统会因此而走向无序状态,甚至趋于解体。所以,教学活动需要控制,用教学目标来控制教师的教学行为、控制教学过程的前进方向、控制学生的学习活动、控制教学内容的取舍等,使教学活动成为一种有的放矢的行为,其存在的价值和意义才能得到充分体现。在教学活动中,有了教学目标的控制,整个教学过程会步入一个良性循环,教学活动的效果自然会不断提升。

(三)评价校正功能

教学目标既是教学活动的出发点,又是教学活动的归结点。整个教学过程可以理解为在教学目标控制下的封闭循环,教学目标是教学活动赖以运转的内线。在教学活动结束后,教学效果如何要参照教学目标来回答:偏离了教学目标的教学活动做得再好也属于一种无效教学;实现了教学目标的教学活动是有效教学,最大程度上实现了教学目标的教学活动就是高效的教学。一切由教学目标说了算,教学目标是教学效果的评价标准和尺度。同时,教学目标对教学活动的评价不仅存在于教学活动的终端,而且还存在于教学活动的过程之中。在教学过程中,当教师发现自己的教学行为、教学方式偏离了教学目标时,他会获得一种反馈信息,这一信息常常会促使教师校正自己的教学行为。应该说,这种过程评价、过程校正是教学活动最终实现教学总目标的必经环节。在评价和校正中确保教学总目标的最终实现,是教学目标制订的基本功能。

第二节 当代教学目标的取向与特征

当代教学目标的构成其实可以区分为两部分:一部分是隐性的教学目标,即以隐性的、幕后的教学活动取向形态表现出来的教学目标,一部分是显性的教学目标,即以文本、行动表现出来的教学目标。因此,在本节中,我们主要关

注当代教学目标的不同取向与实践要求等问题。

一、当代教学目标的取向

教学目标是一个复杂的整体,其存在形态具有多样性和多面性。作为教师,他不可能把教学目标的所有方面都列入教学活动的任务之列,而必须按照一定的维度来组织教学目标,使之成为一个结构严谨、条理清晰的目标系统,进而为教学活动的开展提供稳妥的前进方向。从什么角度、以什么思路来制订教学目标,如何将零碎、散乱的教学目标组织起来,这就构成了教学目标制订的取向问题。目前,国内学者对美国课程论专家舒伯特的看法较为认同。他指出,在当前教学领域中有四种教学目标取向值得广大教师关注,这就是普遍性目标取向、生成性目标取向、行为目标取向和表现性目标取向。①

(一)普遍性目标取向(global purposes)

所谓普遍性目标取向,是指教学目标的制订是依据教育经验、哲学观念、社会政治要求、意识形态来推演出教学活动的目标。这是一种出现最早、较为古老的教学目标取向,其表现形式是:教育工作者直接将某些哲学观念、政治原则、意识形态内容等直接运用到教学活动中去,使之成为指导教学活动的抽象原则与一般宗旨。该目标取向在古代社会体现得较为明显。如我国,将教学的目标与任务界定为"化民成俗",直接体现着统治阶级的政治要求;再如柏拉图,他把其哲学观——引导人过上一种"有德性的生活"直接推广到教育教学活动中去,进而认为教学的目标是培养有德性的人,等等。

该教学目标取向具有以下三个特点:抽象性、概括性、规范性。这些教学目标高度概括了社会、经济、政治生活对人的最普遍、最一般的要求,适用于一切教育教学活动领域,能够从宏观上引导教学活动的前进方向,给人们提供判断教学活动质量与效能的最一般性的判断标准。该教学目标取向的缺陷是明显的,如其可行性、可操作性、科学性差,教学目标内容笼统、模糊、随意,难以为教育教学实践活动提供直接的指导。要将这些教学目标转化为教学实践,教师首先需要对这些教学目标做进一步的细化、改造,以使之与具体教学活动之间建立起关联。否则,这些教学目标在教学活动中可能会产生有与没有一个样的效果,难以对教学活动产生实际的作用与帮助。

(二)生成性目标取向(evolving purposes)

所谓生成性目标取向,是指教学目标不是在课前可以预先确定好的,而是

---

① 王焕芝.四种典型的课程与教学目标取向:建构有效的课堂教学:一[J].福建教育,2004(6):15-18.

在教学情境中随着教学过程的不断展开而自然生成的。莫兰(E. Morin)的行动环境论指出,"任何行动一旦发起,就进入了一个在它被实施的环境内部的许多相互作用和反馈作用的游戏之中",因而,"行动的最终结果是不可预见的"。① 这就需要教师不断调整活动的目标。教学活动具有不确定性,教学要素在变,教学情境在变,新教学事件不断涌现,师生的想法、状态、认识始终处在更新之中,教学活动的目标也必须应时而变,不断提出新的教学目标,以与变化的教学情境与教学形势保持一致。所以,最好、最合适的教学目标始终在途中、在生成中、在教师身体力行的构造中。

在教学活动中,该教学目标取向要求教师善于察觉教学活动情势,善于根据教学活动的变化提出新的教学目标与之适应。在数学课堂中,如果学生的接受力强、学习效率高、学习状态好,教师就应该及时向学生提出较高要求的教学目标,以解决学生"吃不饱"的问题;反之,如果学生精神状态欠佳、学习效率下降、学习时间紧张,教师就应该及时降低教学目标的难度,以解决学生"吃不了"的问题。只有不断调控教学目标,提出最适合当下情势的教学目标,教学的效果才能得到保证。无论如何,教学活动的节奏都不是匀速的,而是波浪式前进的,善于抓住学生学习的高潮时段来提高教学要求,善于根据学生学习的低潮来放缓教学进度,是有效教学的一个重要特征。

可见,生成性教学目标取向的一个最大优点是:试图使教学目标的制订始终处于变动之中,以最大化地与学生的学习状态、速度保持一致,这种设想是完美的;它试图使教学活动尽可能地考虑到教学活动中的一些偶发因素,使教学目标与教学实际之间实现高度契合,这一努力也是值得广大教师借鉴的。但从其缺点上来看,该目标取向显得有点过于理想化,因为教学目标毕竟只是教学活动的一个方向,过细的教学目标实际上容易束缚教师的创造力和主体性。我们认为,教学目标的细化程度是有限的,过细的教学目标并不利于教学活动效能的提高。

(三)行为目标取向(behavioral objetives)

所谓行为目标取向,是指在教学目标制订时强调用精确、具体、可行、可操作的形式来表达教学目标,反映教学活动实施的预期结果和学生身心方面的行为变化。从行为目标取向的产生背景来看,科学主义、行为主义思潮是其产生的土壤,尤其是受20世纪出现的行为主义心理学的影响,该目标取向重视对教学活动的结果——学生的行为变化进行准确测量和描述,强调用规范的行为动词来描述教学目标。在实证主义研究日趋流行的今天,行为目标取向在教学领域中拥有

---

① 莫兰.复杂性理论与教育问题[M].陈一壮,译.北京:北京大学出版社,2004:147.

自己的一席之地，成为一个受到广大教育工作者推崇的一个领域。

应该说，在行为目标取向研究方面较有影响的当属美国著名教育学家、心理学家布卢姆。他将教学目标分为三个领域，即认知领域、情感领域、动作领域，并对每个领域教学目标的构成、内容、层次、表述等问题做了深入研究，为行为目标取向的研究树起了一面旗帜。

以下是布卢姆对"综合"这一层面教学目标的设计：

信息专栏 11-4

布卢姆的综合层次上的目标

5.00 综合

指把各种要素和组成部分组合成一个整体。它是对各种要素和组成部分进行加工的过程，也是一个用这种方式对它们进行组合以构成一种原先不那么清楚的模式或结构的过程。

5.10 进行独特的交流

提供一种交流条件，以便作者或演说者把观念、感情和（或）经验传递给别人。

在写作时把各种观念和论述严谨地组织起来的技能。

有效地表述个人经验的能力。

5.20 制定计划或操作步骤

指制定一项工作计划或提出一项操作计划。计划应满足任务的需要。任务可以由别人交给学生，也可以由学生自己出。

提出检验各种假设的途径的能力。

为某种特定的教学情境设计某个教学单元的能力。

5.30 推导出一套抽象关系

确定一套抽象关系，用以对特定的资料或现象进行分类或解释，或者从一些基本命题或符号表象中演绎出各种命题和关系。

根据对所包含的各种因素的分析，阐述适当假设的能力，以及根据各种新的因素和考虑修改这些假设的能力。

作出精确发现和概括的能力。

[资料来源] 布卢姆.教育目标分类学：第一分册：认知领域[M].罗黎辉,丁证霖,石伟平,等译.上海：华东师范大学出版社,1986：156-175.

可见，相对于前两种教学目标设计取向而言，行为目标取向的最大特点是精确性、规范性、具体性，实现了对教学目标的科学表述，为教学实践者提供了

较为清晰、明确的奋斗方向,为教学目标向实践的具体化转变提供了一条捷径。另外,从学生行为变化角度来考虑教学目标的制订有助于根治教学目标理解随意化的缺陷,将教学目标研究与设计带到了一条严谨、规范的发展道路,有助于充分发挥教学目标的功能。该目标取向的明显不足之处是:其一,人的行为具有复杂性,动机与行为是密切关联的,如果在教学目标制订上只关注外在的行为而不关注内在的动机,教学目标的制订就可能走向机械化、简单化,最终误导教学活动的健康进行;其二,过度关注学生的行为变化,而不强调发展学生的内在世界,久而久之,学生的创造力就可能受到束缚和限制,学生的主体性可能被压抑,最终不利于学生潜能、才华的充分发展与展现。实际上,学生的某些品质的辅助,如情感、价值观、品德的发展常常是难以用行为变化来说明和描述的。这可能正是该目标取向的最大弊端所在。

(四)表现性目标取向(expressive objectives)

所谓表现性目标取向,是指在教学目标制订时不能局限于给学生设定一个固定的努力方向,而是要考虑其在新的教学环境中可能会遇到的问题与做出的表现。该目标取向由美国课程理论家艾斯纳提出,他认为:教学目标的设计有三种形式,即行为陈述方式、问题解决方式与具体表现方式。相对而言,行为陈述方式过于关注学生的外部表现而忽略了其高级心理过程及心智方面的品质,因此,教学目标的制订重在唤起学生的潜在表现而非规定学生的行为方向。正如其所言,教学目标的设定不是规定学生在完成学习活动后所习得的行为,而是"描述教育中的'际遇':指明儿童将在其中作业的情境、儿童将要处理的问题、儿童将要从事的活动任务,但不精确规定每个学生应该从这些活动中习得什么。"① 解决问题的目标不是把重点放在特定的行为上,而是放在认知灵活性、理智探索和高级心理过程上。表现性目标是唤起性的,而非规定性的。这就是表现性目标。可见,艾斯纳提出表现性目标取向的意图在于打破教学目标对师生教学行为的控制与束缚,是希望通过教学目标的制订更好地发展学生的创造力、想象力、表现力。在这一意义上,教学目标的制订应该是开放的,是能够唤醒并发掘学生的潜力与潜能的。

可见,表现性目标取向的提出赋予教学目标的制订以特殊的使命——唤醒学生发展的动机,它要求广大教师站在另外一个立场上来理解教学目标,看待教学目标,这些见解为广大教师改进教学目标的制订方式,摒弃传统的教学目标观具有重要意义。该目标取向的创新之处在于强调转变教学目标的功能,从

---

① 吴维屏. 关于教学目标设立的思考:以美国一个州的社会学科目标为例[J]. 外国中小学教育,2007(12):12-17.

限制教学活动、限制学生行为方向走向鼓励学生自主发展，让教学目标真正成为学生发展的助推器而非其发展的框套。同时，该目标取向的形成为学生的个性发展创造了广袤的空间和平台，为促进学生自由发展、全面发展产生了积极的推动功能。该目标取向的不足之处主要表现在两个方面：其一，由于学生发展方向无法确定，每个学生的发展道路各具特色，因此，表现性教学目标的制订和设计具有难为性，甚至是不可能的，它只能作为教学目标设计的一种理想而很难进入教学实践领域；其二，在不同教学环境中，学生的行为表现不同，发展领域不同，表现性教学目标在重视发展学生个性、创造性、主动性的同时忘记了人的发展同样需要社会的规约，需要周围人的支持，故只强调满足学生个人的爱好、兴趣是无法培养出具有社会责任心和使命感的人。换言之，学生的发展既需要个人表现，又需要社会既定发展目标的束缚和引导。

二、当代教学目标设定的实践要求

随着新基础教育课程改革的深入推进，当代我国对教学目标的设定提出了一些新的要求。教学活动的实施者与组织者，必须自觉适应上述要求，灵活设计每个教学单元、教学课时的教学目标，才可能创建出高效、优质的课堂教学活动。

（一）全面考虑

学生的发展总是表现为许多方面、许多品质的进步与改变，与之相应，对学生发展的预期结果——当代教学目标的设定也应该包括许多方面，用完整、全面的教学目标来指导教学活动的开展才能创造出有效的教学形态。所以，一堂课、一个课题的教学目标应该由各个方面的子目标构成，这些子目标能够全面集中反映社会、国家、家庭对学生发展的各种要求和学生自我完善、自我发展的要求。当前，社会、国家、家庭希望未来接班人能够继承人类创造的一些优秀文化成果，能够具有良好的德行和积极向上的价值观念，能够创造性地解决、探索在社会、个体发展中面临的一系列新问题，能够学会学习、不断学习、继续学习并在学习过程中获得乐趣、取得成功，这就要求教学目标的设计一定要尽可能全面地考虑人类生活各方面对学生发展的要求及学生自我发展的要求。显然，我国社会对学生发展的要求已经达成共识，即学生应该在德、智、体、美、艺、能等方面取得发展，故在制订教学目标时应尽可能全面考虑立体三维的教学目标设计理念，以切实提高教学目标设计的效能。

（二）有机组织

如果说"全面"要求教学目标设计要尽可能考虑目标内容、子目标构成的完整性，那么，"有机"则强调在教学目标设计时应该注重这些子目标之间的逻辑、层次、主次关系,使之有机搭配、密切协调、相互配合,形成一个内部结构合理的教学目标。譬如,如果说一个完整的教学目标应该涉及对学生知识技能、态度情感、道德价值观三方面的培养,那么,教学目标的有机性考虑的是如何将之有机、合理地组织进一个具体的教学目标之中,如何合理地安排各项目标间的关系,使之有机体现在一节课的教学目标之中。如在语文教学中,我们可以将知识技能、态度情感、道德价值观等三方面的培养目标在阅读教学中结合起来:在课文介绍时教给学生语文知识,在反复阅读、捕捉语感时培养学生热爱文学的态度情意,在深度理解课文时引导学生领悟隐藏在"文"背后的"道",让学生在做人、道德方面受到教育。只有这样设计教学目标,各分项教学目标才可能被有机统合在教学活动之中,成为一个有机体。

(三) 立足生本

"生本"就是以生为本,而非以知识为本或以教师为本。有效的教学目标必须在充分考虑学生学情的基础上站在学生的角度来表述教学目标,把学生的发展与进步作为教学目标设计的核心。具体来讲,"生本"实际上是在两个意义上来讲的:其一是实质意义上的"生本",其二是形式意义上的"生本"。

所谓实质意义上的"生本",是指在教学目标设计时教师应将学生在参与教学活动之后所发生的进步与变化作为教学目标的核心、实质内容,始终将学生的发展程度与水平作为教学目标的主体内容。教学目标实质上是学生发展的目标,"以学论教""以学定教"是当代教学活动的核心理念。在教学中,教师只是一个辅助者,其教学水平高低以学生发展水平间接体现出来。因此,在设计教学目标时,我们必须清楚把握学生的现有发展水平——学情,然后在这个基础上提出学生发展的新目标,并以之作为教学活动的努力方向。

所谓形式意义上的"生本",是指在教学目标设计上教师应该将"生本"理念体现在教学目标的表达形式上,严格按照"学生在……(方面)获得……的发展"的语言来表述教学目标,坚持以"学生"为主语的表达形式来表述教学目标。只有这样,教学目标设计的"生本"特征才可能体现在教学活动的各环节、各方面,教学目标的设计才可能瞄准目标、准确定位,成为一个能够对教学效果提高产生指导意义的教学目标。

(四) 要求适度

适度是教师在设计教学目标时要考虑的另外一个重要问题。我们认为,有效的教学目标必定是一个对学习者而言适度的教学目标,适度的具体内涵就是教学要求处在学生的最近发展区内,正好是学生通过一定的努力能够达到的教学目标。当代学习论认为:学习的效率与问题的难题之间呈倒 U 形,即只有难度适中的问题才可能最大化地激起学生学习的强烈动机,达到较高的教学效果与效率。因此,教学目标的设计不是越高越好,而是看其是否正好处在学生的最近发展区之内。毕竟一节课的时间是有限的,学生的理解能力是有限的,在特定情境中,学生只可能对某一问题达到一定认识程度。超越了学生认识的阈限和区间,教学活动可能异化为一种有意难为学生的活动,它非但不能促进学生的发展,反而会给学生的发展带来阻力。

(五)相互兼容

实际上,教学目标绝非越具体越好,而是应该具有适度的包容力与兼容性。如上所言,如果教学目标设计被具体到每一个细节、每一个行为,那么,教学目标对学生发展而言就不再是一种激励引导性的力量,而是一种抑制束缚性的力量。教学目标的每个项目具有一定的兼容性,两个项目之间具有适度的交叉性和关联性,它就为学生创造性、选择性、自主性的发挥提供了充足的空间和舞台。显然,任何教学目标都有一定的预见性,但这种预见性不可能预测到学生在课堂教学中发生的一切发展变化,不确定性、开放性是课堂教学活动的根本特征之一。这就决定了教学目标的设计不可能穷尽教学活动的一切方面和一切内容,因此,在设计教学目标时应该让每项内容具有适度的模糊性、宽泛性,使之能够兼容与之相关的内容,为教师、学生创造性地实施教学目标提供条件。

(六)富有弹性

有效的教学目标是具有一定弹性空间的。在此,我们所言的弹性是相对于教学目标的实现程度而言的,也就是说,科学的教学目标应该适当考虑到学生的接受能力和教师的教学能力,尽可能不对所有学生、所有教师提出千篇一律、标准化的教学要求、教学目标,而应该向师生提出教学活动的大致目标、大体要求。为此,在教学目标设计时最好应该设计两部分目标:基础目标和拓展目标。对于前者而言,要求所有学生必须达到,而对后者而言则需要充分考虑学生的学情、教师的教情、学校的设施、地区的差异等情况,让教学目标的设计能够充分照顾到教师、学生、学校、地区的特殊情况,不断增强教学目标的适应性。

(七)表述切且

切且是有效教学目标的又一重要特征。尽管教学目标要有一定的概括性、兼容性,但总体而言,表述切且是对它的一个重要要求。所谓切且,就是准确、清晰、符合实际、符合现实,就是要求教学目标的设计必须为师生提出明确、实在、可行、实际的行动要求。为此,教学目标在语言措辞上必须讲究,应该力求简洁、规范、清楚,在程度要求上是用"记住、辨别、比较"还是用"写出、背下、指出",必须仔细斟酌,谨慎考虑。否则,当师生看到教学目标后会感到无所适从,教学目标最终可能失去对师生教学活动的指导性,致使教学目标形同虚设、徒有其名。为此,我们需要对有效教学目标的表述问题进行集中探讨。

第三节　当代教学目标的实践框架与设计

教学实践中,尽管教学目标的设计是千变万化、不一而同的,但总体来看,在当代新课程改革背景下,合理的教学目标是有其大致框架的。我们认为,这一框架就是"三维"教学目标。"三维"教学目标是学者和教育实践工作者长期研究探讨的结果,其中蕴含着丰厚的实践智慧与理性认识。因此,要设计出有效的教学目标,我们理应诉诸于"三维目标"框架,努力提高课堂教学目标设计的科学性。

一、当代教学目标的实践框架——"三维目标"

在"三维"教学目标中,三个子目标——知识技能、过程方法、情感态度价值观共同决定着教学目标的制订,其进步意义在于它打破了传统的、单纯关注知识技能的"双基"式教学目标的限制,将学生发展的目标延伸到人的更深层次的发展——情感态度与道德价值领域,使教学目标的制订功能全面,深刻反映社会、学习活动本身对教学活动的要求。在"三维"教学目标中,三种子目标之间是有机统一的关系,三者统一于完整的教学活动及人的发展中,其相互关系如图11-1所示。

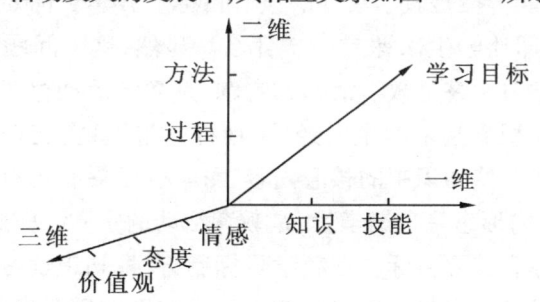

图 11-1　三维教学目标的构成①

"三维"教学目标是我国学者在教学目标认识历程中的一大进步,它的提出标志着教育工作者对人的发展全面性要求的承认,标志着人们对教学活动多元化功能的强调,标志着教育工作者对教学效能观、质量观研究的新突破。教学活动是个多面体,任何只关注人的一方面发展的教学活动都是畸形的。教学过程既是一个求知过程、技能增长过程,还是一个体验过程,一个学会学习的过

---

① 汤国平.三维教学目标的设计与实施[J].上海教育科研,2006(9):71-73.

程,更是一个教学生学会做人、学会生活、学会把握自我的过程。人的发展的多面性要求教学活动必须承负其多元化的功能。"三维"教学目标的提出为有效教学的实施提供了一个坚实的行动起点。

"三维"教学目标赋予各学科教学目标以新的内涵与使命,具有丰富、深刻的内涵。我们认为,"三维"教学目标是指现代教学活动应该承担起学生三方面发展的任务,即传授知识技能,引导学生学会学习、体验学习,引导学生学会做人,并将这三个任务有机贯穿到教学活动的全程中去。

首先,"三维"教学目标首先是"三维"的。所谓"三维",不等同于"三个""三种",而是指构成一个事物、一个过程的三个层面或维度。在"三个""三种"教学目标这一表述中,它强调的是各个子目标之间的平行性与独立性,而"三维"强调的却是三个子目标之间的整体性与有机性,强调其间的相对独立性。因此,"三维"在新教学目标表述中具有特殊意义,它将教学活动要发展的学生的三方面品质紧密地统一起来,直接规定着三个子目标存在的功能——服务于学生的全面发展、服务于教学活动的整体性推进。

其次,"三维"教学目标的三个子目标为教学活动的开展指明了具体前进的方向。三个子目标将"三维目标"具体化了,使之变得易于操作、易于实施。在整个"三维目标"中,三个子目标——知识技能、过程方法、情感态度价值观承担着各自独特的使命与功能:

其一,知识技能传授是教学活动的核心目标。教学目标要解决的首要问题是教给学生什么,即让学生来课堂中学什么。显然,这个问题的答案就是知识技能。知识技能学习始终是教学活动的主题,是教学活动存在的核心使命。知识代表着人类长期积累起来的生活经验、精神财富、事实道理、文化产品,是人类智慧的结晶。将这些知识中的核心内容,对学生发展有用有效的部分筛选出来,将之用"课程"的形态呈现给学生,是教育活动的实质。因此,知识传授是教学活动的永恒目标和首要目标。在教学目标制订时,知识学习可以分为三个层次,即了解、理解、运用,它是我们量化知识学习程度的重要参照。其次是技能。技能是知识的运用和延伸,用知识来解决现实问题,是技能教学的任务之一。同时,在生活中,学生还需要掌握多种技能,如观察、计算、测量、绘图等,这些技能是人正常生活的需要,是教学活动的基本内容。从技能学习层次来看,它也可以分为三个层次,即模仿、独立操作、迁移。能够将一种技能迁移到新的生活情境中去,是技能教学目标达成的标志。就知识与技能的关系而言,知识解决的是学生"知"的问题,知道了、理解了就说明该目标达成了;技能解决的是"做"的问题,会干了、会做了说明该目标已经基本实现。知识技能之间存在着一种相互转化、相互促进的关系,将"知"与"做"统一起来是教学活动顺利进行的条件之一。

其二,过程与方法是教学活动的伴随性目标。教学活动不只是一个单向的知识授受过程与技能传习过程,还是一个富有意义、伴有积极体验的学习过程与生活过程。强调知识的探索与建构过程,重视学生在学习过程中的体验与感受,重视在学习过程中的尝试与实践,是教学过程富有效能的必要条件。学生是一个有感情、会思维的人,学生可以在教师的帮助下通过自己的努力找到解决问题的正确路径。对学生发展而言,整个教学过程存在的意义就在于为学生的发展提供帮助与指导。因此,学习的过程与学习的结果同样重要。让学生在学习过程中体验到探究的快乐、成功的喜悦,教会学生利用有效的学习方法来攻克学习中所遇到的问题与难题,是有效教学的关键特征之一。在有效教学中,科学、愉悦的学习过程与准确对路的学习方法既是学生顺利展开知识技能学习过程的条件,又是这种教学活动效果的重要体现。

其三,情感态度价值的培养是教学活动的深层目标。教学活动的表层是知识、经验、技能的传授过程,而其深层却是学生对人、对物的情感、态度的转变过程,是学生人生价值观的形成与建构过程。任何教学活动具有教育性,这是教学活动的一条基本规律。作为有效的教学活动,它不单单是改变了学生对世界的认识及认识世界的方式,更改变着学生对人生态度与生活目的、意义的看法。在教学活动中,许多因素在参与着学生世界观、价值观、人生观的建构活动。教学内容、教学方式、教学环境、教师的教学态度与人生信念等等,都在潜在地、无声地影响着学生对人生的看法与态度。在知识技能传授过程中融入对学生的态度、情感、价值方面的教育,使之内化为学生的品质与品性,是教学活动不容推卸的任务之一。有效教学活动应该让学生在参与教学活动中亲身体验到生活的美好,形成积极的人生态度和正确的价值观。

二、当代教学目标的设计策略

基于上述分析,笔者认为:要制订出科学的教学目标,我们应该以"三维目标"为框架,全面考虑学生在知识技能、过程方法与情感态度价值观三个方面的教学目标设定,尽可能设计出全面、具体、可行的课题(或课时)教学目标。在此,我们以"三维目标"为蓝本,结合教学实际来探讨当代教学目标的具体设计过程及要求。

(一)知识技能目标的设计

知识与技能习得是有效教学目标的基本维度。与技能不同,知识是指一定时期人类对客观世界、外在事物的正确认识,它是学生认识世界的基础和凭借。在课堂教学中,学生接触的大量知识是间接认识,是书本知识,它们与学生的生活经验之间是有一定距离的,这就决定了知识教学的目标具有自己独特的呈现方式。在学习间接知识时,学生一般要经过四个阶段,即"感知—理解—巩固—运用",与之相应,知识学习的四个阶段性成果是:知道、领会、记住、运用。据此,知识维度教学目标的设计就可以按照这四个层次来设计。如在有关"圆"的课题教学中,我们可以将其知识教学目标设计为四个:

知道圆是一种基本几何图形;

领会圆的构成要素:直径、半径、圆心等;

能记住圆的直径、半径、圆心的概念;

会运用圆的知识来识别生活中的圆。

技能是指学生通过练习而掌握的一套解决具体问题的活动方式。基本包括两类:一种是内隐的心智技能,一种是外显的动作技能,两种技能的性质截然不同,其教学目标的设计方式也完全不同。所谓心智技能,是指那些不易观察到的、借助于内部言语在头脑中进行的思维活动方式,如作文中的主题构思、数学课中的解数学题、艺术创作中展开想象与联想等;所谓动作技能,它是能够观察到的、由一系列动作按一定程序构成的操作活动方式,如实验操作、写字、唱歌、跳舞、绘画、做操等。在课堂教学活动中,教师大量遇到的教学目标设计是心智技能的目标设计问题,故我们对之进行重点探讨。

心智技能的构成基础是一系列智力因素,如观察力、注意力、记忆力、思维力、想象力等,它们构成了学生发展的一般技能。除此而外,在各门学科中还涉及一些特殊技能,如语文学科所需要的听、说、读、写能力,数学教学所需要的计算能力,绘画课教学所需要的欣赏、模仿、创作能力等。故此,在心智技能目标设计时我们可以按照"一般技能 + 特殊技能"这一陈述结构来考虑。如在设计《一夜的工作》(北京师范大学版义务教育课程标准实验教科书六年级上册)一课的教学目标时,我们可以这样来设计:

一般能力:培养学生从细节入手来思考问题的能力,锻炼学生对语言描述情境的想象能力;

特殊能力:培养学生有感情地朗读课文的能力,锻炼学生的表达能力。

(二)过程与方法目标的设计

重过程、重学法是设计有效教学目标必须考虑的问题。从学习过程来看,它可能是学生探索问题解决方案的过程,可能是学生认识事物的过程,也可能是师生共同体验的过程;从学习方法角度来看,它可能是发现新知的方法,实践活动的方法,也可能是研究反思的方法等。在过程与方法目标设计时,难以给出固定的目标陈述模式,教师只能根据具体教学内容创造性地提出一个课题在"过程与方法"维度的具体目标。在"过程"教学目标设计时,我们常用的表述方式是:通过学习,认识(掌握、理解、学会)……的发生(发展、形成、推理、分析、综合等)的过程;而在"方法"目标表述时我们常用的表达方式是:通过学习,让学生采用并学会……的方法(如学习方法、解决方法、观察方法、思维方法、交流方法等)。例如,在学习"分数"这一课题时,我们可以将该维度的目标设计如下:

认识分数形成的过程,体验分数对人们生活的重要性;

在分数运算的竞赛活动中感受成功(或合作)的愉悦;

学会利用"均分"的方法来表达分数的意义等。

(三)情感态度与价值观的设计

情感态度与价值观不是学生直接学习的内容,它们常常贯穿在学生对知识技能的学习过程中,并作为非智力因素影响着学习过程的效率、效果、方向和进程。积极、高尚情感的激发,良好的生活、工作、学习态度的培养,正确人生观、价值观的形成是有效教学活动的目标之一,该目标的科学设计对教学活动全程具有重要意义。

首先是情感目标的设计。情感是人的高级社会性需要,如对爱的需要、对道德的需要、对美的需要、对理性生活的需要是否满足时所产生的一种精神感受。人的情感表现形态是多样化的,如责任感、理智感、美感、道德感、爱等。在该类教学目标设计时可以采用"激发+(程度+)情感类型"的方式来陈述。可参见以下例子:

激发学生对生活的热情;

培养学生爱憎分明的道德感;

激发学生对祖国强烈的热爱之情等。

态度是人对事物的倾向性认识,它决定着人对事物所采取的行动。学生行为、认识的改变是从态度的转变开始的,对生活、工作积极正确态度的形成是学生身心发展的起点。态度有正确与错误之分,有稳定程度之别,它们构成了对学生态度培养的两个层次:其一是使学生形成正确的生活、学习态度;其二是培养学生稳定的生活、学习态度。故此,在态度目标的设计上,我们应该从这两个方面来考虑。例如,在设计化学课"水"这一课题的教学目标时,我们可以这样来表述:形成学生对水资源的正确态度,培养学生珍惜用水的生活习惯。

价值观关系到"做人"这一问题,它决定着学生对人生的目的与意义这些重大问题的看法。在生活、学习中,面对同一事物、事情,不同学生都有自己的价值态度和价值选择,每个学生都在生活、学习中建构着自己的价值观。这些价值观是否符合社会的需要,是否有助于个人实现幸福的人生,是一个值得思考的问题。在设计教学目标时,要想提高教学目标的适切性和效能性,就应该科学设计价值观教育的目标。就价值观培养而言,它包括两个方面的问题:其一是应该教给学生什么价值观,其二是学生如何选择并坚持自己的价值观。所以,在该维度目标设计时,我们可以按照这两个方面来陈述。例如,在设计《祝福》一课的教学目标时,我们可以将之表述为:理解造成祥林嫂悲剧的社会根源,从而认识封建礼教"吃人"的罪恶本质,形成对美好社会的向往;树立关怀他人、同情弱者的价值观。

三、当代教学目标设计的操作性要求

实际上,要为某一教学单元,如一门课、一单元、一节课设计出合理教学目标是一个复杂的过程,它是上述理性分析框架所难以完全预计到的。在教学目标设计中,对其有所制约的要素是多样的,教师的个性与偏好、学生的学情、教学环境的特殊性、教学资源的保障情况、国家对教学活动的宏观要求等等,都影响着教学目标的设计方向和具体形貌。为此,要设计出科学的教学目标,教师需要具备将一般理论与具体实践结合起来的智慧,需要创造性地运用教学设计原理的艺术。尽管没有固定的教学目标设计程序与模式,但我们认为,教学目标设计中的一些可以预料的失败还是可以规避的。它们构成了教学目标设计中的一些操作性要求,成为教师进行教学目标设计时弥足珍贵的经验资源,成为设计出有效教学目标的门径与策略。结合教学目标的设计经验,我们认为,以下事项应该引起教学目标设计者的注意与重视:

(一)坚持多层次与多维度相结合的设计思路

教学目标是统领整个教学活动的中枢,控制着教学活动的全程与全貌,故目标设计一定要尽可能全面、合理、科学、可行。要达到这一目标,教师在教学目标设计时一定要宏观把握、全面考虑,既要照顾到教学活动的各个环节与过程,又要考虑到教学活动的各个层次与方面,这样,采取多层次、多维度相结合的设计思路是确保整个设计活动有条不紊推进的重要举措。

首先,教学目标设计要充分考虑到教学活动的各个层次。教学活动大体可以分为三个层次:一个是宏观的教育活动的总体要求。实施素质教育,提高教育质量,打造人民满意的教育服务是国家、社会对教育活动的宏观要求,教学目标的设计要考虑到社会环境对教育事业、教育改革的这一总体要求。一个是中观的课程与学科对教学活动的要求。每门课程都有其独特的知识体系与育人功能:语文课程由字、词、句、篇构成,它能提升人的人文素养,让学生知书达理;数学课程由数、式、图、表构成,它可以使人明智聪睿、思维敏捷等。教学目标设计应尽可能体现课程整体对教学活动的要求,发挥各门学科独特的育人功能。还有一个是微观的学生学习活动对教学活动的要求。教学活动的产生是为了服务于学生的学习活动,提高学生的学习效果与效率,学生学习活动的现实需

要制约着教学目标的设计。在教学目标设计时,教师要尽可能考虑到教学活动的三个层面——宏观、中观、微观层面的要求,使教学目标设计成为整合各层次要求的环节,让教学目标尽可能兼容、统合各层次的教学活动需要,设计出具有广泛适应性的教学目标。

其次,每一层次对教学活动的要求都具有多面性。社会、国家要求教学活动既能坚持正确的育人方向又能为培养出用得上的实用人才,课程与学科要求教学活动既能教给学生一定的知识、理论又能教给学生一定的专业技能,学生要求教学活动既能让其德智体方面得到发展又能让其才艺能方面有所提高,等等。教学目标的设计要考虑到社会、课程、学生对教学活动的多面性教学要求,回避"单打一"、片面简单的设计思维,力求使教学目标的设计活动稳妥推进。

再次,有效的教学目标设计要求把纵向的教学活动的层次与横向的教学活动的方面有机统合起来,努力形成立体的教学目标设计框架。下面是美国一个州三年级社会课的教学目标设计,该目标设计较好地处理好了层次性与多面性的要求。

信息专栏 11 - 5

美国一个州的社会学科教学目标

总体目标 01——学生们在完成社会课活动的过程中实践各种听说读写技能

总体目标 02——学生能够理解他们当地社区的文化和历史发展

总体目标 03——学生能够理解人们利用自然资源来满足他们的基本需求,而这些资源应该得到保护和维持

总体目标 04——学生能够理解地理概念

总体目标 05——学生能够理解在他们的日常生活中经济因素的相互作用
- 0501——详细说明工资、价格、制造者、消费者、专门化等
- 0502——解释花钱和存钱的理由
- 0503——确认供求之间的关系以及它对产品价格的影响
- 0504——确认劳动专业划分的优点
- 0505——确认那些决定过去、现在和将来你所在社区工作类型的自然资源
- 0506——确认利润作为生产的主要动因的作用
- 0507——确认发明是如何影响社会变化的

总体目标 06——学生能够理解政府的目的是保护和满足他们社区的公民的需要

[资料来源] 吴维屏. 关于教学目标设立的思考:以美国一个州的社会学科目标为例[J]. 外国中小学教育,2007(12):12-17.

上述教学目标设计采用层次分解的方式,即采用"总体目标+子目标"的方式将教学目标的层次性与多面性直观、准确、完整地体现了出来。

(二)充分利用多元化的教学目标具体化策略

教学目标的设计实际上是一个国家教育目的向各科教学活动逐步具体化的过程,因此,怎样将上级教学目标具体化,利用什么策略将之具体化,是一个值得研究的问题。在实践中,教师常用的教学目标具体化策略有以下三种:

1. 分解法

在教学目标设计时,教师可以采取逐层肢解的方法来实现教学目标具体化、明细化,进而使之更具有操作性。在实践中,教学目标分解的关键是分解维度与分解标准的确定,教师要从具体学科的教学内容特点、学生发展方向、教学活动结构等方面对之进行全面考虑,力求使分解方法科学可行。如在语文教学目标设计上,我们可以按照教学内容将之分解为字、词、句、篇四个方面的教学目标,可以按照学生发展方向将之分解为认知、情感、价值观三个方面的教学目标,还可以按照教学活动的结构与层次将之划分为基础教学目标、延伸教学目标、高级教学目标等。教师要结合特定学科、学生水平等特点对之进行灵活处理。

2. 参照法

对新教学主题而言,教师要尽快进入教学目标设计过程的最简捷方法是参照法。在利用参照法进行教学目标设计时,教师首先要选取与本教学主题性质内容相似、设计科学合理、设计思路别致且最好是教学名师设计的教学目标为范例,善于对之进行创造性的借鉴与转换,将之灵活地运用到新教学主题的目标设计过程中去。在设计中,最值得教师借鉴的是教学目标设计的框架与结构,教师可以将新教学主题创造性地组织进去,使教学目标设计立于他人成熟设计框架之上。如果课题完全相同的话,教师还可以直接借鉴他人的教学目标设计,只需对之加以合乎教师自身、合乎学生与教学情境的适当转化即可。

3. 学生需要分析法

学生是教学的直接服务对象,教学的最终目的是要发展学生的各种认识、技能与智慧、品格,因此,从学生出发,分析学生寄予本课学习的需要是教学目标设计的又一策略。学生的年龄阶段特征不同,认知水平不同,社会经验不同,道德水准不同,其对某一课题教学活动寄予的期待与要求不同。分析学生的需要,把握不同层次、不同经历的学生对教学活动的个性化要求,尽可能地满足他们的这些要求是所有教学活动的现实目标。譬如,在学习一首诗歌时,学生希望在学习之后能够流利地朗读这首诗歌,希望能够了解它所表达的意境,希望知道该诗歌所表达的思想境界,希望能够从中得到启示与启迪,等等。在对学生需要进行分析、综合、归纳之后,教师就可能准确而又清晰地把握教学目标的大致框架及制订方向。应该说,学生学习需要分析是制订切实可行的教学目标的一条良策。

(三)体现多因素兼顾的设计要求

教学目标设计实际上是对多方面教学影响因素的平衡与整合过程。教学活动的所有构成要素、影响源、相关事物都可能成为教学活动效能的影响因素,都是教学目标设计时应考虑的对象。在设计教学目标时,教师应坚持先主后次的原则把影响教学活动效能的主要因素分析出来,使之作为教学目标设计的首要考虑对象,形成教学目标的基本框架,然后再依据其他次要因素对教学目标的内容进行微调,使之更加适合教学活动的需要。如在设计数学学科的教学目标时,我们要先考虑知识逻辑与学生学情这两个因素,教师可以先据此设计教学目标的大致框架,然后,教师可以考虑教学资源、教学环境、社会要求、教师特点等因素,对教学目标的细枝末节进行修整、雕饰,使之日趋完善。在实践中,教学目标设计不可能全面考虑影响教学活动的所有因素,但教师应该善于从基础教育改革的新理念与实际教学经验出发,对之进行统筹兼顾,使教学目标设计尽可能成为协调、平衡、关联各种影响因素的杠杆。图11-2所示是更好地兼顾各教学影响因素的一种思路:①

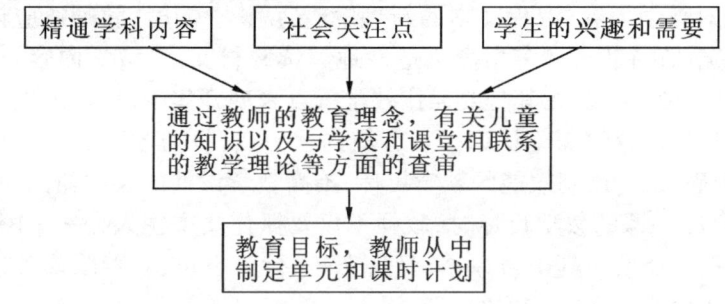

图11-2 教学目标考虑方法图

(四)追求个性化与共性化并重的设计思想

要设计出科学的教学目标,教师还要尽可能在个性化与共性化之间寻求平衡:每个具体课题教学的内容不同、教学时空不同、从教者个性差异、教学情境不同,其所面对的教学对象不同,因此教师所设计出来的教学目标应该力求个性化。从这个意义上说,最具个性化的教学目标才是最有效的教学目标。然而,有效的教学目标还是具有一些共性特征的,如能够体现最先进教学理念的要求,具有规范的表述方式,具备师生共同认可的呈现框架,等等。故此,形形色色、各种各样的教学目标设计还是有其共同特点的,遵循这些大众化的规范是有效教学目标的底线要求。可见,有效教学目标的最高要求是个性化的教学

---

① 周慧.初中英语课时教学目标定位与有效课堂教学个案分析[J].英语教师,2010(1):47-51.

目标,其最低要求是设计出具有共性化的教学目标。鉴于上述分析,我们认为,追求个性化与共性化并重是制订出科学、可行、有效教学目标的重要设计思想。教师在设计教学目标时应该积极吸收、总结他人教学目标设计中所体现出来的一些一般经验、共同优点、设计框架,以之作为自己设计教学目标时的参照与样例,作为自己教学目标设计的出发点。与之同时,教师还应该在深入挖掘教材,分析教学情境,把握学生学情,权衡个人优劣基础上设计出最适合当前教学状况的个性化教学目标。只有这样,教学目标的设计才可能既有效又可行,既规范又实际。

(五)时刻将钻研教材作为目标设计的突破点

教学目标的基础是教师对教材挖掘的深度,没有对教材的深入钻研,要想设计出合理的教学目标就成为一句空话。教材挖掘的深度与教学目标设计的科学化程度之间呈正相关关系,挖掘教材是教师进行教学目标设计的基本功。教师挖掘教材的方式与策略是多样化的,细心研读、仔细揣摩、精意品鉴、细节考究是挖掘教材的基本途径。除此而外,教师还可以将教材文本与自己的亲身经验、体验相对照,设身处地地融入文本所描述的情境中去,展开丰富的联想与想象,形成对教学内容、课程文本的新理解、新认识。同时,教师还应该善于发散思维,拓宽认识视野,从多角度创造性地解读教材文本、教学内容,与课程文本之间展开对话、交流,尤其是要抓住教学重点来展开集中思考,形成独到的理解,实现对教学内容的深刻认识。只有做到这一点,教师才可能在教学目标设计上有所突破,设计出高效能的教学目标,抬高教学设计的层次与品位。例如,在设计《故乡》一课的教学目标时,教师不仅要抓住文中主人公——闰土、杨二嫂的性格特征,还要对其语言风格、身姿态势、行为举止、衣着服饰等进行全方位的分析,进而透过文本描述的表象深入到教材文本的背后,达到对文中的言外之意的把握和体味,最终实现对教学文本全面、深入地发掘与吃透。

【本章小结】

1. 教学目标的最上位概念是教育目的,教学目标的次上位概念是课程目标。教学目标的针对性更强,其所设定的预期教学效果最为具体,它是教学目标系统中最为基础、最为清晰的一项内容。

2. 教学目标具有多重功能,主要是导向协调功能、教学控制功能和评价校正功能。

3. 当代教学目标在设计中体现出四种取向,即普遍性目标取向、生成性目标取向、行为目标取向和表现性目标取向。教学目标设定应该遵循的实践要求有:全面考虑、有机组织、立足生本、要求适度、相互兼容、富有弹性与表述切且等。

4. 当代教学目标设计的大致框架是"三维目标",在知识技能目标、过程与方法目标与情感态度与价值观目标的设计上必须遵循一系列的实践要求。

5.当代教学目标设计的操作性要求主要是:坚持多层次与多维度相结合的设计思路、充分利用多元化的教学目标具体化策略、体现多因素兼顾的设计要求与追求个性化与共性化并重的设计思想等。

【复习思考】

1. 什么是教学目标?教学目标的功能有哪些?
2. 教学目标设计的主要取向有哪些?各有哪些特点?
3. "三维目标"的内在关系是什么?
4. 教学目标设计应遵循的操作性要求有哪些?

【实践活动】

结合你(拟)任教学科中的一节课,设计出这节课的教学目标,并和你的同学交流,看其是否科学、可行、合理。

【拓展阅读】

[1]安德森克拉斯活尔,艾雷辛,等.学习、教学和评估的分类学:布卢姆教育目标分类学修订版[M].皮连生,等译.上海:华东师范大学出版社,2007.

[2]张先亮,蔡伟,童志斌.高中语文教学质量目标设定与标准监控研究[M].北京:语文出版社,2012.

[3]盛群力,等.21世纪教育目标新分类[M].杭州:浙江教育出版社,2008.

[4]崔允漷.追问"学生学会了什么":兼论三维目标[J].教育研究,2013(7).

[5]黄梅,宋乃庆.基于三维目标的教学目标设计[J].电化教育研究,2009(5).

[6]梁靖云,吕素巧.教学目标设计初探:如何理解、设定与表述三维目标[J].教育理论与实践,2014(8).

【网站链接】

http://www.cn910.net/jiaoan.asp,在这里,你可以看到各种各样的中小学课堂教学设计,其中的教学目标设计很有参考价值,请耐心品味。

第十二章
教 学 设 计

【学习目标】

1. 识记教学设计的概念并能用自己的语言阐释教学设计的内涵；

2. 了解教学设计的本质及其特点，能对教学设计的特点加以解释；

3. 陈述研究教学设计的教学论意义，区别教学设计与课程设计、学习设计的概念和研究范畴之间的差异；

4. 描述和比较加涅、梅瑞尔教学设计理论的主要观点和思路；

5. 比较几种教学设计模式的不同，陈述教学设计模式的主要内容，对教学设计模式的应用范畴形成清晰认识；

6. 能从总体上把握教学设计的基本内容和方法，尝试按照教学设计的思想和方法进行教学设计并做出评价。

【关键术语】

教学设计；成分呈现理论；教学处理理论；学习风格；教学策略；ASSURE 模式；ABCD 法

第一节 教学设计概述

一、设计与教学设计

(一)设计与教学设计

"设计"一词是人们熟悉的语汇,常见的词组有工业设计、建筑设计、美术设计、服装设计等等。《辞海》中解释"设"有筹划、假如、放置的意思,而"计"则有商量、策略的意思。设计连用常被理解为计划、规划和设想。在实际应用中,设计带有名词和动词的双重词性。作为动词,表示规划和计划的过程;作为名词,则代表一种产品或一个计划。设计强调适用、创新,设计可以张扬人的个性,可以让人们表达自己对事物对生活的不同理解。从一般意义上讲,"设计"就是指按照任务的目的和要求,制定工作方案和计划的过程或结果。

教学设计(Instructional Design,简称 ID),也称教学系统设计,是一种活动或过程,也是一门科学。对教学进行规划安排的设计行为,古已有之,但仅限于经验层面。从 20 世纪 60 年代开始,当人们尝试用科学的眼光和方法去看待和研究教学设计的时候,教学设计的理论与实践得到了迅速的发展。近半个世纪,数百种教学设计的模型和理论涌现出来,新的思想和方法层出不穷。教育学、心理学、社会学、人类学的研究成果为教学设计的发展创设了理论基础;系统科学理论、建构主义思想为教学设计进行了思想引领;媒体技术、网络技术的发展为教学设计提供了技术保障。教学设计已然成为一个重要的研究领域。教学设计作为教学的发端,是教学系统的重要组成,也是一种特殊的设计活动。它针对教学系统、教学内容、教学产品、教学环境进行规划,注重问题解决和策略形成。它同"设计"一样,既可以是设计的过程,也可以是设计后得到的成果。

(二)教学设计的内涵

什么是教学设计?对于这个问题,研究者们从不同的角度进行了界定。

1. 西方学者对教学设计的解释

教学设计的奠基者加涅(R. M. Gagne)认为,教学是以促进学习的方式影响学习者的一系列事件,而教学设计是一个系统化规划教学系统的过程。

教学设计专家肯普(J. E. Kemp)认为,教学系统设计是运用系统方法分析研究教学过程中相互联系的各部分的问题和需求,确立解决它们的方法步骤,然后评价教学成果的系统计划过程。

帕顿(J. V. Patten)认为,教学设计是对学业业绩问题的解决措施进行策划的过程。

美国教学设计专家梅瑞尔（M. D. Merrill）则认为，教学的目的是使学生获得知识技能，教学设计的目的是创设和开发促进学生掌握这些知识技能的学习经验和学习环境。

由此可见，西方学者对教学设计的理解主要集中在两个方面：它是系统规划和计划教学系统的过程，也是创设和开发学生学习经验和环境的技术。

2. 我国学者对教学设计的解释

教学设计自20世纪90年代传入我国，我国学者进行了大量的研究。对于教学设计的概念，我国教学设计专家乌美娜将之定义为：教学系统设计是运用系统方法分析教学问题和确定教学目标，建立解决教学问题的策略方案、试行解决方案、评价试行结果和对方案进行修改的过程。

何克抗等学者认为，教学设计主要是运用系统方法，将学习理论与教学理论的原理转换成对教学目标、教学内容、教学方法和教学策略、教学评价等环节进行具体计划，创设教与学的系统"过程"或"程序"，而创设教与学系统的根本目的是促进学习者的学习。

盛群力教授的观点与梅瑞尔类似，他认为教学设计被用来设计一种学习环境，并且对环境中的各项活动先后顺序做出合理安排以促进学习。

也有学者另辟蹊径，以主体性为基础定义教学设计，如钟志贤教授认为，从广义的角度看，教学设计是一种教学问题求解的思维方法。教学问题可能是良构的/定义完善的，也可能是劣构的/定义不完善的，因而求解的思维方式可能是理性的，也可能是创造性的。教学设计是一种包含多种思维决策的活动过程。

比较中西方学者对教学设计的定义，可以发现，尽管研究者们对教学设计的界定有诸多不同，但仍有一些共性特点，如采用系统方法、注重问题求解、促进学生学习等。由此，我们认为，教学设计主要是指运用系统方法，以促进学习者的学习为目的，通过分析教学目标，创设合理有效的教学和学习环境，确立解决教学问题的策略途径、评价教学结果的系统规划和计划的过程。

教学设计作为一个研究领域，存在不同的认识层面。在宏观层面，教学设计是运用系统方法，针对整个教学系统的设计。这个教学系统不仅是教学层次上的系统，还应包括管理层次和机构层次的系统，是完整开放的教学系统。宏观层面的教学设计，既要考虑对教学环境、目标、产品、过程、策略、评价这些教学系统中涉及的内部要素的整体规划和计划，也要考虑与教学系统相关的开放学习资源系统，如社区教育系统、大众传播系统对教学的影响以及如何支持教学也是教学设计研究领域的组成。

在中观层面,教学设计是指运用系统方法,针对教学层次的系统,通过分析教学目标,创设合理有效的教学和学习环境,确立解决教学问题的策略途径、评价教学结果的系统规划和计划的过程。本书讨论的主要是中观层次的教学设计问题。为表达方便,也为了与宏观教学系统设计相区别,我们仍然使用"教学设计"一词,等同于一般意义上的中观层面教学系统设计。

在微观层面,教学设计就是针对某一门课程中的某一特定问题或具体章节进行具象的分析和设计。如对中学语文教材中《木兰诗》的教学设计,对"教育政策与法规"网络课程的设计,对支持"电磁感应原理"教学的多媒体教学软件的设计,等等。总之,不论是针对这些具体问题和内容进行设计的过程,还是设计后得到的成果或产品,均可视为微观教学设计的有机组成。

二、教学设计的本质及特点

(一)教学设计的本质

事物的发展变化是纷繁复杂的,要想不被表面的繁复所困扰,就必须透过现象看本质,因此对本质的认识不可或缺。本质是事物间必然、内在和稳定的联系,是一个事物区别于其他事物的根本特点。"'本'为事物的根源或根基"[1],"'本质'一词表示在一个个体最独特的存在中呈现为其'什么'的东西"[2]。教学设计的本质是教学设计理论的核心范畴之一,认识教学设计的本质,有助于为教学设计不断流变的思想和复杂多样的行为寻找发生原点和最终根据。

讨论教学设计的本质,首先要厘清教学设计的存在价值和逻辑起点。究其本源,教学设计不论是"系统计划或规划教学的过程"还是"创设和开发学习经验和学习环境的技术",其根本目的都是为教学服务的,这是其价值所在。其中,"教学"是目的,"设计"是手段。"教学"通过"设计"成为更加有效合理的教学,"设计"作为手段促进"教学"有效性合理性更好的达成。可以说,教学设计的逻辑起点和存在价值就是为教学服务,教学才是构建其本质的原点和依归。

教学作为教育的下位概念,其本质可遵从教育本质的划分方式。教育本质有属本质、自本质和类本质等不同层次,教学在排除了教学的特殊认识说、学生

---

[1] 孙正聿.哲学通论[M].修订版.上海:复旦大学出版社,2005:144.
[2] 胡塞尔.纯粹现象学通论:纯粹现象学和现象学哲学的观念:Ⅰ[M].李幼蒸,译.北京:中国人民大学出版社,2004:51.

发展说、特殊交往说、价值增值说等教学的"类本质"后,能够使教学成其为自身而又与其他人类社会活动相区别的"自本质"是:教学是主体间有计划、系统地指导学习。而在此基础上进一步分析教学设计的本质则应是:师生主体间为了学生的发展,以指导学习为目的而进行的系统计划过程和活动。这也是从现当代信息社会和学习型社会的角度对教学设计自本质的认识。

(二)教学设计的特点

通过对教学设计内涵和本质的分析,教学设计体现出如下特点:

①系统性。教学设计注重系统性,强调采用系统的方法分析和解决问题。它视教学为学习者、目标、内容、方法、媒体、策略、评价等多种要素组成的复杂系统,研究和探讨教与学系统中各个要素之间以及各要素与整体之间的联系。教学设计的根本目的在于通过对学习过程和学习环境的系统规划和设计,创设有效的教学系统,以指导和促进学习者的学习。采用系统的观点和方法,也是科学的教学设计与经验层面的教学安排计划的重要区别之一。

②操作性。教学设计作为教学理论与教学实践之间的桥梁或中间环节,既要注重理论探讨,也要指向教学实践。因此,教学设计必须具有可操作性。在教学设计的过程中,设计者把教学各要素进行分类和合理安排,进而转变为具体明确的表述和规定,使其具有可操作性,这些具有可操作性的规划方案可以作为教师组织教学的基础和依据。

③创造性。教学设计具有创造性,是一种灵活地解决问题的预设和过程。教学本身是复杂的,面对不同的教学情境和问题、不同的学习主体和需要,教学设计不可能一成不变,这就需要教学设计者根据具体情况或具体要求创设有意义的解决方案和有效的实施策略,以满足学习者学习和发展的需求,在这个过程中创造性不可或缺。

④动态性。教学设计强调在教学开始前进行系统的规划和计划,但这并不意味着教学设计只具有预设性,是教条僵硬的行动步骤。实际上,教学设计应是预设与生成的共在,具有明显的动态特点。教学设计"需要根据教学情境进行权变,在活动的过程中不断地调控"①,在预成的设计之外,还应有动态生成的设计产生。预设的教学设计是生成教学设计的先导,生成的教学设计是对预设教学设计的补充。"预设不是规定性的指令,而是动态、弹性的精心设计,是为

---

① 钟志贤.传统教学设计范型批判[J].电化教育研究,2007(2):5-10.

各种可能的生成做好充分的准备。"①

三、研究教学设计的教学论意义与相关概念

(一)研究教学设计的教学论意义

教学设计自二战时期的美国发端,以媒体技术为支撑,以系统观点为方法指导,从过去仅仅关注程序教学的应用直至今天发展成为一个结合了心理、社会、技术、测量、评价等多学科成果的综合研究领域,有其特定的研究范畴,教学设计本身已发展成为一门完整的学科。关于教学设计问题,在20世纪90年代以前的教学论论著中很少见到。究其原因,应是教学论注重研究教学的基本理论和问题,意在通过对教学本质和规律的认识实现对教学的影响,较少涉及具体操作层面的问题解决。而教学设计从诞生之日起就注重实际的教学问题解决,关注如何在理论指导下对各个教学环节进行具体的设计和规划。二者虽然都研究教学问题,但因为关注侧重点的不同,在很长一段时间里遵循着各自的发展脉络。

> **信息专栏 12-1**
>
> 　　程序教学,是一种使用程序教材并以个人自学形式进行的教学。美国著名的教育心理学家斯金纳对程序教学贡献最大,他通过动物实验建立了行为主义的学习理论,并提出了程序教学理论,给20世纪50年代的美国和世界的中小学教育带来了广泛影响。其程序教学原则可分积极反应原则、小步子原则、即时反馈原则、自定步调原则等。
>
> 　　程序教学的设计需要按照教材内部的逻辑程序展开,既保证学习者在学习中把错误率减少到最低限度,又要合理地设计教材,使每一个问题(每一小步)都能体现教材的逻辑价值。
>
> 　[资料来源]http://baike.baidu.com/view/183343.htm

对于教学设计与教学论的关系问题,很多专家学者有过论述,著名的有"李何之争"。教学论专家李秉德认为,教学论与教学设计二者讨论的是同一对象,即二者研究对象相同,是性质上的低层次重复和名词概念间的混同与歧义。而教学设计专家何克抗则认为,教学论与教学设计在研究对象、理论基础和学科层次上都有不同之处。教学论属于描述性理论,而教学设计属于规定性理论。

教学论与教学设计作为两个早期独立发展的学科,在研究方法、研究理念

---

① 覃泽宇,林铭.复杂适应系统视域中的有效教学设计[J].电化教育研究,2009(8):18-21.

上有区别是正常的。但不可否认的是,二者在研究对象、研究目的上的确存在很多交叉的地方,在实际上拓宽了研究者们的思路和方法。近年来,更多的教学设计研究者借鉴教学论的研究思路,在注重具体设计和实际操作的同时也重视理论上的回归和宏观教学系统的研究。而教学论的研究也从基本理论探讨发展为兼顾对实践指导的关注。因此,我们在这里讨论教学设计的意义就在于:

①教学设计是教学大系统的有机组成,教学论讨论教学问题不能忽视对教学设计的研究。

②教学论在研究教学本质和教学一般规律的基础上,要加强对教学实践问题的研究和指导,教学设计是介于理论与实践之间的桥梁,讨论教学设计问题有助于完善研究的场域。

③教学设计以系统的观点和方法研究教学问题,重视学习者的学习需求和发展需要,综合运用各种教学资源和策略,有助于为教师教学提供直接的帮助和现实的指导,为实现有效教学展现可能的路径。

(二)教学设计与相关概念关系辨析

1. 教学设计与课程设计

教学设计是指运用系统方法,以促进学习者的学习为目的,通过分析教学目标,创设合理有效的教学和学习环境,确立解决教学问题的策略途径、评价教学结果的系统规划和计划的过程。而课程设计是指按照育人的目的要求和课程内部各要素、各成分之间的必然联系而制定一定学校的课程计划、课程标准和编制各类教材的过程,是课程建设系统工程的一个组成部分。① 二者都重视系统要素的分析,但设计对象不同、设计方法有差异。教学设计针对教学系统进行可操作性设计,课程设计针对课程系统主要进行结构性设计。二者又有交叉的地方,如课程设计中编制各类教材的过程亦可视为教学产品的设计,这也是教学设计的一部分。

2. 教学设计与学习设计

教学设计与学习设计在根本目标上是一致的,都是为了通过规划和计划促进学习者的学习,甚至在很多时候人们将二者混用,相互替代。详细区分,二者着力点不同,教学设计重视教学中教师的作用,不忽视学生的作用,同时注重师生主体间性。而学习设计更多是从学习者角度考虑和设计教学过程,强调学生在学习中的地位和需要,强调以学生为中心的、学生参与和体验的设计,在学生自主学习领域发挥着更大作用。

---

① 廖哲勋,田慧生.课程新论[M].北京:教育科学出版社,2003:260.

第二节　几种主要的教学设计理论与模式

一、教学设计理论

教学设计理论可以就如何设计能够满足一定要求的教学系统提供指导性和方法性的说明。教学设计从诞生至今,对教学设计发展影响显著的有美国教育心理学家加涅的系统分析教学设计理论、美国教学设计专家瑞格鲁斯(C. M. Reigeluth)等人的精细加工理论以及梅瑞尔的成分显示理论等等。

(一)加涅的教学设计理论

加涅,美国教育心理学家,他的教学设计理论以其心理学研究为基础,教学设计观的核心是为学习而教。加涅认为期待学生获得的学习结果就是教学目标,最佳的教学设计应通过对学生学习种类的分析和对学习过程不同阶段的考量来确定。

根据这一思想,加涅把学生的学习结果分成了五种类型:言语信息、智力技能、认知策略、动作技能和态度。他根据认知心理学原理从学习的内部心理加工过程不同阶段演绎出了九大教学事件,分别是:①引起注意;②告诉目标;③对先前学习的回忆;④呈现刺激材料;⑤提供学习指导;⑥诱发学习表现;⑦提供反馈;⑧评价表现;⑨促进记忆和迁移。他认为不同种类的学习、学习的各种结果,都有其相应的条件。而学习的条件有两类:一类是内部条件,指学生在开始学习某一任务时已经具备的知识和能力;另一类是外部条件,指独立于学生之外的学习环境。学习的发生要同时依靠外部条件和内部条件。教学就是要合理有效地安排和规划外部条件,以支持、促进内部条件的发展。各种教学事件就是教学的外部条件,需要进行事先筹划和设计。当然,教学事件在具体应用上又有不同的要求,应根据各项任务和条件目标分析用最合乎逻辑的形式呈现,可以呈现全部教学事件,也可根据具体情况有选择地使用。

加涅对于学习结果与教学事件的研究构筑了学习与教学间的桥梁,成为教学设计实践的重要理论指南,为建立在学习理论基础上的教学设计提供了依据。后来,梅瑞尔总结了加涅的教学设计思想,把学习结果与教学事件匹配对应,构成了更直观的"九五矩阵",在教学设计中被广泛应用。如表12-1所示。

表12－1　教学事件与学习结果匹配示意表

教学事件	言语信息	智力技能	认知策略	态度	动作技能
（1）引起注意	刺激变化	刺激变化	刺激变化	刺激变化	刺激变化
（2）告诉目标	说明希望学习者达到什么状态；指明要求回答的言语问题	实际示范要运用哪一种概念、规则或程序；提供行为的类别或实例	说明或实际示范某一策略，澄清希望采用的解决办法的一般性质	不说明目标；提供旨在做出选择的行为类型	实际示范期望的行为
（3）刺激回忆	回忆组织有序的知识实体；刺激回忆有组织信息的上下文情景	回忆先决规则或概念；刺激回忆从属规则概念	回忆较简单的先决规则或概念；回忆该学习所要求的任务策略及与之相关的智力技能	回忆做出个人选择的情境及行动；运用榜样实际示范这种选择；回忆相应的信息和技能	回忆执行子程序及组成技能
（4）呈现学习材料	利用区分明显的特征呈现书面的或视听型言语陈述	描述对象或符号的特征使之带有概念或规则的形式；提供概念或规则实例	说明问题的症结之所在并展示要施行的策略	由榜样说明做出选择的性质；由榜样实际示范他人的选择	提供包括工具及实施特征的外部刺激，实际示范执行子程序
（5）提供学习指导	通过知识实体间的相互联系详细说明内容；利用形象和艺术形式提供纳入更大的有意义的上下文情境的言语联结	给出概念或规则的具体实例；为适当的序列联结提供言语线索	对给出有实例的策略提供言语指导；对新的解决办法给予指点或启发	由榜样说明或实际示范行为选择；同时观察榜样对行为如何进行强化	反复练习；提供反馈性的练习

续表

教学事件	言语信息	智力技能	认知策略	态度	动作技能
(6)诱发行为	"说出来";请学习者解释信息	未曾遇到过的情况;请学习者在新的实例中运用概念或规则	要解决的问题;特别是解决不熟悉的问题	在以前未曾遇到过的情景中观察所做出的选择;问卷调查;在真实的或模拟的情景中做出选择	完成行为
(7)提供反馈	确定信息陈述的正确程度	确定运用概念或规则的正确程度	确定解决问题的独创性	对行为选择做出直接的或替代的强化	对有关动作的精确性及时间要求提供反馈
(8)评定行为	要求说出陈述的各种含义;学习者用释义的方式重新说明信息	在一系列附加的新实例中学习者实际表现运用概念或规则	学习者独创性地提出一个新的解决办法	学习者在一个真实的或是模拟的情景中做出期望的选择	学习者完成全部技能组成的行为
(9)增强记忆和促进迁移	在一个更大的有意义的上下文情景中增加练习和定时复习;与附加的信息复合体达成言语联结	在一个更大的有意义的上下文情景中增加练习和变式练习;提供包括实例变式的定时复习	提供解决各种新问题的机会	为经过挑选的行为选择提供附加的多样化的情景	学习者持续练习技能

(二)梅瑞尔的教学设计理论

梅瑞尔,美国教学设计专家,认为教学设计应坚持科学化、技术化路线,教学设计的技术是应用经过证实的教学设计理论来开发能够提高学生学习效果和效率的教学产品"。梅瑞尔的教学设计思想与加涅相近,在研究加涅教学设计理论基础上,20世纪70年代梅瑞尔提出了成分呈现理论(Component Display Theory,简称CDT),被视为他的第一代教学设计理论(ID1)。80年代后期,梅瑞尔受计算机辅助教学的启发,对CDT做出重大修改,形成了新的成分设计理论。90年代初期,梅瑞尔和他的合作者们提出了教学处理理论(Instructional Transaction Theory,简称 ITT),又被称之为他的第二代教学设计理论(ID2)。

> **信息专栏 12-2**
>
> 戴维·梅瑞尔(David Merrill,1937),美国犹他州立大学教育技术系荣誉退休教授,当代著名教学设计专家和教育心理学家,美国夏威夷杨百翰大学和佛罗里达州立大学客座教授。1964 年梅瑞尔读研究生的时候正是加涅《学习的条件》书稿完成之际。同样是 1964 年,梅瑞尔获得了教育心理学博士学位,开始了其长达 45 年的学术生涯,成为了今天教学设计领域一位声名卓著的学者和公认的学术领袖,至今还活跃在许多的学术场合。梅瑞尔在 45 年的学术生涯中,一方面推进了加涅所开创的教学设计研究,丰富并发展了第一代教学设计的理论体系;另一方面对其所开创的第二代教学设计以实现教学设计的自动化为己任,因此被称为"第二代教学设计之父"。作为第二代教学设计的领军人物,面对今天困扰着教育技术领域的众多理论和实践问题,梅瑞尔仍然在努力寻求着诸多问题的答案:比如学习科学的挑战,专业发展的极不稳定,研究人员的浮躁,教学设计扑朔迷离的未来等等。
>
> [资料来源]梁林梅,李晓华.美国教学设计的过去、现在与未来:访"第二代教学设计之父"戴维·梅瑞尔博士[J].中国电化教育,2009(8):1-7.

1. 成分呈现理论(CDT)

成分呈现理论是为解决教学过程中的具体指导而提出的教学组织的微观策略。该理论的基本内容可通过一个"目标-内容"二维模型来说明。

在梅瑞尔的目标-内容模型图中(如图 12-1 所示),纵轴表示学生的学习业绩即教学目标,教学目标由低到高被分为了三个阶段:记忆、应用、发现。横轴划分学习内容,从简单到复杂划分为事实、概念、过程、原理四个部分。其中,学习内容的划分借鉴了另一教学设计专家瑞格鲁斯的细化理论,瑞格鲁斯将学科知识内容划分为:概念性内容、过程性内容和原理性内容三部分,分别表达知识是什么?如何做以及为什么?梅瑞尔在瑞格鲁斯对知识划分的基础上增加了更简单的"事实"部分,认为在了解知识是什么之前,应该有对知识进行基本辨识和感知的阶段,即事实性。整体分析模型图,四类学习内容和三种不同层级的教学目标可以组合出十二种不同的教学活动。其中,因为事实学习只要求对知识达到辨识和简单记忆水平,不存在高层次的运用和发现问题,所以在模型图中被隐去。其余十个模块代表十种不同类型的教学活动。

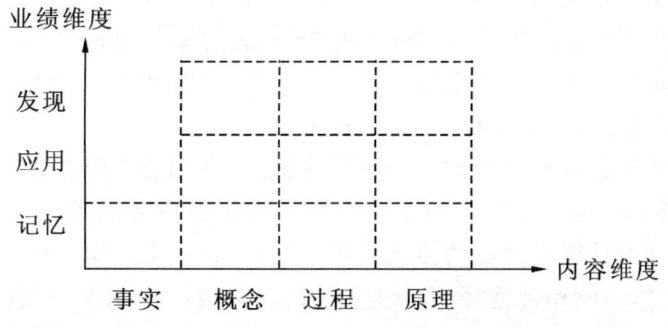

图 12-1　梅瑞尔的目标-内容二维模型图

根据梅瑞尔的理论,这十种教学活动应能与学生通过教学达到的能力相对应。由此,教师可以根据希望学生达到的能力来确定教学活动类型,并进行明确的教学目标阐述,这既可以作为设计教学策略的依据,也可作为评价教学和学习结果的依据。注重对教学活动成分的具体分析,并与学生行为目标一一对应,正是成分呈现理论的主要内容,成分呈现理论为教学目标设计和教学策略设计奠定了基础。

2. 教学处理理论(ITT)

教学处理理论是梅瑞尔在研究进程中针对第一代教学系统设计的局限性而提出的规定性理论。梅瑞尔认为 ID1 比较笼统,存在很多问题,如教学内容分析缺乏整合性,无法反映复杂动态的教学现象;教授的是零散的碎片,而非整合性的知识以及教学通常是消极的,缺乏交互性等问题。他认为,要重视支持高水平交互的教学设计,教学设计要精确,注重"处方性"。由此,梅瑞尔提出了以认知心理学为基础的"心理模型"假设。其核心是教学处理理论,进一步强调了不同类型知识的教学需要进行不同设计的观点。他提出的 ID2 教学设计自动化的思想,引导了教学系统设计的新潮流。

ITT 实际上是为开发智能化教学设计工具而提出的理论,其基本思想是:高效的教学设计要借助于"算法"来实现,而"所谓算法就是一个可以支持不同数据并且能够重复运行的计算序列, 而所谓的'教学处理'就是'教学算法',是指学习者与教学系统之间的交互形式"[①]。梅瑞尔把教学内容看作是"教学算法"操作和执行的"数据",不同类型的知识需要不同类型的教学处理。针对不同类型的教学进行教学处理的设计,并将之形式化后重复应用于相同类型的知识和技能教学中,一种教学处理一旦开发出来就可以像其他所有计算机应用程序一样重复用于相似知识或技能

---

① 梁林梅,李晓华. 美国教学设计的过去、现在与未来:访"第二代教学设计之父"戴维·梅瑞尔博士[J]. 中国电化教育,2009(8):3.

的教学。这样运行的教学设计,一方面能为学习者提供更具交互性的学习环境;另一方面,也有助于提高教学设计的效率,使教学设计更加自动化。

ITT 把知识分为实体、活动和过程三种类型,并提出了十三种教学处理的类型,包括鉴别、执行、分类、概括、迁移、发现等。

在分析了知识和教学处理类型的基础上,ITT 通过"处理壳"(Transaction Shell)实现教学处理。处理壳是指符合某一特定课程或处理需求的计算机代码。教学处理就是选择合适的传输系统把这些代码传递给学生。处理壳由两部分组成:创作环境和传输环境。学生是传输环境的使用者,而教师是创作环境的使用者。创作环境又分为两个部分:知识获取系统和处理配置系统。处理壳运行过程中,知识库存储教学所需的信息和知识,这些内容来自源于学科专家的知识获取系统,而教师或者教学设计师需要从处理配置系统中选择合适的教学参数用于与学生进行交互,教学参数的选择同时受到知识对象、学生学习能力以及学习环境等因素影响。学生在教学参数和知识库的共同作用下,在处理管理器中实现交互。ITT 的"教学处理壳"构成如图 12 – 2 所示。

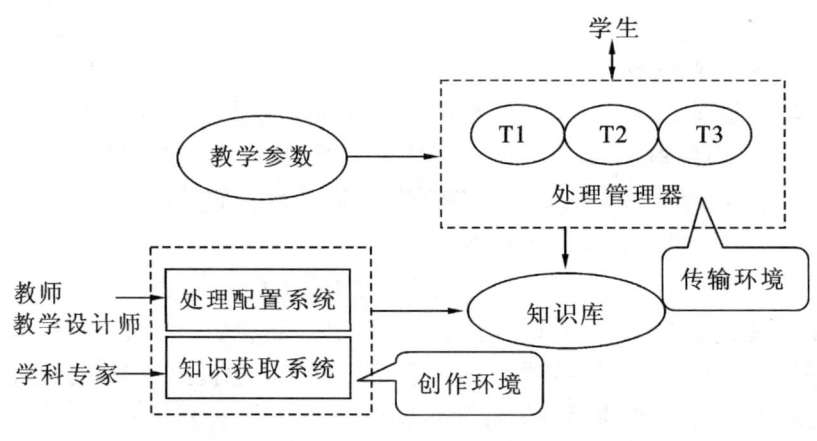

图 12 – 2　ITT 的"教学处理壳"构成图

近年来,随着信息技术的发展和建构主义思潮的涌动,教学设计者们尝试建立一种能够更加重视学习者主体性的教学设计理论,它以教学理论、系统论和建构主义思想为基础,以学习者为中心,被视为新一代即第三代教学设计理论(ID3),可用于"指导基于多媒体和 Internet 的建构主义学习环境的教学设计"[①]。虽然目前 ID3 尚不完善,但它的发展符合社会对教育发展的需求并引导着教学设计发展的方向。

---

① 何克抗,郑永柏,谢幼如.教学系统设计[M].北京:北京师范大学出版社,2002:156.

二、教学设计的一般模式

模式是一种理论性的简约表达形式,教学设计模式是在教学设计理论发展进程中逐步总结建立起来的。

(一)ASSURE 模式

ASSURE 模式是一般性的以教为主的教学设计模式,按照 ASSURE 模式的引导,教师可以完成系统化教学设计的主要步骤。ASSURE 在突显教师作用的同时,也强调学习活动中学生的积极参与,因此,学生的活动设计是应用 ASSURE 必须考虑的问题。

ASSURE 模式主要关注如何系统地整合教学各要素,进行有效的计划和实施教学。ASSURE 模式由六部分构成:分析学习者(Analyze Learners);陈述教学目标(State Objectives);选择教学方法、媒体和材料(Select Methods, Media and Materials);使用媒体和材料(Utilize Media and Materials);要求学习者参与(Require Learner Participation);评价与修正(Evaluate and Revise)。

ASSURE 模式简单明了,便于操作,但顺序的表达方式不利于展现教学各要素间的相互关系。

(二)肯普模式

肯普提出的教学设计模式以学科教学和课堂教学为中心,把教学设计过程中需要考虑的因素和相互关系进行了分析,为教师根据教学需要灵活安排整个教学活动提供了思路。

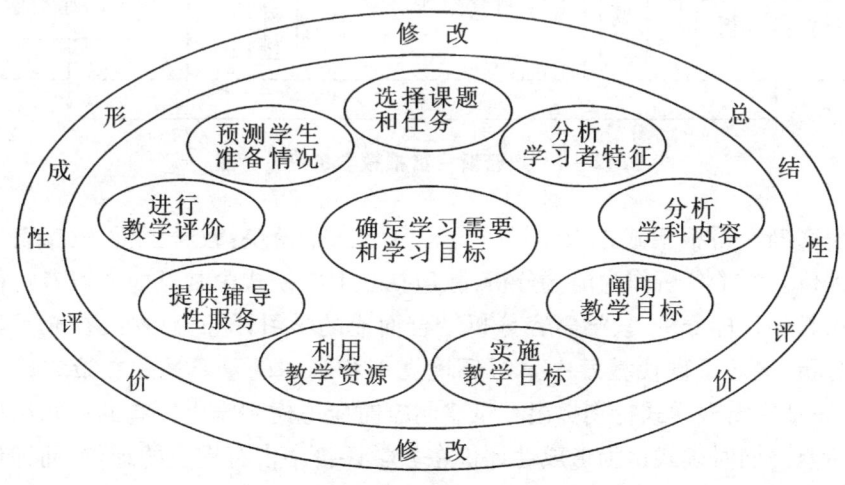

图 12 - 3 肯普教学设计模式图

肯普模式是一个环形模式,以确定学习需要和学习目的为中心,所有的教学活动应围绕着这一中心展开,学生的学习需要和目的是教学设计的导向。围绕着设计核心,肯普模式展现了教学的各个环节,各环节独立灵活地存在于教学过程中,没有硬性的顺序规定,表示教师可以根据实际情况和个体教学风格从任意环节开始教学,并按需要的顺序排列各环节。评价和修改环节处于模式的外周并包含了所有教学环节,意味着评价和修改可随时随地进行,反馈和修订形式的活动应贯穿整个教学设计的始终,同时评价还应注重总结性和形成性评价的综合使用。

肯普模式是第一代教学设计的代表性模式,该模式很好地体现了学习需要和目标的核心地位以及教学设计和实施过程中评价的重要性,但对学生的活动和参与缺乏基本考虑,学生学习的积极性和主动性难以发挥。

(三)史密斯-雷根模式

美国教学设计专家史密斯(P. L. Smith)和雷根(T. J. Ragan)于1983年提出该设计模式,该模式被认为是第二代教学设计的代表性模式。史密斯-雷根模式建立在行为主义和认知学派对学习认识的基础上,较好地体现了"联结-认知"学习理论的思想。

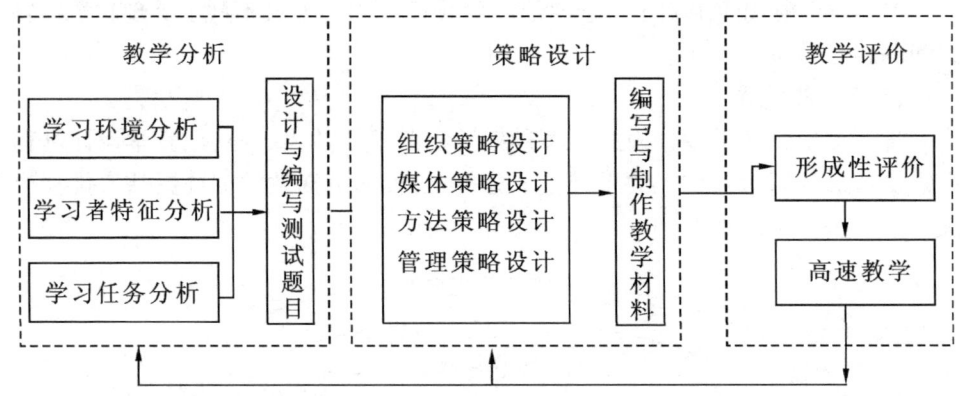

图12-4　史密斯-雷根教学系统设计图

史密斯-雷根模式把教学设计过程分为三个模块:教学分析、策略设计和教学评价。教学分析作为前端分析,除包括在ID1模式中常见的学习者特征分析和由教学目标分析、教学内容分析结合而成的学习任务分析外,补充了学习环境分析,突显了现代教育中学习环境规划和利用的重要性。在策略设计部分,史密斯-雷根模式特别提出在策略制定时应考虑到学生原有的认知结构和认知特点。同时模式认为形成性评价在教学评价中占有重要的地位,而评价后修改教学更具科学性和合理性。

史密斯-雷根模式重视教学策略设计和教学环境分析,在一定程度上契合现代教育理念的要求,模块的区分简洁明了,强调形成性评价。但评价的运行策略不很清晰,对学习者的活动关注不足。

(四) 基于建构主义的设计模式

基于建构主义的教学设计把研究的重点从以"教"为中心转向了以"学"为中心的设计。其特点是以问题、案例、项目甚至分歧为中心,中心的确立建立在对教学任务、教学目标和学习者特征分析的基础上,对学习资源和情境的设计围绕中心展开,注重活动后的评价和修订。基于建构主义的教学设计模式如图 12-5 所示。

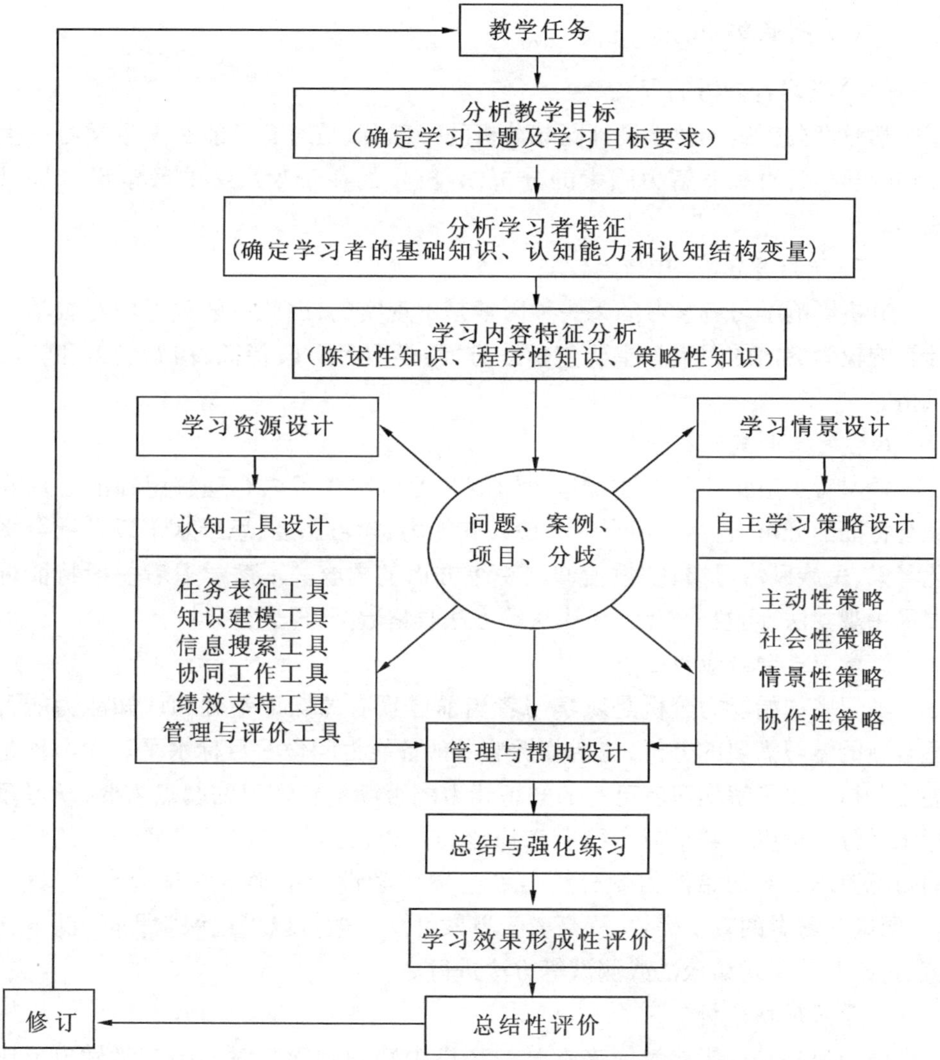

图 12-5 基于建构主义的教学系统设计模式①

---

① 何克抗,李文光.教育技术学[M].北京:北京师范大学出版社,2002:179.

第三节 教学设计的基本内容与方法

教学设计的模式和方法很多,在这里以其基本构成为基础介绍相关的内容与方法。

一、学习者分析

(一)学习者分析的含义

学习者分析属于教学设计前端分析的一部分,是对有可能对学生学习产生影响的学生智力和非智力因素的分析,分析目的在于为后续的教学设计提供依据。

(二)学习者分析的内容

分析影响学习者学习的每一种因素是不现实的,因此一般只考虑对教学设计影响较为突出的因素。主要包括三方面:学习者一般特征、初始能力和学习风格。

1. 学习者一般特征分析

学习者一般特征分析通常指对影响学习者对学习内容理解感知的心理和社会特征的分析,包括学习者的一般认知能力、学习态度、思维水平以及社会文化背景、民族风俗习惯、宗教信仰禁忌等方面的内容。了解学习者一般特征可以采用观察法、问卷调查法、访谈法等方法收集数据,再进行分析。

2. 学习者初始能力分析

学习者初始能力分析是对学习者当前已具有的知识基础和认知能力能否适合新的学习需要的分析,包括分析学习预备能力和学习目标水平。学习预备能力分析可以了解学习者已有的知识能力能否满足新学习的起点需要,学习目标水平分析可以了解学习者已有知识能力是否已达到或超过将要进行的学习的目标要求。对初始能力做分析有助于在教学设计中确定教学起点,因材施教,明确学习者的真实需要,提高教学有效性。一般可以采用课堂提问、课下交流、讨论等非正式访谈法或测试等方法进行。

3. 学习风格分析

学习风格是指影响学习者在学习环境中感知刺激并对不同刺激做出反应的所有心理特征,包括学习者的信息处理习惯、知觉偏好和强度以及学习动机因素等等。显然,具有不同学习风格的学习者采用的学习方式往往是不同的,应对的最好办法是教学方式方法多样化。学习者学习风格分析的目的就是帮助教师在教学方法、媒体和策略的选择上尽可能考虑到学习者学习风格的差异,从而促使学习者智力和能力的各个方面都得到协调发展。了解学习风格除采用观察、访谈等方法外,还可使用学习风格量表进行测量和分析。

二、教学目标设计

(一)教学目标设计的含义

教学目标是对学习者通过教学后将能达到的学习成果和行为目标明确具体的表述。教学目标设计是对教学目标的规划,教学目标可以来自课程大纲、课程指南或教材,也可以是教师自己设计或学生参与设计的,教学目标应具有可观察性或可测量性。

教学目标是教学活动的出发点和归宿。教学活动依据教学目标展开,评价教学活动是否有效要依据教学目标,教学目标还是学习者学习导向、自我激励、自我评估的重要手段,教学目标设计是教学设计的重要环节。

(二)教学目标的分类

对于教学目标分类有很多不同的观点,布卢姆等人将教学目标分为认知、情感、动作技能三大领域并确立了三大领域下的二级目标序列,加涅用学习结果将之分为言语信息、智力技能、认知策略、动作技能和态度五大类,五种学习结果对应相关的教学目标。当代教育学者斯马尔蒂诺(S. E. Smaldino)等人在前人研究的基础上,根据现代教育教学的新需要,把教学目标分为四个部分:认知技能、情感技能、运动技能、人际交往技能。他们认为人际交往技能是以人为中心的技能,在个人生活和团队合作中都非常重要。

(三)教学目标的表述

教学目标表述要求清晰明了,具有可操作性,能够指导教学及其评价。教学目标表述一般包括四个要素:对象(Audience)、行为(Behavior)、条件(Conditions)、程度(Degree),又被称为 ABCD 法。

1. 对象表述

对象指教学对象,即学习者、学习的主体。教学目标表述时应对学习者基本特征做出清晰的说明。

2. 行为表述

主要用于说明教学完成后,学习者将具有何种新能力。教学的根本目的是促进学生的发展,所以行为表述不是教师教学行为的描述,而是对学习者通过学习应达到的成果和获得的能力的明确表达。行为表述的重点之一是动词运用,"比较""列举""复述"等带有明确可操作性的行为动词可用来描述学生将要形成的具有可观察性和可测量性的具体行为。

3. 条件表述

用于说明学习者在产生学习结果时所处的情境,也就是对学习者的行为在何种条件下产生,能够在何种情况下评价的表述。环境、设备、时间、个人或团体都是常会遇到的条件问题。

4. 程度表述

用于说明学习者通过教学必须达到的最低程度标准,可评价学习结果和学习表现,也使教学目标具有可测量的特点。

教学目标不是限制学习者应该学习什么,而是表述什么样的学习者在何种条件下应该达到的最低学习标准是什么。在教学目标设计过程中,教师可以鼓励学生参与制订自己的学习目标,以提高学习的针对性和有效性。

三、教学内容设计

(一)教学内容设计的含义

教学内容设计是教师在前端教学设计的基础上,根据教学目标要求、学习者特征分析而对教学内容做出合理选择和组织安排的过程。分析教学内容是对学生从起始水平提升到终点水平所需要的知识、技能、态度和行为规范及对其相关的信息结构关系进行详细剖析的过程。

(二)教学内容设计基本构成

教学内容设计通常包括两个部分:教学内容选择和教学内容组织。

1. 教学内容选择

教学内容选择就是要确定教学的范围和重点,范围确定教学内容覆盖的广度和深度,重点则需要提供更多的变式帮助学习者理解。设计教学内容时,要综合考虑教学目标的要求、课程的连续性、学习者和社会的需要等因素,确定各种事实、概念、原则、行为能力、认知策略的相对重要性,以便选取适当的主体内容和相关资源。既包含重点内容,又能开阔和拓展学习者的思维和能力,同时还利于激发学生学习兴趣的。

2. 教学内容组织

教学内容组织就是对已选定的教学内容进行编排。教学内容组织有多种形式,没有一定之规。如斯金纳认为教学内容应按刺激—反应—强化的顺序进行程序性安排;布鲁纳主张螺旋式安排教学内容,从简单到复杂不断地螺旋上升;奥苏贝尔倡导先学习最一般和最概括的概念,再逐步具体和分化;建构主义者则认为可以采用支架、抛锚、导引式等方法来编排教学内容。适合的就是最好的,对于教学内容组织问题,教学设计者需要把握住几个大的原则,如从教学目标出发、注重学习者需要、注意教学内容间的联系、有利于学习者活动的开展、有助于学习者智力和能力的发展等。在此基础上,适合教师与学习者特点的教学内容编排就是合理的编排。

四、教学策略设计

(一)教学策略设计的含义

教学策略设计是对完成教学目标而采用的教学程序、方法、媒体等因素的整体考虑,也是对教学活动进行控制和调节的预设和生成。教学策略设计是教学设计中关键的一环,是最能体现教学设计创造性的部分。良好的教学策略设计有助于合理呈现教学内容、学生积极参与思维活动、充分发挥媒体功能以及有效利用环境资源。

(二)教学策略设计的基本构成

在此,我们所讨论的教学策略指教学活动中的整体策略,包括教学顺序设计、教学方法设计以及教学资源设计等方面,有别于将在第十三章中讨论的狭义教学策略问题。

1. 教学程序设计

教学程序即如何组织安排教学活动,因教学目标、内容不同而有所差异,有时被理解为狭义的教学策略。比较有影响的有:奥苏贝尔的"先行组织者"设计方式;源自于赫尔巴特和凯洛夫的"五段教学"设计;加涅按照学习者的内部心理活动而划分的"九段教学"以及适用于动作技能学习的"示范-模仿"和适用于情感养成的"情境-陶冶"的教学组织;等等。

2. 教学方法设计

教学方法有很多类别,教学设计的指导思想会影响教学方法的选择。在以"教"为主的教学设计思想下,常被选择的方法有讲授法、提问法等;在以"学"为主的教学设计思想下,主要有讨论法、活动法、自主学习法等;在"主导-主体"教学设计思想下,可采用协作学习、问题驱动、发现法等;在"主体间性"的设计思想下,可以采用对话法等方法。教学方法种类很多,相同的设计思路可以采用不同的方法,相同的方法也可用于不同的设计,关键不是方法本身,而在于如何使用。

3. 教学资源设计

教学资源设计是对能够有助于教师教学和学习者学习的各种信息和媒体资源进行设计的过程。教学资源设计包含的内容较多,特别是在现代信息教育环境下尤为如此。主体不同的教学设计,教学资源设计具体内容相异,但大框架趋于一致,一般都包括海量教育信息资源的筛选、适用教学媒体选择、相关教学软件准备、学习环境营造以及学习者可选择的学习路径设想等内容。

五、教学评价设计

(一)教学评价设计的含义

教学评价设计是对教学活动是否有效、学习者学习任务的完成情况、是否达到预期教学目标以及学习参与度等方面进行价值评判的目的、方法、标准等方面的设想和规划。设计教学评价可采用客观的评价方法和手段,以目标为依据,对教师和学习者的行为及行为效果做出评价,也可以"不强调使用强化和行为控制工具,而较多使用自我分析和元认知工具"①进行。

(二)教学评价设计的内容

教学评价按其功能不同,可分为诊断性评价、形成性评价和总结性评价。即教学评价可以发生在教学的任何阶段,教学前、教学过程中、教学活动完成后都可以进行教学评价。

1. 诊断性评价设计

前面所述对学习者分析,分析其一般特征、学习能力、学习风格以及对教学资源和学习资源在使用前的评价都属于诊断性评价。诊断性评价设计的目的在于提出可以满足不同学习风格、需要和水平的学习者所需要的学习方案,并将之置于合理的学习资源框架中。

2. 形成性评价设计

形成性评价主要用于评价教师和学习者的教学活动进展情况及其效果,以便于及时调整、反馈和改进,它伴随着教学活动进程而进行。形成性评价设计主要是针对如何在教学过程中对学和教的过程中呈现的问题、学习者的活动参与情况、生成性的问题解决及教学设计的实施状况等方面进行评估的规划和设计。

3. 总结性评价设计

总结性评价又称为事后评价,是指在某一阶段教学活动完成后为确定教学活动的最终效果而进行的评价。如对学生学业成绩的测试、考核都属于总结性评价。传统的总结性评价设计以定量评价设计为主,现在更多的研究者倾向于根据评价内容设计选择适宜的方法,定性的或定量的方法,亦可二者兼而有之。

总之,教学评价是为了对教学活动的有效性做出价值判断,但判断本身不是目的,判断优劣的根本目的在于诊断教学问题从而改进和完善。教学评价不是教学过程的最后一环,它应该贯穿于整个教学活动的始终。教学评价的设计对于及时了解、评判和调整教学活动及进程有积极作用。

---

① 何克抗,李文光.教育技术学[M].北京:北京师范大学出版社,2002:183.

【本章小结】

1.教学设计,也称教学系统设计。主要指运用系统方法,以促进学习者的学习为目的,通过分析教学目标,创设合理有效的教学和学习环境,确立解决教学问题的策略途径、评价教学结果的系统规划和计划的过程。

2.教学设计的本质是师生主体间为了学生的发展,以指导学习为目的而进行的系统计划过程和活动,这也是从当代信息社会和学习型社会的角度对教学设计自本质的认识。教学设计具有系统性、操作性、创造性和动态性的特点。

3.教学论研究必须关注教学设计问题,因为教学设计是教学大系统的有机组成;教学设计是介于理论与实践之间的桥梁,研究教学设计有助于完善研究的场域;有助于为教师教学提供直接的帮助和现实的指导,为实现有效教学展现可能的路径。

4.教学设计与课程设计相比设计对象不同、设计方法有差异,二者都重视系统要素的分析,有交叉相融的部分。教学设计与学习设计在根本目标上是一致的,都是为了通过规划和计划促进学习者的学习,但二者关注侧重点不同。

5.加涅对于学习结果与教学事件的研究成为教学设计实践的重要理论指南,为建立在学习理论基础上的教学设计提供了依据。梅瑞尔总结加涅的教学设计思想,把学习结果与教学事件匹配对应,构成了更直观的"九五矩阵",在教学设计中被广泛应用。

6.梅瑞尔在加涅理论基础上,提出了成分呈现理论,被视为他的第一代教学设计理论。后期梅瑞尔受计算机辅助教学的启发又对其做出重大修改,提出的教学处理理论被称之为他的第二代教学设计理论。

7.不少研究者认为,肯普模式是第一代教学设计的代表性模式,史密斯-雷根模式可被视为第二代教学设计的代表性模式。此外,还有基于建构主义思想的教学模式。各种模式存在共性的地方,但也表现出明显的取向差异。

8.教学设计基本内容可包括几大模块:学习者分析、教学目标设计、教学内容设计、教学策略设计和教学评价设计。各模块有各自的设计内容和方法。

【复习思考】

1.什么是教学设计?教学设计有哪些特点?
2.研究教学设计的教学论意义是什么?
3.教学设计与课程设计以及学习设计的关系是什么?
4.梅瑞尔的教学设计思想有哪些?分析其理论特点及意义。

5. 比较几种教学设计模式的差异,尝试区分教学设计模式的应用情境。

6. 思考在教学设计的一般模式下,如何体现和发挥学生学习的主体性。

【实践活动】

1. 活动一:选择一个合适的内容或你认为重要的话题,针对多样化的学习者群体,依据教学设计的基本内容和方法模式,设计一个教学设计方案,同伴间相互评价方案并修改。

2. 活动二:与同伴讨论各种教学设计思想和模式的优缺点,寻找更多的教学设计模式并对其功能和价值做出自主评判。

【拓展阅读】

[1] 吴小玲. 教师如何做好课堂教学设计[M]. 长春:吉林大学出版社,2008.

[2] 李芒. 教学设计的九大信条[J]. 电化教育研究,2010(4).

[3] 高文. 教学系统设计(ISD)研究的历史回顾:教学设计研究的昨天、今天与明天:之一[J]. 中国电化教育,2005(1).

[4] 吴军其,刘玉梅. 学习设计:一种新型的教学设计理念[J]. 电化教育研究,2009(12).

[5] 史密斯,雷根. 教学设计[M]. 3版. 庞维国,屈程,韩贵宁,等译. 上海:华东师范大学出版社,2008.

[6] 陈怡,赵呈领. 基于翻转课堂模式的教学设计及应用研究[J]. 现代教育技术,2014(2).

[7] 那一沙,袁玫,吴子东. 教学设计研究综述[J]. 西南交通大学学报(社会科学版),2013(3).

【网站链接】

1. http://www.frjy.cn/kejian/,费尔教育的课件频道提供了大量教学设计案例。

2. http://wenku.baidu.com/view/dd76362f0066f5335a8121aa.html,教学设计案例:物理。

3. http://wenku.baidu.com/view/d2c9b86c1eb91a37f1115c8e.html,教学设计案例:化学。

第十三章 教学策略

【学习目标】

1. 识记教学策略的概念,理解教学策略的内涵;
2. 分析教学策略的基本特征,结合教学实际理解制定教学策略的依据;
3. 比较教学策略及其相关概念的区别与联系;
4. 辨析教学策略的类型,比较各种类型之优缺点;
5. 根据个人教学经验或通过网络搜索一个教学案例,尝试分析其所运用的教学策略,评价其教学策略选择的适切性;
6. 体会面向学习者的教学策略,了解教学策略在教学活动和教育改革中的价值。

【关键术语】

教学策略;教学设计;教学方法;教学决策;协作学习;任务驱动教学;支架式教学;抛锚式教学;随机进入式教学

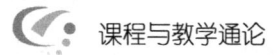

第一节 教学策略概述

一、策略与教学策略

(一)策略与教学策略

策略,计策谋略。《人物志·接识》记载:"术谋之人,以思谟为度,故能成策略之齐。"后泛指重大的、具有全局性或可决定全局的谋划。现常用的相关词汇有教学策略、营销策略、领导策略、管理策略等。英文中"strategy"一词源自希腊语,原意为司令、长官,现多指全局性的战略部署,也指为完成某计划而采取的手段。与"策略"一词词义相近的有"战略",二者都带有谋划、策划之意,区别在于"战略"可以是全局性的方针任务,"策略"多指为实现战略任务而采取的手段。"战略"带有更大的稳定性,而"策略"更具灵活性。

在教学中,对教学活动的安排、教学方法的选择以及教师与学习者之间的交流互动等方面的策划和谋略,我们都可用"策略"一词,统称为"教学策略"。良好的教学策略"可以帮助教师对方法和资源做出最合理的利用,从而实现特定的目标"①。

(二)教学策略的内涵

教学策略是指在教学目标的引导下,教师根据学习者特征,对教学活动的各环节进行整体安排和调控的一系列执行方案及执行过程。对于教学策略的内涵,可以从以下几个方面进行理解:

①教学策略的制定应在教学目标的导引下进行,不同的教学目标对教学策略的要求相异。在考虑教学目标的同时,教学策略的制定还要兼顾教学内容、学习者特征、学习环境和教学资源等因素。

②教学策略应采用系统的观点对教学活动进行整体规划,包括安排教学程序、选择教学方法、师生活动形式以及教学资源利用等。教学活动各部分既相对独立,构成微观教学策略,又紧密联系,形成整体教学策略。

③教学策略既是执行方案,又是执行过程。在教学活动开始前对教学活动的整体安排被视为教学策略的选择,是一种执行方案。在教学活动进程中实施

---

① 威伦,哈奇森,博斯.有效教学决策[M].6版.李森,王纬虹,译.北京:教育科学出版社,2009:310.

该方案,被视为是教学策略的实施,是教学策略执行过程。

(三)教学策略的基本特征

①计划性。教学策略有计划性,很多教学策略的制定是在教学活动开始前进行的,是对将要展开的教学活动的预设和规划。教师或教学设计者在教学活动前制定的活动程序、选择的教学方法以及对教学资源的取舍等都是教学策略的有机组成。

②生成性。教学策略既有计划预设的部分,也有创设生成的内容。教学活动本身具有复杂性,教师可以根据教学的具体情境和学习者的即时表现,灵活地运用预设之外的教学策略,以解决教学过程中生成性的学习问题和学习需要。

③操作性。教学策略是为了解决教学问题,提高教学有效性而存在的,是可供教师在教学中直接操作或参照执行的方案。因此,操作性是教学策略的重要特性之一,教学策略的各个环节都应能转化为教师和学习者的具体行动。

④整体性。选择和制定教学策略时必须对教学策略的各部分进行综合考虑。教学程序、方法、媒体、资源等策略因素既需要独立分析,也要整体协同一致为目标服务。否则,策略就成为步骤方法的堆砌,而不能有益于教学效果的提升。

⑤灵活性。教学策略是多样化的,不同的教学策略可用于解决相同的教学问题,相同的教学策略亦可满足不同的教学需要,关键在于如何运用。教学策略具有灵活的特性,不同的教学策略可以单独使用,也可以组合使用,只要有助于解决教学问题。教师可以创造性地选择和使用教学策略,应注意的是:存在可以灵活多变运用的策略组合,但却没有可以适用于所有教学情境和目标的万能型教学策略。

二、制定教学策略的依据

制定教学策略时需要对教学进行整体考虑,以下几个因素可以作为制定教学策略的基本依据:

(一)教学目标的要求

教学目标是制定教学策略首先要考虑的因素,教学策略只有在目标实现的过程和结果中才能体现其存在价值。教学目标是教学策略制定的导向,不同的教学目标往往需要使用不同的教学策略。如实现认知领域的教学目标和实现情感领域的教学目标所需要的教学策略在方法选择、活动安排等方面可能会有很大差异。

(二)学习者的能力和水平

制定教学策略时学习者能力和水平是必须考虑的因素,学习者的初始能力、目标能力、学习动机、认知策略、活动方式等都会影响到教学策略的实施。

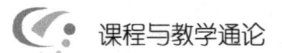

所有的教学策略都是为学习者的学习服务的,从某种意义上说"教师的教授策略,实质上也就是学生的学习策略"①,脱离学习者能力和水平的教学策略不可能是有效的策略。

(三)与教育规律的契合

制定教学策略是教师的自主行为,教师可以根据自身对教学需要的理解、对教学活动的整体把握以及个人教学风格来决定采用何种教学策略,也可以创造性地使用教学策略。但在这一过程中,不能无视教育规律和原则,符合教育规律和原则是教学策略有效性的前提条件。

(四)教师的执行与控制能力

教师的执行与控制能力是影响教学策略实施的重要因素之一。教师制定教学策略时在考虑上述因素的基础上,要对自己的教学行为能力有清晰的认识,一味地模仿或对某些超出自身能力范围的方法的追随,很难成为有效的策略。当然,这并不是说教师不应该尝试新策略,而是表明这样一种态度:教学策略的制定需要考虑教师的能力因素。

(五)教学环境的支持

制定教学策略时教学环境因素是需要考虑的又一重要因素。不同的教学策略对教学环境的要求不同,有些要求简单,有些需要媒体设备或网络资源支持,有些则需要其他部门或人员的协同帮助。在制定教学策略时,要充分考虑对现有环境如何物尽其用,对不具备的条件、设施、人员如何协调协商解决,无法解决的必须考虑换择其他策略。不考虑教学环境支持的策略容易成为虚幻的策略,只能制定和策划,无法实施。

三、教学策略与相关概念辨析

(一)教学策略与教学设计

从概念框架比较,教学策略与教学设计有各自独立的任务,但研究内容与运行过程有重叠和交叉的部分。在教学活动开始前的设计阶段,教学策略从属于教学设计,教学设计是对教学目标、学习环境、教学策略以及教学评价的总体规划,教学策略只是其中的一个环节和内容,教学策略的选择要服从于设计的大目标。在教学活动的运行和调控阶段,教学策略虽仍然受到教学设计的引导,但可以根据具体教学情境灵活地改变和生成,以最有利于学习者学习的姿态出现,在原有教学设计基础上表现出相对独立性。

---

① 黄甫全,王本陆.现代教学论学程[M].修订版.北京:教育科学出版社,2003:406.

(二)教学策略与教学方法

关于教学策略和教学方法的关系问题,有一种观点认为,教学策略就是教学方法,二者概念可以互通互换。这种认识是不准确的。教学策略与教学方法有联系,但也有明显区别。二者都隶属于方法论范畴并与教学目标、学习者特征、教师能力等因素关系密切。但与教学策略相比较,教学方法属于下位概念,教学方法是教学策略的一个组成部分。教学方法强调在微观层面的具体操作程序,因为教学方法"是指师生在教学过程中为了实现一定的教学目标,完成特定的教学任务,所采用的一系列具体活动方式和技术手段的总称"[①],它是教学策略的具体化。教学策略重视对课程和教学进行整体的安排,更具宏观性。

(三)教学策略与教学决策

教学策略是对教学活动的各部分进行整体安排和调控的执行方案和执行过程,包含了教学程序安排、教学方法选择、教学资源取舍等一系列内容。教学决策是教师针对教学问题做出的判断和决定,因为教学就是教师对"影响学习可能性的不断的决策过程"[②],所以"教学决策存在于教学的三个方面:教学的设计和准备、教学互动和学习结果的评价"[③]。可见,教学策略与教学决策功能不同,教学策略是方案制定和执行过程,教学决策是判断价值和决定取舍过程,二者并行,它们都需要把各个教学因素整合起来考虑。在呈现形态方面,教学策略表现为一种方案或活动过程,而教学决策表现为一种伴随状态和过程。在教学活动中,教学策略的制定和执行过程就是不断进行教学决策的过程,而教学决策不仅仅反映在教学策略问题上,它伴随着教学的始终,良好的教学决策有助于有效教学策略的生成。

第二节 教学策略的类型

国内外对教学策略的研究很多,认识也不尽相同,学者们从不同的视角论证和分析教学策略问题,通过对教学策略类型的剖析来呈现其教学策略研究的基本逻辑框架。因此,了解教学策略的类型以及分类标准是我们进一步认识和学习教学策略的基础。

---

① 陈晓端.当代教学理论与实践问题研究[M].北京:中国社会科学出版社,2007:129.

② 威伦,哈奇森,博斯.有效教学决策[M].6版.李森,王纬虹,译.北京:教育科学出版社,2009:9.

③ 威伦,哈奇森,博斯.有效教学决策[M].6版.李森,王纬虹,译.北京:教育科学出版社2009:20.

一、对教学策略类型的基本认识

综合目前已有的研究,很多学者认同这样一种看法,即教学策略往往是以某个构成教学活动的主要因素为中心,形成其策略的基本框架。在此基础上,将其他相关要素有机地依附于这个中心上,从而形成一类相对完整的教学策略体系。根据这一观点,可使用因素分析法将教学策略按其构成因素区分出目标型、内容型、任务型、形式型、活动型和综合型等六种基本分类方式,本节将对这些分类方式及其内容做简要分析。

(一) 目标型教学策略

各种类型教学策略都需要围绕着教学目标的要求而进行规划和考量,因为教学目标是教学的起点和最终归宿所在,离开了目标规范的教学策略其价值会受到质疑。目标型教学策略注重从学习者的角度对目标进行类型分析,从而构架教学策略的分类体系。

1. 按教学目标领域分类的教学策略

按教学目标领域的不同,教学策略分为三类:认知目标的教学策略、情感目标的教学策略和动作技能目标的教学策略。布卢姆的教学目标分类理论是这类分类方式的基础,持这种分类观点的学者认为不同目标领域所需要的教学策略是不同的,应该加以区分。如:讲述法、指导法可以作为认知领域的具体策略,情境-陶冶法策略可以为情感领域所需,示范-模仿法多作为动作技能目标实现的教学策略、等等。在大的目标框架下,具体的微观实施策略应能体现目标要求。如情境-陶冶法主张创设某种与现实生活相类似的情境,让学习者在特定的气氛和环境中积极主动地学习,以达到陶冶个性和培养人格的目的。创设情境、自主活动和领悟生成是这种策略的基本步骤。而主要用于动作技能掌握的示范-模仿法则会采用动作定向、参与性练习、自主练习和迁移的微观教学策略安排。

2. 按教学目标知识类型分类的教学策略

按教学目标知识类型不同教学策略分为三类:陈述性知识教学策略、程序性知识教学策略和策略性知识教学策略。其中,陈述性知识教学策略重视对原有知识的激活、知识的深加工和保持、促进知识迁移等方面;程序性知识教学策略侧重于示范和讲解结合、精选练习内容并及时反馈;策略性知识目标注重学习者对活动的参与、策略情境的创设等。

(二) 内容型教学策略

内容型教学策略是以教学内容为中心安排教学策略的,教学内容的逻辑框架以及教学内容的性质是这类教学策略关注的重点。比较有代表性的有:

1. 先行组织者教学策略

先行组织者教学策略是奥苏贝尔学习理论的重要成果。所谓先行组织者就是在新的教学任务开始之前先提供给学习者的引导性材料,它的作用就是用更具抽象性和包容性的材料把先前学习过的材料与当前的学习任务和材料联系起来。与其他策略相比,这种方法更关注内容的组织结构,良好的先行组织者可以帮助学习者改进认知结构并促进新知识的保持。

奥苏贝尔的先行组织者教学策略主要由三个教学阶段组成:①在明确教学目标的基础上呈现先行组织者,使学习者了解新概念的属性,领会新旧知识之间的逻辑关系。②呈现学习任务和材料,使知识结构清晰表现。③通过活动,扩充与完善学习者的认知结构,促进有意义学习的形成。

2. 以内容结构区分的教学策略

这种观点认为,内容型策略有强调知识结构和追求知识发生过程两个类别,也就是结构化策略、问题化策略。① 其中,强调知识结构的结构化策略,主张以知识的主干部分为基础,构建简明的知识体系。在具体教学活动开展过程中,可采用直线式、分支式、螺旋式和综合式等方法安排教学内容和活动。而问题化策略强调围绕某个现实问题组织引导学生的学习,重在培养学生的自主学习能力和问题解决能力。在这个过程中,教学策略侧重于为学生提供适当的学习资源、指导,为问题解决提供微型课程以及对学生学习的监督等策略的使用。

3. 以内容组织区分的教学策略

基于建构主义理论,侧重于教学内容组织和辅助教学内容的呈现,出现了三种影响广泛的教学策略:支架式教学策略、抛锚式教学策略和随机进入式教学策略。

支架式教学策略是依据维果斯基的最近发展区理论,把复杂的学习任务分解,为学习者建构对知识理解的渐进式概念作为支架,使学习者能自行沿着"支架"完成对复杂概念意义建构的一种教学策略。抛锚式教学策略是将教学建立在真实事例或问题基础上的策略。这一策略中,真实事件或问题就是"锚",问题的提出被比喻为"抛锚",是一种精心创设问题情境,让学习者通过自主学习、合作学习从而获得经验和知识的策略。而随机进入式教学策略,学习者可以随意地多次通过不同途径和方式进入同样内容的学习,从而获得对同一事物或同一问题的多方面理解与认识。

(三)活动型教学策略

活动型教学策略是以教学活动为中心安排的教学策略。由于教学活动的

---

① 袁振国.当代教育学[M].3版.北京:教育科学出版社,2004:196.

形式内容多样,不同的学者从不同角度对教学活动策略进行了划分,由此形成了多样化的活动型教学策略。比较有代表性的有:

1. 盖奇的教学活动策略

盖奇从教师的具体操作层面总结出七种教学策略,涉及了教师在课堂组织管理和学生的学习指导等方面的一系列具体操作方法,对教师的课堂行为提出了规范性要求,被称为"教师七要"。即①教师要制订一套规则,使学生不需要征求教师意见就知道做什么;②教师要在教室中经常走动,检查学生的课堂作业,解答学生问题,注意学生的学习要求;③教师让学生独立完成的作业要有意义,难易程度中等;④教师要尽量减少发号施令和集中学生进行教诲,教师应使学生知道该去哪里、干什么等等;⑤提问学生时,教师要先叫学生的名字,再提出问题,要使所有学生回答问题的次数相同;⑥教师要不断地使学习落后的学生回答问题,帮助他们,为回答问题困难的学生提供线索或新的问题;⑦在阅读小组教学中,教师要尽可能提供大量的简短的反馈。①

从盖奇的教学策略不难看出,它提供的是教师应如何指导学生、布置作业以及如何为学生提供反馈等几个具体教学操作和行为策略。

信息专栏 13-1　　教学研究之父——盖奇

纳撒尼尔·李·盖奇(Nathaniel Lees Gage,1917—2008),美国教育心理学家。著名教育心理学家贝利内认为,从许多方面来看,盖奇是教学研究之父,因为他主要负责编制了美国教育研究协会的第一版教学研究手册,该手册是教育研究领域,特别是教育心理学的一个里程碑。同时,他还建立了斯坦福教学研究与发展中心,支持并参与组织了对改变教学研究特点有重要意义的杜勒斯会议。

在长达 72 年的研究生涯中,盖奇坚持认为教学艺术存在而且也必须有科学基础,并对科学在教育研究中的作用进行了大量的辩护。他的实证研究以及他的工作信仰都为传统科学在当代教育研究中的作用提供了一个基准,他作为实证科学家以及教育科学研究的维护者,为他赢得了所有方法学派中教育研究者们的尊敬。

[资料来源]罗晓清.教学研究之父:盖奇[J].大众心理学,2009(9):44-46.

---

① 中央教育科学研究所比较教育研究室.简明国际教育百科全书:教学:下册[M].北京:教育科学出版社,1990:268-269.

2. 加涅的教学活动策略

早在 1968 年加涅就开始研究各种微观教学策略的共同特点,他认为"教学包含一套外在于学生的、设计用于支持学习内部过程的事件"①,教学事件应由教师做出审慎的安排,对教学事件的安排就是教师的教学活动策略。加涅提出的九种教学策略分别是:①使用改变刺激的方法引起学生注意,激发学生兴趣;②用学生能够理解的语言告知学生教学目标,或建立目标图式,使学生明确新学习的指向;③刺激回忆先决性的习得性能,这可以通过要求再认性或再现性的问题引发;④以适当的方式呈现刺激材料;⑤为学生提供需要的学习指导;⑥引导学生表现出希望的学习行为;⑦为学生提供学习反馈;⑧评估学生的学习结果是否反映了教学目标和习得的性能;⑨通过提供各种新任务促进保持和迁移。

值得注意的是,并非每种学习都要用到这九种策略,出现顺序也并非一成不变。事实上,教学策略要根据教学目标的需要加以适当的选择和运用。

3. 库宁的教学策略

库宁(Kounin)的教学策略以教师的教学活动和教学方法为基础,主要指向课堂管理,又称为教学管理策略。库宁根据他的"过程—成果"研究提出,成功的教学策略应包括:①制订留有余地的学习计划;②安排进度,确定难度和使学习活动具有多样性;③顺利开展教学活动,并使其不松懈地发展;④在课堂中同时应付几件事情;⑤观察并对各种不同的事件做出反应;⑥把教学活动向适当的目标引导;⑦始终注意学生集体的活动。

(四)形式型教学策略

形式型教学策略主要是以教学组织形式的不同为核心来划分教学策略的。教学实践中存在着各种各样的教学组织形式,有以课堂教学为主要形式的基本教学组织形式,包括现场教学、个别指导和小组教学在内的辅助教学组织形式以及复式教学等教学的特殊组织形式。② 由此,形式型教学策略可分为课堂教学策略、现场教学策略、小组教学策略、个别学习策略以及复式教学策略等类别。

形式型教学策略还可以以教学中师生活动方式的不同为其分类。英国学者波西瓦尔(Percival)据此提出两种基本策略:以教师/学校为中心的策略和以学生为中心的策略。教师/学校为中心的策略是学校教学中常用的教学策略,

---

① 加涅,布里格斯,韦杰.教学设计原理[M].皮连生,庞维国,等译.上海:华东师范大学出版社,1999:193.

② 陈晓端.当代教学理论与实践问题研究[M].北京:中国社会科学出版社,2007:135.

这类策略往往以固有的课程内容和教师的经验为基础展开,包括教学内容的呈现策略、教学活动的安排策略、教学时间的控制策略以及教学评价的方法策略等内容。相比较而言,学生中心策略的主要目的是适应学生个体学习方式而提供更具灵活性的学习系统。在学生中心策略中,需要学生发挥积极性和主动性,考虑个人的实际需要,充分利用教师、图书馆、媒体资源中心、社区机构等辅助学习资源,有效地帮助学生顺利达成个体学习目标。其中,教师和学校起支持和辅助作用,而非决定性作用。

(五)任务型教学策略

以教学任务为核心进行教学策略分类的学者认为:"关于不同学习任务的不同认知要求的信息对于用何种经验将最有助于达成学习任务这一问题有很大的影响"[①],因此,应根据学习任务的不同分析相应的教学策略。如美国学者史密斯和雷根在加涅学习论和教学论思想的基础上把学习分成陈述性知识学习、概念学习、程序性知识学习、原理学习、问题解决、认知策略学习、态度学习和动作技能学习等八种类型,分别阐明了每一类学习在教学的导入、主体、结尾和评价阶段可采用的教学策略。

我国学者从教学心理的视角,通过对教学任务的分析研究教学策略。认为"(教学的)方法和技术在某种意义上又分别属于指导的和发现的两大教学策略"[②]。其中,指导的教学策略,是指教师按照教学任务要求事先规划教学程序,学生在教师的系统讲授和直接指导下学习。而发现的教学策略,则是让学生通过观察、操作和比较有关的学习材料,自己发现知识,获得概念、公式和原理的方法技术。

(六)综合型教学策略

美国教育家史密斯综合研究了教学策略问题,认为教学策略可以以经验为基础进行划分。完整的教学策略应包括两部分:内容限制性策略和非内容限制性策略。其中,内容限制性策略重视师生与教学内容的关系,而非内容限制性策略包括课堂教学策略、课堂管理策略以及师生间及生生间的合作策略等,注重强调师生之间的关系。内容限制性策略重视对教学内容的部署规划以及引导学生进行语言交流,保证讲授的论点清楚,减少学生的错误应答。非内容限制性策略从具体技巧、行为和活动的角度进行分析,包括具体的课堂教学行为策略、管理策略以及主体合作策略等。史密斯认为,可以把教学策略视为教学

[①] 史密斯,雷根.教学设计[M].3 版.庞维国,屈程,韩贵宁,等译.上海:华东师范大学出版社,2008:209.

[②] 李伯黍,燕国材.教育心理学[M].上海:华东师范大学出版社,1993:319.

的总部署,战术是控制教学内容的手段,策略用以引导学生行为达到预定的目标。

(七)其他教学策略

1. 申继亮等人对教学策略的分类

我国学者申继亮、辛涛认为,教学策略实质是一种知识,是用于有效地解决教学问题的特殊知识,与问题情境依存关系的倾向性明显。由此,他们联系解决问题的一般过程模式对教学策略的内部结构进行了分析,认为教学策略由两种主要成分构成:监控策略和应对策略。① 监控策略主要用于指示教师"应该做什么",包括支配、控制、监控和调节四个方面,分别应答教师策略可用于解决何种问题、如何运用、指向目标和调节控制等问题。应对策略主要用于指示教师"应该怎么做",包括判断策略、计划策略、执行策略和评价策略,分别匹配教学问题解决过程的四个阶段。

在教学策略结构研究的基础上,他们按照是否具有特殊性和个性化特点把教学策略划分为一般性教学策略和特殊性教学策略。一般性教学策略,是常用以解决一般性教学问题的策略,包括教材呈现策略、课堂管理策略、教学评价策略、教学资源管理策略等。特殊性教学策略,指在特殊问题情境中运用或运用时具有个人特点的策略,可以分为问题类型教学策略或事件类型教学策略。此外,申继亮等人还根据教学策略活动的指向进行分类,认为教学策略可分为问题指向型教学策略和自我指向型教学策略。问题指向型教学策略指向教学问题,不同问题对应不同的教学策略,包括动机激发策略、情感沟通策略、态度改变策略、行为矫正策略等多种策略。自我指向型教学策略指向教学策略运用者自身的思维活动,包括思维方式变换策略、思维方向转换策略等教学策略。

2. 按教学过程结构分类

瑞奇鲁斯(Reigeluth)把教学策略分为教学组织策略、教学传递策略和教学管理策略三类。其他许多小的具体策略,分别归属于这三种策略之下。其中,教学组织策略是指教学应当如何组织、应当呈现什么样的内容以及如何呈现这些特定内容。教学组织策略可进一步分为宏策略和微策略:宏策略主要用于揭示学科知识中的结构性关系,重视学科内容的整体性及各组成部分之间的相关性;微策略则用于按单一主题组织教学,重点考虑具体的教学方法。教学传递策略是指对教学信息传输方式的选择,即教学中应使用何种教学媒体,以何种教学顺序进行信息交流,教学过程中如何分组以及如何有效地开展交互活动等问题。

---

① 黄高庆,申继亮,辛涛.关于教学策略的思考[J].教育研究,1998(11):50-54.

教学管理策略主要包括教学活动控制管理、进度管理和资源管理等策略，即考虑如何在教学过程中运用组织策略和传递策略来实现加以规划的教学，达到预定的教学效果。

二、对教学策略的新认识

教学策略种类繁多，如前所述，针对教学目标、内容、方法、形式的研究都会形成不同的教学策略分类。不同的研究视角、不同的关注对象、不同的理论支撑也会形成对教学策略分类的不同看法和认识。但总体而言，随着研究的深入，人们逐渐发现相对单一的教学策略难以圆满应对教学过程中出现的诸多问题，人们更倾向于整合性地研究教学策略，教学策略的研究呈现出系统化趋势。同时，由于建构主义教学理念的介入、新型教学技术和方法的使用，进一步促使人们从教学的价值特征、话语体系等方面对教学策略有了进一步的认识和思考。

（一）特征型教学策略

从教学策略的功能属性和价值特征出发，教学策略可分为两大类：工具性教学策略和发展性教学策略，二者都是一系列教学策略的集合。

工具性教学策略重在以知识的掌握为核心安排教学策略，强调教学内容的选择应忠实于教材，教学的过程就是执行教材和教学预案的完成过程，所有的教学策略围绕这一中心进行选择。在教学策略的安排和选择过程中，重视学生知识学习和教师教学的工具性价值，对教学的生成性与开放性关注不够。

相比较而言，发展性教学策略更加关注教学的生成性与学生的发展性，这类策略把教学过程视为教师与学生共同创造适合学生个性发展需要的教育过程，并围绕这一目标进行具体教学策略选择。发展性教学策略选择的宗旨是能够促使教师和学生成为课程最具活力的有机组成部分，在发展性教学策略的运用过程中，教学不仅仅关注文本，更重视学生活生生的体验和生成，促使教师和学生共同成为课程的开发者和创造者。

（二）关系型教学策略

教学中的话语形式从其知识观上加以区分可以分为对话式与独白式，二者的区别在于：独白式教学认为教师是主体，学生以及学生学习的内容皆为客体。教师在教学中居主导地位，在认识的过程中，只有主体的独白，客体是主体认识和利用的对象，不需要有自己的声音和权利。对话式教学则认为教师、学生均为主体，二者是主体间的关系，教学是通过建立在主体间关系之上的交往对话而产生对学习内容的认识，由关心知识本身是什么转而关心知识发生的过程怎么样。

围绕着这两种在知识观方面迥然不同的教学,可以区分与之相关的教学策略:独白式教学策略与对话式教学策略。独白式教学策略以教师活动为主进行选择,以替代式教学策略为策略主体,表现为:在教学策略的选择方面,重视教学内容的预设策略,忽视教学内容的生成策略;重视教学过程的程序策略,忽视教学过程的互动策略;重视终结式教学评价策略,忽视过程性教学评价策略;重视竞争性教学环境形成,忽视合作式学习环境营造等。与之相比较,对话式教学策略以教育过程中的对话和交流为中心进行选择,重视对话和交流在知识传承和创生中的重要作用。对话式教学策略可以包括着力于学生与文本对话的产生式教学策略,强调师生对话的主动参与教学策略,重视生生对话的合作学习教学策略,要求师生、文本多方对话的探究-发现教学策略,等等。不同的教学策略应用于不同的对话教学情境中,协同发挥其作用。

毋庸置疑,教学策略的种类和分类方式众多,上述各种分类亦只能是管窥一斑,其他如宏观水平教学策略、微观水平教学策略、远程教学策略、协作教学策略、差异教学策略、多元智能教与学的策略等都是人们近年来关注的教学策略。因此,对教学策略的理解和应用不应是僵化的、程式的,而应是情境的、灵动的,只有审时度势,因需而择,才有可能充分发挥教学策略的作用。

第三节　面向学习者的教学策略

近年来,随着教学观的改变,对教学策略的认识和研究也呈现出较明显的变化。一方面,更加注重教学策略的综合性和整体性。另一方面,更加重视以学生为中心的基于学习策略的教学策略。在此,我们称之为面向学习者的教学策略。

一、筛选经验为基础的教学策略

(一) 基本方法

以筛选经验为基础的教学策略源自顾泠沅等人 20 世纪后期在上海青浦区开展的数学教学改革试验。青浦实验运用教学经验的实践筛选方法,关注学生的学习需要,形成了基于情意、序进、活动和反馈等四个教学基本原理的教学策略体系。

1. 基于情意原理的教学策略

学生的学习是一种主体活动。学生学习动机的激发、学习兴趣的形成以及由学业成就而获得的心理愉悦感受都是基于情意原理的教学策略需要解决的问题。因此,该教学策略包括以下内容:以问题为出发点,积极为学生创设问题情境,共同探讨问题,激发学生求知欲;学习中使学生面对适度困难,以保持和提升其思维积极性;在学习过程中,根据学习状况做出适时调整,使学生的学习难度与学习热情之间保持适度张力。

2. 基于序进原理的教学策略

该策略属于教学内容组织策略,包括课前,教师应做好调查准备工作,既要透彻理解课标和教材,也要了解学生实际情况;课中,教学目的明确、重点突出,内容安排注重层次结构,尽量使新知识与学生已有知识经验建立起实质性联系;合理安排教学进程,在课与课之间建立优化的序列关系。

3. 基于活动原理的教学策略

该策略属于学习过程策略,基本思路是让学生能够通过自己的尝试活动自主获得知识和技能并促进其学习能力的发展。包括引导学生发现问题、提出问题、思考问题和解决问题;选择部分教材,学生自学,由教师解疑;诱导学生自行探究结论;运用变式,使学生能够举一反三。其中,尝试探究活动是促进学生能力发展的重要策略。该策略可包括四个阶段:引导学生思考问题;围绕问题形成猜想或假设;根据已有概念和知识检验猜想或假设,演绎出问题的结论,获得新概念;应用新概念,巩固尝试探究的结果。

4. 基于反馈原理的教学策略

教学中及时应用反馈原理,有助于教师有针对性地改善教学、学生调整学习方法和进程以提高学习效能。包括教师通过练习或及时批改学生作业等手段,争取第一时间了解学生的学习问题;针对问题,选择个别辅导或调整教学内容、方法及时解决问题;给不同需要的学生提供不同类别的专门帮助;提供难度不一的选择,让学生自主决定适合自身特点的选题;为每个学生做好学习档案,便于分析其学习动态;学生做好学习的自我评价。

(二)应注意的问题

在运用以上策略的同时,还有一些问题需要特别关注。

①教学是统一体,上述策略在运用时亦应强调其综合性,因为这些策略本身就反映着"情意过程与认知过程的统一,新知识与旧知识、掌握知识与发展能力的统一……"[1]同时,由于教学内容复杂多样、教学情境千差万别,在运用的时候还要有灵活性,根据实际教学需要灵活地选择和组合策略,以提高教学有效性。

②青浦教学实验虽然取得了明显的成绩,也提出了经实践验证的行之有效

---

① 袁振国.当代教育学[M].3版.北京:教育科学出版社,2004:212.

的教学策略,但是青浦实验基于数学教学,其所提出的教学策略在其他科目的教学中是否同样有效仍须进一步验证。

③上述教学策略在一定程度上关注了学生的学习需要、动机、兴趣、学习特点、知识结构等方面的需求,也考虑到了加强师生之间的情感交流、以学生为主体开展自主学习、自我评价改善其学习进程的重要作用。但是,整体而言,教学策略的形成仍侧重于通过高结构化的知识序列促进学生对知识的掌握积累和学习成绩的提高,对教学的生成性策略及发展性策略关注不够。

二、协作学习教学策略

协作学习是多个学习者为达到共同的学习目标,以小组或团队形式参与活动,探索、发现、共享信息与学习材料的学习活动,学习目标的实现需要建立在小组或团队成员协同工作的基础上。协作学习可以为学习者提供对同一问题用多种不同观点进行观察比较和分析综合的机会,从而促进学习者对问题的理解,提高知识的掌握和运用能力。在要求高阶能力的学习情境下,协作学习方式具有较强优势。开展协作学习需要有良好的信息资源和信息工具支撑,常用的协作式教学策略有课堂讨论、角色扮演、竞争、协同和伙伴等。

(一)基本方法

1. 课堂讨论

该策略往往以讨论主题为中心展开,讨论主题通常有两种情况:一是在讨论前主题已知,一是主题未知。主题已知的情况较多,常源自于已有的教学设计和目标内容,属于预设性问题,可以由教师提出并组织引导,也可以由学习者自行组织讨论。主题未知的讨论通常是一些生成性的问题,在课堂教学的过程中可由教师提出,也可以由学生自行提出,教师加以引导而形成课堂讨论的主题。

针对预设性问题的教学策略:围绕预设的主题分别设计初始问题和后续问题,将讨论导向深入;教师可引导讨论,但学生应拥有自由和开放的思考空间;教师对于学生在讨论过程中的表现做出评价。

针对生成性问题的教学策略:讨论过程中教师应认真倾听学生发言,关注学生反应及讨论参与状态,及时引导;对学生讨论中表现出来的积极因素及时给予肯定和鼓励;对暴露出来的问题予以关注和引导;学生始终关注讨论的核心问题;讨论结束时,由教师或学生对整个协作学习过程做总结。

2. 角色扮演

角色扮演分两种形式:师生角色扮演和情境角色扮演。

师生角色扮演是让不同的学生分别扮演指导者和学习者的角色,进行互助性指导学习。在学习过程中,学习者被要求解答问题,指导者针对学习者的学习困难予以帮助。在该策略中,指导者角色的扮演者往往可以通过对学习者问题的解疑,发现自身的知识不足或盲点,或通过对学习者问题的详细解读,获得对该问题新的理解和体会。对于学习者而言,由于指导者亦为同学,在认知结构、经验体系、表达方式上有更多相近之处,利于理解和交流。

情境角色扮演要求学习者按照当前的学习主题分别扮演其中的角色,以营造虚拟的情境,便于其设身处地地体验、理解学习内容及学习主题要求。常见的有历史人物的情境角色扮演、特定社会场景的情境角色扮演等等。在该策略中,学生以活动的形式深切参与其中,既有助于学习者理解角色人物的情感态度,也有助于提高其学习自主性和积极性。

3. 竞争

竞争是指有两个(组)或更多的学生共同参与学习过程,并有辅导教师参与的教学策略。在竞争策略中,辅导教师根据学习目标与内容要求,分解学习任务,由学习者以竞争方式各自独立完成任务,辅导教师和其他学习者对任务完成情况进行质量评价。也可以是竞争对象针对同一学习内容或学习情境,为率先达到教学目标要求进行的竞争性学习。

竞争性教学策略使用方式灵活,可以是学习小组的组间竞争,也可以是学习小组内的成员竞争。在网络学习状态下,还可以是学习者和计算机学习系统之间的竞争。使用竞争策略有利于激发学习者的学习积极性,在竞争状态下,学习者的注意力集中,状态积极,易取得好的学习效果。但也应注意,为了同一学习目标的竞争过程本身就是参与者之间的协作学习过程,因恶性竞争而导致协作学习难以进行不是竞争性教学策略的期待结果。

4. 协同

协同指多个学习者以协作的形式共同完成某一学习任务。在任务完成过程中,学习者根据各自特点和学习任务要求进行分工协作,彼此配合、相互促进,学习者在与同伴紧密沟通与协作的过程中逐渐形成对学习内容的理解和领悟。

在协同学习教学策略中,注重学习者之间的交流沟通、观点碰撞和智慧共享,允许学习者自由选择自己认为最有效、最合适的合作方式,鼓励学习者通过合作交流达成一致的行动方案,完成学习任务。

5. 伙伴

伙伴指学习者之间为了完成某项学习任务而结成的伙伴关系。伙伴策略可以使学习者在学习过程中获得彼此间的情感扶助,避免独立学习的孤独感。通过对问题的研读和讨论协商,有助于获得问题解决的思路与灵感。

在网络学习环境下,协作学习伙伴可以有更多的选择性:既可以是通过网络查找到的对同一内容感兴趣的学习者,这种由网络为桥梁结成的学习伙伴之间可以通过各种网络通讯工具进行问题讨论和交流沟通;也可以是由计算机直接充当学习伙伴,计算机充当的学习伙伴需要智能化程度高的协作学习系统支持,这种系统可以判断学习者的学习状态并为其提供帮助。

(二)应注意的问题

①上述各协作学习教学策略其主要特点在于,学习过程中均要求学生积极参与,因而学生的主体地位易得到较好的体现。但是相比较而言,各策略的实施特点又有所不同。课堂讨论与角色扮演策略在要求学生参与活动,通过活动加强对问题理解感知的前提下,对教师引导作用的发挥要求相对多一些。竞争、协同、伙伴策略则更强调学生之间的相互激励、相互弥补及学生探索精神、合作能力的培养。

②协作学习教学策略作为可以跨越年级、课程和学习层次的一类学习方式,通过面向学习者的活动使学习变得更加生动活泼和丰富多彩。在这种策略下,学生感受到协同伙伴之间不再是竞争对手,而是促进学习的共进者和帮助者。因此,掌握知识不再是学习的唯一目标,学生的学习过程以及合作能力、交流能力、创新能力的培养亦是教学策略运用中应该加以重点关注的内容。

③协作学习策略可以在多种教学和学习情境下使用,但由于该类策略强调学生活动和自主学习,需要充分的学习资源和学习工具支持。计算机网络尤为适合开展协作式学习,可以为协作学习教学策略提供更宽阔的应用空间。

④协作学习教学策略是类属教学策略,上述各策略仅为其中较具代表性的一部分。此外,如辩论、问题解决、设计等都是人们关注的协作学习教学策略。

三、综合教学策略

综合教学是相对于学科教学而言的,其教学策略强调学科的综合性和学生活动的综合性,批评那些把学习内容和活动分割成一个个孤立部分的做法,因此也被称为整合教学、主题教学或跨学科教学。综合教学作为一种面向学习者,重视学习者学习体验和学习意义框架的教学形式,"在很大程度上起源于20世纪初期的进步主义教育运动"①,如今更在新一轮课程改革中得到了人们的广泛重视。

---

① 斯考隆.教师备课指南:有效教学设计[M].陈超,郗海霞,译.北京:中国轻工业出版社,2009:37.

(一)基本方法

1. 综合教学准备策略

综合教学准备策略主要包括确定学习标准、主题分析及内容编排等部分。

确定学习标准：由于综合教学是按照知识的自然联系和学生的学习意义框架进行教学组织的，因此，首先要考察那些需要综合的课程或学习单元中可以综合的领域中涉及的学习标准，把这些不同的学习标准按照其学科间的逻辑联系有目的地整合，作为综合教学单元的学习标准。综合性的学习标准确立既便于学习者以逻辑的方式理解各种标准之间的关系，也有利于学生进一步活动的展开以及对学习者学习效果的评估。

主题分析：在学习标准的基础上需要规划学习主题，列出各个学科领域的学习主题，把这些主题按照它们在教学队列中的优先性进行排列，分析不同学科领域学习主题间的逻辑关系，并决定是否在这些主题基础上设计出专门的主题。

内容编排：以既有的主题或专门设计的主题为线索，重新编排学科内容，使各个领域的学习主题能够以某种逻辑的方式联系起来。或者围绕专门设计的主题进行学习内容的逻辑编排，在编排时要注意不同领域学习内容间的自然联系。

2. 综合教学实施策略

综合教学实施策略主要包括学习者对学习目标的了解、学生活动指导和学习资源保障等部分。

了解学习目标：这是教学实施的第一步，为了使综合教学更加有效，需要帮助学生了解学习目标和学习标准并能够看到和理解各种教学目标与标准之间的联系，这有助于学生学习的真正发生。学生了解目标可以通过目标列表、目标关系图或学案的方式在活动前呈现。

学生活动指导：包括指导和帮助学生进行学习分组；在学生学习过程中提供他们所需要的帮助以助其达到学习目标和标准要求；在学习活动中根据学生学习状况对教学活动做出及时的调整；发现生成性问题，抓住契机引导学生；帮助学生在协作活动和独立活动之间保持一定的平衡。

学习资源保障：根据综合教学目标和主题要求，尽可能为学生提供相应的学习导引、教材、辅助资料、实验仪器设备、计算机及网络支持等，以便学生在学习活动中自主选择。其中，学习导引既包括学习标准、活动概览等活动前目标导引，也包括评价方法、评价标准等活动中及活动后的行为方向。

3. 综合教学评价策略

评价策略主要包括评价学生的学习成果和评价学生的课堂体验两部分。

课堂体验评价策略:根据建构主义理论,学习需要学生通过体验自主建构意义。因此在综合教学评价中,学生在综合学习过程中的态度、情绪、能否获得积极的学习体验都应成为评价的内容。因为只有在积极的课堂体验和课堂观察基础之上的学习,才有可能为学生建立综合知识间的联系并理解其相互关系提供有效支撑。

学习成果评价策略:对于综合教学学生学习成果的评价,可以由教师和学生共同进行。在评价中,需要参考综合学习标准评估学生学习的绩效。学生综合学习成果可以有报告、数据、软件等多种展示形式,评估亦可采用多样化的形式进行。最后,对评估结果进行汇总分析,以确定学生学习的优势和劣势,为下一阶段的综合教学做好准备。

(二)应注意的问题

①综合教学虽然具有众多优势,但很难由某一位教师像大多数单纯的学科教学那样独自承担教学任务。由于可能涉及多个学科领域,综合教学的准备、实施和评价阶段的工作往往需要由教师小组共同承担。教师小组成员均应是各自学科领域的合格教师,教师们共同分担责任,也同时从合作中获益。

②综合教学由于涉及多个学科或单一学科中的不同领域,需要在教学前进行良好的设计和分析。但这并不意味着综合教学就只有预成的部分,恰恰相反,因为综合教学的特点是多学科多领域的综合、多样化的学生活动综合,因此,更加注重教学过程中的生成性因素,在教学策略的选择和运用过程中这是必须要注意的一点。

③综合教学由于其内容的综合性、实施的复杂性,实施时还应考虑活动所需的时间量,力图在有限的时间内,把学习标准融入有意义的学习活动中,以确保学习标准在活动中得到体现。

④综合教学需要各种策略的综合,综合教学策略应该在方法层面为学生提供能够导向学习目标的意义和秩序。

四、差异教学策略

差异教学是指在教学中尊重学生个体差异,通过设计差异化的教学内容,提供多样化的学习选择以调节学生的学习差异,满足学生个体需要,促使学生在原有基础上获得充分的、个性化发展的教学。差异教学面向学生的实际发展能力和需要,采用多样化的策略,其目的在于"促使每个学生在原有起点上的经验的生长,知识的动态生成以及能力的持续发展"①。差异教学突出强调三点:

---

① 李吉.差异教学:一种有效的课堂教学策略[J].基础教育参考,2008(10):48.

为了差异发展、从差异出发、开展有差异的教学。①

（一）基本方法

1. 学生评估策略

学生的差异是客观存在的,造成学生学习差异的原因可能与学生的学习背景知识、学习偏好、学习习惯、认知水平等多种因素有关。要通过差异教学调节学生差异,首先需要对学生进行评估,以了解其差异及原因所在。因此,学生评估策略是差异教学策略的重要组成。

学生评估策略包含的内容很多,包括以了解学生个体间学习目的、动机、态度、能力水平等差异为目的的评估策略,以了解学生个体生理、心理发展水平、学习优势潜能、学习风格、思考类型、个人兴趣等方面为目的的评估策略,以了解学生在新的学习开始前已具有的背景经验和背景知识的评估策略,等等。评估可以采用自然观察法、问卷调查法、访谈法以及成就测验、心理测验等方法进行。

2. 教学实施策略

在差异教学的实施中,教师需要以学生的差异性、独特性为基础,采用丰富多样的教学策略,努力促进每个学生的个性化发展。在差异教学实施中,应注意以下策略的运用:

根据学生具体情况,为学生提供适合他们的教学目标、课程和计划。差异教学目标的设定是因人而异的,目标设定过程中既要考虑学生的现有知识背景和能力水平,也要考虑其可能发展空间、发展取向及目标的挑战性。教学目标应由教师与学生共同制订,学生参与自身教学目标的制订,有利于学生内化学习目标并对学习行为起到导向调控的作用。在制订差异教学目标的基础上,形成适应目标要求的灵活课程和教学计划,课程设置时要特别注意模块课程的作用以及课程资源中心对学生差异学习的有效帮助,制订教学计划要着重考虑学生的特殊需要,强调针对性。

根据学生情况,适当采用分层教学、小组合作学习、个别教学、开放课堂等多种教学组织形式。其中,分层教学策略根据学生的知识基础、学习能力、多元智力因素、非智力因素以及学生自身意愿进行综合考察,把学生分成若干层次进行有针对性的教学。小组合作教学策略通过把学生进行同质或异质分组,在积极的相互依存关系中共同完成学习任务。开放课堂把教师分成若干个兴趣区域,教学活动没有固定的结构,允许学生在教室内按照自己的兴趣自由选择活动,教师对学生活动给予建议、引导、帮助和鼓励,创建良好情境利于学生按

---

① 曾继耘.关于差异教学若干理论问题的思考[J].教育研究,2007(8):69.

照自己固有的方式和可能的速度进行学习。

立足于学生发展,使用支架式教学策略为学生学习提供新知识与知识背景的联结;注重学习的情感前提与学习动机的激发;适度调整教学内容以适应不同教学要求和目标计划;根据学生的学习能力和学习风格在认知层次、知识呈现的方式、教学顺序方面加以调整;对不同的学生采用不同的教学方法及教学辅助工具;贯穿教学始终的学习评价、评价结果的差异化处理等都是在差异教学实施中经常采用的教学策略。在差异教学的课堂上,"学生们不是在学习不同的东西,而是在用不同的方式学习相同的东西"①。

3. 辅助教学策略

在差异教学中,建设良好的教学环境属于辅助教学策略。良好的心理环境、物质和信息环境对学生的学习影响很大。教师在差异教学中要建立平等、和谐、互助的师生关系,真诚地给予学生高的期待,鼓励学生勇于表达自己的思想、理解认同分歧,创设宽容积极的心理环境和学习氛围。同时,教师应了解计算机网络系统在学生个别学习中的能力和作用,在差异教学中充分利用现有的物质和信息环境为学生差异学习提供帮助。

对于学习上有特殊需要的学生,教师在实施有差异的教学同时,还需要进行学习辅导,这也属于辅助教学策略的一部分。这种学习辅导随着教学的进行同步展开,一般分为三个阶段:课前、课中、课后辅导。课前辅导主要是针对必要的学习认知前提、知识背景、情感准备而进行,课中多针对学生感知方面的障碍或方法能力上的不足为其提供帮助,课后按个别教学计划的要求,对特殊需要的学生进行辅导。

此外,还可以鼓励学生根据自己的兴趣爱好和特长,自主选择参与多样化的课外活动。通过课外活动既可以促进学科知识的运用和内化,也有利于学生组织能力、合作能力以及创新能力的发展。

(二)应注意的问题

①差异教学策略不是简单地通过缩减学习内容、按照学生成绩分组、用维持差异的方式来减少学生之间的差异,而是尽可能通过提供大量的学习选择来调节学生的学习差异,使学生可以根据自己的经验基础、认知水平、个人兴趣和学习偏好,选择最有利于发挥其能力的学习内容和方式。

②对学生的评估了解应是一个动态的过程,需要贯穿整个教学过程。教师可以通过对学生的持续性评估,更有针对性地设计教学和调整教学方案,以适

---

① 斯考隆.教师备课指南:有效教学设计[M].陈超,郗海霞,译.北京:中国轻工业出版社,2009:74.

应学生不断变化的学习需要。同时,还应注意把评估结果以适当的方式反馈给学生,使学生更好地了解自己,扬长避短,以优势促发展。反馈时要注意,学生在获取反馈信息的能力上也是有差异的,对有需要的学生,教师要给予必要的指导。

③差异教学实施采用多样化的教学形式,不是不合实际的完全摈斥班集体教学、全面实施个别教学,也不是简单地在集体教学中加入个别辅导,而应是在多样化的教学中以促进学生发展为目标,利用各种教学方式充分体现个别化教学的思想和方法。"在这种环境中,学生之间的差异能够获得认可和尊重。学生们的学习能够从各种活动中获得支持,这些活动都处于某个适当的挑战和兴趣水平。①"

④一份有差异的教学计划有助于学生在参与活动时达到或接近他们的最佳学习水平。差异教学需要根据学生差异性的教学目标计划调整教学内容,但调整后的内容仍应具有内在的逻辑性,这对于学生通过学习形成良好的认知图式和知识结构非常重要。

⑤学生原有的差异是差异教学的起点和前提,但学生间存在的差异也是可供利用的丰富的教育教学资源。

【本章小结】

1. 教学策略是指在教学目标的引导下,教师根据学习者特征,对教学活动的各部分进行整体安排和调控的一系列执行方案和执行过程。制定教学策略应在教学目标的规范下进行;应采用系统的观点对教学活动进行整体规划;教学策略既是执行方案,又是执行过程。

2. 教学策略具有计划性、生成性、操作性、整体性和灵活性的特点。制定教学策略时需要考虑教学目标要求、学习者能力和水平、与教育规律的契合、教师的执行与控制能力、教学环境的支持等因素,这些因素是制定教学策略的基本依据。

3. 从概念框架比较,教学策略与教学设计有各自独立的任务,但研究内容与运行过程有重叠和交叉的部分;教学策略和教学方法都隶属于方法论范畴并与教学目标、学习者特征、教师能力等因素关系密切。教学方法是教学策略的一个组成部分。强调微观层面的具体操作程序,是教学策略的具体化。教学策

---

① 斯考隆.教师备课指南:有效教学设计[M].陈超,郁海霞,译.北京:中国轻工业出版社,2009:73.

略重视对课程和教学进行整体安排,更具宏观性;教学策略与教学决策功能不同,教学策略是方案制定和执行过程,教学决策是判断价值和决定取舍过程,二者并行。良好的教学决策有助于有效教学策略的生成。

4. 教学策略往往以某个构成教学活动的主要因素为中心,形成其策略的基本框架,进而形成一类相对完整的教学策略体系。由此,教学策略按其构成因素可区分为目标型、内容型、活动型、形式型、任务型和综合型等基本分类方式,各种分类方式下形成以不同理论为支撑的多种策略框架。此外,还有从心理学角度、语言学角度的其他分类方式以及相应的策略。

5. 重视以学生为中心、以面向学习者为主旨的教学策略有很多种,比较有特点的有:以筛选经验为基础,包括了基于情意、序进、活动和反馈等四个教学基本原理的教学策略体系;学习目标的实现需要建立在小组或团队成员协同工作的基础上,包括了课堂讨论、角色扮演、竞争、协同和伙伴等策略的协作式教学策略体系;强调学科综合性和学生活动综合性的综合教学策略;尊重学生个体差异,通过设计差异化教学内容,提供多样化学习选择以调节学生学习差异,满足学生个体需要,促使学生发展的差异教学策略,等等。

【复习思考】

1. 什么是教学策略?教学策略有哪些特点?
2. 如何理解教学策略?制定教学策略有哪些依据?为什么?
3. 教学策略与教学设计、教学方法以及教学决策的关系如何?如何理解?
4. 教学策略可以怎样分类?不同分类方式有什么样的特点?
5. 面向学习者的教学策略有哪些?在应用时应注意哪些问题?

【实践活动】

1. 活动一:听两三节课,观察剖析所用教学策略。课后深入访谈上课教师,了解其是如何理解和确定课堂教学策略的,尝试以系统的观点分析被访谈教师选用的教学策略类型和作用。

2. 活动二:选择一个教学任务,针对教学任务要求思考可以采用的教学策略,与同伴进行讨论。条件许可的情况下,在微格教室或课堂实习中使用选择的教学策略,分析和体验策略的适切性与可行性。

【拓展阅读】

[1] 黄梅,张辉蓉.学习的边界与教学策略[J].教育研究与实验,2012(3).

[2] 和学新.教学策略的概念、结构及其运用[J].教育研究,2000(12).

[3] 弗兰肯海姆.活跃课堂思维的教学策略:[M].6版.龙玫,译.北京:中国轻工业出版社,2011.

[4] 黎明.课堂教学策略[M].昆明:云南大学出版社,2010.

[5] 高慎英.论教学策略的实质、生成与建构[J].教育理论与实践,2000(7).

[6] 赵丽琴.差异化教学策略刍议[J].课程·教材·教法,2014(4).

[7] 郭绍青,杨滨.高校微课"趋同进化"教学设计促进翻转课堂教学策略研究[J].中国电化教育,2014(4).

【网站链接】

1. http://wenku.baidu.com/view/ce786027192e45361066f560.html,百度文库(教育专区),关于基于网络的抛锚式教学策略问题,有较详细的策略分析。

2. http://blog.sina.com.cn/s/blog_4b8161d601014ttf.html,一篇博文,关于《有理数的乘方》的教学策略和设计,网友关于思考题的分析各有见地。

3. http://www.tudou.com/programs/view/mgq76paR4nY/,在线视频,关于小学语文写字教学技能与策略,可以用实际的课例分析教学策略以及相关问题。

第十四章
教 学 模 式

【学习目标】

1. 掌握教学模式的概念与特点;
2. 从教学模式的功能出发,理解教学模式与教学理论和教学实践的关系;
3. 了解教学模式的构成要素及主要分类;
4. 掌握教学模式的选择依据以及教学模式应用的基本程序;
5. 审视当代教学模式的发展趋势,分析现代信息技术与课程改革对教学模式发展的影响。

【关键术语】

教学模式;行为控制型模式;信息加工型教学模式;个别化教学模式;人际交往型教学模式;传递-接受教学模式;自学-辅导教学模式;引导-发现教学模式;情境-陶冶教学模式;示范-模仿教学模式

教学模式已成为当前教育研究和教学实践中的热点问题。事实上,教学模式概念提出以及之所以能成为研究热点,都源于人们在致力于弥合教学理论与教学实践之间的鸿沟。一方面理论研究者对教学理论进行反思定位和价值评判的时候,认为教学模式是教学理论走向实践的的必然呈现。另一方面,实践者逐渐认识到有必要超越教学情境中的具体方法,形成包含各要素的整个教学过程"怎么教"的模式。

第一节　教学模式概述

现实中,很多人将教学模式和教学方法的概念相互等同,将教学过程仅仅局限在课堂教学的具体情境中,用抽象的、机械的、孤立的观点来分析教学活动,忽视了教学模式所关注的教学过程的整体性。因此,明晰教学模式的概念是有效选择教学模式的基础。

一、教学模式的概念

什么是教学模式？国内外学者有不同的解释。如美国学者阿伦兹(Richard I. Arends)认为,"教学模式"一词被用来描述一种总体性的教学方式或教学计划,它包含着比一种方法或策略更多的东西或含义。[1] 美国学者乔以斯和威尔(B. Joyce and M. Weil)被公认为是最早提出教学模式概念的研究者,他们在《教学模式》一书中将教学模式解释为"构成课程(长时间的学习课程)、选择教材、指导在教室和其他环境中教学活动的一种计划或范型"。这种解释将教学模式看成是一种具体的教学方案。同时,乔以斯和威尔在对大量的教学实践模式、教学方案进行研究的基础上,总结出了四类教学模式,即人际交往型教学模式、信息加工型模式、个别化教学模式和行为控制型模式。

国内学者自20世纪80年代末期开始对教学模式的研究也给予了极大地关注,同时也出现了许多不同的解释。比如,有人认为教学模式就是教学程序,有人认为教学模式是一系列教学方法的综合,也有人认为教学模式就是为了完成一定的教学任务而采用的教学方法与教学手段的有机结合,还有人认为教学模式是人们对教学客观结构的主观选择。综观国内各家之说发现,从教学模式概念研究的视角来看,其中有三种典型取向:结构模式观、程序模式观与方法模

---

[1] 陈佑清.教学论新编[M].北京:人民教育出版社,2011:511.

式观。[①] 近年来,国内学者对教学模式的研究和认识越来越深入,对教学模式的定义已经突破了以往单一的思维分析,逐步趋于综合化。据此,我们把教学模式定义为:它是在一定的教学思想或教学理论指导下,为实现预定的教学目标而设计或发展起来的相对稳定的教学流程及其方法体系。

教学模式是教学理论和教学实践得以沟通的桥梁,它既是教学理论的具体化,又是教学经验的一种系统概括。教学模式可以建立在教师丰富教学实践经验的系统总结和理论概括之上,也可以在一定教学理论指导下经过提炼和简约化,经过教学实践的多次检验后形成。教学模式是教师教学进程的方法框架,是教师在进行教学设计时必须做出选择的核心内容。

二、教学模式的特点

尽管国内外关于教学模式的概念有众多解释,但对于教学模式存在的共同特点却争议不大。一般认为,教学模式具有以下特点:

①整体性。教学模式是一套体系,是由一定要素构成的有机结合体,它揭示了教学过程中诸要素之间的动态联系,仅仅把教学模式看作是一种程序、方法、策略、理论的思想,都是片面的。

②简明性。教学模式不等同于教学过程中的具体经验,从传达的内容来看,它一方面是对教学理论的浓缩和反映,另一方面也是对教学实践的抽象与提升;从表现形式上看,教学模式能够以精炼的语言或象征性的符号来揭示和表述教学过程的核心和本质。

③指向性。教学模式都是为了达到一定教学目标而提出和创立的,具有特定的目标、功能和适用范围。同样,在选择和运用教学模式时也要根据实际教学情境考虑其目标指向性。

④探索性。一方面,教学模式的提出和创立往往先于效仿,具有一定的实验性质,因而表现出尝试性和探索性的特点。另一方面,教学模式作为教学理论与教学实践的桥梁,既要进行教学过程的普遍规律的探寻,又要对理论通向实践的途径进行双向探索。

⑤操作性。如前所述,教学模式是对教学理论的具体化,同时它又来源于实践,高于实践,因此教学模式不是单纯的思辨,它产生的意义在于便于人们理解、把握和运用。教师可以根据不同的教学目标,选择特定的一套操作程序进行教学设计和实践运用。

---

① 袁顶国,刘永凤,梁敬清.教学模式概念的系统分析:教学模式概念的三元运行机制[J].西南师范大学学报(人文社会科学版),2005(6):110–114.

⑥发展性。教学模式不是固定不变的,它具有相对稳定性和动态发展性。作为一个体系,教学模式并不是封闭的,而是处于不断地修正、完善和发展的状态,这一方面表现在社会发展过程中新思想和新技术的时代要求,另一方面也表现在人是教学模式的出发点,而这一主体性特征就要求教学模式要不断修正和调整来解决不确定情境中的教学问题。

三、教学模式的功能

教学模式作为教学理论与教学实践之间紧密结合的桥梁或中介,就其功能而言,主要有理论和实践两个方面的功能。

(一)理论方面的功能

教学模式是以简约化的形式表达一种教学思想或教学理论,具有高度的概括性。教学模式可以通过简明扼要的象征性符号、图示和关系的解释,来反映它所依据的教学理论的基本特征,使人们在头脑中形成一个比抽象理论具体得多的教学程序性框架,便于人们对某一教学理论的理解,也为这种教学理论运用于实践提供了较为完备的、可操作的实施程序。同时,教学模式来自实践,并在实践中形成,它不仅是对教学实践中某一类具体教学活动的概括加工,而且还具有指向性和探索性,它所提出的框架可以通过不断的实践和试验,在理论上进一步系统化、规范化,为教学理论的研究不断提供各种素材。

(二)实践方面的功能

教学模式的实践功能具体包括指导、预见、系统化和改进四种。指导功能,指教学模式能够为教学实践者提供达到教学目标的条件、程序和活动方式。预见功能,指教学模式能够帮助教学实践者预见预期的教学结果。系统化功能,指教学模式能够使教学成为一个有机的系统,因为它是一个整体结构,对教学的诸要素都发生作用。改进功能,指教学模式能改进教学过程、方法和结果,在整体上突破已有的教学框框。①

教学模式所具有的理论和实践两个方面的功能,有利于我们从动态上去把握教学本质和规律,并使之具体化、可操作化;有助于改变教学理论和实践相脱节的状况,形成教学理论和教学实践的良性循环。因此,学习和研究教学模式既是教学实践的需要,也是教学理论研究和发展的逻辑必然。

---

① 李定仁,徐继存.教学论研究二十年:1979~1999[M].北京:人民教育出版社,2001:271.

> **信息专栏 14-1**
>
> **从教学理论向教学实践的转化过程**
>
> 第一阶段:从教学理论到教学设计
>
> 依据不同的教学理论会产生不同的教学设计结果。教学设计的三种基本模式:系统分析模式、目标模式和过程模式。
>
> 第二阶段:从教学设计到教学模式
>
> 不同目标的教学设计会选择不同的教学模式。四种基本的教学模式:着眼于信息加工的模式、着眼于人际关系的模式、着眼于行为控制的模式和着眼于人格发展的模式。
>
> 第三阶段:从教学模式到教学策略
>
> 不同的教学模式会形成不同的教学策略组合。四种基本的教学策略:直接教学策略、间接教学策略、相互作用教学策略、体验教学和个体独立学习策略。
>
> 第四阶段:从教学策略到教学方法
>
> 不同的教学策略会体现不同的教学方法组合。四种基本的教学方法:讲授教学、探究教学、模拟教学和合作学习。
>
> 第五阶段:从教学方法到教学技能
>
> 不同的教学方法会体现不同的教学技能运用。四种基本的教学技能:展示技能、提问技能、论证技能和评价技能。
>
> [资料来源]本章作者根据西方教学理论研究相关资料整理而成。

三、教学模式的构成要素

从教学理论的角度来看,科学完整的教学模式一般应由六个基本的因素构成,即指导思想或理论依据、达成目标、师生组合、操作条件、活动程序和评价方法。这六个方面不仅是设计或总结科学教学模式应具备的基本因素,也是检验已有教学模式合理性与科学性的基本标准。

(一)指导思想或理论依据

任何教学模式的形成都有其理论基础或指导思想,使人们能够清晰地了解某一教学模式的基本脉络。如国外的信息加工教学模式是以信息加工理论为依据的,程序教学模式是以行为主义心理学的理论为依据的,非指导性教学模式是以人本主义教学思想为指导的。

(二)达成目标

任何一种教学模式都是为达成某一教学目标而创立的,它是教学模式的核心因素,决定着教学模式的操作程序,也是师生活动和教学评价的依据和标准。不同的教学模式有不同的教学目标,如信息加工教学模式是以培养学生对信息处理和加工的素养为目标;非指导性教学模式则以培养学生自我认识、自我实现、自我教育能力为目标。

(三)师生组合

师生组合和互动方式依赖于教学模式的理论指导和目标指向,是教学模式对教师和学生在教学活动中的安排方式。不同的教学模式中,师生在教学活动中的组合和互动方式不同。如在非指导性教学模式中,教师是促进者,师生通过自由交谈和情感交流共同创设良好的学习环境以促进学生的学习,同时学生在这种互动氛围中不断提高其自我认识及自立能力。

(四)操作条件

操作条件是指达成一定的目标、促使教学模式发挥最大有效性的各种条件。它包括多方面的因素,如教师、学生的准备状态,互动方式,教学内容的呈现方式,教学媒体手段的运用方式,教学节奏的把握等。

(五)活动程序

每一种教学模式都有其特定的操作程序,它是教学活动展开的时间序列或逻辑步骤,是教学模式得以存在的必要条件。如赫尔巴特的教学模式强调知识传授,其操作程序分为明了、联想、系统和方法四个阶段;杜威的教学模式注重实践能力的培养,其活动程序为情境、问题、假设、解决和验证五个步骤。

(六)评价方法

各种教学模式在教学目标、操作条件和活动程序上的不同,导致各自评价的方法也存在差异,每一种教学模式都有适合自己特点的评价方法和标准。如罗杰斯的非指导性教学模式主要实行学生的自我评价;布鲁纳的掌握教学模式采用诊断性测验、形成性测验和总结性测验三种形式。

上述教学模式的六大构成要素各自占据不同的地位,具有不同的功能,彼此联系,相互制约。指导思想或理论依据是教学模式得以建立的价值基础,它对其他要素起着导向作用;目标是教学模式的核心,它制约着师生组合、操作条件和活动程序等,也是教学评价的标准和尺度;师生组合体现了教学活动中师生的互动方式;操作条件可以保障教学模式功能的有效发挥;活动程序是教学模式实施的环节和步骤;评价方法有助于我们了解教学目标的达成度,并对活动过程进行反馈和监控。

第二节 教学模式的类型与选择

在长期的教学理论研究与教学实践中,教学模式的种类不断丰富多样。但由于考察的角度不同,教学模式归类划分就会不同。但是不论哪一种分类,在教学模式的选择和应用上,教师都不能从理论的某一角度出发,应把教学各组成因素、实际教学情境以及它们之间的相互关系做综合分析和把握。

一、教学模式的分类

教学模式的分类是相对的,从不同的角度考察和认识教学模式,所产生的分类标准就会不同。

美国学者乔伊斯和威尔依据教学模式是指向人类自身还是指向人类的学习,将其分为四种类型,即人际交往型教学模式、信息加工型教学模式、个别化教学模式和行为控制型模式。[①]

①人际交往型教学模式。这类教学模式的理论依据是社会互动理论,强调教师与学生、学生与学生之间的互动与交往,对话与交流。其模式目标是培养和发展学生的社会性品质,诸如如何表现自我、如何倾听别人、如何与人交往等,并在这一过程中完成知识的学习与掌握、能力的培养与发展。属于这一教学模式的有:马塞拉斯(B. Massialas)和考克斯(B. Cox)的社会调查模式,西伦(H. Thelen)的小组研究模式,奥里弗(D. Oliver)和谢弗(J. Shaver)的法理学模式。

②信息加工型教学模式。这类教学模式的理论依据是信息加工理论,即现代认知心理学中把教学看作是一种创造性的个体的信息加工过程。其模式目标是着眼于知识的获得与智力的发展。属于这种类型的教学模式有:布鲁纳的概念获得模式,加涅的累积学习模式,奥苏贝尔的有意义言语接受模式,皮亚杰的认知发展模式等。

③个别化教学模式。这类教学模式的理论依据是个别化教学理论以及人本主义的心理学理论。模式目标强调学习者在教学过程中的主观能动性和主动参与性,着眼于个人潜力的发挥和个人人格的完善。属于这一教学模式类型的有:罗杰斯的"非指导性教学",戈登(W. Gordon)的"创造工学"模式等。

---

① 乔伊斯,威尔,卡尔康.教学模式[M].荆建华,宋富钢,花清亮,译.北京:中国轻工业出版社,2002.

④行为控制型模式。这类教学模式的理论依据是行为主义心理学理论,把教学过程看作是学生行为的不断修正、强化、塑造的过程,其模式目标是着眼于学习者行为得到控制、矫正。主要包括斯金纳的程序教学模式,加里培林(П. Я. Гальперин)的智力行为按阶段形成理论为基础的教学模式等。

在国内,有学者把教学模式分为三大类:第一类是"师生系统地传授和学习书本知识"的教学模式,第二类是"教师辅导学生从活动中自己学习"的教学模式,第三类是"折衷于两者之间"的教学模式。① 还有学者从师生关系的维度将教学模式分为三类:最低一级水平的教学模式,在这种教学模式中,师生之间的关系是一种简单反馈的结构,它的表现形态是记忆水平的教学;第二级水平的教学模式,在这类教学模式中,师生之间的关系是一种双向反馈的结构,它的表现形态是理解水平的教学;第三级水平的教学模式,在这类教学模式中,师生之间、学生之间及学生自身的关系是一种多向反馈结构,它的表现形态是一种思考水平的教学。② 还有学者以各种教学模式形成和创立所主要依据的理论性质为标准将其分为心理学教学模式、自然科学教学模式和社会学教学模式。③

以上国内外代表性的教学模式分类,有助于我们更好地认识和掌握教学模式,但需要注意的是,任何一种教学模式都有其独特性,分类归属只是相对而言。所以"判断一种分类是否科学,一要看区分度,二要看包容性"④。区分度是指类与类之间的区分程度,包容性是指类与类之和等于被分类对象的全体。如果某一种分类同时达到了这两条标准,那么这种分类就是科学的。

二、国内教学模式主要类型

20 世纪 80 年代以来,随着我国中小学教学改革的深入,教育理论研究者和一线的优秀教师已经总结和建构了相当数量的能够在教学实践中被广泛运用的教学模式。典型的有情境教学、反馈教学、尝试教学、自学辅导教学、学导式教学、协同教学、互动教学、创造性教学等等。这些教学模式为教师有效地进行课堂教学设计和实施新课程改革提供了理论指导与实践参考。下面简要介绍几种国内中小学常用的教学模式。

(一)传递-接受教学模式

这是我国中小学教学实践中长期以来所普遍采用、广为人知的一种教学模式,主要运用于系统知识、技能的传授学习。

---

① 王策三.教学论稿[M].北京:人民教育出版社,1985:135-139.
② 吴也显.我国中小学教学模式试探[J].中小学教育,1989(4):23-26.
③ 徐继存,赵昌木.现代教学论基础[M].北京:北京大学出版社,2008:109.
④ 徐继存,车丽娜.课程与教学论问题的时代澄明[M].济南:山东教育出版社,2008:109.

这一模式的基本程序是：激发学习动机,复习旧课,讲授新课,巩固运用,检查。

这种教学模式由教师直接控制着教学过程,按照学生认识活动的规律来规划,通过教师的传授,使学生对所学的内容由感知到理解,达到领会,然后再组织学生练习,巩固运用所学的内容,最后由教师检查或组织学生自我检查学习的效果。

这种模式的特点是能使学习者比较迅速有效地在单位时间内掌握较多的信息,比较突出地体现了教学作为一种简约的认识过程的特性,也是它在教学实践中得以长期盛行不衰的主要原因。但由于在这种模式中,学习者客观上处于接受教师所提供信息的地位,不利于他们主动性的充分发挥,为此多年来一直受到各方面的批评和指责。然而接受学习不一定都是机械被动的,关键是教师传授的内容是否是具有潜在意义的语言材料,能否与学生原有的认知结构建立实质性的联系；教师能否激发学生的积极性,使他们主动地从自己原有的知识结构中提取最有联系的旧知识来固定或类化新知识。如果能实现上述两点,它在掌握知识与技能中所具有的独特功能是无可否定的。

（二）自学－辅导教学模式

自学－辅导教学模式是对上述传递－接受模式的一种改造,主要是把原来由教师系统讲授的部分改为在教师指导下由学生自学教材。这种模式由于充分发挥视觉分析的作用,又较重视学生之间的相互帮助,它比单靠"讲－听"单通道输入信息的效果要好。

这一模式的基本程序是：自学－讨论交流－启发指导－练习总结。

①自学：这是其中最核心的部分。它的目的是在学生独立阅读教材、独立完成作业的过程中培养其自学能力。

②讨论交流：旨在对共同存在的问题经过相互探讨集思广益、取长补短,以提高认识和培养尊重他人的良好品质。

③启发指导：教师在讨论交流的基础上对其中的难点、关键处和不同的看法进行重点启发、解惑、指迷,引导学生自己得出结论；其指导作用的性质和方式,根据自学能力的水平而有所不同。

④练习总结：通过完成各种类型的作业、实验操作,进行评价、改错、小结等活动,使所学内容能纳入已有的知识体系中去。

这种教学模式的主要功能在于激发、促进、锻炼、提高学生的思维能力,充分调动他们的学习积极性。使用这种模式不仅有利于学生自学能力和习惯的培养,而且有利于适应学生的个别差异。在当今信息爆炸的社会,学生的自学能力是加速学生创造性思维发展、提高学生学习主动性和主体意识的必要条件。另外,教师在学生自学时通过对他们进行个别辅导,可加深对各个学生基础水平、理解能力、性格特征等方面的了解,从而根据不同学生的特点进行有针对性的指导。

在这一模式中,教师虽然只起了解惑、释疑的作用,但教师要有的放矢地对学生进行辅导,这更加提高了对教师主导作用的要求。如果教师不能做到这一点,自学就会导致自流,这种模式的优越性也就难以体现。

(三)引导-发现教学模式

这是一种以问题解决为中心,注重学生独立活动,着眼于创造性思维能力和意志力培养的教学模式。

这种教学模式的基本程序是:问题—假设—验证—总结提高。

①问题:这一阶段中所提出的问题一定要难易适度,并能使学习者明白这个问题的指向性。

②假设:教师应尽量在诱发性的问题情境中引导学生通过分析、综合、比较、类推等不断产生假设,并围绕假设进行推理,引导他们将原有的各种片段知识从各个不同的角度加以改组,从中发现必然的联系,逐步形成比较确切的概念。

③验证:教师通过进一步提供具体事例,要求学生去辨认,或由学生自己提出事实来说明所获得的概念。

④总结提高:引导学生自己分析思维的过程和方法。

在这种模式中,师生处于协作的关系,要求学习者能展开积极能动的活动,有时甚至可以扮演主角,但这要根据具体的课题和学习者的情况而定。

这种模式最主要的功能在于使学习者学会如何学习,如怎样发现问题、怎样加工信息、对提出的假设如何推理验证等,因而有利于培养学生的探索能力。但这种模式也有其局限性,一般来说,较适用于数理学科,它需要学习者具有一定的先行经验储备,这样才能从强烈的问题意识中找到解决问题的线索。

(四)情境-陶冶教学模式

这一模式根据人的认识是有意识心理活动与无意识心理活动的统一、理智活动与情感活动统一的观念,强调个性发展不仅要重视理智活动,而且要通过情感的陶冶,充分调动学生无意识心理活动的潜能,使他们在思想高度集中、精神完全放松的情况下进行学习。

这一教学模式的基本步骤是:创设情境—参与各类活动—总结转化。

①创设情境:根据教学目标,教师可以通过语言描绘、实物演示、音乐渲染等手段创设一个生动形象的场景,以激起学习的情绪,有时也可利用环境的有利因素进行。

②参与各类活动：学生通过参与各种游戏、唱歌、听音乐、表演、谈话、操作等活动，使他们在特定的气氛中，主动积极地从事各项智力活动，在潜移默化中进行学习。

③总结转化：通过教师启发总结，使学生领悟所学内容主题的情感基调，做到情与理的统一，并使这些认识、经验转化为指导他们思想行为的准则。

这一模式的主要作用是对学生进行个性的陶冶和人格的培养。它通过设计某种与现实生活类同的情境，让学生在这种意境中自由地与周围人相互作用，从中领悟到怎样对待生活、对待自己，以提高学生的自主精神和合作精神。

（五）示范-模仿教学模式

这种模式多用于以训练行为技能为目的的教学。这一教学模式主要有四个基本程序：定向—参与性练习—自主练习—迁移。

①定向：教师在这个阶段的主要职责，一是向学习者阐明所要掌握的行为技能并解释完成技能的操作原理和程序，二是向学习者示范动作。

②参与性练习：指有教师参加的或有教师亲临指导的练习，它从分解动作的模仿开始。由于决定技能获得的内部刺激是通过由肌肉活动本身的练习反馈所提供的，为了练习的正确进行，就要求对每次练习提供的信息反馈给予及时的强化。

③自主练习：当学习者已基本掌握了动作或操作的要领，能独立做出整套动作时，学习者就可以脱离教师在场的指导，通过加大活动量，使技能更加熟练。这一阶段，学习者之间也可互相交流、观摩。

④迁移：这是学习者学习的最高阶段，即将所用的知识潜移默化，并在新的情境中灵活运用的阶段。这个阶段，教师要通过归纳、总结、点拨，使学生形成运用知识的能力，并逐渐做到熟能生巧。

三、教学模式的选择

任何一种教学模式都有特定的目标和适用范围。正如英国学者丹尼斯·麦奎尔（Denis McQuail）和瑞典学者斯文·温德尔（Sven Windahl）曾指出："适用于一切目的和一切分析层次的模式无疑是不存在的。重要的是要针对自己的目的去选择正确的模式。"[①]对于教师来说，掌握和选择一种教学模式需要预测和分析具体教学情境，在考虑不同影响因素的基础上进行教学模式的选择。

---

① 麦奎尔，温德尔.大众传播模式论[M].祝建华，武伟，译.上海：上海译文出版社，1987：4.

(一)根据教学目标选择教学模式

对于教师来说,每一堂课所要达到的教学目标都可能是具体而不同的,因而所采用的教学模式不同,所要达成的教学目标也相应不同。如果是着眼于培养学生探究精神和实践动手能力,可以采用引导-发现教学模式;如果是着眼于培养学生的自学能力,则可采用自学-辅导教学模式。再如同样是培养学生的认知能力,根据布卢姆的认知教学目标分类,也有不同的层次:识记、领会、运用、分析、综合、评价。这就要求教师在选择教学模式之前先明确要达成的教学目标。

(二)根据教学内容的性质选择教学模式

教学模式总是相对于某种教学内容的。每一种模式都对课程设计的方法和结构有所要求,如范例教学模式要求教学内容具有基础性、基本性和范例性,而发现教学模式则要求教学内容本身就具有结构性。因此,不同的学科,或相同学科的不同性质的内容,都要求选择与之相应的教学模式。如语文教学的每一篇作品并不仅仅是传递知识信息,还蕴含着情感因素。通过语文教学,使学生的情感受到陶冶,是语文教学的一个重要特性。因此,语文教学采用情景-陶冶的教学模式就比较适当。而物理及数学等结构严谨、逻辑性强的学科,就可以采用结构-发现教学模式。①

(三)根据学生的年龄特点和认知水平选择教学模式

不同的教学模式适用的范围和对象都有所不同,教师在选择教学模式时不能主观臆断,还应考虑学生的年龄特点和认知发展水平。例如,自学-辅导教学模式和探究-研讨教学模式,要求学生有一定的知识准备,并掌握初步的自学方法和思维方法,如果盲目运用到小学低年级,就未必适宜。

(四)根据教师的自身特点选择教学模式

教学模式总是通过教师来运用和实现的,因而教师自身的特点也是一个不可忽视的因素。教师在选择教学模式时要考虑自身的学识、能力、性格及身体等诸方面条件,做到扬长避短,选择最能表现自身才华、发挥自身优势的教学模式。

(五)根据教学具备的物质条件选择教学模式

教学活动的顺利开展需要一定的物质条件予以保障。如果超越现有的教学物质条件,选择运用一种不适当的教学模式,往往会加重师生负担,教学模式的效果也难以显现。

---

① 黄甫全,王本陆.现代教学论学程[M].修订版.北京:教育科学出版社,2003:441.

四、教学模式的运用

完成教学模式的选择并不完全意味着教学模式能够顺利运用于教学实践,因为教学模式是一种手段而非目的,教学模式的运用并不是一成不变地照搬,而是不断在过程中调整和超越的。教学活动中教师需要对已选择的模式进行修正、综合和创新以适应具体教学情境的需要。具体来说,教学模式的运用需要注意以下几点:

①树立正确的教学指导思想。如前所述,教学模式总是依赖于一定教学理论或教学思想,教学模式的运用能否取得预期的效果,关键在于是否把握了模式背后的教学理念和指导思想,否则无论采用什么样的新模式,只能是盲目的模仿和机械的套用。例如,如果我们仍然以知识的灌输为教学的指导思想,即使采用了引导－发现教学模式,也往往会流于形式,缺少对知识探究和发现过程的体验,失去这一模式的应有效果,最终表现为由"满堂灌"变成"满堂问"。所以说,要想达到教学模式选择和运用的初衷,树立正确的教学指导思想是前提。

②克服单一,优化组合。教学中不存在一种适用于所有教学情境的万能模式,每一种教学模式都有其自身的优点和缺点。因此,应注意克服教学模式运用的绝对化和单一化倾向,寻求多种教学模式优化组合以发挥集体优势。此外,教学模式不是固定不变的程式,没必要机械套用,教学实践中我们也总是在兼顾教学模式完整性的同时,根据教学的实际情况融会贯通并适时吸收其他模式的某些方面以达到预期的教学目标。

③不断超越和创新。教学模式为教学实践提供了操作范本,因此具有可模仿性和可操作性。但是,教师不能盲目照搬和机械套用。在运用教学模式时,教师应根据具体教学情境对原有模式进行超越和创新,做到有模式但不为模式所限,遵模式但不为模式所拘。

第三节 教学模式的变革与发展

教学模式形成的两种途径,共同决定了教学模式必然受到教学理论与教学实践的影响。同时,教学模式又存在自在性,在实践运用中不断进行自我完善。近年来,随着教学实践中新理念的渗透和信息技术的广泛应用,教学模式的发展也深受这些因素的影响。

一、现代信息技术对课堂教学模式变革的影响

信息时代的到来,改变了教育与学习的生存与发展环境,同时也影响着教

育者的从教手段和从教环境。以多媒体技术、网络技术、虚拟现实技术以及人工智能技术为代表的现代信息技术在教育领域中的广泛应用,已经在不断地挑战着传统的课堂教学模式。一方面,以个人电脑、网络技术和多媒体技术为主要内容的现代信息技术的出现,为教学方式与教学模式的变革提供了新的物质基础。另一方面,学生能够通过各种途径,利用各种资源和工具,以各种方式进行交互学习,学生的信息素养已成为信息时代科学素养的重要组成部分。可以说,信息技术已成为课堂教学模式变革的驱动力和支持力,并通过影响教学构成要素进而对教学模式的发展产生影响。

①对教学方式的影响。现代信息技术为我们提供了人机交互的功能,多媒体技术又使交互形式更为生动活泼,这就为个别化学习提供了便利条件;在网络通讯工具的支持下,小组讨论、合作学习等得以实现;计算机的模拟功能和虚拟技术可以为学生提供角色扮演和虚拟实验的平台;网络以其开放的空间和广泛而丰富的资源为学生的自主学习和探索创设了现实条件。上述这些都有助于教学方式更加丰富、灵活和多样。

②对教学内容的影响。多媒体特别是超媒体技术使教学信息的形态变得立体化、动态化、形象化以及表征的多元化①,使传统教学中的难点和因条件所限无法实现的教学内容得以解决,从而使教学信息更易被接受,也在较大程度上增强了学生对教学内容的感受和理解。

③对学习资源的影响。网络技术与多媒体技术相结合带来的多媒体教学软件、电子书籍、电子期刊、数据库、教育网站、电子百科全书、虚拟图书馆等大大拓展了学习资源的种类和数量,同时也使信息资源的时空结构发生了变化,这不仅有利于使学生的学习变得更为自由和自主,还有助于拓宽学生的视野,教师和课本不再是学生学习知识和技能的唯一途径,他们可以通过各类信息资源完成各种学习任务,并形成自己对知识的意义建构。

④对请教对象的影响。现代信息技术所提供的电子邮件、聊天室、聊天工具、论坛、博客等专题网站不仅能够增加师生之间交流的机会,还可以加强同伴之间的交流与合作。学习者可以通过这些网络工具随时向教师、同伴求教,也可以得到某个领域专家的指导。因此,现代信息技术为学习者通过多种渠道向更多的对象请教提供了现实的平台,同时也为求教的及时性提供最大可能。

这里应该明确的是,信息技术时代背景下的课堂教学模式与传统的教学模式不应是对立的关系,而应是传承与发展的关系。基于信息技术的教学模式应该是建立在现代教育思想、教学理论和学习理论的基础之上,充分利用现代信

---

① 祝智庭.现代教育技术:走向信息化教育[M].北京:教育科学出版社,2002:257-274.

息技术手段的支持和由其提供的无限信息资源,构建一个良好的学习环境,充分发挥学习者的主动性、积极性和创造性的教学模式。信息技术背景下的课堂教学模式变革具有以下两个基本特征:

第一,对传统教学模式的优化和拓展。这种情况是根据传统教学的实际需要应用信息技术的,追求的是教师利用信息技术进行教学所具有的效果,信息技术是一种辅助手段。一般的做法是:由计算机代替或部分代替教师的工作,通过信息技术的功能和特点来加强或拓展教师的职能。由于传统的教学过程由教师讲授、学生感知、巩固知识和运用知识几个环节组成,所以这种思路下的课堂教学模式变革也是围绕着如何优化这几个环节而进行的。① 例如,利用面向学生使用的课件扮演教师角色对学生实施个别化教学;利用电子讲稿代替教师的板书和画图以提高教学效率;利用计算机的模拟仿真功能辅助教师的讲解和演示;利用语义网络、专家系统等认知工具软件帮助学习者发展创造性思维、批判性思维;利用计算机的交互反馈功能对学生进行训练和练习以巩固知识;利用计算机进行考试等。

第二,在新的观察视野和操作环境中构建全新的教学模式。这种情况是根据信息技术所能提供的条件来设计教学活动的,追求的是学习者利用信息技术工具进行学习所具有的效果,信息技术是一种基础手段。② 一般的做法是:将信息技术作为学生学习、探究的工具;利用信息技术创设情境或模拟环境;利用计算机作为解题计算工具;通过计算机网络通讯工具进行合作学习;利用网络资源进行基于问题解决的探究性学习;利用多媒体技术创设支持情景化学习的情境;利用计算机建模技术构造可供学生在其中自由探索的微型世界;利用虚拟现实技术构造虚拟实验室,供学生观察与操纵其中的对象。③

总之,现代信息技术的发展,一方面为教学提供了新的技术支持,另一方面也对教学实践的变革提出了新的挑战。加强教学模式与现代信息技术的整合研究,是知识经济时代和信息化社会对现代教学模式研究的必然要求,也是促进教学模式科学建构的必然要求。④ 目前,通过将信息技术与课程教学的有机整合,探索信息技术背景下的新型教学模式和教学方法,从而不断地提高教学的效果是摆在广大教师面前的新任务。

---

① 张剑平,李慧桂.信息技术条件下教学模式的发展[J].浙江师范大学学报(自然科学版),2004(4):426-429.

② 宗秋荣.基于现代信息技术的教育改革与创新[J].教育研究,2001(5):41-45.

③ 祝智庭.现代教育技术:走向信息化教育[M].北京:教育科学出版社,2002:257-274.

④ 郝志军,徐继存.教学模式研究20年:历程、问题与方向[J].教育理论与实践,2003(23):51-55.

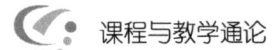

二、基础教育课程改革对教学模式发展的影响

随着教学模式的深化研究和基础教育课程改革理念与实践的深入,传统"灌输式"的教学不再成为永恒模式,各种新教学模式应时代发展要求而不断被构建和创生,总的发展趋势表现在以下几个方面:

第一,在教学目标上,逐渐强调教学模式要对人的知、情、意、行的协调发展起促进作用。传统教学模式中,教学目标单一,往往只重视知识的掌握,认为学生只要掌握了知识和技能就会自然而然地促进智力和才能的发展。新一轮基础教育课程改革实施以来,人们已经普遍将知识与技能、过程与方法、情感态度与价值观看作教学中不可分割的三维目标,相应地在教学模式的构建、选择和运用上也体现了对学生智力因素和非智力因素协调发展的极大关注。

第二,在师生组合中,"主体性"得到重视和发挥,师生组合和互动方式更趋科学。在师生关系和角色定位上,既摆脱了传统教学模式过分强调教师的权威作用,又充分肯定了学生的主体地位和教师在整个教学过程中的引导作用。

第三,在评价方法上,改变传统教学模式中评价的选拔功能,注重发挥评价的诊断和发展功能,评价方法呈现多元化。如将教师评价和学生的自我评价相结合,将诊断性评价、形成性评价和终结性评价相结合。

第四,在选择和运用上,从单一向多样和创新发展。传统教学活动中往往采用拿来主义且一种模式贯穿到底,很难应对和处理教学情境中出现的与模式预期不一致的具体情境。新课程背景下随着教学实践的复杂性和动态性以及人们对教学模式认识的不断清晰,教学模式的运用不再拘泥于某一种类,逐渐呈现借鉴与融合相结合、多元和创新相贯通的趋势。

第五,基于实践研究而创生的教学模式得到认可和推广。传统教学模式的研究大多集中探讨教学模式的概念、结构、特点等,对于教学模式教学实践基础关注较少。从教学的构成逻辑看,教学模式的构建与发展离不开教学实践,同样,教学模式的推广和应用也离不开教学实践。事实上,基于教学实践所提升的教学模式更容易得到推广和认可,我国基础教育课程改革实施以来,全国不断涌现的诸如杜郎口"三三六"模式、昌乐二中"271"模式等九大高效教学模式就是很好的例证。

> **信息专栏 14-2**
>
> **全国九大高效教学模式**
>
> 1. 山东杜郎口中学的"10+35"模式
>
> "10+35"模式,即教师用 10 分钟分配学习任务和予以点拨引导,学生用 35 分钟"自学+合作+探究"。也称为"三三六"模式。

2. 山东昌乐二中的"271"模式

"271"模式,在时间上要求教师的讲课时间不大于20%,学生自主学习占到70%,剩余的10%用于每堂课的成果测评。同时"271"还体现在学生组成和学习内容划分上。

3. 山东兖州一中的"循环大课堂"模式

"三步六段"是课堂的组织形式,包括35分钟的课堂展示和10分钟自主预习。导学案是"循环大课堂"的核心要素。

4. 江苏新知学校的"自学·交流"模式

学生通过"学案"进行自主学习,通过"交流"表达自我。

5. 河北天卉中学的"大单元教学"模式

"大单元教学"模式具有三大特色:大整合、大迁移、大贯通。其具体表现形式是"三型、六步、一论坛"。

6. 沈阳立人学校的"124"模式

"1"即整合后一节课的教学内容;"2"即自学课和验收课两种课型;"4"即四大教学操作环节:目标明确、指导自学、合作探究、训练验收。

7. 江西宁达中学的"自主式开放型"模式

课堂划分为预习、展示、测评。具体在操作上主要包含四个模块:自学、交流、反馈、巩固拓展。

8. 郑州第102中学的"网络环境下的自主课堂"模式

该模式由预习、展示、调节、达标四个环节组成。

9. 安徽铜都双语学校的"五环大课堂"模式

"五环大课堂"由自研课、展示课、训练课、培辅课、反思课五种课型构架而成。

[资料来源]根据2010年全国高效课堂博览会郑州会议交流主题整理而成。

多年来,无论是受外域理念影响还是本土实践创生,各种教学模式在中小学的推广和应用越来越广泛,但事实上很多学校的借鉴却以失败告终,这都源于教学模式的生搬硬套、东施效颦,源于学校和教师未能从教学实际出发,未能从本质上关注和处理教与学的关系,未能发挥教师在教学中本真的主导作用,使教学处于自流形式。因此,以学定教、以生施教,深刻领会某一种教学模式的科学实质和运用条件是有效选择教学模式的前提。

【本章小结】

1. 教学模式是在一定的教学思想或教学理论指导下,为实现预定的教学目标而设计或发展起来的相对稳定的教学流程及其方法体系。它是关于整个教学过程"怎么教"的模式,具有整体性、简明性、指向性、探索性、操作性和发展性的特点。

2. 教学模式是教学理论和教学实践得以沟通的桥梁,它既是教学理论的具体化,又是教学经验的一种系统概括。一方面,教学模式可以通过简明扼要的象征性符号、图示和关系的解释,使人们在头脑中形成一个比抽象理论具体得多的教学程序性框架,便于人们对某一教学理论的理解,也为这种教学理论运用于实践提供了较为完备的、可操作的实施程序。另一方面,教学模式还具有指导、预见、系统化和改进的功能。

3. 从教学理论的角度来看,科学完整的教学模式一般应由六个基本的因素构成,即指导思想或理论依据、达成目标、师生组合、操作条件、活动程序和评价方法。这六大方面不仅是设计或总结科学教学模式应具备的基本因素,也是检验已有教学模式合理性与科学性的基本标准。

4. 依据教学模式是指向人类自身还是指向人类的学习,可将其分为人际交往型教学模式、信息加工型教学模式、个别化教学模式和行为控制型模式。然而,任何一种教学模式都有特定的目标和适用范围,需要根据具体教学情境,在考虑不同影响因素的基础上选择和运用教学模式。

5. 国内教学模式的主要类型有:传递－接受教学模式、自学－辅导教学模式、引导－发现教学模式、情境-陶冶教学模式、示范－模仿教学模式。

6. 近年来,随着教学实践中新理念的渗透和信息技术的广泛应用,教学模式的发展也深受这些因素的影响。其中,信息技术已成为课堂教学模式变革的驱动力和支持力,并通过影响教学方式、教学内容、学习资源教学构成要素进而对教学模式的发展产生影响。此外,随着教学模式的深化研究和基础教育课程改革理念与实践的深入,教学模式的发展呈现出新的趋势特征,并表现出课改实践中对教学模式的若干尝试性探索。

【复习思考】

1. 什么是教学模式,它具有什么样的特点?

2. 为什么说教学模式是教学理论和教学实践得以沟通的桥梁,具体功能表现在哪些方面?

3. 教学模式由哪些基本因素构成?
4. 怎样有效选择教学模式?
5. 国内教学模式有哪些类型,教学实践中如何操作?

【实践活动】

1. 活动一:在中小学随机听课1—2节,首先观察并分析授课教师所选用的教学模式,其次审视该教学模式运用的适切性,最后总结出运用优势或不当之处。

2. 活动二:由于很多同学对教学设计、教学模式、教学方法、教学策略等概念及其相互关系认识模糊,请你构建一个模型或关系图清晰地解释和呈现这些概念的内涵和关系。

【拓展阅读】

[1] 侯毅. 教学模式[M]. 北京:中央民族大学出版社,2002.

[2] 乔伊斯,威尔,卡尔. 教学模式[M]. 7版. 荆建华,宋富钢,花清亮,译. 北京:中国轻工业出版社,2009.

[3] 郝志军,徐继存. 教学模式研究20年:历程、问题与方向[J]. 教育理论与实践,2003(23).

[4] 钟海青. 教学模式的选择与运用[M]. 北京:北京师范大学出版社,2006.

[5] 何克抗,吴娟. 信息技术与课程整合的教学模式研究(系列论文)[J]. 现代教育技术,2008(7-12).

【网站链接】

1. http://www.thecenter4learning.com/html/resources/hetmodel.htm The HET Model,外文网站主页,即有效教学模式的主要研究内容和实践成果。

2. http://www.pearsonhighered.com/assets/hip/us/hip_us_pearsonhighered/samplechapter/0132179334.pdf,主题是 Models of Teaching and Developing as a Teacher,从当前学习和教学的现实问题出发,探讨了教师如何开展教学实践。

第十五章
教 学 组 织

【学习目标】

1. 理解教学组织的内涵及作用;
2. 了解国内外教学组织形式的演变历程;
3. 掌握我国中小学现行教学组织形式的主要类型,并辩证地认识不同类型组织形式的应用利弊;
4. 分析当代教学组织形式的发展趋势。

【关键术语】

教学组织;教学组织形式;班级授课制;个别化教学;小组教学;现场教学;复式教学

当教学过程的各个要素已经准备好了,要达成预期教学目的,教师就需要考虑按照什么形式把学生组织起来,通过什么方式使教与学紧密联系,怎样合理地控制和利用时空条件以及其他教学条件因素来组织教学、展开活动以有效地完成教学任务。这些就形成了教学组织研究的主要范畴。

第一节 教学组织概述

什么是教学组织?其内涵总是处于不断地发展和变革之中,我们在了解教学组织形式的主要类型及其变革发展之前,先要厘清教学组织的基本概念。

一、教学组织的概念

对于教学组织的概念,国内外教育理论界还未形成一致界定。在英美等国的教育论著中,对教学组织的界定通常都是与具体的类型进行关联,如分组教学、个别教学等。苏联教学论学者斯卡特金认为,"教学组织就是由既定的作息制度和规章制度规定的师生之间的相互作用"①。休金娜指出"教学组织形式中体现出对学生的学习活动进行的严密的、按时间的组织,它与教师的活动又是相互联系的。这种活动可以是全班教学、小组教学、个别教学,也可以是群众性的教学"②。我国学者对教学组织的研究主要集中在班级教学制、课的结构和类型、师生组合方式、课堂教学时空组合方式及比较研究等方面。③ 在教学组织的概念界定上,有学者认为"教学组织即学生在教师指导下掌握课程教材的组织框架。"④还有学者认为教学组织就是要解决"怎样把一定的教学内容传授给学生,教师和学生如何加以组织,教学的时间、空间以及其他条件如何妥善安排和有效地利用"⑤。

综上,教学组织就是依据特定的教学目的和教学内容,将教学过程中各要素有机地组合起来,以一定的结构和程序形式存在并表现。教学组织主要涉及

---

① 斯卡特金.中学教学论:当代教学论的几个问题[M].赵维贤,丁酉成,刘梦华,等译.北京:人民教育出版社,1985:266.

② 休金娜.中小学教育学[M].华东师大比较教育研究所,译.北京:人民教育出版社,1984:295.

③ 沈小碚.教学组织形式研究的发展及其问题[J].西南师范大学学报(人文社会科学版),2003(1):76-82.

④ 张华.课程与教学论[M].上海:上海教育出版社,2000:314.

⑤ 徐继存,周海银,吉标.课程与教学论[M].济南:山东人民出版社,2010:219.

的基本变量有教学活动发生的时间、教学活动发生的空间、教学活动中学生之间的组合结构、教学活动中教师与学生之间的结合方式。① 换言之,我们要明确教学活动应该怎样组织、教学的时间和空间怎样进行有效地控制和利用、师生及教学内容等因素之间的关系和结构的安排等问题。具体地说,教学组织主要内涵包括:

①师生互动。教学组织形式直接体现为师生相互作用的方式。这种作用方式既可以是直接的,也可以是间接的,既可在班集体中进行,也可在小组内或个体间进行。师生比例及互动关系的不同安排决定不同的教学组织形式,而特定的教学组织形式又会影响教与学的活动功能。

②时空结构。教学活动必然是在一定的时空背景中组织进行的。不同的教学时间和教学空间,就会形成不同的教学时空环境,也就会相应影响教学组织形式的变化。课时是现代教学组织的基本时间单位,教室(包括实验室和体育场所)是现代教学组织的基本空间单位。课时的程序化安排与教学目标、内容、方法有着密切的联系,空间的物理组成也影响目标、内容和方法的实施。

③要素组合。教学组织形式涉及各教学要素怎样在特定的师生互动、时空结构中发挥集结作用。实际教学中,为什么同样的内容、方法会在不同组织环境中显现出不同的教学效果,其原因就在于教学各要素通过教学组织形式的优化配置发挥了综合效用。一方面,教学组织形式要适应教学的目标、方法、内容和技术手段的更新,做出合理配置;另一方面,不同的教学目标、内容、方法等要素需配置于相应的教学组织形式才可能发挥最优效用。

二、教学组织的作用

教学组织在教学理论和教学实践中,"处于真正具体落脚点的地位,带有综合、集结的性质"②。教学目的、教学内容、教学手段、教学过程等要素都最终综合、集结并具体落实到一定的组织形式中去,以各种各样的结构组织起来发挥作用。这些作用主要表现在:

①教学组织是教学目标和内容得以落实的基本保证。教学目标的达成和教学内容的传递最终都要落实到一定的教学组织形式中,教学目标和教学内容决定了教学组织形式的选择,教学组织形式对于教学目标和内容的存在和实现又具有积极的反作用,即教学组织蕴含并指向特定的教学目标,是教学内容得以传递的实践形式。

---

① 陈佑清.教学论新编[M].北京:人民教育出版社,2011:351-352.
② 王策三.教学论稿[M].北京:人民教育出版社,1985:272.

②教学组织制约着教学规模和教学效率。从教学组织形式的历史发展和演变过程中,我们可以清楚地看到,从个别教学向班组教学再向班级教学的过渡过程,也正是教学效率由低到高、教育规模由小到大的变化过程。① 例如,班级授课制之所以能成为教学的基本组织形式,其意义就在于有助于提高教学效率和扩大教育规模。

③教学组织影响着学生个性和情感的发展。教学组织包含了特殊的师生互动,教学组织形式直接体现为师生相互作用的方式。因此,由不同师生比例、组合方式及互动关系构成的特定教学组织形式又会影响教与学的活动功能,这其中也影响着学生个性和情感的充分、自由、全面的发展。

④教学组织直接影响教学质量。现代系统论认为,系统要素的结构直接影响着系统的功能,结构不同,功能也就不同。教学活动的各个因素在时空上的关系组合之结构,必然影响教学活动的功能或成效。不同的教学组织形式会产生不同的教学功能,所以教学组织形式如何选择或者选择的科学与否,与教学质量密切相关。例如我国在建国后有些地区和学校开展教学组织形式的改革,进行个别教学、现场教学和复式教学,但都由于这些教学组织形式未能明显提高教学质量而昙花一现。需要注意的是,尽管班级教学对于提高教学质量具有特定的优势,但不能把班级教学组织形式神圣化和绝对化,还需根据实际情况进行必要的改革以保证教学的"实然成效"。

第二节 教学组织形式演变历程及主要类型

教学组织总是以特定的外在形式进行表现的,而这种形式必然是社会生产和科技发展要求在教育中的反映。尽管每一种教学组织形式都有其合理与不合理因素,但它们都体现了社会对教学的需求,都是随着社会历史发展而产生和变迁的。

一、教学组织形式的演变历程

纵观国内外教学组织形式的总体演变过程,都是从个别教学走向班级授课制,只是在这条主线的基础上呈现出多样化的发展轨迹。

---

① 余文森,刘家访,洪明.现代教学论基础教程[M].长春:东北师范大学出版社,2007:105.

(一)国外教学组织形式的演变历程

个别教学在历史上最早出现,是古代学校的基本教学组织形式,个别教学就是教师在同一时间以特定内容面向一个或几个学生进行教学的组织形式。中外各国封建社会及其以前的学校,大都采用个别教学的形式。

15世纪末16世纪初,西欧国家资本主义生产方式开始产生,要求扩大教育对象,丰富教学内容,加快教学进度,个别教学不论在培养人才质量还是数量上,都不能适应社会发展的需求。一些学校便开始班级授课制的尝试,最先采用这种教学组织形式的是15世纪末的一些人文主义学校。然而,最先在理论上确定班级授课组织的则是捷克教育家夸美纽斯①。17世纪,夸美纽斯在总结前人和自己的教学实践经验的基础上,对班级授课制进行了理论上的阐述,肯定了这一教学组织形式的优越性。自此,课堂教学逐步成为西方学校普遍采用的教学组织形式。

19世纪末20世纪初,为适应现代生产和科技的发展,欧美各国针对班级授课制本身存在的不足,出现了以改革班级授课、适应学生个别差异为特点的新的教学组织形式,如道尔顿制、文纳特卡制、柏布洛制等。其中,道尔顿制和文纳特卡制在纠正班级授课组织的弊端,适应学生的个别差异,培养学生学习的自主性、自觉性、责任感和自我教育能力等方面,都作出了重要贡献。② 在20世纪二三十年代,这些教学组织形式开始广泛被流传,在世界范围内产生了深远影响。

现代学校的教学组织形式在第二次世界大战后,朝着两个相反的方向发展。一方面表现为苏联坚持和完善班级教学制在20世纪30年代,苏联教育部颁布了《关于小学和中学的决定》等文件,强调课堂教学仍然是中小学教学工作的基本形式。另一方面表现为西方各国大胆尝试采用开放性的个别化教学形式,寻求既不失集体影响,又有个人独立自学的教学组织形式。西方各国在改革中试图从全面系统的角度,分析研究影响教学活动的各种因素,寻求教学组织形式的最佳结合。从而出现了如像分组教学、不分级制、特朗普制、活动课时制、开放教学、小队教学、程序教学、选科制等多种教学组织形式的发展格局。③

(二)国内教学组织形式的演变历程

我国封建制度确立之前,教学组织形式较为单一,主要表现为私塾教育中的个别教学。比较而言,中国的个别教学出现较早,持续时间长。封建制度确

---

① 佐藤正夫.教学论原理[M].钟启泉,译.北京:人民教育出版社,1996:314-315.
② 张华.课程与教学论[M].上海:上海教育出版社,2000:322.
③ 沈小碚.教学组织形式研究的发展及其问题[J].西南师范大学学报(人文社会科学版),2003(1):76-82.

立之后,随着官学、私学的规模日益扩大,开始出现了"弟子以次相授""会讲""个别-小组教学制"。到宋元明清时期,类似于班级教学的形式开始出现,如分斋教学、分组教学及书院教学。

受西方影响,我国最早实行班级授课制是1862年清政府开办的京师同文馆,随后《癸卯学制》(1903年)对此加以确定并逐步在全国各级学校推行。此外,从洋务学堂的创立到新中国成立之前,由于特殊的社会背景,设计教学法、道尔顿制、文纳特卡制等西方教学组织形式的引进和实验也产生了一定的影响。其中,设计教学法对中国教育实践影响最大,理论最为系统化。1920年,江苏省首次推行设计教学法。教育家俞子夷也做过类似的实验。根据设计教学法的基本构想,结合中国教育实践,曾创造了协动教学法。道尔顿制转道英国传入中国,教育家舒新城大力宣传,曾在上海吴淞中学进行过教学实验。1936年9月,中华书局出版《文纳特卡新教育法》(龚启昌、沈灌群译),河南省立开封第二小学、福州市实验小学先后进行过模仿实验。①

新中国成立以后,受苏联教育理论的影响,班级授课制不断得到完善并逐渐规范。这一时期也有人针对特殊国情对个别教学、现场教学和复式教学等教学组织形式进行研究和实践。但总体上我国在近代和建国初期,教学组织形式在理论和实践上移植和模仿的成分较多。到改革开放以后,我国学者和教育工作者在继承与改造、借鉴和创造的基础上,结合实际创建了多种教学组织形式。

从古到今,教学组织形式呈现出不同的面貌,各个时代的社会生产水平及教育资源和教育要素的供求关系决定了教学组织形式的不断变革发展。

二、教学组织形式的主要类型

(一)教学组织形式的分类

根据不同的标准可以对教学组织形式进行不同的分类。通常是根据教学单位的规模和师生交往互动的程度来划分教学组织形式。

按照教学单位的规模大小,可分为个别教学、小组教学、班级授课(小班教学、大班教学、合班教学)。

按照师生交往的程度划分,可分为直接的教学组织形式(包括个别教学、小组教学、班级授课等)和间接的教学组织形式(包括个别学习、伙伴学习、合作学习、广播电视教学、计算机教学等)。

按照组织形式的核心要素的不同来进行分类:①学生的组织,比如个别教学、群体教学、班级教学、分组教学和开放教学;②教师的组织,比如包班制、科

---

① 曾天山.教学组织形式比较研究[J].西北师大学报(社会科学版),1992(1):78-83.

任制和小队教学;③空间的组织,比如课堂教学、课外活动和现场教学;④时间的组织,比如学年、学日和课时。

根据其他标准划分的教学组织形式还有:①固定课时制和灵活课时制;②年级制、不分年级制、弹性升级制;③单式教学、复式教学;④包班制(一班一师)、分科科任制(数名教师各负责一定科目的教学)、小队协同制(由多名教师及教辅人员协同负责教学);⑤课堂教学和课外教学;等等。

(二)我国中小学现行教学组织形式

尽管就世界范围来看,在教育实践中存在着各种各样的教学组织形式,但就我国目前的具体情况而言,班级课堂教学仍然是中小学采用的基本教学组织形式,现场教学、个别指导和小组教学是教学的辅助组织形式,复式教学是教学的特殊组织形式。

1.教学的基本组织形式——班级课堂教学

班级课堂教学是按照一定数量将年龄、文化程度相近的学生编成班组,由教师按教学计划规定的课程内容、教学时数和教学进度表(课表),进行分科式集体教学的一种教学形式,也称班级授课制或班级教学。它的突出特点是一个教师可以在同一时间内面向一个班的学生进行教学。

班级课堂教学的出现,是教学组织形式的一大变革,具有历史进步性。相比个别教学形式,班级课堂教学有许多优点:能够充分发挥教师的主导作用,增强教学的组织性、计划性和系统性;能够扩大教学规模,加快教学进度,提高教学效率,使学生结成学习集体,相互学习和商讨;能够按固定课表多科交叉上课,调节学生大脑,引起学习兴趣,实现劳逸结合;同时,也便于对学生进行集体主义教育。当然事物都是一分为二的,班级课堂教学形式也存在着不足,主要是教学进度强调同步统一,不利于照顾个别差异、实行因材施教;以教师讲授为主,容易产生理论与实践脱节的现象。

(1)班级课堂教学中课的类型

课的类型是指根据教学任务而划分的课的种类。课的类型的划分和运用,对于教学实践有着重要意义。在教学过程中,教师如果能够根据教学任务、教学内容、学生年龄特征以及课的前后联系等,正确地选择和运用不同类型的课,就会使上课形成一个完整的课的体系,从而保证教学过程的完整性,使学生能够全面、牢固地掌握知识、技能和发展智力。课的类型基本上分为两大类:

单一课:是指在一节课内主要完成一项教学任务的课。这类课一般又分为讲授新知识的课,巩固知识的课,培养技能的课,检查知识的课等。中学高年级的上课,多采用这种单一课型。

综合课:又称混合课。指在一节课内同时实现两项或两项以上教学任务的课。这种课是小学或中学低年级经常采用的上课类型。这是因为小学和中学低年级的教材内容比较简单,不需要一节课都用来实现单一任务;也因为学生的注意力不容易长时间集中。所以一节课内常常把讲授新课、复习和巩固、检查提问、作业练习交叉起来进行。

(2)班级课堂教学中课的结构

课的结构是指课的组成部分和各部分进行的顺序及其时间的分配。课的类型不同,课的结构也有差异。综合课一般由组织教学、复习检查、传授新知识、巩固新知识、布置作业等五部分组成。单一课中的传授知识的课、复习课或训练课等,各有其特定的组织结构。但一般来说,不管何种课型都包括三个部分:以组织教学为内容的开始部分,以完成主要教学任务为内容的中心部分,以巩固知识为内容的结束部分。

影响课的结构的因素不仅包括教学目的和课的内容,而且还包括学生的学习能力和教师上课时所采用的教学方法。所以,课的结构的安排应该是多种多样的,而不应该是千篇一律的。

2.教学的辅助组织形式

(1)个别指导

在课堂教学的同时,对个别学生或小组进行个别指导,这是班级课堂集体教学有效的辅助形式,这种形式在我国已有几千年的历史。中国古代教育家在个别指导方面已为我们积累了许多宝贵的经验,从中国教育史中可以吸取和借鉴这方面的经验与做法。

由于班级教学大多从学生的年龄、程度等共性出发进行,又由于每个学生在学习上都有自己的特殊情况和需要照顾的地方,因此为了适应学生的个别差异,在课堂教学的基础上辅以个别指导,无论对优秀学生、后进生还是一般学生都有积极的作用。

对学生的个别指导主要包括以下几个方面的工作:

第一,个别答题、辅导、补课等。

第二,对课外阅读的指导。

第三,对课外作业的指导与检查。

第四,对学生学习方法的指导。

第五,聘请有关人员担任辅导员,定期对个别学生进行辅导。

随着现代化教学手段的广泛使用,教师还可以通过录音、录像以及图书资料中心和计算机中心等各种手段与设备来指导个别学生的学习,也可以根据各个学生自己的需要与条件来选择学习的内容和时间,这种可选性和灵活性,使得个别指导具有了很强的适应性。目前,这种组织形式是中小学课堂教学的重

要组成部分,而且它的作用正在日益加强。

(2) 小组教学

20世纪60年代以后,随着教学组织形式的改革,小组教学已越来越多地受到欧美教育家的重视,甚至成了某些发达国家小学教学的基本活动形式。但就我国目前中小学教学的实际情况而言,小组教学仍被看成是班级教学的辅助形式,在课堂教学中所占的比重并不很大。随着素质教育的全面推进与基础教育课程和教学改革的深化,小组教学在我国中小学的教学活动中的地位正在进一步加强。

小组教学的优点是,有利于实行教学民主,调动学生学习的积极性与主动性,建立良好的师生关系和学生之间的关系。小组教学的形式是多种多样的,概括起来有以下八种:

①小组合学:某些有一定难度的课题,伙伴间可分工合作学习。如查字典释义,每个人查几个,然后互相交流;造句时每人造一句后评出最佳句;一题多解的数学题,每人解一种方法,最后交流评出最优解法等。

②小组尝试:教师事先帮助学生掌握一些尝试程序。如怎样尝试识字、尝试阅读、尝试写作、尝试解题,伙伴间在尝试时碰到困难,可相互交流,"小老师"可帮助突破难点。

③小组讨论:组内伙伴可轻声或通过体态语言、书面语言、符号语言进行交流,共同探讨,获得正确解答。

④小组作业:比较困难的作业,小组伙伴可围在一起做,讨论启发,"小老师"可给予帮助。

⑤小组评改:某些作业可在小组内自改,相互评改,或由"小老师"评改。

⑥小组读背:小组进行朗读与背诵练习,在小组长领导下逐个进行角色朗读和背诵检查。

⑦小组游戏:可适当开展配合教学所需的无声的或轻声的游戏学习、作业。如生字搬家游戏、猜字谜游戏、看图找错处、解数学问题智力游戏等。

⑧小组竞赛:可在小组内或小组间进行。如看拼音默写生字、默写词语、书写背诵课文、口算题等。①

(3) 现场教学

所谓现场教学,就是教师结合一定的生产现场和社会生活现场条件,同现场有关人员共同组织的教学。它可以给学生提供直接知识,丰富他们的感性认识,对于理论联系实际有着重要的作用。通过现场教学,能够使学生更深刻地

---

① 肖文娥.小学教学论[M].北京:高等教育出版社,1997:170-171.

理解和掌握书本知识,并培养他们运用知识的能力。由于这种教学是对实际事物的直接接触,因而有助于把学到的东西牢固记忆和保持。

现场教学大体有两种类型:一种是根据学习某门学科知识和技能的需要,组织学生到有关现场进行教学;一种是学生为了从事某种实践活动,需要到有关现场学习有关的知识和技能。在现场教学中,可以使学生更好地认识社会,认识现实。通过对革命遗迹、文化古迹和祖国建设成果的了解,对学生思想意识、道德品质和政治态度产生重要的影响。这些在知识方面与思想品德方面的特殊教育作用,是单纯课堂教学中所难以实现的。因此,适时地创造条件进行现场教学是必要的。

组织现场教学要做到以下几点:

①组织现场教学的目的要明确。通过现场教学要解决什么问题,完成什么任务,教师、学生和参与教学的现场有关人员都必须做到心中有数。这样才能选择好恰当的课题,物色好适宜的现场,才能保证现场教学与课堂教学的配合和衔接。

②要有计划性。现场教学要在教师指导下,有准备、有计划、有组织地进行,必须争取得到现场工作人员直接的合作与支持,最好是同现场工作人员共同拟定活动计划。

③要重视理论的指导。现场教学是理论与实际结合的较为理想的形式,它为学生提供了大量的实际知识和感性材料。这就要求教师注意理论指导,引导学生在充分的感性材料的基础上进行抽象概括,由感性认识上升到理性认识,从理论的高度分析和认识实际问题。

④要做好现场教学的总结工作。总结的方式可以是教师讲解,也可以分组座谈心得体会。

3. 教学的特殊组织形式——复式教学

所谓复式教学是指把两个年级以上不同程度的学生编在一个班里,由一个教师在同一个教室同一课时里分别用两种以上的教材交叉地对学生进行教学的组织形式。它是解放前后偏远农村小学课堂教学的一种特殊组织形式。

复式教学保持了课堂教学的一切本质特征,如班级、课堂和统一时间等,所不同的是教师在一节课内要巧妙地同时安排几个年级和多种教学活动。它主要适合于学生少、教师少、校舍和教学设备条件较差的地区,对于普及农村特别是山区的小学教育有重要的意义。我国许多偏远的农村地广人稀,交通落后,学校条件较差,有的学校甚至只有一个教师和一间教室,因此多采用这种教学形式。在我国目前农村经济、文化相对来说比较落后,学校还不发达而又急需普及小学教育、提高农村人口素质的情况下,这种教学组织形式还会在一定时期内作为一种必不可少的特殊教学组织形式而得到重视。

复式教学与单式教学相比有许多先天的缺陷,如学生获得教师直接指导的时间少于单式教学;不同年级的学生在一个教室里学习,互相之间的干扰也较多;教师无论是备课还是上课遇到的困难多,工作量相当繁重。教学实践证明,组织安排得当的复式教学也能取得较好的教学效果,而且对于学生的基本训练、自学能力、小干部的独立工作能力等方面的培养往往会有一定的优势。

总的来看,随着我国基础教育阶段素质教育的全面实施,对中小学教学组织形式的改革也提出了越来越多的要求。以课堂教学为基础,多种组织形式并存已成为新世纪我国中小学教学组织形式发展的趋势。

第三节 当代教学组织形式的变革与发展

17 世纪以来,班级授课制一直是基础教育最主要的教学组织形式。与此同时,人们注意到其局限性,即这种教学组织形式难以照顾学生的个别差异。如何有效地克服教学组织形式的局限性,更好地组织教学,这是当代教学论研究中关于教学组织形式的一个重要争论焦点。随着大数据时代的到来,信息化社会的高速发展对教育的要求和影响也在不断提高和加深,适应学生个性发展需要的教学组织形式变革已逐渐成为一种世界性共识,在这种共识的前提下,教学组织形式的显性变革和潜在创新同时呈现出"现在进行时"的状态。

一、对班级授课制的改革与实践尝试

(一)缩小班级规模

尽管班级授课制有其难以克服的弊病,但它经过数几百年的发展仍有其不可替代的优势。同时,班级授课制本身也在不断自我完善和更新,表现为世界各国的缩小班级规模运动。如法国改革班级授课形式的目标是,每班学生不得超过 25 人。美国教育学家格拉斯(G. V. Glass)和史密斯探讨班级规模对学生成绩的影响,结论是每班定额为 15 人,较少发现课堂纪律问题,便于学生相互理解和交流。加州通过立法,规定每班学生编制为 30 名。[①] 美国克林顿政府的 CSR(Class Size Reduction)计划采用联邦政府拨款的方式推动实施,准备将中小学各年级班级学生人数从平均 23 人减少至 18 人(2005 年实现)。日本教育研究学会的调查显示,低年级教师认为最恰当的班级大小为 20 人,日本山形县 2002 年实施的"新新计划"规定义务教育阶段的初中和小学各班人数为 30 人。

---

① 曾天山.教学组织形式比较研究[J].西北师大学报(社会科学版),1992(1):78-83.

我国台湾地区决定以 10 年为限(1998—2007 年),国民小学班级人数降为 35 人,国民中学班级人数降为 40 人。我国澳门地区已经实现了每班 35 人的目标。① 实践证明,缩小班级规模在一定程度上改变了班级教学组织"流水线生产"的现状,使学生能够得到更多的关注,获得更多的指导,师生间的互动与交流得到加强。

(二)班级授课制的分化与变式

诚如前述,世界各国都试图从全面系统的角度,为班级教学组织提出一系列改革措施以弥补其缺陷。由此也就出现了班级授课制的弹性化或分化等多种变式,具体表现在:

①学生组合方式的变化。德国教育家克雷因(H. Klein)提出了"班级授课组织内适应学生个别差异"的教学组织,把学生的学习时间分为两部分:一部分是班级中所有学生参与共同学习过程的课时,称"核心教学";另一部分是差等生所用的课时,称"分组教学"。当对差等生进行补充性教学的时候,优等生可以自由地进行形形色色的"专门教育",这些"专门教育"超出大纲的规定,包括参与各种兴趣小组,追加新的学科,组织研究小组、研究课及研究团体等②。与之相似,法国实行同质组合和异质组合,以同一年级的 100 名初中生为单位,按学生能力和水平分成四个学科同质单位,其他科目按异质单位组织。

②教学时间组合方式的变化。20 世纪 50 年代,美国一些学校采用"活动课时制",即针对班级教学的单位时间做了变动。不同的学科和教学活动使用不同的课时,核心课程延长时间,辅助课程缩短时间。采用这种形式,使教学适应不同的学科和年级学生的特点,但同时也增加了教学管理的工作量。

③课程组织方式的变革。这里列举两种变革形式,一是选科制,二是微型课程。选科制在五六十年代流行于西方国家,有两种形式,一是按照学校开设的主要科目建立侧重点不同的班级,开学初由学生自由选择;二是对于某些核心课程,学生有权选择班级学习,而学习其它课程仍在学校规定的班级内。③ 微型课程从 20 世纪 70—80 年代在美国开始出现,微型课程与现行的一次开设半学年或一学年的课程不同,其课程学习时间比较短,短的 3 周,长的也不过 6 周。课程目的是要使中学学生学习多种类型的课程,或选择他们所感兴趣的课程。微型课程多是采取选修的方式。④

④班级教学的弹性化发展。这一改革主张的典型代表就是不分级制,由美国著名教育家古德莱德于 1959 年最早提出。他的《不分级小学》在欧美被认为

---

① 潘洪建,刘华,蔡澄.课程与教学论基础[M].镇江:江苏大学出版社,2012:214 - 215.
② 张华.课程与教学论[M].上海:上海教育出版社,2000:324.
③ 曾天山.教学组织形式比较研究[J].西北师大学报(社会科学版),1992(1):78 - 83.
④ 许明.美国中学教学组织形式的改革[J].外国中小学教育,1986(1):3 - 5.

是不分级制的开创性著作。古德莱德批判分级制是一种僵化的教育体制,无法实现学生的多样化和差异性发展。在实证研究基础上,古德莱德提出了不分级制。这种教学组织形式主张学习进度、课程范围和深度乃至学习年限,均按学生个人能力而定,一般采用小队协同教学。不分级制曾在五六十年代被美国学校广泛采用。这种教学组织形式也得到了其他一些国家的拥护,如1999年,芬兰颁布《芬兰高中教育法》,明确规定所有高中都应采纳无年级制。实行无年级授课制的学校,不为学生分班或分配固定教室,不同学年入学的学生因选择同一课程而坐在一个教室。学生根据自身情况和各自不同的兴趣爱好,选择制定自己的学习计划,选择不同的学段课程和适合自己的任课教师。[1]

需要指出的是,上述对于班级授课制的分化和弹性化发展,尽管还有诸如专用教室制、小队教学、包班制等变式的存在,但我们并没有按照变化的特征和趋势对班级授课制的各种变式一一罗列。因为,这些变式属于班级授课制自我更新和自我完善,并没有真正独立成为一种新的教学组织形式。正如有学者所论证的那样,"形式的典型特征是它的时空限定和结构",时空限定和结构差异也就构成了复杂的教学组织的"式","如果时空及结构大致相近,形式只能是'变式',如果时空及结构差异较大,则会呈现'新式'"。[2]

二、个别化教学的当代发展动态

从教学组织形式发展历程来看,人们对个别化教学的探讨和实验并没有伴随班级授课制的成熟而停止。相反,正是由于班级授课制不能适应学生个体差异的缺陷,使得个别化教学在批判前者的过程中逐渐形成了独立的时空与结构。在这个过程中,20世纪初产生的道尔顿制和文纳特卡制开创了个别化教学的先河,随后斯金纳的程序教学、美国威斯康星大学开展的"个别指导教学"推动了个别化教学的发展。美国著名心理学家、教育学家凯勒(F. S. Keller)则在吸收前人成果的基础上,于20世纪60年代末系统确立的"个别化教学体系"(亦称凯勒计划),成为当代社会个别化教学组织的范例。[3] 凯勒计划产生了很大的国际影响,并很快在其他国家得以传播。70年代是美国个别化教学实验研究最活跃的时期,各种个别化教学模式层出不穷,除凯勒计划和罗杰斯的非指导性教学外,邓恩(R. Dunn)对学生学习风格的研究以及按学生学习风格设计的教学,就产生于这股个别化教学研究的潮流之中。[4] 20世纪70年代后期也

---

[1] 李家永.芬兰普通高中教育的改革[J].比较教育研究,2003(8):86-90.
[2] 杨启亮.教学组织形式问题探新[J].山东教育科研,1990(2):57-60.
[3] 张华.课程与教学论[M].上海:上海教育出版社,2000:322.
[4] 黄志成,程晋宽.美国个别化教学新模式:邓恩对学生学习风格的研究及其教学设计[J].外国教育资料,1993(3):1-9,封三.

被称为个别化教学时代。这一时期特别以学生的自主性作为教学的出发点和归宿,更积极地寻求如何因材施教以促进个体发展,强调具有个别差异的学生在教学过程中扮演积极角色,通过学生的自我指导、自我负责和自律达成自我发展,从而将目的与手段统一起来。如非指导性教学,以学生为中心,学习目标和学习进程都由学生自己确定,体现出高度的个别化。①

> **信息专栏 15 - 1**
>
> **当代个别化教学组织的范例:凯勒计划**
>
> 美国著名心理学家、教育学家凯勒(F. S. Keller)在实验研究的基础上,于20世纪60年代末系统确立起其"个别化教学体系"(Personalized System of Instruction,PSI),亦称"凯勒计划"。凯勒计划既吸收了20、30年代道尔顿制和文纳特卡制的一些积极因素,也吸收了50年代末斯金纳程序教学思想的一些有益成分,还吸收了60年代布卢姆的一些教学思想。可以说,凯勒计划比较集中地体现了美国个别化教学的传统。
>
> 凯勒在1968年发表的《老师,再见!》一文中系统阐述了其个别化教学体系的五个特征。
>
> 第一,以掌握为指导。掌握规定的教学内容是教学的主要目标。对每一学习单元的掌握程度,要达到"完美"的程度,学习单元的掌握标准越高,期望也就越高,这有助于学生获得较高的学习成就。
>
> 第二,学生自定步调。由于不同学生之间在学习能力、学习速度、时间安排等方面均有很大差异,所以,学生学习的速度应由学生本人自行决定。
>
> 第三,教师用少量几次讲课来激励学生。教师讲课的主要目的是激发学生的动机与兴趣,与学生增进交流,而不是向学生讲解教学内容。
>
> 第四,使用指导性教材。教材是主要教学来源,教师只是辅助者。教学前,教师应充分准备好教材。
>
> 第五,安排学生助理。由于教师的时间有限,不可能照顾到所有学生,因此有必要安排几个学生作为教师的助手。
>
> [资料来源] 张华.课程与教学论[M].上海:上海教育出版社,2000:322-323.

针对当代个别化教学组织不同类型的发展,有学者归纳了它们所共同具有

---

① 裴娣娜.教学论[M].北京:教育科学出版社,2007:240.

的特征：

①学习活动的个别处理（根据学生对各门学科学习的次序方面的爱好灵活分配教学时间，一门学科各部分相互独立等等）；

②根据学生自己的速度钻研教材；

③为独立的学习活动编订专门的教学材料；

④教材应用上提供从各种选择性处理方法中进行选择的可能性（从儿童学习活动的各种选择性形式中进行选择，提供采用选择性教材和信息手段的可能性）；

⑤在掌握教材内容上规定最低限度必要的、所有学生必须达到的水平和范围；

⑥学习小组的灵活组合；

⑦教师职能的改变（组织工作、在教材上为学生提供一般的方向指导、辅导、按学习阶段进行监督检查；

⑧学生地位的改变（在选择学习活动处理方式和选择教材方面给予发挥主动性的权利，独立计划自己的活动，实现独立确定的计划的责任，在辅导范围内与教师合作等）。①

新世纪以来，教学组织形式已经呈现班级教学、小组教学和个别化教学相互辅助、结合的多元化发展趋势。其中，个别化教学已突破教学组织的概念而上升为一种理念或思想，尤其是计算机多媒体技术、Internet 网络资源、人工智能代理技术的进一步发展并交叉整合，网络教学为实施个别化教学提供了前所未有的条件与空间。为实现师生间一对一、一对多或者多对一的交流和指导提供了可能。网络环境下个别化教学的主要特点表现在：将优质的教育资源与网络技术相结合，以学生的个别化学习为主要特征，突破固定班级编组、固定课表和时间表的限制，突破学生固定的年龄和知识程度的限制，采用开放、协作的随时随地教与学的方式，实现师生教育资源的共享。② 个别化教学依靠现代化教育技术手段，实现了其在时间上的可逆，空间上的无边，体现了现代社会对教育发展质量的追求。

反观以往关于教学组织形式改革争论的总趋势都是围绕着班级授课制和个别化教学展开，在两者之间产生"钟摆现象"，即改革总体趋势都是围绕效率问题和质量问题。事实上，教学组织形式的改革并不是非此即彼的状态，而是

---

① 克拉林 M V．某些国家的个别化教学［J］．孙祖复，译．外国教育资料，1992（6）：35 - 39．

② 马晓强，都丽萍．教学组织形式的嬗变与网络教学［J］．教育研究，2002（4）：49 - 51．

围绕效率和质量的主题,逐渐走向多样化和综合化以不断适应学生个性发展需求,满足教育资源和教育要素的供求平衡。教学组织形式具有社会制约性,任何一种教学组织形式的变革必然由学生身心发展的个别差异性规律和当代教育教学实践对教育效率、教育公平、人本教育的追求所决定。前述班级授课制的多种变式,以及诸如特朗普制、分组教学、开放教学、合作学习、小队教学等组织形式都是对弥补班级授课制缺陷、尊重个性、追求公平所进行的有意识的改革。在大数据时代及学习型社会中,适应学生个性发展需要已成为一种世界性共识,教学组织形式的改革与探索必然也不会停止。

【本章小结】

1. 教学组织就是依据特定的教学目的和教学内容,将教学过程中各要素有机地组合起来,以一定的结构和程序形式存在并表现。即我们要明确教学活动应该怎样组织、教学的时间和空间怎样进行有效控制和利用、师生及教学内容等因素之间的关系和结构的安排等问题。

2. 教学目的、教学内容、教学手段、教学过程等要素都最终综合、集结、具体落实到一定的组织形式中去,以各种各样的结构组织起来发挥作用。这些作用主要表现在:教学组织是教学目标和内容得以落实的基本保证;教学组织制约着教学规模和教学效率;教学组织影响着学生个性和情感的发展;教学组织直接影响教学质量。

3. 教学组织总是以特定的外在形式进行表现的,而这种形式必然是社会生产和科技发展的要求在教育中的反映。从古到今,教学组织形式呈现出不同的面貌,各个时代的社会生产水平及教育资源和教育要素的供求关系决定了教学组织形式的不断变革发展。纵观国内外教学组织形式的总体演变过程,都是从个别教学走向班级授课制,只是在这条主线的基础上呈现出多样化的发展轨迹。

4. 就我国目前的具体情况而言,班级课堂教学仍然是中小学采用的基本教学组织形式,现场教学、个别指导和小组教学是教学的辅助形式,复式教学是教学的特殊组织形式。

5. 适应学生个性发展需要的教学组织形式变革已逐渐成为一种世界性共识。在这种共识的前提下,班级授课制的自我更新与完善、个别化教学的发展是当代教学组织形式的主要变革内容,教学组织形式在变革和发展中已呈现出多样化和综合化的趋势。

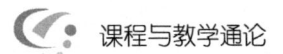

【复习思考】

1. 如何正确认识教学组织在教学过程中的地位和作用？
2. 回顾国内外教学组织形式的演变历程。
3. 我国中小学现行教学组织形式主要有哪些类型？
4. 试对教学基本组织形式——班级课堂教学的优势和缺陷进行评析。
5. 当代教学组织形式变革过程中，班级授课制进行了哪些方面的自我革新？

【实践活动】

1. 活动一：根据你对我国中小学现行教学组织形式了解的基础上，选取1—2所中(小)学，记录该学校不同教学组织形式的运用科目、时间、场合和程序等。通过你记录的第一手资料，你可以得出什么样的结论？
2. 活动二：选择中小学某年级的某门课程(可以具体到课程的章节)，为该课程(内容)设计合理的教学组织形式，并绘制出学生的座位排列平面图。

【拓展阅读】

[1] 陈佑清.教学论新编[M].北京：人民教育出版社，2011.

[2] 佐藤正夫.教学原理[M]. 钟启泉，译.北京：教育科学出版社，2001.

[3] 徐莉，王俊华.对现行教学组织形式：班级授课制的再审视[J].河北师范大学学报(教育科学版)，2001(4).

[4] 齐军.我国教学组织形式发展的历史回溯与当前反思[J].中小学教师培训，2011(3).

[5] 张人利.班级授课制下的个别化教学[J].教育发展研究，2013(12).

【网站链接】

1. http://www.ascd.org/research-a-topic.aspx，在这个网站中，可以选择Classroom Management, Whole Child, Differentiated Instruction, What Works in Schools,Understanding By Design 等主题作为主要阅读内容。

2. http://link.springer.com/book/10.1007/978-0-387-09446-5，这里可以阅读到 A Conception of Teaching 这本书的部分章节，可以重点阅读"A Conception of Classroom Management"这一章的内容。

第十六章
教 学 方 法

【学习目标】
　　1. 掌握教学方法的含义和基本特征；
　　2. 理解教学方法的分类及选择依据；
　　3. 了解我国中小学常用的教学方法及其运用要求；
　　4. 结合教育改革整体趋势，分析当代教学方法的发展特征。

【关键术语】
　　教学方法；讲授法；谈话法；演示法；实验法；练习法

夸美纽斯在《大教学论》中指出:教学的主要目的在于"寻求并找出一种教学的方法,使教员因此可以少教,学生可以多学……"。叶圣陶先生曾说:"教是为了不教",这与夸美纽斯的"教师少教学生多学"均是从教学效率出发对教学所做的探讨。效率与方法分不开,教学效率的提高总是需要一定的教学方法来支撑。

第一节　教学方法概述

在现代教学系统中,教师、学生、教学内容、教学方法和教学环境等是教学活动的基本构成要素。其中,教学方法是影响教学效果的重要变量之一。"教学与方法总是相伴相生,相随相行。教学以方法为中介追求教学预期要达到的目标,方法以教学为载体,实现方法本身所固有的价值。"[①]当教学目标确定之后,教学方法的运用就会成为教师必须考虑的问题。教师能否选择与运用恰当的教学方法直接影响着教学目标达成的效果。

一、教学方法的概念与意义

作为联系教师、学生和课程内容的桥梁和中介,教学方法是教学系统中最具活力的因素之一,认识教学方法的意义对教师有效的教和学生有效的学以及师生间有效的互动与交流有着重要的理论价值。

(一)教学方法的概念

什么是教学方法?在教育理论发展史上,学者们从不同的角度对其进行了多种解释。传统教学理论主要是从教师教的角度对其进行界定,把教学方法看成是教师的工作方法。而西方进步主义教育对教学方法的解释则主要从学生学习的角度出发,把教学方法看成是学生学习的方法。

现代教学论认为,对教学方法的解释应该从教与学辩证统一的角度来界定,即从教学活动是师生相互作用的双边活动来理解教学方法。根据这一观点,教学方法应该是指师生在教学过程中为了完成教学任务、实现教学目的所采用的一系列具体方式和手段的总称,既包括教师教的方式和手段,也包括学生在教师指导下学习的方式和手段,还包括师生相互作用的方式和手段。现代教学理论及教学实践更重视教学活动中教师与学生互动与交流的方法,强调教

---

① 李泽林.教学方法:基本理论与研究新进展[M]//王嘉毅,李瑾瑜,王鉴.当代课程与教学研究新进展:李秉德先生诞辰一百周年纪念文集.北京:人民教育出版社,2012:418.

师在教学过程中不仅要考虑自己如何教好,更重要的是要考虑学生怎样才能学好。

(二)教学方法的意义

任何一种教学模式和教学策略都离不开具体教学方法的参与。无论以是教师中心的教学策略,还是以学生中心的教学策略,无论是社会交往型教学模式,还是信息加工型教学模式,无论是传递－接受式学习,还是探索－发现式学习,都不可能脱离具体的教学方法而孤立地运用。教学理论到教学实践的转化,通常是从教学理论到教学模式再到教学方法的转化过程,因而,可以说教学方法也是教学系统中的最活跃的因素之一。采用有效的教学方法,对于学生积极地参与教与学的活动,实现课程目标,完成教学任务,提高教学效率和质量,减轻学生的学习负担,都具有十分重要的意义。

首先,有利于激发和维持学生的学习兴趣和动机。学生的学习兴趣和动机并不都是一种本能,需要教师有意识地运用恰当的教学方法进行激发和维持。

其次,有利于发挥教师的主导作用。教师主导作用的发挥,依靠的不是教师的权力和威严,而是根据教学情境运用不同教学方法唤起学生思维,给予学生主体性发挥时间和空间的过程。所以说教学方法也是教师主导和学生主体性相互作用的纽带。

再次,有利于知识的学习和运用。布鲁纳曾说"任何学科的基础知识都可以用适当的形式教给任何年龄的学生",在一定意义上就是在强调教学方法对知识学习的功能。适当的教学方法往往能够激发新知识与学生知识结构中固有知识的联系,使知识从抽象变得具体,便于理解接受,便于巩固、提取和运用。

二、教学方法的基本特性

1. 目的性

每一种方法都是人们为取得与提出的目标相符合的一种结果而采取的有意识的、合乎逻辑的一系列行动。因此,每一种方法要以一个有意识的目的为前提,而不是毫无目的的主观行动。① 因此,教学方法首先应具有目的性,这种目的性既体现在师生共同要达到的目的上,也体现在衡量方法的有效性上。

2. 对象性

任何科学活动的方法都具有自身所指向的对象,教学方法也不例外。一般而言,教学方法的实质性对象指的是学生的发展。教学方法归根到底要落实到

---

① 达尼洛夫,斯卡特金. 教学方法的定义和结构[M]//北京师联教育科学研究所. 当代教学方法与艺术基本原理与文论选读:上. 北京:中国环境科学出版社,2006:31.

有差异的、发展层次不尽相同的学生身上,这是受教育者身心发展的不平衡性规律对教学方法的对象的规定。

3. 互动性

教学方法不仅内含着教师如何教,更体现了教师如何使用方法和手段进行师生互动交流,从而促进学生的学习和发展。换句话说,教学方法要以教师与学生的共同作用为条件。正如陶行知曾经指出"教的法子必须根据学的法子,先生要拿他教的法子和学生的学的法子联络起来"。所以说,教学方法的指向并不是单一片面的。

4. 系统性

确定了教学目的,并不意味着就确定和选择了某一种教学方法。由于教学目的在整体上是一个统一的体系,局部目的在本质上又存在同质和不同质,如新课改中的"三维"目标。而这种不同质还表现在教学内容、学生年龄等方面的特殊性。这些特殊性就需要我们采用不同的方法,但事实上这些方法又都是围绕目标体系进行的,所以说,教学方法是一种方法体系,"'教学方法'的概念是综合的。以辩证的系统方法论看待教学方法,在于强调各种教学方法的辩证统一"①,那些人为地把各种方法割裂开来去寻找一种不存在的万能教学法的课堂教学往往是低效的。

5. 发展性

教学方法的生命力在于它的不断完善,教学方法具有动态性和发展性,一方面教学方法总是因学生、教师、教学情境与条件的变化而发展;另一方面教学方法本身也在随现代教育技术发展不断变革完善。

6. 实践性

多年来,教育研究者更多的是在尝试对教学方法进行分类,很少关注教学方法、教学技能、教学策略之间的区别。② 从教学理论向教学实践转化的过程来看,教学方法的实践性相对教学模式和教学策略最强,其实践性和可操作性主要表现在教学方法的具体步骤和基本要求明了、简明,有助于教师借鉴与运用。

第二节　教学方法的分类与选择

古今中外的教学方法多种多样,对教学方法的分类也是众说纷纭。有的主

---

① 冯克诚. 苏联教学理论与论著选读:下[M]. 北京:人民武警出版社,2010:12.

② Nikolai D. Nikandrov. Teaching methods: Tradition and innovation[J]. International Review of Education,1990(2):251-260.

张按教学的任务分类,有的主张按知识或信息的来源分类,有的主张按思维的逻辑形式分类,还有的主张把以上三种方法结合起来分类。不管如何分类,有一点应该是肯定的,这就是要为教师的选择提供方便。

一、教学方法的分类

教学方法是一种方法体系,是教学系统的一个分支系统。基本要素包括教师的教、学生的学、认识对象、信息载体(即信息赖以传输的语言、文字等)和媒体(包括传统媒体和现代媒体)。任何教学方法都具有两方面的意义,既关系到教师的工作方式(包括选择和整理信息、选择信息载体和工具、传输信息和控制信息的传递等),也关系到学生的学习方式(包括有选择地接受信息、加工整理信息、存储信息、再现信息等)。根据这一基本观点,我们认为,从教学过程中师生活动的关系和信息交流的方式对教学方法进行分类,更有利于教师根据现代教学论的基本要求恰当地选择教学方法。据此,我们将教学方法分为四大类:

①以教师的活动为中心的教学方法体系。具体方法主要有:讲授、提问和论证。这类方法的特点主要表现为信息传递的单向性和学生思维的聚合性。

②师生相互作用的教学方法体系。具体方法主要有:全班讨论、小组讨论、合作学习、同伴教学以及在近年的课程与教学改革中涌现出来的各种基于新课程理念的新教学方法。这类方法的特点主要表现为信息传递的双向性和学生思维的发散性。

③以学生活动为中心的教学方法体系。具体方法主要有:程序教学、独立探究学习、发现学习、模拟教学、个人阅读学习、独立设计、自我定向学习、家庭作业、计算机辅助教学、网络课程学习等。这类方法的特点主要表现为学生学习的灵活性和信息的反馈性。

④以实践活动为中心的教学方法体系。具体方法主要有:野外旅行、实际考察、研究性学习、临床实习和实验室学习等。这类方法的特点主要表现为能激发学生学习的积极性和探究兴趣,有利于理论联系实际,培养学生的创造意识与创造能力。

对教学方法分类的目的不仅在于使多种多样的教学方法得以系统化和明了化,更在于为教师的选择提供方便。苏联著名教育家赞科夫说过:"在选择教学方法时,重要的是,要有关于各种方法在解决一定任务时的比较效果的观念。"[1]这就告诉我们,要做到对教学方法的恰当选择,就必须明确教学方法的分类和各类教学方法的特征。只有这样,才能为选择工作提供广阔的背景。对教

---

[1] 巴班斯基.中学教学方法的选择[M].张定璋,高文,译.北京:教育科学出版社,1985:33.

学方法的分类和各类教学方法特征的分析,也正是为了有利于教师的选择。

> **信息专栏 16-1**
>
> **巴班斯基的教学方法三大分类**
>
> 在各种各样的教学方法分类中,曾经引起教育界重视的是苏联教育家巴班斯基的教学方法分类。
>
> 巴班斯基认为,教学方法是教师与学生之间相互联系的活动方式与途径。这种活动是为了在教学过程中使教学、教育和学生的发展达到一定的目的。他认为教学方法至少可以分为三大类。
>
> 第一大类:教学认识活动的组织进行——用以保证学生个人的认识加工活动过程。包括口述法、直观法、实践法、归纳法、演绎法等。
>
> 第二大类:教学认识活动的刺激与动机——用以保证教学活动中学生学习的意志、情绪和积极性的。其中有刺激学生学习兴趣,如认识性的游戏,有兴趣的讨论,创造情绪、情景等;引起学生学习动机的方法和刺激学生学习的方法,如提出要求,鼓励,批评,责备,说服教育,激励学生的学习意志等。
>
> 第三大类:教学认识活动效率的检查和自我检查——用以实现教学过程中的控制和自我控制的功能。其中有口头检查法、直观检查法、实习检查法等。
>
> 巴班斯基的教学方法分类比较全面系统,有助于全面辩证地理解教学方法。然而分类过细,不易把握。
>
> [资料来源]国外各种教学方法的分类方法[M].//北京师联教育科学研究所.教学方法的基本原理与各国教学方法改革:1.北京:学苑音像出版社,2004:114.

二、教学方法的选择

如前所述,教学方法是教师与学生为实现教学的目的、完成教学的任务所采取的途径和手段。它是教学过程整体结构的有机组成部分,在教学过程中占有重要地位。因此,教学方法选择与运用的恰当性直接影响着教学的有效性。在教学过程中,如果不选择恰当的教学方法,就不可能真正实现教学的目的和任务。"教学有法,教无定法,贵在得法",就是对教学方法选择意义的简明表达。

然而,教学方法的选择并非轻而易举之事,它必须遵循一定的依据和标准。

根据中外教育家的研究成果,选择教学方法必须遵循如下八条依据或标准:

①教学的规律和原则。教学规律和教学原则是教学过程的基本原理。一切教学活动都必须遵循教学规律,坚持教学原则。选择教学方法作为教学过程的重要环节,更不能例外。一个教师要做到对教学方法的恰当选择,就必须明确教学的规律和原则。只有依据教学规律和原则,教学方法的选择才能得心应手。

②教学目的和任务。方法是为目的和任务服务的。所以,选择教学方法前,必须先明确教学将要达到的目的和将要完成的任务。只有明确了教学的目的和任务,并且对各种方法在达到这一目的、完成这一任务时的可能性和效用性进行认真分析后,才能做出最佳选择。

③课程的内容和特点。课程的内容和特点是影响教学方法选择的重要变量之一。因为教学方法是为课程实施服务的,教师只有独立地钻研教材并对课程内容重新加工,才能对教学方法做出最佳选择。

④学生的年龄特征和学习水平。教学对象影响着教学方法的选择。不同年龄阶段的学生、不同学习水平的学生,就要采用不同的教学方法,如讲授法和发现法在选择和运用时就有必要考虑这些因素。

⑤教师本身的可能性。在选择教学方法时,教师还应考虑所选用的教学方法与自身特征是否符合。应尽量选用适合自己实际能力的教学方法,同时也应为那些本来能取得良好效果而因自身能力限制无法实施的教学方法进行准备和训练。

⑥时间和空间的条件。教师要考虑所选用的一系列教学方法与保证完成教学任务之间在时间上是否会出现矛盾,在空间上是否允许。时间上,应根据教学进度,尽量做到事半功倍;空间上,应根据场地大小,安排得恰如其分。

⑦班集体的特征。班级的大小、全班学业水平的高低等都影响着教学方法的选择。一般来说,运用指导发现法时,班级人数少一些为宜(一般以15人以下为佳);运用讲授法时,班级人数可适当多一些(以30—50人为最佳)。如果全班学业程度水平较高,就应该增加独立学习的分量,减少简易直观的方法;相反,则应增加直观法,减少独立学习。

⑧教学的环境和教学技术手段的现代化程度。教学的地理环境、生产环境和社会环境及教学手段的现代化程度都是影响教学方法选择的因素。比如,没有网络设备,要进行网络教学是不可能的。

总之,在实际中,没有一种万能的教学方法能适应任何教学情境并取得最好的教学效果。不同的目标、不同的教材和不同的学生,需要不同的教学策略和教学手段。在教学活动中,教师随时都面临着一个重要的任务,这就是对教学的方式与方法进行恰当的选择。只有选择有效的教学方法,才能有效地开展教学活动。

三、我国中小学常用的基本教学方法

各级学校和每一门学科,都有与其相适应的教学方法。我国中小学常用的基本教学方法主要有讲授法、谈话法、演示法、讨论法、实验法、参观法、练习法和实习作业法等。每一种方法都有它的特定功能,因而在运用上各有要求。

（一）讲授法

讲授法是教师运用评议系统连贯地向学生传授知识的方法。由于学科性质和教材内容不同,教师的讲授,有时是运用生动形象的语言叙述事实、描绘讲授对象,有时是对概念、定理、法则进行分析和逻辑论证,有时是讲和读的结合,有时则是对理论进行深入分析和系统阐述。

常见的三种讲授形式有正式讲授、互动式讲授和示范。① 运用讲授法能够充分发挥教师的主导作用,在较短的时间内向学生传授较多的知识,而且能结合知识的传授,启发学生的思维活动,对学生进行道德认知教育。因此,讲授法是中小学最常用的教学方法。即使运用其他教学方法,也要伴随着教师的讲授。但是,讲授法以教师讲为主,以声波作为传递信息的媒体,学生主要是通过静态听讲来获得知识,这就容易影响学生积极思维活动与主动探索精神的发挥。因此,教师运用教授法,应适当配合其他教学方法,使学生听中有看、有写、有练、有读、有说,以提高讲授效果。

运用讲授法的基本要求是:

①要组织好讲授内容。讲课,并非照本宣科,机械重复教材,要根据教材内容特点与学生的实际情况,对教材进行取舍和调整,以突出重点和难点,同时要不时地补充实例,说明中心。因此,运用讲授法首先要求组织好讲授内容,做到主次分明、详略得当、观点明确、思路有序。这样,学生听课才能抓住要领,深刻领会所讲知识。

②讲授要有启发性。坚持启发是克服注入式讲授的关键。启发式讲授的要旨在于讲授中通过多种形式和途径,如交待讲课思路、讲问结合、善用设问或反诘语等,激发学生的积极思维活动。

③讲授要有情感。情感是教学的重要因素,有助于以情感人,对学生进行思想教育和加深对知识的体会。因此,教师要根据教材内容的特点,切实反映

---

① 威伦,哈奇森,博斯.有效教学决策[M].6版.李森,王纬虹,译.北京:教育科学出版社,2009:271.

其中思想感情的要求,使讲授情理交融,具有说服力与感染力。

④讲授要讲究语言技巧。课堂讲授要尽力做到语言精确明晰、简洁练达、生动活泼和快慢适中。

⑤要以适当的板书配合讲授。板书要内容简练、布局合理、条理清楚和书写工整。

总的来说,教师在运用讲授法时,"应积极地致力于介绍内容,展示基本技能,在整个班级中练习所学的内容,检验学生的理解力,监督个人或小组的工作,同时提供复习"。①

(二)谈话法

谈话法又称问题法,它是教师引导学生运用已有知识经验回答提出的问题,借以获得新知识,或检查、复习、巩固已学知识的一种教学方法。

谈话法是最古老的教学方法之一。几千年来,谈话法在教学实践中不断充实发展,形成了多样化的方式。目前,我国中小学教学中的谈话课主要有三种具体形式:传授新知识的谈话,复习、巩固、检查知识的谈话和指导、总结性谈话。

运用谈话法进行教学,易于集中学生的注意,激发其进行积极的思维活动,有益于学生语言表达能力的锻炼。但是,如果教师准备不足,问题设计不当,谈话教学也不能获得理想的效果。

运用谈话法的基本要求是:

①要认真准备,精心设问。谈话教学是教师通过提问,引导学生独立思考而获取知识。因此,教师设问一定要突出教材的重点和难点,并具有启发性。问题的大小、难易要适度,层次有序,这样才能引导学生逐步推进,达到对知识的掌握。

②要讲究提问技巧。提问技巧的一般要求是:提问要针对全班学生,要求每个学生都做好回答的准备;要先提出问题,再请学生回答,给学生留有思考的余地;教师要认真听取学生的回答,如果学生回答正确,应及时予以肯定,如果回答错误则应进行启发引导;不要中途打断学生的回答,以免影响学生回答问题的积极性;在学生回答问题时,还应引导学生对他人的回答进行补充和纠正,把全班学生都组织到谈话活动中来;学生回答完毕,教师应该做出总结,使学生准确地掌握知识。

③要组织好课堂教学,形成和谐轻松的课堂气氛。运用谈话法要求每个学

---

① 威伦,哈奇森,博斯.有效教学决策[M].6版.李森,王纬虹,译.北京:教育科学出版社,2009:318.

生都参加到教学活动中来,创设和谐轻松的课堂气氛至关重要。为此,教师提问的态度要亲切和蔼,要善于启发诱导,多给学生以鼓励,使其消除紧张惧怕心理,大胆发言,积极思考,通过切磋琢磨,获取知识。

(三)演示法

演示法是教师在课堂上配合讲授和问答把实物或直观教具展示给学生看,或通过示范性的表演和实验,使学生通过观察获得知识的一种方法。运用演示法进行教学能使学生获得丰富的感性知识,把书本知识和实际事物联系起来,形成正确、深刻的概念,并有助于激发学习兴趣,集中课堂注意力和促进思维活动,从而更好地掌握知识。

教学演示按所用教具可分为四类:实物、标本、模型演示;图片、图画和地图演示;实验演示;幻灯、录音、录像、教学电影演示。按教学的要求可分为三类:一是对单个事物和现象的演示;二是对事物或现象发生发展过程的演示;三是进行有关事物或现象的演示实验。

运用演示法的基本要求是:

①演示要符合教学的需要和学生的实际情况,有明确的目的。教师要根据教材内容确定演示项目,选好演示教具,做好演示准备。

②演示时要引导学生观察,把注意力集中在演示对象的主要特征、主要方面或事物的发展过程上,以获得清晰印象。

③每堂课演示的教具不宜过多,要有针对性,要使全班学生都能看到演示对象,不能为演示而演示。

④要结合演示进行讲解和谈话,使演示的事物与书本所学知识联系起来。

(四)讨论法

讨论法是在教师指导下,对教学内容通过全班或小组讨论,发表看法,进行辩论,得出结论,从而获得知识的一种教学方法。运用讨论法可以使学生互相启发,集思广益,取长补短,有助于对知识的深入探讨,还可以活跃学生思想,充分发挥学习的主动性、积极性,培养独立思考能力、口头表达能力和综合分析问题的能力。讨论法有不同的形式,有一节课全用于讨论的,也有用课堂的一部分时间或穿插进行的。需要注意的是,不论哪种形式,必须有学生的发言和意见交流才能称之为讨论。

运用讨论法的基本要求是:

①要做好充分准备。讨论之前,教师应向学生说明讨论的问题和要求,提出注意事项,布置应阅读的材料,让学生明确讨论的主题。

②要把全体学生组织到讨论中来。无论是以全班进行的讨论,还是以小组和学生个体进行的讨论,都需要以一定方式照顾全班学生。讨论时,要求学生

围绕课题,发表意见,使讨论逐步深入,特别要鼓励那些平时不爱发言的学生大胆发表自己的看法。

③要做好讨论小结。讨论结束,教师所做的小结要紧密联系课题的内容,正确概括出问题的答案。对疑难问题,要给予明确结论,并要指出讨论过程中的优点和缺点。

④要准备好一套富有启迪、适合不同程度学生思考的问题,以便于讨论持续深入,确保讨论是热烈的和有成效的。

(五)实验法

实验法是教师指导学生运用一定的仪器设备,在控制条件下进行独立作业,以获取知识和验证知识的一种教学方法。根据教学的不同要求,实验可以在讲授理论之前进行,目的在于使学生获得感性知识,为理解理论知识奠定基础;也可以在讲授理论之后进行,目的在于巩固或验证所学理论。

运用实验法能使学生把理论和实践结合起来,加深对所学知识的理解;通过实验还能发展学生的观察力、创造能力和实验操作能力。

运用实验法的基本要求是:

①要编写实验计划。实验计划应在学年或学期开始时完成。其内容包括实验课题、先后顺序、实验所需仪器设备等。

②要做好实验准备工作。实验前的准备包括物质准备、思想准备和组织准备。物质准备指所需要的一切实验用品;思想准备是指对学生进行实验目的和注意事项的教育;组织准备是在实验前要根据设备条件和学生人数进行分组,指定专人负责,以保证实验的顺利进行。

③做好实验指导。学生独立实验前,教师应说明实验要求;对复杂的实验,教师应做示范。学生在独立实验中,教师要进行具体指导和检查,要尽量教给学生以方法,引导学生独立完成实验任务。

④做好实验总结。包括教师对实验做出总结、学生写好实验报告和完整收存实验用品等。

(六)练习法

练习法是在教师指导下,学生将所学知识运用于实际,以达到对知识的消化和巩固,并形成技能技巧的一种教学方法。中小学教学中常用的练习方式有:说话练习、解题练习、书写练习、绘画练习、制图练习、作文练习、运动和文娱技巧的练习等。

运用练习法能促进学生巩固知识,培养学生运用知识和动手的能力,还能锻炼学生的思维能力,磨炼学生的意志品质。

运用练习法的基本要求是:

①要使学生明确练习的目的,从而自觉主动地完成练习作业。

②引导学生先复习后练习,在理解的基础上完成作业,以提高练习的质量。

③要坚持练习的系统性和经常性,遵循由易到难、由简到繁、由模仿练习到独创练习、由典型练习到综合练习的顺序,逐步提高练习的独立性。

④要对练习结果进行讲评,指出练习的优缺点,纠正练习中知识性的错误。对学习有困难的学生,要进行个别辅导,使他们也能及时完成练习任务。

(七)参观法

参观法是根据教学目的组织学生到校外观察自然现象和社会现象,从而获得知识的一种教学方法。运用参观法,一是使学生亲临现场,接近社会,加强与社会的联系,有利于获得丰富的感性知识;二是能扩大学生的视野,促进智力特别是观察力、想象力的发展;三是能使学生受到生动活泼的思想品德教育,培养学生热爱祖国、热爱人民、热爱革命前辈等思想品德。

运用参观法的基本要求是:

①参观前要做好准备工作。一般包括围绕教学重点确定参观的目的,选择恰当的参观地点,了解参观对象的情况,与参观点取得联系,拟定参观计划等。

②参观中要组织学生积极投身到参观活动中去。要把提问、观察、谈话结合起来,让学生认真听取有关人员的讲解,并指导学生做好参观记录。

③参观后要进行总结。让学生对参观中搜集到的材料进行分析,做出结论,制成图表、标本、模型或写成心得体会,巩固参观的收获。

(八)实习作业法

实习作业法是教师根据教学大纲的要求,组织学生在校内外参加实践活动,将书本知识运用于实践的一种教学方法。运用实习作业法可以使理论与实践结合,脑力劳动与体力劳动结合,使教学切近生产和生活实际。学生在学习中创造性地运用自己掌握的科学知识,形成实际操作技能,这有利于培养实际工作能力。

实习作业的方式,因各门学科的性质不同而有所区别。数学课有测量,物理、化学课有生产技术实习,生物课有植物栽培、动物饲养,地理课有地形测绘等。实习作业通常在校办工厂、农场、教学实验园地里进行。有的实习作业可以一次完成,有的则需要较长时间才能完成。

运用实习作业法的基本要求是:

①实习作业要在教师的指导下,有目的、有计划地进行,要有理论知识的指导。

②在实习作业中要加强指导,使学生真正掌握实习作业的步骤、方法,必要时要进行示范,最好争取有关实际工作者的协助。

③实习作业结束,教师要对学生的实习作业进行检查评定。如评阅学生的实习作业报告,实地检查学生实习作业的成果等。

信息专栏 16-2

美国学校常用教学方法

一、系统直接讲授法

在直接讲授中,学生和教师关注一种目标和需要学习的知识;学生了解当前学习的重要性,教师的示范和讲解能使学生确切地掌握完成一个过程的方法。

二、整体讲授法

强调"从整体到部分"的学习——先观看全景,然后再分成若干部分。整体讲授法要求学生享有对学习内容的选择权,鼓励学生亲自决定所学内容,强调学生在学习中使用有意义的和相关的材料。

三、"弧光"法

这种方法最早由20世纪60年代一个美国中学教师提出,后被广泛应用。这种教学的特点是:尊重学生;保证理想和目标的实现;学会走出课堂,深入社区;在学习中培养美感。教师是学习过程中的合作者,其工作重心在于发展每一个学生的积极的自我概念。学生在学习的全过程中享有选择权和决定权。他们以特有的方式在一些项目上进行合作。

四、主题循环法

主题循环集中于全部课程的某一个研究领域,如关于天气。一个主题循环包括:学生通过集体协商选择主题,联合提出各种问题;针对提出的问题,组织学习经验;根据学习经验,决定教学方法和教材;从创造性学习中引出新的研究领域;拓宽学习活动范围,引出新的主题。这种方法既强调教师的贡献,又强调全体学生的贡献,课堂变成一个学习者的社会。

[资料来源] 原青林.美国有效教学方法简介[J].比较教育研究,2004(6):38-40.

上面讨论了目前我国中小学常用的八种具体教学方法。这些方法各有其特点和使用范围,但又相互联系,相互补充。所以,在教学过程中,既可单独使用,也可综合使用,以发挥各种教学方法的优势,取得最佳的教学效果。

第三节 当代教学方法的改革与发展

回顾教学方法漫长的发展历程,每个时期社会生活和文化科学的发展都给予教学方法的变革以不同影响,同时在变革过程中追求教学方法的最优化一直贯穿始终,而这个态势也将会持续发展下去。在这个总态势下,当代教学方法在多样化改革实践中呈现共同的发展特征。

一、启发式是当代教学方法的总特征

尽管启发式教学起源很早,如苏格拉底、夸美纽斯和赫尔巴特等人的教学理论和实践,但由于这些传统的启发式仍然以教师为中心,以教材为中心,以课堂为中心,学生获取知识以吸收—消化—储存为主要形式,学生仍处于被动地位,很难养成主动的学习精神,因此很难充分发挥其启发的作用。

20世纪50年代以来,随着人们对非智力因素以及非逻辑思维的重视,对学生主体性和创造力重要性的强调越来越多,教学方法越来越注重引导学生参与互动和体验的方式,诸如发现法、暗示法、非指导教学等新教学方法的出现。启发式在教学中的运用呈现出共同的特点:越来越重视学生的主体作用,把学生的主动性、积极性和教师的主导作用结合起来;指导学生自己学习;学生获取知识以探索—转化—创造为主要形式;传统的教学方法,如讲述等方法,并没有失去效用,它们在贯穿启发精神的基础上,纳入了当代教学方法的体系。

二、最优化是当代教学方法改革的终极诉求

在教学方法的发展历史中,追求最优化是最明显的特征,且贯穿始终。最优化既包含选择最优化,也包含使用最优化。最优化将教学科学和实践所积累的有效的教学方法都包容于自身之中,借助于整体的方式力图将各种教学方法统一起来。事实上,方法最优化是教学过程最优化最重要、也是最困难的问题之一。它要考虑到:教学方法的自觉选择,课程设置中各种因素的关系和组合。① 对此,教学方法发展历程中研究者和实践者都尝试完成这种最优化组合。如巴班斯基提倡根据教学任务的要求、教学内容的特点,学生的可能性和教师本身运用各种方法的技巧来选择教学方法,最优地配合运用各种教学方法,反

---

① 巴班斯基.教学过程的最优化[M]//北京师联教育科学研究所.教学方法的基本原理与各国教学方法改革:3.北京:学苑音像出版社,2004:35.

映了教学方法相互联系、相互渗透、相互转化的辩证法。我国有学者认为教学方法的组合有静态和动态两类基本形式。① 有学者探讨了教学方法优化整合的原则:(1)教师的教法、学生的学法、多媒体组合法三者协调一致、有机统一。(2)不同类型的教学方法要互相配合。(3)在对各种各类教学方法进行整合时,要善于寻找最佳结合点。(4)教学方法与学生特征的适切性。②"现代教学方法的目标正由单一性取向转向对知识与技能、过程与方法、情感态度价值观三维目标全面性发展的追求。"③在我国基础教育课程改革过程中,教学方法改革是主要的改革内容之一,其中教学方法的整合优化体现为各种类型的方法相互配合,如以启发式为主要特征融合多种方法,引导-探究式教学法、交往-互动-合作教学法、指导-调查-实验的方法等等。

三、心理科学的研究成果已成为当代教学方法发展的重要基础和前提

早在18世纪以前,人们研究和探讨教学方法,大多停留在经验描述的水平上。随着社会和科学的进步,近现代心理学的产生和发展,对教学方法的发展产生了积极的推动作用。如19世纪上半叶以裴斯泰洛齐为代表提出了"教育心理学化运动",赫尔巴特以观念心理学和多方面兴趣理论为基础提出了教学过程各阶段的教学方法。20世纪七八十年代,随着心理科学研究的深入,人们也越来越认识到,教学理论要进一步科学化,必须与心理学建立密切联系,使二者相互渗透、相互促进。因此,很多著名教育学和心理学家,不仅在理论上强调教学理论必须以现代心理学为基础,而且直接参与教学方法改革与创新的实验研究。④ 如斯金纳提出的程序教学法就是以行为主义心理学为基础;布鲁纳提倡的发现教学法是以结构主义认知心理学为基础。

四、网络与多媒体技术为当代教学方法变革提供了现实条件

以网络技术和多媒体技术为代表的现代信息技术在教育领域中的应用,极大地改善了教学环境并丰富了教学资源,教师可以利用信息技术使教学信息的组织与表达得以优化,学生也不再把课本和教师作为学习知识和技能的唯一途

---

① 庞红卫.试论教学方法的组合[J].中国教育学刊,2000(5):31-33.
② 李方.教学方法改革的新视野[J].现代教育论丛,2001(5):21-22.
③ 李泽林.教学方法:基本理论与研究新进展[M]//王嘉毅,李瑾瑜,王鉴.当代课程与教学研究新进展:李秉德先生诞辰一百周年纪念文集.北京:人民教育出版社,2012:432.
④ 李秉德.全国中小学教师继续教育学习参考书:教学论[M].北京:人民教育出版社,2000:208.

径。这不仅为学生的学习方式带来了变化,同时也要求教学方法和手段进行一场变革。归纳起来,网络与多媒体技术在教育领域的应用为教学方法的变革创造了以下现实条件:

第一,为教学方式方法的变革创造了广阔的空间。网络环境下丰富的课堂教学资源使教学方式的变革成为现实,如多媒体语言实验室教学同传统课堂教学听音型、听说型、听说对比型、视听比较型相比,因其将听音、听说、视听、对话、示范转播等多种功能结合于一体,从而具有了全新教学方法形态的特征。而教学网站、学习网站的创建,网络课程的开放,师生"在线辅导答题""视听对话""网上练习作业及批改"等形式的尝试,足以说明网络多媒体新型教学方式方法具有广阔的发展空间和强大的生命力。

第二,使改造传统教学方法、创新教学方式成为现实。这里的传统教学方法指的是教育学中所说的常用教学方法,即讲授法、谈话法、读书指导法、演示法、练习法、实验法、参观法、讨论法、实习作业法、示范－模仿法、练习－反馈法等。这些常用传统教学方法历经数百年,自然有其难以被完全取代的地位与作用,但是也确实存在着自身难以克服的弊端。而现代多媒体和网络技术的采用,则可以扬长避短,概括地说可以解决呈示信息的效率、效果问题,使演示更加形象、生动、动态和直观。教与学的网站使学生有充分表达意见的平台,使作业批改、练习指导反馈更加及时,使复习个别化和因材施教更加现实,使参观、见习感知突破时空局限,使实习作业有更加仿真的情境。举例说,网上"虚拟实验操作",既可以提高效率,人人动手,解决传统实验设备有限、难以全员动手的问题,又可以节约教学资源。此外,在网络多媒体技术条件下,反复练习、及时复习等也更有可能。①

总的来说,多媒体网络技术使教师与学生的互动、学生与学生的互动变得更加生动活泼,同时也为学生的自主学习和探索创设了现实条件,这些都使学生的学习方式和教师的教学方式更加灵活和多样。但我们也应该清楚地认识到,变革和创新教学方式方法并不是要抛弃传统的教学方法,网络环境下的教学要注重培养学生的自主学习能力,同时也不应过分地夸大信息技术在课程与教学中的作用。

五、当代教学方法映现出多种课程观念

麦克尔·希罗(Michael Schiro)归纳了四种课程观:学术性课程观、社会行

---

① 程敬宝.教学方法的变革与探新[J].教育探索,2007(11):24－25.

为主义课程观、儿童发展课程观、社会改造主义课程观。① 20世纪90年代往后的教学方法对这四种课程观都有所反映。

1. 体现学术性课程观的科学、阅读、写作教学

继"恢复基础"运动之后,学术性课程在美国又一次被提出并受到前所未有的强调。学术性课程观的影响力不断上升。代表学术性课程基础的科学教学、阅读、写作教学随即受到重视。这种趋势一直持续到90年代的国家标准运动。

2. 体现社会行为主义课程观的问题解决教学

社会行为主义课程观目的在于训练学生适应社会的行为方式,为培养成熟的公民和提高社会效益做准备。90年代末美国市场、社区、企业参与教育和学校的热情日益高涨。2005年1月布什总统公开强调需要为高中学生的未来做更多的准备。在市场价值和公司利益的驱动下,学校功能发生转向,趋于成为学生向社会职场过渡的场所。② 课程设置逐渐向培养提高解决问题能力、决策能力、团体合作以及雇主所希望的未来雇员应当具有的技能方面靠拢。

3. 体现儿童课程观念的理解教学

80年代认知心理学开始寻求培养学生"元认知"能力的研究给持儿童课程观者以启示。美国哈佛大学研究者们开始研究旨在"促进学生理解"的理解教学,并积极向世界推广。理解教学实际上是鼓励学生自我评估所要接近的既定目标的一个过程。

4. 吸收了社会改造主义课程观念的批判教育学

社会改造主义课程观认为课程的目的在于培养政治、文化、社会批判主义的态度和技能,为改造现存社会并创建理想社会作准备。发生在美国90年代的教育市场化取向受到一些学者的警惕和批判。有人认为这个时代的教学已经打上了新自由主义的烙印。它把经济置于民主政治之上,民主的价值开始屈从于市场价值。学校应该是教民主、体验民主、保卫民主的地方。这样的主张与仅仅想培训劳动力的学校教育模式正好相反。受诸多因素限制,这种思想在教学实践中产生的影响较小。③

六、突出主体个性,重视教学方法的探新

教学过程中,当学生根据自身理解和需求将信息转化给"个体"时,学习才

---

① 王红宇. 美国课程观的演变和八十年代课程改革[J]. 外国教育研究,1993(2):1-6.

② Zoch. Doomed to Fail: The Built-In Defects of American Education[M]. Chicago: Ivan R. Dee Publisher,2004:56.

③ 吕红日. 教学方法的有效性思考:欧美日主要发达国家二十世纪七十年代以来教学方法变革的历程与启示[J]. 当代教育科学,2010(22):45-49.

会发生。那么,我们就需要发现和觉察学生的这种需求。① 20世纪出现的"合作教学法""暗示教学法""掌握教学法""发现法"等都是强调发挥学生学习的积极性和主动性,重视个体的参与,并将其作为教学过程的重要环节,注重个性适应和学生的参与。虽然说传统教学方法中也有个性适应和参与,但它们总的来说是一种被动的适应和参与,是让学生个性适应教学,学生的参与是参与到一种固定的模式和框架中。由于教学有划一性,所以学生适应这种划一性之后就表现出无个性、无创造性。如今,在教学过程中,配合教学内容的创新性、开放性所使用的教学方法更多地从学生个体角度去考虑,同时学生成了学习的主人和探索者,不再是被动的接受者,有利于学生个性和创造性的培养。② 教学方法在改革与探新总体趋势中,呈现多样化特征,这种多样化体现在:运用丰富的组织技巧,运用多样化的行为模式,课堂教学流程灵活多变,均衡运用课堂教学的基本形式。③

信息专栏 16-3

转变学习方式:从接受学习到发现学习

学生的学习方式一般有接受和发现两种。在接受学习中,学习内容是以定论的形式直接呈现出来的,学生是知识的接受者。在发现学习中,学习内容是以问题形式间接呈现出来的,学生是知识的发现者。两种学习方式都有其存在的价值,彼此也是相辅相成的关系。但是传统学习方式过分突出和强调接受与掌握,冷落和忽视发现与探究,从而在实践中导致了对学生认识过程的极端处理,使学生学习书本知识变成仅仅是直接接受书本知识(死记硬背书本知识即为典型),学生学习成了纯粹被动地接受、记忆的过程。转变学习方式就是要改变这种状态,把学习过程之中的发现、探究、研究等认识活动突显出来,使学习过程更多地成为学生发现问题、提出问题、分析问题、解决问题的过程。

[资料来源] 教育部基础教育司.走进新课程:与课程实施者对话[M].北京:北京师范大学出版社,2002:131.

---

① 在课堂教学中注重学生的主体参与是20世纪教育改革的重要趋势和现代教学的标志,它的研究涉及课程、教学方法、教学原则、教学策略、课堂气氛和师生关系等方面。(胡定荣.回顾与反思:二十世纪课堂教学中学生主体参与的研究.教育理论与实践,2002(5):40-44.)

② 朱敏.现代教学方法发展的趋势性特征[J].外国教育研究,2001(4):23-27.

③ 迈尔.怎样上课才最棒:优质课堂教学的十项特征[M].黄雪媛,马媛,译.上海:华东师范大学出版社,2011:58.

需要注意的是,尽管当代教学方法还重视创新性研究,也提出了许多创新性的教学方法。但事实上我们很难将教学方法在传统和创新之间进行区别,至少现在还没有一个明晰的标准。① 所以教学方法的探新不可能是完全抛弃传统,也不可能是迅速的变革,创新的过程总是相对缓慢和稳定的,也是建立在对传统方法扬弃的基础上的。由于衡量方法有效性的目标指向——学生的进益是受多方面因素影响的,那么教学方法的探新也必须围绕两个核心因素,一是教学目的的达成度,二是学生的学业收获。

【本章小结】

1. 作为联系教师、学生和课程内容的桥梁和中介,教学方法是影响教学效果的重要变量,也是教学系统中最具活力的因素之一。对教学方法的解释应该从教与学辩证统一的角度来界定,它是师生在教学过程中为了完成教学任务、实现教学目的所采用的一系列具体方式和手段的总称。现代教学理论及教学实践更重视教学活动中教师与学生互动与交流的方法,强调教师在教学过程中不仅要考虑自己如何教好,更重要的是要考虑学生怎样才能学好。教学方法对于激发和维持学生的学习动机、教师主导作用的发挥和知识的学习和运用都有重要意义。

2. 教学方法是一种方法体系,具有目的性、对象性、互动性、系统性、发展性和实践性等基本特性。从教学过程中师生活动的关系和信息交流的方式可以把教学方法分为四类:以教师的活动为中心的教学方法体系;师生相互作用的教学方法体系;以学生活动为中心的教学方法体系;以实践活动为中心的教学方法体系。对教学方法分类的目的在于方便教师进行选择和运用,教师在选择教学方法时,需要遵循一定原则或标准。

3. 我国中小学常用的基本教学方法主要有讲授法、谈话法、演示法、讨论法、实验法、参观法、练习法和实习作业法等。这些方法各有其特点和使用范围,但又相互联系,相互补充。所以,在教学过程中,要注重教学方法的优化组合,以发挥各种教学方法的优势,取得最佳的教学效果。

4. 追求最优化在教学方法的变革和发展过程中一直贯穿始终。在这个总

---

① Nikandrov. Teaching Methods: Tradition and Innovation. [J]. International Review of Education, 1990(2):251-260.

态势下,当代教学方法在多样化改革实践中呈现出共同特征:启发式是当代教学方法的总特征;最优化是当代教学方法改革的终极诉求;心理科学的研究成果已成为当代教学方法发展的重要基础和前提;网络与多媒体技术为当代教学方法的变革提供了现实条件;当代教学方法映现出多种课程观念;突出主体个性,重视教学方法的探新。

5.纵观教学方法的发展,创新和实践是多样化教学方法产生的源泉,任何教学方法的探新都不可能完全抛弃传统,也不可能是迅速的变革,创新的过程总是相对缓慢和稳定的,也是建立在对传统方法扬弃的基础上的。由于衡量方法有效性的目标指向——学生的进益是受多方面因素影响的,那么教学方法的探新也必须围绕两个核心因素,一是教学目的的达成度,二是学生的学业收获。

【复习思考】

1. 为什么说教学方法是一种方法体系,具体有哪些分类?
2. 教学实践中,我们如何有效选择教学方法?
3. 我国中小学常用的教学方法有哪些,列举其中一种方法的使用要求。
4. 当代教学方法改革与发展呈现了哪些共性特征?
5. 审视国内外典型教学方法所蕴含的教育价值观,任意列举一种教学方法评析其优势和劣势。

【实践活动】

1. 活动一:深入中小学课堂,随机听一节课,记录授课教师运用了哪些教学方法,分析这些方法的选择和运用是否恰当,给出原因,并反馈给授课教师。
2. 活动二:任选某一科目的一节内容,预设这节课所选择的教学方法,说明运用依据。

【拓展阅读】

[1] 鲍里奇.有效教学方法[M].4版.易东平,译.南京:江苏教育出版社,2002.

[2] 陈晓端.国外教学论基本文献讲读[M].北京:北京大学出版社,2013.

[3]李方.对立与融合:传统教学方法与现代教学方法[J].华南师范大学学报(社会科学版),2003(6).

[4]吕红日.教学方法的有效性思考:欧美日近三十年教学方法变革的历程与启示[J].外国中小学教育,2010(10).

[5]张良,乐维英.教学方法的理解误区、概念重建及其构建策略:基于知识论的视角[J].教育发展研究,2014(8).

【网站链接】

1. http://ktjx.cersp.com/,中国课堂教学网,在"教学案例"和"课堂研究"栏目下有大量的课堂教学案例和教学反思案例。

2. http://www.teachervision.fen.com/teaching–methods/resource/5810.html,*techervision* 外文主页,一个旨在帮助教师节省时间的网站,包含各科课程计划、各种教育问题、教学方法和教学管理、假期事件安排等等。

第十七章
教 学 艺 术

【学习目标】

1. 理解教学艺术与教学科学的关系;
2. 基于教学艺术的特殊本质,理解其基本特点;
3. 了解教学艺术的双向功能;
4. 掌握课堂教学艺术的结构体系;
5. 分析教学风格形成的关键因素。

【关键术语】

教学艺术;课堂教学艺术;教学风格

从孔子的启发式教学到《学记》中"善歌者使人继其声,善教者使人继其志"的教学艺术观;从苏格拉底的"产婆术"到夸美纽斯"把一切事物教给一切人类的全部艺术",都记录了人们很早就开始对教学艺术进行不懈探索。尽管如此,教学艺术一直是人所熟知又知之不深的问题。长期以来,教学论界关于教学是科学还是艺术的争论不断,而这种漫长的争论随着教学论研究视野的拓展最终以教学科学和教学艺术的辩证统一而告终,很多学者开始认同"问题的关键在于能否运用科学的方法以求得对教学有更多的认识"①,"教学中理论和实际的统一也正是科学与艺术的辩证统一"②,"教学科学和教学艺术是同一事物的两个方面,它们在教学中共同促使教学任务的完成"③。李定仁先生主编的《大学教学原理与方法》一书中,把教学艺术的属概念确定为"教学",也正是使二者的矛盾趋于综合。

第一节　教学艺术概述

教学艺术贯穿于教学的一切方面,和教学同产生,共结束。尽管教学的艺术性质得到了普遍认可,但其特殊性及相关理论与实践路径仍然需要进一步厘清和明晰。

一、教学艺术的含义

早在17世纪,捷克教育家夸美纽斯在他的教育名著《大教学论》的开篇中,就讲到大教学论是"把一切事物教给全部人类的全部艺术"。对于这一"艺术",他进一步阐明说:"寻找一种教学方法,使得教员因此可以少教,学生可以多学,使得学校因此可以减少喧嚣、麻烦和无益的劳苦,多一些闲暇、快乐和坚实的进步。"英国教育家怀德海(A. N. Whitehead)也认为,教育就是获得运用知识的艺术。爱因斯坦在谈到教师的修养时提出了三条基本要求:一是德,即崇高的思想品德;二是才,即知识渊博;三是术,即高超的教学艺术技巧。他认为教师的创造性活动同尊重学生的独立性结合起来,才可能掌握真正的教学艺术。苏联教育家苏霍姆林斯基曾说:"谁要领导好教学和教育过程,谁就要精通教学和教育科学、技巧和艺术。"他进一步指出:"教育的艺术首先包括说话的艺

---

① 邓金.教育与科普研究所.培格曼最新国际教师百科全书[M].北京:学苑出版社,1989:14.
② 裴娣娜.现代教学论:第2卷[M].北京:人民教育出版社,2005:282.
③ 王升.教学策略与教学艺术[M].北京:高等教育出版社,2007:10.

术,同人心交流的艺术。"俞子夷先生在《教学法的科学观和艺术观》一文中提出,教学如果没有科学的依据,好比盲人骑瞎马,实在危险;但如果只有科学的依据而没有艺术的手段处理问题,就难以应付千变万化的学生。因此,教学一方面要以科学做基础,一方面又要以艺术做方法。

那么,什么是教学艺术?教学艺术的本质是什么?尽管目前关于教学艺术的本质有众多观点,也没有统一的概念界定,但对教学艺术进行内涵描述以便更好地理解和探讨其本质是有必要的。简单来说,教学艺术就是教师遵循教学规律,针对教学对象,灵活运用方法,善于启发诱导,激励学生热情,创造性地组织教学过程,实现教学任务,从而取得最佳教学效果的一整套教学技巧的总和。教学作为艺术的主要含义,一是体现在教学过程中综合运用教学方法体系的技能技巧;二是遵循美的规律进行创造性的教学;三是体现教师个性和独具特色的教学风格。

教学艺术是一种综合艺术。这种综合艺术体现在教学的各个环节中,如备课的艺术,上课的艺术,作业批改的艺术等。其中上课的艺术,即课堂教学艺术是教学艺术的中心,也是教师应该研究和掌握的重点。因此,教学艺术从广义上来说是指在一切教学活动中的艺术,从狭义上来说是指课堂教学艺术。

二、教学艺术的特点

了解教学艺术的特殊性可以加深和扩展对教学过程特点的认识,有助于人们全面认识教学艺术的各种外部表现形态。一般认为艺术有形象性、情感性、创新性三个特征,由于教学本身的复杂性和特殊性,教学艺术主要表现为以下几个特点:

1. 实践性

苏霍姆林斯基曾深刻地指出:"实践教育学就是已经达到的熟练水平,并且提高到艺术高度的知识的能力。"这就是说,教学艺术具有实践性的特点。因为整个教学艺术过程都是与教学实践紧密联系不可分割的,像教师的备课,是为教师作为教学艺术家的课堂表演创造活动"运筹帷幄"的,上课则是教师教学艺术"决胜千里"的实践,只有取得了丰富的实践经验,才能使教学艺术既合于教学规律,又合于师生的个性特长和心理特点,教学艺术是实践性非常鲜明的艺术。①

只有在实践中不断探索而取得的成果,又经过实践检验有实际效能的,才可称得上高超精湛的教学艺术,那些只在形式上哗众取宠没有实践效果的花架

---

① 李如密.教学艺术论[M].济南:山东教育出版社,1995:87.

子,是称不上什么艺术的。教师的教学艺术水平,也是在教学实践中不断提高的。离开了教学实践,教学艺术就成了无源之水、无本之木。可以说,课堂乃是永恒的教学艺术实验室,而真正意义上的教学艺术,是那些在教学第一线坚持不懈地进行实践探索的教师才能创造出来。因此,每个教师都应注意在教学实践中追求教学艺术的发展。

2. 创造性

创造是一切艺术的生命,也是教学艺术的本质属性,它决定着教师教学艺术水平的高低。教育家第斯多惠(Diesterweg)曾说"教师必须具有独创性"。柯伦(C. E. Curren)在《教学的美学》中明确指出:教学"达到了某些要求的创造性工作便是艺术"。教学艺术的创造性源于教学的复杂性,首先,教师不可能照搬别人的经验或以刻板的现成模式去处理学生的个体性差异、教学中变化多样的突发事件、教学方案的设计和教学过程的组织等问题。正如巴班斯基所指出的:"教育劳动的一个典型特点是它不容许有千篇一律的现象。"① 现实中教师的职业倦怠很大程度上也是源于日积月累的机械和重复工作。而那些不断进行创造性劳动的教师,总能常教常新,使自身的教学生活有乐趣、有活力。其次,创造性的人才也必须依靠创造性的教学艺术来培养。教学中要注重培养人的创造能力和创造精神,也就使教学本身富有了创造性的特质。当然,强调教学艺术的创造性,并不是在否定教师教学过程中有一般的或普遍的规律存在,关键在于教师在创造性的教学艺术中,因人、因时、因地来灵活运用这些规律。

教学艺术的创造性,应当成为每个教师有意识的自觉追求。"有一种不断前进,向着更完善、更新鲜的事物前进的志向,并且实现这种业已产生的志向。明天一定要比今天做得更好,——这是一个创造性地工作的教师的座右铭"。②

3. 个性化

真正好的教学不能降低到技术层面,真正好的教学来自教师的自身认同与完整。③ 因而教学艺术是属于个人的,不同教师因其思想、气质、知识结构、审美情趣、特长爱好和教学能力,所展示的教学风格也会独特迥异。主体的个性是教学艺术之花绚丽多彩的源泉,这一点为现实的教学艺术创造活动所充分证实。同样的教学方法为什么在不同的班级、由不同的教师来运用,就会有不同

---

① 巴班斯基.论教学过程最优化[M].吴文侃,俞翔辉,冯克难,等译.北京:教育科学出版社,2001:16.

② 赞科夫.和教师的谈话:小学教学问题[M].杜殿坤,译.北京:教育科学出版社,1980:250－251.

③ 帕尔默.教学勇气:漫步教师心灵:十周年纪念版[M].吴国珍,等译.上海:华东师范大学出版社,2014:2.

的教学效果,这其中教师与学生的个性因素起着主要作用。以语文教学为例,有的教师长于朗诵,激发学生情感,突出以情动人;有的教师善于启发,深刻剖析文章内涵哲理,突出以理服人。教师的教学总显示出"我"的印记,教学的求异正是教学艺术个性化的表现,也正因教学艺术具有鲜明的个性特点,才使教学艺术风格千姿百态。

4. 表现性

哲学大师黑格尔(G. W. F. Hegel)认为美是理念的感性显现。由此,教学需要通过生动、鲜明、具体的形象表现来展示教学的艺术美,这也就是很多人把教学看作是艺术表演,把教师看作是表演者的主要依据。教学的艺术性源于教学的情境性和复杂性,并基于教学选择和创造而生成。简单、机械的活动不存在艺术问题,只有影响因素多样、过程复杂多变的活动才存在艺术性问题。[①] 课堂教学中,教师的一切外观行为的综合表现,即教师的衣着打扮、表情态度、身姿动作、实验操作、口语板书等都会直接或间接地影响教学艺术的效果。如果教师的自我表现生动形象,能动情感人,就可以丰富学生的感知表现,促进学生的理解和思维。同时,教师的教学艺术表现还应该注意与学生的密切配合,注意与学生之间的信息、情感、个性等方面的直接交流和反馈。因为学生不仅是教师教学艺术活动的鉴赏家,也是教师教学艺术活动的参与者。

5. 审美性

苏联当代著名美学家斯托洛维奇曾经指出:"在每个领域中出现的凡是值得被称为艺术性的活动,都必定具有审美意义。"[②]同样,成功的教学总能给人一种美的享受,也正是说明了教学艺术的美。教学艺术的美来自两个方面:一是教师所讲授的教学内容的内在美,如各种优美的文学体裁,不仅有大量的知识美、语言美、形式美的因素,而且还蕴含着道德美、形象美、情感美等内容;二是教学表达的外在美,诸如字字珠玑、抑扬顿挫的教学语言美;水到渠成、天衣无缝的衔接自然美;启发诱导、虚实相生的教学方法美;等等。教学艺术的审美性特征,要求教师必须具备相当深厚的审美修养,既有感知美发现美的能力,又有丰富的审美情感和审美判断力,更能有效地在教学中遵循美的规律、创造性地进行教学,并有意识地培养学生的审美能力。美国学者柯伦指出:"当教师更多地懂得了美的素质怎样深入人心的生活,当他们能够有意识地来完善、扩展这种美的体验方法时,他们也就踏上了教学艺术之路。"[③]

---

① 陈佑清.教学论新编[M].北京:人民教育出版社,2011:526

② 斯托洛维奇.审美价值的本质[M].凌继尧,译.北京:中国社会科学出版社,1984:163.

③ 李如密.教学艺术论[M].济南:山东教育出版社,1995:95.

三、教学艺术的功能

教学艺术功能的研究可以使人们进一步明晰教学艺术存在的价值和意义。回顾教学论著中关于教学艺术的探讨,发现很多学者将教学艺术所产生的影响作用集中定位在学生身上,忽视了教学艺术功能的双向性,也就是说教学艺术同时还对教师具有特有的意义。

(一)教学艺术对学生的功能

1. 陶冶功能

由于教学艺术情理交织的特点,以及感染力很强的审美形式,使之形成鲜明的情境性和非理性因素,具有不可忽视的全方位的潜在教育功能。教学艺术的陶冶功能,在于有效地淡化了教育痕迹。在高超精湛的陶冶教学艺术中,那"无为"的表象深层尽是"有为"的匠心。但是又不露任何斧凿的痕迹,给人以"无为"的自然感受,让学生在不知不觉中受到深刻的教育。[1] 如融洽民主的师生关系、生动活跃的教学气氛、频发多向的人际交往、教师出色的课堂表演等,这些都在向学生潜移默化地渗透着理性的教育,给他们留下持久性的深刻印象。所谓"只有在潜移默化中受到的教育,才能起到滴水穿石的作用"。成功的教育是学生没有感受到教育,却受到终生难忘的教育。

2. 增效功能

实践证明,精湛的教学艺术可以迅速吸引学生的注意力,激发学生的学习兴趣,高效地完成知识的传授、技能的培养和智力的开发、品德的形成等教学任务。同时,这类教师总是坚持启发式的指导思想,给学生留出很大的思维空间,鼓励学生自己思考,促进其创造性思维的发展。教学艺术水平高的教师,能够因材施教,全面了解学生,充分发挥学生的优势,使每一个学生在原有的基础上有所进步,从而使教学艺术在提高教学效率和效果上释放出最大的能量。

3. 谐悦功能

宋代教育家朱熹曾引用程颐的话说:"教人未见意趣,必不乐学。"吉尔伯特·海特(Gilbert Highet)在其《教学的艺术》一书中谈到教学艺术的谐悦功能,他说:"如果我们不能获得一声发自内心的笑,那么这一天的教学就白费了。"正如听一堂好课用"如沐春风"来形容,教学艺术能够以轻松愉悦的方式激发学生的学习兴趣,促进学生乐学,进而丰富学生的情感和精神生活;能够为学生消除由紧张的思维运动带来的心理疲劳;能够调节由单调重复的学习活动带来的生

---

[1] 李如密.教学艺术论[M].济南:山东教育出版社,1995:96.

理疲劳;能够淡化情绪生活中的焦虑水平,恢复业已倾斜的心理平衡等。① 教学艺术在一张一弛、劳逸结合中达到寓教于乐的功效。

(二)教学艺术对教师的功能

1. 克服倦怠

教学艺术具有创造性、表现性和审美性等特点,使教学充满吸引力和感染力,身在其中的师生都会产生美好的感受和体验。因此,教学艺术的追求过程本身就是一种美的体验。现实中,教师的职业倦怠感在很大程度上是源于教学上的机械重复,那些把自己定位为照本宣科的教书匠,并没有认识和体会到教学的特殊性和艺术性,仅仅把教学看成是类似工厂中的流水线工作。因此正如夸美纽斯所指出的"他们履行他们的责任的时候,往往感到疲惫不堪,他们在劳苦的努力上面耗尽了自己的精力;否则他们就习于变换他们的方法,轮着试了这个办法又试那个办法——这是对于时间与精力的一种辛苦的浪费"②。相反,对教学充满热情和兴趣的教师,会摒弃单调刻板的重复劳动,不断追求教学中的艺术特质,在这样的循环过程中获得无尽的满足和享受,同时在这个过程中逐渐形成个体的教学风格。

2. 价值体现

艺术化的教学要求教师坚持"教必有法"的原则性和"教无定法"的灵活性的统一,在广泛吸收、借鉴已经积累形成的方法的基础上,善于进行艺术性的再创造、再加工。这就需要教师因时因人进行创造性的发挥,把自己的德、识、才、学、知、情、意、行统统融入到自己所创造的教学美中去。这一过程是教师创造性发挥的过程,也是教师专业素质和自身价值的体现。

3. 专业化认同

教师专业化发展不仅要通过教师的专业能力来体现,更需要有持续的发展能力来支撑。对于教师来说,他们的专业能力和发展能力更多地需要在课堂教学中培养,教师在课堂教学中出现的种种问题,归根结底是教师专业化问题。然而,教师的专业化不是追求某种结果,更不是一味的模仿与复制。运用教学智慧创造性地组织教学过程,有效地处理教学过程中的各种问题,这是教学艺术的主要内涵所在,也是教师专业化的基本成长路径。同时,教师主导创造的教学也会使他们自身受到强烈的艺术感染,感受到强烈的职业幸福感,促进教师对自身职业的认同,进而增强教师专业化的自我发展。

---

① 裴娣娜.现代教学论:第2卷[M].北京:人民教育出版社,2005:304-305.
② 夸美纽斯.大教学论[M].傅任敢,译.北京:人民教育出版社,1979:9.

典型案例 17-1

《小白花》这篇课文,描写了1976年四月初,"我们"一家人和首都人民在天安门广场悼念周总理的三个场景。表达人民对周总理无比的爱,对"四人帮"的切齿之恨,教材蕴含的美感因素十分强烈。这一历史事件,离学生生活比较远,怎么使学生有所理解有所感受呢?我便根据教材特点,设置情境。我出示了一张放大的当时拍摄的照片,我让学生一边听这一节课文的录音,一边提示他们观察照片上花山、人海、人群肃立、沉痛悼念周总理的情境,而后进行朗读和语言的训练。课文中描写了"我们"一家人面对周总理的亲笔题字默哀的情境,我借助音乐的语言再现那个情境。音乐声起,悲哀的气氛被渲染得那么强烈,听着听着,孩子们仿佛觉得自己也来到纪念碑前,正在向周爷爷默哀。孩子们深情地读着:"敬爱的周爷爷啊,我们想念您,您永远活在我们心中……"课文中的语言便是学生内心急欲表达的话语,我自己也好象进入了那个情境,不禁潸然泪下,学生忍不住哭了起来,晶莹的泪珠挂在他们的脸上。从全班学生的情绪,朗读的表现力和片断的句子训练,看出学生如亲临其境,受到很深的感染;而这种强烈的情感,更加深了对教材语言的理解。

[资料来源] 李吉林. 情境教学实验与研究[M]. 成都: 四川教育出版社, 1988: 15.

第二节 课堂教学艺术的结构体系

课堂是教学的主渠道,教学艺术的主体是课堂教学艺术。教学艺术的研究应当以课堂教学艺术为其主要对象。课堂教学艺术主要包括组织教学、开讲、运用教学语言、提问和板书等方面的艺术。

一、组织教学的艺术

组织教学是课堂教学的重要环节,它对于集中学生注意,维持课堂秩序,保证教学的顺利进行,起着重要的作用。组织教学不仅在上课开始时进行,而且要贯穿在整堂课的全过程之中,因而一般分为起始组织和过程组织两个方面。

起始组织,即正式讲课前所采取的组织措施,目的在于使学生迅速进入教

学情境,心意指向课堂。

过程组织是要把组织教学贯穿于全部课堂教学之中,目的在于始终保持学生的注意和兴趣,使教学顺利进行。

那么,怎样才能组织好教学的进程呢?

一是要运用课堂常规组织教学。课堂常规的建立能促使学生养成良好的上课习惯,在常规的调控下,逐渐形成良好的课堂秩序和教学氛围。

二是要用情感组织。教学不是"控制性"的教学,不能用强制的手段迫使学生把注意力转移到学习上,组织教学的艺术性表现在师生在融洽、愉悦的氛围中开展教学。教学如果缺乏情感性则显得生硬、呆板。赞科夫曾说:"未经人的积极情感强化和加温的知识,将使人变得冷漠,由于它不能拨动人们的心弦,很快就会被遗忘。"①

三是用非语言行为组织教学。教学组织的艺术并非完全依靠语言来进行,教师的眼神、动作和精神风貌都会成为积极的信号传递给学生,美国心理学家艾伯特·梅拉别恩(Albert Mehrabian)经过实验得出结论:信息的总效果=7%的文字+38%的音调+55%的面部表情。教师的举止、点头、微笑等体态语言都可能传达着一定的教学意义。因此教学中,教师要利用好这些非语言行为来有效地组织教学。

四是要运用注意规律组织教学。在教学中,过分要求学生依靠有意注意来学习,易引起疲劳和注意的涣散,但如果只让学生依靠无意注意来学习,则不利于他们主动性的发挥以及与困难做斗争的意志力的发展。因此,在教学过程中,教师应利用好学生的注意规律,注重有意注意和无意注意的巧妙结合。

五是要善于处理好教学中的偶发事件。处理教学中的偶发事件往往是考验教师的教学智慧和教学组织水平的重要指标。在偶发事件处理过程中,教师的决策至关重要。正如有学者指出,艺术产生于决策,"好的教师就像艺术家一样,既从专门技术又从创造性的视角做决策"②。教师应针对不同情况的偶发事件做出不同处理。例如,对需要进行正面教育的偶发事件,教师应趁热打铁做出热处理;对学生的恶作剧等偶发事件,教师也可采取冷处理的方式。

---

① 李朝辉.教学论[M].北京:清华大学出版社,2010:289.
② Orlich D C ,et al. Teaching Strategies:A Guide to Effective Instruction[M]. Houghton Mifflin Company,2007:14.

> **典型案例 17-2**
>
> 上课铃响了,学生们蜂拥着走进了教室,兴奋的心情还没有平静下来,有的气喘吁吁,有的交头接耳。我没有训斥他们,而是满面春风地走上讲台,在黑板的左上角贴了一张大画像。教室里顿时平静下来,一双双眼睛一齐投向画像,我接着说:"动脑筋爷爷来我们班听课,你们喜欢动脑筋爷爷吗?"学生们异口同声地喊起来:"喜欢。"我接着说:"老爷爷最喜欢学习的小朋友,看,他的衣兜里装着好多奖品,他要把奖品奖给爱动脑筋的小朋友。"开始进行课堂教学了,学生的积极性很高,争先恐后地回答问题。我抓住最佳时机,充分利用"半堂优势"进行新课。过了将近20分钟,学生开始心不在焉了,小动作逐渐多起来。这时,我说:"刚才大家学得真好,动脑筋爷爷很高兴。听!老爷爷带我们到哪去了?"一段优美动听的音乐在教室里回荡。没有任何命令,学生们的小动作立即消失,他们专心地听着。我问:"老爷爷带我们来到了什么地方?"学生从听到的配乐朗诵里知道,一齐回答:"小树林。"我高兴地告诉大家:"小树林里的小动物们邀请你们参加有奖大赛,你们愿意吗?""愿意"!学生们兴奋不已,兴致勃勃地参加多种多样的练习……
>
> [资料来源] 杜德栎,范远波.现代教学艺术论纲[M].北京:中国人民大学出版社,2011:83.

二、开讲的艺术

开讲,也称导入新课。一节课的巧妙开讲,对强化学生的求知欲望,激发学生的学习兴趣,具有明显的作用。因此,教师必须讲究开讲的艺术。

(一)开讲的原则

1. 针对性

具有针对性的开讲可满足学生的听课需要。有针对性的开讲设计主要体现在:一方面要针对教学内容而设计,将导语与课程、课型有机联系起来;另一方面要针对学生的实际设计导语,如学生的认知水平、年龄特点、心理状态、兴趣爱好的差异等。比如小学低年级可从故事、游戏入手,中学生多从联想类比、启发谈话、设置疑难入手。

2. 启发性

苏霍姆林斯基曾说:"如果教师不想办法使学生产生情绪高昂和智力振奋的内心状态,就急于传授知识,那么这种知识只能使人产生冷漠的态度,而使不懂感情的脑力劳动带来疲劳。"①积极的思维活动是课堂教学成功的关键。所以在开讲时如果教师能用富有启发性的导语来激发学生的思维活动、调动学生的积极性，就能有效激发学生的求知欲。

3. 新颖性

心理学研究表明，耳目一新的新异刺激，可以有效地强化学生的感知态度，吸引学生的注意指向，起到出奇制胜的效果。一般来说，开讲所用的材料与教学内容的类比点越少，越精，便越能留下疑窦，越能吸引人。

4. 趣味性

巴班斯基认为："一堂课上之所以必须有趣味性，并非为了引起笑声或耗费精力，趣味性应该使课堂上掌握所学材料的认识活动积极化"，"应该引导学生去研究问题，而不是诱使他们把问题撒在一边。真正的求知热情和消遣心情的区别就表现在这里"②。充满情趣的开讲能有效地激发学生的学习兴趣，调剂课堂教学的气氛和节奏，引导学生深入到学习活动中，师生间往往也在会心的笑声中达到默契交流。

5. 简洁性

开讲要经过精心设计，力求简洁明了，用最少的话语、最短的时间，迅速而巧妙地缩短教师、学生、教材相互间的距离，将学生的注意力集中到课堂中来。

（二）开讲的方式

开讲的方式多种多样，运用之妙，存乎一心。关键在于教师根据教学内容和学生实际，进行创造性的设计。常用的方式有：

①引趣式开讲。上课伊始，先以生动有趣的内容和形式，引起学生的兴趣，使学生在情趣盎然的心境下进入学习。其要求是：所采取的形式要新颖、活泼，内容要有针对性，并要注意其认识价值和教育价值。

②提问式开讲。用提问开讲，能够迅速集中学生的注意力，激起学生的思维活动，使学生产生急于求知的心理情绪。这为讲授内容进入学生脑际打开了神经通道。

③描述式开讲。在开讲时，教师用简练的语言，饱满的热情，对教材要旨进行绘声绘色的描述，能烘托课堂气氛，拨动学生的心弦，使其产生心理共鸣和展开丰富的联想，为接受新知识铺平了道路。

④情境式开讲。在正式讲课之前，先利用各种手段创设出一种教学情境，

---

① 陈惠芳.触摸教育的风景[M].长春:长春出版社,2005:108.
② 巴班斯基.论教学过程最优化[M].吴文侃,俞翔辉,冯克难,等译.北京:教育科学出版社,2001:114.

巧设机关,激疑引思,使学生的心理处于兴奋状态。创设教学情境,要紧密结合教学内容,并从学生的实际水平出发,善于激疑和富有启发性。

⑤概括式开讲。这是最一般的开讲方式,即以简练的语言,概括本节课课题的主要内容,点明重点和难点,使学生心中有数,围绕中心听课。

⑥悬念式开讲。开讲之前,巧设悬念,使学生心欲知而暂不得,产生急于求知的心情,思想处于高度集中状态。

随着网络技术的发展,计算机与多媒体在教学领域运用的普及,也为教师的开讲艺术的设计提供了更好的技术基础。恰当地通过多媒体创设的各种情境对于引发学生的学习兴趣一定会有显著的作用。

三、运用教学语言的艺术

教学语言是语言的特殊形式,是教师在教学中传播信息的重要手段,是书面语的加工、口头语的提炼。《学记》中"善歌者使人继其声;善教者使人继其志。其言也,约而达,微而臧,罕譬而喻,可谓继志矣",正是对教学语言艺术性的肯定,同时也体现了科学性、思想性和艺术性的统一。良好的教学语言应符合以下五条基本标准:

①准确明晰,具有科学性。研究表明,学生的知识学习同教师表述的清晰度有着显著的相关,而教师讲解得含糊不清则与学生成绩呈负相关[①]。因此,教学语言必须准确规范,知识必须借助于科学的语言来表达。所谓科学的语言是周到严密、含义准确、措辞精当、不生歧义的准确语言。

②简洁练达,具有逻辑性。教学语言必须简洁明快、层次分明,富有内在的逻辑性,力争使所表达的内容条理清晰,以增强语言的说服力和论证性。教师上课不能照本宣科,要对教材的书面用语进行加工、提炼、斟酌。尽量不讲修饰语和形容词过多的长话,力求用最简练的语言表现最丰富的内容。

③生动活泼,具有形象性。形象性是教学的一条重要要求。语言的生动性和感染力对教学氛围的营造起着至关重要的作用。教师上课要进行生动的叙述,形象的描述,适当运用比喻、比附、夸张、拟人等修辞手法,或引入幽默生动、富有哲理的名言、典故、成语等,使讲授富有趣味性。

④通俗易懂,具有大众性。教师讲课,用语要通俗易懂,明白流畅,平易近人,并符合规范化要求。要力争用普通话讲课,尽量减少土语和方言。

⑤抑扬顿挫,具有和谐性。教师上课不仅要掌握语言艺术,还要掌握说话技巧。讲课的声调要有变化。其基本要求是,声音洪亮,吐字清晰,咬字准确,

---

① 裴娣娜.现代教学论:第2卷[M].北京:人民教育出版社,2005:306.

速度快慢适中,语调平直自然,而略有起伏。

总之,语言的运用,是课堂教学艺术的精粹,也是教学取得好效果的诀窍。教师应努力提高运用语言的艺术。

信息专栏 17-1

弗兰德斯关于师生语言行为分类表

1. 教师的表述

(1) 间接影响学生

① 接纳感受:用非威胁性态度和语气,接受或体会学生所表现的积极的或消极的感受;期望或使学生回忆他们自己的感受。

② 赞赏或鼓励:以语言或非语言的行为方式,赞赏或鼓励学生准确或适宜的动作和行为;包括讲幽默的话语和减轻紧张情绪的笑话。

③ 归纳或采用:归纳、综合或发展学生提出的意见;利用学生提出的意见刺激学生思考。若教师加入太多自己的看法,则应归入第五项。

④ 提问:就课文内容或处理方法提出问题,以期学生回答。

(2) 直接影响学生

⑤ 讲解:就课文内容或处理方法给出事实、资料或意见;发表一己之见。

⑥ 指示:发命令、作指示,导控教学进程,以期学生遵照执行。

⑦ 批评或维护权威:用声明、说理等方式,澄清自己的动机,说明决策的理由,以期学生改变其态度和行为;以权威身份喝令学生停止违纪行为,或执行自己的指示。

2. 学生的表述

⑧ 学生的反应性回答:由教师引发的发言。

⑨ 学生的主动性发言:学生自发的发言。

3. 其他

⑩ 安静或混乱:师生语言交流暂时停顿;教室出现短暂的寂静时刻;或由于出现一些混乱状况,观察者不能判明其类目。

[资料来源]筑波大学教育学研究会.现代教育学基础[M].钟启泉,译.上海:上海教育出版社,1986:288-290.

四、提问的艺术

课堂提问是进行启发式教学,提高教学质量的手段,是师生课堂互动交流的最常用、最主要的方式。通过提问不仅可以集中注意,促使学生积极思考,培养其发现问题和解决问题的能力,而且能起到巩固知识,检查评价学生学习质量,为教师提供反馈信息的作用。

课堂提问并不是简单的我问你答,也不是提问越多效果就越好,《学记》对教师提问与答问重要原则进行了阐释:"善问者如攻坚木,先其易者,后其节目,及其久也,相说以解。不善问者反此。善待问者如撞钟,叩之以小者则小鸣,叩之以大者则大鸣,待其从容,然后尽其声。不善答问者反此。此皆进学之道也。"教师应把握好问题的顺序、提问的时机,还要讲究提问的艺术和方法,具体要求有:

①所提问题要明确。所谓明确包含两层意思:一是目的要明确,确实是学生认识上存在的问题;二是回答范围要明确,一般只从一个角度提问。

②提问要有启发性。所谓启发性,首先是指教师要巧于发问,发问角度能使学生深思,引起联想。其次,在学生回答时,要进行启发诱导,点拨要害,引导学生思维深化。

③问题要难易适度。所谓难易适度,是指所提问题符合学生实际水平,是绝大多数学生在教师启发下能够回答上来的。太难、太易,都不能起到课堂提问的作用。

④提问要有普遍性。要面向全体学生,使更多学生有课堂回答的机会。同时提问还要因材施教,对不同学生,提出难易度不同的问题。

⑤提问要考虑时机。教学过程中,教师可以随时提问,但只有在最佳时机的提问效果最好。教师要抓住最佳时机,就要把握学生何时处于"愤悱"状态,这时学生注意力集中、思维活跃,对于教师的提问往往能做深入思考。

⑥要认真待答和听答。研究表明,提问过程中教师应该有两个最重要的停顿时间,即"第一等待时"与"第二等待时"。"第一等待时"指教师提出一个问题后,要等待足够的一段时间,不能马上重复问题或指定别的学生来回答问题,以便为学生的回答提供思考的时间;"第二等待时"指学生回答之后,教师也要等待足够的时间,才能评价学生的答案或者再提出另一个问题,以便学生完整地做出回答。① 此外,课堂上对学生回答问题不论正确与否,教师都必须以诚恳的态度认真听取,并给予公正恰当的评价,使学生能真诚地感受到教师对自己的信任和鼓励。

优秀教师的课堂教学往往波澜起伏、有声有色,令学生入情入境,其中精彩迭出的提问艺术发挥了不容忽视的作用。总的来说,教师要特别注意区分重要

---

① 李如密.教学艺术论[M].济南:山东教育出版社,1995:366.

的提问和徒劳的提问；注意问什么，即精心设计要提问的问题；问谁，即考虑提问的对象；怎么问，讲究提问的技术和方法。

五、板书的艺术

板书是课堂讲授的辅助工具，是对教学内容的加工和提炼，是教师普遍使用的一种重要的教学手段和表现形式，也是师生在课堂上最简易的利用视觉交流信息的渠道。精美完善的板书，不仅突出了教学的重点和难点，帮助学生掌握教学内容的主线与脉络，而且有助于增强教学气氛，给学生以审美的享受。尽管随着新的教学技术的出现，人们越来越多地使用PPT来代替传统板书的某些功能，但板书（包括电子白板）所具有的实时展示图文的特殊作用是无法被全部代替的。所以，讲究板书的艺术仍然是课堂教师必须面对的。

设计板书的基本要求是：反映教学内容结构或教学过程结构；突出教学内容的重点和难点；层次清晰，布局合理；用语凝练，板书板画结合使用。

板书形式因学科特点而有所不同。常见的板书格式有：

①提纲式。这是将讲述内容概括，提炼出要点，按逻辑层次加以编排，体现出论点论据之间的内在联系，构成反映讲授内容的提纲。

②摘要式。这是文科类教学科目常用的板书格式之一，是用关键性的字、词，点明内容的结构层次与文意变化。

③线索式。线索式板书是为明晰思路，突出教学内容的脉络，以故事情节和发展线索为逻辑构成主干的板书形式。

④图示式。即把板书与板图结合起来，用文字线条勾画出简明的图形和图表（示意图）来表达教学内容，使学生从朴素联系中理解知识。

板书，没有固定格式，更不必形成模式，同一学科同一教材，也可以有不同的板书格式。在教学实践中，教师要依据教材内容、学生实际进行创造性的设计，使之能有效地发挥辅助教学的作用。随着多媒体课件在教学中的广泛使用，板书的形式将会更加精彩多样，教师要学会开发和设计教学课件，使教学内容与形式达到完美的统一，以取得良好的教学效果。

总之，教学有法，但无定法，关键在于教师根据教学的具体情境进行创造性的劳动。讲究教学艺术就是教师创造性劳动的具体表现。实践证明，教师教学艺术水平的高低，直接影响着教学的质量和效果。教师应该努力提高自己的教学艺术修养。为此，每位教师都要热爱自己所教的学科和了解研究学生的情况，并在此基础上，刻苦锻炼教学基本功。教学基本功是教学艺术的前提和条件，没有扎实的教学基本功，提高教学艺术只能是一句空话。每个教师都要在平时重视教学基本功的训练，如板书、绘图要按规范练习；提高口语表达能力，养成庄重大方的说话仪态和发音准确、表达清楚的语言习惯;学好普通话,注意声调、语调的运用和练习等。另外,教师还要善于对自己的教学思想与教学实践活动进行系统的总结和反思,通过不断地教学反思提高自己的教学艺术水平。

第三节 教学艺术风格

一般来说,科学只有一个道理,一种是非,艺术则可以有不同的流派,不同的风格。教学既然是一门艺术,就会如同艺术创作,需要用心追求独特的风格,实际上,在教学过程中也确实存在着风格,即教学艺术风格。尽管对什么是教学艺术风格或教学风格的表述存在细微差异,但学者们都不否认教学艺术风格"对于教学艺术的创造和教学艺术理论研究有着重要的意义"①。从教学艺术家的角度来说,探讨教学艺术风格,可以认识自己的所长与所短,从而扬长避短,更好地发挥其艺术才能。从教学艺术理论建设的角度来说,对教学艺术的深入研究,有利于全面地总结教学艺术家的创造经验,科学地阐明教学艺术发展规律,丰富教学艺术理论成果。

一、教学艺术风格的内涵及特征

教学艺术风格,简称教学风格。它是教学艺术的个性化体现,是教师在长期教学实践中逐渐形成的、富有成效的一贯的教学观点、教学技巧和教学作风的独特结合和表现,是教学艺术个性化的稳定状态之标志。② 教学风格既不是泛指一切教风,也不包括不良的矫饰作风。只有在教学领域里善于总结经验、摸索教学规律的教师,才会形成独具特色的教学艺术风格。那么,教学艺术风格如何才能成为教师在教学艺术实践道路上的自觉追求,这就首先要把握其基本特点。

①独特性。席勒(Schiller)曾说,最理想的风格就是具有"最高度的独特性"。教学艺术风格既是教师在教学上创造性教学的表现,又是教师创造性教学的结果,它融入了教师的独特个性。因此教学艺术风格最重要的特点也正是其独特性。由于教师主体自身的独特性,即每个教师的个性特点、教育经历、学

---

① 李定仁,徐继存.教学论研究二十年:1979~1999[M].北京:人民教育出版社,2001:350.

② 李如密.教学艺术论[M].济南:山东教育出版社,1995:398.

识背景等不尽相同,就决定了教学风格的独特性。这种独特性在课堂教学中表现在以下方面:独特的内容处理、独特的教学方法运用、独特的表达方式等。从教学内容的选择和处理到教学过程的展开,都打上了教师的个性烙印,由此教学风格也就具有了由独特性衍生而来的多样性特点。

②稳定性。教学风格一旦基本形成,就会在长时期内保持不变,教学风格的稳定性也是我们之所以能够辨认每个教师独特教学风格的基础和前提。这种稳定性标志着教师在经过一段时间探索之后,终于找到了适合自己个性、才能、审美理想的位置和目标,具体表现为教师教学思想的基本完善,教学技巧的富有成效,以及教学风度的定型成熟。然而教学风格的稳定性只是相对意义上的,稳定性并不意味着教师在教学艺术追求上固步自封。

③发展性。事物总是在发展过程中逐渐趋向完善的,教学风格的形成同样要经历一个探索发展的过程。同时,教师也会在不断反思的基础上突破定势影响,使教学风格具有内在活力和生命力。

上述教学艺术风格的三个特征是相互依存、对立统一的关系。其中,独特性是教学艺术风格的根本特点,如果教学风格没有这一特征,就会失去其独立存在的价值,也就不会有其他的特征和表现。同样,如果只有稳定性没有发展性,教学风格就不能丰富和完善;只有发展性没有稳定性,教学风格则很难形成高度成熟的风格。

二、教学艺术风格的形成过程

教学风格的形成是教师的心理基础与主观追求的高度统一,是多种因素的结构及其运动达到稳定状态的表现和结果。① 尽管教学风格的成因非常复杂,但绝不是神秘的。对教学艺术风格形成过程的探讨,有助于揭示教学风格形成的奥秘,帮助教师自觉地规划个人教学风格。教学艺术风格的形成过程是教师经过长期艰苦的教学艺术实践,逐步走向成熟和个性化特色的发展过程,这个发展过程可分为几个阶段:

(一)教学风格孕育阶段

这个阶段也称为模仿性教学阶段。教师总是试着模仿他人成功的教学方式和方法。对于初任教师来说,教学之初的积极模仿是必要的,一方面可缩短探索过程,另一方面可直接借鉴和吸收成功经验。但是,模仿他人的教学阶段不可能一直停滞不前,教师独立性教学的需求是其教学风格萌芽的主要动机来源。

---

① 裴娣娜.现代教学论:第 2 卷[M].北京:人民教育出版社,2005:318.

（二）教学风格萌芽阶段

这个阶段也称为独立性教学阶段。这一阶段，教师基本摆脱了机械模仿的束缚，能够独立地完成教学工作的各个环节，能将他人成功的经验通过吸收消化变成自己的东西。这个阶段是教学风格从孕育到创造的过渡阶段，但是它在每个教师身上存在的时间却表现出差异。这个阶段蕴含着创造性教学的幼芽，需要滋养创造性的土壤和条件。

（三）教学风格创造阶段

这个阶段也称为创造性教学阶段。经过独立的探索、实践，教师的创造性在教学中不断表现出来。在教学方法的改革上，在教学设计的优化上，在教学效率的提高上，教师开始创造自己的教学风格，使创造性的意向、行动伴随着整个教学过程和全部教学环节。这一阶段教师会体验到创造的幸福和欢乐，成为教学艺术风格的自觉追求者，不断地创造，不断地突破自己。当独创性在教学过程中呈稳定状态时，也就标志着教师形成了自己独特的教学风格。

（四）教学风格成熟阶段

这个阶段也称为有风格教学阶段。在这个阶段，教学风格在教学过程各个环节、各个方面都有独特的稳定的表现，使教学带上了浓厚的个性色彩，处处闪烁着创造的火花。

教学艺术风格的形成是一个完整的过程，每个教学阶段都有自身特点。同时，每个阶段的发展和过渡具有顺序性，需要一定的主客观条件。在这四个阶段的发展过程中，教学的模仿性因素越来越少，独创性因素越来越多，最终经过量的积累后达到质变，从一个阶段发展到另一个阶段，逐渐形成自己的教学风格。当然这个发展过程不是封闭的而是相对开放的，也就是说个体的教学风格还会在反思和环境变化的基础上不断完善、充实和更新。

三、教学艺术风格的培养途径

如前所述，教学艺术风格的形成标志着一个教师的教学艺术高度成熟，或者说教学艺术的理想境界在于形成个人独特的教学艺术风格。然而，教学艺术风格不是无源之水，教师如何通过长期的教学艺术追求和实践逐步形成自己的教学风格？尽管教学风格在形成过程和最后表现形态上，总是或多或少受他人影响，但我们这里主要探讨教师作为教学风格创造主体的自我培养途径和方法。

（一）要有乐教精神，把教学当作一种艺术性事业

首先，教师必须热爱自己的事业，对所教学科充满激情。艺术最本质的东西是以情感人，教学艺术理应如此。忠诚于自己的事业，热爱自己的学生，这是

教师最核心的心理品质,是教学的基础。其次,教师要把教学作为一种艺术性的事业来认识和追求。在教学这种艺术事业中,当教师享受到创造性的乐趣时,这种乐趣又会强化教师对教学艺术事业的追求,这就形成了乐教过程中的良性循环。这样,教师才有可能在教学艺术实践中逐渐形成自己的教学艺术风格。

(二)要有良好的教学修养

教学风格绝不仅仅是个形式问题,它与教师良好的教学修养密切相关,主要表现在教师的知识修养、道德修养和艺术修养三个方面。①

教师知识修养的高低,关系到对学生产生的魅力和学生获取知识的质量。这就要求教师要有良好的知识结构,不仅要掌握知识的系统性,而且要有一定的深度和广度;不仅透彻地掌握所教学科知识而且要涉猎其他相关学科知识,还要掌握大量的典故、风土人情等常识性知识。教师的道德修养对于教师威信的建立以及师生关系都有重要影响。教师的艺术修养,要求教师通过多听、多看、多研究等方式从各种艺术中汲取有益于教学活动的素养,不断丰富自己,提高艺术的感受力、鉴赏力和创造力,以此把艺术性恰当地贯穿到教学当中,提高自己的教学艺术水平。

教师的教学修养集中地体现在教师的风度上,风度是教师教学修养的外在表现。教师的风度,对发挥和完善教学艺术,建立教学艺术风格至关重要。风度蕴含着知识修养、道德修养和艺术修养,是教师的知识结构、灵感热情、性格素质、文化水平、行为习惯等多种因素长期积淀的产物。

(三)注意扬长避短,发挥个人优势

教师要具有清醒的自我意识,了解那些自己异于别人的生理特点、能力系统、思维品质、个性倾向、审美情趣等素质结构,认清自己的优势和劣势,扬长避短,有意识地在基础上构建自己独特的教学艺术风格。例如我国特级教师李吉林就是在长期的教学艺术实践中根据自我特点,采取"定向"发展,逐渐形成了"情境教学"的风格特色。实践中,很多教师没有关注到自己的教学风格,更忽略了对确立自身教学风格的分析和设计。因此,教学风格不是通过某一种方法或单纯模仿就能设计和形成的,必须靠教师自己的创造性劳动来完成。

(四)要有执着追求的精神

教学风格的形成是一个长期的实践过程,欲求者必须有不懈奋斗的执着追求精神。首先,要深入了解教育教学规律和学生的身心发展规律,加强理论学习,研究教学方法,领会教学原则,还要多学、多看、多听优秀教师的示范课,从

---

① 王北生.教学艺术论[M].修订本.开封:河南大学出版社,2001:51.

中汲取营养,从而做到随心所欲。其次,要下功夫锤炼各种基本功,诸如语言基本功、板书基本功、演示和示范基本功、组织管理学生的基本功、控制情感的基本功等。要形成一定的教学艺术风格,必须使这些基本功扎实、过硬。教师只有在娴熟地运用教学方法技巧的基础上,才谈得上形成独特的教学艺术风格。再次,要大胆创新,进行实验,不断取得经验以改进教学,最终形成自己的教学艺术风格。

【本章小结】

1. 教学艺术是人们所熟知又知之不深的问题,尽管人们很早就开始对教学艺术进行不懈探索,但关于教学是科学还是艺术的争论一直不断,这种漫长的争论随着教学论研究视野的拓展最终以教学科学和教学艺术的辩证统一而告终。教学艺术贯穿于教学的一切方面,与教学同产生共结束。

2. 教学艺术就是教师遵循教学规律,针对教学对象,灵活运用方法,善于启发诱导,激励学生热情,创造性地组织教学过程,实现教学任务,从而取得最佳教学效果的一整套教学技巧的总和。教学作为艺术的主要含义,一是体现在教学过程中综合运用教学方法体系的技能技巧;二是遵循美的规律进行创造性的教学;三是体现教师个性和独具特色的教学风格。

3. 由于教学本身的复杂性和特殊性,教学艺术主要表现为实践性、创造性、个性化、表现性和审美性的特点。教学艺术具有双向功能,一方面对学生具有陶冶功能、增效功能和谐悦功能;另一方面对教师具有克服倦怠、价值体现和专业化认同的功能。

4. 教学艺术的主体是课堂教学艺术,具体包括组织教学、开讲、运用教学语言、提问和板书等方面的艺术。每一种教学艺术的表现并不是随意的,而是需要遵循一定的原则和要求,需要扎实的教学基本功作为其基础。

5. 教学过程中存在着风格,即教学艺术风格(简称教学风格)。它是教学艺术的个性化体现,是教师在长期教学实践中逐渐形成的、富有成效的一贯的教学观点、教学技巧和教学作风的独特结合和表现,是教学艺术个性化的稳定状态之标志。教学风格具有独特性、稳定性和发展性的特点。

6. 教学艺术风格的形成过程是教师经过长期艰苦的教学艺术实践,逐步走向成熟和个性化特色的发展过程,这个发展过程可分为教学风格孕育、萌芽、创造和成熟四个阶段。这个过程中,教学的模仿性因素会越来越少,独创性因素会越来越多。同时,教师可以通过把教学当作一种艺术性事业、培养良好的教学修养、注意扬长避短、具有执着追求的精神等作为自觉追求和实践,推动自我

教学风格的形成。

【复习思考】

1. 如何理解教学艺术和教学科学的争论,阅读相关文献并整理成综述。
2. 教学艺术的特殊性表现在哪些方面?为什么要强调教学艺术的重要性?
3. 课堂教学艺术包含哪些内容,具体要求是什么?
4. 怎么衡量教师的教学艺术水平?教学艺术和教学风格是怎样的关系?
5. 教学风格的形成要经历哪些阶段?

【实践活动】

基于课堂观察或教学案例,剖析授课教师的教学艺术水平,如果授课教师已经有独特的教学风格,请总结提炼并做出反馈;如教学艺术水平欠佳或教学风格有待形成,请指出发展路径并反馈。

【拓展阅读】

[1] 李如密.教学风格论[M].北京:人民教育出版社,2002.

[2] 董远骞.教学的理论与艺术[M].北京:人民教育出版社,2007.

[3] 马扎诺.教学的艺术与科学:有效教学的综合框架[M].盛群力,唐玉霞,曾如刚,译.福州:福建教育出版社,2014.

[4] 赵伶俐.教学科学、教学技术、教学艺术三位一体中端论:视点结构教学原理及其技术系统研究[J].西南师范大学学报(人文社会科学版),2004(4).

[5] 王升,赵双玉.论教学艺术形成[J].教育研究,2006(12).

【网站链接】

1. http://www.hobartshakespeareans.org/ourclass_welcome.php,第56号教室的外文主页,这里叙述了"全美最佳教师"雷夫·艾斯奎斯和学生们共同创生的别样课堂。

2. http://ktjx.cersp.com/,中国课堂教学网,这里可以找到很多教学特色鲜明的课堂教学案例和教学反思案例。

3. http://www.tolerance.org/professional-development,这是外文杂志 *Teaching Tolerance* 外文主页,这里包含热点主题的研究、课堂资源及以问答形式呈现的教学困惑等。

第十八章
教学媒体

【学习目标】

1. 识记媒体、教学媒体的概念,理解教学媒体的内涵;
2. 理解教学媒体的基本特征,能针对某一具体教学媒体进行教学特征分析;
3. 理解教学媒体的发展历程及其对教学产生的影响;
4. 辨别教学媒体及其相关概念;
5. 辨析教学媒体的类型,比较各种类型教学媒体在教学应用中的特点;
6. 描述常用教学媒体的功能,对所处教学环境中使用的教学媒体进行观察,分析其作用以及应用的适切性。

【关键术语】

教学媒体;多媒体;超媒体;流媒体;虚拟现实;多媒体计算机;微格教学;虚拟教室

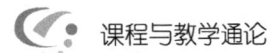
课程与教学通论

第一节 教学媒体概述

一、媒体与教学媒体

(一)媒体的概念

何谓媒体(media)？媒体也称为媒介,是传播学中的概念。这一术语源于拉丁文"medium",意为两者之间。现在更多地指在信息传播过程中,从信源到信宿之间携带和传递信息的任何载体或工具,如语言、文字、广播、电视、互联网、计算机等。

一般认为,媒体有两层含义:一是承载信息所使用的符号系统,叫作承载信息的载体,如文字、图像、图形、语言等,信息在呈现时采用的符号系统决定了媒体的表达功能;二是指储存和加工、传递信息的实体,也可以看作是实现信息储存、传递中的一切技术手段,如书刊、广播、电影、电视、手机、计算机以及相关的输入输出设备等。

媒体中的实体部分如果再进行分类,可以分为硬件和软件两大类。硬件是指能够储存、传递信息的机器和设备,如照相机、电视机、移动存储、计算机等。软件指与硬件配合使用的系统、材料,如 DVD 碟片、电影胶片、计算机程序或其他资料等等。硬件与软件是不可分的统一体,只有结合使用,才能发挥储存与传递信息的功能。

信息专栏 18-1

信源,即信息源,是产生消息和消息序列的源,可以是人、生物、机器或其他事物。信源输出的是消息,但不是消息本身,消息携带着信息。信源归纳起来有两种形式:离散消息和连续消息。信源的核心问题是:它包含的信息到底有多少？怎样将信息定量地表示出来？即如何确定信息量的问题。

信宿是消息传送的对象,即接收消息的人或机器。信宿接收的消息,其形式可以与信源的输出消息相同,也可以不同;当两者不同时,信宿就是信源的一个映射。信宿的核心问题是能收到或提取多少信息。

[资料来源]张丽英,王世祥,等.信息论与编码基础教程[M].北京:清华大学出版社,2010:5-6.

现今社会中,媒体技术不断进步,媒体的发展给人们带来了更多接触和选择信息的机会和可能。哲学家说,什么是自由?自由就是可以拥有大量的选择。现代媒体,因其可以提供更多的选择机会,实质上是为人们获取信息提供了更多自由。而教学媒体,则是为学习者提供了更多的学习自由。

(二)教学媒体的内涵

教学媒体(instructional media)是媒体的派生概念。简单地理解,当媒体运用于教学活动中时即可视之为教学媒体。确切地说,教学媒体就是向学习者提供教学信息的工具和手段,它以存储和传递教学信息为最终目的。对于教学媒体的概念,人们的认识和理解虽有所不同,却无本质的区分。"当媒体被用于教学场景,承载、传递和控制以教学为目的的信息,并介入教与学过程之中的时候,就成为教学媒体"[1]。"当某一媒体被用于传递教学信息时,就称该媒体为教学媒体"[2]。"当媒体用来完成教学任务的时候,就被称为教学媒体"[3]。

教学媒体由一般媒体发展而来。事实上,绝大多数的教学媒体,在媒体技术开发之初,并非主要应用于教学,而是在军事、娱乐、通讯等部门使用相当长一段时间之后,才逐渐被引入教学领域。一般媒体成为教学媒体要具备两个基本要素:第一,用于储存、传递以教学为目的的信息,为特定的教学目标服务,为特定的对象(教师或学生)所使用时,媒体成为教学媒体;第二,媒体符合教学需求并被用于教与学的活动过程中时,成为教学媒体。

教学媒体有广义和狭义之分。从本质上看,教学活动是一种获取、加工、处理和利用信息的过程,因此可承载和传递教学信息的任何人、物和技术都属于教学媒体,此即为广义的教学媒体。狭义的教学媒体一般指人力资源之外的可承载和传递教学信息的媒介和技术,如教学中使用的黑板、教科书、挂图、幻灯、广播、电影、教育电视、计算机、多媒体、网络和虚拟现实技术等都属于狭义的教学媒体。本章所探究的教学媒体主要指狭义层面的教学媒体。

(三)教学媒体的基本特征

教学媒体之所以能够在教学中发挥重要作用,是因为它们具有符合教学需要的功能特征,如对信息的呈现能力、对事物的重现能力、以不同符号形态把信息传递给信宿的传播能力等等,这些都是教学媒体的共有特点。随着时代的发展和技术的进步,教学媒体具有其固守特点的同时,也表现出更富有时代印记的特征。要在现代教学中有效应用教学媒体,需要掌握和了解这些基本特征。

---

[1] 裴娣娜.教学论[M].北京:教育科学出版社,2007:250.

[2] 何克抗,李文光.教育技术学[M].北京:北京师范大学出版社,2002:79.

[3] Smaldino,Russell,Heinich,等.教学技术与媒体[M].8版.郭文革,译.北京:高等教育出版社,2008:11.

①工具性。这是教学媒体重要的固有属性。不论功能多先进的教学媒体,都是由人所创造和为学习者服务的。因此,教学媒体在教学中只是处于从属地位,而不应成为教学的主导和中心。教学媒体可用于扩展和辅助教师的教学,也可以成为学习的对象和内容。但在其应用过程中需要教师和相关人员精心的教学设计和程序编排,即使具有人工智能的多媒体计算机系统也不可能完全取代教师的作用,这是其工具性使然。

②可控性。可控性指使用者对媒体操作控制的难易程度。教学媒体是为了解决教学问题,提高学习有效性而存在的。因此,可控性是教学媒体的重要特性之一。与传统的教学媒体相比,近些年发展起来的教学媒体多具有界面交互友好和便于操控的特点,这为教师和学习者的活动提供了更大的便利。

③整体性。选择和使用教学媒体必须综合考虑教学媒体的特点以及教学目标的要求。各种教学媒体的表现力、传播力、参与性有所不同,在教学中需要进行整体考察,选择最适合教学需求的媒体加以整合,以求发挥媒体的最大功效。

④交互性。交互性是现代教学媒体的重要特性。传统教学媒体在信息传播过程中信息多为单向流动,由信源指向学习者,功能和内容较为单一。但教学和学习活动本身是复杂的,设计良好的现代教学媒体具有较强的交互性,可以更好地满足信源和信宿间信息双向流动的需要。

⑤传播性。传播性是媒体的固有属性,也是教学媒体的重要属性。指教学媒体可以将各种符号形态的信息传送到一定的距离,使教学信息在扩大了的范围内得以展现的特性。现今社会,借助各种教学媒体,教育信息以前所未有的速度和规模在流动,空中学校、网络教学等远程教育方式是教学媒体传播性的最好解读。

⑥多样性。自从人类有了教学活动,就有了传递教学信息的工具和手段,也就有了原初的教学媒体。时至今日,教学媒体在经历了语言媒体、文字印刷媒体、电子媒体阶段后,已进入数字化教学媒体阶段,教学中可应用的媒体形式极为丰富,并仍在不断发展和更新,教学媒体的多样性正在得到充分的展现。

二、研究教学媒体的教学论意义

早在1964年,加拿大著名传播学者马歇尔·麦克鲁汉(Marshall Mecluhan)就在其《媒体通讯、人体的延伸》一书中提出了"媒体是人体的延伸"的著名观点。在他看来,书籍是人眼的延伸,广播是人耳的延伸,电视是人眼与耳的同时延伸。因此,各种媒体即为人体感觉器官的共同延伸,可以极大地提高人体的感知能力。而在今天,随着现代信息技术和计算机网络技术的发展,计算机和网络在人们的生活和教育教学领域占据了重要的地位。可以说,计算机是人脑的延伸,网络是人类智慧的延伸、交流范围的延伸。每一种新媒体的出现,都是人体新的延伸。由此可以认为,麦克鲁汉的观点在理论上揭示了媒体的本质特征,同时其观点在现今媒体发展进程中得到了最好的诠释。

"媒体是人体的延伸"是对媒体本质的深刻解读,也有助于我们正确地认识教学媒体在教学活动中的地位与作用,理解研究教学媒体的教学论意义之所在。在教学活动中,教学媒体作为教学过程参与者之间的桥梁,有力地帮助了学习者认识、感受学习内容,使教学产生了诸多改变。虽然这没有改变教学的实质,但却对教学方法、教学内容、教学组织形式以及教学过程中的要素关系都产生了切实的影响。特别是随着多媒体与网络技术的发展,"媒体无论对直接教学还是对学生自主的知识建构,都会产生独特的影响"①。

(一)对教学方式方法的影响

教育史上,每一次教学媒体大的改变都会带来教学方式和方法的变革。不同的教学媒体影响甚至决定了教学方法的选择使用。在语言媒体阶段,教学媒体主要是口头语言、身体语言和实物。在其制约下,教学方式以口耳相传、示范和模仿练习为主。印刷媒体阶段,文字、教科书成为教学媒体,教学内容可以被记载传承下来。在电子媒体阶段,媒体具有了多样化的表现能力,随之出现了程序教学、直观教学、视听教学等教学形式。今天是数字化媒体阶段,多种现代教学媒体进入教室,计算机网络进入校园,传统的课堂教学被突破,教学的概念被更新,可选择的教学方法日趋多样。根据需要,教学规模可大可小,教学距离可远可近,教学场域可封闭可开放。多种现代教学媒体既能辅助教师学生面对面的课堂教学,也能支撑教师和学生在空间上分离的远程教学,同时还能为学生个别化学习、小组协作学习等多种学习方式搭建平台。

(二)对教学资源的影响

随着教学媒体的不断介入,教学资源获得了极大的拓展。在教学活动中,学习者可以通过视觉、听觉以及其他各类媒体接触到以前难以看到、听到的教学信息,完成从自然到社会、从本土到异域、从宏观到微观、从远古到未来的全面感知。教学媒体可以通过提供实物、实物的替代物或具体经验的替代经验,拓展教学的可能范围,使教学资源前所未有的丰富。而且,现代教学媒体的强大功能,使得教学资源传输网络化、教学资源载体多样化、教学资源呈现多媒化、教学资源结构智能化成为可能。

---

① 裴娣娜.教学论[M].北京:教育科学出版社,2007:257.

(三)对教学组织形式的影响

媒体是人体的延伸,不同教学媒体的延伸程度不同,对教学组织形式产生了直接影响。在单纯的语言媒体阶段,一名教师只能教一个或几个学生,这是一对一的教学组织形式。当人们运用教科书、文字作为主流教学媒体的时候,就可以采用较大规模的班级授课制。当技术发展到能在教学中运用广播、录音与电影电视媒体时,则为开展大规模的远程教学提供了必要的媒体支撑。在现代社会,多种多样、层出不穷的教学媒体和网络资源进入教学领域,促生了基于网络的个别化学习、远程协作、工作坊等更加多样和丰富的远程教学组织形式。丰富的媒体资源,畅通的信息渠道,使人们的自主学习、终身学习成为可能。在教学媒体的介入下,学校可以成为没有围墙的学校,教学也可以成为没有课堂的教学。

(四)对教学活动中要素关系的影响

教学媒体的介入,对教学活动中的要素关系也产生了深刻的影响。教学媒体在促进教师角色的转变、学生主体地位的建立以及教学内容的表现方面都发挥了重要作用。

教师角色方面:在语言媒体阶段,教师是教学信息的主要来源,教师由具有丰富生产生活经验的年长者担任,他们作为少数拥有知识的人,在教学过程中具有绝对的权威。文字和印刷媒体出现后,教科书和教师一样是教学信息的来源。学生在向教师学习的同时,也可以向书本学习。电子媒体的到来,为学习者提供了丰富的学习资源和众多的信息渠道,教师的角色有弱化的倾向。而现代多媒体、网络媒体更是为学习者提供了丰富的学习资源,教师不再是学习者最主要的信息来源,学生可以通过媒体多方位地获取信息。在这种情形下,教师角色必须加以转变,由居于课堂中心的知识拥有者转变为学生学习的指导者和帮助者。教师的主要职责不再是教给学生知识,而是引导学生掌握学习的方法,指导学生利用多种媒体资源进行有效的学习。

学生地位方面:教学媒体的介入有助于学生从教学中的客体真正地转变为主体,从被动接受知识转变为主动参与、探究、发现和建构知识。因为海量的媒体资源、多样化的媒体形式可以为学生提供发现问题、思考问题、解决问题的良好平台。学生的学习信息渠道不再单一,方法更加多样,这都为学生主动学习、真正成为学习的主体提供了可能。

教学内容方面:教学媒体对教学内容的影响主要在表现传播形式上。一方面,教学媒体突破时空限制的表现能力使教学内容的呈现方式更加丰富和适应学习者需求。另一方面,教学媒体通过非线性的网络链接要求教学内容能够进行合理的多元表征,以便学生更加灵活地选择教学内容。此外,随着媒体深入人们的生活,某些教学媒体本身也已成为教学内容的一部分。

三、教学媒体与相关概念辨析

(一)教学媒体与教育媒体

教学媒体与教育媒体概念在很多情况下不做严格区分,二者通常并行使用或互通使用。如若加以区分,则从属于教育与教学的区别。一般认为,教育媒体是储存、处理、传递教育、教学信息的载体,是教育系统的重要组成部分。而教学媒体则是向学习者提供教学信息的工具和手段,它以存储和传递教学信息为最终目的。二者的区别就在于应用情境的不同,教育媒体是应用于教育大环境下的媒体,教学媒体是应用于教学情境中的媒体。教育包括教学,因此教育媒体所涵盖的范畴比教学媒体更大。教学是教育的重要组成,因此教学媒体是教育媒体的核心内容。

(二)教学媒体与学习媒体

教学媒体又可称为学习媒体,如同一个硬币的两面。当我们强调媒体在辅助教师教的功能时,可称其为教学媒体。当我们强调媒体辅助学生学的功能时,称之为学习媒体。之所以如此,是因为在教学系统中,教师、学生、教学内容、教学媒体四要素本身就是一个有机的整体。在这个以教育信息流动为主要活动方式的系统中,教与学不可分。教师的教不是目的,教师的教是为了促进学生的学,因此凡是可以促进学生学习的教学媒体都是学习媒体。学习媒体的称谓,可以更好地体现学生在教学活动中的主体地位,符合现代教育理念。总体而言,教学媒体与学习媒体在本质上是一致的,都是为了扩展学生的学习资源,为其提供便利,促进学生发展。为了本书框架逻辑的统一性,本章使用教学媒体的概念。

(三)教学媒体与教学资源

教学媒体与教学资源是两个不同的概念,既有联系又有区别。一般认为,教学媒体是从教学信息传播的意义上来说的,当媒体被应用于传递教学信息时,就是教学媒体。教学媒体是教学系统的要素之一,是联系教师、学生和教学内容(即教学信息)的中介与桥梁。而教学资源是指可用于教与学的一切资源,包括可用于教育教学的各种物质条件、自然条件和社会条件。如可利用的教学信息、辅助的教学工具、内外部的支持系统、各种真实的和隐性的环境条件等等。由此可见,教学资源是大概念,教学媒体是教学资源的一部分,教学媒体和教学资源密不可分。可以说,教学媒体强调教学材料的功能属性、技术属性,教学资源则强调教学材料的实用属性。将教学媒体运用于教学中,对教师和学习者来说,它们就是教学资源的一部分。

第二节 教学媒体的历史发展及主要类型

一、教学媒体的历史发展

教学媒体的发展不是孤立的,而是与人类的教学发展、科技进步密切相关。"教学媒体的发展和教学的发展及需要是互为因果的"[1],分析教学媒体的发展历程,不能离开教学发展的线索引导。因此,根据教学发展的框架,我们把教学媒体发展分为四个阶段:原始教学媒体阶段、古代教学媒体阶段、近代教学媒体阶段和现代教学媒体阶段。

(一)原始教学媒体阶段

原始教学媒体伴随着原始教学的产生而产生。大约在公元前30世纪,人类历史上出现了最早的学校,有了专职教师和最早的学校教育,也就有了最早的教学及其相伴的教学媒体。在这一时期,人们的教学方式简单,以学习直接经验为主,借助实物进行,口耳相传、口授耳听是最主要的教学形式。教学中所应用的主要是语言媒体和一定量的实物媒体,语言媒体包括口头语言和体态语言。正因为如此,原始教学媒体阶段也可称为语言媒体阶段。作为最原初的教学媒体,其优点是便捷、简单,局限在于无法延迟和保存信息。

(二)古代教学媒体阶段

与原始教学媒体一样,古代教学媒体与古代教学形式密切相关,这一阶段的标志是文字体系的诞生和印刷书籍的使用,因此也被称为文字和印刷媒体阶段。文字和书籍的出现及其在教学中的广泛使用是教学媒体的一大进步,也是教学史上的里程碑。教学中人们可以通过文字符号获得知识、交流经验,人类的文化积淀可以通过文字和书籍记录并且传承。教学方式由单纯的口耳相传拓展为可以通过语言和文字符号承载、传递信息,教学媒体的发展使人们有可能更好地学习前人的间接经验。特别是印刷书籍成为教学媒体中的成员之后,有效地扩大了教学传播的效率和范围,在一定意义上也促进了班级授课制的产生。

(三)近代教学媒体阶段

17世纪,夸美纽斯提出班级授课制,学校教学进入一个新阶段。同样,教学

---

[1] 黄甫全,王本陆.现代教学论学程[M].修订版.北京:教育科学出版社,2003:227.

媒体也得到了重视并获得迅速的发展。夸美纽斯在其《大教学论》一书中提出直观教学原则并用《世界图解》践行了该原则,直观教学的提出促进了各种直观教具在教学中的广泛使用,图片、图表、挂图、模型、实物、标本等各种媒体的介入为教学媒体带来了新的变化,也引发了诸多教育家对教学媒体的研究兴趣。瑞士著名教育家裴斯泰洛奇设计制作了直观教具算数箱,因为他认为教学应始于直观,从实物直观逐步过渡到模像直观,有助于学生把握事物的数、形、语。德国教育家福禄贝尔为幼儿设计了帮助幼儿发展智力的"恩物",这些都成为近代教学媒体中的一员。

(四)现代教学媒体阶段

一般认为,从19世纪末20世纪初开始,教学媒体发展进入现代教学媒体阶段,其标志是具有光电特性的幻灯机、投影仪在教学中的使用。在现代教学媒体阶段,教学媒体以前所未有的速度发展和更新,种类更加丰富,应用更加广泛。具体又可以分为两个时期。

第一个时期从19世纪末20世纪初开始到20世纪60年代。这一时期,随着光电技术的发展,电子媒体被逐步引入教学。机械、光学、电动的信息传播媒体,通过提供生动的视觉图像和声音信息,为传统的以手工操作为主的教学带来新的技术手段,教学媒体呈现出电子化和现代化特征。这一阶段介入教学的媒体主要有幻灯、投影、广播、电影(无声电影、有声电影)、录音、电视、录像、程序教学机等。大量新型教学媒体的出现,引发了教育界的广泛关注和研究兴趣。在西方,随着现代教学媒体的发展,出现了视觉教育运动、听觉教育运动、视听教育运动等以教学媒体应用方式变迁为核心的教学改革运动。在理论研究方面,也出现了教育理论家霍邦(C. F. Hoban)的视觉教材分类理论、视听教育家戴尔(E. Dale)的经验之塔理论、教育心理学家斯金纳的程序教学理论等等,他们的研究为教学媒体的应用提供了坚实的理论基础。

第二个时期从20世纪70年代开始直至现今。这一时期,随着信息技术、微电子技术以及网络技术的飞速发展,教学媒体呈现出更为显著强烈的变化,数字化教学媒体成为主流。原有的简单的视听媒体组合转化为多媒体的综合运用,以视听觉感觉通道为主的媒体传输方式逐渐变化为视听触味嗅等多通道传输方式,指向学习者的单向传输路径转变为信源和信宿双向交互式的传输,特别是以多媒体计算机和网络技术为核心的教学媒体更是呈现出多功能、大容量、智能化、方便快捷的特点。以计算机网络为依托的各种在线数据库、电子期刊、电子书、教育网站为教学和学习提供了海量资源,超媒体的信息呈现方式、流媒体的信息传输路径、互动媒体的信息交流方式、虚拟现实的信息仿真技术等都为教学和学习提供了巨大空间。理论研究方面,教学媒体研究吸收借鉴了教育学、心理学、传播学、工艺学、社会学理论的新成果,同时在应用信息论、系统论、控制论研究的基础上,也注重使用突变论、协同论、耗散结构论等新的系统结构理论进行研究,理论研究更加丰富。

纵观教学媒体的发展历程,我们可以看到,教学媒体的发展具有以下特点:媒体功能从简单到多样;媒体信息传输从单向到交互;媒体感觉通道从单一到综合;媒体呈现方式从静态到动态;媒体使用方式从人工到智能。时至今日,教学媒体的飞速发展和广泛应用,已经使它们在教学中承担着越来越多的角色和责任,甚至已经"演变成为一种新的教学思维、新的教学模式和教学原理"①。但是,在我们感受教学媒体日新月异的变化和冲击时,我们也应注意到,不同时期发展起来的各种教学媒体各有其特点,教学媒体之间亦有发展、补充和传承等复杂的关系。新的教学媒体出现并不意味着旧有的媒体一定会被取代,一些传统的教学媒体至今仍具有强大的生命力。求新不是教学媒体存在的本质原因,如何更有利于教学和学习才是教学媒体的立身之本和发展之源。

二、教学媒体的主要类型

教学媒体发展至今,已形成一个庞大的族群。对教学媒体进行分类,有助于把握各种教学媒体的特性。根据不同的标准,教学媒体可以分成多种类型。下面介绍几种基本的教学媒体分类方式:

(一)根据媒体发展先后分类

这是一种最基本的分类方式,根据教学媒体产生的时间可以把教学媒体简单地分为两大类:传统教学媒体与现代教学媒体。

传统教学媒体与现代教学媒体是一对相对概念。正如传统与现代一样,传统是相对于现代的传统,而现代也只能是相对于传统的现代。因此,简单理解,与现代科技相关的媒体应用于教学中即现代教学媒体,而在现代教学媒体之前发展起来的教学媒体即传统教学媒体。

传统教学媒体与现代教学媒体也是一对动态概念,亦如传统与现代。过去的现代已是今天的传统,今天的现代也将成为未来的传统。因此,传统教学媒体与现代教学媒体没有固定的时间区分点。过去人们认为,19世纪末20世纪初是区分传统教学媒体与现代教学媒体的大致时间点。因为从这时起人们进入了电子时代,教学媒体的表现形式、能力和范围与之前有了极大的区别。在这种区分方式下,人们认为,传统教学媒体是指在教学中、在教师口头语言的基础上,为了更好地传递信息而采用的一些简单的媒体材料,诸如教材、图片、画

---

① 黄甫全,王本陆.现代教学论学程[M].修订版.北京:教育科学出版社,2003:229.

册、黑板、模型、实物、小型展览等。现代教学媒体指介入教学活动中,能用来传递和再现教学信息的现代化设备以及相应的能够记录存储信息的片、带、盘、卡等载体,如幻灯、投影、电影、电视、计算机等。时至今日,媒体已发展进入数字时代,20世纪初期发展起来的一些教学媒体,如幻灯、唱机等已很少在教学中使用,计算机、网络和各种数字化媒体承担了重要的角色。因此有学者认为,区分传统教学媒体与现代教学媒体的时间点应后移至20世纪70年代,以计算机网络的教学运用为标志,之前发展起来的教学媒体视为传统教学媒体,之后发展起来的多媒体、网络媒体等为现代教学媒体。

由上述可见,传统教学媒体与现代教学媒体并不能严格区分,二者是一个动态且相对的概念,甚至人们很难划分在今天仍然使用的所谓传统教学媒体的归属。事实上,很多时候区分它们只是为了表达和研究的方便。

(二)根据信息传播的方向性分类

根据信息传播的方向性,教学媒体可分为两大类:单向传播媒体和双向传播媒体。

单向传播媒体即教学媒体传播信息的方向是单一的。通常教学信息传播是一种自上而下的单向度线性运动,学习者位于信息通道的终端,处于被动的地位。很多教学媒体形式,如传统的报纸、广播、电视等,由于其信息发布方式侧重于信源对信息内容的筛选、编辑,学习者的反应无法及时回馈,因此均可视为是单向传播教学媒体。

双向传播媒体与单向传播媒体相对,指教学媒体信息传播是具有交互特性的双向度循环运动。在教学信息传播活动中,传播者与学习者的传播角色可以互换,方便进行交流与沟通。使用双向传播教学媒体,学习者有选择信息和回传反馈意见的机会。现今教学中常用的计算机、网络都属于双向传播媒体。

双向传播媒体因其信息传播的双向交互性,可以使学习者有较强的参与感与自由度。这一特性既有助于建立传播双方的信任与情感联系,也有助于调动学习者的兴趣与主动性。较之单向传播教学媒体,双向传播教学媒体更受到学习者的青睐。事实上,媒体传播双向交流本就是媒体发展的趋势,因为"双向交流的趋势体现了人类对信息交流及反馈感受的本能需要","媒体能否实现最大程度上与受众的互动,将决定它能否吸引注意力"[①]。而这些也正是教学媒体所需要的,因此,目前教学媒体的发展趋势之一就是大力发展双向传播教学媒体,原有的单向传播媒体也从技术和应用角度逐渐转向信息的双向传播。

---

① 刘丹青.广播媒体应重视新闻传播的双向传递[J].山东视听,2004(6):60-61.

(三) 根据接受信息的感官分类

这是一种常见的分类方式。根据接受媒体信息的人体感官对教学媒体进行分类,教学媒体可分为四类:视觉媒体、听觉媒体、视听觉媒体和交互媒体。

视觉媒体指其发出的信息主要由人的视觉器官接受的一类媒体。一般来说,载有教学信息的一切视觉材料都是视觉教学媒体。视觉媒体又可分为两部分:非投影类视觉媒体和投影类视觉媒体。常见的非投影类视觉媒体有各种印刷材料、黑板、图片、绘画、标本、图示图表、模型实物、小型展览等。非投影类视觉媒体使用简单方便,不需要复杂的辅助设备,在各学科、各层级的教学中都可以以各种方式使用。投影类视觉媒体的特点是放大再现,通过各种投影设备将教学信息放大投射在银幕上便于学习者观察。常见的有投影仪、幻灯机和视频展示台等等。

听觉媒体发出的信息主要依靠人的听觉器官接受,常见的有广播、录音等。广播是最早应用于教学中的听觉媒体,很长时间以来以其传播范围广、使用方便的特点在媒体教学中占有一席之地。录音的表现方式较为复杂,从早期的使用唱片、磁带的机械录音、磁带录音,到现今的以CD、MP3、录音笔为代表的数字录音,录音媒体以其对声音信息有效的记录重放能力获得了学习者的肯定,特别是在语言学习领域中。

视听觉媒体指可以同时作用于人的视觉、听觉两种感官,通过结合直观鲜明的图像和生动的语音传递教学信息的一类教学媒体。视听觉媒体有助于引发学习者的学习兴趣,可以通过刺激学习者大脑皮层不同区域从而促进学习者对信息的理解并获得较高的记忆保持率,这一点已获得心理学实验研究的证明。常见的视听觉教学媒体主要有电影、电视、录像、数字视盘VCD、DVD、MP4、MP5、3G手机等。视听觉教学媒体的最大特点是可以有效地突破时空限制,通过运动元素将事物在大小、远近、快慢之间方便地变化,用真实或艺术的手法再现我们所处的世界。这一特性有助于学习者的知识和技能学习、实现无风险观察、营造戏剧性效果以及向学习者传递情绪感召信息等。视听觉媒体不适于抽象、不能直观表达的教学内容,使用时会要求人改变感官接受刺激的习惯。在时间、空间上的改变,平面、立体的改变,人不再是顺序地接受信息,而需要建立新的认识和平衡,复合、立体地认识教学信息。

交互媒体指可以使学习者使用多种感官接受信息并实现人机交互的教学媒体或媒体系统,如交互式电子白板、程序教学机、多媒体计算机、计算机网络、微格教学训练系统等等。也有人认为,交互媒体不仅指能实现人机交互的媒体,还应包括在教学中帮助实现人际交互的媒体,如电子邮件、电话、可视电话、数字电话等。随着技术的进步,交互媒体正在迅速向交互多媒体转化。借助计算机,通过键盘、鼠标、显示器、摄像头、音响系统、数据头盔、数据手套等设备,给学习者带来全新的视、听、触、感等交互学习体验,自主的交互学习可以使学习者获得更多选择的自由和学习的快乐。

教学媒体种类繁多,分类方式各异,不同的分类方式表达对教学媒体不同的认识和分析取向。除上述几种分类方式外,常见的还有以应用的环境分类,分为传统课堂教学媒体与现代远程教学媒体;以教学媒体的表达手段分类,分为口语媒体、印刷媒体和电子媒体①;以教学媒体的应用方式分类,分为单一媒体和媒体系统;等等。此外,还可以针对教学特性分为两大类:常规教学媒体和数字化教学媒体。由于这种分类方式简单且较好地体现了传统教学媒体与现代教学媒体的传承以及目前教学媒体的数字化发展态势,因此也得到了人们的关注。

三、常用教学媒体功能简介

(一)常规教学媒体

1. 印刷媒体

印刷媒体包括教科书、杂志、报纸、小说、传记故事、学习指导书等等,是人们接触和使用最多的教学媒体。

印刷媒体形式多样,可以覆盖各种主题,系统性地传递教学信息,满足多种教学目标的需要。印刷媒体使用时不受时空和设备条件的限制,浏览方便,便于保存,成本较低,可以反复使用,是经济实用的教学媒体。迄今为止,在世界范围内印刷媒体仍然是最主要的教学媒体形式。

2. 展示面板

教学中在使用诸如文字、图片、图表、图形等视觉符号时,常需要展示面板来承载这些内容。

教室中最常见的展示面板就是黑板,黑板与粉笔配合使用,简单方便,成本低廉,精心设计的板书可以帮助学生形成信息理解框架。近年来,黑板已逐渐被更清洁环保的白板所取代。此外,供学习者张贴消息的公告板、方便实用的磁性板以及便于记录学习者意见的活动挂图等都是教学中常用的展示面板。

3. 实物教具与模型

实物是教学过程中最直接和易获得的教学媒体。动物、植物、制造工具等都可以作为实物教具使用,实物有助于学习者在具体经验基础之上形成概念,建立认知和经验之间的联系。

---

① 何克抗,李文光.教育技术学[M].北京:北京师范大学出版社,2002:80.

模型是实物的替代。模型可以简化实物的某些细节,也可以更突出地表达实物的三维特征,还可以通过拆分展示实物的内部构造或允许学习者自己操作安装以培养学习者的操作技能,这些是实物难以做到的。

实物教具与模型是对学习者有较强吸引力的一类教学媒体,教学中运用时教师要注意引导,以免学习者把注意集中在无关刺激上。

(二) 数字化教学媒体

科技发展到今天,教学媒体已进入数字化媒体时代,以模拟电子技术为基础的磁带录音机、电视机、摄像机在教学中逐步为数字类产品所取代。目前常用和发展中的数字化教学媒体主要有:

1. 多媒体计算机

多媒体计算机指能够把文字、音频视频、图形图像和计算机交互式控制结合起来进行综合处理的计算机。现在教学中使用的计算机多为多媒体个人计算机(MPC)。

多媒体计算机一般由多媒体硬件平台(包括计算机硬件、声音图像等多种媒体的输入输出设备)、多媒体操作系统、用户接口和应用工具软件等几部分构成。多媒体计算机具有强大的多媒体信息储存和处理能力,能够记录、分析、处理学生的学习反应和要求并做出迅速的应答,具有多种媒体形式的信息呈现能力,借助网络可提供给学习者海量的多媒体学习资源,可以丰富学习者的学习经历,无论在深度还是广度上都有助于加深学习者的认识。

2. 数字投影机

数字投影机是多媒体教学中常用的信息输出设备。数字投影机可以接收来自计算机和视盘机的数字信号,也可以接收来自录像机、实物展示台的模拟信号,把信号放大再现在屏幕上方便学习者观察。

教学中常用的数字投影机是超短焦和短焦投影机,数字投影机可以吊顶固定在教室前方的某个位置,也可以便携在讲座或报告中使用。对应的投影方式有倒投和正投。此外,目前很多数字投影机还嵌入了网络和无线功能,无须使用电缆线就可以连接笔记本电脑,使用更加方便。随着微电子技术的发展,数字投影机可提供的亮度更高,投射影像更加清晰,体积更加小巧便携。

3. 电子白板

电子白板又称电子感应白板,最早出现在20世纪90年代。电子白板是一块具有正常书写尺寸并能在计算机软硬件支持下工作的大感应屏幕,可以显示计算机显示器上的内容,教师或学生可以直接使用配套的电子感应笔在电子白板上直接书写或调用计算机程序,其作用相当于计算机显示器和传统书写白板的合二为一。电子白板需要与计算机、投影仪配合使用。

电子白板支持的功能很多,电子白板可以当手写板使用,在上面书写、绘画可以即时在计算机上显示并保存为图形文件。电子白板也支持打印,与打印机连接可直接打印电子白板上的板书内容。近年来,电子白板技术又有了较大发展,出现了手指触控便携式电子白板、3D 电子白板等。手指触控电子白板无须使用专用笔,可直接用手指在投影画面上书写或操控电脑,具有支持两人或多人同时书写的多点触控技术,在白板上书写的文字可用普通的板擦或手掌擦除,操作接近教师的教学习惯。3D 电子白板可以支持远距离非接触式操作和书写,教师不必拘束在白板前,方便与学生的交流,其录播功能还可以把教师操作电子白板的画面以及教师讲课画面以画中画方式保存成视频文件,以方便学生检索和使用。

4. 实物展示台

实物展示台又称为视频展示台,主要可用于实物、书写材料、印刷资料、图片、胶片等透明、非透明教学材料的放大展示,也可直接用于演示实验。

实物展示台主要由摄像头、光源、实物载板、调控系统和附件等几个部分构成。摄像头用以拍摄被投影物体的影像并实时传送给计算机或数字投影机,光源可提供透射光或反射光以照亮被拍摄物,实物载板用于承载被拍摄对象,调控系统可调节焦距、光源、白平衡、正负片等参数,根据不同的教学用途还可加装显微镜、微型监视器等附件。

实物展示台操作方便,展示效果好。大倍率的光学变焦可以轻松呈现展示物的细节,负片转正片功能可以使负像底片直接放映出正像图像,通过内置读卡器可检索放映数码照片,旧有的光学幻灯片、投影片也可以在实物展示台上使用。由于实物展示台拥有诸多方便的展示功能,在教学中的应用非常广泛。

5. 数码照相机

数码照相机不使用感光胶片,是一种利用电子传感器把光学影像转换成电子数据的照相机。作为教学媒体,数码照相机用于采集可为教学所用的图片资料。由于数码照相机具有大容量存储、记录的影像可以实现即拍即看、可通过计算机进行图像加工处理、即时打印、方便制作多媒体幻灯片、借助网络实现远距离传输等特点,在教育教学活动中的应用已非常普遍。

数码照相机自面世以来发展很快,教学中常用的数码照相机有单反相机和卡片相机两种,近年来又出现了介于二者之间的微单相机。单反相机就是单镜头反光照相机,具有成像效果好,取景失真小,可以安装使用不同规格摄影镜头等优点。缺点是价格较高,操作相对复杂。卡片机的优点是外形小巧、操作简便、机身轻巧易携和设计超薄时尚,缺点在于手动功能相对薄弱、液晶显示屏耗电量大、镜头性能较差。微单相机指微型小巧且具有单反功能的相机,既有卡片式数码相机的轻便机身,又能够像单反相机一样更换镜头,是可提供和单反相机类似画质的数码相机。微单相机是近年来的新产品,2010年也被称为微单相机发展元年。

6. 数码摄像机

数码摄像机主要用于拍摄动态画面,其工作原理简单地说就是光—电—数字信号的转变与传输。即通过感光元件将光信号转变成电流信号,再将模拟电信号转变成数字信号,由专门的芯片进行处理和过滤还原,记录呈现我们需要的动态画面。数码摄像机常用来记录教学影像或采集可为教学所用的视频素材。在课堂中与数字投影机配合使用,可以做到及时记录和放大重现,配合计算机和编辑软件,可以方便地进行非线性编辑,以适合教学实际需要。

与模拟摄像机相比,数码摄像机的特点是清晰度高、色彩更加纯正、可以多次转录不影响影像质量、体积小、重量轻、便于使用和携带。数码摄像机种类很多,按存储介质可分为:磁带式、光盘式、硬盘式、闪存式。按使用用途可分为:广播级、专业级和消费级。目前,硬盘式和闪存式数码摄像机是主流机型,作为教学媒体使用的多为专业级或消费级的硬盘机或闪存机。进一步发展,3D摄像机和无线摄像机可能会引起人们更多关注。

7. 激光视盘机

随着数字化多媒体技术的发展,激光视盘机在声像重放领域占据了主流地位。激光视盘机是一种利用激光技术,在激光视盘上记录和重放图像和声音信息的设备。其基本功能类似于早期的磁带录像机,但与录像机相比,激光视盘机具有存储量大、音像质量高、智能检索、操作简便等优点。

激光视盘机是一个大家族,从早期的LD、大家熟悉的VCD,到中间过渡产品SVCD,直至现在广泛使用的DVD,以及更多功能的EVD等等,虽然使用的压缩标准不同,但基本原理一致,都是使用激光技术记录和重放音像信息。区别在于,清晰度从早期的250线达到了现今的高清水平,功能更加多样、操作更加智能、价格低廉、片源丰富,这些都为教学应用提供了方便。

目前,教学中使用的数字化教学媒体种类非常多,激光唱机、录音笔、MP系列、电子书,甚至包括3G手机在内的移动媒体都可以进入教学领域成为教学媒体。这里由于篇幅所限,我们只能简单地列举一二。不可否认的是,在科技迅速发展的今天,的确有越来越多的媒体可以为教学所用,亦有越来越多的教学媒体等待我们认识和开发。

第三节　媒体化教学环境

由于教学媒体的功能各不相同,在教学中往往需要配合使用。传统的粉笔、黑板、教科书就是一种媒体的组合,它们营建了基本的传统教学环境。在教学媒体的电子化时代,幻灯机、录音机或电视机、录像机有时也需要配合使用,营造功能更全面的教学环境。如今在数字时代,各种教学媒体可以在计算机的控制下融于一体,通过创设媒体化教学环境实现更强大的功能。

媒体化教学环境可以为学习者提供多种渠道传送的信息,允许学习者以交互的方式进行学习,对学习者的反应给予及时反馈,提供多样化的资源让学生自由选择。所有这些,有助于激发学习者的学习兴趣,调动学习者的学习主动性和积极性,帮助学习者建构自己的知识框架和体系。正因为如此,媒体化教学环境受到了人们的广泛重视。

一、多媒体综合教室

多媒体的概念由来已久,简言之,就是多种媒体。早在 20 世纪,教师有时会根据教学需要把离散的实体形态的媒体组合在一起使用,如使用光学投影仪的同时用录音机配背景音乐,使用包含实物、模型、手工材料、印刷物的学习包等,这种多种媒体集结在一起使用的形式就被称为多媒体。由于这种多媒体形式简单,也有人称其为多媒体组合。现今,由于计算机和网络技术的发展,教学中可以实现由计算机为核心把各种独立媒体结合在一起,并把图形、图像、文字、动画、视频等多种媒体形式统一控制,实现更具整体性、控制性和完整性的多媒体。由于强调了计算机的统一控制,也被称为多媒体技术。虽然二者都是多媒体,但综合媒体多样化的层次不同。我们现在一般表述的多媒体,通常是第二种,指利用计算机交互式综合技术,把文字、声音、图形图像、视频、动画等承载信息的媒体结合在一起,使多种信息建立逻辑连接的信息技术系统。在本节,我们讨论以多媒体技术为核心的多媒体综合教室。

(一)多媒体综合教室的功能

多媒体综合教室的基本功能是营造利于教学和学习的环境,提高教师教学和学习者学习的效能。具体体现以下几个方面:

①多样信息呈现,帮助理解感知。多媒体综合教室的最大特点就是在计算机的控制下呈现多种媒体形式的信息。放大显示的文字、动态的视频、清晰逼真的图形图像有助于学习者对教学内容的理解感知。

②减轻教师负担,提高教学效率。教师制作的计算机课件可以在多媒体综合教室方便展示、多次使用,教师只需要根据不同要求不断充实、修改和完善课件,减少了教师重复板书的时间和负担。在多媒体教室,教师可以在课堂上轻松地调用各种教学资源,在互联网支持的教学情境下,海量的资源均可在多媒体教室呈现,有利于提高教学效率。

③优化教学过程,突破重点难点。由于多媒体综合教室具有良好的信息表达能力,教学中可以使用图形、动画、视频等不同的媒体形式表现教学重难点内容,剔除教学冗余信息,有利于优化教学过程,帮助学习者对重难点内容的掌握和理解。

④教学资源共享,扩大教学规模。多媒体综合教室把计算机上的内容通过大屏幕显示,扩大了显示空间。同时,功能完善的多媒体综合教室,还可以方便地记录教学过程和教师的课件演示过程,通过硬盘、闪存等载体或网络实现优质教学资源共享,扩大教学规模。

⑤开展教学实验,利于教学研究。多媒体综合教室可以通过教学信息记录存储设备和学生学习分析反应仪等设备记录教学实况,研究教师行为,了解学生活动,分析学习数据,方便教学实验的开展和教学研究的进行。

(二)多媒体综合教室的类别

1. 简易型

简易型多媒体综合教室能实现最基本的多媒体功能,即把计算机上的教学信息通过投影屏幕放大再现。主要设备包括多媒体计算机、中央控制器、投影屏幕、数字投影机、音响设备等。

多媒体计算机是教学软件的载体,也是多媒体综合教室中央控制系统的一个组成部分,各种媒体信息在计算机的控制下融为一体,便于教学使用。

中央控制器是多媒体综合教室的控制核心。具备基本功能的中央控制器可以切换台式计算机、笔记本电脑的信号提供给数字投影机,同时还可以调节音响设备的音量。

投影屏幕是显示数字投影机投射信号的介质,有塑料幕、玻璃微珠幕等多种材质,也有简易幕和电动幕之分。

数字投影机放大计算机上的教学信息投射至投影屏幕,在多媒体综合教室中一般会选用吊顶倒投式,有较高的分辨率,亮度达到2000—3000流明会有比较好的放映效果。

音响设备包括调节声音效果的功放设备、音箱、话筒等。

2. 标准型

标准型能在简易型的基础上提供更多的教学信息呈现路径。除简易型的配置外,可配置能实时投影实物、模型、印刷材料和演示实验用的实物展示台,方便为教学提供模拟信号视频素材的录像机,为教学提供数字信号视频素材的激光视盘机以及方便教师在教室活动的无线话筒和接收机,等等。此外,中央控制器的功能更全面,是一种多媒体集成控制系统,可以操作和控制多媒体教室中的各种教学媒体和设备。既包括对录像机、激光视盘机等媒体的运行操作,也包括对投影屏幕、灯光、窗帘等设备的活动操作。

3. 多功能型

多功能型与标准型相比,主要增加了教学信息记录存储设备以及学生学习交互反应设备,即增加了教学记录和接受反馈信息的功能。在增加的设备中,教学信息记录存储设备包括摄像机和课件直录系统。摄像机可以是较为隐蔽的球形摄像机,可以用来观察多媒体教室中的教学情况,也可以是带有云台的柱形摄像机或有预置位的高速球摄像机,方便对教学情况进行多角度或定位的观察记录。学生学习交互反应设备包括学生学习分析反应仪,反应仪可采集学生的学习反应信息,通过软件处理后,对学习者的学习状况做出量化分析和评估。

4. 学科专业型

学科专业型主要是根据某些学科的专业教学和学习特点,在简易型或标准型的基础上加装一些特殊设备以满足学科教学需要的多媒体综合教室。常见的有为生物教学专门配备显微式实物展台的多媒体综合教室,为语言教学专门配备学生录放音装置的多媒体综合教室,等等,此类多媒体教室因其功能指向性强,又被称为学科专业型多媒体教室。

(三)使用时应注意的问题

多媒体综合教室具有丰富的教学信息表现能力,可实现多样化的教学功能且操作简单。但在使用中仍应注意以下问题:

首先,明确媒体使用目的。所有的教学媒体都是为教学目标和教学内容服务的,只有教学目标和内容需要的时候,才会选择最适合的媒体以及媒体形式去表现,不能仅为了表现多样化的媒体形式而使用媒体。明确这一点,可以避免教学中盲目追求使用多种媒体形式而与教学目标关联不紧密的问题。

其次,合理运用多媒体形式。各种媒体形式的表现能力和特点不同,在教学中教师应熟悉各种媒体的表现能力,并能充分利用其特点从不同层面展示教学内容,凸显教学重难点。应避免在多媒体环境下仅使用惯常的文字媒体形式,使显示屏幕的作用等同于一块昂贵的大黑板。

再次,熟悉媒体操作方法。过去由于设备昂贵,多媒体教室在学校中数量较少,很多学校为多媒体教室配备了专门的操作人员。随着技术的进步和设备价格的降低,多媒体系统已成为很多学校的教室标配。对于教师而言,掌握基本的多媒体系统操作方法是教师技能的必需。熟悉媒体操作方法,既可使教师在教学中能适时地应用媒体,也有助于教师更好地展现媒体的教学性能。

二、媒体教学中心

媒体教学中心的主要功能是提供各种教学媒体以及便于使用媒体材料的空间,为学生的学习提供便利。学习者在媒体教学中心以自主学习为主,教师起辅助和指导的作用。因此,媒体教学中心也称为媒体学习中心或多媒体学习中心。

在媒体教学中心,多种媒体被安放在不同的区域。设计良好的媒体教学中心既可方便学生使用媒体学习和教师指导,也能保证学生有良好的学习空间以及通畅的相互交流渠道。国外媒体学习中心的设置较为普遍,我国近年来正在逐步发展兴起。

(一)媒体教学中心的功能

①多种媒体材料,提供学习资源。媒体教学中心通过提供各种文字、图形图像、视频音频的学习材料以及各种方便学生操作和演示的教学媒体设备,为学生自主学习和探究创设条件。

②各类区域空间,灵活学习方式。媒体教学中心通过精心的学习区域划分,为学生实现个别化学习、相互协作学习、小组合作学习以及团体化学习提供便利,学生可以选择自由灵活的学习方式并培养合作精神。

③教师指导咨询,提升学习效能。媒体教学中心会根据需要安排相关的专家和教师为学生提供咨询服务并对学生的学习进行指导,针对问题开展的教师辅助有利于学生提升学习效能。

④网络环境支持,方便学习交流。网络是联系媒体学习中心各类资源和多样化环境的关键,正是由于网络环境的支持,学生可以人机交互获取海量学习资源,可以生生交互实现协作学习,也可以师生交互及时解决疑难,方便学生的学习和交流。

(二)媒体教学中心的类别

1. 以图书馆为支持的媒体教学中心

以图书馆为支持的媒体教学中心较为多见,这类媒体教学中心依托图书馆的丰富馆藏和数字资源,没有明确的指向性,通过提供各种自主学习的工具、材料和空间,为学生学习提供便利。其中,教学媒体设置大致可以分为以下几个区域。

多媒体材料放映区:这个区域可以提供各种模拟的或数字的视听觉材料供

教师和学生使用,既可以做教师引导下的小型课堂研习,也可以为学生自主学习提供视音频素材放映。

协作学习活动区:这个区域相对独立性强,可以围挡隔开,也可独立成室,主要用于学生做小团体的教学讨论或彼此间的协作学习。该区域也可提供独立的电视机、激光视盘机、数字投影和投影屏幕、白板等设备方便学生使用。

自主学习活动区:这个区域主要供学生自主学习使用,有专门供学生使用的多媒体计算机。学生可以通过互联网获取各类学习资源,也可以方便地查询图书馆的特色数据库、光盘数据库、学术讲座等信息,还可以登录学校的网络课程学习。

教师指导学习区:这个区域设有教师专用的办公桌和方便使用的教学媒体,教师可以在这个区域内准备教学、指导学生以及接受学生咨询。各种不同领域的专家指导是以图书馆为支持的媒体教学中心的特色之一。

资料检索区:这个区域会设置专门的资料检索台,检索台可用于各类馆藏资料的检索以及了解整个媒体学习中心的使用情况,方便学生做出适当的学习选择和规划。

信息资料展示区:这个区域主要用于展示媒体学习中心的信息更新情况。可以通过大屏幕滚动播出媒体学习中心的最新动态,也可以通过举办展览的方式向学生传递有特定内容的学习信息。

2. 以学科为支持的媒体教学中心

以学科为支持的媒体教学中心与以图书馆为支持的媒体教学中心基本功能类似,都是为促进学生自主学习所设,区别在于更加注重学科特点。这类教学中心规模略小,会依托院系或大型学科实验室设立。在区域设置方面,可以增加一些特色区域设置,如:

印刷资料区:以学科为支持的媒体教学中心没有庞大的图书馆藏资料做资源,可以设置印刷资料区弥补不足。印刷资料区可专用于放置学科学习所需的教材、参考资料、图片图表等。

模型标本(实验)区:可放置具有学科特点的三维模型、标本、各类教学实物,也可以放置简单的实验仪器和设备,供学生观察和操作。

学生作业展示区:主要用于学生学习成果的展示和交流。

(三)使用时应注意的问题

媒体学习中心作为发展中的新事物,在使用中应注意以下问题:

首先,以学生为学习主体,同时重视教师的引导辅助。媒体学习中心的基本功能是为学生的自主学习提供便利,所以设置了多样化的媒体和友好的交互环境。但是在学生作为学习主体的同时,也要注意教师的作用。要注意教师在媒体教学中心作为媒体材料的设计者、教学活动的组织者以及学生学习的引导者角色体现。

其次,媒体材料区域设置应科学合理,方便学生学习。媒体学习中心多样化的媒体材料需要精心的设计和合理的设置,只有科学便利的区域划分和简单易行的媒体操作才可能最大限度地方便学生学习。

再次,多种学习方式结合,注重协作和交流。学生的学习不应是封闭僵化的学习,而应是以自主学习为主的开放的活动系统。因此,媒体学习中应允许学生自主选择多样化的学习方式,从环境和媒体设置上为学生的协作和交流提供便利。

三、微格教学实验室

微格教学又称为微型教学,是一种利用现代化教学技术手段培训师范生和在职教师教学技能的系统方法。微格教学由美国斯坦福大学的艾伦教授于1963年提出,基本思想是把综合复杂的课堂教学加以分解,变成一些教学片断,由受训者模拟教师,其同学模拟学生在小型模拟课堂中进行教学技能训练。

微格教学的实施强调训练信息的记录和及时反馈。在训练前,需要确定训练目标,组织学生观摩学习与训练技能有关的示范材料,要求学生编写微型教学教案。训练的过程中,由受训者分别模拟教师和学生进行准真实的教学活动,"模拟教师"的教学行为和"模拟学生"的学习行为会由摄录像设备记录下来。活动完成后,重放所录制的视音频材料,被训练者和老师同学一起观看材料,对模拟教学表现进行讨论分析,找出问题,针对问题再次进入微格实践环节,直至问题解决。由于微格教学流程符合教学技能训练的需要,其训练方法使受多种因素制约的教学能力培养,变成了有目标、可观察、可描述、可操作的演习和训练,因此在教学技能训练中成效显著。

微格教学实验室是为实施微格教学而设计的,也可用于其他的技能类训练环节。

(一)微格教学实验室的功能

①微格教学实况记录功能。这是微格教学实验室的基本功能,在微格教室可以通过多点设置的摄像头多角度拾取微格教学训练中的视音频信息,传送给控制室进行硬盘保存或光盘刻录,以利于后期师生的评价分析以及编辑存档。

②进行交流和观摩功能。控制室可以全局掌控微格教室的活动情况,与各个微格教室之间可以通过呼叫对讲系统进行交流。同时,控制室还可以把某一微格教室的活动信号传送给其他微格教室或观摩室,方便教师讲评和学生实时观摩。

③各种媒体演示操作功能。配置多媒体系统的微格教学实验室可以实现各种现代教学媒体的演示操作训练,现代教学媒体的运用也是教师教学能力的重要组成。

④自动生成网络课件功能。微格教学实验室具有自动生成网络课件功能。可以把教学过程中的视音频及计算机动态画面进行实时编码保存,形成流媒体文件,便于学生课后点播复习和研究。

(二)微格教学实验室的组成

微格教学实验室通常由三部分组成:微格教室、控制室和观摩室。其中,微格教室和控制室为主要组成,二者结合可实现微格教学实验室基本功能。

1. 微格教室

由于微格教学时学生进行分组训练,通常在10人左右,因此,微格教室一般不需要很大,小型教室即可。微格教室中的设备除标配的多媒体设备和课桌椅外,主要需要摄像头及呼叫对讲系统。呼叫对讲系统用于呼叫主控室,与工作人员沟通。摄像头根据条件不同,可以设置一至多个不等数量。如果只有一个,可设置在教室后侧上方,主要用以拾取"模拟教师"教学活动的视音频信号。如果有多个,可分别设置在教室的后侧上方和前侧上方,分别拾取"模拟教师"的视音频信号及在座"模拟学生"的反应信号,多镜头拍摄更有利于教学训练活动的全面展示和活动表现镜头的灵活切换。

2. 控制室

控制室可以同时控制多间微格教室,包括控制任一微格教室中的摄像云台和镜头,录制和监控任一微格教室中的声音和图像,为微格教室播放教学录像或电视节目,呼叫任一微格教室的活动者并与之对讲沟通,还可以把某个微格教室的活动情况转播给其他的微格教室,等等。

控制室的主要设备包括计算机、中央控制器、监视器、特技切换机、刻录机、录像机、DVD、话筒、扬声器等。其中,计算机主要用于运行控制软件、网络连接和硬盘存储;监视器数量与微格教室中的摄像头数量一致,用于多路监视和拾取教学活动信号;特技切换机方便进行各路镜头信号间的切换和特技处理;刻录机刻录教学活动的数字化视音频信息;录像机为微格教室提供模拟视频素材并以模拟方式记录教学信息;DVD提供数字视频素材;话筒扬声器用于与微格教室间的交流沟通。此外,某些控制室与微格教室间还放置有单向玻璃,便于控制室工作人员直接观察微格教室中的活动情况。

3. 观摩室

观摩室是装有大屏幕投影的教室,可以由控制室把微格教室中的教学训练实时转播、放大再现在大屏幕上,供其他的学习者观摩分析,教师亦可现场讲评。

(三)使用时应注意的问题

微格教学实验室在使用时应注意以下问题:

首先,注重训练目标的多元化。微格教学实验室主要用于教学技能的训练,应注意的是,微格教学不是僵化刻板的教学行为模仿,而应是在实验室良好的媒体平台下结合教育教学发展的需要,帮助被培训者进行教学能力的提升。因此,要注重建立多元化的教学技能目标体系,这既包括以讲授为主的教学技能培训,也包括以导学为主的教学技能训练;既包括信息加工型教学模式的尝试,也包括社会型教学模式的体验;既包括教学问题情境的设计,也包括课堂良好人际关系的建立①。这些都应纳入训练的范畴,在训练中以目标的形式来体现。

其次,建立及时有效的反馈平台。微格教学实验室的重要特点之一就是可以为训练者及时提供反馈信息,因此要注意建立及时有效的反馈平台,特别是功能强大的数字化微格教学实验室。反馈平台不仅包括课堂上的及时反馈,也应包括课前课后的信息反馈,诸如在线答疑、交流论坛以及观摩课件、训练影像的及时上传和方便下载都能为学习者提供更多的学习途径。

再次,要充分挖掘多样化的应用渠道。微格教学实验室是一个可控制的训练系统和环境,它诞生之初就是为教学技能训练而设计的。但由于它可以将复杂的综合技能分解成容易掌握的单一技能,具有突出训练重难点、便于训练者根据影像记录进行自评互评和教师讲评等特点,在其他领域的技能学习中也有突出作用。因此,在使用中不必拘泥于教学技能训练一个方面,可根据其特点充分挖掘多渠道的应用方式。

四、网络虚拟教室

网络虚拟教室是近年来发展很快的媒体化教学环境。虚拟教室不是一个真实的物理环境,而是在网络空间中利用多媒体通讯技术建立的一个虚拟可交互的教学系统。网络虚拟教室通过模拟传统的课堂教学功能,为身处异地的教师和学生提供一个可共享的虚拟学习环境。在这个环境中,教师和学生不再受时间和空间的制约,可以像在现实中的课堂那样用语音和文字进行交流,教师借助相应的系统,如电子白板、答疑系统等进行正常有序的授课,学生通过电子举手功能与教师和同学进行实时交流。同时,虚拟教室中还有丰富的学习素材库,可供师生双方根据需要选择使用。虚拟教室的建设与应用,对于探索新的

---

① 刘鹂,安玉洁.微格教学的多元化架构[J].电化教育研究,2005(9):55-59.

教育教学模式，创建实施终身教育的媒体技术体系有着重要的意义。

(一) 网络虚拟教室的功能

虚拟教室通过最大限度地模拟真实的课堂教学情境，丰富了在线学习的学习手段和教学表达力。正因为如此，虚拟教室成为远程教育的核心，也成为继续学习、终身学习的重要技术支撑。具体而言，网络虚拟教室可以实现的功能主要有：

①具有提供丰富教学内容及多样化呈现方式的功能。虚拟教室不仅可以为学习者提供文本的教学内容，而且可以通过多媒体网络技术把与教学内容相关的文字、声音、图形、视频、动画资源汇集于虚拟教室中，用多样化的方式呈现，使每一位参与者得以便捷地开展教或学的活动。

②具有实时显示当前活动对象和提供良好交互的功能。虚拟教室可以通过视频表现教学活动主题的场景，从教师讲课的场景、学生回答问题的场景以及课件演示的场景等多个角度表现课堂教学活动；通过音频接收传输教师讲课、师生交流时的声音信号；通过在线答疑、讨论、作业的上传下载等方式实时地呈现教室中教师和学习者的活动并为学习者的学习提供良好的交互。

③允许学习者以多样化的角色形式介入教学的功能。一般在虚拟教室中允许的身份有三种：教师、学生以及访客。学习者可以通过登录以正式的学生身份参与虚拟教室的各种教学活动，也可以用访客的身份观摩教学活动和调用部分学习资源。通常情况下，访客不能在虚拟教室发言但可以留下意见，学习者可以选择以何种身份介入教学。

(二) 网络虚拟教室的类别

网络虚拟教室的创建方法不同，可实现的功能有异。我们把虚拟教室大致分为以下几类：

1. 基于计算机支持的协同工作理论所创建的虚拟教室

这种虚拟教室相对比较简单，可以实现的功能较少。其突出的特点是可以为学习者提供丰富的教学内容，教学内容可以有多种媒体形式进行多样化呈现，师生之间的交流可以通过 BBS、聊天室和电子白板之类的交流工具完成。其不足在于，这类虚拟教室主要适用于局域网，存在安装、配置和使用不方便等局限。

2. 基于视频会议的网络虚拟教室

这种虚拟教室与前者相比，可以在计算机网络的支持下为学习者提供更便捷的教学功能。由于视频会议系统是基于会议的需要而开发的，因此在共享各种信息服务方面具有明显优势。诸如教学中实时的视频信息传递、师生间的对话选择和控制等，操作方便快捷，能满足教学中实时展现信息和交流的需要。

其不足在于：多为二维交互界面，在模拟课堂教学情境的真实性方面显得不足；对硬件的要求较高，不同厂家的系统有时会存在标准和协议方面的不兼容性；等等。

3. 利用各种开发平台设计的虚拟教室

这一类虚拟教室主要利用专门开发的各种软件平台设计运行，常用的有金山岭虚拟教室、Learning Space等。这类虚拟教室在某些软件平台支持下，可以开发3D虚拟教学场景。学习者可以自由选择3D形象作为自己的拟身，通过操控自己的3D拟身，实现与虚拟教室中的环境、学习对象间的交互。操作系统也允许多个学习者同时使用3D形象进入虚拟课堂，用语音或文本与虚拟老师进行交流。此类虚拟教室有助于增强网络课堂的教学真实感和学习者的交互体验。其不足在于，对3D形象和环境设计的要求较高，设计时应注意充分的教学导引，否则3D设计反而会使学习者的学习受到干扰。

（三）使用时应注意的问题

网络虚拟教室创建和使用时应注意以下几个问题：

第一，虚拟教室不能只关注创设教学内容的展示平台，也应关注提供模拟真实课堂的教学场景，提供运行流畅的师生之间、生生之间以及学习者与环境之间的感知交互渠道。

第二，虚拟教室应能突出教学环节中的各类主体活动，按学习主体的实际需要变换场景，提高真实性。例如，当学习者进入教室时呈现教室的全景，在教师讲课时呈现教师与屏幕的中景或特写，学生交流时使用特写或近景间的切换等。

第三，不论是用哪种技术创建虚拟教室，精心的教学设计、适宜的教学场景和丰富的教学资源是影响虚拟教室教学效果的关键。在此基础上，各种先进技术的有效运用才能起到锦上添花的作用。

【本章小结】

1. 媒体也称媒介，指在信息传播过程中，从信源到信宿之间携带和传递信息的任何载体或工具。教学媒体是向学习者提供教学信息的工具和手段，它以存储和传递教学信息为最终目的。教学媒体同媒体一样，都有载体和实体两种表现形式以及硬件和软件之分。工具性、可控性、整体性、交互性、传播性、多样性是教学媒体的基本特征。

2. 在教学活动中，教学媒体作为教学内容和参与者之间的桥梁中介，促使教学产生了诸多改变。虽然没有改变教学的实质，但却对教学的方式方法、教学内容、教学组织形式以及教学过程中的要素关系都产生了切实的影响。

3. 教育媒体涵盖的范畴比教学媒体大，教学媒体是教育媒体的核心内容。

教学媒体与学习媒体类同,虽侧重点不同但实质都是为了帮助学生的学习。教学媒体是教学资源的一部分,将教学媒体运用于教学中,对教师和学习者而言就成为教学资源的一部分。

4.教学媒体的发展不是孤立的,其发展历程与人类的教学发展、科技进步密切相关。教学媒体的发展分为四个阶段:原始教学媒体阶段、古代教学媒体阶段、近代教学媒体阶段和现代教学媒体阶段。教学媒体在发展过程中产生了诸多变化,功能表现从简单到多样;信息传输从单向到交互;感觉通道从单一到综合;呈现方式从静态到动态;使用方式从人工到智能。不同时期发展起来的教学媒体各有其特点,一些传统的教学媒体至今仍具有强大的生命力。求新不是教学媒体存在的本因,如何更有利于教学和学习才是教学媒体的立身之本和发展之源。

5.教学媒体可以分成多种类型。根据教学媒体产生的时间分为传统教学媒体与现代教学媒体;根据信息传播的方向性分为单向传播媒体和双向传播媒体;根据接受媒体信息的人体感官不同分为视觉媒体、听觉媒体、视听觉媒体和交互媒体。

6.目前教学中常用的媒体有两大类:常规教学媒体和数字化教学媒体。其中,常规教学媒体包括印刷媒体、展示面板、实物教具与模型等。数字化教学媒体包括多媒体计算机、数字投影机、电子白板、实物展示台、数码照相机、数码摄像机、激光视盘机、激光唱机、录音笔、MP 系列、电子书等。在科技迅速发展的今天,有越来越多的媒体可以为教学所用。

7.媒体化教学环境指各种教学媒体在计算机的控制下融为一体以便实现更强大教学功能的场域环境。常见的媒体化教学环境有:多媒体综合教室、媒体教学中心、微格教学实验室、网络虚拟教室等。各种媒体化教学环境为学生提供了更多的学习资源和选择自由。

【复习思考】

1.什么是媒体?什么是教学媒体?媒体与教学媒体的关系如何?
2.在教学实践中,如何理解教学媒体的基本特征?
3.结合实际,讨论分析研究教学媒体的教学论意义。
4.辨析教学媒体的类型及其教学功能。
5.结合教学媒体的发展历程,分析教学媒体对教育教学产生了哪些影响?
6.学校中常用的教学媒体有哪些功能?在教学中如何有效地运用教学媒体辅助教师的教和学生的学?
7.目前常见的媒体化教学环境有哪些?可实现什么样的功能?

【实践活动】

1. 活动一:选择一堂课,以观察者的角度分析课堂教学中用到的所有教学媒体,给教学媒体进行分类,并对教学媒体使用的适切性和功效做出评价。针对评价结果,同学之间进行交流讨论。

2. 活动二:联系参观微格教学实验室和媒体教学中心,与工作人员交流,深度了解这两类媒体化教学环境的功能。

3. 活动三:以学习者或访客身份登录一个网络课程平台,了解网络虚拟教室的功能,尝试使用其提供的学习资源和交互手段。

【拓展阅读】

[1] 王以宁.教学媒体理论与实践[M].北京:高等教育出版社,2007.

[2] 封红旗.数字化网络教学资源应用[M].北京:清华大学出版社,2011.

[3] 毛春华.媒介环境学:教学媒体应用研究的新视角[J].中国教育技术装备,2012(6).

[4] 刘世清,刘珍芳,王冬.论现代教学媒体的本质、发展规律与应用规律[J].电化教育研究,2005(8).

[5] 吕奇男.浅谈教学媒体的虚与实[J].浙江教育技术,2011(5).

[6] 张燕,翔朱赟,董东,等.从"经验之塔"理论看增强现实教学媒体优势研究[J].现代教育技术,2012(5).

[7] 任建.从教学媒体的演变看教学设计的发展历史[J].电化教育研究,2012(8).

【网站链接】

1. http://media.lib.pku.edu.cn/,北京大学图书馆多媒体学习中心,可提供全新的、丰富的数字多媒体和视音频资源。

2. http://www.beida100.com/,北大百年学习网,包括小学到高中的同步课程以及辅导课程,设视频课堂、名师答疑等栏目,以辅助学生学习为目的。

3. http://www.kepu.gov.cn/index.htm,中国科普网。中国科普网是一个充分利用网络技术,以青少年为重点,面向全社会公众进行科学普及、发布科技信息的综合类科普网站。

第十九章
教学环境

【学习目标】

1. 掌握教学环境的内涵与特征；
2. 了解教学环境的功能及其类型；
3. 能够结合实际对教学环境进行设计与优化。

【关键术语】

教学环境；环境设计；环境优化

所谓环境,是指人生存于其中并影响着其发展的一切周围环境与生活条件,是"与人的发展同存共在、相交相融的各种资源的总和"①。在人的发展中,人与环境之间是相互渗透、相互嵌入的关系,环境是人生存生活的平台,人是环境的产物与主角,人与环境相互依存、相互作用,实现共生式的发展。在教学活动中,学生与环境之间也存在着这种相得益彰的关系。与教学活动密切相关的各种环境的总体就是教学环境,它是一种特殊的环境,是影响学生发展的重要力量与课程资源之一。调节、优化、改进环境,使之更有效地服务于人的发展是创造高效教学活动的策略之一。教学环境是高效教学的重要条件之一,我们必须对其予以密切关注。

第一节 教学环境概述

人生活在环境之中,环境是人生存的土壤,与环境交互作用、共同发展是人的根本生存状态。环境是指在生活中与人发生关联的,直接影响着人的生存状态的一切人、事、物等构成的综合体。杜威指出,"环境包括促成或阻碍、刺激或抑制生物的特有的活动的各种条件"②。所以,与人的发展共在、共存、共生、交融的所有资源、信息、事物都是环境的构成。海德格尔(M. Heidegge)指出,人一出生就被"抛入"环境之中,环境奠定着人发展的始基,干预着人的发展方向,参与着人的德性建构、智慧形成与知识积累,德育就存在于人与环境之间的血肉联系中。教学环境也是如此,它以隐性课程、课程文化、无形之教的形式参与着学生的教育活动建构,影响着学生德行、智慧、情感等素养的生成。厘清教学环境的科学内涵,深入探究教学环境的育人机制,引领教学环境的建设方向,是我们走进教学环境、认识教学环境的起点。

一、教学环境的内涵

什么是教学环境?这早已不再是一个新鲜的话题,许多学者已经对之做过深入的分析与探讨,并得出了一些卓有见地的结论。在此,我们试图对之进行简单的梳理与归结,以求形成对教学环境的初步认识。

(一)教学环境即大环境与小环境的统一

---

① 靖国平.多元价值视野中的学校德育环境变革[J].教育理论与实践,2008(11):45-48.
② 杜威.民主主义与教育[M].王承绪,译.北京:人民教育出版社,2001:17.

教学环境既包括教学活动赖以发生的外部大环境,如社会环境、自然环境、学校环境、学习场所等,又包括存在于教学活动内部的以教室为载体的学习、生活、心理环境等小环境。小环境对学习者的影响较为直接、明显,而大环境对学校教育教学活动的影响较为间接、曲折,将大环境与小环境结合起来通盘考虑是我们准确认识教学环境的一个思路。

（二）**教学环境即物质环境与心理环境的统一**

教学活动既是在一定的时空之中展开的,又是在师生的心理世界展开的,前者构成了教学活动的物质环境,后者构成了教学活动的心理环境。在物质环境中,教室环境(如教室的建筑、温度、光线、声音等物理因素)、社会环境、地理环境、自然环境等是其主要构成要素,进而构成了一个以教室环境为中心的物质环境总体;在心理环境中,师生各自的心理状态、精神状态、情绪状态,学校的班风校风,师生之间在相互影响中生成的心理氛围、师生关系是其主要内容,进而构成了一个以课堂情境为中心的教学心理环境总体。

（三）**教学环境即物质环境、社会环境与心理环境的统一**

有学者认为,教学环境应该采取三分法的思路来分析,即按照物质、社会、心理三个维度来分类,这就构成教学环境的三种形态——物质环境、社会环境与心理环境。其中,物质环境是指直接影响教学活动进行的物质条件,如班级教学用品、文体器材、学校图书设备、教育经费、社区物质条件、学生家庭经济状况等;社会环境是指影响教学活动推进的周边社会状况与班级内的社会关系状况,如社会风尚、社会文明水平、班级体组织状况、师生交往水平、教师素质、家长的文化素养等;心理环境是指教学班级、学生群体的精神、心理状态,如学生心理状况、班风校风、学风教风、教学传统、主流教育观念等。

（四）**教学环境即实体性环境与功能性环境的统一**

在教学环境中,有些是可感、可见、可视的物质实体,它们是教学活动赖以发生的物质平台,如教室环境、实验室环境、宿舍环境、校园环境、家庭环境、社区环境等,这种环境的构建主要源自学校硬件设施的建设。然而,一切学校硬件设施都需要一些功能性教学环境来充实,否则,这些环境与自然环境之间差异不大,难以看出它是一种承载着育人功能的教学环境。功能性教学环境是指影响教学活动发生的文化环境,如生理文化环境、心理文化环境、交往文化环境、物质文化环境、符号文化环境、活动文化环境等。① 功能性教学环境并不一定实际存在,它们游离在学校实体性环境之中,成为直接影响教学活动发生的实在因素。

---

① 陶怡佳.优化教学环境研究[J].湖北水利水电职业技术学院学报,2008(4):39-41.

（五）教学环境即影响教学活动的条件总和

有学者认为，教学环境就是"师生在教与学过程中教学活动赖以持续的情况和条件的总和"，就是"师生与教学系统的一切相关要素有着密切联系并对它的现状和发展起着促进和抑制作用的多维空间和多元因素的总和"①，就是"影响人的学习生命存在及其活动的各种文化因素的总和"②。这些关于教学环境界定的优点是概括性强，但其缺陷是过于模糊，难以抓住影响教学活动的主要因素，对于推进教学活动的深入探讨意义不大。

由上可见，人们对教学环境的理解是形形色色、不拘一格的，我们有必要进行重新概括与综合审视，并立足于新的教育观来对之进行重新诠释，以为教学活动的展开提供稳妥的概念支持。我们认为，教学环境的根本特征有三个：其一，它直接服务于教学活动的发生与展开，是否和教学活动相关、与之关联度有多大决定着一种环境因素能否进入教学环境系统、跻身教学环境的行列；其二，它没有固定的对象，换言之，一切进入教学活动领域的人、事、物都可能成为教学环境的一部分，教学环境的构成要素是动态、多变的，随时都会有新成员加入进来；其三，它一定是以某些教育事物为主体的，笼统地用"总和""总体"等诸如此类的诠释语言不利于对教学环境进行准确界定，即便说这一"总体"存在，它绝非静止的，内部要素间的互动关系才是其根本特征。有鉴于此，我们认为，教学环境就是师生围绕教学活动的展开而利用、创造、组织一切相关教学条件，并在相互作用、共生互动中形成的一种集教学设施设备、教学物质资源、教学精神文化、教学符号体系于一体的有机体。

二、教学环境的特性

杜威指出："一个人的活动跟着事物而变异，这些东西便是他的真环境"，它包括"促成或阻碍、刺激或抑制生物的特有的活动的各种条件"③。教学环境就是这样的一种环境，但它又不同于一般意义上的环境，教学环境的特殊性表现在以下两个方面：

（一）教学环境是一种人为的育人性环境

环境的存在形态是多样态的，它既有自然环境、社会环境、生存环境之分，又有物理环境、心理环境之分，有地理环境、人文环境之分，更有实体性环境（如教室、宿舍、校园、家庭和社区等）与功能性环境（如生理文化环境、心理文化环

---

① 霍佳静.全面优化教学环境活动机制探析[J].科技资讯，2011(2):153-154.
② 陶怡佳.优化教学环境研究[J].湖北水利水电职业技术学院学报，2008(4):39-41.
③ 杜威.民主主义与教育[M].王承绪，译.北京：人民教育出版社，1990:17.

境、物质文化环境、交往文化环境、符号文化环境和活动文化环境等)之分①,等等。这些环境与人之间的界限是相对而言的,环境存在的意义就在于它是以人为中心的,环境都是人的环境,环境因人而存在,没有人的存在就无所谓环境,而一旦人置身于环境之中,他就会受到环境的影响,人与环境之间始终存在着一种由此及彼、相互通达的桥梁与通道。人与环境之间就是经由这条通道实现了相互影响与相互促进。在教学活动中,人与环境之间的互动方向总是双向的:其一是环境对学习者的影响与教化,因为任何教学环境中总是隐藏着一种潜在的教育影响,它感召着学习者的转变,激励着他们的成长,因而具有一定的人文价值;其二是学习者对环境的影响,学习者在参与教学环境、设计教学环境的同时也是一个自我教育的过程,让教室环境"主动说话""说有意义的话"是环境育人的重要策略。② 上述环境对人的影响都是自然的、无意识的、难以控制的,而教学环境不一样,它是学校、教师为了提高教学效果和育人效能而有意选择、自觉创造的一种育人环境,这种环境具有可控性的特点,教师可以通过对教学环境的调控来提高教学活动的效能。因此,服务于教学效果的提高,以育人为中心来进行组织,是教学环境的特殊性所在。在教学环境中,那些污浊、有害于人发展的因素被过滤,那些有助于学生身心健康发展的因素被强化,那些对教学效能提高有帮助的因素被利用和强化,故此,教学环境不是一般的环境,它是完全在教育工作者的安排下创建的一种以加速和促进人的发展为目的的特殊环境,通过调控教学环境来提高教学效能是实施有效教学的重要策略之一。

(二)教学环境是一种复杂的共生性环境

从教学环境的构成来看,它具有复杂性,这一复杂性主要表现在以下三个方面:一个是构成要素的复杂性。教学环境是一切与教学活动相关的因素、条件、事物、人群等构成的综合体,其中包括那些显性的、可感知的要素如教师、学生、教室设施、光线、动植物、社会事件、文化生态等,又包括那些隐性的、难以感知的要素,如心理氛围、生存感受、校园文化等。可以说,教学环境的构成要素我们几乎难以言尽。这就使我们对教学环境的分析显得更加扑朔迷离、难以把握。另一个是这些因素间存在着多种多样的交互作用关系,其相互作用的产物又影响着教学活动的效能与质量。如教师与学生在相互作用中构成的心理环境,学生与学生在相互作用中构成的文化环境,自然环境与人文环境在相互作用中形成的校园环境等,它们又直接影响着师生的心态与体验,影响着教学活

---

① 黄甫全.当代教学环境的实质与类型新探:文化哲学的分析[J].西北师大学报(社会科学版),2002(5):31-36.

② 张青.教室环境布置:小学生人文情怀培养的有效途径[J].基础教育参考,2010(6):6-9.

动效能的彰显。最后一个是上述教学环境因素之间存在着各种各样的交叉、并存、重叠或包含关系,有时,我们难以说清是否应该将之归属于哪类环境之列。以教学环境间的包含关系为例,我们对之进行分析,图示如下:

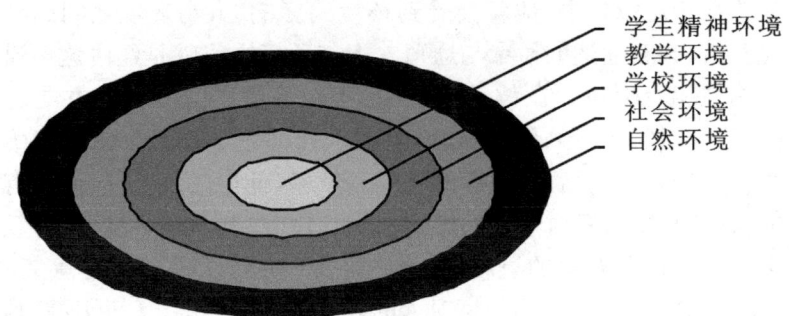

在教学环境中,人与人之间、人与环境之间的共生现象普遍存在。教学环境就是一个生态系统,在其中,作为教学环境的主导者——师生是教学环境的利用者、设计者与创造者,而教学环境的创生、转变又会反过来影响师生的发展,进而形成了一个相互影响的循环。在教学环境系统中,任何构成要素都不可能独立存在,而是与其他要素之间发生着相互作用、相互影响关系,这种相互影响、相互关联、相互催生关系就决定了教学环境与师生发展是共生共荣、互利共生关系。教学环境改造的目的就是要在人与环境之间构建一条良性循环通道。①

可见,育人性、人为性、共生性是教学环境的特殊性所在。教师只有认清了这种环境的特殊构造,才可能熟练调控教学环境,以实现预期课堂教学效能。在这三种之中,育人性是教学环境的根本属性与标志性特征,具有育人功能是教学环境的本质属性;人为性是教学环境的特殊性所在,创建教学环境、创设教学情景,以之来辅助课堂教学活动效能的提高,是课堂教学活动的目的之一;共生性体现着教学环境的动态性,体现着教学主体与教学环境间的互变、互促、互动关系。

三、教学环境的功能

"随着时代的发展而变化,各种环境条件的变化对人性(尤其是人的德性)具有广泛的渗透性和挑战性,同时也带来了新的发展条件和机遇。"②教学环境

---

① 杨雪,关文信.互动共生:生态哲学视域下课堂教学环境的内在机制[J].山西青年管理干部学院学报,2010(2):98-100.

② 靖国平.多元价值视野中的学校德育环境变革[J].教育理论与实践,2008(11):45-48.

亦是如此，它是师生实现共同发展的资源与机遇，是将师生共同关联起来的一条纽带。教学环境是教学活动赖以发生的场景与情境，是师生共同相遇的特殊场域，对教学环境的科学利用能够提高教学活动的效果、效能与效率，加速学生的发展进程，提高学生发展的质量。在此，我们分三个方面来探讨教学环境对教学活动所产生的特殊效能。

（一）教学环境能够激起师生的教学热情

在教学活动中，教师对教学活动的热情与学生对学习活动的热情与动机是驱动教学活动的动因所在，这两种热情合二为一、相互催生、彼此诱生，共同构成了师生的教学热情。没有教学热情的教学活动是枯燥的、沉闷的，是教学活动低效或无效的根源所在。从教学热情的来源来看，主要有三种：一是师生自觉产生的教学热情，二是师生在外在有声教育力量影响下被激发出来的教学热情，三是师生在教学环境的无声影响、"召唤"下自然而然地产生的教学热情。与前两种教学热情相比，后一种教学热情具有持久、感染力强、自然生成的特点，它可能成为一种能够长期支持教师教学活动的重要力量。当师生置身于教学环境中时，他们会有意无意地感受到自己的角色使命，体验到教学环境对其的无声召唤，环境中蕴藏的问题及其对师生所形成的挑战激励着他们的探究热情。良好的教学环境能够成为激励师生教学积极性和热情的动力因素，尤其是在沟通教学实践中形成的优良班风、校风，它们常常会发展成为对师生具有强烈吸引力的一股无形精神力量。这种力量一旦形成，师生就会从中感受到一种催人奋进的感召力和使命感，成为促使其不断学习、工作、上进的动力之源。由此，师生教与学的热情得到激发，教学活动获得了强有力的动力支持，教学活动的效果必然会随之不断增长。

（二）教学环境是教学活动的主体

人的发展既需要教育者的介入，又需要教学环境的参与，同教师一样，教学环境也是学生健康成长的导师与促进者。在学生成长中，环境育人同教学育人一起构成了其健康成长的两条轨道。在教学环境中，影响学生发展的因素与力量得到了整合与选择，置身于教学环境中的学生更容易受到健康的教育，获得积极、健康、快速的发展。在教学活动中，协调环境育人与教学育人两种力量，促使其相互配合、方向一致、效力最优，是增强教学效果的重要路径之一。尽管在教师的教学活动中，其对学生发展的影响是高度自觉、主动性强、方向确定的，但其感染力却是有限的，是不易渗透进学生的心灵世界的。相对而言，尽管教学环境对学生的影响是方向不定、可控性差、效果内隐的，但其对学生所产生的教学效能却是长效而又持久的，教学环境对学生所产生的独特教学效果是一般教学活动所难以企及的。所以，设计教学环境，充分利用教学环境的教学功能,是提高教学效果的有效路径之一。

(三)教学环境是教学活动的物质载体

教学活动不是空中楼阁,而是扎根于教学环境之中的,教学环境是教学活动的物质载体。从根本意义上讲,教学的目的是要培养学生应对环境、调控环境、干预环境的能力,而知识、技能、价值观的培养只是实现这个目的的手段和工具而已,通过改变教学环境来育人是杜威倡导的教育理念的核心构成。教学环境绝非一个简单的学习环境、生活环境,它是各种社会力量、社会关系的交汇点。可以说,课堂是个小社会,教学环境是社会环境的缩影,社会环境通过教学环境将它对学习者的影响搬进了课堂生活世界。在课堂中,学生的社会生活经验、社会主流价值观、人际交往准则、家庭生活方式等都汇聚于此,它们以各种形态,显在的或潜在的、直白的或内隐的方式存在于课堂生活之中。教学活动必须依托这些资源来进行,来帮助学生建构新知识、新经验、新价值观,如果缺失了教学环境,教学活动可能沦为师生间知识经验的机械搬运活动,教师教授的知识经验难以真正融入学生的心田、转变为学生个体的经验与智慧、转变成为影响学生生活方式与行动轨迹的现实力量。一句话,学生是在参照教学环境、借助于教学环境来理解教师所传授的知识、技能与价值观念的,教学环境就是教学活动的物质载体,是连接教学活动与学生生活世界的一道彩虹。布置、创设、改造教学环境是现代教学活动的重要组成部分。无视教学环境的存在和力量,高效课堂教学的创造可能会流于形式,成为一句空洞的口号。

总之,教学环境是现代教育必须利用的隐性课程资源,是现代教学活动必须凭借的教学手段与工具。学习者生活在教学环境之中,教学环境是学生获得发展营养,形成生活经验,实现健康发展的必需依托,是教师在课堂教学活动中必须积极关注与应对的对象。

第二节 教学环境的类型

教学环境是师生共同拥有的社会空间、地理空间与生活空间,是教学活动赖以发生的物质平台,是教学活动的重要信息来源。要深入教学环境的内部,洞悉教学环境的内部结构,最好的方式就是对之进行基于类型学的分析。在教学实践中,人们对教学环境的分类标准不尽相同,有的从教学环境的构成要素进行分类,有的根据教学环境的服务对象对之进行分类,有的按照教学环境的空间分布进行分类,有的按照教学环境的存在状态(如虚拟的还是物态的)进行分类,可谓分类标准五花八门。我们认为,每一种分类方式都有其科学性与其适应环境。在特定条件下,最合适的分类方式是能够满足特定话语情境的分类标准。教学理论与实践研究的目的是为教学实践者——教师提供一种理解、驾驭教学环境的策略,故它最需要的是一种实用、简洁、清晰的分类方式。因此,在此我们按照三分法思路对教学环境加以分类。从教学环境赖以存在的不同载体来分,教学环境大致可分为三种:宏观社会环境、中观物理环境与微观心理环境。其中,社会环境是教学活动赖以发生的大背景,其所依托的载体是大众传媒与社会交往,物理环境所依托的载体是教学的硬件设施与自然生活条件,而心理环境依托的是人的精神状态与情感体验。在现实中,这三种教学环境具有不同的构成要素和参与教学活动的方式。

一、教学活动的社会环境

每个人都身处于社会之中,社会环境是师生生活的大背景。社会中发生的一切事件、活动、现象,构成社会的每一个社会成员,以及一切社会事物都会直接或间接地影响到每一个人,并最终通过影响师生这一途径来干预教学环境的形成与发展。在教学活动中,社会环境是指所有影响教学活动的社会活动、社会成员、社会制度、社会文化的总和,是直接或间接参与教学环境营建的社会事物、社会事件、社会现象的总称。从某种意义上看,社会环境到底由哪些事物构成,我们难以一一言尽。相对而言,那些与教学活动当事人——师生关联最为密切的事物与事件对教学活动的影响较大,而那些与教学活动主体关系较为疏远、距离相对遥远的事物与事件对教学活动的影响较小。因此,教学环境的构成主要包括前一类社会事件、社会事物,而后一类常常不列入教学环境的考察范围之列。可以说,教学环境的构成是以师生为轴心,以其交往、活动范围为半径构成的一个环形结构,那些师生亲身经历的事物、身边发生的事件才是教学环境的构成之列。

鉴于这一分析,我们认为,在教学活动中宏观社会环境主要指以下社会事物,如社会舆论、教育政策、政治活动、消费水平、文化环境、经济生活、教育制度、学校办学环境、社会管理体制、社区环境、家长态度等。这些社会事物、社会活动的一大特点是:它们必须通过间接影响学生的言行、观念来参与教学环境的形成与建构。与此同时,这些社会事物、社会活动中的大部分常常会以教学内容的形式直接进入课堂,引发学生对这些社会问题的思考,进而成为一种显性的教学环境。其中,还有一部分则以隐性的方式干预着师生的教学活动,始终难以进入师生的意识层面,成为人们反省的对象。因此,社会环境对教学活动的影响途径具有双重性:一个是显性的,一个是隐性的。

二、教学活动的物理环境

所谓物理性教学环境,是指教学活动赖以发生的硬件环境,其直接构成要素是自然环境、教室环境、教学设施设备、教学制度环境、教学信息环境等。在这些环境构成要素中,最为核心的是教室环境,它是一切物理性教学环境的交汇点,是任何其他物理环境影响师生及其教学活动的中转点和结合点。正是从这一意义上来看,教学活动的物理环境实际上就是教室环境,它成为我们直接研究物理性教学环境的切入点。

从教室环境的构成来看,主要包括四大要素:

(一)自然环境

自然环境主要是指教室空间的自然生活条件,主要包括教室的采光、温度、湿度、噪音、空气等情况,以及教室所处的地理位置、经度纬度、气候等条件。教室地处地球的不同位置,其对教学活动就可能产生不同影响。自然环境直接影响着师生的身体状况,间接影响着师生的情感状态,因而是与教学活动直接相关的环境因素。

(二)设施环境

教学活动需要必备的教学设施设备才可能展开,这些设施设备的配备、组合情况构成了教室的设施环境。在当前,教学活动必备的设施设备有:教室、桌椅、操场、黑板、灯具、讲台、办公室、会议室等,缺乏这些教学设施设备,基本的教育教学活动就难以展开。同时,教学活动效能的提高还需要一些优质教学设施设备的提供,如多媒体设备、音乐闹钟、电化设备、电子白板、影像设备、教室美化、布局设计、文化符号点缀等,这些设施的配备程度与教学环境的质量直接相关。如果说自然环境是教学活动的外部环境,那么,我们可以说设施环境是教学活动的内部环境,是教学活动赖以展开的物质条件。

(三)组织环境

自然环境与设施环境构成了教学活动的硬条件,而组织环境与信息环境构成了教学环境的软条件。组织环境是教学活动中师生的组织方式与组织结构,它直接决定着教学活动的展开方式。教学组织环境的直接形成依据是教学制度,教学活动是集体展开还是以个体为单位展开,是开展小组教学、合作教学还是集体教学、个别教学,是由教师来组织还是由学生来组织,教学活动的组织机构如何设置,在班级中如何编排学习小组等,这都决定着教学活动的组织结构与信息流向。组织环境是教学活动中的"人-人"组合方式,是教学活动的重要组织依托。

(四)信息环境

教学活动的实质是师生间发生的信息传递、信息沟通过程,信息沟通通道及其流畅程度是决定教学活动效能的重要环境条件。目前,教学设施设备是决定教学信息环境的首要条件,而教学设施设备的运用方式是决定教学活动中信息沟通渠道与方式的根本条件。教师的知识丰富程度、学校的图书馆藏书情况、网上虚拟社区成熟情况、现代信息媒体普及情况等,决定着教学活动的宏观信息环境。一般来说,这种信息环境越丰富,对教学活动带来的挑战与机遇将越大。同时,教学活动中的信息传递通道也决定着教学活动的信息环境。在讲授式课堂中,师生之间是单向传递信息还是双向传递信息,能否利用网络互动平台开展多向沟通,能否建立起家校之间的信息沟通渠道等,都直接关系着学校教学环境的质量。

总而观之,物理性教学环境是课程文化的携带者,是影响学生的潜课程,是教学活动优化中必须考虑的对象。一般来说,物理性教学环境决定的是教学活动的基本质量水准,是学校教学活动的底线要求与基本条件。物理性教学环境的改进主要是通过加大教育投资、改建扩建学校楼宇、采购相应设施设备等手段来实现的,物理性教学环境的改变需要学校建设者付出更大的经济资本来实现。当然,物理性教学环境的建设不单是教学空间的扩大、教学设施品质的提升、办学条件的精致化、教学信息媒介的丰富,它更是一项课程开发的工程。应该说,教学硬件环境的改变不只是教学环境的精美化,也是学校教学环境内涵的丰富与提升,更是学校教学资源的丰富。譬如,利用教室的装饰来改进教室文化,引进新的电子类教学设备,利用民主化的教学组织开展教学活动,优化学校的空间布局,让学校的墙壁"说话"等,这些改变都在丰富着教学活动的课程资源,都在加大着学校设施设备的课程资源负载,故单单用物质性教学设施的改进是难以解释的。

三、教学活动的心理环境

教学环境不只在学校的物理空间中存在,还存在于教学活动主体——师生的心理空间中,心理环境是教学活动存在的第二空间。所谓心理环境,是指师生在物理性教学环境及其教学活动中自然产生的一种情感体验与主观感觉,是他们在教学活动中感受到的一种精神情感氛围。心理环境是教学活动的软环境,其直接载体不是学校的物质设施,而是学校主体的心理和心灵。教学活动的心理环境就是师生在教学活动中所形成的一种情感体验与感觉体会。这些感觉体验是人的感官难以觉察到的,它们借助人的精神器官来实现,"心领神会""只可意会不可言传"是师生体验这种心理环境的独特方式。

在教学活动中,心理环境的表现是多种多样的,其中课堂教学氛围、人际关系是其主要表现。

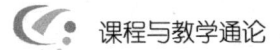

(一)课堂教学氛围

课堂教学氛围是师生在课堂教学情境中形成的一种情感体验,形成这种体验的根源是师生间在特定教学情境中所开展的共同思考、共同交流、共同探究活动。人的体验来自教学情境的唤醒,来自人与人之间的心灵碰撞。客观地讲,课堂教学氛围是师生情感体验的自然流露,其形成结果与发展方向具有难以预见性。到底师生在课堂中形成的教学氛围是积极的还是消极的,是愉悦的还是沉闷的,师生都难以直接精确控制。在这种情况下,教师只能利用一些探索性、尝试性的手段来干预课堂教学氛围的形成。一般而言,只要教师在教学中保持积极的心态,运用合理的激情,怀有一个善良、关爱的心灵,其课堂教学氛围就会自然地朝向健康、积极的方向发展,否则,课堂教学氛围就可能向消极的一面发展。在现代教学中,师生要努力营造的教学氛围是:温馨、和谐、愉悦、宽容、民主、上进等。这些教学氛围能够激起师生的教学热情,激励师生的教学信心,坚定师生的教学信念,鼓舞师生的斗志,进而为课堂教学活动创造一种良好的心理氛围与精神条件。

(二)人际关系

人际关系是人与人之间形成的交往关系、心理关系、工作关系、道德关系、精神关系等的总称,其中,交往关系是人际关系的基础,心理关系是交往关系的折射。在教学活动中人际关系主要指师生关系,它是师生间在共同的教学活动中产生的一种特殊人际关系。这种关系不仅包括人与人之间的工作关系、业务关系,更包括人与人之间的心理关系、精神关系。从性质上讲,这种关系可分为两类:相互理解关怀的积极关系与相互排斥抱怨的消极关系。前一种关系是确保教学活动顺利推进的条件,是教学活动致力于形成的心理环境。人与人之间只要能够做到以心换心,将心比心的通感、移情状态,师生关系自然就能够达到一种相互吸引、相互支持、相互默契的状态,否则,不善解人意,不能充分体验别人的情感波动,师生关系可能因此而走向失败。在教学活动中,积极呵护师生间的心理关系,善于及时修复破损的师生关系,精于以艺术的方式来经营心理关系,能够以阳光的心态来处置师生关系,教学活动的心理环境就会走向和睦、和美、和谐的最佳状态。当前,师生之间积极、健康人际关系的形成与建立离不开教师对学生的关注、关怀与关心,离不开学生对教师关爱的积极回应、热情回馈。因此,要创建良好的心理氛围,教师就要引导学生学会珍视、珍惜谐美的人际关系,为师生关系的良性发展奠定基础。

在上述两种心理环境中,对教学活动而言最主要的心理环境是课堂教学氛围,相对而言,人际关系环境必须通过课堂教学氛围来间接体现。同物理性教学环境相比,心理环境的优化与改进靠的是心灵投资、情感投资,而非经济投资、物质投资。在教学活动中,师生心理环境的营造与维护需要教师用充沛的

第十九章 教学环境

情感与精神来面对教学活动,面对学生的回答与质疑。当教师呵护学生的自尊心,鼓励学生的课堂提问,积极给予情感上的援助与支持,发扬民主的教学精神,课堂教学活动的心理氛围最终都会向积极、期待的方向发展。从心理环境对教学活动的作业方式来看,这种方式是直接奏效的。因为在良好的心理环境中,师生心灵处于彼此开放状态,其精神能量就会向学习活动集中,从而促使学生达到一种良好的学习状态,促使教师达到最优的教学状态,师生的教学创造性、能动性都会得到最大化的发挥与体现。

第三节 教学环境的设计与优化

有学者指出,"人在环境面前具有主体性和能动性,人不是被动地服从或屈从于环境的存在者,而是主动地应对环境的作用和变化的有机体"[1]。故此,教学环境需要设计和利用,在设计和利用中努力实现其积极功能的最大化,使之服务于教学活动效能的提高是实施高效教学的重要策略。可见,教学环境的主要类型是物理环境与心理环境,其焦点是教室环境与课堂教学氛围。为此,我们将主要从这两类教学环境入手来探讨如何更好地设计和利用教学环境服务于教学效果提升这一问题。

一、物理性教学环境的设计与优化

对教学活动而言,教学活动的物理环境是指教学活动赖以进行的场所及其相关设施、设备、物品等。就物理环境的构成而言,它包括学校、教室及其内设置的标语、课桌、椅凳、讲台、照明、窗户、音响、色彩、装饰、图片,以及教室外部的自然环境(如噪音状况、空气质量、绿化美化情况)等。教学的物理环境是这些设备、设施、事物共同作用的结果,教室内是否明亮,是否安静,是否宽敞,课桌、椅凳、讲台的设置是否符合卫生标准,装饰、图片是否符合美学效果,等等,这些因素直接影响着教学活动的顺利进行。教师要想创造出有效的教学环境,就应该考虑如何通过对这些教室设施的摆放、美化、布局来创造一种学生学习活动所需要的安静、幽雅、舒适、温馨、和谐的学习环境,以求让学生从中获得一种积极的心理体验与心灵感受,为学习活动创造良好的外围条件。

在教室环境的设计中,学校管理者和教师可以从以下几方面入手:
(一)选择学校的校址
校址是学校、教室的固定地理位置,不可位移性是其主要特征。在教学活

---

[1] 靖国平.多元价值视野中的学校德育环境变革[J].教育理论与实践,2008(11):45-48.

动中,学校位置及其周边环境是教学活动难以绕开的教学背景,是任何教室设计活动所难以改变的。学校所在地区的地貌、气压层、社区文化及周边环境等在一定范围内是具有选择性的。通过学校布局及校址的选择来改变教室的物质环境,是确保教学活动顺利推进的策略之一。目前,学校校址的选择一般要考虑周围噪音状况、绿化美化情况、光照采光、与街市距离远近、交通状况等因素,这是改变教室的物理环境的有效方法。

(二)教室的装饰与布局

教室具有不可移动性,但教室内的结构与布局则具有灵活可变性。教室内的桌椅台凳具有可移动性,改变其间的相对位置(如秧田式位置),为师生展开合作交流、充分沟通提供条件,回避福柯(M. Foucault)所言的监狱式或全景敞视式结构的干扰,是教室环境充满温馨、民主、和谐氛围的现实举措。同时,教室内的标语张贴、图片悬挂等也可以改变教室的文化氛围,为教学活动创造愉悦的氛围。无疑,古今中外的科学巨匠、名人志士、社会贤达求学的图片、追求上进的故事贴画、有关学习做人的名言警句等,都能够把教室装扮得像个教室,散发出追求上进、修德修行的文化气息。此外,美化教室环境,用各种色彩装点教室,降低学生的视觉疲劳,提高学生的学习注意力,也是教室环境改进的途径。另外,科学设计教室的音响设备,改变教室的音响效果,提高教学试听的质量,降低噪音,也是教学环境优化的方向。最后,利用暖气设备、通风设备以及门窗改造工作等来调节教室内部的温度,也是改变教室环境的手段。正如有学者所言,"把教室环境当作一件'作品'来做",把教育性放在首位,并"从课程的角度去审视和反思自己的'作品'"[1],是创造教育性教学环境的奋斗目标。总之,在教室布局的设计与功能的改进上,教室环境改造空间还很大,我们在此难以一一穷尽。

(三)教室卫生环境的净化

教室卫生环境是影响教学活动的重要物理环境,卫生清洁工作是班级工作的日常内容。在干净、整洁的教室环境中,师生会感到一种舒适感与温馨感,会唤醒学习者的学习欲望、修德要求,进而产生一种无声无形的教育效果。坚持天天打扫教室卫生,创造一种惬意、舒适的学习与生活环境,以此影响师生教学活动的效率,是利用物质环境来干预教学活动的有效方式。

---

[1] 谢翌,徐锦莉. 教室环境:一种被忽视的课程:课程开发视野中的教室环境布置[J]. 教育理论与实践,2008(31):41-44.

> **典型案例 19-1**
>
> **作为一种隐形课堂的教室环境**
>
> 上学期末,教室的后橱柜上展示了学生亲手培育的水仙花,开得袅娜、烂漫,教室里暗香浮动,显得富有生机。大家看,用学生的劳技课学习成果来美化教室环境,着实是有教育意义啊!展示作品的学生内心无比喜悦,不仅得到老师的积分奖励,而且动手能力得到大家的一致公认。体验到了学习成功的快乐,相信他们会秉持耐心、细心、自信等良好品质继续努力;未能精心照料水仙、培植失败的学生受到触动,自我剖析失败根源,有了来年继续尝试的动力,自觉反省的意识得到培养。学生的心态不同,受到的教育不同,技能学习兴趣却同样得到了进一步的激发。有了各种健康有益的兴趣爱好的学生,就不会把宝贵的时间用来瞎折腾,给我们的班级管理工作添乱。"随风潜入夜,润物细无声",用这句诗来说明环境育人是再也贴切不过的了。教室环境,就是学生的隐形课堂,使我们教育起学生来事半功倍。
>
> [资料来源]钱钰. 教室环境　学生的隐形课堂[J]. 新课程学习(基础教育),2010(11):161-162.

二、心理环境的营造与利用

如果说学生在与身边外界事物关联中产生的环境是物理环境,那么,学生与周围人关联中产生的环境则是心理环境、精神环境、精神氛围。人是有感情的动物,他会在与周围人交往中产生一种情感感应、心绪反应,这就是心理氛围。在这些心理氛围中,有的是消极的,有些是积极的,从而构成了两种性质截然不同的心理氛围——积极的心理氛围与消极的心理氛围——最终会对教学活动效能的提高产生两种完全不同的影响。

在消极的心理氛围中,师生的情感体验是消极的,他们之间缺乏相互的信任与认同,教师的教学热情与学生的学习热情下降,教与学的积极性受挫,对教学活动的兴趣下降,认识理解新事物的能力下降,进而阻碍教学效能的提高;相反,在积极的心理氛围中,师生都将自己归属于整个教学共同体,师生间的亲昵感、信任感容易建立,相互之间的信息沟通、情感沟通畅通无阻,对新事物的敏感性增加,师生教与学的热情大大增强。随之,整个课堂教学活动的效能会大大提高,其要实现预期教学目标就显得轻而易举。

可见,心理环境的营造与利用就是要减少教学活动中产生的消极心理氛围,促使整个课堂教学中的心理氛围基调向积极的一方转变、推进。要达到这一目标,我们认为,教师是课堂教学中心理氛围的主要调节者和营造者,他们应该考虑从以下几个方面入手来调控课堂教学的心理氛围主调,尽可能地创造一种惬意、互信、积极的心理氛围。

首先,教师应坚持把微笑带进课堂,用微笑来建立课堂教学中的心理氛围主调。微笑是教师创造惬意心理氛围的秘密武器,带着微笑走进课堂,面带微笑与学生交谈,用微笑给学生传递愿意接纳对方、愿意向对方敞开心扉的信号,随之,学生自然会从教师的微笑中感受到肯定、鼓舞和欣慰,师生之间的积极心理氛围自然就容易建立。

其次,教师要发扬教学民主,要以欣赏的姿态面对学生。在教学中,教师坚持用民主、平等、公正的原则来对待学生,处理师生间的纠纷,将所有学生一视同仁,尊重每个学生的观点和意见,给每一个同学平等地表达自己见解、发挥自己潜能的机会。无论学生问题回答得好坏,教师都要对之抱以欣赏、鼓励的回应,让学生感受到自己在老师心目中的地位,感受到老师对自己的关注和在意,久而久之,学生就可能消除对教师的敬畏感,缩短师生间的心理距离,增强师生间的亲近感体验,课堂中的积极心理氛围就可能油然而生。

再次,教师要呵护学生的主体性,善于用肯定性评价来保护学生的自主性。学生也是一个人,他有自己的尊严与权利,他有参与课堂教学活动、展现自己才能的热情,教师只有善于保护学生的积极主动性,尊重学生的创造性和能动性,善于用肯定性评价来激励学生的主观能动性,学生才会在教学活动体验到作为人的尊严,体验到成功的喜悦,体验到教学活动的吸引力。学生是课堂教学的主人,当教师将其真正当作主人来看时,学生的主体性就找到了释放的空间。此时,学生的心情自然是愉悦的,课堂的心理氛围是积极的,教学活动的效能会随之提高。实际上,良好心理环境的产生源自一种惬意课堂教学情景的创设,利用教学情景创设来改变师生在课堂上的心理氛围是改变课堂教学环境的有效方法,请参见以下案例。

典型案例 19-2

溶液酸碱性强弱教学情景设计

[实物展示]西红柿、苹果、食醋、酸奶

教师:"上面几种食品酸性强弱一样吗?"

学生:"不一样。"

教师做实验:将约 1 ml 白醋稀释了十倍后问道:"这瓶中的白醋和稀释后的白醋的酸性强弱一样吗?如果不一样,你有什么方法来确定酸性的强弱呢?

"用酚酞试液","用石蕊试液"。

"那好,请同学来用石蕊试液检验白醋和已稀释的白醋哪个酸性更强。"

当两位学生用试管进行实验时,所有的同学都惊呆了,因为两支试管中的红色几乎一样。为什么?

"看来,我们需要用别的方法来区分溶液酸碱性的强弱了。"

一连串的问题,从生活中来,激活了同学们原有的知识。当他们用这去解决实际问题时,又遇到困难,此时改组旧知识,引进新知识——"PH——溶液酸碱性的一种表示方法"就成为必然。在这样的情景中构建的新知识更有生成的基础,学生对新知识的理解也更加深刻。

[资料来源]李发生,舒红群.初中化学教学情景创设策略[J].江西教育科研,2006(11):72-73.

最后,注重交往性课堂教学文化建设,改变课堂教学的情感基调。情感基调是一节课在教学中形成的主要情感氛围,用民主、自由、对话、自主的课堂教学文化来主宰课堂教学活动,积极营建一种活泼、开放、商谈的教学情感基调,是确保课堂教学有序推进的条件。当前,课堂教学文化的主导类型有三种:控制性课堂教学文化、功能性课堂教学文化与交往性课堂教学文化。在每一种文化主导下,课堂教学都会形成不同的基调,进而对课堂教学活动的展开产生性质与程度不同的效能。在控制性课堂教学文化中,师生之间的权力关系、管理关系、师生间的心理接触机会最少。在功能性课堂教学文化中,强调的是教学任务的完成,教学活动成为师生的一件差事,融洽、惬意的教学氛围也不容易出现。在交往性课堂教学文化中,师生围绕教学问题展开讨论,大家共同参与、民主发言、形成共识、生成创意。在其中,师生的潜能被激发,自我实现的高级需要被满足,人性的尊严被肯定,师生之间很容易形成一种合作、和谐、温馨、默契的教学氛围。因此,以交往性课堂教学文化的创建为指向,不断优化课堂教学的结构,调节课堂教学活动的情感基调,是教师干预课堂教学心理环境的有效切入点。

【本章小结】

1. 教学环境是师生围绕教学活动的展开而利用、创造、组织一切相关教学条件,并在相互作用、共生互动中形成的一种集教学设施设备、教学物质资源、教学精神文化、教学符号体系于一体的有机体,育人性、人为性、共生性是教学环境的特殊性所在。

2. 教学环境具有多种功能,它能够激起师生的教学热情,是教学活动的主体,是教学活动的物质载体。

3. 教学环境包括宏观社会环境、中观物理环境与微观心理环境。社会环境是教学活动赖以发生的大背景,物理环境所依托的载体是教学的硬件设施与自然生活条件,心理环境依托的是人的精神状态与情感体验。

4. 教学环境只有通过设计与优化才可能使之更加富有教学效能,它包括两方面的工作,即物理性教学环境的设计与优化、心理环境的营造与利用。

【复习思考】

1. 什么是教学环境？它的特殊性体现在哪些方面？
2. 教学环境具有哪些独特功能？
3. 教学环境的类型有哪些？每种教学环境依托的物质载体有何不同？
4. 如何对一堂课的教学环境进行科学的设计与优化？

【实践活动】

结合一节名师视频课谈谈该堂课的教学环境设计有何利弊,并谈谈授课者应如何对其教学环境进行科学的设计与优化。

【拓展阅读】

[1] 周翎. 论中学英语教学环境的创设和优化[D]. 武汉:华中师范大学,2006.

[2] 韦志成. 语文教学情境论[M]. 南宁:广西教育出版社,1996.

[3] 田慧生. 教学环境论[M]. 南昌:江西教育出版社,1996.

[4] 郭成. 试论课堂教学环境及其设计的策略[J]. 西南师范大学学报(人文社会科学版),2001(2).

【网站链接】

http://xiangrikuiart.blog.sohu.com,在这里,你可以看到中小学的现实教学环境建设图片,可以直观感受到教学环境建设的意义与方向。

第二十章
教 学 评 价

【学习目标】

1. 理解教学评价的内涵、功能和类型;
2. 明确教师教学活动评价的一般程序和指标体系;
3. 了解学生学习活动与成就的几种主要评价方法。

【关键术语】

教学评价;评价指标;质性评价;量化评价

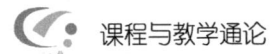

第一节　教学评价概述

一、教学评价的概念

要理解一个概念,必须从概念与概念的关系中去理解。只有在概念的关系中,才能正确地理解和把握一个概念。教学评价内在地包含着教学、价值和评价等概念。所以,只有正确地理解了教学、价值和评价等概念,才能深刻地理解教学评价。教学的概念在本书第二章已经讨论过了,这里对价值和评价进行简要说明。

(一) 什么是价值

什么是价值? 在日常生活中,价值是指事物的用途和积极作用。在政治经济学中,价值是指体现在商品里的社会必要劳动。在哲学的话语中,价值是指事物属性对人的生存和发展的效用关系。本书认为,理解教学评价,应当在哲学话语中理解价值。在哲学话语中,价值是一个关系范畴。价值是价值客体的属性对价值主体的需要、生存和发展的效用性。价值既具有客观性,也具有主观性,是主观与客观的统一。客观性表现在价值客体的属性一般是客观存在的,而价值的主观性表现在价值主体的需要是主观的。

(二) 什么是评价

评价就是评定事物价值的高低。评价作为人的活动,就是主体根据一定的价值观或价值标准,对人或事物的价值进行判断,亦即对人或事物的好与坏、美与丑、真与假、善与恶、优与劣进行判断。

在教学评价中,价值主体具有多样性,同时评价主体与价值主体常常可能不一致。例如,教学评价小组对教师教学工作进行评价,评价小组不一定就是教学价值主体,真正的价值主体是社会和学生。由于价值的主观性、价值主体的多样性,以及评价主体与价值主体的不一致性,导致教学评价变得更加复杂。

(三) 教学评价的内涵

什么是教学评价,或者说教学评价是什么? 这是关于教学评价最根本的观念。对教学评价观念的不同理解往往反映着人们不同的哲学思想和方法论基础。大多数人认为教学评价是对师生共同的教学活动进行价值判断,如李秉德先生主编的《全国中小学教师继续教育学习参考书教学论》认为"教学评价是对教师的教学工作和学生的学习质量作出客观的衡量和价值判断的过程"。① 李森教授认为"所谓教学评价,是指依据一定的客观标准,以搜集相关信息为基础,运用科学的方法,对师生的教学活动及其效果进行价值判断的活动。"②裴娣娜教授主编的《教学论》认为教学评价是"对教学活动的准备、过程和结果的测量、分析、整理和价值判断"③。当前比较有影响的几本普通教育学教材把教学评价分为对学生的评价和对教师的评价,主要观点有:"学生评价是根据一定的标准,通过使用一定的技术和方法,以学生为评价对象所进行的价值判断。"④"教师评价就是根据学校的教育目标和教师的工作任务,运用恰当的评价理论和方法手段对教师个体的工作进行价值判断。"⑤从以上定义可以看出,人们对教学评价认识的共同之处是:教学评价(包括学生评价和教师评价)的本质是价值判断。教学评价的本质既然是价值判断,在评价中自然就会突出区分与甄别。传统的教学评价在功能上注重甄别与选拔,与人们对教学评价本质的这种认识是分不开的。以上对教学评价和学生评价的定义都是教学论、教育学这些教育类课程中的基本概念、基本知识。教师的职前教育和职后教育都在接受并内化这样的知识,形成了评价主体对教学评价的这种观念。实践中评价者注重区分与甄别也就在所难免。因此,在新课程背景下,要实现教学评价功能的转变,注重教学评价的发展功能,就必须重构教学评价概念,重新定义教学评价。

教学评价是人为之事,也是为人之事。对教学评价的定义,不仅在于揭示教学评价是什么,更重要的是教学评价应当是什么。对教学评价的定义,应当采用规范式定义。从新课程对教学评价的要求来看,我们应当把教学评价定义为:所谓教学评价,是指依据一定的客观标准,以搜集相关信息为基础,运用科学的方法,对师生的教学活动及其效果进行价值判断与价值建构的活动。这一定义,不是对传统教学评价的否定,而是对传统教学评价的超越。它并不排斥教学评价中的价值判断,但它更强调价值建构。也就是说,教学评价既是一种价值判断,也是一种价值建构。教学评价是价值判断基础上的价值建构。

当教师让学生参与教学评价,让学生建立他们的成长记录袋,也就促进了学生的发展,这就是一种价值建构。当专家、同行肯定教师的教学工作的成绩,发现存在的问题,给出改进的建议,而被教师认同、接纳时,就促进了教师的专

---

① 李秉德.全国中小学教师继续教育学习参考书:教学论[M].北京:人民教育出版社,2000:307.
② 李森.现代教学论纲要[M].北京:人民教育出版社,2005:342.
③ 裴娣娜.教学论[M].北京:教育科学出版社,2007:292.
④ 全国十二所重点师范大学.教育学基础[M].北京:教育科学出版社,2002:266.
⑤ 袁振国.当代教育学[M].3版.北京:教育科学出版社,2004:271.

业发展,这些都是价值建构。评价主体只有把教学评价看作价值建构,在实践中才会积极运用发展性评价方法。

二、教学评价的历史发展

教学评价作为教育评价的一部分,与教育评价一起经历了漫长的历史发展历程。"教育评价思想源于中国古代教育的考试,孕育于西方对教育测量的批判,形成于'八年研究'的改革实践。"① 教学评价的历史发展轨迹亦如此。一般而言,教学评价的发展阶段主要分为古代教学评价、近代教学评价和现代教学评价。

古代教学评价可追溯至我国古代考试制度的确立,依《学记》记载,"早在三千多年前的西周社会,学校教育就初步建立了考试评价的内容、标准和程序的框架"②。如《学记》中"比年入学,中年考校。一年视离经辨志,三年视敬业乐群,五年视博习亲师,七年视论学取友,谓之小成。九年知类通达,强立而不反,谓之大成。"反映了当时的教学评价体制——"考校"制度。于公元606年至公元1905年间存在的科举考试制度也是以考为主的教学评价制度,但随着历史的发展,该教学评价制度因考试形式和内容单一、缺乏对学生发展的全面考察等问题被淘汰。就西方而言,早期的教学评价同样缺乏合理性和科学性。"18世纪以前的西方各国,由于学校尚未普及,学校考试主要是口试。1702年,英国的剑桥大学首先以笔试替代口试,开西方学校考试笔试之先河。1845年,美国初等学校普及,学生数激增,波士顿市教育委员会率先在美国相继以笔试取代口试"③。为了进一步改进考试内容和方法,追求教学评价的科学、客观和公正,教育测验应运而生。

如果说教育评价孕育于西方对教育测量的批判,那么,"科学的教学评价,最初是从教学测量发展而来的"。"1864年,英国格林威治医学校教师菲奢(George Fisher)进行了用科学方法研究教育测量问题的最初尝试"④。他依据学生的成绩汇编了一本《量表集》。随后有关教育教学的各种测量工具相继出现,教学评价测验运动开始发展起来。随着教学测验运动的不断发展,人们开始发现教学测量忽视了学生在情感、态度和兴趣爱好等方面的表现,便受到了批判。为了合理考察教学各个方面,促进师生发展,提高教学质量,教学测量逐步转向教学评价。

---

① 胡中锋.教育测量与评价[M].2版.广州:广东高等教育出版社,2006:22.
② 裴娣娜.教学论[M].北京:教育科学出版社,2007:288.
③ 胡中锋.教育测量与评价[M].2版.广州:广东高等教育出版社,2006:19.
④ 李小融,魏龙渝.教学评价[M].成都:四川教育出版社,1988:24.

最早倡导从"测验"转向"评价"的是美国教育评价与课程理论专家泰勒。"被誉为'划时代的教育评价宣言'之《史密斯-泰勒报告》中,泰勒基于'八年研究'系统地总结了教育评价思想体系,第一次提出了教育评价的科学概念"①。他认为教育教学评价只有以明确的目标为指导,才能实现有效教学,达到预期的教学效果。一切事物总是处于不断的发展变化之中,教学评价亦如此。教育评价的目标模式在实践中的不足显现出来,1966年,斯塔夫宾(L. D. Stufflebeam)提出了 CIPP 评价模式(背景[contex])、输入[input]、过程[process]与结果[product]四类评价的结合),使得教学评价由注重目标转向重视价值判断。尤其是布卢姆的教育目标分类学的提出与斯克里芬(M. Scriven)《评价方法论》的发表进一步丰富了教学评价理论,对于教学评价实践产生了重要影响。教学评价发展到今天,人们已经意识到教学评价的目的和功能不是甄别和选拔,而是改进和发展。所以,教学评价的工具性逐步淡化,人文性和价值性更为突出,开始重视人的发展,尤其是学生的发展。

三、教学评价的功能

教学评价作为教学活动的一个相对独立环节,有其独特的功能和价值,其功能一般认为有以下几个方面:

①导向功能。教学评价是对教学活动的过程和结果的价值判断过程,也是教学价值建构的过程。教学评价总是用一定的标准或教学目标对被评对象进行评价。教学评价所采用的标准和目标不同,评价的内容和焦点会有所不同。被评对象为了得到好的评价结果,就会向评价标准和评价目标方面去努力,这就是教学评价的导向功能。传统的教学评价主要是对知识与技能的评价,容易将教学导向应试教育。在新课程背景下,教学评价应当从知识与技能、过程与方法和情感态度价值观三位目标出发,设计评价标准,把教学引向素质教育。

②管理功能。教学评价作为学校教学管理的手段,具有管理功能。学校对教师的教学工作进行评价的信息是对教师进行管理的重要信息,常常是教师安置、晋级、职称评定的重要依据。对学生学习的评价信息是学生学籍档案中的重要信息。任何学校对教师和学生的管理,都离不开教学评价。

③激励功能。教学评价是对教师的教学工作和学生的学习的价值判断。人们都希望自己的工作和活动得到社会的肯定和赞赏,在教学评价活动中能够得到好的评价结果。因此,评价标准适度,评价过程和结果客观、公平、公开、公正的教学评价,必然能够激励教师和学生更加积极地进行教学。所以,激励功

---

① 胡中锋.教育测量与评价[M].2版.广州:广东高等教育出版社,2006:24.

能也叫作教学评价的发展功能,"要发挥教学评价的发展功能",就是要求我们去追求和创造"适度紧张和适度焦虑"的最佳评价尺度,并切实发挥其激励功能。①

④选拔功能。教学评价的选拔功能,主要表现在教学竞赛、教师评优和学生评优,以及选拔性考试方面。教学评价的选拔功能常常体现了社会对学校教学的评价。

⑤诊断改进功能。教学评价不仅要对教学过程进行评价,要收集比较详细的过程信息,并对这些信息进行科学分析,在肯定优点的同时,注重发现存在问题,分析问题的原因,并将评价信息反馈给评价对象,给出改进教学和学习的意见或建议。这些都体现了教学评价的诊断改进功能。

⑥教学评价的研究功能。教学评价的研究功能是教学评价即价值建构的自然延伸。要使教学评价成为价值建构的过程,就要把教学评价当作教学研究。以探究、研究的兴趣进行教学评价,"评价过程成为解决问题的基础,这正是评价本身的目的。"②教学评价的各方主体,要把课堂教学评价作为认识教学主体、认识教学现象,不断发现和解决教学过程中各种问题的一种探究形式,以评价促成"教"与"学"的不断成长和更新。对于评价主体来说,要把每次教学评价看作是搜集、积累研究资料的宝贵机会,要认真搜集、记录有关教学实践的资料。定期对所获资料进行分析、整理,可以发现更有价值的研究问题和对教学的新认识。

四、教学评价的类型

教学评价活动是非常复杂的活动,其形式和类型多种多样。按照不同的标准,从不同的视角,人们可以把教学评价划分为不同的类型。

根据评价的对象和范围,教学评价可以分为宏观评价、中观评价和微观评价。宏观评价,是指评价范围相对较大,评价对象相对较多的教学评价,如区县教研员对全县或全区教学工作的评价;中观评价,是指评价范围相对较小,评价对象较少的教学评价,如学校组织的对全校教学工作的评价;微观评价,是范围最小,评价对象最少的评价,如课堂中教师对学生反应的评价,或学校对一个教师的课堂教学工作的评价。

宏观评价、中观评价和微观评价的划分具有相对性。同时它们之间具有蕴含关系,宏观评价包含着中观评价,而中观评价又包含着微观评价。反过来说,

---

① 裴娣娜.教学论[M].北京:教育科学出版社,2007:292.
② 瞿葆奎.教育学论文集:第16卷:教育评价[M].北京:人民教育出版社,1989:183.

微观评价是中观评价的基础,而中观评价是宏观评价的基础。

根据评价的时间和作用,教学评价可以划分为安置性评价、诊断性评价、形成性评价和终结性评价。安置性评价,是指在教学前为分班或分组而进行的摸底测验。这类评价的主要作用在于为组织教学提供信息或依据。一般教学开始阶段的测验评价都可看作是安置性评价。诊断性评价,主要是用于诊断学习困难或学习落后学生学习中存在的问题而进行的评价。教师通过把一定的单元知识编制成详细的试题序列,对学生进行测试,从而发现学生在哪个环节存在问题。形成性评价,是在教学过程中进行的评价。其目的在于了解一定阶段的教学活动效果,发现教学过程中存在的问题。如果发现大多数学生没有很好地掌握单元教学知识,教师就要采取补救措施。教学中的单元测验,就属于这类评价。终结性评价,是在一学期或一门课程结束时所进行的评价,其作用是为学生在一个相对较长的学期周期的学业成就做出评定。终结性评价主要用于对学生的学籍管理。

根据评价的参照系,教学评价可分为相对评价、个体内差异评价和绝对评价。相对评价(也称作常模参照评价),是指对学生测验分数的解释以学生所在群体的常模(如平均分和标准差)为参照系。相对评价常常用于说明个体在群体中的相对位置,如把学生的考试分数转化为标准分数或等级名次。个体内差异评价,是以被评价者自身为参照系,对评价对象的学习效果进行历时性分析,以揭示被评对象学习效果的变化趋势。如把学生新近的考试成绩和以前的考试成绩进行对比,看学生是进步了还是退步了。绝对评价(也称目标参照评价),是指以教学目标或课程目标为参照,解释学生测验分数,或评定学生课程成绩的教学评价。如单元考试或期末考试,如果学生的考试分数是80分,表示学生掌握课程要求的80%,这样的评价就属于绝对评价。

根据评价工具的类型,教师的课堂教学评价可分为结构性评价与非结构性评价。结构性教学评价,是指评价者所使用的评价工具(习惯上称为评价量表)是由详细的评价项目、评价指标或评价标准和权重、等级、分数等构成。这种评价工具可以称为结构性课堂教学评价量表。因此也可以说,结构性课堂教学评价,是评价者运用结构性课堂教学评价量表所进行的课堂教学评价。开放性课堂教学评价,是指评价者运用开放性课堂评价量表所进行的课堂教学评价。所谓开放性课堂教学评价量表,是指只有少数几个评价指标或题目,要求评价者在做出评价结论的同时描述被评者的行为特征,并说明判断所依据的理论或价值取向。开放性课堂教学评价量表中一个典型的题目是这样的:这节课的主要优点是什么(并说明师生的行为表现和评价所依据的理论)?开放性课堂教学

评价是一种质性评价,具有情景性、具体性、反思性的特征。[①]

根据评价主体的不同,教学评价可以分为自我评价与他人评价。自我评价(内部评价),是指被评对象按照一定标准或要求,对自己的教学工作或学习进行反思,找出自己工作或学习中的成绩与不足、优点与缺点的评价。自我评价结果易为被评人员所接受,也易于促进其改进工作或学习中的问题,促进教师的专业发展。自我评价是一种比较好的发展性评价方式。他人评价(外部评价),是指相对于评价对象来说的他人、外人对评价对象所进行的评价。如教师对学生的评价、教学专家对教师教学工作的评价或领导对教师教学工作的评价等,都属于他人评价。他人评价相对客观,可以给评价对象造成外部压力,促进评价对象改进工作或学习。

第二节　教师教学活动评价

教师教学活动评价,是以教师为评价对象的评价,是对教师教学活动的态度、过程及其活动效果的评价。教师是教学任务的承担者,是教学的主体,对教师教学工作的评价,是教学评价的主要方面之一。通过对教师的教学活动进行评价,既可以对教师的工作能力和绩效做出鉴定,也可以促进教师教学的专业发展。

一、教师教学活动评价的一般程序

对教师的教学活动进行评价,是一项复杂的系统工作。一般来说,对教师的教学工作进行评价,从程序上可以分为以下几个阶段:评价的准备阶段,资料的收集阶段,评价资料的分析阶段以及做出评价结论与信息反馈阶段。

(一)教师教学评价的准备

评价的准备阶段,需要做好三个方面的工作:一是建立评价组织,二是阐明评价目的,三是制定评价方案。

对教师教学工作的评价,一般是由学校组织进行的,主要是一种组织行为。在评价的准备阶段,首先要建立评价组织——评价小组。评价小组可以由校内教学骨干和学校领导组成,也可由校内骨干和校外专家共同组成。评价小组人员,应当明确各自的任务和分工。

教学评价是一种有目的有意识的活动。评价目的具有指南的作用。评价目

---

① 南纪稳.结构性课堂教学评价与开放性课堂教学评价探析[J].教育科学研究,2005(2):24-27.

的不同,人们会专注不同的评价内容,采用不同的评价方法,使用不同的评价标准。例如,进行教师教学技能大赛,人们会用有效教学或高效能教学的标准评价教师的教学活动。如果是为了帮助青年教师成长,促进他们的专业发展,人们会用常规教学标准评价他们。因此,在对教师的教学活动进行评价的准备阶段一定要阐明评价的目的,明确通过教学评价想实现什么目标,达到什么目的。

制定评价方案,是评价准备阶段的主要工作。广义的评价方案包括评价目的、评价组织构成、评价活动安排、评价指标体系等。狭义的评价方案是指评价的指标体系涉及评价指标、评价标准和指标权重等。这些将在后面专门论述。

(二)评价资料的收集

对教师的教学评价,是在科学、客观、全面的搜集教师教学活动过程和效果的信息基础上,对教师的教学活动做出价值判断和价值建构的过程。因此,科学、客观、全面搜集教师教学活动方面的资料就成为教师教学评价的关键环节。资料的搜集阶段,就是按照评价方案中的评价指标,以客观的态度,用科学的方法,全面搜集评价对象的信息资料。搜集评价资料的方法主要有:观察法(主要搜集教师课堂教学活动方面的信息)、文献法(主要搜集教师教案、学生作业等方面的信息)、调查法(主要通过问卷调查和访谈调查获取学生对被评教师的看法)和测验法(主要用于获取教学效果方面的资料)。资料的搜集是比较费时费力的工作,它也是评价的基础性工作。因此,对教师教学评价要认真做好资料的搜集工作。

(三)评价资料的分析整理

评价资料的搜集阶段结束之后,会获得大量的、杂乱的评价资料。只有对这些资料进行科学整理,才能对其做进一步的价值判断和评鉴。评价资料从其性质上可以分为两大类:一类是描述性的定性资料;另一类是数据型的定量资料。对于描述性的定性资料要用分类、编码、归纳、综合等方法进行分析、整理;而对于数字型的定量资料,则要用教育统计方法进行分析、推断,如计算平均数、计算标准差、进行假设检验等。

(四)做出评价结论和进行信息反馈

在对评价资料进行分析整理的基础上,按照评价标准,对被评教师教学活动的各个方面做出价值判断,得出评价结论。在价值判断中要坚持客观、公正、公平的原则,实事求是地做出评价结论。同时要用一分为二的眼光看问题,肯定被评教师的成绩和优点,同时找出其教学中存在的问题。评价结论做出后,应当及时以恰当的方式将评价信息反馈给被评教师,以利于他们改进自己的教学工作,实现以评价促进教师教学专业发展,体现教学评价既是价值判断,也是价值建构的理念。

二、教师教学活动评价指标体系的确定

(一)教师教学活动评价指标体系的构成

教师教学活动评价的指标体系也是狭义的评价方案。它主要由说明、评价指标、指标权重和评价标准等构成。

1. 说明

说明部分主要包括对评价的目的和指导思想的说明;评价指标体系设计的说明;评价方法和工具的说明;实施程序的说明等。

2. 评价指标

评价指标就是根据评价目标,由评价设计者分解出来的,能够反映教师教学工作某方面本质特征的具体化、操作化的主要因素。评价指标是在教学目的和评价目的的指导下,所选择的、细化的评价内容。评价指标常常可分为一级指标、二级指标,甚至三级指标。

3. 指标权重

所谓指标权重,就是表示每项评价指标在指标体系中所占重要性的程度,并以数值加以表示。在同一逻辑层次上的评价指标,其重要性并不一定相同。例如,在对教师课堂教学进行评价的指标体系中,教学目标和教学程序是两个一级指标,但在评价中,教学目标的重要性要小一些,而教学程序(教学过程)要重要得多。因此,在制定教学评价指标时,应当以权重的形式加以区分。我们可以给教学目标赋予 0.1 的权重,而对教学程序赋予 0.3。

4. 评价标准

评价标准是衡量评价对象在每个评价指标方面达到的水平或程度。评价标准一般以最佳行为描述或最高要求进行描述,并给出相应的满分值或等级分数。评价时由评价者根据被评对象的表现,在满分值内给出相应的分数,或选择相应的等级。

(二)评价指标的拟定与指标权重、评价标准的确定

1. 初拟评价指标

初拟评价指标的方法主要有:头脑风暴法、因素分析法、理论推演法、典型研究法等。

①头脑风暴法,就是组织评价小组成员或教师在一起讨论,应当从哪些方面对教师的教学活动进行评价。大家相互启发,提出评价的指标。对提出的指标一般不需要进行具体讨论和评价,重在提出比较多样、全面的指标。

②因素分解法,就是对一般性的、概括的一级指标进行细分,分解出二级或三级指标。

③理论推演法,就是根据有关教学理论或高性能教学理论,进行逻辑演绎推理,提出教学评价的指标。

④典型研究法,就是通过对有代表性的课堂教学或优质课堂教学进行观察研究,从而找出应当评价的内容,进而描述为评价指标。

2. 筛选评价指标

在评价指标的初拟阶段,提出的评价指标可能过于繁杂,人们可能会把一些并不重要的内容作为评价指标而提炼出来。因此,对提出的众多的评价指标,应当进行科学的筛选,进而得到最终的评价指标。筛选评价指标的方法有经验法和调查统计法。

①经验法,就是由教学专家或评价小组内的骨干成员,根据自己的教学经验,对前一阶段提出的众多的评价指标进行筛选,选出一些对教学效果有重要或比较重要影响的指标,淘汰一些不重要的指标。

②调查统计法,就是把每个初步拟定的指标作为一个调查题目,编制一份"评价指标重要性调查问卷",问卷中的题目的备选答案采用四等计分方法,如很重要为4,次重要为3,以此类推。将问卷发给评价小组全体成员或全体教师进行调查。回收问卷后,统计每个题目(初拟指标)的等级得分总和。将等级分数低于某个分值的指标淘汰,比如,得分总和低于30分的。调查对象人数不同,取舍的分值自然不同。

3. 确定评价指标权重

筛选出来的评价指标,其重要性并不一定相同。因此,要对每个指标赋予权数。赋予权数的方法有专家评判法和归一化方法。

专家评判法是指对已经确定的指标,分别请教学专家评判其权重,然后依据专家评判结果的平均数作为各个指标的权重。

归一化方法是利用筛选指标中的调查结果,应用下面的公式计算每个指标的权重。

$$w_i = \frac{t_i}{\sum_{i=1}^{n} t_i}$$

其中,w_i 为保留指标中第 i 项指标的权重;t_i 为第 i 个指标所得等级分数和;$\sum_{i=1}^{n} t_i$ 为所有保留指标所得等级分数的总和。

假如,我们筛选后保留了5个一级指标,这5个一级指标等级得分总和是150分,而第2个保留指标的等级分是30分,则第2个指标的权重为0.2。

4. 设计评价标准

设计评价标准常常包括以下三方面内容:

一是分解教学评价指标所包含的主要内容,并以理想方式或最优方式进行描述。

二是确定评价等级数量。评价标准设多少个等级没有统一规定,可根据需要而定,一般3—5个为宜。也可以给出每项指标的满分值,而不分等级。

三是确定标度。标度是达到标准的程度,它说明什么样的程度达到什么样的等级。例如,如果将每项指标评定等级确定为4个,那么可以规定,4:非常符合;3:比较符号;2:不太符号;1:不符合。

当把筛选出的评价指标、指标权重、评价标准等用表格来表达时,就可以得到一个教学评价表。下面是一个中学常用的教学评价表。

[信息专栏] 20-1

教学评价表实例
课堂教学评价表

授课人		学校		班级		时间		
课题				课型		课时		
评价项目	现代教学观	评价内容		权重	评估结果		项目得分	
					分值	得分		
教学目标	(一)目标意识	1. 教学目标具体、明确,符合课程标准要求、教材和学生实际		10	5			
		2. 重点、难点的提出与处理得当,能抓住关键,以简驭繁,所教知识准确无误			5			
教学程序	(二)主体意识	3. 教学过程思路清晰,课堂结构严谨,教学密度合理		30	5			
		4. 面向全体,体现差异,因材施教,全面提高学生素质			5			
		5. 传授知识的量、知识训练的度适中,突出重点,抓住关键			5			
		6. 师生共同创设学习环境,有讨论、质疑、探究、合作、交流的机会			5			

续表

授课人		学校	班级	时间	
教学方法	（三）训练意识	7.在传授知识的同时,指导学生学习方法,注重培养学生的实践、创新能力	30	5	
		8.体现知识形成过程,结论由学生自悟与发现		5	
		9.精讲精练,体现思维训练为重点,落实"双基"	20	5	
		10.教学方法灵活多样,注重培养学生学会学习的能力		5	
		11.教学信息多向交流,反馈、矫正及时		5	
		12.能应用信息技术搜集和处理信息,充分利用校内外信息资源		5	
情感教育	（四）情感意识	13.教学民主,尊重学生,师生平等、和谐,课堂气氛融洽	8	4	
		14.注重培养和训练学生的动机、兴趣、习惯、信心等非智力因素		4	
教学基本功	（五）技能意识	15.用普通话教学,语言规范简洁,生动形象	20	4	
		16.教态自然、端庄大方,有亲和力与凝聚力		4	
		17.板书工整、美观,层次清楚、言简意赅,富有启迪性		4	
		18.能熟练运用现代化教学手段		4	
		19.应变和调控能力强		4	
教学效果	（六）效率意识	20.向45分钟要质量:能完成教学目标,教学效果好	12	4	
		21.学生会学,学习主动、灵活,课堂气氛活跃		4	
		22.信息量适度,学生负担合理		4	
教学个性	（七）特色意识	23.教学有个性,形成特色与风格	加分	5	
综合评价				总分	

［资料来源］http://www.zjgzjzx.cn/ws2004/jpkc/Shownews.asp? S_id=52&N_id=51.

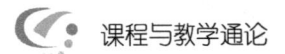

三、新课程背景下教师教学活动评价的新理念

在新课程背景下,对教师的教学工作进行评价,应当树立新的教学评价理念。

(一)教学评价即教学研究

教学评价即研究,是教学评价即价值建构的自然延伸,教学评价与教学研究在目的与过程方面具有很大的相似性。新课程下的教学评价的目的在于改进教学活动,促进学生的全面发展和教师的专业发展。教学研究的目的也是改进教学,提高教学质量,进而促进师生共同发展。教学评价和教学研究都要通过查阅教学文本、课堂观察、师生访谈和问卷调查等方式系统地搜集教学信息。教学评价与教学研究的相似性为教学评价即研究提供了可能性。

教学评价即研究,从评价的方式和过程上要有研究的心态和意识。特别是专家、同行对教师教学活动的评价,要把每一次教学评价看作是一次个案研究、一次行动研究。作为个案研究,评价主体要客观、全面、系统地搜集师生教学活动的资料、信息,客观地揭示所评教学活动的优点、缺点和问题,同时给出解决问题的意见和建议。作为行动研究,在教学评价中,评价主体应当把重点放在发现教学活动中的问题,澄清教学问题,分析问题的原因,提出解决问题的对策或行动方案。这虽然不是完整的行动研究,它却帮助被评价教师制定了解决实际问题的行动方案,在一定程度上参与和帮助了被评教师的行动研究。评价者只有以研究的心态和兴趣进行教学评价,才能真正实现以教学评价促进师生发展的目的。

(二)教学评价即对话和交流

教学评价即对话和交流,这是时代的民主、平等原则在教学评价中的反映。在传统的教师教学评价中,由于评价者把被评价者仅仅看作评价的对象、评价的客体,对被评价者进行"审查"和"宣判",因而对被评价者造成了许多消极心理影响。

在教学评价活动中,评价者和被评价者都是具有主观能动性的人。评价者与被评价者具有共同的目的:改进教学活动,提高教学质量。评价者与被评价者应当遵循民主、平等原则,把教学评价看作是主体间的对话和交流。评价者要遮蔽自己的管理者、专家、审判者、仲裁者角色,要以倾听者、学习者、对话者、合作者、促进者的角色出现在被评价者面前。要营造一种民主、平等、融洽、和谐、信任的教学评价氛围。评价者不以权威自居,尊重评价对象,与评价对象充分对话、交流,这样,评价对象就会消除戒备心理,乐于听取评价者的意见或建议,改进自己的教学实践。这样,评价才能真正起到促进教学发展的作用。

教学评价即对话交流,还有一层含义:教学评价即学习。"尺有所短,寸有所长","三人行必有我师"。评价者无论是专家还是同行,评价对象身上都有许多值得评价者学习的地方。当评价者以学习者的姿态对待评价对象时,他们就会尊重评价对象,他们的倾听就会显得真诚,他们的评价就会客观。被评价者就会感受到评价者谦逊的美德,就会增强被人尊重的自尊感。被评价者会更容易接受和采纳评价者的意见和建议,并将评价者的意见和建议落实到教学实践中。

(三)评价即发展

评价即发展,就是对教师教学活动的评价,要以促进教师的教学专业发展为目的。通过评价促进教师的专业发展。弱化传统的教学评价以区分、鉴别、评优为中心的教学评价的价值取向。对教师的教学评价,要客观地找出问题,科学地分析问题的原因,提出切实可行的改进意见或措施,把发展性教学评价的要求落到实处。

第三节 学生学习活动与成就评价

学生是教学的主体,是教学活动的参与者,也是教学效果的体现者。因此,对学生学习活动与学习成就的评价,成为教学评价的主要组成部分或核心部分。对学生的评价,从目的、功能上分,可以分为发展性评价和鉴定性评价;从评价方法与评价资料的性质上分,可以分为质性评价与量化评价。对学生的评价,早期主要是定性评价,现代以来主要是量化评价,当代则提倡质性评价与量化评价的结合。

一、学生学习活动与成就的质性评价方法

肇始于2001年的我国新一轮基础教育课程改革,对学生的质性评价方法愈来愈引起人们的兴趣。质性评价成为新课程改革的亮点之一,也是发展性评价的主要范式。质性评价方法主要有档案袋评价法、课堂即时评价法和教学评价记录卡方法等。

(一)档案袋评价法

档案袋评价法也称作履历袋评价法或成长记录袋评价法。档案袋评价法就是为每个学生制作一个档案袋,把学生在一个较长的学习周期内的学习作品有选择地放入档案袋里,供学生自己自我评价或反思,也可用以展览,进而激励学生,促进学生发展。因此档案袋评价法是一种很好的发展性评价法。档案袋

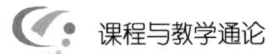

评价法也有很多分类方法,其中,"美国南卡罗来纳大学教育学院教育心理学教授格莱德勒(Margaret E. Gredler)以档案袋的不同功能为标准,把档案袋评定分为:理想型、展示型、文件型、评价型和课堂型,其中最有代表性的是理想型。"①

[信息专栏] 20-2

档案袋评定的类型和构成

类型	构成	目的
理想型	作品产生和入选说明,系列作品,以及代表学生分析和评定自己作品能力的反思。	提高学习质量。通过一段时间的成长,帮助学习者成为自己学习历史的思索者和非正式的评价者。
展示型	主要由学生选择出来的学生最好和最喜欢的作品集。自我反思与自我选择比标准化更重要。	给由家长和其他人参加的展览会提供学生作品的范本。
文件型	根据一些学生的反映以及教师的评价、观察、考查、轶事、成绩测验等而得出的学生进步的系统性、持续性记录。	以学生的作品、量化和质性评价的方式,提供一种系统的记录。
评价型	主要由教师、管理者、学区所建立的学生作品集。评价的标准是预定的。	向家长和管理者提供学生在作品方面所取得成绩的标准化报告。
课堂型	(1)依据课程目标描述所有学生取得的成绩的总结;(2)教师的详细说明和对每一个学生的观察;(3)教师的年度课程和教学计划及修订说明。	在一定情境中与家长、管理者及他人,交流教师对学生成绩的判断。

[资料来源] 胡中锋.教育测量与评价[M].2版.广州:广东高等教育出版社,2006:325.

同时,档案袋评价的运用要注意以下几点:

①以学生为评价主体。学生是档案袋的主人,是评价的主人。档案袋评价主要是一种学生自我评价的方式,但教师需要对学生评价进行指导。因此,档案袋里装入什么作品,主要应当由学生自主选择,教师可以指导,但不能强制。

②档案内容应当多样化,作品要丰富。如果档案袋里的作品过少,就无法发挥档案袋评价法的优势。

---

① 胡中锋.教育测量与评价[M].2版.广州:广东高等教育出版社,2006:324-325.

③档案袋建立经常化或定期化。档案袋的建立是一项长期工程,要经常给档案袋添入新的作品。如果一次性建成档案袋,也不能发挥档案袋评价法应有的功能。

档案袋的具体用法:让学生经常观看、调换作品、加入新作品,由此看到自己的进步和不足;定期让学生带回家,让家长观看、评价;可在期中和期末进行展览,同学之间互相分享;学期结束,教师可在每个学生档案袋的封面上写上评语,让学生带回家。

(二)课堂即时评价法

课堂即时评价,就是教师对学生在课堂中的学习行为或反应给予及时的评价,为学生提供及时的反馈和鼓励。课堂即时评价法也是一种教学方法,是评价与教学的有机统一。

课堂即时评价的实施策略有:

1. 营造民主、和谐、平等的评价气氛

一个民主、平等、温馨的评价气氛,有利于反馈信息的畅通和学生的自我调节,有利于学生创造思维火花的迸发。教师要面向全体,做到"赏识每一个学生,感受每一颗心灵"。另外,对评价内容对与错的判断,教师要有"宽容""先接受"的意识。

2. 注意评价与教学过程的和谐融合

教师在课堂中进行评价时,要避免使用过于烦琐的评价程序或占用过多的时间进行评价。把评价作为教学的一个有机构成,追求评价与教学过程的和谐融合。

3. 在评价过程中关注学生的个体差异

在课堂中,评价要依据学生不同的背景和特点,正确地判断每个学生的不同特点及其发展潜力,为每个学生提出针对其特点的发展建议。这就要求教师应注意根据学生的年龄特征和学习风格差异,采取不同的评价方式,以获取最佳的评价效果。

4. 指导学生积极开展互评与自评

让学生参与评价活动,体现学生是教学主体的理念。学生在学习过程中,对于自身和同学的表现,有着自觉能动的反应,但这些反应往往稍纵即逝。如果让学生积极参与课堂评价活动,这种反应就会得到加强和发展,使评价起到教育的作用。①

---

① 万伟,秦德林,吴永军.新课程教学评价方法与设计[M].北京:教育科学出版社,2004:127-136.

(三)课堂教学评价记录卡

教学评价记录卡在评价运用方面,主要包括学习过程的评价和学习结果的评价。学习过程的评价主要包括学习情感与态度,合作与交流意识,学习方法与策略,解决问题的方法以及思维过程等评价。

教学评价记录卡,就是把要评价的内容分解成若干个评价项目,并确定几个评定的等级。以评价项目为横标目,以评定等级为纵标目,制作评价记录卡。

课堂评价卡示例:

学生课堂表现评价表

被评人:_____ 日期_____

	优秀	良好	一般
认真听讲			
主动参与			
合作意识			
整体表现			

评价卡既可用于常规性的评价,也可以用于专题性评价。每次运用评价卡进行评价时,教师要根据评价目的和内容制定评价卡。

二、学生学习活动与成就的量化评价方法

学生学习活动与成就的量化评价方法主要是教育测量或考试,通过测量或考试,把学生的学习成就用分数或等级的方式加以表示。对学生的学习成就评价的测量或考试,主要有单元测验、中期考试、期末考试和学业成就测验(会考)等。对学生学业成就进行评价,其实质是运用一定的测验(试题与评分标准)这种工具,给学生的学习成就赋值。

(一)教育测量的质量指标

1. 信度的概念与类型

信度是测量结果的稳定性程度或可靠性程度,亦即测量者用同一测验或量表对同一组对象进行前后两次测量所得结果的一致性程度。例如,一个教师编制了一份英语测验,在周五对所带班级进行测量,双休日过后,在周一再次用同一测验对所带班级进行测量。如果前后两次测量的分数相差不大,该测量的信度高,否则,其信度低。

信度的类型主要有重测信度、复本信度、同质信度和评分者信度。

重测信度也称稳定性系数。重测信度是用同一测验,在不同时间对同一组被试先后进行两次测量,所得两次测量结果的相关系数。

复本信度也称等值系数。复本信度是指用同一性质的测验的两个版本,对

同一组被试进行测试后,所计算的两个版本得分的相关系数。相关系数大,则信度高,相关系数小,则信度低。

同质信度又称内部一致性系数。同质信度是指测验内部题目间得分的一致性指标。常用的同质信度是分半信度。分半信度是指把一套测验分成相等的两半,通常把题号为奇数的题目作为一组,把题号为偶数的题目作为一组,求两组题目得分的相关系数,并用斯皮尔曼－布朗公式校正。

评分者信度。评分者信度是估计不同评分者对同一测验评分标准掌握的一致性程度。

提高测验信度的方法有:适当增加测验题目的数量;测验的难度要适中;测验的内容要尽量同质;测验的程序应统一;测验的时间要充分;评分要尽量做到客观化、减少评分误差。

2. 效度的概念与类型

效度是指一次测量的准确性和有效性程度。确切地说,效度是指一个测验或一套试题,实际能够测出其所要测量的特质的程度。效度高的测验,能够把测量者要测量的事物属性真实、准确地测量出来。如果一名教师用一套英语试题去测量学生的智力,则测量的效度是很低的。

效度的类型主要有:内容效度、校标关联效度。

内容效度就是测验题目样本对于应测内容与行为领域的代表性程度。换句话说,内容效度就是测验的内容是否代表了课程目标所要求的内容,或是否代表了学生学习过的知识技能。例如,如果某门课程一学期的教学内容有六个单元,教师只在其中四个单元里的知识点上编制测验,则该测验的内容效度就低。

校标关联效度也叫实证效度,是以测验分数和校标分数之间的相关性来表示的一种效度。所谓校标是指足以反映测验所欲测量的目标的变量,是用于检验一个测验效度的标准。

提高效度的方法有:控制系统误差;精心编制量表(测验);妥善组织测验;扩充样本,提高样本的代表性;提高信度在一定程度上可以提高效度;适当增加测验的长度。

(二)试题的质量指标

测验是由一道道题目构成的。题目的质量直接影响整套测验的质量。试题题目的质量指标主要有难度和区分度。

难度就是测验试题或测验项目的难易程度。难度是一个相对概念,与被试的水平有关。在0,1计分的客观性试题中,难度一般是用通过率表示的。例如,有50人回答了题目1,其中40人答对,10人答错,则该题目的难度值是0.8。

显然,与难度的本质是不一致的。人们已经习惯这样表示难度了,理解后也不容易搞错。

计算难度的基本公式:

客观题难度的计算:

$$P = \frac{R}{N}$$

其中,P 为难度指标;R 为答对人数;N 为参加考试人数。

如前例:其难度值为

$$P = \frac{R}{N} = \frac{40}{50} = 0.80$$

难度值大,说明题目容易。

主观题难度的计算(非 0,1 计分题):

$$P = \frac{\overline{X}}{K}$$

其中,P 为难度值,$\overline{X}$ 为被试在该题目上得分的平均数;K 为该题目的满分值。

一道论述题的满分值为 10 分,50 名被试在该题目上的平均得分为 7 分,则该题目的难度值是

$$P = \frac{\overline{X}}{K} = \frac{7}{10} = 0.7$$

难度对测验的影响:测验难度影响测验分数的分布形态;测验难度影响测验分数的离散程度;测验难度影响测验的鉴别力。

不同目的的测验对难度的要求不同。学业测验的难度可以低些,难度值大点;选拔性考试的难度可以适当高些,难度值小些。

不同难度值的题目合理搭配,平均难度值在 0.5 左右时,测验的区分度、鉴别力最大。

区分度是指测验题目对被试的实际水平的鉴别和区分程度。区分度常用符号 D 表示。一个区分度高的题目,应当使学习好的被试在该题目上得高分,而使学习差的学生在该题目上得低分。

提高测验区分度的方法:使整个测验的难度适中;着重测量复杂的学习结果。

(三)测验蓝图的设计与测验编制要领

测验蓝图是编制测验的"施工图"。要提高编制测验的质量,就必须在编制试题和测验前制定科学的测验蓝图。按照测验蓝图编制测验,可以在一定程度上保证测验的质量,特别是对于提高测验的内容效度更为有利。

1. 设计测验的基本考虑

①确定测验属性。制定测验蓝图,首先要明确测验的属性。即要考虑是编制一个智力的测验,还是编制一个学业测验。当然,在学校对学生的评价主要是编制学业测验。但也应当明确,是一个知识技能测验,还是情感态度的测验。

②明确测验的性质和用途。即明确测验是用于诊断学生学习问题,还是用于鉴定学生的学业成就。

③明确测验对象。即明确测验运用于哪个年级。

④分析测验目标。即明确测验要实现的目标,通过测验想达到什么目的。

2. 设计测验蓝图

测验蓝图一般用反映测验内容和测验目标水平的双向细目表表示。

测验蓝图有两个基本作用:一是保证测验试题是所要测量的内容的代表性样本;二是规划代表不同知识内容和学习水平的各类测验目标的合理比例。

设计测验蓝图的基本步骤:

①确定测验的内容要目。即根据课程标准或教学目的,考虑哪些章节的内容需要检测。

②确定各项内容应考察的目标层次。即考虑所要测量的知识点,是在记忆层次上测量,还是在应用层次上测量?

③确定各项测验内容要目的权重。即确定每个章节和目标层次在整个测验中所占的比重。一般可用题目数或所占分数表示。

3. 形成命题双向细目表

将以上几个方面考虑的结果,用表格来表达,就形成一个测验的双向细目表——测验蓝图。

测验蓝图举例:

教育统计学课程测验蓝图

目标 章节名称	识记	理解	简单应用	综合应用	合计
第1章 绪论	4	6			10
第2章 数据的初步整理	4	2	6		12
第3章 集中量		4	10		14
第4章 差异量	2	2	8		12
……					
……					
合计					

注释:表中的数字为分数。

有了测验蓝图,就可以按照测验蓝图所确定的知识点和目标层次编制测验。而测验是由一个个试题组成,所以,编制测验先要编制试题。编写测验试题时要注意:

①试题的取样应有代表性。测验蓝图中的知识点及各个目标层次都应当有一定的题目。试题应当分布在所学内容的各个方面。

②试题的数量要恰当。试题数目要根据测验目标、试题难度和测验时间综合确定。

③试题的难度要合适。高难度和低难度的题目要合理搭配。目标性测验的难度可以相对低些,选拔性测验的难度可适当高些。

④各个试题之间应保持相互独立。即一个题目的陈述,不应为另一个题目的回答提供暗示。

⑤试题的表述应当清楚明白。题目陈述应当使被试易于理解,不易产生歧义。

⑥题型应多样化。学业测验的题型不应少于四种。同时,主客观试题要合理搭配。客观题能够提高测验的内容效度,主观性试题能够提高测验对高层次目标的测验力。

⑦评分标准应清晰可辨,公平合理。编制测验时,同时要为每个题目制定评分标准。评分标准应当明确、清晰可辨,这样可以减少评分误差,提高测验和评价的公平性。

【本章小结】

1. 教学评价,是指依据一定的客观标准,以搜集相关信息为基础,运用科学的方法,对师生的教学活动及其效果进行价值判断与价值建构的活动。这一定义,不是对传统教学评价的否定,而是对传统教学评价的超越。它并不排斥教学评价中的价值判断,但它更强调价值建构。也就是说,教学评价既是一种价值判断,也是一种价值建构。教学评价是价值判断基础上的价值建构。教学评价主要具有导向、管理、激励、选拔、诊断改进及研究等功能。

2. 教师教学活动评价是以教师为评价对象的评价,是对教师教学活动的态度、过程及其活动效果的评价。教师是教学任务的承担者,是教学的主要主体,对教师教学工作的评价,是教学评价的主要方面之一。通过对教师的教学活动进行评价,既可以对教师的工作能力和绩效做出鉴定,又可以促进教师教学的专业发展。从程序上可以将其分为评价的准备阶段、评价资料的收集阶段、评价资料的分析整理阶段以及做出评价结论与信息反馈阶段。

3.教师教学活动评价的指标体系也是狭义的评价方案,主要由说明、评价指标、指标权重和评价标准等构成。

4.对学生的评价,从目的、功能上分,可以分为发展性评价和鉴定性评价;从评价方法与评价资料的性质上分,可以分为质性评价与量化评价。质性评价方法主要有档案袋评价法、课堂即时评价法和教学评价记录卡方法等。学生学习活动与成就的量化评价方法主要是教育测量或考试。通过测量或考试,把学生的学习成就用分数或等级的方式加以表示。对学生的学习成就评价的测量或考试,主要有单元测验、中期考试、期末考试和学业成就测验(会考)等。

【复习思考】

1.依据已有学者对教学评价的界定,简述教学评价的基本内涵。
2.论述教师教学活动评价的一般程序。
3.简述教师教学活动评价指标体系的基本构成。
4.结合具体的教学评价实践论述新一轮基础教育课程改革实施十多年来,一线教师应当树立怎样的教学评价理念?
5.选择一种具体的学生学习活动与成就的质性或量化评价方法,结合教学评价实践和相关文献资料对该方法的优点与不足进行分析。

【实践活动】

依据教学评价理论,选择合适的教学评价表,深入中小学课堂教学进行课堂观察,依据观察结果分析课堂教学现状,针对存在的具体问题提出相应的改进策略,并在小组内进行讨论交流。

【拓展阅读】

[1]蒋永贵,项红专,金鹏.科学探究教学评价体系的构建与实践[J].课程·教材·教法,2005(12).

[2]敖国儒.对新课程课堂教学评价关注点的探讨[J].中国教育学刊,2005(5).

[3]南纪稳.结构性课堂教学评价与开放性课堂教学评价探析[J].教育科学研究,2005(2).

[4]刘洋,兰聪花,马炅.电子档案袋评价与传统教学评价的比较研究[J].电化教育研究,2012(2).

[5]南纪稳.量化教学评价与质性教学评价的比较分析[J].当代教师教育,2013(1).

[6]刘华.发展性课堂教学评价指标体系:构建思路及示例[J].全球教育展望,2013(3).

[7]刘路.从三效维度谈有效教学评价[J].教学与管理,2014(7).

【网站链接】

1.http://www.pep.com.cn/xgjy/xlyj/zhuaiti/pj/,该网站中,可以选择学业自我评价的必要性、指标、特点及方法,课堂教学评价的基本问题、原则、特点、过程、方法及课堂教学评价结果的解释和报告等内容进行自学。

2.http://www.pceec.cn/,该网站可以获取有关基础教育教学评价的最新动态和相关资料。

第四编
课程与教学研究

第二十一章
课程研究方法

【学习目标】

1. 了解课程研究方法与课程研究方法论的主要区别;
2. 掌握科学主义方法论和人文主义方法论引导下的课程研究方法;
3. 分析综合学科方法论对我国课程研究的影响。

【关键术语】

课程研究方法论;哲学思辨;科学实证;人文解释

科学依赖于方法的进步,科学成果虽然诱人,但始终离不开科学方法论的发展。而课程作为一门科学,不仅仅是课程论知识的集合体,它也包括研究者对于课程研究方法论的不断探索。研究者方法论的立场"不但会影响如何选择与为何选择某些研究方法,而且还会影响研究发现取信他人(信度)的程度"①。方法论是一种规范和厘清研究中探询程序的思维方式,是对在实践中得到的检验手段的反思。② 因此,探究课程研究方法论的发展历史则显得弥足重要。而对课程研究方法论的进一步研究,也能使我们从已有研究方法论中选择和确定恰当的方法论来进行课程研究。要研究课程研究方法论,首先应厘清方法论与方法这两个概念之间的关系。杨晓微认为"方法论是对研究方法整体与研究对象特性之间适宜性问题的探讨。对研究对象的认识,是人们选择、改造或更新方法及方法体系的根据和出发点;对象观的转变和对对象认识的深化,往往导致研究方法论的突破性进展"③。所以说,通过对方法论的探索,不断地改造或更新课程研究方法,能够为课程研究注入更多活力。

第一节　课程研究方法与课程研究方法论释义

源于课程定义本身的复杂性,以及研究者所具有的不同研究取向,学者们对于什么是课程研究以及怎样才算是课程研究等问题都有着不同的观点。有学者认为课程研究是把教育中的宏观研究和微观研究结合起来的一种研究过程。这种过程把宏观的教育基本理论同课程编制、课程实施、课程评价以及课程材料这些微观领域联系起来,其最终目的是要建立一套科学的课程理论。④靳玉乐、黄清在《课程研究方法论》一书中对课程研究的界定是:"课程研究实质上是以课程问题为研究对象,以认识课程现象,揭示课程规律,指导课程实践为目的的一种理性探究活动。"⑤除此之外,也有学者从不同学科领域的视角来界定课程研究,认为课程研究是一种对课程现象、课程问题追求更宽广、更深层理解的努力。从哲学上看,课程研究是把教育中的宏观研究和微观研究结合起来的一个中介;从经济学上看,课程研究旨在使教育、教学活动有效化、合理化;从

---

① 朱志勇.教育研究方法论范式与方法的反思[J].教育研究与实验,2005(1):7-12.
② 韦伯.社会科学方法论[M].韩水法,莫茜,译.北京:中央编译出版社,1999:24.
③ 杨晓微.近二十年我国基础教育课程研究的方法论探析[J].教育研究,2000(3):37-43.
④ 汪霞.课程研究若干理论问题的探讨[J].教育理论与实践,1999(8):38-42.
⑤ 靳玉乐,黄清.课程研究方法论[M].重庆:西南师范大学出版社,2000:46.

教育学上看,课程研究有助于解决课程理论与实践的一些根本性的矛盾。课程研究方法和课程研究方法论是两个不同的概念。课程研究方法是指在课程研究过程中所运用的具体方法。国外课程学者肖特(E. C. Short)曾对课程探究的不同方法做了全面的整理,他所罗列的探究方法有分析性的、扩充性的、推测性的、历史性的、科学化的、民族志式的、叙述性的、美学的、现象学的、解释学的、理论的、规范性的、批判性的、评鉴性的、整合式的、慎思式的、行动的等十七种课程探究方法。学者认为课程研究方法论与方法分别处于元理论和具体的方式、技术两个层面上,并且认为:"课程研究方法论是对课程研究方法中的前提假设、原则、目的以及应用条件、操作步骤的内在意义等的思考和追问。"而"课程研究方法是课程研究的操作技术与具体步骤,当课程研究方法在具体操作时遇到困惑与障碍时,方法论可以帮助我们做出合乎原则的判断、拟定灵活的方法策略。"[1]

随着课程改革的不断深入,我国的课程研究水平在无数研究者的辛勤努力下得到了巨大的提高,并且在教育学研究领域逐渐获得认可并取得了独立的学科地位,但是我国的课程研究水平还有待提高。课程研究水平除了受一些外在客观条件的限制外,其很大程度上取决于研究者的自身素养,这里不仅包括研究者的研究视角、研究范式,更关键的是研究者所持有的方法论。如果在研究的过程中,研究者始终坚持科学合理的方法论,并严格按照方法论的指引严谨地进行学术研究,那么课程研究的质量将大大提高,方能更好地将研究结果用于指导实践或解决相关教育问题。

虽然课程研究方法论具有悠久的历史,但作为一门独立的学科被进行研究则并不算太久。20世纪前,教育研究方法与课程研究方法之间并没有严格的界限。后来由于科学意义上课程研究的出现,二三十年代科学实证研究的演变以及后来随着社会学研究方法渗透而产生的人文理解探究方法的出现,使得科学实证方法与人文理解方法成为了课程研究的两大方法论传统。[2] 但令人尴尬的是课程研究并没有形成自己独特的研究方法,课程研究的方法多是从其他学科中移植和借鉴来的,这也是课程研究的发展受制于其他学科发展的原因之一。同时,我们也必须承认在课程论研究形成自己的科学理论之前,离开了其他学科理论的滋养,课程论的发展也是寸步难行。因此,"在课程研究中,方法论的研究必须得以加强和重视,力求按照科学的方法论来进行课程理论研究。"[3] 但

---

[1] 于泽元. 课程变革与学校课程领导[M]. 重庆:重庆大学出版社,2006:23.
[2] 靳玉乐,黄清. 课程研究方法论[M]. 重庆:西南师范大学出版社,2000:37.
[3] 桑国元. 课程研究的方法论反思[J]. 教育理论与实践,2012(25):61-64.

是我们不得不承认,在课程论研究形成自己的科学理论之前,离开了其他学科理论的滋养,课程论的发展也是寸步难行。

第二节 几种主要的课程研究方法论系统

现代意义上的课程研究在我国发展的历史并不是太长,长久以来也未形成本土化的课程研究方法论。20世纪初,西方实证主义方法论传入中国,国内学者开始在研究方法上过分强调价值中立,强调课程量化分析。但随着课程研究的发展,一些学者指出了量化研究太过于注重实际,有些急功近利,在20世纪60年代,学者们为了追问本源又将研究主要方法论转入哲学思辨,直到80年代,重新转向量化的研究方法。在螺旋式循环往复的过程中,学者们在科学主义与人文主义、事实与价值之间寻求权衡,并进行着不断探索。综合研究方法的引入,给我国的课程研究带来了新的生机。因此,从我国课程论研究的历史来看,主要依据四种方法论系统:哲学思辨的课程研究论、科学实证的课程研究方法论、人文解释的课程研究方法论以及综合的课程研究方法论。而对目前我国的研究成果来看,人文解释及哲学思辨的研究方法论则占据了主要地位。

一、基于哲学思辨的课程研究

从课程的发展历史来看,课程总是与哲学联系在一起的。课程理论与实践的背后,其实就包含着哲学理念的基本知识素养。每位课程研究者与实践者之所以观点异样,是因为他们拥有不同的哲学思想和理念。进行课程研究,我们首先要搞清楚什么是课程,课程研究的本质是什么,课程理论是逻辑的还是历史的等问题。如果想通过实证研究来寻求这些问题的答案似乎是徒劳的,而通过哲学思辨的论证,能够对问题有一个更透彻深入的理解。

(一)古代哲学思辨的课程研究

对课程进行哲学思辨研究的历史在中国可以追溯到孔孟荀等教育家的时代,这些古代大哲学家们为人类留下了许多经典教育著作,而这些教育著作中关于课程的观点与论述大多采用哲学思辨的演绎而进行。比如儒家、道家、墨家、法家关于教育课程中应该涉及哪些内容的探讨往往倾向于从人性善恶的讨论出发。孟子主张"性善论",因此他所持的课程内容应当以引发人内心的善为出发点;荀子始终持"性恶论"的人性观,所以他提倡课程中应该教授学生礼仪、道德,以此来消除人内心的恶;老子提倡"逍遥人格""文化堕落",因此他否定教育、否定课程;法家则主张课程内容以法律条文为主,培养执法懂法的顺民。除此之外,古希腊的苏格拉底、柏拉图、亚里士多德这些先圣们也是通过哲学思辨的方式对课程进行演绎研究的。例如,柏拉图认为人的灵魂是由理性、意志、感情这三个部分组成的,这种"灵魂说"进而影响了他的课程观点。他认为人在文法、修辞、辩证法、算术、几何、天文和音乐这七门课程的共同熏陶下,才能够成为一个完整的人。因此,无论是先秦时期还是古希腊时期,哲学已经成为了课程研究重要的方法论。

(二)近代哲学思辨课程研究

近代,在教育领域真正将哲学思辨研究法运用并开始取得辉煌成就的人是赫尔巴特。他的著名教育著作《普通教育学》就是运用哲学思辨研究方法的代表作。在著作中他还提出:"教育学作为一种科学,是以实践哲学和心理学为基础的。前者说明教育的目的,后者说明教育的途径、手段与障碍。"[①]在课程设置上,赫尔巴特认为要培养忠心于普鲁士君主的臣民,课程编制应以作为认识对象的客观的文化遗产的各门科学为基础,并以发展人的多方面兴趣为轴心,设置相应的学科。因此在赫尔巴特的兴趣课程观中有相对应的应验的兴趣、同情的兴趣、思辨的兴趣等六种不同的课程兴趣。赫尔巴特教学理论与课程理论的广泛传播,便是人们对哲学思辨这种教育课程研究方法的广泛认可,同时也承认了哲学与教育的不解之缘。那么后来无论是斯宾塞的《教育论》还是杜威的《民主主义与教育》,都是教育学史上的经典著作,并为后世所流传,这些著作都运用了哲学的方法论思想。因此,从研究方法论选择的角度看,哲学思想是其重要的思想源泉。我国学者在对课程进行哲学研究的过程中主要集中在对于课程本质、课程目的以及课程价值的追问上。也就是说,课程研究过程中许多根本性的问题,如知识的来源、知识的价值以及知识的分类,这些问题是不能通过实证或经验研究获取的,只能来自于学者们的哲学批判与思考,因此,课程研究离不开哲学的滋养。

上述可见,近代以前,无论是东方还是西方,由于生产力、科学文化技术水平的限制,人类对于课程的研究与认识往往带有浓厚的经验性与思辨性的特征。随着科学技术的发展,受自然科学研究方法的影响,课程研究方法论也更加丰富,更加具有科学性和实证性。但不管是过去,还是将来,哲学思辨仍然是课程研究领域不可或缺的重要研究方法之一。

---

① 赫尔巴特.普通教育学:教育学讲授纲要[M].李其龙,译.北京:人民教育出版社,2002:207.

二、科学主义方法论下的课程研究

"实证"一词来源于拉丁文"positivus",本意是肯定、明确、确定的意思,科学实证的研究方法论是受到了科学主义的深刻影响,也伴随着近代科学的发展而发展。16世纪以后,自然科学强调观察和实验,要求知识的确定性或实证性,这与空泛、教条的中世纪经院哲学形成了鲜明的对照。因此,当时有人称实验的自然科学为"实证科学",称16世纪以后崇尚实验科学反对经院哲学的时代为"实证的时代"。科学实证的方法论要求研究者追求自然科学的研究方法,用观察、实验、测量等手段进行研究,并且在研究的过程中尽量保持价值中立,排除研究者个人的主观情绪。因此说科学实证方法论则是伴随着自然科学的发展而发展的。

第一次工业革命以来,西方近代科学的迅猛发展也促使了科学主义思潮的形成,其中有两位英国学者的作用不容小觑。其中一位是哲学家弗朗西斯·培根。在他的著作《新工具》中,他严厉批判了当时科学研究方法上的弊端,强调观察与实验的重要价值,并提出科学研究要努力从哲学思辨的经院哲学中脱离出来。所以,从某种程度上可以说,是培根唤醒了自然科学寻找独特方法的意识,使方法问题在以后的分类中占据了重要地位。① 另一位重要人物就是伟大的科学家牛顿。他的经典力学不仅成为物理学的基础,其理论所体现出的方法论也成为后期自然科学进行科学研究的范本。正是两位科学家的努力,使人们得以确信科学才是认识、了解世界的最有效方法。

自然研究方法论的充实与进步不仅能够带动整个自然科学的发展,也能够带动相关人文学科的进步。法国社会学家孔德(A. Comte)是最早将自然科学的研究方法全面引入人文社会科学的学者。他提出了实证的社会科学研究方法,并创立了实证社会学。他认为,社会学是能够像研究物理、生物等自然科学一样来研究人类社会的独立学科。在孔德看来,科学构成了一个由低到高的学科等级体系,而学科的实证性越高,它的学科地位也就相对越高。而由思辨走向实证,也是社会科学发展的必然趋势。将实证方法论引入教育领域的领头人物则是英国教育学家斯宾塞,他最早提出"最有价值的知识是科学知识"。之后的德国教育学家梅伊曼、拉伊所创立的"实验教育学",更是主张用观察、实验、测量的方式对教育活动、教育现象进行研究,这一努力进一步推动了科学教育学的发展。除此之外,桑代克也是推动实验教育学的杰出代表,他在其著作《教育心理学》中明确指出"本书旨在采用精确的科学方法,以解决教育上的问题。

---

① 叶澜.教育研究方法论初探[M].上海:上海教育出版社,1999:234.

因此，作者绝不侈谈空泛的教育理论，也不重视某些学者根据不完整的资料以及不以准确的、定量的方法所得的研究结论。"①基于此，科学实证的研究方法论逐渐在教育研究领域占据主流地位，同时促进了课程研究领域方法论的发展。课程领域深受实证主义哲学和自然科学发展的影响，主要采取定量研究的方式，通过观察、测量、统计等手段，将课程现象转化为一系列的数量关系，并对这些关系进行因果分析，从而建立了类似自然科学的课程研究。在西方，博比特是最早将科学实证方法论用于课程研究的第一人。他主张对课程进行事实分析，课程开发的过程也要建立在实证的研究基础之上。与博比特持相同观点的课程研究专家还有美国教育家泰勒，他本人著名的"泰勒原理"同样是建立在其将近八年的实践课程的总结与归纳之上。这些都是在课程中进行实证研究的案例，随着西方课程理论在我国的传播，科学实证研究也开始在我国教育界愈演愈烈。但"定量研究尤其是教育实验研究在中国教育研究领域取得了一些成绩，对教育的基本理论的发展作出了一定的贡献。但数以万计的研究成果数量与对教育理论的贡献相比显得很不相称"②。教育研究的唯科学倾向越来越严重：如果一篇论文没有统计数据和调查材料，似乎就不能算是一篇学术论文。在这种情况下，自20世纪90年代中后期开始，学界开始借助于后现代主义哲学思潮，对教育研究中的科学主义方法论倾向展开了大规模的批判。具体表现在：反对科学主义方法论所倡导的教育研究对象观，否认教育研究的对象是一种客观的存在，提倡教育研究对象是一种历史的文化的存在，其存在着教育研究主体的价值赋予成分。在研究方法方面，反对将实证研究方式奉为教育研究的唯一方式，提倡运用多种研究方式方法进行研究。在批判中，开启了人文解释研究方法与综合研究方法论的时代。

纵观科学实证主义的发展演变历史，可以深刻地感受到科学实证研究方法论在科学研究领域的主导地位，但是，在将科学实证研究方法移植到社会科学研究领域的过程中也出现了各种问题与争论，在解决研究实践问题的过程中，也会遇到各种各样的困惑。因此，爱因斯坦在谈及这一研究方法时说道："它在描述各种关系时要求尽可能达到最高标准的严格精确性，这样的标准只有数学语言才能达到。"笔者认为，正因为如此，科学实证的研究方法论在后期的发展过程中也遭到了来自各方学者们的反思与争论，而争论的结果则是一种综合研究方法论的产生。

---

① 汪霞.现代课程研究及其方法论[J].外国教育研究,2003(8):9-13.
② 陆宏钢,林展.个案研究:教育研究范式的新转向[J].中国石油大学学报(社会科学版),2007(4):93-97.

三、人文主义方法论下的课程研究

从某种意义上说,人文主义方法论下的研究方法是相对于科学实证主义研究方法提出来的。与科学实证侧重于客观经验、元素分析不同,人文主义方法论主张对研究对象有一个整体的认识,并对其进行意义理解。而在科学发展史上,科学主义每前进一步,几乎都要受到来自相反方向人文主义的挑战。而人文主义的认识研究方式也有着悠久的文化历史。在人类无法通过严密的推论论证来认识大自然之前,人类采取的方式往往是解释性的。但那时候的解释还是低水平的,带有一些超自然色彩。后来随着科学技术、人类认识水平的进一步发展,人文主义的研究方法已经不仅仅是一种研究方法,开始上升到一种方法论的视角。这一切还要归功于德国哲学家狄尔泰(W. Dilthey)。虽然狄尔泰身处科学技术迅猛发展的时代,但他认为:"我们不能只是靠着把自然科学家们的研究方法直接移植到我们人文社会科学的领域中来,这丝毫也不表明我们就成为大科学家的真正门人。我们必须使自己的知识适应于我们的研究对象的本性,只有以此为基点,才是科学家们对待他们的研究对象的方式。"[①]因此,人文主义的研究方法也最早广泛运用于社会科学领域,进而才被推广到教育领域。而在教育领域中也仅仅主要是与社会调查、参与观察等研究联系在一起的,因此,其重要价值也并未被体现出来。在狄尔泰的带领下,20世纪在欧洲出现了以施普兰格(E. Spranger)、诺尔(H. Nohl)为代表的教育学派,他们批判了教育研究中的自然科学化倾向,认为教育领域不能像自然科学领域那样建立一种法则性的认识,对教育现象表层的认识是不具有实践意义的。因此,教育研究还是应该具有强烈的社会性和历史性。而与科学主义方法论引导下的教育研究相比,人文主义方法论指引下的教育研究主要有以下主张:

(一)教育研究对象的有意义性

自然科学主义方法论影响下的教育研究主张将教育研究对象视为一种客观存在,其内部活动是不以人的意志为转移的,但仍是可以为人类所认识的,教育研究的任务就是揭示进而验证教育活动的内部过程。持科学主义方法论的研究者们在进行教育研究过程中为了避免价值涉入,就尽量选用实验测量的方式,研究结果也总是以图表、数学公式等形式展示出来。但随着科学主义研究方法论弊端不断的展现,也有学者曾指出:"如果认为教育研究的对象是客观实在之物,是可以用量化指标来描述、分析、归纳、比较、概括的'客观事实'、'价值无涉'的话,那么教育研究就应该运用自然科学的研究方法。这样,实验法、测

---

① 邹进.现代德国文化教育学[M].太原:山西教育出版社,1992:26.

量法、问卷法、非参与观察等方法以及数理统计的运用也就顺理成章了。但如果认为教育研究的对象是主观性的'存在',即关于研究对象的存在、价值、意义等主观世界,那么自然科学式的研究则很难取得成效,因为它是'价值关涉'的研究,需要研究主体间达成意义的共享、对话与理解,这样的话就需要有质的研究方法,需要有参与式访谈、观察、焦点小组访谈(focus group)等研究者与被研究者之间的交往与对话式的研究过程。"[1]因此,人文主义方法论指导下的教育研究把研究对象看作是以人的内在精神为基础、以文化传统为负载的意义世界和价值世界。也正是研究对象的这种性质和特征决定了教育研究具有区别于自然科学研究的性质。这样一来,研究者在对待研究对象时,不仅要关注研究对象呈现出来的表象,还更从与研究对象相关的主体的角度出发进行更深层次的思考与研究。[2] 在课程研究中更是如此,课程不是价值无涉的客体,要对其进行历史的、文化的研究。

(二)教育研究方法的多元性

教育研究中的人文主义方法论"主张在自然情境中,进行长期的'田野'研究或个案研究,并透过'理解'的程序,来探讨师生双方如何'磋商'教学过程,深入了解他们如何诠释教育教学情境的意义"[3]。也就是说,教育研究主体不仅要用理性的方式研究教育,而且更要注重研究主体对教育的全身心体会,利用"理解、对话"等方式深入到教育研究对象的内心世界中去,通过与研究对象的互动进行研究,教育研究者要走出书斋,走进教育生活,走入教育生活现场,在"生活现场"中感知现场、体会现场,并在现场中收集资料,然后运用自己的理论积累,结合具体的现实状况,分析并解决问题,从而摆脱研究者陷入"非现场"的抽象研究的尴尬。据此,还提出了能够深入具体情境的多种具体的研究方法论,比如说,近年来在教育研究领域备受青睐的质化研究、行动研究以及叙事研究等研究方式,以及目前在教育领域应用较多的参与式观察法、行动研究法、历史研究法、人种志方法、文本分析法等。而且在一项研究中,这些研究方法并不是单一使用而是综合利用的。

目前,人文主义方法论指引下的研究方法在教育研究中的运用达到了一个高潮,越来越多的研究者们开始尝试用行动研究、叙事研究、生活史等具有强烈

---

[1] 姜勇,和震."注视"与"倾听":对当代两种教育研究范式的思考[J].北京大学教育评论,2004(3):35-39.

[2] 吕晓瑞.教育研究中的人文主义方法论述评[D].重庆:西南大学,2000:17.

[3] 潘庆玉.试论教育研究方法论的整合[J].山东师大学报(人文社会科学版),2001(4):7-8.

人文色彩的质的研究方法来进行教育研究。学者们不断反思教育中的问题,提倡教师需要通过观察和直接经验来研究学生的成长,只有这样,教师才能成为有益于学生成长的指路人。

四、综合研究方法论下的课程研究

课程研究发展到今天,无论是科学实证的课程研究方法论还是人文解释课程研究方法论,虽然两者的逻辑侧重点有所不同,但都受到了单一方法论的引导。那么这样的研究很可能限制研究者的研究思路,研究者所看到的课程也仅仅是其学科视角下的冰山一角,很难对课程有一个全面的把握。

为了进一步促进课程研究方法论的多元化,国内一些学者也开始尝试探索综合性的课程研究方法论。除了传统的经验分析方法、调查方法、实验法、文献研究方法等,一些新的方法也开始崭露头角,如系统方法、数学方法、计算机模拟方法等等,这些方法的特点不同,角度各异,为多层次、全面地揭示课程问题提供了丰富的研究思路和认识途径。他们的研究方法论来源也是各有差异。

例如,虽然科学实证研究方法论在西方课程研究中占据着主导地位,但课程研究的对象是与人类学习生活息息相关的学校课程问题,学者在对其进行研究的过程中仅仅像对待自然科学研究对象一样客观中立,而不考虑课程中所蕴含的人文要素显然是不可能的。因此,随着课程研究的不断发展,科学实证与人文解释的研究方法论慢慢有了交集;正是因为课程、课程知识是我们社会文化的重要组成部分,因此离开了社会、政治、经济、文化等意识形态来谈课程则会使课程研究成为缘木求鱼之事。除此之外,社会经济政治的发展也会进一步制约课程理论的发展。因此,部分学者尝试运用社会学的原理和研究方法来进行课程研究。又因为适应、促进学生身心的全面发展是课程开发的出发点和最终归宿,因此,在研究课程的同时,对心理学的关注则显得必不可少。那么有些学者在进行课程研究时往往从心理学相关理论及方法论出发,来探讨课程领域的一些基本问题,如课程应如何适应并促进学生的心理发展水平等问题的探讨。因此,可以说自然科学、社会学、心理学等学科的不断发展也为课程研究带来了丰富的方法论源泉。从课程研究方法论的演变历程来看,单一方法论指导下的研究方法将越来越受到多元研究方法的影响,而研究方法的选择与运用则需要根据研究对象的属性进行理性的推敲与抉择。

总之,我国课程研究在不同时期所使用的方法论表现出了不同的特点。反思当前我国的课程研究,在方法论层面仍然存在着许多问题,这也与我国课程论的发展息息相关。首先,我国课程论的发展是建立在引入西方课程理论的基础上发展起来的,这与中国教育理论缺乏自我根基性也有关系。所以,如何更好地处理西方研究方法论的指导与中国课程研究本土化的关系是需要研究者谨慎思考的问题。其次,课程实证研究的质量有待进一步提高。课程实证研究的过程中要谨防理论与实践相脱离的现象。最后,研究者在研究过程中要不断地提高自己研究方法论的理论素养,并在研究过程中践行。

第三节 几种典型的课程研究方法

从某种程度上说,研究方法的成熟是一门学科发展成熟的标志。因而,适时反思学科的研究方法,甚至把它当作专门的研究领域,会起到规范和指导本学科持续发展的重要作用。以下介绍课程研究中三种典型的研究方法。

一、定量的课程研究

(一)定量研究释义

定量研究(quantitative research),又被称为定量分析、量化研究、量化分析、量的研究等等。而对其概念的界定也是众说纷纭。陈向明在其著作《质的研究方法与社会科学研究》中指出:量的研究是一种对事物可以量化的部分进行测量和分析,以检验研究者自己关于该事物的某些理论假设的研究方法。量的研究有一套完备的操作技术,包括抽样方法(如随机抽样、分层抽样、系统抽样、整群抽样)、资料收集方法(如问卷法、实验法)、数字统计方法(如描述性统计、推断性统计)等。其基本研究步骤是:研究者事先建立假设并确定具有因果关系的各种变量,通过概率抽样的方式选择样本,使用经过检测的标准化工具和程序采集数据,对数据进行分析,建立不同变量之间的相互关系,进而检验研究者自己的理论假设。① 蒋重模指出,凡是教育研究,不管采取什么方法,都将问题和现象用数量表示出来,进而进行分析、考察、解释,这些现象便是定量研究。所以定量研究的实质就是用数字、数学符号、数学语言来表达和解释所要研究的问题。② 通过回顾不同学者对定量研究所下的定义,我们认为定量研究一般是指研究者研究之前事先建立了一种研究假设并确立了一整套具有因果关系的变量,通过概率抽样的方法选择样本,使用经过检验的标准化工具和程序来采集数据,并对数据进行分析,建立不同变量之间的相互关系,有时还要使用实验手段对控制组进行比较研究,进而检验某种关于研究对象发展的理论假设。

---

① 陈向明.质的研究方法与社会科学研究[M].北京:教育科学出版社,2000:10.
② 蒋重模.对教育研究中的量化研究范式的评判[J].教育评论,1990(3):17-19.

(二)定量研究在课程研究中的应用

教育科学研究中的定量研究是课程研究的重要研究方法。由于定量研究的客观性能够消除一些无谓的争论,能够使研究者们对于相同的问题有一个共同的研究基础,在定量课程研究中,研究对象是"课程存在",是外在于人、独立的课程存在,研究者能够对其进行客观的观察、测量、分析和论证。

课程研究的开创者博比特看到了科学时代崇尚精确性和具体性,他和他的学生查特斯致力于教育目标、教育理想的标准化,完全陷入了机械模仿工厂的效率管理的模式之中。博比特将人类经验分为10个领域,分析出800多个目标。查特斯曾运用他的"工作分析法"为密苏里州的史蒂芬学院编制了一套女子课程。通过对妇女一周工作及生活的分析,划分出730个类别,作为设置课程目标的参考依据。这种量的研究的极端化,从一开始就受到了人们的批评,但在课程研究中是不可或缺的。在我国,研究者主要通过量化研究,运用数据分析来解释课程领域的实践问题。

二、定性的课程研究

(一)定性研究释义

定性研究(qualitative research),又经常被译成质的研究,因此,很长一段时间以来,我国学术界一度出现"定性研究"与"质的研究"相混淆的现象。其实,定性研究有不同的称呼,如思辨研究、哲学研究等。对于定性研究的概念也有不同的描述:定性分析就是对研究对象进行"质"的方面的分析。具体来说,就是通过对丰富的现象材料去粗取精、去伪存真、由此及彼、由表及里,揭示教育活动的动态规律,透过现象材料,分析研究对象是否具有某种性质,分析某种现象变化的原因及变化的过程。因此,我国传统教育研究中所指的定性研究有思辨性研究的特点。研究资料大多取决于其他研究者的学术著作、政策法规、新闻媒体等。研究者进行的研究多是书斋型研究。因此,研究结果大多是思考性、哲学性或主张性的。

(二)定性研究在课程研究中的应用

定性研究在我国教育研究中的使用历史较长,其多用概念、理论的建构和辨析。通过思辨而形成的演绎方法,强调概念层面的分析和理论体系的运演,注重课程价值与规范的澄清。因课程研究以基础性研究为切入点和立足点,对课程本质、理念、原则、目标、价值等方面的探讨是课程研究的逻辑起点,因此理论框架的建构成了课程研究的重要内容。而实证研究是无法完成这些任务的。无论是定量研究还是质的研究方法都是需要建立在定性研究的基础之上,因为概念、理论才是进行实证研究的前提与基础。

三、质的课程研究

(一) 质的研究释义

质的研究(qualitative research),也称质化研究、人种志研究、叙事研究、个案研究、田野研究等等。陈向明认为,质的研究是以研究者本人作为研究工具,在自然情境下采用访谈、观察、实物分析等收集资料的方法,对自然发生的事件中各种行为的变化、发展进行描述和归纳,通过与研究对象的互动理解其行为和意义的一种活动。① 质的研究的哲学基础是现象学的解释主义、后实证主义。在我国,质的研究往往会与定性研究相混淆,两者既有联系又有区别。相对于定性研究更注重研究者的经验总结来说,质的研究则更强调研究者与被研究者的互动,由被研究者来说话,由事实说话,强调理解与互动,有一套完整的操作规范。相似之处是两种研究方法都比较关注教育对象性质的研究;都不只是关心研究对象的结果或结论,更关心研究对象的意义及其发生、发展过程。相对于定性研究与定量研究来说,质的研究更倾向于一种综合性的研究,以一种当事人的视角进行体验式的现场研究,有一套系统的方法规范,其主要功能是解释。

(二) 质的研究在课程研究中的应用

质的课程研究认为,课程是学生在学校中接受的教育性经验的有机整体,它不仅包括了学生各类经验的有机融合,也包括了学生获得经验的历程。这一历程是开放性的,没有固定的程序和环节。在课程进行过程中,人类的共同经验、教师个体经验、学生个人经验往往相互交织、相互作用,学生在课程为他们展开的丰富的经验世界中自由想象、创造、学习、理解、交流、游戏、活动,不断建构自己的生活经验、生活价值和生活意义。这是一个动态变化的经验和意义建构过程,它具有非预期性、非控制性、情境性、历时性和不可重复性。因此,要想真正认识课程的实际意义,就必须把它放在丰富、复杂、流动的自然情境中进行考察。质的课程研究关注的是日常课程活动中一个个的独特事件,这些独特事件的原因是由各个不同的原始条件决定的,都有各自独特的境遇和逻辑,因此对于这些独特事件的研究本质上都是历史的。研究的重点是深刻理解特定情境和条件下的各个课程事件本身,而不是对与该事件类似的情形进行推论。研究的结果不是通过重复实验或严密的逻辑推理进行证实,而是通过相关检验等

---

① 陈向明. 质的研究方法与社会科学研究[M]. 北京:教育科学出版社,2000:9-10.

方法进行证伪,其效度来自研究过程中各个部分之间的相互关系,与特定的时空环境密切相关。在我国课程研究过程中,研究者们扎根于学校教育教学实践中,运用质性研究方法不断揭示和解释学校教育中的具体问题,进而为课程研究贡献了他们各自的力量。

> **信息专栏 21-1**
>
> 量化研究与质化研究是社会科学领域两种对立的研究范式,两者在研究目标、对象及方法上都存在着明显的对立。但这些对立在一定意义上也是相对的,要求我们以一种方法论的多元主义来对待两者的关系,按照问题来选择方法,而不是相反。
>
> | 研究类型
项目 | 量化研究 | 质化研究 |
> | --- | --- | --- |
> | 研究目标 | 重视预测控制 | 重视对意义的理解 |
> | 研究对象 | 强调事实的客观实在性 | 强调对象的主观意向性 |
> | 研究方法 | 注重经验证实 | 注重解释建构 |
>
> [资料来源]冯天荃.量化研究与质化研究:社会科学领域两种对立的研究范式[J].南京师大学报(社会科学版),2008(4):92-96.

面对越来越多样化的研究方法,一个研究者既不要追求掌握所有的方法,也不能一味追求方法的新奇。既然课程是一个实践领域,研究者就要学会做一个"模范的实践中心方法论者",研究者不是书斋中的学者,也不是实验室的专家,而应是与课程实施者一道工作的实践者。研究不是为学术服务,而从始至终都应指向实践的需要,指导并帮助实践者开展实践活动。正如行动研究所提倡的"教师就是研究者","实践者就是研究者"。

【本章小结】

1. 近代以前,无论是东方还是西方,由于生产力、科学文化技术水平的限制,人类对于课程的研究与认识往往带有浓厚的经验性与思辨性的特征。随着科学技术的发展,受自然科学研究方法的影响,课程研究方法论也更加丰富,更加具有科学性和实证性。但不管是过去,还是将来,哲学思辨仍然是课程研究领域不可或缺的重要研究方法之一。

2.纵观科学实证主义的发展演变历史,可以深刻地感受到科学实证研究方法论在科学研究领域的主导地位,但是,在将科学实证研究方法移植到社会科学研究领域的过程中也出现了各种问题与争论,在解决研究实践问题的过程中,也会遇到各种各样的困惑。因此,爱因斯坦在谈及这一研究方法时说道:"它在描述各种关系时要求尽可能达到最高标准的严格精确性,这样的标准只有数学语言才能达到。"笔者认为,正因为如此,科学实证的研究方法论在后期的发展过程中也遭到了来自各方学者们的反思与争论,而争论的结果则是一种综合研究方法论的产生。

3.目前,人文主义方法论指引下的研究方法在教育研究中的运用达到了一个高潮,越来越多的研究者们开始尝试用行动研究、叙事研究、生活史等具有强烈人文色彩的质的研究方法来进行教育研究。学者们不断反思教育中的问题,提倡教师需要通过观察和直接经验来研究学生的成长,只有这样,教师才能成为有益于学生成长的指路人。

4.从课程研究方法论的演变历程来看,单一方法论指导下的研究方法将越来越受到多元研究方法的影响,而研究方法的选择与运用则需要根据研究对象的属性进行理性的推敲与抉择。

【复习思考】

1. 课程研究方法与课程研究方法论的主要区别是什么?
2. 科学主义方法论引导下的课程研究方法有哪些?
3. 人文主义方法论引导下的课程研究方法有哪些?
4. 试论综合学科方法论对我国课程研究的影响。

【实践活动】

1. 查阅文献了解我国课程研究的历史。
2. 比较各种课程研究方法的优缺点。

【拓展阅读】

[1]瞿葆奎.教育学文集:教育研究方法[M].北京:人民教育出版社,

1988.

[2] 靳玉乐,黄清.课程研究方法论[M].重庆:西南师范大学出版社,2000.

[3] 孙振东.教育研究方法论探索[M].重庆:重庆大学出版社,2008.

[4] 汪霞.课程研究:从现代到后现代[D].上海:华东师范大学,2000.

[5] 范兆雄.论美国课程研究方法的主流取向[J].比较教育研究,2004(7).

【网站链接】

1. https://explorable.com/different-research-methods,不同的研究方法:如何选择最恰当的研究设计。

2. http://www.palgrave.com/studentstudyskills/page/choosing-appropriate-research-methodologies/,选择恰当的研究方法。

第二十二章
教学研究方法

【学习目标】

1. 明确教学研究的概念与类型；
2. 掌握教学研究的基本过程；
3. 学会教学观察方法和教学实验方法的设计和运用。

【关键术语】

教学研究；教学观察；教学实验

第二十二章 教学研究方法

第一节 教学研究概述

一、教学研究的概念

教学研究是什么？这是从事教学研究的前提性问题之一。对教学研究是什么的不同回答，直接决定着人们对教学研究活动的认识与评价，以及在教学研究实践中对方法的选择和运用。

教学研究是指研究人员自觉地、有目的地、有计划地遵循一定的方式和程序，以教学现象、教学存在为对象，以揭示教学规律、寻求有效教学方式和途径为目的的科学探究活动。教学研究是人类科学研究的一个有机组成部分，"本身具有复杂性、创造性、科学性和探索性的特点"①。要正确理解教学研究的含义和特点，还需注意以下几个问题：

①教学研究是一种自觉的科学认识活动。教学研究作为一种科学认识活动，它不同于一般日常生活、教学工作中的认识。人们在日常教学工作中也会形成对教学的认识和看法，这种认识和看法是一种个体经验或自发性经验，带有极大的片面性和不深刻性。这种经验认识可能是正确的，也可能是错误的，如一位小学教师在自己的教学实践中形成了一种认识：小学高年级女生比男生聪明。该认识是基于自己所带班级学生的期末考试成绩而得出的。因为女生的成绩常常高于男生的成绩。这位教师的认识的正确性怎么样呢？可以认为这位教师的认识至少存在以下几个问题：第一，该教师以自己所带班级学生作为样本，对于小学高年级学生总体的代表性问题是值得考虑的。第二，聪明问题是一个智力问题，该教师判断学生的智力使用的工具或标准是学业测验。这种工具或标准的效度是有问题的；第三，对于女生和男生成绩存在差异的问题，该教师仅仅靠经验常识进行判断，没有进行统计学上的差异显著性检验。因而该教师的认识在很大程度上可能是错误的。

教学研究作为一种自觉的科学认识活动，是人们认真地提出问题，并以系统的方法寻找问题答案的过程。这种认识过程必须遵循一定的认识逻辑，而且其认识结果的表述也必须准确严谨，符合逻辑。教学研究作为一种科学认识，比日常工作中的经验性认识更全面、更深刻，因而也更科学。比如前面提到的"小学教师"的例子，假如要研究女生和男生谁更聪明的问题，亦即"学生的智力

---

① 裴娣娜.教学论[M].北京:教育科学出版社,2007:339.

和性别有关吗"的问题,就要对研究的问题进行澄清,对有关核心概念进行界定;要明确研究的总体对象,采用科学的抽样方法进行抽样;选取效度和信度较高的智力量表对样本进行施测;并用统计学方法对女生和男生的智商分数进行差异显著性检验。这样得出的结论要比依据个人经验形成的认识更可靠、更正确,认识的准确性更高。

②教学研究既是一种发现,也是一种创造。教学研究的主要任务是探索教学现象,揭示教学规律、形成教学理论。这种揭示教学规律、形成教学理论就是一种认识,是一种发现。对教学本质、教学规律以及班级管理规律等的研究都是发现。但教学研究并不止于此,教学研究还要进行创造。这种创造不是创造规律、创造理论,而是着眼于教学效率和教学质量的提高而创造新途径、新方法和新技术。教学研究不但要为人们认识教学、理解教学提供系统的理论知识,而且还要为人们控制教学、改造教学提供多种多样的程序性、操作性知识。诚如教学论的研究,不仅要探讨教学的本质和规律,还要探讨教学模式、教学方法、教学评价方法等。

二、教学研究的类型

教学研究是一种复杂的科学探究活动。由于教学现象的复杂性、教学问题的多样性,教学研究活动也是复杂多样的。对教学研究活动进行分类,有利于对教学研究形成更为清晰的认识。对事物进行分类,所采用的标准不同,看问题的视角不同,所划分的类型亦不同。就教学研究的类型而言,常见的划分方式有以下几种:

(一)基础研究和应用研究

根据研究目的和功能,可以将教学研究划分为基础研究和应用研究。也有学者在此标准下,将教学研究划分为发展研究、评价研究和预测研究。其实,发展研究、评价研究和预测研究都可归入应用研究,是教学理论在不同方面的应用性探索。

①基础研究。基础研究(又称理论研究)是以揭示教学现象的本质和规律,形成新的科学认识,以发展、丰富或修正、完善教学理论为主旨的教学科学探究活动。基础研究的研究成果表现为一定的理论形态,它对教学实践中的现实问题一般不提供现成的解决方案和操作性、程序性知识。但它可以加深人们对教学现象、教学问题的理解和认识,并为制定解决实际问题的方案和方法提供理论依据或理论指导。如对教学本质、教学规律和学习理论的研究都属于基础研究。基础研究的成果会间接影响人们的教学实践。例如,教学过程是一种特殊的认识活动,教学过程是一种特殊的交往活动,教学是主体间的指导性学习等,

这些对教学本质的不同理解,广泛而间接地影响着人们的教学行为。

②应用研究。应用研究是指以为改善教学实践活动,提高教学质量和效率而寻求教学对策、制定教学方案、创新教学方式和方法等为主旨的教学研究活动。应用研究着眼于教学实践中的现实问题,其成果表现为一系列的解决教学实际问题的方案、途径、措施、工作模式和教学方法等操作性知识以及开发教学资源、制作教学课件、挖掘教材、学习辅助材料等。应用研究主要是一种技术性研究,主要解决教学的"工程技术"和"工具材料"等问题。例如,"克服学生厌学对策研究"主要是应用研究。

(二)定性研究与定量研究

根据所获研究资料的性质和分析研究资料的方法不同,将教学研究分为定量研究和定性研究。定性研究和定量研究是两种不同的哲学方法论取向的研究范式。定量研究是科学主义研究范式,而定性研究是人文主义研究范式。

①定量研究。定量研究是指对教学现象可以量化的部分进行测量,获取量化资料,并用统计方法加以分析,以检验某种理论假设的准确性或对某种教学现象进行数量描述的一类研究。实验研究是典型的定量研究。结构性问卷调查、结构性教学观察、内容分析法等都属于定量研究。实验研究对被试对象的前测和后测数据,是主要的量化研究数据。对这些数据的整理分析,既要运用描述统计方法计算平均分、标准差,又要运用推断统计方法进行总体平均数差异的显著性检验。定量研究的主要优点是研究的客观性和精确性较高。

②定性研究。定性研究(也称为质的研究)是在自然情境下,采用多种资料收集方式,对教学进行整体性探究,使用归纳法分析资料和形成理论的一类研究活动。参与观察或开放式观察以及叙事研究都是典型的定性研究。假如要利用非结构观察法研究初一年级的语文课堂教学,可以做课堂观察笔记,录音录像等,对教室的环境条件、教学设备,教师的教学行为以及学生的课堂行为做尽量全面的观察和记录,然后对所获得的资料进行仔细阅读、分析、归类和概括。定性研究的主要优点是对研究对象描述的整体性和过程性,能够获得关于对象的比较详细、全面的研究资料。

(三)思辨性研究与经验性研究

根据研究是否从研究对象那里获取系统的经验事实、经验材料,可以把教学研究分为思辨性研究和经验性研究。思辨性研究是哲学层面的研究,经验性研究则是科学层面的研究。

①思辨性研究。所谓思辨性研究主要是指依靠研究者的"哲学沉思"而寻求教学问题答案的研究。它不需要从研究对象那里获取系统的经验事实。思辨性研究的主要问题是教学的目的、价值问题和教学的本体论问题。例如,"中

学应不应该开设心理卫生课？""教学的本质是什么？""师生关系的本质是什么？"等。思辨性研究的成果往往是抽象的、深刻的，对实践的影响是间接的。

思辨性研究具有如下几个特征：第一，思辨性研究没有具体的研究对象。思辨研究一般只有抽象的对象，而没有或者不需要具体的对象。因为它不需要从对象那里获取系统的、翔实的资料。如研究"教学的本质问题"并不需要做系统的课堂教学观察。第二，思辨研究是靠逻辑说话的。思辨研究一般是从概念到概念，从理论到理论式的研究。有时可能是思辨加例证的。它主要依靠研究者的形式逻辑推理或辩证逻辑推理。第三，思辨性研究没有程序性的、操作性的研究方法。它只有思维的方法，逻辑的方法。这类方法"只可体悟，不可言传"。因此，本章所言的教学研究方法不包括思辨性研究方法。

②经验性研究。经验性研究是指研究者运用自己的感官或研究工具，从研究对象那里获取系统的经验事实，并对经验事实分析、概括的研究。经验性研究主要研究教学的"科学技术"问题，而不研究教学的"哲学问题"。经验性研究一般研究如下问题："学生的学业成绩和学生家庭的经济状况有关吗？""发现教学法的教学效果优于讲授法的教学效果吗？"

经验性研究具有如下特点：第一，经验性研究有明确而具体的研究对象。如实验研究要有具体的被试对象；调查研究要有具体的调查对象。没有明确具体的研究对象，就无法开展经验性研究。第二，经验性研究靠事实说话。经验性研究是一种摆事实讲道理的研究，是将研究结论建立在系统的经验事实之上的研究。它必须从研究对象那里获取系统的经验事实。第三，经验性研究有比较明确的程序性、操作性方法和研究工具。经验研究的有效性在于研究过程的合理性以及研究工具的有效性。

经验性研究是科学层面的研究，而非哲学层面的研究。它既包括定量研究，也包括定性研究。

根据研究获取资料的方式或写作方式，教学研究还可分为实验研究、调查研究、文献研究、观察研究、行动研究和叙事研究等。

三、教学研究的基本过程

教学研究是一种复杂的科学认识活动和技术创新活动。这种活动过程是一个系统的、有序的过程。认识和了解教学研究的基本过程，是教学研究人员进行教学研究的重要前提条件。对于保证研究质量，提高研究效率具有极其重要的意义。

（一）确定研究课题

科学研究始于问题。确定研究课题是进行教学研究的起始环节，它对进行教学研究具有极其重要的意义。确定研究课题也就是提出和明确所要研究的问题。良好的开端是成功的一半,研究问题对整个研究活动具有导向作用和制约作用。研究问题决定着研究的性质、研究的方式和方法,其价值在很大程度上决定着研究成果的价值。

(二)文献回顾

在确定研究课题之后,接下来要做的重要工作是文献检索与文献阅读,即文献回顾。文献回顾对任何性质的研究活动都是必不可少的,它是教学研究活动中的准备性和基础性工作。文献回顾就是查找、阅读与研究问题直接相关和间接相关的文献资料。通过查阅前人、他人在同类问题的研究中产生的文献,有利于研究者进一步明确或修正自己的研究问题。科学研究具有继承性。通过文献回顾可以使研究者明确自己的研究出发点,找准自己研究的突破口。文献回顾可以为研究者提供研究方法的借鉴和解释研究结果的理论背景知识。

确定研究课题和文献回顾虽然是两个相对独立的环节,但在实践中这两个环节常常是相互交叉、相互渗透。确定研究问题离不开文献回顾,文献回顾总是围绕一定问题所进行的文献回顾。文献回顾也可能迫使研究者暂时放弃最初的问题,重新考虑选题。例如,当想到一个自己感兴趣的问题时,围绕该问题查找和阅读有关文献,最后发现该问题已经得到完满解决已无进一步研究的必要,这时只好暂时放弃该问题,再去重新考虑选题。

(三)研究设计

研究设计是对研究活动方式、方法的设计与选择。研究设计与制订研究工作计划两者有一定联系,但不是一回事。研究工作计划主要是对研究活动的组织和安排,主要指对人员、任务、时间、经费及活动进程的规划与安排。而研究设计则是以保证研究质量为主旨,主要关心的是如何提高研究的效度和信度。研究设计主要涉及研究问题与研究假设的陈述,研究变量的确定与界定、研究对象的抽取、搜集资料方法的确定、搜集资料工具的选择与制作、资料分析方法的选择等问题。

(四)资料收集

资料收集也称研究的实施。资料收集是指研究者按照研究设计方案收集关于研究对象的信息、资料,是教学研究中最基本、最主要的工作。没有对反映研究对象真实现状的信息资料的全面系统掌握,就不可能形成对研究对象的科学认识。实验法、调查法、观察法等主要是以系统、科学的程序和方法获取关于研究问题、研究对象的资料。研究资料的质量取决于收集资料的过程和收集资料时所使用的工具。只有遵循科学的收集资料的程序,使用有较高效度和信度的工具才能获取关于对象的真实、有效、全面的资料,才能为研究奠定坚实的基础。

（五）分析资料

分析资料是指对获取的大量的、杂乱的资料进行加工、整理和分析。资料的性质不同,所采用的分析方法也不同。研究资料一般可以分为定性资料和定量资料两大类。相应的资料分析法一般分为定性资料分析方法和定量资料分析方法。定性资料分析主要是对描述性资料进行编码设计与分类,如课堂观察笔记的整理与分析。定量资料分析主要是对数据进行分组、列表、绘图和假设检验,如实验的前测和后测数据的分析。

（六）撰写研究报告

这一阶段可看成是教学研究的最后阶段,也是教学研究取得收获的阶段。这一阶段主要有两项任务:一是在前期资料分析的基础上,通过概括、抽象,揭示事物本质,形成科学认识,得出研究结论;二是对研究结论进行阐释,形成研究报告。研究报告一般包括对研究背景、研究问题及研究价值的说明,研究过程以及研究结果的陈述与解释。

第二节　教学观察研究

一、教学观察研究的含义与特点

观察是人们获取信息的主要方法和途径。观察法是自然科学和社会科学常用的研究方法,也是教学研究常用的方法。

（一）教学观察研究的含义

每个人只要处于清醒状态或活动状态,就无时无刻不在观察。观察是人们运用自己的感官(主要是眼睛和耳朵)获取信息的主要方式和途径。观察可以分为两种:一种是广义的观察,即一般的日常观察;另一种是科学观察。日常观察具有很强的自发性和偶然性,一般也不对所获信息做专门记录。例如,在路边看见发生了交通事故,在校园看见了学生在嬉闹,都可能是偶然遇到的,而不是专门进行的观察。对这类观察所获得的信息,一般不会用笔记把它们记录下来。日常观察所获得的信息常常是杂乱的、分散的,也是比较容易忘记的。

科学观察是科学研究中的观察。像人类学家进行田野研究,地理学家进行野外考察等。科学观察区别于日常观察的主要特点就在于科学观察是有目的、有计划的,并遵循一定程序的观察。教学观察研究法就是科学观察在教学研究中的应用。例如,如果打算系统地了解新课程背景下教师教学行为的特征,就可以运用观察法进行研究。

因此，所谓教学观察研究就是研究者有目的、有计划地遵循一定程序，在自然条件下，运用自己的感官或辅助工具，对有关教育教学现象进行考察，从而获得系统的关于教育教学现象的资料，进而进行分析整理，深入认识教育教学的一种研究。

（二）教学观察研究的特点

根据施铁如等人的观点，综合来说教学观察研究具有以下几个特点：

1. 过程的目的性

教学观察研究要根据研究的需要，预先确定所观察的目标，并在实施中紧紧围绕目标展开观察。由于观察是在自然状态下进行的，观察现场可能会有许多预想不到的人和事，但研究者不是观察一切作用于自己感官的东西，其注意中心必须集中于预先确定的目标或对课题研究有意义的方面，不能随情景的发展变化而随便转换、离开原定的目标。

2. 环境的自然性

观察是在自然状态下，在不改变对象的环境条件和活动状态与进程的情况下进行的。换句话说，观察是在正常的教育教学条件下进行的，在这一过程中，不发生观察者与对象的交互作用，研究者既不干预观察对象的活动，也不需要研究对象的配合。

3. 结果的客观性

教学观察研究大多采用结构型观察的方式。在观察中由观察者按照预先规定的、统一的记录方法，对观察结果做明确、周密、详细的记录。这种对记录的严格要求，使得记录结果不会因观察者的个人能力、喜好和主观见解的差异而有所不同，从而保证了结果的客观性。当然，在评价性观察和无结构性观察中，虽是客观记录，其客观性会受到一定影响。

4. 前提的理论性

科学观察离不开理论的指导。首先，教学观察方法本身就必须有一定的方法论做依据；其次，教学观察所要观察研究的教育现象或教育问题也必须有一定的教育理论做指导。在同一个教育情境中，具有不同教育理论知识背景的研究者，所看到的"事实"是不同的，至少是有不同意义的。

5. 方法的系统性

研究者通常根据自己的研究目的来选择观察策略，对观察的整个过程做出系统规划，包括对观察对象的选定，观察内容和方法的确定，进入观察现场以及记录观察的方式等事先都有明确的计划。教学观察和其他教育研究方法一样，都是一个系统的收集资料的过程，不是偶然的、盲目的过程。

二、教学观察的类型

（一）自然观察与实验室观察

按观察的环境条件分，教学观察可以分为自然观察和实验室观察。自然观察是在自然环境状态下进行的，也就是在正常的教育教学条件下进行的观察，它不对观察对象活动的各种条件予以人为的干预。实验室观察则在人为的安排好的实验情境中进行观察，有利于探讨事物的内在因果关系。实验室观察在实践中运用较少，教学观察主要是自然观察。

（二）直接观察与间接观察

按观察的具体方式或是否借助仪器，教学观察分为直接观察和间接观察。直接观察是观察者凭借自己的感觉器官，在现场获得研究对象的有关资料。例如，在课堂上观察师生互动行为，就是直接观察。间接观察是以某一东西为中介而获得关于研究对象的资料信息。关于间接观察，人们有两种理解：一种是指借助仪器、设备所进行的观察，如利用摄像镜头的远距离观察。另一种是指通过对研究对象的活动痕迹的观察获得关于研究对象的信息。例如，通过对阅览室期刊的磨损程度的观察可获得关于学生阅读兴趣的信息。

（三）参与性观察与非参与性观察

按观察者是否直接参与观察对象的活动，教学观察可以分为参与性观察和非参与性观察。参与性观察是观察者为了获得更可靠的资料，把自己作为观察对象群体中的一员和他们共同活动，并在活动中进行观察。在参与性观察中，观察者具有双重身份，既是观察者，又是被观察者。对于观察对象而言，研究者既是局外人，又是局内人。参与性观察又可以分为隐蔽性参与观察和非隐蔽性参与观察。隐蔽性参与观察是指观察者不公开自己的研究身份，这种观察的优点是不会影响观察对象的活动，观察结果更为真实。非隐蔽性参与观察是指研究者公开了自己的研究身份，并得到研究对象群体的同意可以参与到研究对象的活动中和他们一起活动。教育研究中的参与观察大多数是非隐蔽性的参与观察。

非参与观察是指研究者以旁观者的身份进行的观察，观察者不参与观察对象的活动。在非参与观察中，观察者对于观察对象来说是局外人。观察者只是作为旁观者来获得和记录有关的资料信息。教育研究中的观察大多数是非参与性观察。

（四）结构性观察与非结构性观察

按照观察是否使用详细的观察提纲，教学观察可以分为结构性观察和非结构性观察。结构性观察一般属于量化研究范畴，而非结构性观察一般属于质性研究范畴。

结构性观察是指有明确目标,按照一定的步骤与详细的观察提纲(或观察表)进行观察。结构性观察一般都经过严密的设计,规定好所要观察的项目,采用预先设计好的工具进行记录,并且有相当的控制。例如,按照"师生互动类目系统"进行课堂观察,就是结构性观察。结构性观察一般只观察和记录观察表中列出的内容项目,对于观察表没有列出的事项一般不予以记录。

非结构性观察是指不使用详细观察提纲或观察表的观察。非结构性观察对研究问题的范围采取弹性的态度,观察中研究者既无事先确定的观察项目,也无既定不变的、详细的观察提纲,只是有一个粗略的观察思路。非结构性观察一般是研究者要尽量全面地观察和记录现场发生的一切。相比较而言,"结构式观察是比较程式化的观察活动,观察程序标准化和观察内容结构化,便于操作,且观察所获数据可以量化,便于统计分析。非结构式观察方法灵活,观察者可以发挥自己的主动性、创造性。但是获取的资料不系统不完整,多用于探索性研究,用于对观察对象不甚了解的情况下。"①

三、结构性观察

结构性观察是指在观察过程中使用详细的观察提纲或观察表的一类观察。结构性观察常常把要观察的现象或行为进行分解,可以对所要观察的事项做客观详细记录,且能进行精确描述。结构性观察也称量化观察,一般属于量化研究。其观察的结果常常可以量化,或可以用统计表格的形式表达。结构性观察的步骤大致包括以下几个环节:

(一)确定观察类目

在确定了观察研究的问题之后,研究者要想进行结构性观察,事先就要确定所要观察的行为内容,把行为内容分解成详细的行为类目,或编制成观察表格。制定出的行为类目应当具体,便于观察和区分。必要时要对每个观察类目进行操作性定义。

例如,当打算研究后进生的课堂学习行为时,可以编制如下观察类目:侵扰其他同学;打瞌睡;看和学习任务无关的书籍;发短信;听歌;走神;等等。

(二)选定观察对象

观察必有观察的对象。教学观察研究主要是观察教育教学活动主体——教师和学生的言行。教学观察的对象可以是群体,也可以是个体。例如,在弗兰德斯(N. A. Flanders)的师生互动观察研究中,就是把教师和全班学生作为观

---

① 王德胜.中小学教师科研方法与论文写作[M].天津:天津教育出版社,2008:190.

察对象的。而对后进生课堂行为的观察研究则是把一个或少数几个后进生作为观察对象。

在学校教育科研中进行观察,由于在教育教学活动中教师一般只有一人,因而选定观察对象也就是选定要观察的学生。其方式一般有两种:

一是把活动中出现观察项目行为的学生都作为观察对象。也就是说,某学生是否成为观察对象,取决于其有无出现观察项目中列出的行为。例如,在观察类目中有"提问"一项,当学生 A 举手提问时,他自然就成为观察对象。这种选择其实就是把观察现场所有的学生都作为观察对象,只是观察的焦点聚焦在有观察类目出现的学生身上。

二是把具有某种特定属性的某些学生定为观察对象。选择哪些学生作为观察对象主要由研究目的决定,凡是能够为实现研究目的提供必要信息的人都可以成为观察对象。如对问题学生行为的观察研究,对优秀生学习行为的研究等都属于这类选择。

(三)确定记录方法

做好观察记录是观察研究的关键环节。正确的记录方法对于教学观察研究尤为重要。在观察中可以从不同方面来记录观察项目所列举的目标行为的表现,可以记录目标行为出现的频次,也可以记录目标行为持续的时间,还可以记录目标行为表现的程度。因此,记录方法可以分为频次记录、时间记录和等级评估记录三种。

(四)实施观察

按照确定的观察类目和记录方法,对选定的观察对象进行观察,并做好观察记录。以课堂观察为例,观察者在观察期间很难全神贯注于教学活动,观察期间总会发生些许错误。对此,应注意观察研究中常见的错误来源,具体如下:

信息专栏 22-1

观察研究中的错误来源

错误类型	定义
1. 中心倾向	使用评价量表时,观察者在判断一系列刺激时,倾向主观地划定中心点。
2. 温情或慷慨	使用评价量表的"总是"、"有时"、"很少"或"没有"时,观察者倾向温和或大方地评价。
3. 首因或近因效应	观察者的第一印象对以后的判断会产生歪曲影响(首因效应)。观察者的评价会受到最近观察的不相称的影响(近因效应)。
4. 逻辑错误	观察者依据理论、经验或责任假设作出的错误判断(如这样的假设:由于一个老师对全班同学十分热情,就断定他的教学也会高效)。

续表

错误类型	定义
5. 不能认识自我	观察者在场的影响会受到忽略。调查者的作用可能会导致特别期望的形成。判断会在这些期望的基础上作出。
6. 观察的分类	进行细小分类会失去明晰的区别。这样分类有利于量化,但会失去关于过程的清晰差别的信息。
7. 对特别行为	判断可能会建立在没有代表性的样本上,会导致虚假的结论或对人或事进行一般化错误归类。
8. 既得利益集团和观察者的价值观	由于难以检测的个人偏见,观察结果有价值偏向或是会被歪曲。
9. 没有考虑被观察者	由于调查者对日常课堂生活的清晰画面感兴趣,没有注意到课堂参与者的观点看法,这会引起对无效的因素、过程或量变的认可。
10. 没有代表性的样本	样本不能代表一个群体行为,不经常发生并足以使观察可靠,或是与指导观察的理论不连贯时,会发生错误。
11. 被观察者的反应	被观察的参与者的反应会歪曲观察的进程或现象(如,被观察时感到浑身不自在的老师,与其在比较平静的时候相比,行为表现肯定不一样)。
12. 不能解释情形或背景	假设作用一样会引起错误的结论(如阅读时间1 = 阅读时间2),会引起背景对正在教什么、活动的变化、参与者的权利与义务的变化等方面的忽视,因此歪曲结论。
13. 设计的观察系统不好	会引起信度和效度的问题。
14. 对快速发生的相关行动缺乏考虑	由于课堂行为发生的速度快,可能略掉关键特征,错误会由此发生。
15. 对相关行为的同时性	不能对同时发生的多种行为进行解释,不能对同时发出的多种信息作缺乏考虑的解释(如同时用语言和非语言传递的信息),不能对一次传递的信息的多种作用作出解释,都会引起错误。
16. 对目标指导的或有目的人类活动的性质缺乏考虑	因没考虑人类行为的目的,使行为缺乏稳定性,会引起虚假的结论。
17. 没有确保观察者的主旨	观察者随时间的推移会改变运用观察系统的方式,这会引起错误,即会使获得的描述与原来的范围不匹配或相互都发生了变化。

[资料来源]古德,布罗菲.透视课堂[M].陶志琼,王凤,邓晓芳,等译.北京:中国轻工业出版社,2002:55-56.

四、非结构性观察

非结构性观察又称定性观察、开放性观察。非结构性观察是指观察中不使用详细观察提纲或观察表的一类观察。非结构性观察不同于结构性观察最大的特点在于结构性观察是分析式的,是把要观察的行为或事项进行详细分类和编码,而非结构性观察是整体式的,强调对观察现场的整体描述和对事件的连续性描述,一般不需要对观察的事项进行事先详细划分。所以,结构性观察的结果是数字化的,而非结构性观察的结果是语言叙述或图示描述。

非结构性观察的记录方式主要有:描述体系、叙述体系、图式记录和工艺学记录。

(一)描述体系

描述体系其实是一种中间过渡类型,它既继承了结构性观察分类体系的特点,又属于非结构性观察或定性观察的记录体系。它是在一定分类框架下对观察目标进行除数字之外的各种形式的描述。比如,文字、个人化的速记符号通常还辅之以录音录像等资料的工艺学记录方式;再如,观察者可以通过小型录音设备在现场录制对观察对象的口头描述。描述体系往往抽取较大的事件片段,并对行为进行多方面记录,因此,这种方法要考虑更多的背景因素,即要在具体的情景和条件下考虑行为的意义。

(二)叙述体系

叙述体系也属于开放体系,它没有预先编制的观察类目。事先抽取一个较大的事件片段,观察的同时对相关事件和行为做翔实的文字记录,也可以加入观察者的一些主观评价。在对记录资料进行分析的过程中,在分析的理论框架指导下,行为的分类以及观察研究主题会得到确认。这种方法能帮助观察者找到真正需要研究的焦点,然后做进一步的课堂研究,有效避免为观察而观察的行为。

(三)图示记录

图示记录是非结构观察中更为直观的记录方式,即用位置、环境图的方式直接呈现相关信息。图示记录可以作为前述叙述体系记录的辅助性记录手段,与文字记录相互配合,使观察记录更真实地反映观察现场的情景。当观察者进入一个课堂现场做定性观察时,最好先对教室的布置做一个记录。在文字描述的同时,如果配以位置图,将会使描述更加清楚明了。

(四)工艺学记录

工艺学记录是使用录音机、录像机、摄像机等仪器设备将观察现场的信息记录在录音带、录像带、磁盘等载体上,将观察研究现场的信息做永久性保存。由于工艺学记录资料呈现的最初信息是非数字形式的,将其也归入非结构性的观察中。但实际上这种技术也是作为辅助性手段而使用的。在结构性观察和非结构性观察中，都可以使用工艺学记录作为辅助手段，以便反复播放，回顾现场，检验记录。

第三节 教学实验研究

教学实验研究是一种干预性研究。这类研究方法能够积极变革教育实践，同时在一定程度上可以探究教育现象的因果关系。其中，在探索教育现象间因果关系方面实验研究具有独特作用。假如研究者想检验两种不同教材对教学效果的影响，那么他可以采用实验研究方法，随机抽取一组学生，并将其随机分为两个学习小组，每个学习小组分别使用一种教材，使用一学期后，用同一套试题对两个学习小组同时进行测验，可以比较哪种教材的教学效果更好。实验研究方法在教育教学研究领域具有很大的运用空间。

一、教学实验研究方法的含义

教学实验研究方法是研究者按照研究目的，合理地控制或创设一定条件，主动操纵某个或某些教育变量，观察其引起的变化，从而验证假设，探讨教学现象因果关系的一种研究方法。

教学实验研究方法具有三个关键特征或本质特征：

①实验研究的目的在于探索变量间的因果关系。这一特征是实验研究的优势所在。如教学实验研究常常用于探索教学模式、教学方法或教学策略与教学效果之间的关系；教学材料和教学效果之间的关系；教学材料的呈现方式与教学效果之间的关系；教学组织形式与教学效果之间的关系等。实验研究不是简单地定性地判断教育变量之间有无因果关系，而是从量的方面揭示自变量的不同水平对因变量的影响，如不同的教学方法对教学效果的影响是否相同？差异有多大？

②实验研究要对自变量主动操作。为了揭示变量间的关系，实验研究必须对自变量主动操作。在实验研究中，研究人员要选择一个或多个自变量作为实验变量，主动地操作实验变量。主动操作实验变量主要是创造性地构造实验变量的新水平，并在实验中加以运用。假如研究者把教材作为实验变量，那么，实验者就要编制一种新教材，在教学中运用新教材，并和旧教材的使用效果加以对比。如果研究者把教学方法作为研究变量，那么他就要构思一种新的教学方法，在实验中运用新教学方法，以检验其效果。

③实验研究要合理控制无关变量。实验研究的主要目的是揭示研究变量和结果变量之间的关系,或揭示实验变量对结果变量的影响程度。假如研究者的实验目的是揭示不同的教学方法的教学效果是否有显著性差异,教学方法为实验变量,教学效果为结果变量。而影响教学效果的自变量除了教学方法外,还有教材、教师素质、学生基础和教学环境等。教材、教师素质、学生基础和教学环境等都是无关变量,都会影响对教学方法和教学效果之间关系的揭示。因此,在实验中要对这些无关变量加以控制,甚至有学者认为"控制是实验的核心,没有控制就没有实验。"

二、教学实验的设计

实验设计是在正式的实验之前,对实验活动的谋划和安排。良好的实验设计可以保证实验工作的顺利进行,且使实验研究有较高的内在效度和外在效度。实验之前未能设计,或者设计不周,将会降低实验研究的内在效度和外在效度,也就是降低了研究的质量。因此,在实验之前,认真进行实验设计,对于保证和提高实验研究的质量至关重要。

(一)实验设计的主要内容

在确定了研究问题和陈述了研究假设之后,实验设计主要涉及以下内容:

①选择实验变量,构造变量新水平。实验研究主要是揭示实验变量和结果变量之间的关系,或者是揭示操纵实验变量的不同水平所产生的效果。所以,实验设计首先是确定实验变量,特别是要构造实验变量的新水平。在某种意义上说,教学实验研究的本质就在于研究者创造出一种新的变量水平并相信所创造出的新的变量水平比已有的变量水平对因变量的影响更好,通过实验对这种信念加以证实。因此,科学地、创造性地构思出变量的新水平是实验设计的关键,也是实验研究的灵魂所在。假如要进行一项教学方法的实验研究,教学方法就是实验变量。传统的教学方法——讲授加提问,就是实验变量的原有水平,而研究者需要构思一种新的教学方法——如诱思探究教学法,作为变量的新水平。诱思探究教学法的操作特点及操作程序就成为实验设计的核心。如果没有对实验变量的新水平的构思,即对变量新水平的设计,实验就会成为无米之炊。

②确定结果变量的类型、测量指标和测量方法。结果变量是因变量,但并不是所有的因变量都是结果变量。只有研究者关注的、研究者所选择的因变量,才是结果变量。在教育教学实验中,教育教学结果是一个抽象的因变量,它包含着复杂多样的因变量。如知识、技能、方法、兴趣、态度、价值观等等,研究者可以把它们都作为结果变量,也可以只选其中一个或两个作为结果变量。在

确定了结果变量的类型和数量后,研究者还应当考虑这些结果变量的测量指标、测量方法或测量工具。测量工具的好坏,在一定程度上影响实验研究的质量。

③对无关变量的分析及其控制措施。无关变量是除研究变量以外的一切影响结果变量的自变量。无关变量并不是和实验研究毫无关系,而是指这些变量和研究者的研究目的无关,它们会影响或干扰研究活动,妨碍研究目的的达成,因而在研究中必须加以控制。研究的目的是要揭示实验变量和结果变量的关系及关系强弱,因此,对无关变量的全面分析,并提出控制措施就成为实验设计的主要内容之一。比如在进行教学方法的实验研究中,研究者的目的是想证明新的教学方法能产生更好的教学效果,但教材却是影响教学效果的重要因素,是一个无关变量。因此,研究者可以通过使实验班和对照班使用同样的教材而对其加以控制。不同的实验设计模式涉及的无关变量数目和类型有所不同,这些将在实验设计的效度中详细讨论。

④确定取样大小、取样方法和被试分组。教学实验研究必须有自己的实验对象。实验对象选取多少,如何选取,实验对象如何分组等问题必须要在实验设计时加以考虑。取样大小和方法关系到实验研究的外在效度,而被试的分组会影响实验研究的内在效度。因此,在实验设计时,认真考虑取样大小、取样方法和被试分组也是非常重要的。

⑤安排实验步骤。由于教育效果的滞后性,教学实验的周期一般较长。一项教学实验活动准备实验多长时间,是否进行中期评价,是否进行重复实验等在实验设计时都应做出明确的规划。

⑥选定统计方法。实验研究是典型的量化研究,实验获得的数据需要运用统计方法进行分析。数据的性质不同,所适用的统计方法也不同。数据按其是否具有连续性可以分为连续型数据和间断型数据。连续型数据需要用参数检验的方法进行检验,而间断型数据则需要用非参数检验方法进行检验。

(二)实验设计的效度

研究效度是指研究结果的有效性程度,是评价一项研究活动及其成果的重要质量指标。高质量的研究应当具有较高的研究效度,研究效度低意味着研究质量低。研究效度一般分为内在效度和外在效度。不同的实验设计模式其效度会有很大的差异。要提高实验研究的效度,就应当了解影响效度的因素,并采取适当的措施消除有关因素的影响。

内在效度是指研究结果能被明确解释的程度,或者说是研究结果能被证明的充分性程度。在实验研究中指对实验结果进行归因分析的明确性程度,即能否肯定实验效果是由实验变量引起的。坎贝尔和斯坦利(Campell and Stanley)

认为,影响教学实验内在效度的因素有八种:历史;成熟;测验;工具;统计回归;被试选择;被试的缺失;选择和成熟的交互作用等。① 除此之外,还有实验教师素质;教学时间投入;教学环境;教学手段等。

外在效度是指研究结果能被推广的范围大小。一项研究结果其所推广的总体范围愈大,外在效度愈高。坎贝尔和斯坦利认为影响外在效度的因素主要有四个:①选择与实验处理的交互作用效应;②测验与处理的交互作用效应;③实验安排的效应;④多重处理的干扰。②

为了提高教学实验设计的质量,必须选择合理的提高实验效度的措施。就实验研究的外在效度来说,主要是提高样本对总体的代表性,或代表总体的范围。其实,提高实验研究的内在效度比外在效度更重要。就提高内在效度的措施来说主要有以下几点:

①进行平衡安排。像实验教师素质、教学时间投入以及教学环境、教学手段等因素,都可以通过有意识地平衡安排加以控制。例如在实验过程中,选择两个素质基本相同的教师担任实验班和对照班的教学工作;保证实验班和对照班用于教学和学习的时间基本相同,为两个班提供相同的教学环境和教学设备,等等。

②设置对照班,使得有关因素得以平衡抵消。安排实验时,既设置一个实验班,同时设置一个对照班,这样,像历史、成熟、前测等因素,通过设置对照班就可以很好地加以控制。如前测有练习效应的话,对实验班有练习效应,对照班同样有练习效应,两者可以相互抵消。

③随机分组与匹配分组。当设置了对照组或对照班时,虽然对历史、成熟、前测等因素进行了控制,但却可能产生"被试间差异"这一威胁内在效度的因素。为了控制被试间的差异,可以把一大组被试分成两个相等的组,其分组方法主要有随机分配和匹配分配。

随机分配。随机分配是按照随机原则把被试个体随机地分到实验班和对照班。具体可以采用抓阄的方法或用随机数码表法。随机分配的两个班或组,被认为在实验研究之前,被试各方面,如学习基础、态度等因变量基本相等。即使有些差异,也仅仅是一种随机误差,而没有本质性差异。

匹配分组。匹配分组也称配对分组,就是把各方面条件基本相同的两个被试配成一对,然后把他们随机分到实验组和对照组。例如,为了进行一项教学实验研究,随机抽取100名初一学生,根据各方面基本相同的原则,把这100名

---

① 裴娣娜.教育研究方法导论[M].合肥:安徽教育出版社,2000:267-270.
② 裴娣娜.教育研究方法导论[M].合肥:安徽教育出版社,2000:271-272.

学生配成 50 对,再把每一对用随机的方法分别分配到实验组和对照组。配对分组的结果可能比随机分组的结果更能使两个组相等,但其过程更复杂些。

④统计处理控制。随机分组或匹配分组,虽然分组的效果比较好,但在实践中的可行性比较低。特别是教育教学实验的周期比较长,受各种因素的制约,随机分组和配对分组几乎不可能。这时可以采用统计方法进行调节控制。如利用后测成绩减去前测成绩的方法进行调节,运用两个组的成绩进步数进行对比。

三、教学实验的基本模式

教学实验设计的核心问题是选择或设计合理的实验模式。教学实验模式主要涉及被试的分组、实验处理安排和对因变量的测量三者之间的组合。教学实验模式丰富多样,有单组仅后测模式、单组前后测模式、固定组仅后测模式、固定组前后测模式、轮组设计模式等等。这里只讨论最常用的固定组前后测设计模式,这也是最常用的教学实验模式。

固定组前后测设计:

固定组前后测设计模式为:

$$G_1 : O_1 —— X —— O_2$$
$$G_2 : O_3 ———— O_4$$

G 为实验组和对照组的被试;O 为实验前后的测验;X 为实验处理,实验变量的新水平。

这一模式和固定组比较设计模式相比,增加了前测。也就是实验班和对照班都是原有的自然教学班,在实验之前,用同一套测验对两个班进行前测,然后再在实验班施加实验处理。这一模式的实验效果的分析方法为:首先对实验班和对照班的前测成绩进行差异显著性检验,若两个班前测成绩差异不显著,再对实验班和对照班的后测成绩进行差异显著性检验,假如检验结果是实验班的后测成绩显著高于对照班的后测成绩的话,则实验有效。若在对前测成绩的检验中,实验班和对照班的前测成绩有显著性差异的话,则可以用两个班的成绩进步数(每个班的后测成绩减去前测成绩)进行比较,如果实验班的进步数显著高于对照班的进步数的话,则实验有效。

分析:这一模式对成熟、历史、测验、统计回归等因素都有控制,由于增加了前测,对被试之间的可能差异也有一定控制。其控制水平要明显高于固定组比较设计模式。这一模式控制程度较高,且在实践中也易于实行,因此,这一模式使用较广。

虽然这一模式的控制水平较高,但由于对被试没有随机分组,通过前测对被试因素可以有所控制,但不如对被试随机分配的控制水平高,因此,大多数教育研究方法书籍中都把这一模式归为准实验设计。尽管如此,由于这一模式的控制水平较高,且可行性也大,所以这一模式在教学实验研究中得到了广泛运用。

信息专栏 22-2

实验方案设计的书面格式

一、实验目的

(一)为什么研究该问题

(二)通过研究解决什么问题

(三)理论依据及假设

二、实验采用的类型及实验对象

(一)实验的具体类型(单组、等组、轮组)

(二)实验对象的选取(用什么取样方法,选取了哪些样本,样本的容量是多少等)

(三)无关变量的控制措施

三、实验的变量及操作定义

(一)变量及操作定义

(二)实验的详细内容

四、实验的操作程序及实施计划

(一)操作程序

(二)实施计划

五、实验数据与材料的收集

(一)数据与材料

(二)统计方法

六、实验的预期成果

[资料来源] 王德胜. 中小学教师科研方法与论文写作[M]. 天津:天津教育出版社,2008:105.

四、教学实验的实施

教学实验的实施是指实验者根据实验方案、所选择的实验模式,有目的、有计划地对被试施加实验处理,控制无关变量,测验被试,并记录实验情况等一系列工作过程。

教学实验的实施是一项复杂的工作过程,在这一过程中实验者要做好如下

工作:

(一) 教学实验的前测

在许多实验模式中,都有前测。如果研究者选择了带有前测的实验模式,就要做好前测工作。

在实施有前测的实验时,应当注意以下几个问题:

①前测必须测出研究者所选择的结果变量。如果研究者所关注的结果变量是学生的智力发展,那么前测就应当测量学生的智力,而不是知识、技能。否则,研究的假设将不会得到检验。

②前测的内容要全面。如果实验中的结果变量包括智力、知识和兴趣,前测就要对三个方面都进行测量,而不是只测量一个方面。

③前测要尽量采用标准化测验。

(二) 教学实验的分组

单组实验不存在分组问题,而设有对照组的实验在实施时就有一个分组问题。有时候,虽然实验设计选择了含有对照组的模式,但客观条件不允许研究者对被试重新进行分组,这时科学的态度是随机选择一组被试作为实验组(班),再随机选择一组被试作为对照组(班)。当客观条件允许研究者对被试进行重新分组时,研究者就应当正确进行分组。

教学实验分组的一般方法是随机分组和匹配分组。

(三) 教学实验过程的控制

教学实验过程的控制包括两方面的含义:一是正确操纵实验处理;二是注意对无关变量的控制。

1. 正确操纵实验处理

正确操纵实验处理,一是正确运用实验处理,按照实验设计所构思的实验处理的操作程序,或运用方式在教学实验活动中正确运用。二是控制好实验处理运用的频次。教学实验是比较特殊的实验,在许多教学实验中,研究者所操作的实验处理不可能连续不断地作用于被试。如研究者进行"合作教学模式"的实验研究,不可能每一天、每一节课都使用"合作教学模式",需要有一个合理的频度,实验过程中就要控制好这个频度。

2. 有效控制无关变量

在实验设计时,研究者已经考虑了对无关变量的控制问题,设想了一定的控制无关变量的措施,在实验研究中一定要严格落实这些措施。

(四) 教学实验的后测

教学实验可以没有前测,但不可以没有后测。"在最简单的实验设计中,受试者首先作为因变量接受测量(前测),然后接受自变量的刺激,之后作为因变量再接受测量(后测)。"[1]后测在实验结束时进行测验,是教学实验研究必不可少的一个环节。后测的主要目的在于对研究假设的检验。

后测应注意的几个问题:

①后测与前测必须是同质测验。即前测测量了哪些方面的内容,后测也应当测量哪些方面的内容。如果前测测量的是智力,后测也应当测量智力,而不是兴趣,否则就无法进行前测和后测的对比。

②后测与前测必须是同值测验。即后测所使用的测量工具和前测所使用的测量工具的难度和区分度等指标是相同的。只有前测和后测使用同一个测量工具时,才能达到这一要求。而教学实验前后常常不可能使用同一个测量工具。这一要求对有对照组的实验并不适用。

③控制组与实验组采用同一测验。

五、做好教学实验的记录

研究者在实验的实施过程中一定要做好实验记录。它对教学实验研究活动有着重要的意义:

①为研究者保存珍贵的第一手资料。教学实验研究是一种创造性活动,它创造着新的"教育事实"。这些新的事实材料对于研究者来说非常珍贵。因为它是最直接的资料来源。

②实验记录是检验实验假设的资料来源。研究假设的检验有赖于对实验数据的分析。完整地记录实验资料,特别是前测和后测数据,对于检验实验研究的假设非常重要。

③有利于发现实验中存在的问题,改进实验工作。教学实验活动是非常复杂的活动,常常不是一次实验就能到达理想的效果。教学实验研究常常需要多次的重复验证,所以,做好实验记录有利于发现实验过程中存在的问题,在后续的重复验证或推广性实验中加以改进。

④有利于教学实验的推广。教学实验的推广,重在推广经过实验证明更为有效的教学模式、教学方法等,只有做好实验记录,才能在实验报告中说明新的实验处理在具体教育教学条件下是如何运用的,这才便于他人学习。

【本章小结】

1. 教学研究是指研究人员自觉地、有目的地、有计划地遵循一定的方式和

---

[1] 巴比. 社会研究方法[M]. 11版. 邱泽奇,译. 北京:华夏出版社,2009:224-225.

程序,以教学现象、教学存在为对象,以揭示教学规律、寻求有效教学方式和途径为目的的科学探究活动。常见的划分方式主要有以下几种:根据研究目的和功能将教学研究划分为基础研究和应用研究;根据所获研究资料的性质和分析研究资料的方法不同将教学研究分为定量研究和定性研究;根据研究是否从研究对象那里获取系统的经验事实、经验材料,将教学研究分为思辨性研究和经验性研究;根据研究获取资料的方式或写作方式,教学研究还可分为实验研究、调查研究、文献研究、观察研究、行动研究和叙事研究等。

2. 教学研究过程是一个系统的、有序的过程,主要包括确定研究课题、文献回顾、研究设计、资料收集、分析资料及撰写研究报告等阶段。

3. 教学观察研究是研究者有目的、有计划地遵循一定程序,在自然条件下,运用自己的感官或辅助工具,对有关教育教学现象进行考察,从而获得系统的关于教育教学现象的资料,进而进行分析整理,深入认识教育教学的一种研究。它具有过程的目的性、环境的自然性、结果的客观性、前提的理论性与方法的系统性等特点。

4. 教学观察按观察的环境条件分,可分为自然观察和实验室观察;按观察的具体方式或是否借助仪器,可分为直接观察和间接观察;按观察者是否直接参与观察对象的活动,可分为参与性观察和非参与性观察;按照观察是否使用详细的观察提纲,可分为结构性观察和非结构性观察。

5. 结构性观察是指在观察过程中使用详细的观察提纲或观察表的一类观察。结构性观察常常把要观察的现象或行为进行分解,可以对所要观察的事项做客观详细记录,且能进行精确描述。结构性观察的步骤大致包括确定观察类目、选定观察对象、确定记录方法与实施观察等环节。

6. 非结构性观察又称定性观察、开放性观察。非结构性观察是指观察中不使用详细观察提纲或观察表的一类观察。非结构性观察是整体式的,强调对观察现场的整体描述和对事件的连续性描述,一般不需要对观察的事项进行事先详细划分,其记录方式主要有:描述体系、叙述体系、图式记录和工艺学记录。

7. 教学实验研究是一种干预性研究。这类研究方法能够积极变革教育实践,同时在一定程度上可以探究教育现象的因果关系。教学实验研究方法是研究者按照研究目的,合理地控制或创设一定条件,主动操纵某个或某些教育变量,观察其引起的变化,从而验证假设,探讨教学现象因果关系的一种研究方法。

【复习思考】

1. 简述教学研究过程的基本过程。

2. 分析教学观察的基本类型和特点。
3. 结合教学实验研究理论设计一个研究框架。

【实践活动】

1. 活动一:选择本章所学习的任何一种教学研究方法,运用该研究方法深入教学实践进行科学研究,并撰写研究大纲。
2. 活动二:设计一个教学实验,并分析其内在效度和外在效度。

【拓展阅读】

[1] 郑日昌,崔丽霞. 二十年来我国教育研究方法的回顾与反思[J]. 教育研究,2001(6).

[2] 杨小微. 从复杂科学视角反思教育研究方法[J]. 教育研究与实验,2000(3).

[3] 欧群慧. 走向多元的教育研究方法:定性研究与定量研究的比较[J]. 云南师范大学学报,2001(5).

[4] 穆肃. 准实验研究及其设计方法[J]. 中国电化教育,2001(12).

[5] 邹霞. 论实验研究方法在教育研究中的应用:就《儿童思维发展新论和语文教育的深化改革》一文与何克抗教授商榷[J]. 电化教育研究,2006(5).

【网站链接】

1. http://www.wsbedu.com/jiaoyan.asp,在这个网站中,可以选择运用相关教学研究方法进行科学研究的具体实例进行阅读和学习。

2. http://www. ascd. org/GoogleSearchResults. aspx? search = Teaching%20reach%20Methods&c=1,该网站中涉及教学研究及教学研究方法的相关资料,有兴趣的同学可以进行学习。